Die Geschichte der Juden in Deutschland

Die Drucklegung wurde gefördert von der
Axel Springer Stiftung.

Die Geschichte der Juden in Deutschland

Herausgegeben von
Arno Herzig und Cay Rademacher

Ellert & Richter Verlag

Inhalt

Einleitung: Jüdische Geschichte in Deutschland – Deutschland in der jüdischen Geschichte

Reinhard Rürup

Soll man von „jüdischer Geschichte in Deutschland" oder von „deutsch-jüdischer Geschichte" sprechen? Die Antwort auf diese Frage hängt nicht zuletzt davon ab, welche Zeiträume man ins Auge fasst. Geht es um die Geschichte der Juden in ihrer Gesamtheit von den Anfängen in den Zeiten römischer Herrschaft an Rhein und Donau, als es noch gar keine deutsche Geschichte gab, bis in die Bundesrepublik Deutschland zu Beginn des 21. Jahrhunderts, muss man von einer jüdischen Geschichte in Deutschland sprechen beziehungsweise von einer Geschichte der Juden in den Gebieten, die zu unterschiedlichen Zeiten als Orte deutscher Geschichte galten. Andererseits gibt es gute Gründe, für bestimmte Abschnitte der deutschen und der jüdischen Geschichte von einer deutsch-jüdischen Geschichte zu reden. Das Leo Baeck Institut, das sich seit 1955 in Jerusalem, London und New York der Bewahrung und kritischen Aneignung des „deutsch-jüdischen Erbes" widmet, verwendet in seinen programmatischen Aussagen stets den Begriff „deutsch-jüdische Geschichte", nicht zuletzt in der 1996–97 erschienenen vierbändigen Gesamtdarstellung *Deutsch-jüdische Geschichte in der Neuzeit*.

Tatsächlich kann man sagen, dass aus der mittelalterlichen und frühneuzeitlichen jüdischen Geschichte in Deutschland seit dem 18. Jahrhundert für fünf bis sechs Generationen (bis 1933) eine deutsch-jüdische Geschichte wurde – eine Geschichte, in der Deutsches und Jüdisches für die in Deutschland lebenden Juden eine Symbiose eingingen, die sich allen Gefährdungen und Widerständen zum Trotz als ungewöhnlich produktiv erwies. Dabei sei gleich hinzugefügt, dass die Rede von einer gemeinsamen deutsch-jüdischen Geschichte nicht bedeutet, dass diese von den nichtjüdischen Deutschen in gleicher Weise wahrgenommen und verstanden worden wäre. Zwar wurde die deutsche Gesellschaft und Kultur des 19. und frühen 20. Jahrhunderts in hohem Maße von Juden, die einen integralen Bestandteil dieser Gesellschaft und Kultur bildeten, mitgestaltet und mitgeprägt, doch zeigte die Mehrheitsgesellschaft so gut wie gar kein Interesse an der Aufnahme und Verarbeitung spezifisch jüdischer Inhalte und Traditionen. Die immer wieder beschworene und bis heute ebenso heftig umstrittene „deutsch-jüdische Symbiose" war kein bloßes Wunschbild, sondern eine gesellschaftliche Realität, aber sie blieb eine einseitige Angelegenheit, betraf das Denken und Handeln der deutschen Juden, nicht des deutschen Volkes insgesamt.

Durch die Katastrophe, die am Ende dieser Geschichte steht, musste rückblickend vieles als bloßes Missverständnis, eine Illusion mit fatalen Folgen erscheinen, und es konnte gar nicht anders sein, als dass im Nachkriegsdeutschland die Rede von den „deutschen Juden" durch die Gegenüberstellung von „Juden" und „Deutschen" ersetzt wurde. Der „Zentralrat der Juden in Deutschland" hat seinen Namen aus zwingenden Gründen so gewählt, und man darf allenfalls hoffen, dass es in nicht allzu ferner Zukunft einen „Zentralrat der deutschen Juden" geben wird.

Integration und Identität

Fragt man nach den Besonderheiten und der Bedeutung der jüdischen Geschichte in Deutschland, so muss man sich zunächst die prinzipielle Doppelpoligkeit jüdischer Geschichte in der modernen Welt – und außerhalb eines eigenen jüdischen Staates – vor Augen halten. Die deutsch-jüdische Geschichte zwischen Aufklärung und NS-Herrschaft war immer beides zugleich: Teil der deutschen Geschichte als Nationalgeschichte und Teil einer die Grenzen des Nationalstaats überschreitenden allgemeinen jüdischen Geschichte. Dabei waren die Gewichte freilich sehr unterschiedlich verteilt, und unter den deutschen Juden im Kaiserreich und in der Weimarer Republik hätten viele entschieden bestritten, dass es über den Religionszusammenhang hinaus noch so etwas wie ein transnationales jüdisches Gemeinwesen geben könne. Sie waren „deutsche Staatsbürger jüdischen Glaubens", nicht mehr und nicht weniger. Zwischen ihrem Deutschtum und ihrem Judentum gab es keinen Loyalitätskonflikt. Für Juden in anderen Ländern interessierten sie sich allenfalls aus historischen, philanthropischen, gelegentlich auch verwandtschaftlichen Gründen. Die nationaljüdischen Positionen entwickelten sich in Deutschland nur zögernd, und bis zum Ende der Weimarer Republik blieben die Zionisten eine kleine, wenngleich immer stärker in Erscheinung tretende Minderheit. Allerdings bildete sich seit dem Ende des 19. Jahrhunderts auch in der liberalen Mehrheit der deutschen Juden ein neues jüdisches Selbstbewusstsein aus. Man gründete jüdische Vereine in großer Zahl, begann sich für jüdische Geschichte und Kunst zu interessieren, bekannte sich stärker als in früheren Jahren zu den jüdischen Anteilen der deutsch-jüdischen Existenz. Auch den antisemitischen Tendenzen in der deutschen Gesellschaft trat man jetzt entschiedener und offensiver entgegen. Es wäre jedoch falsch, alle diese Entwicklungen als eine lediglich von außen erzwungene Reaktion auf den alltäglichen oder auch programmatischen Antisemitismus zu interpretieren. In den meisten Fällen handelte es sich vielmehr darum, jüdische Identität – eine deutsch-jüdische Identität – auch unter den Bedingungen einer fortgeschrittenen Assimilation und Integration in die moderne Gesellschaft zu bewahren.

Ob man deshalb von einer bewussten „Dissimilations"-Strategie als Antwort auf die vorherrschenden Assimilationstendenzen sprechen darf, wie es in der neueren wissenschaftlichen Literatur teilweise üblich geworden ist, scheint mir durchaus fraglich. Die in Deutschland lebenden Juden sonderten sich keineswegs von der allgemeinen Gesellschaft ab, sondern vergewisserten sich auf neue Weise ihrer jüdischen Geschichte und Gegenwart. Selbst die jungen Zionisten, für die die Juden nicht nur eine Religionsgemeinschaft, sondern ein Volk waren, das seine Vollendung in einem eigenen nationalen Staat suchen sollte, waren in hohem Maße durch die deutsche Kultur geprägt.

Emanzipation, Antisemitismus, Völkermord

Die Antworten auf die Frage nach der Bedeutung Deutschlands für die allgemeine jüdische Geschichte können auf zwei verschiedenen Ebenen gesucht werden. Dabei handelt es sich zum einen um die Auswirkungen der deutschen Nationalgeschichte in ihrer Gesamtheit und zum anderen um den besonderen Stellenwert der deutsch-jüdischen Geschichte für die allgemeine jüdische Geschichte.

Richtet man den Blick auf die Nationalgeschichte, steht notwendigerweise die von den Deutschen im Zweiten Weltkrieg an den europäischen Juden verursachte Katastrophe im Vordergrund. Der Mord an den Juden – an allen jüdischen Menschen, Kindern und Alten, Frauen und Männern, auf die das NS-Regime einen Zugriff hatte – ist und bleibt in der jüdischen Weltgeschichte, die gewiss nicht arm an Verfolgungen, Vertreibungen, auch Mordtaten ist, ein einzigartiges Ereignis, ein Vorgang von apokalyptischen Dimensionen.

Es waren, daran kann trotz der Kollaboration in manchen Ländern kein Zweifel bestehen, Deutsche, die den an den Juden verübten Völkermord erdacht, geplant und bis zum bitteren Ende durchgeführt haben. Und es waren auch Deutsche, die sich – in sehr viel größerer Zahl – durch Wegsehen und unterlassene Hilfeleistung schuldig gemacht haben. Deutschland wird durch den Holocaust für immer mit der jüdischen Weltgeschichte auf die bedrückendste Weise verbunden bleiben.

Bei der Erinnerung an den Holocaust sollte allerdings nicht übersehen werden, dass schon der Beginn der nationalsozialistischen Herrschaft in Deutschland einen zutiefst verstörenden Einschnitt in der jüdischen Geschichte bedeutete. Denn 1933 wurde zum ersten Mal einer radikalantisemitischen Partei in einem modernen Staat die Macht übertragen. Zwar hatte die NSDAP zu Beginn der „Machtergreifung" nicht die Mehrheit der Wähler hinter sich, aber sie war die mit Abstand stärkste Partei, die sich nach der Ausschaltung aller politischen Gegner in Deutschland schon bald einer geradezu überwältigenden Zustimmung erfreute.
Bereits die erste antisemitische Gesetzgebung im April 1933 bedeutete das Ende der rechtlichen Gleichstellung der Juden, und damit einen radikalen Bruch mit 150 Jahren deutscher und europäischer Emanzipationsgeschichte. Die deutsch-jüdische Geschichte, wie sie sich seit dem 18. Jahrhundert entwickelt hatte, kam nicht erst mit dem Beginn der Deportationen in die Vernichtungsstätten, sondern bereits 1933 an ihr Ende, als es für Juden in Deutschland keine Zukunft mehr gab.
Schon zwei Mal vorher – im späten 18. Jahrhundert und in der Reichsgründungsphase um 1870 – hatten Entwicklungen in Deutschland zu zentralen Weichenstellungen für die jüdische Geschichte in Europa und auch in außereuropäischen Ländern geführt. Im 18. Jahrhundert handelte es sich um einen Vorgang, auf den man auch heute noch mit Stolz zurückblicken darf. Denn es war Deutschland, wo um 1780 erstmalig eine politische Theorie der Emanzipation der Juden, ihrer rechtlichen Gleichstellung und gesellschaftlichen Integration, erarbeitet und öffentlich zur Diskussion gestellt wurde. Ein Staat, der sich den Prinzipien der Aufklärung verpflichtet fühle, müsse, so wurde argumentiert, alle Menschen gleich behandeln, und auch die Juden könnten – und sollten – gleichberechtigte Mitglieder der entstehenden modernen Gesellschaft sein.
Diese Theorie wurde in Frankreich am Vorabend der Revolution von 1789 rezipiert, und im Verlauf der Revolutionsauseinandersetzungen gelang es dort, die Rechtsgleichheit der Juden erstmalig gesetzlich zu verankern. In Deutschland erstreckte sich die Emanzipationsgesetzgebung dagegen über einen sehr viel längeren Zeitraum und kam erst mit der Reichsgründung von 1871 zu einem vollen Abschluss. Dennoch ist es eine Tatsache, dass das Programm der Emanzipation der Juden zuerst in Deutschland formuliert und von dort in andere europäische Länder getragen worden ist.
Fast hundert Jahre später, in der zweiten Hälfte der 1870er Jahre, war Deutschland allerdings auch das Land, in dem der moderne Antisemitismus seine politische Gestalt gewann. Dieser Antisemitismus, mit dem die Juden zu „Sündenböcken" für alle tatsächlichen oder vermeintlichen Schäden der modernen Gesellschaft gemacht wurden, war ein Produkt der ersten großen Krise der bürgerlich-liberalen Gesellschaft in Deutschland. Dass der Begriff „Antisemitismus" im Herbst 1879 in Berlin geprägt und von Deutschland aus in die Sprachen anderer europäischer und auch außereuropäischer Länder übernommen wurde, war alles andere als ein Zufall.
Von den überlieferten antijüdischen Vorurteilen, die religiös und sozial geprägt waren, unterschied sich der moderne Antisemitismus vor allem dadurch, dass er allgemeine gesellschaftliche Probleme, die aus der Durchsetzung der kapitalistischen Wirtschaftsweise, aus Industrialisierung und Verstädterung, Säkularisierung und Individualisierung in der sich modernisierenden Gesellschaft resultierten, dadurch zu lösen versuchte, dass er die Juden bekämpfte. Das war die Karikatur einer modernen Gesellschaftstheorie, die wissenschaftlich nicht ernst genommen werden konnte, aber in der Mobilisierung von Massen und vor allem in der Verbreitung antisemitischer Welterklärungs- und Welterlösungsmodelle überaus erfolgreich war.

Der radikale Antisemitismus blieb bis 1933 in Deutschland in einer Minderheitsposition und schien zeitweise an den Rand der Gesellschaft gedrängt, doch bleibt unbestreitbar, dass das deutsche Kaiserreich zu den wichtigsten Wegbereitern des modernen Antisemitismus gehörte.

Experimentierfeld moderner jüdischer Existenz

Fragen wir nun, zweitens, nach der Bedeutung der jüdischen Geschichte in Deutschland für die allgemeine jüdische Geschichte, so ist zunächst festzustellen, dass diese Geschichte sich im Mittelalter und in der Frühen Neuzeit von anderen europäischen Ländern vor allem dadurch unterschied, dass es – anders als in England, Frankreich und Spanien – im alten deutschen Reich aufgrund der territorialen Zersplitterung niemals zu einer vollständigen Vertreibung der Juden kam. Es fehlte allerdings auch hier nicht an Verfolgungen und Ausweisungen, und um 1350 wurden über 80 Prozent der in den Grenzen des Reiches sesshaften Juden aus ihren Wohnorten vertrieben. Ein großer Teil verließ das Land, um sich im Königreich Polen dauerhaft niederzulassen, während andere lediglich in ein anderes Herrschaftsgebiet innerhalb Deutschlands wechselten, das möglicherweise nur wenige Kilometer von dem alten Wohnsitz entfernt war. Deshalb gab es zwar in vielen deutschen Städten und Territorien kurz- oder längerfristige Ansiedlungsverbote für Juden, aber insgesamt keinen vollständigen Bruch in der Kontinuität jüdischen Lebens.

In einigen deutschen Städten des Mittelalters kam es zu einer bemerkenswerten Entfaltung jüdischer Gelehrsamkeit und Kultur, die jedoch mit den großen Blütezeiten jüdischen Geisteslebens in der Zeit des Hellenismus und im spätmittelalterlichen Spanien oder mit der lebendigen Vielfalt jüdischer Religiosität und Volkskultur in Osteuropa nicht auf eine Stufe gestellt werden kann. Bis ins 18. Jahrhundert hinein war Deutschland zwar ein wichtiger und unverzichtbarer Ort jüdischer Geschichte in Europa, doch hatten die hier lebenden Juden keinen prägenden oder gar beherrschenden Einfluss auf das jüdische Leben in den anderen europäischen Ländern.

Das änderte sich seit der Mitte des 18. Jahrhunderts. In Deutschland, genauer gesagt in Berlin, wurden die Grundlagen des modernen Judentums geschaffen. Moses Mendelssohn, seinen Freunden und Schülern gelang ein Brückenschlag zwischen jüdischer Tradition und europäischer Kultur, indem sie sich als Juden aktiv am Prozess der europäischen Aufklärung beteiligten. Mit ihrem Wirken wurde Berlin auch zum Ausgangspunkt und Zentrum der jüdischen Aufklärung, die weit über die Grenzen des deutschen Reiches hinweg ausstrahlte. So begann der Aufbruch der Juden in die moderne Gesellschaft, der teilweise mit dem politischen Emanzipationsprozess parallel lief, aber nicht mit diesem identisch war. Sieht man genauer hin, so zeigt sich, dass die jüdischen Intellektuellen um Mendelssohn ebenso wie die großbürgerlichen jüdischen Unternehmer in der preußischen Haupt- und Residenzstadt sogar die entscheidende Voraussetzung dafür bildeten, dass die politische Theorie der Emanzipation in Berlin formuliert werden konnte.

Die produktive Energie der deutschen Juden war damit keineswegs erschöpft. Das ganze 19. Jahrhundert hindurch war Deutschland das wichtigste Experimentierfeld moderner jüdischer Existenz. Hier entwickelte sich die radikale Reformbewegung, die einen entschiedenen Bruch mit dem Judentum in seiner überlieferten Form für unerlässlich hielt. Hier entstand auch das liberale Judentum, das in seiner ausgesprochen bürgerlichen Prägung zur religiösen Hauptströmung in Deutschland und vielen anderen europäischen und außereuropäischen Ländern wurde. Hier formierte sich nicht zuletzt, in Opposition zum liberalen Zeitgeist, die Neo-Orthodoxie, die die strikte Bewahrung jüdischer Traditionen zum Ziel hatte, sich aber gleichwohl als Teil einer modernen Ge-

sellschaft verstand. Damit sind in Deutschland, vor allem in Berlin, Hamburg, Breslau und Frankfurt am Main, die Grundformen modernen jüdisch-religiösen Lebens entwickelt worden, die Modellfunktionen für die jüdischen Gemeinden nicht nur in Europa, sondern auch in Nord- und Südamerika hatten. Auch der akademisch gebildete, häufig zum Dr. phil. promovierte Rabbiner hatte seinen Ursprung im Deutschland der 1830er und 1840er Jahre.
Dazu kamen die säkularen Begründungen und Aktivitäten jüdischen Lebens in der Moderne. In Deutschland entstand schon im frühen 19. Jahrhundert die „Wissenschaft des Judentums" als ein Versuch, jüdisches Erbe mit den Mitteln der Wissenschaft zu bewahren und für künftige Generationen lebendig zu halten. Auch die ersten großen Werke der modernen jüdischen Geschichtsschreibung wurden in Deutschland verfasst. Obwohl die „Wissenschaft des Judentums" sich außerhalb der etablierten Wissenschaftseinrichtungen entfalten musste, weil die Universitäten und Akademien sich ihr verschlossen, stand sie in ihrem wissenschaftlichen Niveau schon bald nicht hinter dem zurück, was an den klassischen Stätten der Wissenschaft geforscht und gelehrt wurde. Die „Jewish Studies", die heute nicht nur in Israel und den USA in großer Blüte stehen, haben ihren Ursprung in Deutschland.
Deutsch war bis in die 1930er Jahre hinein die international führende Wissenschaftssprache moderner jüdischer Gelehrsamkeit, und selbst auf den frühen Zionistenkongressen bediente man sich des Deutschen als Konferenzsprache. In ihren Anfängen hatte die zionistische Bewegung ihre wichtigsten Zentren in Deutschland, wenn auch der tatsächliche Anteil der deutschen Juden am Aufbau einer neuen jüdischen Gesellschaft in Palästina, von der Hebräischen Universität in Jerusalem, dem Rechtswesen und dem Musikleben abgesehen, im Vergleich zu den osteuropäischen Juden eher bescheiden blieb.

Wenn man nach den Ursachen und Voraussetzungen der herausragenden Bedeutung deutscher Juden für die Entwicklung des religiösen, wissenschaftlichen, kulturellen und politischen jüdischen Lebens in der modernen Gesellschaft bis 1933 fragt, liegt es nahe, einerseits auf die in der Regel sehr viel kleinere Zahl von Juden in anderen entwickelten europäischen Ländern zu verweisen und andererseits die besonders restriktiven Bedingungen für die Ausbildung jüdischer Modernität in Osteuropa in Rechnung zu stellen. Im deutschsprachigen Mitteleuropa waren dagegen sowohl die politisch-gesellschaftlichen Rahmenbedingungen als auch die Größenordnung der jüdischen Bevölkerung für die Modernisierung jüdischen Lebens besonders günstig.
Auch wird man die spezifischen Entwicklungen in Deutschland – von der relativ frühen Herausbildung großer jüdischer Vermögen bis zu dem hohen Stellenwert von Bildung im deutschen Selbstverständnis – zu berücksichtigen haben, wenn man die deutsch-jüdischen Pionierleistungen für den jüdischen Weg in die Moderne erklären will. Das neuhumanistische Bildungsideal, das deutsche Gymnasium und die deutsche Universität bildeten offensichtlich eine wesentliche Voraussetzung für die besondere Erneuerungsbereitschaft und Erneuerungsfähigkeit deutscher Juden unter den Vorzeichen von Emanzipation, Integration und religiös-kultureller Selbstbehauptung.

Juden in der deutschen Gesellschaft

Wenden wir uns nun der Frage nach dem jüdischen Anteil an der deutschen Geschichte zu, so ist einiges bereits in anderen Zusammenhängen angesprochen worden. Viele Jahrhunderte lang galten die Juden als Fremde, die lediglich geduldet wurden und als religiöse Minderheit nur sehr eng begrenzte Rechte besaßen. Ihre Zahl war klein, ihre Aufenthaltsrechte waren in der Regel befristet, ihre Erwerbsmöglichkeiten extrem eingeschränkt. Unter diesen Umständen war nicht zu erwarten, dass sie in nennenswerter Weise allgemeine Entwicklungen beeinflussen konnten. Erst im 17. Jahrhundert entstand eine schmale Schicht von „Hofjuden", die als Lieferanten und Kreditgeber an fürstlichen Höfen wirtschaftlichen und manchmal auch politischen Einfluss gewannen. Sie blieben aber von der Gunst der jeweiligen Fürsten abhängig, hatten mit Vorurteilen und Feindseligkeiten zu kämpfen und verloren in nicht wenigen Fällen ihren neuen Reichtum genauso schnell, wie sie ihn gewonnen hatten. Die große Mehrheit der Juden lebte daneben in bescheidenen, oft sogar überaus ärmlichen Verhältnissen am Rande der Gesellschaft.

Erst im Laufe des 18. Jahrhunderts zeichneten sich die Anfänge eines jüdischen Bürgertums ab, und im Verlauf des 19. Jahrhunderts erlebte die jüdische Minderheit in Deutschland einen ausgesprochenen Verbürgerlichungsprozess. In den Städten, aber auch in ländlichen Verhältnissen entstanden viele klein- und mittelbürgerliche und in nicht geringer Zahl auch großbürgerliche Existenzen. Juden gehörten zur Kerngruppe der neuen wirtschafts- und bildungsbürgerlichen Schicht, spätestens seit der Mitte des Jahrhunderts auch zu den Mitträgern der bürgerlich-liberalen Bewegung.

Im Deutschen Reich von 1871 wuchs die jüdische Bevölkerung auf mehr als eine halbe Million an, ihr Anteil an der Gesamtbevölkerung blieb jedoch weiterhin gering und überstieg kaum ein Prozent. Es gab einzelne „Judendörfer", in denen Juden einen erheblichen oder sogar überwiegenden Teil der Bevölkerung bildeten, aber – trotz des früh einsetzenden und bis zum Ende der Weimarer Republik anhaltenden Verstädterungsprozesses – kaum Städte mit einem auffällig hohen jüdischen Bevölkerungsanteil. Selbst in Berlin, wo im frühen 20. Jahrhundert etwa ein Drittel aller deutschen Juden lebte, überstieg ihr Anteil niemals vier oder fünf Prozent (und sogar in den von Juden bevorzugten Stadtbezirken lag er nur in zwei oder drei Fällen über zehn Prozent).

Die Bedeutung der jüdischen Minderheit für die allgemeine wirtschaftliche, gesellschaftliche und kulturelle Entwicklung in Deutschland war allerdings mehrere Generationen lang sehr viel höher, als angesichts ihres geringen Bevölkerungsanteils zu vermuten wäre. Das lag zunächst an dem großen Gewicht, das Juden im Bereich des Handels und insbesondere des Bankwesens hatten. Sie gehörten zu den erfahrensten und einflussreichsten Privatbankiers, und auch in den später entstehenden Großbanken, die als Aktiengesellschaften gegründet wurden, spielten sie eine sehr wichtige, teilweise entscheidende Rolle. Als Unternehmer waren sie vor allem im Handel, in der Chemie- und Elektroindustrie, bei der Entwicklung der großen Warenhäuser, im Konfektionsgeschäft und im Zeitungs- und Verlagswesen erfolgreich.

Dazu kam die rasch wachsende Zahl jüdischer Wissenschaftler, Künstler und Journalisten, die auf ihren Gebieten Herausragendes leisteten und zu den Prominenten der deutschen Gesellschaft im Kaiserreich und in der Weimarer Republik gehörten. Es ist nicht nötig, hier auch nur eine kleine Auswahl der großen Namen zu präsentieren oder auf die glanzvolle Geschichte einzelner Familien, beispielsweise der Cassirers, Liebermanns oder Warburgs näher einzugehen, doch darf für die Spitzenleistungen der Forschung daran erinnert werden, dass bis 1933 nicht weniger als ein Drittel aller Nobelpreise an deutsche Wissenschaftler ging und dass von den so ausgezeichneten Forschern wiederum fast ein Drittel jüdisch oder jüdischer Herkunft war. Deutschland galt im frühen 20. Jahrhundert als international führende Wissenschaftsnation, und die deutschen Juden hatten daran einen weit über ihrem Bevölkerungsanteil von einem Prozent liegenden Anteil.

Natürlich gab es auch arme und wenig gebildete Juden, und wer eine Sozialgeschichte der deutschen Juden schreiben will, muss sich auch mit ihnen beschäftigen. Wenn man jedoch das Sozialprofil der deutschen Juden im späten 19. und frühen 20. Jahrhundert zu bestimmen versucht, sind Armut und Mangel an Bildung keine besonders auffälligen Kennzeichen. Hält man sich an die in der Sozialgeschichtsschreibung üblichen Indikatoren wie demografische Daten, Mobilität, Bildungsgrad, Erwerbsstruktur und Einkommen, kann es keinen Zweifel geben, dass es sich bei den deutschen Juden um eine besonders moderne und besonders erfolgreiche Sozialgruppe handelte. Trotz aller sozialen Diskriminierungen, die keineswegs vollständig überwunden werden konnten und in bestimmten Zeiten sogar zunahmen, war die Geschichte der deutschen Juden seit dem Beginn des Emanzipationszeitalters im späten 18. Jahrhundert eine Geschichte des rasanten wirtschaftlichen und sozialen Aufstiegs und der geradezu explosionsartigen Entfaltung von Begabungen auf den unterschiedlichsten Gebieten. Spätestens seit der Mitte des 19. Jahrhunderts ist es nicht mehr möglich, die Geschichte der deutschen Presse, der Musik und des Theaters, der Museen und der großen Wissenschaftseinrichtungen ohne eine angemessene Würdigung des jüdischen Anteils an diesen Entwicklungen zu schreiben, und auch eine Geschichte des Mäzenatentums ist für die Zeit bis 1933 ohne Berücksichtigung der deutschen Juden undenkbar.

Dabei waren jüdische Künstler, Wissenschaftler und Unternehmer nicht mehr Außenseiter oder gar Fremde, sondern Teil der deutschen Gesellschaft und Kultur, die von ihnen mit ihren nichtjüdischen Partnern, Kollegen und Widersachern gemeinsam gestaltet wurden. Juden bildeten eine religiöse Minderheit, aber in wirtschaftlicher, sozialer, politischer und kultureller Hinsicht gehörten sie zugleich anderen Minderheiten und auch Mehrheiten an. Nur den Antisemiten stellten sich die Juden als eine in sich geschlossene, homogene Gruppe dar, die stets und überall „jüdische Interessen" durchzusetzen versuchte. Tatsächlich hatte jedoch ein jüdischer Viehhändler in Süddeutschland mit einem jüdischen Theaterkritiker in Berlin ebenso wenig Gemeinsamkeiten wie ein jüdischer Unternehmer mit einem jüdischen Sozialisten oder einer der Honoratioren des bürgerlich-liberalen „Centralvereins deutscher Staatsbürger jüdischen Glaubens" mit einem radikalen jungen Zionisten.

Die Notwendigkeit der Erinnerung

Wer sich mit der deutsch-jüdischen Geschichte beschäftigt, hat es stets mit Grundfragen der deutschen und der jüdischen Geschichte zu tun. Es ist und bleibt unerlässlich, die Erinnerung an den nationalsozialistischen Judenmord, seine Voraussetzungen und seine Folgen, wachzuhalten. Aber das darf nicht dazu führen, dass die jüdische Geschichte in all ihrer Komplexität und in ihrem ganz ungewöhnlichen Reichtum dahinter verschwindet. Auch wenn am Ende der Geschichte ein Völkermord stand, ist die deutsch-jüdische Geschichte sehr viel mehr als die Vorgeschichte der Katastrophe. Dem Tod der Menschen darf nicht der Verlust ihrer Geschichte folgen. Deshalb ist die Aufarbeitung dieser zu Unrecht vergessenen Geschichte und ihre Vermittlung an ein breites Publikum eine dringende und notwendige Aufgabe. Wer sich darauf einlässt, wird schnell die Erfahrung machen, dass es dabei nicht nur um ein Pflichtprogramm geht, sondern um die Chance, einer ungewöhnlich faszinierenden, die Fantasie und den Intellekt gleichermaßen beflügelnden Geschichte zu begegnen.

Beschädigte Gebetbücher aus einer Synagoge, die während der Pogromnacht am 9. November 1938 in Brand gesteckt wurde.

Von König David bis zu Karl dem Großen

Cay Rademacher

Das Judentum ist die älteste monotheistische Religion der Welt. Die Anfänge dieses Glaubens jedoch liegen im Dunkeln. Die Spur, soweit Archäologen, Historiker, Theologen und Philologen sie heute noch rekonstruieren können, weist ins zweite vorchristliche Jahrtausend. Palästina ist da schon uraltes Kulturland. Vor 8000 bis 10 000 Jahren werden Menschen hier sesshaft. Aus ihren Siedlungen entwickeln sich Städte, dann kleine Reiche. Um 2000 v. Chr. leben wohl Dutzende Völker in diesem Gebiet. Die Bibel nennt „die Keniter, die Kenasiter, die Kadmoniter, die Hethiter, die Perisiter, die Refaïter, die Amoriter, die Kanaaniter, die Girgaschiter und die Jebusiter".

„Mein Vater war ein Aramäer", heißt es im 5. Buch Mose – und vielleicht hat sich da eine Erinnerung an die Anfänge des Volkes Israel erhalten. Möglicherweise sind ab etwa 1300 v. Chr. aramäisch sprechende Menschen, die zuvor als Nomaden lebten, in Palästina sesshaft geworden. Die Patriarchen Abraham, Isaak und Jakob jedenfalls sind noch Nomaden, die in Zelten leben, Vieh hüten und große Sippen anführen. Über Generationen verbünden sich einzelne Großfamilien zu Stämmen. Die Bibel nennt zwölf: Ruben, Juda, Levi, Benjamin, Efraim, Manasse, Sebulon, Issachar, Gad, Dan, Naftali, Ascher. Wenig ist darüber bekannt, wie die in Dörfern lebenden Sippen organisiert sind. Wahrscheinlich bestimmen Stammesälteste als Richter und Anführer in Kämpfen das Leben.

Etwa ab 1200 v. Chr. kollabiert die alte Welt der Stadtstaaten Palästinas. Eine Inschrift aus der Zeit des ägyptischen Pharaos Merenptah (Reg. 1213–1203 v. Chr.) kündet von Hungersnöten in fast allen Ländern am östlichen Mittelmeer, wohl ausgelöst durch eine Dürre. Seine Beamten registrieren, auch dieses Dokument ist erhalten, dass Nomaden aus dem Ostjordanland bis nach Ägypten fliehen und dort angesiedelt werden – dank des wasserreichen Nils herrscht im Reich des Pharaos keine Not.

Hunger und Beduinenüberfälle zwingen manche Bewohner Palästinas, die bislang vor allem an der Küste und in den fruchtbaren Ebenen gesiedelt haben, in die Berge Galiläas und Judäas. In dem zuvor fast unbesiedelten Bergland gründen sie etwa 300 Dörfer. Und irgendwo in diesen Bergen schließen sich einige der von der Not bedrängten Siedler zu einem neuen Bündnis zusammen: „Israel". So jedenfalls nennt Pharao Merenptah ein Volk auf einer Stele, mit der er sich seiner militärischen Triumphe rühmt: „Israel liegt brach und hat kein Saatkorn." Es ist die älteste überlieferte Nennung dieses Namens. Noch ist das kein Reich oder gar ein Staat in modernem Sinn. Israel, das sind in jener Zeit ein paar Bergdörfer der in der Bibel genannten Stämme. Ganz Israel zählt wenige Tausend Köpfe. Und beinahe verschwindet dieses lose Bündnis wieder aus der Geschichte, denn 1179 v. Chr. bricht die nächste Katastrophe herein: eine Invasion fremder Eroberer.

Philister und Teukrer verheeren das östliche Mittelmeer. So werden sie auf ägyptischen Inschriften bezeichnet – „Seevölker" nennen Forscher sie heute, in Ermangelung genauerer Indizien auf ihre Herkunft. Über das Meer segeln sie in Schiffen: Soldaten, Frauen, Kinder, mit allem Hab und Gut. Möglicherweise kommen sie vom Ägäischen Meer. Die Teukrer siedeln sich im sumpfigen Landstrich nördlich des heutigen Tel Aviv an und spielen bald schon keine große geschichtliche Rolle mehr. Südlich jedoch – in einem Abschnitt zwischen Tel Aviv und Gaza – siedeln Eroberer der Seevölker, welche auch die Bibel „Philister" nennt. Sie bringen Tod und Verderben über alle alten Städte an der Küste und in den Ebenen Palästinas.

Die Überfallenen flüchten in die Berge. Dort, in den Hügeln zwischen dem See Genezareth und dem Nordrand des Negev, siedeln sich die Vertriebenen der Invasion an – im Westen bedroht von den Philistern, im Osten bekämpft von den Beduinen. Es sind wohl kaum mehr als 30 000 Menschen, die in den Bergen leben: Kanaaniter – und eben jene Stämme Israels, die bereits seit einigen Generationen in den Bergen siedeln und die sich unter dem Druck der Feinde nun langsam einen. Und in denen ein neuer Glaube entsteht: an den Einen Gott Jahwe.

Wer war der erste Glaubensstifter?

Josua gilt in der Bibel als Erneuerer des von Gott mit Moses geschlossenen Bundes der zwölf Stämme. Er setzt durch, dass alle Stämme den Einen Gott verehren. Fortan zeichnet sich das Volk Israel vor allen Nachbarn dadurch aus, dass es allein Jahwe verehrt und „keinen anderen Gott hat neben ihm“. Mächtig sind die Priester am zentralen Heiligtum des Bundes in der Stadt Sichem. Das ist vermutlich ein „Heiliges Zelt“, in dem die Bundeslade aufbewahrt wird. Diese Lade ist ein Kasten, in dem nach biblischer Überlieferung die Gesetzestafeln verborgen sind.
In Wahrheit wird der Triumph der Religion Jahwes im Volk keineswegs so rasch und vollständig gewesen sein, wie ihn die Autoren der Bibel darstellen. In mehreren frühen israelitischen Siedlungen haben Archäologen Bilder des in Vorderasien verehrten Schutz- und Kriegsgottes Reschef gefunden, zum Beispiel auf Siegelabdrücken. Und „Israel“ bedeutet übersetzt: „Der Gott El streitet.“ Dieser Gott El muss also in jener formenden Zeit um 1150 v. Chr. noch eine wichtige religiöse Rolle gespielt haben.
Manche Forscher halten folgendes Szenario für denkbar: Jene Dürre-Flüchtlinge aus dem Ostjordanland, die von Pharao Merenptahs Beamten registriert worden sind, ziehen nach den Wirren der Seevölker-Invasion wieder aus Ägypten fort und gehen in die Berge Judäas, wo sie sich den zwölf Stämmen anschließen. Sie sind diejenigen, welche den Glauben an Jahwe einführen. So würde sich die Geschichte von Moses, dem Religionsstifter, und seinem Auszug aus Ägypten in den historischen Kontext einfügen. Historisch fassbar ist Moses als Gestalt nicht. Keine zeitgenössische Inschrift, kein Text aus jener Epoche kündet von ihm. Es bleiben nur ein paar vage Indizien: „Hapiru“ etwa ist ein mit den Ägyptern verfeindetes Nomadenvolk. Ob zwischen diesem Volk und den „Hebräern“ eine Verbindung besteht, ist in der Forschung heftig umstritten. Auch der Name Moses leitet sich möglicherweise aus dem Ägyptischen her, die Wortwurzel bedeutet „Kind“ oder „Geschöpf“.
Im Volk Israel jedenfalls wächst ab etwa 1150 v. Chr. der Glauben an Jahwe. Und doch wäre wahrscheinlich dieser neue Glau-

Moses empfängt aus Gottes Hand die Zehn Gebote. Seit drei Jahrtausenden inspiriert die biblische Gestalt immer wieder Künstler – wie den Buchmaler Joseph ben David, der 1738 diese Illustration einer Haggada-Handschrift schuf, die sich in der Universitätsbibliothek Amsterdam befindet. Welche historische Rolle Moses jedoch tatsächlich gespielt hat, ist Forschern bis heute ein Rätsel.

be bald wieder untergegangen, hätten sich seine Anhänger nicht auch ein höchst diesseitiges Reich dazu erschaffen.

Der neue König gründet ein Reich

David wird in Bethlehem geboren, etwa um 1034 v. Chr. Er ist der siebte oder achte, hier widersprechen sich die biblischen Textstellen, jedenfalls der jüngste Sohn eines wohlhabenden Mannes aus dem Stamm Juda. Vielleicht hat er in seiner Kindheit die Schafherde seines Vaters gehütet, weshalb er in manchen Bibelstellen als „Hirte" beschrieben wird. An anderer Stelle jedoch heißt es über David, er sei „des Saitenspiels kundig, ein tapferer Mann und tüchtig zum Kampf, verständig in seinen Reden und schön gestaltet". Dies deutet darauf hin, dass er, der Sohn eines Mannes aus der Oberschicht, als Kämpfer ausgebildet worden ist und auch gelernt hat, sich gewählt auszudrücken.

Die 2800 Jahre alte Stele von Tel Dan: Auf ihr rühmt sich ein nahöstlicher Herrscher seiner Siege über die Israeliten – und erwähnt auch die Dynastie des Königs David. Es ist der älteste nichtbiblische Beleg für dessen Wirken.

Seine Jugend verlebt er in einer Zeit des politischen Umbruchs. Glaubt man der Bibel, so ist aus den zwölf Stämmen bereits ein Reich geworden, regiert von einem König: Saul.
Saul, der aus dem Stamm Benjamin stammt, mag tatsächlich von den zwölf Stämmen als König anerkannt worden sein, doch wird dieser Titel kaum mehr bedeuten, als dass er das vereinigte Heer anführt, wenn Philisterangriffe drohen. Er ist eher Truppenführer denn echter Fürst – und nicht einmal eine starke stehende Armee hat er, denn während seiner gesamten Herrschaft ist er auf der Suche nach Soldaten. Über Beamte gebietet Saul noch nicht, Land kann er nicht vergeben (das ist ausschließlich Sache der Stämme), er gründet keine Hauptstadt für sein Reich.
David macht bei Saul rasch Karriere. Bald führt er eine Armee in den Krieg. Die Bibel überliefert, er habe 1000 Mann kommandiert – bei einer Bevölkerung von einigen Tausend Menschen in Israel ein großes Aufgebot. Schließlich gibt ihm Saul seine Tochter Michal zur Frau. Als Heerführer und Schwiegersohn des Königs gehört der junge David schon bald zu den mächtigsten Männern im Land. Doch dann wird sein Aufstieg jäh unterbrochen.
Glaubt man der Bibel, dann ist Saul grundlos eifersüchtig, ja geradezu wahnsinnig und hätte David ermordet, wenn dieser nicht rechtzeitig geflohen wäre in die unzugänglichen Berge Judäas am Rande der Negev-Wüste. Moderne Biografen vermuten dagegen, dass David hier zu positiv dargestellt worden ist. In Wahrheit habe er nach dem Thron gestrebt, ja vielleicht sogar geputscht und sei geflohen, als sein Griff zur Macht missglückte. In der bergigen Wildnis am Südrand von Juda jedenfalls schart David schnell einige Hundert Verwandte und Anhänger um sich. Denen verspricht er Posten und Land, sollte er erst einmal König sein. Hier verraten, wenn auch unfreiwillig, die biblischen Autoren die Ambitionen Davids.
Im Jahr 1004 stellen die Philister Saul zu einer Schlacht im Gebirge Gilboa, im Norden Israels. Der König und drei seiner Söhne fallen. David profitiert von der Katastrophe des alten Monarchen: In Hebron lässt er sich zum König von Juda salben. Die beiden südlichen Stämme Juda und Benjamin schließen sich zum Reich Juda zusammen. Daraufhin vereinigen sich die zehn nördlichen Stämme zum Reich Israel und rufen einen der überlebenden Söhne Sauls zu ihrem Herrscher aus. David steht in seinem 30. Lebensjahr. Sieben Jahre, so die Bibel, kämpft er fortan gegen Sauls Sohn. Dann wird der Rivale von zwei seiner Hauptleute erstochen – und David ist endlich König von Juda und Israel. Als eine seiner ersten Taten richtet er alle noch lebenden Söhne und Enkel Sauls hin – nur einen verkrüppelten Enkel, der wegen seiner Behinderung kaum gehen und daher niemals zum Herrscher erhoben werden kann, lässt er im Königspalast unter Bewachung leben.
Davids Herrschaft ist fundamental anders als die seines Vorgängers. Er schafft das erste israelitische Reich der Geschichte.

Er stellt ein schlagkräftiges Heer auf. Die Bibel nennt eine „Ehrengarde“ aus „Helden“, also vielleicht eine Art Leibwache. Dazu kommen die „Kreter und Pleter“, wie die wohl vor allem aus Philistern bestehende Söldnerschar genannt wird, die nun ständig bezahlt wird.
Der König lässt sein Volk zählen, was vor allem für den Reichsteil Israel bedrückende Folgen hat: Die Männer dort müssen – anders als die aus Juda, Davids Heimat – als Zwangsrekruten in der Armee kämpfen oder Frondienste leisten, etwa beim Aufbau von Städten.
David macht sich zum obersten Richter seines Reiches – anders als noch unter Saul, wo die Sippenältesten Recht sprachen. Und er ist auch der erste Herrscher, der ganz im Stile anderer orientalischer Despoten seiner Zeit willkürlich über das Land des Reiches verfügt. David kann Gefolgsleuten zur Belohnung Weiden geben oder bei Unbotmäßigkeit uraltes Familienland einziehen.
Sein Harem ist groß – mindestens 19 Frauen und Konkubinen nennt die Bibel –, dient aber nicht nur seinem Vergnügen. Indem er Töchter fremder Fürsten heiratet, verstärkt David seine diplomatischen Kontakte zu anderen Völkern und pflegt Allianzen über die Grenzen seines Reiches hinaus. Prinzessinnen aus mächtigen Stämmen und Städten im heutigen Jordanien und Syrien nennen die biblischen Autoren mit Namen.
Seine vielleicht wichtigste Neuerung aber ist eine Eroberung. Denn David gibt dem Reich eine neue Hauptstadt, Jerusalem. Die Stadt der Jebusiter ist alt: eine in den Bergen gelegene, von einer Zitadelle bekrönte, nur rund zwei Hektar umfassende Ansiedlung auf der Hügelkuppe südlich des heutigen Tempelbergs. Hier leben wahrscheinlich zunächst nur einige Hundert Einwohner. Der Ort hat für die Menschen aus Juda und Israel bis dahin keinerlei kultische Bedeutung. Doch Jerusalem liegt genau zwischen Juda und Israel.
David erobert Jerusalem schon ganz am Anfang seiner Herrschaft über beide Reichsteile – also um 997 v. Chr. – und lässt die Bundeslade dorthin bringen. So wird die Stadt nicht nur zum neuen *politischen* Zentrum, sondern erstmals auch zum *religiösen* Herz des Reiches. Erst seit dieser Zeit ist Jerusalem der zentrale Kultort für den Glauben an Jahwe.
Eines aber unternimmt David nicht: Er baut keinen Tempel in Jerusalem. Die biblischen Autoren begründen dies damit, der König habe so viel Blut vergossen, dass er unrein war und ihm Jahwe selbst verboten habe, ein Heiligtum zu errichten.
Bis zum Golan und zum Oberlauf des Jordan herrscht David im Norden, bis zur Wüste Negev im Süden, bis zum Jordan und zum Teil darüber hinaus im Osten. Im Westen jedoch bleiben die Philister unbesiegt: David kontrolliert nur einen Teil der Mittelmeerküste. Und doch ist sein Reich das größte, das die Israeliten jemals beherrschen werden. Davids Reich wird seinem Volk zum Ideal und Maßstab.
„Also legte sich David zu seinen Vätern und wurde begraben in der Stadt Davids“, vermerkt die Bibel am Ende der langen Regentschaft im Jahr 964 v. Chr. Den folgenden Machtkampf entscheidet sein Sohn Salomo. Auch dessen 40 Jahre Regentschaft sind eine Glanzzeit, glaubt man der Darstellung der biblischen Autoren: Der König errichtet den ersten Tempel in Jerusalem und baut die Stadt damit zum überragenden Kultzentrum des Judentums aus.
Ein ganzes Kapitel im 1. Buch der Könige ist dem Heiligtum gewidmet, das eines der gewaltigsten seines Zeitalters gewesen sein soll. Nach dieser Beschreibung ist der Tempel 30 Meter lang, zehn Meter breit und 15 Meter hoch. Die Wände aus Bruchsteinen sind innen mit Zedernholz verkleidet, in das Künstler Blumen- und Fruchtornamente geschnitzt haben. Das Holz wiederum ist mit Gold belegt. Zedernbalken bedecken den Fußboden, auch sie mit Gold überzogen, die Türpfosten bestehen aus eisenhartem Olivenholz. Zwei Cherubim – geflügelte Fabelwesen – lässt Salomo schnitzen,

jeder fünf Meter hoch und vergoldet, und in dem Innenraum aufstellen, mächtig hinter goldenen Ketten, die von Wand zu Wand gespannt sind. Die Cherubim beschützen die Bundeslade im Allerheiligsten, dem Raum, den der Hohepriester nur einmal im Jahr betreten darf und der allen anderen Gläubigen verboten ist.
Doch hat es diesen Tempel je gegeben? Archäologen, die heute am Tempelberg graben, finden kein Gold und kein Zedernholz – allenfalls ein paar Fundamente, die möglicherweise bereits unter Salomo erbaut worden sind. Viele Wissenschaftler vermuten deshalb, dass Salomo zwar einen festen Tempel errichtet haben mag, den ersten, den das Volk Israel je seinem Gott geweiht hat. Doch dieser Bau muss weniger prachtvoll gewesen sein, als in der Bibel geschildert. Auch Salomo kann den Geburtsfehler des Reiches David nicht überwinden: die starke Spannung zwischen den zu Juda und den zu Israel vereinten Stämmen. Nach Salomos Tod jedenfalls zerbricht das Reich, das David geschaffen hat. Seine Nachfahren regieren zwar weiterhin in Jerusalem als Könige von Juda – doch rivalisierende Dynastien herrschen fortan als Könige über Israel.
Im Jahr 722 v. Chr. zerstören die Assyrer Israel, deportieren die Bevölkerung – und in der Fremde löst sich deren Identität auf. Sie sind keine Juden mehr, ja als eigenständiges Volk nicht mehr erkennbar. Es sind die „zehn verlorenen Stämme“, von denen fortan Legenden künden werden – jene zehn Stämme, die dem jüdischen Glauben gemäß erst am Ende aller Zeiten wiederkehren werden. Davids Nachfahren in Juda erwehren sich rund anderthalb Jahrhunderte länger der Anstürme großer Nachbarreiche – bis auch Zedekia, der letzte König von Juda, 587 v. Chr. einem mächtigen Angreifer erliegt.

Im Jahr 722 v. Chr. zerstören Assyrer das Reich Israel. Ihre Soldaten führen dessen Männer in Gefangenschaft – wie dieses Siegesrelief aus dem Palast des Sanherib in Ninive (heute im British Museum in London) zeigt. Zehn der zwölf jüdischen Stämme werden durch diese Katastrophe ausgelöscht.

In Babylon entsteht der Glaube neu

Der Babylonierkönig Nebukadnezar besetzt das Land, Jerusalem wird verwüstet, seine Einwohner – Reiche, Adelige, Priester, wohl auch Handwerker – werden ins Zweistromland verschleppt. Es beginnt die Zeit des „Babylonischen Exils“. Hier erst wird das Judentum zur Religion der Schrift. Denn nun, weit entfernt vom Tempel, muss der Glaube anders gesichert, muss er in gewisser Weise neu begründet werden. Gelehrte schreiben in den folgenden Jahrzehnten bislang vor allem mündlich überlieferte Traditionen zu einer idealisierten Geschichte des Volkes Israel auf. Es entstehen grundlegende Teile der Tora, der „Willensoffenbarung Gottes“: Vor allem die fünf Bücher Mose, die Bücher Samuel und Könige, die Botschaften des Jeremia und anderer Propheten.

Der Monotheismus setzt sich endgültig durch. Der Sabbat wird fortan geheiligt, es entstehen die strengen Speisevorschriften. Erst 539 v. Chr. dürfen die Juden zurückkehren. Inzwischen sind die babylonischen Könige dem Ansturm der Perser erlegen, und deren Herrscher hat kein Interesse daran, die Fremden im Zweistromland festzuhalten. Sofort machen sich die Juden an den Wiederaufbau des Tempels. Auch Jerusalem wächst zu einer vergleichsweise großen Stadt heran. Doch ein dauerhaftes Reich kann nicht mehr gegründet werden, zu mächtig sind die Nachbarvölker: Die Perser, dann Alexander der Große und die Diadochenreiche der Seleukiden in Kleinasien und der Ptolemäer in Ägypten beanspruchen den Nahen Osten. Das Land gerät in den Einflussbereich der griechischen Kultur.
Doch die Juden kämpfen weiter: Im Jahr 167 v. Chr. erheben sie sich im Makkabäer-Aufstand gegen den damaligen Oberherrn, das hellenistische Seleukidenreich. Judäa entsteht, ein Reich, das von Priesterkönigen regiert wird. Der Monarch ist zugleich Oberpriester. Es ist eine Zeit der Rückbesinnung und zugleich des fiebrigen Aufbruchs. Die Priesterkönige fördern den Kult im Tempel und stärken die uralten Sabbatgebote. Im Volk entstehen neue religiöse Bewegungen wie die der Essener oder Pharisäer. Es sind Reaktionen auf die unsichere politische Lage und die immense kulturelle Herausforderung durch die scheinbar so überlegenen Griechen.
Diese letzte autonome jüdische Monarchie in der Geschichte hält sich noch einmal ein Jahrhundert lang – bis Roms Legionen kommen. Der Feldherr Gnaeus Pompeius Magnus zerschlägt 63 v. Chr. das Seleukidenreich. Und fast wie im Vorbeimarsch vernichtet er auch das Königreich Judäa: An Jom Kippur, dem Versöhnungstag, des Jahres 63 v. Chr. betritt Pompeius als siegreicher Feldherr den Tempel in Jerusalem. Zwar wird das Land in diesem Augenblick noch nicht zur römischen Provinz, doch verliert es seine äußere Autonomie. Die Römer setzen eine neue Dynastie ein, die Herodianer. Die stammen aus dem südlich Judäas gelegenen Idumäa und gelten Juden deshalb nicht als zu ihrem Volk gehörig. Fortan regieren diese Könige das Land.

Herodes baut den größten Tempel

Um die Zeitenwende leben rund eine Million Juden in ihrer Heimat, verteilt auf zwei Regionen: Judäa, das Land rund um Jerusalem, vom Jordan bis zum Mittelmeer. Und Galiläa, der kaum 40 Kilometer durchmessende Landstrich westlich des Sees Genezareth. Nach einem mehrjährigen, blutigen Rivalenkrieg hat sich Herodes der Große, ein Em-

Der Turm zu Babel in der künstlerischen Vision des flämischen Malers Jan Brueghel d. Ä. (1568–1625). In Babylon, wo die Elite des Judentums fast ein halbes Jahrhundert im Exil leben muss, entstehen grundlegende Teile der Tora, der fünf Bücher Mose. Im Zweistromland wird auch die Heiligung des Sabbat eingeführt.

Die Essener wähnen das Reich Gottes nah. Nur wer ihrer Sekte folgt, wird, so ihr Glaube, errettet werden. Sie kopieren Hunderte Texte, um die ihnen heiligen Schriften zu studieren. Als 68 n. Chr. Roms Legionen nach Qumran marschieren, verstecken sie die Schriftrollen in Höhlen, manche ungeschützt, andere verstaut in Tonkrügen. Viele Manuskripte verrotten über die Jahrhunderte, wenige bleiben gut erhalten – wie diese rund sieben Meter lange Lederrolle mit dem hebräischen Buch Jesaja.

Das Heilige Land kurz nach der Zeitenwende: Galiläa wird von König Herodes Antipas beherrscht, einem Günstling Roms. Judäa mit Jerusalem ist schon seit 63 v. Chr. Teil des Imperium Romanum und die Römer haben die Dynastie der Herodianer als Herrscher eingesetzt. Diese stammen aus dem südlich von Judäa gelegenen Idumäa und gelten den Juden deshalb nicht als zu ihrem Volk gehörig.

porkömmling mit heidnischem Vater und jüdischer Mutter, zum Herrscher des Landes aufgeschwungen. Sein politisches Schicksal hat er auf Gedeih und Verderb an das Roms gekettet. Es ist der Senat, der ihm den Titel „König der Juden“ verliehen hat, an Rom führt er einen Teil der Steuern ab, römische Legionen aus der nördlicher gelegenen Provinz Syria können binnen Tagen in Jerusalem stehen, um ihn vor Aufständen zu schützen – oder bei Unbotmäßigkeit abzusetzen. Für Rom ist es militärisch und finanziell günstiger, einen unruhigen Landstrich wie Judäa durch einen einheimischen Klientelkönig regieren zu lassen, und für Herodes ist es der einzige Weg zur Macht.

Herodes ist ein Herrscher von fast manischer Bauwut: Allein in Jerusalem heuert er 18 000 Steinmetze und andere Handwerker an, um einen neuen Tempel zu errichten. Die heilige Stätte lässt der Monarch zu einem der kolossalsten Heiligtümer der Antike umgestalten, einem Monument, an dem zwei Generationen bauen werden.

Die Loyalität seiner Untertanen gewinnt er damit jedoch nicht. Für die Juden sind es Jahrzehnte einer dreifachen Krise: *Politisch*, weil sie von Herodes und damit letztlich von Rom beherrscht werden. *Kulturell*, weil die griechisch-römische Zivilisation mit ihren Göttern, mit ihrem Handel, mit ihrer so ganz anderen Lebensweise vordringt. Im Imperium ist ihre Heimat rückständiges Randgebiet. Und schließlich erleben sie diese Epoche als *religiöse* Krise, weil das auserwählte Volk Gottes ganz offensichtlich von eben jenem Gott verlassen worden ist. Warum sonst wäre es von den Römern so gedemütigt worden?

Rom kann mit Herodes trotz allem zufrieden sein. Der „König der Juden“ sorgt für Ruhe in diesem unruhigen Land – wenn es auch die Ruhe des Friedhofs ist. Mit Gewalt setzt er seine Politik, seine Bauvorhaben, seine Steuern durch; beim ersten Verdacht auf Widersetzlichkeit droht die Hinrichtung. So lässt der König im Laufe seiner 33-jährigen Herrschaft sogar sieben eigene Söhne ermorden, weil er sie für Verschwörer hält. Doch als Herodes Ende März oder Anfang April des Jahres 4 v. Chr. stirbt, droht dem Land ein Flächenbrand.

An vielen Orten sammeln sich die Unzufriedenen, Unruhen, Überfälle, Aufstände brechen los. Der Kaiser muss Truppen entsenden – und nach etlichem Blutvergießen, nach Wirren und Intrigen wird das Land enger ins Imperium eingefügt: Galiläa und eine Nachbarregion werden von Herodes Antipas beherrscht, einem der wenigen Söhne Herodes' des Großen, der allen Mordanschlägen und Verurteilungen zum Exil entgangen ist. Judäa aber wird fortan von einem Präfekten regiert, einem römischen Magistraten, der nur dem Kaiser und dem Gouverneur der Nachbarprovinz Syria untersteht.

Der religiöse Alltag bleibt in den Jahren der Zeitenwende noch unangetastet. Jerusalems Tempel ist weiterhin das spirituelle Zentrum des Volkes, der dortige Hohepriester seine oberste Autorität.

König Herodes der Große, der Vater von Herodes Antipas, baut ab dem Jahr 21 v. Chr. den Tempel in Jerusalem – hier ein Modell des zentralen Heiligtums – zu einem der größten antiken Sakralbauten aus. Doch der Herrscher gilt vielen Untertanen trotzdem als Marionette des heidnischen Roms.

Römische Münze, 70 n. Chr. Die Vorderseite zeigt das Porträt Kaiser Vespasians, die Rückseite eine trauernde Frau unter einer Palme als Symbol des besiegten Judäa. Umschrift: JUDAEA CAPTA.

Die Synagoge dagegen ist eine Institution, die in jenen Jahrzehnten erst langsam entsteht. Für diese Zeit kann man den Begriff am ehesten mit „Versammlungsplatz" übersetzen – und damit muss kein eigens zu diesem Zweck errichtetes Bauwerk gemeint sein; schon ein Hof oder ein freier Platz vor ein paar Hütten mag ausreichen, die Gemeinde zusammenzuführen.
In der Synagoge lesen Gelehrte aus der Tora und übertragen sie dabei zugleich vom Hebräischen ins volkstümliche Aramäisch. Als Versammlungsplatz und als Ort religiöser und rechtlicher Belehrung – denn die Tora ist ja nicht nur religiöser Text, sondern auch Gesetzeswerk – ist die Synagoge wichtig, doch sie gehört noch nicht zum unverzichtbaren Bestand des Judentums. Aus dem 1. Jahrhundert n. Chr. haben Archäologen bis heute im jüdischen Kernland nur eine einzige Synagoge freigelegt, in der kleinen Ortschaft Gamla auf dem Golan. Da in den Evangelien öfter von Synagogen geschrieben wird, mag es sie schon in vielen, vielleicht allen Orten im Land gegeben haben – aber eben nur als Platz oder Hof und als solcher heute nicht mehr von den Forschern als Synagoge identifizierbar. Die Juden, die damals im Ausland leben, auch das können Ausgräber belegen, bauen dagegen schon häufiger Synagogen. Sie, die in Rom oder Alexandria wohnen, in Damaskus oder Karthago, sind dem Jerusalemer Tempel ferner. In ihrer religiösen Praxis gewinnt die Synagoge bereits stärker an Bedeutung.
Das zweite Zentrum für fast jeden Juden bleibt die Familie: In ihr etwa werden die wichtigen Feste begangen wie Passah, in ihrem Rahmen verbringt man am liebsten den Sabbat. Oft werden – etwa bei Bauern, Fischern oder Handwerkern – Arbeit und Einkommen gemeinschaftlich erwirtschaftet. Der Bauer bestellt mit seinen Söhnen die Felder, der Fischer bemannt seine Boote mit Angehörigen, der Zimmermann lernt seinen Ältesten an. Mehrere Generationen leben unter den Dächern der Anwesen, die sich mit ihren fast fensterlosen Außenmauern auch physisch von der Umwelt abschotten.

Titus, Sohn des Feldherrn und späteren Kaisers Vespasian, erobert 70 n. Chr. Jerusalem. Seine Legionäre plündern die Stadt – und rauben auch den siebenarmigen Leuchter aus dem Tempel.

Die abgebildete Darstellung befindet sich auf der Innenseite des zu Ehren des Titus errichteten Triumphbogens am Forum Romanum.

Der Fall Jerusalems ist die große Zäsur

In Judäa und Galiläa wachsen die Spannungen zwischen Juden und Heiden. Im Jahr 66 n. Chr. erheben sich schließlich die Juden gegen Roms Joch. Die verbissen geführten Kämpfe ziehen sich über Jahre hin – doch 70 n. Chr. erobert der Feldherr und spätere Kaiser Titus Jerusalem, zerstört den Tempel und versklavt einen erheblichen Teil der Bevölkerung. Aufständische halten sich noch bis 73 n. Chr. in der Felsenfestung Masada, doch die Zerstörung Jerusalems ist trotzdem die große Zäsur der jüdischen Geschichte: Zwar bleiben stets Juden im Heiligen Land, doch für fast zwei Jahrtausende werden sie fortan keinen eigenen Staat mehr gründen können. Mit dem Jahr 70 beginnt die eigentliche Diaspora, die „Verstreutheit" über die Welt. Nun verlassen viele Einwohner das Land und nutzen die Reisefreiheit im Römischen Reich.

Juden siedeln schon lange in den Metropolen der östlichen Mittelmeerhälfte, zum Beispiel in Alexandria, aber auch schon in Rom. Nun bilden sich große Gemeinden auch andernorts – in Europa vor allem auf der spanischen Halbinsel und in Südfrankreich. Sechs bis sieben Millionen Juden leben im Imperium Romanum zur Kaiserzeit, etwa zehn Prozent der Bevölkerung.

Zwischen den Jahren 70 und 100 bilden sich aus einem Zirkel jüdischer Schriftgelehrter um Jochanan ben Zakkaj die Rabbiner heraus: „Rabbi", „Meister", werden jene Gelehrten genannt, die fortan in den Gemeinden religiöse und rechtliche Fragen kraft ihrer Autorität entscheiden.

In den Schulen der Rabbiner entstehen in den Jahrhunderten der Spätantike weitere grundlegende Textsammlungen. Denn längst nicht alle Fragen können allein anhand der Tora geklärt werden. Über die Generationen hat sich eine gewaltige mündliche Tradition entwickelt. Rabbiner gehen nun daran, diese zu ordnen und niederzuschreiben. Zunächst entsteht um 220 die Mischna, später der – nach der Schule der Rabbiner so benannte – palästinensische Talmud („Lehre"). Die umfang- und folgenreichste Sammlung jedoch wird der im 7. Jahrhundert vollendete babylonische Talmud.

Im Gegensatz zur positiven *religiösen* Entwicklung des spätantiken Judentums bleibt die *politische* Lage prekär, ja sie verschlechtert sich weiter. Noch einmal erheben sich die Einwohner Jerusalems gegen Rom: Unter Fürst Simon bar Kochba bricht im Jahr 132 der letzte Aufstand gegen das Imperium aus. Drei Jahre später haben Legionen die Rebellen geschlagen.

Die Folgen sind verheerend: Jerusalem wird zur römischen Garnisonsstadt Aelia Capitolina erklärt, der Zutritt ist Juden verboten. Bis auf einige wenige Tausend Menschen gehen nun alle Juden in die Diaspora. Die Römer nennen die Provinz fortan Syria Palaestina – erst seitdem hat sich die Bezeichnung „Palästina" für diesen Teil des Nahen Ostens eingebürgert.

Antike Spuren weisen auch nach Deutschland

Noch in antiker Zeit gelangen die ersten Juden nach „Deutschland": Die römischen Städte an Rhein und Mosel sowie in Süddeutschland – Köln, Xanten, Bonn, Trier, Augsburg etwa – sind Standorte der Legionäre und Zentren von Handel und Gewerbe. Wahrscheinlich, doch schwer zu belegen, dass schon im 1. oder 2. Jahrhundert n. Chr. auch hier jüdische Gemeinden entstehen. Es sind die ersten Gemeinden außerhalb des Mittelmeerraums und des Nahen Ostens. Nur wenige Zeugnisse haben sich erhalten. In Trier zum Beispiel eine tönerne Öllampe aus dem 4. Jahrhundert n. Chr., verziert mit einem Abbild des siebenarmigen Leuchters. Zwei Dekrete des Kaisers Konstantin (Reg. 306–337) vom 11. Dezember 321 und 1. Dezember 331 richten sich an eine offenbar recht große und alte Gemeinde in Köln. Ausdrücklich erwähnt der Herrscher auch „den Rabbiner und die Väter der Synagoge".

Jüdische Münze, geprägt im Bar-Kochba-Aufstand (132–135 n. Chr.), der letzten Rebellion gegen Rom. Vorderseite mit Toraschrein und Tempelfassade, Rückseite mit einem Kelch.

Die dunklen Jahrhunderte des Frühmittelalters

Den Zusammenbruch des Imperium Romanum im 5. Jahrhundert überstehen die Gemeinden vor allem in den römischen Städten, die noch am wenigsten vom allgemeinen Niedergang der Zivilisation betroffen sind: in den Zentren Oberitaliens, Südfrankreichs und Spaniens.

Eine entscheidende Änderung trifft die Gemeinden nun – und wird ihr Schicksal für viele Jahrhunderte bestimmen. Die Kaiser des Römischen Reiches, selbst die christlichen Herrscher in der Nachfolge Konstantins, haben den Juden bürgerliche Gleichberechtigung und eine gewisse innere Autonomie der Gemeinden zugestanden. Als mit dem Kaisertum auch die staatlichen Institutionen im Westen und Norden des ehemaligen Imperiums erlöschen, übernimmt die Kirche mehr und mehr deren Funktionen. Bischöfe oder Äbte beispielsweise werden Landesherren, die geistliche und weltliche Macht vereinen.

Seit dem 1. nachchristlichen Jahrhundert wird die Synagoge als Versammlungsplatz und als Ort religiöser und rechtlicher Belehrung zum unverzichtbaren Bestand des Judentums. Das rechts abgebildete Mosaik stammt aus der Synagoge in Bet Schean in Palästina aus dem 6. Jahrhundert. Es stellt die Fassade eines Gebäudes dar, das einen kleineren Schrein mit einem Schleier davor beherbergt. Wahrscheinlich erinnert dieses Bild an den verlorenen Tempel von Jerusalem und den heiligen Schrein, der in seinem Innern stand. Auf jeder Seite sind eine Menora, ein Schofar und eine Weihrauchschaufel abgebildet. Alle diese Gegenstände dienten dem Tempelritual.

Die Kirche aber ist gegenüber den Juden weit weniger tolerant als der Kaiser. Schon im Jahr 306 verbietet eine Synode im spanischen Elvira Christen die Ehe, ja das gemeinsame Mahl mit Juden. Weitere Regelungen folgen. Die dritte Synode von Orléans untersagt im Jahr 538 den Juden, sich zwischen Gründonnerstag und Ostermontag in der Öffentlichkeit zu zeigen.
Diese Diskriminierungen werden noch von keiner zentralen kirchlichen Instanz befohlen. Sie gelten nur für bestimmte Territorien oder neu gegründete Germanenreiche – die Regelung von Orléans etwa für das hauptsächlich in Spanien liegende Westgotenreich. Und es ist oft unklar, wie lange und wie genau diese Vorschriften im Alltag dann auch tatsächlich angewendet werden. Doch langsam bildet sich ein Muster heraus: Juden werden von der Kirche diskriminiert und rechtlich an den Rand gedrängt.
In der chaotischen, unsicheren Zeit der aus den einfallenden Germanenstämmen nur langsam emporwachsenden neuen Reiche –

in jener Epoche, die den Übergang zwischen Antike und Mittelalter markiert – leben Juden als Handwerker, Gelehrte und Händler in größeren Städten. In kleineren Ortschaften oder als Bauern auf dem Land verstreut findet man sie nirgends.

Einige wenige Juden sind allerdings wohl schon zu dieser Zeit Fernhändler und befördern mit Maultierkarawanen kostbare Frachten quer durch Europa. Sicherlich hilft es ihnen, dass sie sich überall dort, wo sie sich niederlassen, der Volkssprache bedienen, zugleich aber das Hebräische weiter pflegen. Dies wird, neben dem Latein der Kirche und der wenigen Gelehrten, die zweite „lingua franca", die zweite Universalsprache des Mittelalters.

Und womöglich haben in jenen durch schriftliche Quellen nur spärlich erhellten und deshalb „finsteren" Jahrhunderten auch jüdische Gemeinden im zukünftigen Deutschland überdauert. Manche möglicherweise erloschene Zentren, vor allem an Rhein und Donau, mögen schon früh durch Neueinwanderer aus Frankreich und Italien wiederbegründet worden sein. Belegen lässt sich das allerdings erst für das 9. Jahrhundert.

Überhaupt werden zur Zeit Karls des Großen (Reg. 768–814) die Spuren wieder deutlicher. Jüdische Kaufleute lassen sich für Unternehmungen nachweisen, die im 8. und 9. Jahrhundert vom Rhein bis nach Polen und noch weiter östlich führen. Jüdische Fernhändler – in arabischen Quellen „Radaniten" genannt – bringen Luxuswaren aus Zentralasien, vielleicht sogar direkt aus China, bis nach Aachen. Und als Karl der Große im Jahr 801 eine dreiköpfige Delegation zum Kalifen Harun al-Raschid nach Bagdad entsendet, überlebt die Strapazen der einjährigen Reise nur einer: der „Jude Isaak", wie der Autor der Fränkischen Reichsannalen ihn nennt. Er, über den wir sonst praktisch nichts wissen, ist vielleicht der erste Jude, der an einem „deutschen" Fürstenhof Karriere gemacht hat.

Irgendwann im Mittelalter kommt der Begriff „Aschkenasim" auf. Er bezeichnet fortan die Juden, die in Kontinentaleuropa nördlich der Alpen leben. Im Mittelalter erst werden auch die Quellen wieder zahlreicher – sodass man nach der Zeit Karls des Großen eine „Geschichte der Juden in Deutschland" schreiben kann.

Abschrift eines Dekrets des römischen Kaisers Konstantin vom 11. Dezember 321, das der Herrscher für die wahrscheinlich recht bedeutende jüdische Gemeinde der Stadt Köln ausstellt. Es ist das älteste Zeugnis für die Existenz jüdischer Gemeinden in den germanischen Provinzen des Römischen Reiches, also in dem geografischen Raum, aus dem später Deutschland wird. Auch in anderen europäischen Regionen, etwa in Spanien und Italien, gibt es zu dieser Zeit schon eine Vielzahl jüdischer Siedlungen.

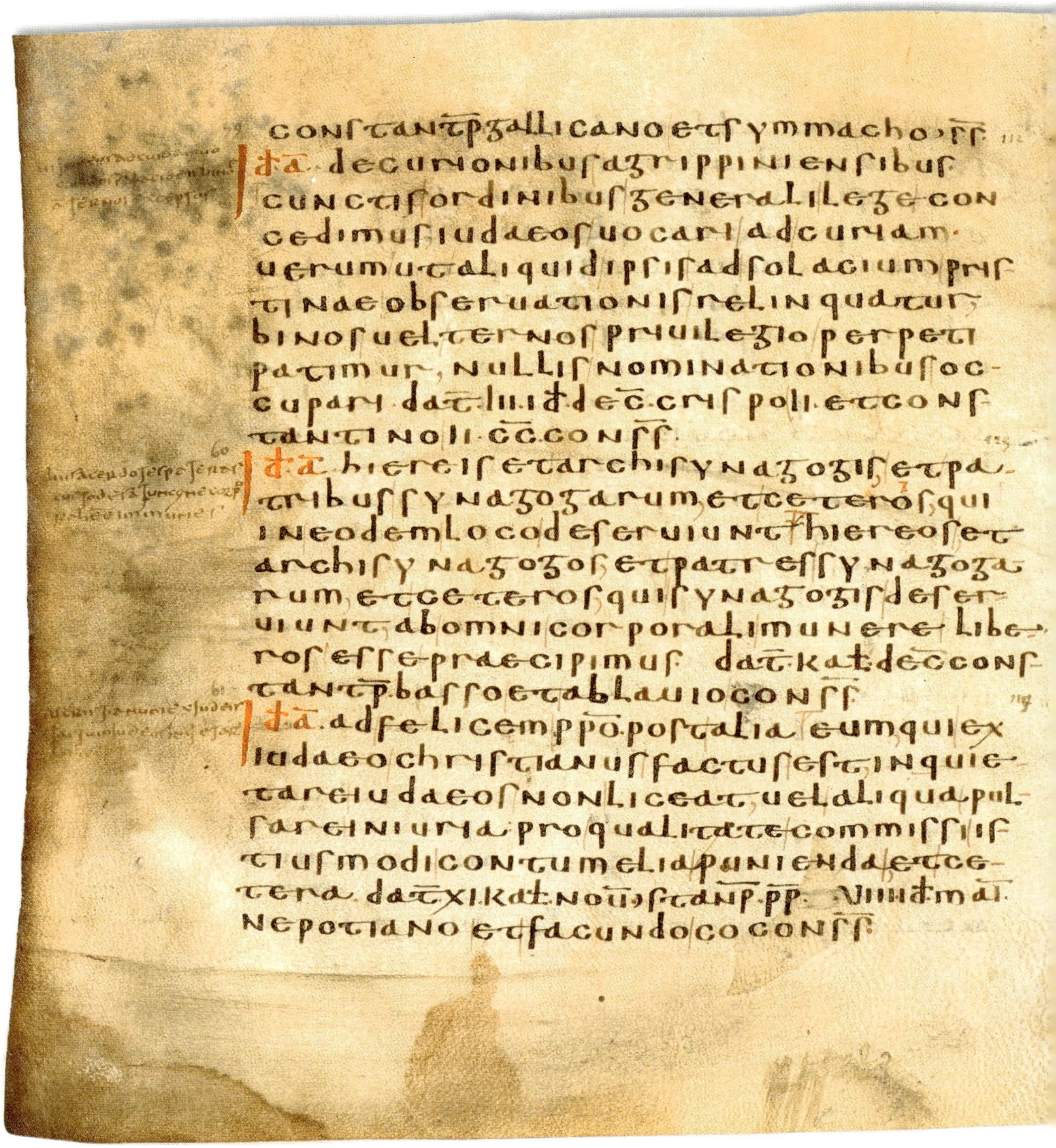
constant p gallicano et symmacho css
id a decurionibus agrippiniensibus
cunctis ordinibus generali lege con
cedimus iudaeos uocari ad curiam
uerum ut aliqui di ipsis ad solacium pris
tinae obseruationis relinquatur
binos uel ternos priuilegio perpeti
patimur nullis nominationibus oc
cupari dat iii id dec crispo ii et cons
tantino ii cc conss
id a hiereis et archisynagogis et pa
tribus synagogarum et ceteros qui
in eodem loco deseruiunt hiereos et
archisynagogos et patres synagoga
rum et ceteros qui synagogis deser
uiunt ab omni corporali munere libe
ros esse praecipimus dat kal dec cons
tant p basso et ablauio conss
id a ad felicem ppo post alia eum qui ex
iudaeo christianus factus est inquie
tare iudaeos non liceat uel aliqua pul
sare iniuria pro qualitate commissi is
tius modi contumelia punienda et ce
tera dat xi kal nou constant pp uiminaci
nepotiano et facundo coss

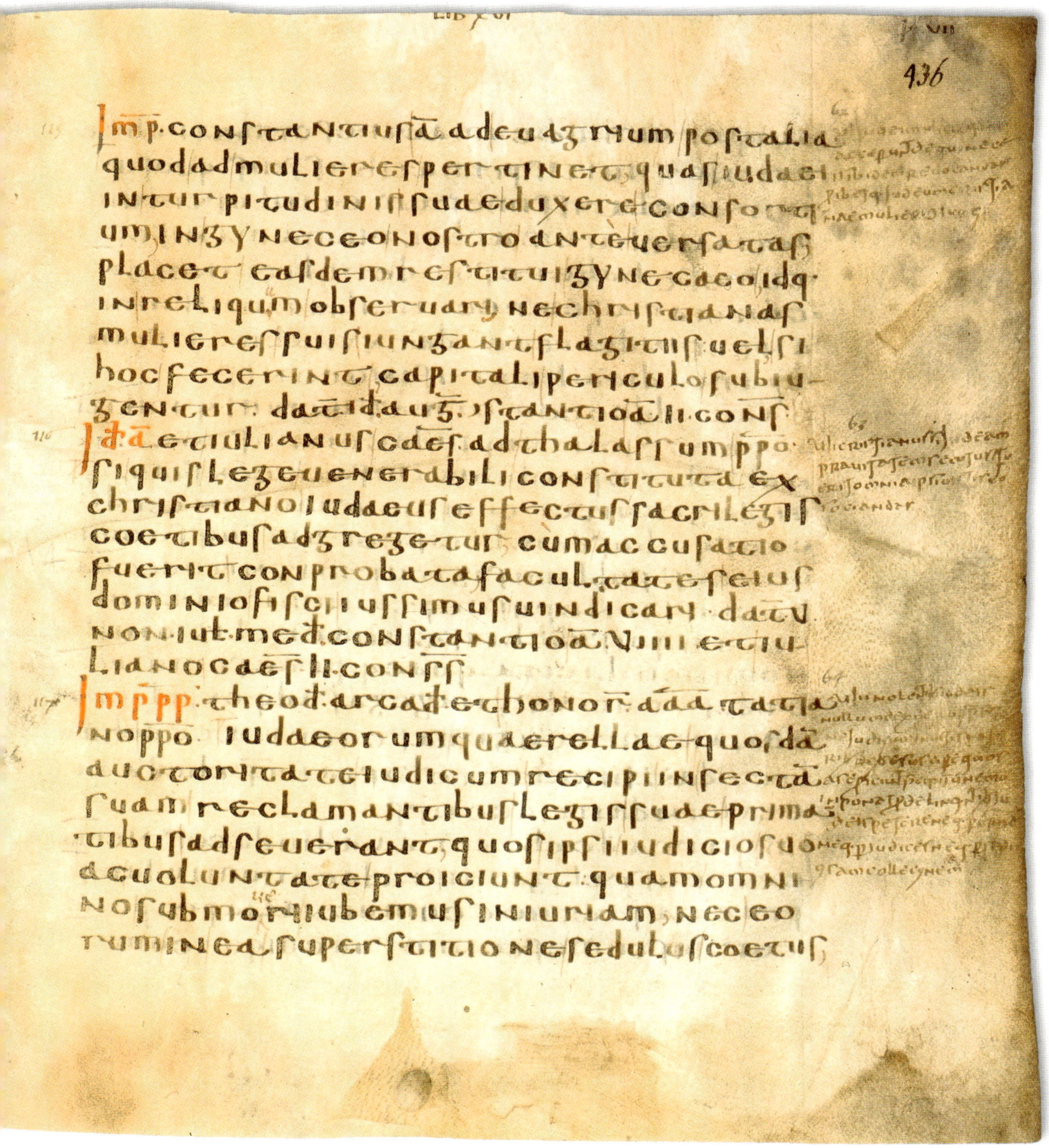
LIB XVI
436
Imp. constantius a. ad euagrium post alia
quod ad mulieres pertinet, quas iudaei
in turpitudinis suae duxere consorti-
um in gynaeceo nostro ante versatas
placet easdem restitui gynaeceo idq(ue)
in reliquum observari, ne christianas
mulieres suis iungant flagitiis vel si
hoc fecerint, capitali periculo subiu-
gentur. dat. id. aug. constantio a. II cons.
Idem a. et iulianus caes. ad thalassium ppo.
si quis lege venerabili constituta ex
christiano iudaeus effectus sacrilegis
coetibus adgregetur, cum accusatio
fuerit conprobata facultates eius
dominio fisci iussimus vindicari. dat. V
non. iul. med. constantio a. VIIII et iu-
liano caes. II conss.
Imppp. theod. arcad. et honor. aaa. tatia-
no ppo. iudaeorum querellae quosdam
auctoritate iudicum recipi in sectam
suam reclamantibus legis suae prima-
tibus adseverant, quos ipsi iudicio suo
ac voluntate proiciunt. quam omni-
no submoveri iubemus iniuriam, nec eo-
rum in ea superstitione sedulus coetus

Christentum und Judentum

Wolfgang Grünberg

„Christentum" ist ein historischer und geistesgeschichtlicher Begriff, der weit mehr umfasst als die christliche Religion oder die christlichen Kirchen. Schon der Name verweist auf ein bleibendes Verwandtschaftsverhältnis mit dem Judentum. Denn der Jude Jesus von Nazareth ist als Christus Mitte und Bezugspunkt des Christentums. Das Christentum ist Inbegriff all dessen, was (subjektiv oder objektiv) als christlich tituliert wird, zum Beispiel Kunst, Kultur, Philosophierichtungen, Ethiken, Kirchen. Christós, griechische Übersetzung des hebräischen Nomens meschiah, bedeutet „Gesalbter" und verweist auf jüdische Salbungsrituale für Könige, Hohepriester und – selten – Propheten im Rahmen ihrer Inthronisation. Ferner symbolisiert er göttliche Geistverleihung.
Die öffentliche Verkündigung des Wanderpredigers und Rabbi Jesus hat die römische Justiz durch seine Kreuzigung als politischer Aufrührer gewaltsam unterbunden. Das Kreuz ist darum das zentrale Ursymbol aller „christiani" (so die reichsamtliche Bezeichnung in römischen Texten um 100 n. Chr.). Christen erfuhren und glaubten in der Kreuzigung Jesu nicht dessen definitives Ende, sondern eine grundstürzende Wende, einen neuen Schöpfungsakt, nämlich die Auferstehung des Gekreuzigten als Christus. Die Botschaft des Rabbi Jesus war damit göttlich legitimiert und zielte auf den Ruf, die Überwindung aller Todesmächte durch Gottes schöpferischen Geist weiter kundzutun in alle Welt. Damit war ein Universalismus angelegt, der die Beschränkung auf das auserwählte jüdische Volk aus prinzipiellen Gründen aufhob. Das führte zur allmählichen Abkehr von der Beschneidung. An ihre Stelle trat die Taufe.
Gleichwohl verstanden sich die ersten Christen als eine Reformgruppe innerhalb des jüdischen Spektrums und die Synagoge als gegebenen Ort auch judenchristlicher Schriftauslegung und Lehre. Andererseits praktizierte der vom Saulus zum Paulus gewandelte ehemalige Pharisäer die Weitergabe des Christusgeistes an die „gojim", die Heiden. Beide Wege wurden auf dem ersten, dem sogenannten Apostelkonzil um 49 n. Chr. (Apostelgeschichte 15 und Galater 2) akzeptiert und damit auch ein früher innerchristlicher Pluralismus. Das Christentum ist darum auch als „modifiziertes Judentum für Nichtjuden" interpretierbar.
Die allmähliche Trennung von Synagoge und Kirche entwickelte sich vor allem in zwei Schritten: Viele „christiani" hielten sich nicht mehr an die rituellen Speisevorschriften der Tora. Sodann überschritten sie durch Mission und Taufe unter den Nichtjuden („Heiden") die Bindung an die konstitutive jüdische Abstammung.
Das frühe Christentum bildete bis zur politischen Erhebung als Staatsreligion durch den römischen Kaiser Theodosius I. (381 n. Chr.) drei Kennzeichen aus:
1. Das Taufsymbol als Bekenntnis zum dreieinigen Gott: Vater, inkarnierter Sohn und gegenwärtiger Heiliger Geist.
2. Die Geistesgegenwart Gottes wurde als Zuspruch und Anspruch erfahrbar durch Auslegung der Heiligen Schriften (das heißt der Bibel aus beiden Testamenten), durch Sakramente (anfänglich Taufe, Buße und Herrenmahl) und durch den Festkalender, bei Aufnahme und Uminterpretation jüdischer Vorbilder wie zum Beispiel Passah (Ostern) und Sabbat (Sonntag, als Auferstehungstag). Dem entsprach eine ethische Orientierung am Doppelgebot der Gottes- und Nächstenliebe (3. Mose 19,18; 5. Mose 6,5 beziehungsweise Matthäus 22,37) als innerer Mitte der Zehn Gebote (2. Mose 20; 5. Mose 5) und ihrer Aktualisierung in der Bergpredigt (Matthäus 5–7). Die enge Anknüpfung an die jüdische Kult- und Moraltradition wird damit deutlich dokumentiert.
3. Die Institutionalisierung der Kirche wurde gesichert durch ein hierarchisches Ämter-

system (Bischof, Priester, Diakon). Dem Bischof von Rom kam als Nachfolger Petri zunächst nur ein Ehrenprimat als Erster unter Gleichen (primus inter pares) zu. Daraus entwickelte sich das monarchische Papstamt, das die anfänglich konstitutive und letztentscheidende Rolle ökumenischer Konzile als oberster Entscheidungsinstanz der Kirche entwertete. Es gab aber dennoch zwischen allen Christentümern – dem römischen Katholizismus, seit 1054 auch der Ostkirche (Byzanz) und seit 1530 dem Protestantismus in seinen Varianten (Luthertum, Reformierte, Täuferkirchen, Freikirchen, Pfingstler und so weiter) – eine gemeinsame normative Basis: den sogenannten consensus quinque saecularis (die ersten fünf ökumenischen Konzile).

Erst nach der Katastrophe der Schoah wurde die Frage nach dem Verhältnis von Christentum und Judentum als Schlüssel für das Selbstverständnis des Christentums wieder allgemein bewusst. Religiöser Antijudaismus, dessen Spuren auch im Neuen Testament zu finden sind, steht neben zentralen Aussagen, die das Christentum auf das von Gott für immer erwählte Israel als seine bleibende Wurzel verweisen („Das Heil kommt von den Juden", Johannes 4,22 und andere).

Spätestens seit dem Zweiten Vatikanischen Konzil (1962–1965) haben fast alle Zweige des Christentums sowohl ihren Anteil an der Vorgeschichte der Schoah anerkannt – etwa die frühe Verquickung von Kolonialismus und Gewalt gegen die Juden wie in Spanien 1492 oder der massive Antijudaismus beim späten Luther. Die These, das Christentum sei anstelle des Judentums zum auserwählten Volk Gottes geworden, wurde aufgegeben. Denn diese These hat oft genug als Legitimation von Ausgrenzung und Verfolgung, von Gewalt und Vernichtung gedient.

Positiv gewendet: Das Christentum bleibt – um seiner eigenen Identität willen – auf das Judentum als nächstem Verwandten (mal als Generations-, mal als Geschwisterverhältnis gedeutet) bezogen. Auf dem Gebiet der Ethik und ihrer Begründung besteht zwischen Juden und Christen weithin Konsens: Der Gerechtigkeit und Treue Gottes zu den Menschen entspricht das Doppelgebot der Liebe als Basis allen ethischen Handelns.

Auf dem Gebiet der Glaubensinhalte gibt es, zum Beispiel im Blick auf die These der Messianität Jesu Christi, weiter Differenzen und Diskussionen.

Im Blick auf die Strukturen von Synagoge und Kirche gibt es analoge innerjüdische und innerchristliche Differenzen. So bleiben Frauen für die jüdische Orthodoxie, den römischen Katholizismus und die Ostkirche vom Priesteramt ausgeschlossen, während das liberale Judentum und viele protestantische Zweige des Christentums auch Rabbinerinnen und Pfarrerinnen beziehungsweise Bischöfinnen kennen. Hierin mag sich auch eine jeweils unterschiedliche Adaptation von Aufklärung und Demokratie in den verschiedenen Richtungen auswirken.

Das Diktum Elie Wiesels, durch Auschwitz sei das Christentum gestorben, bleibt Stachel einer Neubesinnung des Christentums nach Auschwitz. Umgekehrt ist die enge Verwandtschaft von Judentum und Christentum im Blick auf die übrigen Weltreligionen und Ideologien wieder ins allgemeine Bewusstsein getreten. Daraus resultiert eine besondere Verantwortung, wie sie im Einzelnen auch vielerorts praktiziert wurde und wird.

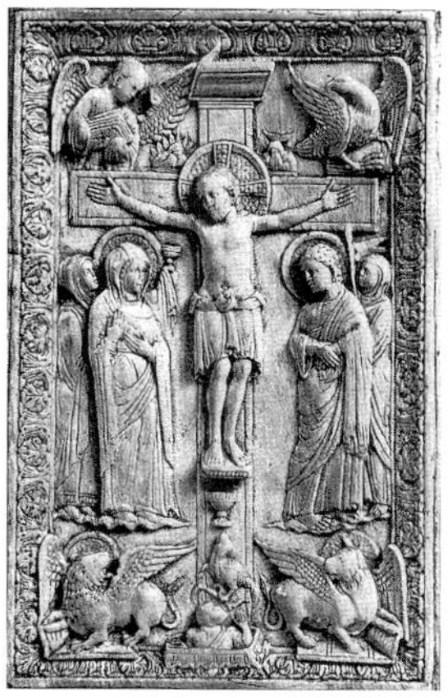

Noch im 11. Jahrhundert, wie auf diesem Elfenbein-Buchdeckel eines Kölner Evangeliars von zirka 1050, standen die Personifikationen der Synagoga (auf der rechten Seite hinter Johannes) und der Ecclesia – der Kirche – (auf der linken Seite hinter Maria) gleichberechtigt unter dem Kreuz. Die Darstellung belegt, dass ein friedliches Nebeneinander von Christentum und Judentum auch theologisch vertretbar war.

Juden in Deutschland im Mittelalter (800–1350)

Arno Herzig

Die Anfänge der über tausendjährigen Geschichte der Juden in Deutschland wurden von der historischen Tradition in die Antike verlegt, und zwar in das spätrömische Köln. Doch ist dies eher ein Gründungsmythos. Als Gründungsmythos muss auch die Erzählung gelten, wonach der Jude Kalonymos Kaiser Otto II. (Reg. 973–983) in der Schlacht bei Cotrone 982 das Leben gerettet und der Kaiser deshalb dessen Familie nach Deutschland mitgenommen habe. Immerhin berichtet der sächsische Chronist Thietmar von Merseburg diese Sage. Wahr an ihr ist, dass sich seit dem 10. Jahrhundert jüdische Familien aus Italien und Südfrankreich am Rhein, an der mittleren Elbe um Magdeburg und an der Donau als Kaufleute niederließen, nachdem sie bereits in karolingischer Zeit als Wanderkaufleute am Hof eine Rolle gespielt hatten. Es gab zu dieser Zeit kaum Städte in Deutschland bis auf die Bischofssitze, die gemäß römischer Tradition in urbanen Zentren liegen sollten. Und so waren es vor allem die Bischöfe, wie die von Mainz, Worms, Magdeburg, Merseburg und Regensburg, die im 10. Jahrhundert die Ansiedlung jüdischer Kaufmannsfamilien begünstigten, um durch die Entwicklung eines überregionalen Marktes ihren Kathedralstädten eine größere Bedeutung zu geben. Die Häuser der Juden lagen in den Vorstädten der Bischofsburgen, vielfach – wie in Köln – in der Nähe der Rathäuser und der Handelsstraßen, wo sich der Markt abspielte. Jüdische Gemeinden als geschlossene Viertel mit der Synagoge als Zentrum entstanden erst später.

Die mittelalterliche Gesellschaft war eine Privilegiengesellschaft. Der König verlieh einzelnen Personen oder einzelnen Gruppen unterschiedliche Rechte, eben Privilegien; und die waren für die Juden recht günstig. Es gab keine rechtliche Benachteiligung oder Freiheitsminderung, sodass man von einer „weitreichende[n] rechtliche[n] Gleichstellung der Juden mit den christlichen Bürgern“ sprechen kann, was allerdings nicht bedeutete, dass die Juden volles Bürgerrecht besaßen.[1] Sie gehörten nicht zum Bürgerstand. Ein wichtiges Privileg war das Marktschutzrecht, das den jüdischen Händlern, aber auch den christlichen „Lombarden“, das waren privilegierte christliche Kaufleute, erlaubte, an sie gekommenes Diebesgut nur gegen Entschädigung an den ehemaligen Besitzer zurückzugeben. Kaiser Heinrich IV. (Reg. 1056–1105), der im 11. Jahrhundert dieses Privileg verlieh, griff damit auf jüdisches Recht zurück. Das Marktschutzrecht sollte zur wirtschaftlichen Entwicklung der (Bischofs-) Städte beitragen, hat aber verständlicherweise häufig zu Konflikten geführt. Antisemitische Darstellungen des 19. und 20. Jahrhunderts polemisierten deshalb später gegen dieses „Hehlerrecht“, wie sie es nannten.

Privilegien bedeuteten (Vor-) Rechte, nicht aber automatisch auch Schutz. Der Schutz der Juden, und damit die Verfügungsmacht über sie, lag beim Kaiser, aber auch bei den bischöflichen Stadtherren. Trotz aller Anstrengungen konnten diese bei dem ersten großen Konfliktfall, dem Kreuzzugspogrom von 1096, den Schutz der Juden vor der mordenden Menge nicht durchsetzen. Das 10. und 11. Jahrhundert waren bis dahin jedoch weitgehend konfliktfrei verlaufen. Auffällig ist die rasche Zunahme der jüdischen Bevölkerung während dieser Zeit. Waren es im 10. Jahrhundert in Deutschland 4000 bis 5000 jüdische Personen, so schätzt man bis 1096 ihr Anwachsen auf 20 000 bis 25 000 Seelen, die in 13 bekannten Orten siedelten. Der rasche Anstieg ist durch den eigenen Nachwuchs, vor allem aber durch Zuzug aus West- und Südeuropa entstanden, nicht durch Übertritte zum Judentum, wie auch behauptet wird. So bildete sich in Mittel- und Nordeuropa ein neues jüdisches Zentrum heraus, das allerdings mit den traditionellen jüdischen Zentren im Zweistromland und im iberischen Bereich weder in seiner geistigen Bedeutung noch zahlenmäßig konkurrieren konnte. Der biblische Begriff „Aschkenas", der für dieses neue Zentrum gebraucht wurde, bezog sich ursprünglich auf Assyrien und Armenien. Aber bereits Kaiser Otto I. (Reg. 936–973) wird in hebräischen Quellen als „aschkenasischer König" bezeichnet. Auch England wurde im 11. Jahrhundert zu Aschkenas gerechnet. Im Hoch- und Spätmittelalter deckt sich der Begriff mit dem Römischen Reich deutscher Nation; im Spätmittelalter wurde er auch auf Norditalien und Polen ausgedehnt.

Im 10. Jahrhundert bestand die Tätigkeit der Juden primär im Fernhandel. Vom Lehnswesen und den damit verbundenen Aufstiegschancen blieben Juden ausgeschlossen, da sie den mit der Lehensnahme verbundenen christlichen Eid nicht leisten konnten. Eingeschränkt war damit auch der Besitz von Boden; doch waren jüdische Weinbergbesitzer nicht selten, da die Herstellung von koscherem Wein durch Christen nicht gewährleistet war. Die jüdischen Fernhändler versorgten den lokalen Markt mit Produkten, die von den Produzenten der nächsten Nachbarschaft nicht angeboten werden konnten, so Edelmetalle, Gefäße, Häute, Rohwolle, aber auch fertige Kleider und Kleidungsstücke; soweit regional nicht vorhanden, auch Wein und gesalzener Fisch. Eine bedeutende Rolle spielte der Geldwechsel fremder Währungen, nicht aber die Geldleihe; denn in keiner der über 300 zeitgenössischen rabbinischen Responsen, das meint die Rechtsauskünfte der Rabbiner, ist von Zinsleihe die Rede. Wohl schon zu dieser Zeit standen Juden christlichen Patienten als Ärzte und auch als Arzneihändler zur Verfügung.

Jüdische Lebensweise

Selbst wenn sich die jüdischen Gemeinden erst allmählich entwickelten, erforderten die jüdischen Gesetze eine spezifische Infrastruktur, die durch koscher produzierende Schlachter, Brotbäcker, Köche und Weinhändler, durch die Betreiber des rituellen Bades, die Synagogendiener und die Verantwortlichen für die Friedhöfe gewährleistet wurde. Außerdem gab es jüdische Dienstboten, sodass schon für diese frühe Zeit von einer sozialen Differenzierung der jüdischen Einwohner auszugehen ist. Die Oberschicht stellten die Fernhändler, zu deren Familien auch die Gelehrten zählten. Letztere standen zunächst in der Tradition der südeuropäischen und orientalischen jüdischen Zentren, entwickelten aber bald auch ein eigenes geistiges Potenzial, so vor allem in der Auslegung der Halacha, das heißt der Rechtsquellen. Da die aschkenasischen Juden im Gegensatz zur Situation in den traditionellen jüdischen Zentren innerhalb der christlichen Umwelt eine kleine Minderheit darstellten, die sich nur schwer behaupten konnte, hielten sie sich streng an die lokalen beziehungsweise regionalen Traditionen, die sich herausgebildet hatten. Die aschkenasischen Gelehrtenzentren dieser Zeit lagen in Mainz und Worms, bevor im Kreuzzugspogrom von 1096 die dortigen Lehrhäuser zerstört wurden. Die „Weisen von Mainz" wirkten mit ihren Responsen, ihren Bibelkommentaren und synagogalen Hymnen weit über die Stadt hinaus. In Konkurrenz dazu stand die Jeschiwa (Schule) in Worms, wo ihr bedeutendster Vertreter Rabbi Schlomo ben Jizchak (genannt Raschi) und seine Schüler die tossafistische Methode entwickelten, die mit dem dialektischen System von Frage und Gegenfrage eine wichtige Form von jüdischer Wissensaneignung und -weiterentwicklung begründete. Diese Form jüdischer Wissenschaft bot eine fundamentale Methode in der Auseinandersetzung mit der zunehmenden christlichen Polemik. Die Gelehrten waren außerdem auch im Wirtschaftsleben tätig oder wurden von ihren Familien finanziert. Sie waren also keine Beamten der sich im 11. Jahrhundert herausbildenden Gemeinden. An deren Spitze stand der Parnass, der Vorsteher, ihm zur Seite ein Gre-

Schon unter den sächsischen Kaisern kam die jüdische Kalonymos-Sippe aus Italien an den Rhein. Sie gründete mit die ersten jüdischen Gemeinden in Deutschland und stellte auch die jüdischen Gelehrten, die den Ehrentitel „Rabban" trugen. Der Grabstein des Rabbanen Meshullam, Sohn des Rabbanen Kalonymos, von 1020 steht auf dem jüdischen Friedhof in Mainz.

Synagogen wurden im Mittelalter von christlichen Bauleuten errichtet, da die Bauhütten keine jüdischen Mitglieder duldeten. Sie wurden aber mit hebräischen Inschriften versehen wie dieses Kapitell der Wormser Synagoge von 1170.

mium von Vertrauensmännern, die aus den Familien der Reichen kamen.
Im Gegensatz zur orientalischen Tradition waren die aschkenasischen Gemeinden autonom, ein Status, der bis zu ihrer Vernichtung im Spätmittelalter von großer Wichtigkeit war. Die Gemeinde verstand sich als „heilige Gemeinde“, die ein hohes moralisches Niveau zu halten versuchte, und sie erließ deshalb strenge Gesetze. Gegen unerwünschte Neuansiedler konnte sie sich mit dem Bann, dem Ausschluss aus der Gemeinde, zur Wehr setzen. Dieser richtete sich allerdings auch gegen unerwünschte wirtschaftliche Konkurrenz. Die gerichtliche Kompetenz lag bei den Gelehrten, die auf diese Weise an der Gemeindeverwaltung teilnahmen. Gleichzeitig mit den jüdischen Gemeinden entstanden im 11. Jahrhundert die jüdischen Wohnviertel, die nicht von der Obrigkeit erzwungen, sondern auf eigenen Wunsch der Juden wie in Speyer 1084 zum Schutz gegen Diebstähle der mitunter recht teuren Waren mit Mauern umgeben wurden. In der christlichen Mehrheitsgesellschaft fühlten sich die Juden jedoch weniger einer physischen als vielmehr einer geistigen Bedrohung ausgesetzt. Wie aus Rechtsgutachten bekannt, muss es schon im 11. Jahrhundert Taufen jüdischer Gemeindemitglieder gegeben haben, worin aber die jüdischen Gelehrten keine endgültige Trennung vom Judentum sahen, da sie – wie der Wormser Gelehrte Raschi – von dem Satz ausgingen:

Zur Infrastruktur einer jüdischen Gemeinde gehörte das rituelle Reinigungsbad (Mikwe), das von Männern und Frauen benutzt wurde. Für Frauen war es nach der Menstruation und der Niederkunft vorgeschrieben. Eines der ältesten noch erhaltenen Reinigungsbäder ist das von Speyer, das vor 1228 entstand. Eine lange Treppe führt vorbei an Nischen und Sitzgelegenheiten zu einer Tür, hinter der das Bad über eine geschwungene Treppe zu erreichen ist. Für die Mikwe durfte nur natürliches, das meint fließendes Wasser verwendet werden.

„Auch wenn er [der Konvertit] gesündigt hat, so bleibt er dennoch Israelit."[2] Umgekehrt gab es vereinzelt auch Übertritte von Klerikern zum Judentum, wie im Fall des Pfalzdiakons Bodo, was 1012 zu einer zeitweiligen Vertreibung der Juden durch König Heinrich II. (Reg. 1002–1024, ab 1014 als Kaiser) aus Mainz führte.
Auch wenn die Juden im christianisierten antiken und später dann mittelalterlichen Römischen Reich als einzige nichtchristliche Konfession zugelassen waren (religio licita), bestand dennoch weiterhin das Konkurrenzverhältnis, das mit der Trennung der beiden Religionen im 1. Jahrhundert aufgekommen war. Das spätantike und frühmittelalterliche Judentum wurde durch einen polemischen Dialog mit dem Christentum geprägt; trotzdem kam es im 10. Jahrhundert in Deutschland nicht wie in Südfrankreich zu Verfolgungen, sondern es herrschte eine „gute nachbarschaftliche Beziehung zwischen den Christen und der jüdischen Minorität".[3]

Die Kreuzzugspogrome

Nach nahezu 200 Jahren beendete jedoch das Kreuzzugspogrom von 1096 dieses friedliche Nebeneinander. Dass die Juden in den rheinischen Städten die Warnungen ihrer französischen Glaubensbrüder vor dem Kreuzfahrerheer nicht ernst nahmen, hing wohl mit der bis dahin erlebten friedlichen Nachbarschaft zusammen. Für die französischen Kreuzfahrer dagegen, die auf den deutschen Handelsstraßen am Rhein entlang gen Jerusalem zogen, waren die Juden „Erzfeinde und Mörder unseres Erlösers".[4] Vom Bischof von Speyer abgesehen, vermochten die Bischöfe der rheinischen Städte ihre Juden nicht zu schützen, wie auch der Kaiser nicht, der sich zu dieser Zeit in Italien aufhielt. Mit den Soldaten des Bischofs zusammen wehrten sich die Juden gegen die Kreuzfahrer, wurden aber überwunden und entweder zur Taufe gezwungen oder ermordet. Zahlreiche Männer und Frauen entzogen sich mit ihren Kindern durch Selbstmord der Zwangstaufe, obgleich dies nach dem strengen jüdischen Religionsgesetz nicht erlaubt war. Sie wollten so „den göttlichen Namen heiligen" (Kiddusch ha-Schem). Dieser grausame Schritt war von dem Gedanken bestimmt, durch das Blut der Märtyrer die baldige messianische Rache zu bewirken, fühlten sich die Juden in Deutschland doch gerade in diesem Jahr 1096 in naher Erwartung des Messias. 5000 Juden wurden ermordet, allein in Mainz kamen ungefähr 1200 um. Auch in Worms wurde die Gemeinde fast vernichtet.
Als Kaiser Heinrich IV. aus Italien zurückkehrte, erlaubte er den zwangsgetauften Juden, zum Judentum zurückzukehren, und sorgte dafür, dass sie ihr gestohlenes Gut zurückbekamen. In seinem Landfrieden von 1103 stellte er die Juden unter seinen besonderen Schutz. Als 1146/47 Kreuzfahrer des 2. Kreuzzuges erneut Juden angriffen, trat der einflussreiche Zisterziensermönch Bernhard von Clairvaux (um 1090–1153) den Hetzpredigten seiner Mitbrüder entgegen und verhinderte so ein neues Pogrom. Dennoch bedeuteten die Kreuzzüge einen tiefen Einschnitt im Selbstverständnis der Juden in Aschkenas. Die Erinnerung an die Märtyrer wurde in Memorbüchern festgehalten. Ihre Namen wurden am Sabbat und an Festtagen verlesen. In die Liturgie wurden die Pijutim eingeführt, Gesänge zu Ehren der Märtyrer. Das Kiddusch ha-Schem hatte bei aller Grausamkeit, die an Vorbilder des Alten Testaments – so das Opfer Isaaks – erinnert, ein selbstbewusstes Judentum gezeigt, das in aktiver Auseinandersetzung mit einem aggressiven Christentum stand. Auch entwickelten die Juden in Folge der Kreuzzugspogrome in der zweiten Hälfte des 12. Jahrhunderts mit der Gruppe der „Frommen in Aschkenas" eine eigene Frömmigkeitsrichtung. Die Frommen vertraten eine mystische, wenn auch elitäre Glaubensrichtung.

Bild der Regensburger Synagoge, das der Maler Albrecht Altdorfer kurz vor ihrem Abriss im Februar 1519 anfertigte. An der Stelle der Synagoge wurde die Kirche Zur Schönen Maria errichtet. Die Darstellung zeigt den gotischen Synagogenbau, der im 13. Jahrhundert zeitgleich mit der Regensburger Kathedrale entstand und von der Dombauhütte ausgeführt wurde. In der Mitte des Raumes steht die Bima für die Verlesung der Tora im Gottesdienst.

Seit dem 13. Jahrhundert finden sich an den großen Kathedralkirchen – wie hier am Bamberger Dom um 1250 – Darstellungen der Synagoga mit verbundenen Augen und dem gebrochenen Stab. Sie sollten dem leseunkundigen einfachen Volk verdeutlichen, dass das jüdische Volk das ihm von Gott einst verheißene Heil verloren habe. An seine Stelle sei das Christentum getreten, das parallel zur blinden Synagoga als siegreiche Ecclesia dargestellt wird.

Negative Judenbilder

Die Juden nahmen ihr Schicksal nicht einfach hin, sondern wurden sich im Mittelalter der Mittel bewusst, wie sie innerhalb der durch die Gesamtgesellschaft gezogenen Grenzen ihr Schicksal gestalten konnten. Zu Auseinandersetzungen mit dem Judentum führte bis in die Reformationszeit hinein das Erstarken der kirchlichen Reformbewegungen, das zu einer Verhärtung der christlichen Positionen führte. Im 11./12. Jahrhundert waren dies die von der französischen Benediktinerabtei Cluny ausgehende kluniazensische Reform und die aufkommende Armutsbewegung, die zunächst der Zisterzienserorden, im 13. Jahrhundert dann die Bettelmönche verkörperten. Deutlich wird die Fixierung eines neuen (negativen) Judenbildes in den bildlichen Darstellungen. Die Personifikation des jüdischen Glaubens, die „Synagoga", wird hier seit dem 11. Jahrhundert immer stärker aus dem Heilsgeschehen verdrängt: Sei es, dass eine Schriftrolle ihre Augen verdeckt, was bedeuten soll, dass die Juden den in ihren eigenen Schriften verheißenen Christus nicht erkennen, sei es, dass sie durch einen Engel verstoßen wird. Zu ihren Attributen zählen die Augenbinde (Verblendung), das Ochsenjoch (Joch des Gesetzes), die herabgefallene Krone und die zerbrochene Fahne (Verlust der Heilsträgerschaft) sowie der Höllenrachen (die Nähe zum Satan). Bis ins 13. Jahrhundert war dies zunächst nur für Intellektuelle, das heißt Geistliche, verständlich, denn diese Darstellungen gab es nur in Handschriften und auf Kultgeräten. Doch seit dem 13. Jahrhundert finden sich dergleichen Darstellungen unter dem Figurenschmuck der Kirchen, sodass nun auch dem einfachen Volk diese Symbolik nahegebracht wurde. Das Judentum durfte auf diese Polemik freilich nicht mit Bildern antworten – dem stand schon das biblische Bilderverbot entgegen –, aber es dokumentierte sein Selbstverständnis in polemischen Schriften, worunter das *Toldot Jeschu* (Leben Jesu), eine Evangelienparodie, bis in die Neuzeit den Ärger der Christen provozierte. Allerdings ist auffällig, dass solche antichristlichen Polemiken nicht in Deutschland entstanden.
Einen interessanten Einblick in jüdisches Leben und Selbstverständnis der Zeit nach dem ersten Kreuzzugspogrom bietet der Konversions- und Lebensbericht *De Conversione sua* des Konvertiten und späteren Prämonstratenserpropstes Hermann von Scheda (1107/08–nach 1181), der um 1150 verfasst worden ist. In dem Bericht über eine Disputation, die er als junger Jude namens Juda ben halevi mit dem damals berühmtesten Theologen, dem Benediktinerabt Rupert von Deutz, geführt hat, thematisiert Hermann die christlichen Vorurteile aus der Sicht der Juden: „Ihr Christen tragt ein großes Vorurteil gegen die Juden, wenn ihr sie, als ob sie tote Hunde wären, bespeit, indem ihr sie verwünscht und vor ihnen zurückschreckt."[5]
Für die Juden stand fest, dass die Christen aus einem gewissen Minderwertigkeitskomplex so handelten, weil sie erkannten, dass Gott die Juden mehr ehre und liebe als die anderen Menschen. Ohne auf das Pogrom von 1096 und das Kiddusch ha-Schem einzugehen, kennzeichnet Hermann das jüdische Selbstverständnis: „Wir ertragen den Schimpf und den Spott der Menschen geduldig und gleichmütig, solange wir nur treu bei dem Gesetz Gottes und seinen zeremonialen Vorschriften verharren können [...]."
Im Weiteren bezeichnet er aus der Sicht der Juden den Kreuzeskult als Götzendienst, die christliche Bibelauslegung als dumm, die bildlichen Darstellungen als Götzenbilder und den christlichen Glauben als Aberglauben. Obgleich Hermann als Konvertit schreibt, um seinen christlichen Glauben zu beweisen, kann diese Darstellung jüdischen Selbstverständnisses als durchaus authentisch gelten.

Jüdisches Familienleben

Aus der Vita des Hermann erfahren wir noch eine weitere Einzelheit, die Auskunft

Dieses Blatt aus einer Pessach-Haggada von 1427 illustriert in der oberen Bildhälfte, wie die Juden während des Exils in Ägypten Sklavenarbeit als Bauleute leisten mussten, bevor sie durch Moses befreit und ins Gelobte Land geführt wurden. Die biblische Szene spielt sich allerdings vor einer mittelalterlichen Kulisse ab. Die Arbeiter sind durch den trichterförmigen Hut als Juden gekennzeichnet, und die Stadt, die sie erbauen, sieht aus wie eine Stadt des 15. Jahrhunderts – einer Zeit, in der es keine jüdischen Bauleute gab. Die Stadt liegt unterhalb des Burgbezirks. Beide sind durch eigene Befestigungssysteme voneinander getrennt. Im Zentrum der Stadt steht die Kirche. Obgleich das Bild von einem jüdischen Künstler stammt, ist ein gesondertes jüdisches Viertel nicht zu erkennen.

über die Geschäfte der Juden zu Beginn des 12. Jahrhunderts gibt. Hermann beziehungsweise Juda kommt als junger Mann geschäftehalber nach Mainz, wo König Lothar von Supplinburg (Reg. 1125–1137, ab 1133 als Kaiser) Hof hält. An diesem nimmt auch Bischof Ekbert von Münster teil, dem wegen des langen Aufenthalts am Hof das Geld ausgeht. Ihm leiht Juda „Silbergeld". Dass er dabei auf eine Bürgschaft verzichtet, wird als Verstoß gegen jüdischen Brauch dargestellt – üblicherweise scheinen Pfänder von doppeltem Wert der geliehenen Summe verlangt worden zu sein. Diese Episode zeigt, dass die Juden in Deutschland zu Beginn des 12. Jahrhunderts nicht mehr nur Handel und Geldwechsel, sondern auch Zinsleihe betrieben. Das Zinsnahmeverbot der Kirche, das im Zuge der kluniazensischen Reform zunächst einmal die geistlichen Institutionen betraf, zeigte Wirkung und erschloss den Juden ein neues Geschäftsfeld, da es ihnen gemäß der Bibel erlaubt war, von Fremden Zinsen zu nehmen.

Juda/Hermann agierte als Mitglied einer Kaufmannsfamilie, die auch seine Lebensplanung bestimmte. So sollte er – wie es üblich war – die von der Familie vorgesehene Braut heiraten und zunächst in der Familie bleiben. Üblich war deshalb auch die recht frühe Verheiratung der Kinder: Die Jungen waren 15 bis 16 Jahre, die Mädchen 13 bis 14 Jahre alt. Im Gegensatz zu den Juden im Orient war in Aschkenas Polygamie nicht üblich. Hier passten sich die Juden den Gepflogenheiten der Gesamtgesellschaft an, was die Stellung der Frau in der jüdischen Gesellschaft erheblich verbesserte. Die bisweilen geschäftsbedingte langjährige Abwesenheit des Ehemannes gab der Frau eine „zentrale wirtschaftliche Funktion"[6], die dann vor allem im Rahmen der Geldleihgeschäfte wichtig werden konnte. Zur Geschäftsetablierung der Söhne, sobald sie die Familie verließen, trug die Mitgift der Frau bei, die in einem Geschäftsvertrag, der sogenannten Ketubba, festgehalten wurde. Sie regelte ferner die Verpflichtungen des Ehemannes im Falle einer Scheidung. Auch hier entwickelte sich in Aschkenas im Lauf des Mittelalters zugunsten der Frau eine den talmudischen Vorschriften widersprechende Sonderregelung. Wie in der Gesamtgesellschaft ebenfalls üblich, musste die „Widerlegung", der Anteil des Mannes, der in die Ehe eingebracht wurde, genauso hoch sein wie der der Braut. Bei einer Scheidung erhielt die Frau dann zusätzlich einen Anteil aus dem Zugewinn. Diese Regelungen sowie auch das selbstständige Auftreten der Frau vor Gericht erklären die bedeutende Rolle zahlreicher jüdischer Geldleiherinnen im Mittelalter und in der frühen Neuzeit.

Topografie

Nach den Kreuzzugspogromen breiteten sich die jüdischen Gemeinden über den Rhein hinaus im mittel- und süddeutschen Raum, ja bis nach Schlesien hin aus. Noch vor der eigentlichen Ostkolonisation sind jüdische Niederlassungen im 12. Jahrhundert in Glogau und Breslau bezeugt. Als typisch für die Topografie jüdischer Viertel im 12. und 13. Jahrhundert kann die „emunitas synagogae" (Synagogenimmunität) in Münster in Westfalen gelten, die in der zweiten Hälfte des 12. Jahrhunderts entstand. Sie lag hinter dem Rathaus in der Nähe des Marktes, der sich um den Dombezirk zog. In dem Quartier von 185 mal 50 Meter Fläche gab es Synagoge, Bad und Scharne (Kauflager). Die Synagoge diente nicht nur als Gottesdienst-, sondern auch als Versammlungsraum. Der Friedhof lag außerhalb der Stadtmauer am Stadttor des Bispinghofes. Das Judenviertel verfügte über vier Zugänge zu den Märkten. Es existierte zirka 200 Jahre, bis 1350 „de Joden gedodet" (die Juden getötet) wurden. Dies geschah anlässlich der Pestpogrome, bei denen unter dem Vorwand, sie seien für die Pest verantwortlich, in Mitteleuropa Zehntausende Juden getötet oder vertrieben wurden. Mobilien wie Immobilien fielen damals an den Stadtherrn, den Bischof. Während im 12. Jahrhundert 16 neue jüdische Gemeinden entstanden, sind es bis 1348 insgesamt 1000 Orte, in denen sich jüdische Niederlassungen (mitunter nur zeitweilig) befanden, darunter auch in zahlreichen Dörfern; hier vor allem in Franken, was vermutlich durch den Weinbau bedingt war. Wie aus Responsen bekannt, arbeiteten die jüdischen Winzer eng mit den christlichen zusammen. Auch im 12./13. Jahrhundert bestand für die jüdischen Gemeinden die Möglichkeit, sich mit einem Bann gegen unerwünschte Neuzuwanderer, selbst in den neu entstehenden Gemeinden, zu wehren, auch wenn diese vom Stadt- oder Ortsherrn die Erlaubnis zur Ansiedlung erhalten hatten.

Eingrenzungen

Die weitgehende Schutzlosigkeit der Juden während des 1. und 2. Kreuzzuges veranlasste Kaiser Friedrich Barbarossa (Reg. 1152–1190) im Landfrieden von 1179 im Rückgriff auf ältere, zum Teil antike Traditionen, die Juden als der Kaiserlichen Kammer zugehörig zu erklären. Sein Enkel, Kaiser Friedrich II. (Reg. 1194–1250), prägte 1236 analog zur Definition des vierten Laterankonzils (1215) von der jüdischen Knechtschaft (servitudo Judaeorum) den Begriff „Kammerknechte“ (servi camerae nostrae), der sich unter seinen Nachfolgern als sogenanntes „Judenregal“ (regalia = dem König vorbehaltene Hoheitsrechte) zu einem steuerlichen Ausbeutungsinstrument entwickeln sollte. Die staufischen Kaiser versuchten über die Bindung der Juden an die Kaiserliche Kammer die Ansprüche der Bischöfe und Fürsten sowie auch des Papstes auf die Juden im Reich zurückzuweisen. Spielte bei den Staufern hierbei der Schutzgedanke noch eine wichtige Rolle, so ging dieser bei den nachfolgenden Herrschern nahezu verloren.
Gravierender als die Kammerknechtschaft waren für die jüdische Lebensweise die bereits erwähnten Bestimmungen des vierten Laterankonzils unter Papst Innozenz III. (Reg. 1198–1216). Sie schrieben für Juden eine von den Christen zu unterscheidende Kleidung vor, verboten ihnen die Ausübung öffentlicher Ämter, da sie damit entgegen der jüdischen Knechtschaft über den Christen ständen, und untersagten getauften Juden die Rückkehr zum Judentum. Zu den Unterscheidungsmerkmalen gehörte auch eine spezifische Haar- und Barttracht, die im 13. Jahrhundert auch von rheinischen Bischofskonferenzen gefordert wurde. Der Judenhut, der zu dieser Zeit auf bildlichen Darstellungen auftaucht – wie auf dem Hildesheimer Taufkessel von 1230 –, kann für diese Zeit kaum als despektierliches Zeichen bewertet werden, da auch die heiligen Personen der Bibel mit ihm abgebildet werden.
Die vom Konzil vorgeschriebene Trennung der Juden von ihrer christlichen Umgebung wurde in Deutschland bis ins 14. Jahrhundert hinein in der Praxis nicht sehr rigide gehandhabt. Verfügungen dieser Art standen wohl weitgehend nur auf dem Papier (oder Pergament) wie die Bestimmungen einer Breslauer Synode, die 1267 der päpstliche Legat Guido einberufen hatte. Die Kirche befürchtete vor allem die sexuelle Vermischung. Gutnachbarschaftliche Verhältnisse von Juden und Christen waren bis weit ins 13. Jahrhundert hinein wohl eher die Regel. Doch gab es Tabuschranken auf beiden Seiten: Eheschließungen waren unmöglich, auch sexuelle Beziehungen waren verboten. Trotz der bezeugten Teilnahme von Juden an den Festen der Allgemeingesellschaft setzten hier die Speisegebote gewisse Grenzen für gemeinsame Mahlzeiten.
Die jüdischen Einwohner sprachen die in ihrer Region übliche Sprache, bevor sich dann im 14. Jahrhundert im schwäbisch-fränkischen Raum eine spezifische deutsch-jüdische Sprache herausbildete, die sich in Deutschland zum Westjiddischen weiterentwickelte. Unter dem Einfluss ihrer slawischen Nachbarn erhielt in Polen und Litauen das Ostjüdische eine eigene Prägung. Die Einbeziehung der Juden in die mittelhochdeutsche Sprachsphäre ging so weit, dass in

Obgleich es umstritten ist, ob es sich bei dem mittelhochdeutschen Sangspruchdichter Süsskind von Trimberg um einen Juden handelte, hielten die Zeitgenossen das durchaus für möglich. Seine Gedichte und sein Bild mit dem Judenhut überliefert die berühmte Große Heidelberger Liederhandschrift, die sogenannte Manesse-Handschrift, aus der ersten Hälfte des 14. Jahrhunderts.

der berühmten Manesse-Liederhandschrift des 14. Jahrhunderts mit Süsskind von Trimberg sogar ein Dichter auftaucht, dessen schmales Œuvre auf eine jüdische Existenz verweist. Auch wenn der literaturwissenschaftliche Streit, ob er tatsächlich Jude war, noch nicht entschieden ist, hielten die Zeitgenossen dies immerhin für möglich.

Durch ihre ständig steigende Zahl und ihre Verbreitung bis weit in den Osten verloren die jüdischen Gemeinden ihre aristokratische Struktur, und Gelehrsamkeit war nun nicht mehr nur in den rheinischen Urgemeinden gegeben. Neue geistige Zentren entwickelten sich im 13. Jahrhundert in Österreich, so unter dem Rabbi Schalom in Wiener Neustadt und in Franken unter dem Rabbi Meir ben Baruch von Rothenburg ob der Tauber (zirka 1215–1293). Dieser setzte in den Gemeinden eine demokratische Struktur durch, indem er die einfache Stimmenmehrheit einführte und damit das Prinzip der „sanior pars“, das meint, dass die einflussreichen, vermögenden Gemeindemitglieder allein entschieden, außer Kraft setzte. Während dieses Prinzip in der Allgemeingesellschaft weiterhin gültig blieb, entschieden bei den jüdischen Gemeinden nun nicht mehr die Vornehmen, sondern es entschied die einfache Mehrheit. Diese Regelung galt allerdings nur für die Männer, Frauen hatten in der Gemeinde kein Stimmrecht. Die Voraussetzung für die Bildung einer jüdischen Gemeinde war (und ist) nur bei mindestens zehn männlichen Mitgliedern, dem sogenannten Minjan, gegeben.

Jüdische Gelehrsamkeit bezog sich auch in den neuen Jeschiwot nach wie vor auf den Talmud. Eine spekulative Theologie mit philosophischen Begründungen und allegorischen Deutungen, wie sie in der zeitgenössischen christlichen Theologie in Blüte stand, war verpönt. Dennoch gab es auch Berührungspunkte zwischen beiden Religionen, so in der Lehre der „Frommen in Aschkenas“, die in ihrer Mystik und Bußpraxis starke Parallelen zur Auffassung der Bettelordenbewegung aufweisen. Einen starken Einfluss auf die jüdische Frömmigkeit übte die mit dem Talmud verbundene Legendensammlung der Haggada aus, die im 13. Jahrhundert zusammengestellt wurde, an der aber die Kirche Anstoß nahm. Hierbei spielte ein jüdischer Konvertit, Nikolaus Donin, eine verfängliche Rolle für seine ehemaligen Glaubensbrüder. Die Lästerungen Christi, die er in der Haggada ausmachte, veranlassten Papst Gregor IX. (Reg. 1227–1241) zu einer Bulle, in der er 1239 die Bischöfe und Könige in Aragon, England, Frankreich, Kastilien und Portugal aufforderte, alle Talmudtexte einzuziehen. In Frankreich kam es daraufhin 1240 auf Befehl König Ludwigs des Heiligen (Reg. 1226–1270), der unter dem Einfluss der Bettelmönche stand, zur Konfiskation aller talmudischen Schriften und nach einer Disputation zu ihrer Verbrennung. Die Juden in Deutschland blieben vor dergleichen Autodafés verschont,

Die Szene auf dem Hildesheimer Taufkessel von 1230 stellt den Zug der Israeliten durch das Rote Meer dar, der im Mittelalter als Vorausdeutung der Taufe gedeutet wurde. Die Judenhüte sind hier nicht als Folge der auf dem Laterankonzil von 1215 geforderten gesonderten Kleidung der Juden zu verstehen, sondern eher als Standestracht im mittelalterlichen Sinne.

Die nach ihrem Standort benannte Darmstädter Pessach-Haggada aus dem späten 13. Jahrhundert zeigt in zahlreichen Einzelszenen, dass im Mittelalter auch unter den aschkenasischen Frauen die Buchgelehrsamkeit verbreitet war. Im Allgemeinen blieb die Wissensvermittlung den Männern vorbehalten. Die hebräische Inschrift zitiert Psalm 79,6: „Schütte Deinen Grimm auf die Heiden, die Dich nicht kennen, und auf die Königreiche, die Deinen Namen nicht anrufen."

obgleich auch hier die Minoriten, darunter vor allem der wohl einflussreichste Prediger dieser Zeit, Berthold von Regensburg (um 1210–1272), gegen den Talmud polemisierten. Auch die Rechtssammlungen in Deutschland, die im 13. Jahrhundert zum ersten Mal verschriftlicht wurden, standen unter dem Einfluss der judenkritischen bis -feindlichen Haltung der Bettelmönche. Vor allem der Schwabenspiegel von 1275, ein Rechtsbuch, das vermutlich auf einen Minoriten zurückgeht, formulierte scharfe Trennungsbestimmungen, die aber wohl kaum eingehalten wurden.

Da die Bettelmönche weitgehend die Seelsorge in den gerade entstehenden Städten betrieben, hatten sie großen Einfluss auf die Bevölkerung. Die von ihnen geförderten Kulte (Eucharistieverehrung) und Bilddarstellungen (der leidende Christus am Kreuz) betonten die negative Rolle, die die Juden aus christlicher Sicht im Heilsgeschehen einnahmen. Dies zeigen auch die bildlichen Darstellungen in den neu entstehenden Kathedralen, die nun auch die einfachen Menschen zu Gesicht bekamen. Gemeinsam ist den dort angebrachten Synagogenfiguren, die seit zirka 1230 im Alten Reich zum christlichen Bildprogramm gehören und der Ecclesiafigur gegenüberstellt wurden, die Augenbinde und der zerbrochene Stab sowie die Gesetzestafeln. Dies besagte: Das Judentum hat seine Heilszusage verloren. An seine Stelle ist das Christentum getreten, auch wenn das Judentum immer noch krampfhaft an seinem Gesetz festhält. Dennoch ist die Synagoga zumindest im 13. Jahrhundert noch als schöne, ja auch als verführerische Frau dargestellt.

Beschuldigungen

Das Judentum besaß nach christlicher Einschätzung wohl immer noch etwas Anziehendes. Als Gegenstrategie sind die beiden Beschuldigungen zu sehen, die im 13. Jahrhundert auftauchten und in der Folge zu zahlreichen Pogromen führten: der Ritualmordvorwurf und die Unterstellung des Hostienfrevels. Ersterer beruhte auf dem weitverbreiteten Aberglauben, dass die Juden für ihren Kult das Blut von christlichen Kindern benötigten, zweiterer auf der Vorstellung, dass Juden in ihrer Synagoge an geweihten Hostien durch Nadelstiche den Kreuzestod Christi nachvollzögen. Die geweihten Hostien besorgten sie sich von treulosen Christen. In Deutschland taucht der Ritualmordvorwurf 1234/35 in Lauda und Tauberbischofsheim auf und führte 1236 in Fulda zur Ermordung der 34 dort wohnenden Juden. Kaiser Friedrich II., der sich damals in Deutschland aufhielt, setzte eine Kommission ein, die die Juden von dem Vorwurf freisprach. Auch Papst Innozenz IV. (Reg. 1243–1254) erließ 1247 auf Bitten der Juden eine Bulle, die diesen Irrglauben verurteilte. In dem Schreiben, das an die deutschen Bischöfe gerichtet war, weist er unter anderem auf das ökonomische Motiv hin, das hinter den unter dem Ritualmordvorwurf begangenen Pogromen stand: „um ungerechterweise ihre Güter zu plündern und sich anzueignen".[7] Ob die Bischöfe hierfür die richtigen Adressaten waren, bleibt zumindest zweifelhaft, wenn zum Beispiel einer aus dieser Gruppe, der Erzbischof von Magdeburg, 1261 einen Überfall auf Juden inszenierte, um Geld von ihnen zu erpressen. Trotz der Papstbulle – sie wurde 1274 von Papst Gregor X. (Reg. 1271–1276) noch einmal ausgestellt – wurde dieser Fehlglaube nicht überwunden, sondern institutionalisierte sich gleichsam durch die Errichtung von Kultstätten und die damit verbundenen Wallfahrten, die bis ins 20. Jahrhundert belegt sind. In Deutschland war dies der Kult von dem „Guten Werner" in Oberursel am Rhein. Ihn sollen die Juden Ostern 1287 ermordet haben, was in 22 Orten am Mittelrhein zu einer Verfolgung führte, die 321 Juden das Leben kostete. Die Pogrome, die dann vor allem von 1300 bis 1350 die jüdischen Gemeinden verwüsteten oder vernichteten, waren nicht mehr lokale Verfolgungen, sondern sie erfassten größere Regionen.

Schutzlosigkeit

Dem Abgang der Staufer folgte zunächst die „kaiserlose Zeit“, dann die Wahl minder mächtiger Grafen zu deutschen Königen mit den damit zusammenhängenden Auseinandersetzungen um den Thron. Schon unter dem noch relativ starken König Rudolf I. von Habsburg (Reg. 1273–1291) führte das zu einem immer größeren Verlust des Königsschutzes für die Juden. Rudolf trat diesen gleichsam an den Papst ab. Das Kirchenrecht bestimmte immer stärker über den Rechtsstatus der Juden, garantierte allerdings Schutz von Leben, Leib und Vermögen, und auch die Religionsausübung blieb gewährleistet. Der König aber verzichtete keineswegs auf die Einnahmen aus dem Judenregal, sondern verlangte von ihnen neue Steuern und schränkte ihre Mobilität ein. Diese Beeinträchtigungen veranlassten Rabbi Meir von Rothenburg ob der Tauber sowie zahlreiche Juden aus dem Rheingebiet, nach Palästina auszuwandern. Rudolf befahl daraufhin dem Mainzer Erzbischof und dem Grafen von Ellenbogen, die Besitzungen der Juden zu konfiszieren, da sie Sklaven der Könige und der Fürsten seien, denen er sie zu Lehen gegeben habe. Rabbi Meir wurde in Oberitalien verhaftet und für die ihm verbleibenden Lebensjahre eingekerkert, da er sich weigerte, eine hohe Lösesumme von seiner Gemeinde für sich zahlen zu lassen. Noch wegen seines Leichnams kam es zu einem traurigen Nachspiel. Erst 14 Jahre nach seinem Tod wurde er 1307 gegen ein hohes Lösegeld zur Beerdigung in der Gemeinde freigegeben.
Auch Rudolfs Nachfolger verhielten sich nicht anders und erfanden immer neue Steuern für die Juden. Ludwig der Bayer (Reg. 1314–1347) führte 1342 den „Goldenen Opferpfennig“ als Kopfsteuer ein. Jeder Jude über zwölf Jahre, der mehr als 20 Gulden besaß, hatte neben den anderen Steuern nun jährlich einen Gulden zu entrichten. In den Thronwirren bei seinem Regierungsantritt sicherte sich auch Karl IV. (Reg. 1346–1378) die Gunst seiner Anhängerschaft durch Geldversprechungen auf Kosten der Juden. Da dies mit dem Ausbruch der Pestpogrome zusammenfiel, hat seine Fiskalpolitik eine besonders makabre Note.
Die Kammerknechtschaft war also seit dem ausgehenden 13. Jahrhundert zu einem Profitobjekt verkommen. Das Judenregal, das der König gegen Zahlung oder Parteigängerschaft an Fürsten oder Städte vergab, drängte die Juden immer mehr in eine gefährliche Minderheitenposition. Brisant war diese Situation deshalb, weil sich in der ersten Hälfte des 14. Jahrhunderts gravierende soziale Probleme mit religiösen Motiven verquickten. Das Reich befand sich wie Westeuropa insgesamt zu dieser Zeit in einer Nahrungsmittelkrise, hervorgerufen durch eine Klimaverschlechterung. Hinzu kamen Kriege um die Thronfolge, Münzverschlechterungen sowie der soziale Abstieg des niederen Adels. Dies alles schuf ein raues soziales Klima, das die Juden sehr schnell zu Sündenböcken werden ließ. Eine erste größere Verfolgungswelle ging 1298 von dem Städtchen Röttingen an der Tauber aus. Bäuerliche und städtische Unterschichten zogen unter Führung eines Angehörigen des niederen Adels, der Rintfleisch genannt wurde, als „Judenschläger“ mordend durchs Land. Gedeckt wurden diese Mordbanden durch einen Vertreter des Hochadels, Kraft von Hohenlohe, ja vielleicht sogar durch König Adolf von Nassau (Reg. 1292–1298). Vorgegeben wurde eine angebliche Hostienschändung. Die Morde dieser Bande forderten in den jüdischen Gemeinden Frankens hohe Opfer: in Röttingen 21 Menschen, in dem Dorf Hirnheim 26, in Rothenburg ob der Tauber 470, in Nürnberg über 700, in Würzburg über 800 Opfer. Das bedeutete: In diesen fränkischen Städten wurden die Gemeinden fast ausgelöscht. Insgesamt schätzt man die Opferzahlen dieses Pogroms, das sich von Franken bis zur Oberpfalz sowie nach Schwaben, Hessen und Thüringen ausbreitete, auf fast 5000. Hilfe erhielten die verfolgten Juden bei

diesem bis dahin größten Pogrom im Reich weder von weltlicher noch geistlicher Seite. Erst als König Albrecht I. (Reg. 1298–1308) über seinen Rivalen Adolf von Nassau gesiegt hatte, vermochte er im September 1298 das Morden zu beenden.
Doch nur knapp 40 Jahre später, 1337/38, brach in diesem Raum erneut ein Pogrom aus, das die Krisenmomente wiederum offenkundig werden ließ und erneut einen hohen Blutzoll der jüdischen Gemeinden forderte. Auch diesmal zogen Bauernrotten unter Führung eines verarmten Adligen, den sie König Armleder nannten, mordend und plündernd durch Franken. Die Bezeichnung dieses Desperados als König kennzeichnet eindringlich die Destabilisierung der gesellschaftlichen Kräfteverhältnisse. Der Name Armleder macht dessen Armut deutlich. Offensichtlich konnte er sich nicht einmal eine eiserne Rüstung leisten. Diesmal reichten die Erhebungen und Pogrome bis ins Elsass. Insgesamt 65 jüdische Gemeinden waren davon betroffen. Dass sich in Kitzingen und Würzburg die städtische Oberschicht zusammen mit dem Stadt- beziehungsweise dem Landesherrn, dem Würzburger Bischof Otto von Wolfskehl, dem Haufen entgegenstellte und ihn in die Flucht schlug, ist wohl eher als Versuch zu werten, wieder geordnete Verhältnisse herzustellen, da sie die eigene Herrschaft gefährdet sah. König Armleder, mit seinem wirklichen Namen Arnold von Uissigheim, wurde in Kitzingen hingerichtet. Sein Grabstein zeigt das Schwert an seiner Kehle. Die ehrlose Art seines Todes hinderte die Bewohner von Uissigheim jedoch nicht, ihm in der Kirche ein Hochgrab zu errichten und ihn als „beatus (seliger) Arnoldus" zu verehren. Die Schwertspitze an seinem Hals verlieh ihm die Gloriole eines Märtyrers. Dass das Vorgehen des Bischofs von Würzburg wenig mit Judenschutz zu tun hatte, zeigt sein erfolgreicher Versuch, mit Hilfe Papst Benedikts XII. (Reg. 1334–1342) gegen bestehende Verträge seine Schulden bei den Juden loszuwerden.

Das Land zwischen Main und Tauber erlebte in der ersten Hälfte des 14. Jahrhunderts noch vor den Pestpogromen von 1348/50 zwei brutale Pogrome, die nach ihren Anführern, zwei Angehörigen des niederen Adels, nämlich „König Armleder" und „Rintfleisch", benannt wurden. Die 1542, also rund 200 Jahre später entstandene Abbildung aus der für den Würzburger Bischof Julius Echter angefertigten Chronik des Lorenz Fries verdeutlicht die Brutalität und Habgier der sogenannten Judenschläger.

Die Pestpogrome

Die gesellschaftliche Destabilisierung dieser Epoche wurde 1348 durch das Auftreten der Pest verstärkt. Es war dabei weniger die Angst vor der Seuche als eine unwahrscheinliche Gier nach materiellen Gütern, die in ihrem Verlauf alle Stände, bei den Patriziern und dem Adel angefangen, erfasste. Die Quellenzeugnisse dokumentieren dabei ein sehr rationales Vorgehen. Die Stadtobrigkeiten waren sich durchaus darüber im Klaren, dass ein uneingeschränktes Wüten des Pöbels auch die eigene Herrschaft gefährden konnte. So korrespondierte zum Beispiel der Rat von Köln mit dem Straßburger Rat im Januar 1349 darüber, dass eine Judenverfolgung zu einem „concursus popularis", zu einem Volksaufstand, führen könne. Der

Kölner Rat versuchte deshalb ein Vorgehen gegen die Juden zu verhindern, dennoch kam es ein halbes Jahr später zu einem Pogrom, dem die jüdische Gemeinde zum Opfer fiel. Andere Räte wie der in Erfurt trieben ein doppeltes Spiel. So bereicherten sich einflussreiche Ratsmitglieder durch das Pogrom, bestraften aber später die Anführer des Pogroms wegen „samelunge", also Zusammenrottung, nicht aber wegen Verstoßes gegen den Judenschutz, zu dem die Stadt verpflichtet war. Einen effektiven Schutz erhielten wohl nur die Juden in der Reichsstadt Regensburg, wo sich 250 der angesehensten Bürger der Stadt zusammen mit Bürgermeister und Rat zum Schutz der Juden zusammentaten. Die jüdische Gemeinde blieb deshalb verschont.

Die Pestpogrome breiteten sich wie eine Welle über das Reich aus. Sie begannen im November 1348 in der Schweiz, griffen im November/Dezember 1348 auf Schwaben, Bayern, Franken, das Elsass und die Pfalz über. Im Februar 1349 waren bereits Norddeutschland, Hessen und im Osten Schlesien und Österreich betroffen. Doch nicht in allen Orten, in denen es jüdische Gemeinden gab, ereigneten sich Pogrome. Bezeugt sind 85 Pogrome in den insgesamt 350 Kommunen mit jüdischen Einwohnern. Die Ereignisse in zahlreichen Städten sprechen dagegen, dass das Auftreten der Seuche und der damit einhergehende Vorwurf der Brunnenvergiftung durch Juden in einem engen Zusammenhang standen. In Basel, Straßburg, Schlettstadt und Konstanz kam es lange vor Ausbruch der Pest zu Pogromen, in anderen Städten wie Nürnberg fand die Verfolgung der Juden statt, ohne dass die Pest in der Stadt auftrat. Einsichtigen Zeitgenossen wie dem Mindener Dominikaner und Chronisten Heinrich von Herford war die Behauptung, die Juden hätten „überall auf Erden" verbrecherisch und bösartig die Brunnen vergiftet, doch recht unglaubwürdig. Er sah in dem grausamen und unmenschlichen Vorgehen mit Feuer und Schwert gegen Frauen und kleine Kinder als Motiv die Aneignung der sehr großen Reichtümer der Juden und verglich den Umgang mit der Vernichtung der Templer. In seiner eigenen Stadt Minden konnte er beobachten, wie die Juden in den Tod getrieben wurden. Dabei machte er eine aufschlussreiche Beobachtung: „Zum Tode eilten sie jedoch fröhlich und Tänze aufführend, wobei sie zuerst die Kinder, dann die Frauen, hernach sich selbst den Flammen übergaben, damit nicht durch menschliche Schwachheit etwas gegen das Judentum vorgebracht werden könnte." Es wiederholte sich also das Kiddusch ha-Schem der Kreuzzugspogrome von 1096, dessen Tradition 250 Jahre lebendig geblieben und sogar dem christlichen Beobachter vertraut war. Dieser quittierte dies allerdings ohne innere Anteilnahme, auch wenn er in der Wahl seines Vokabulars die Grausamkeiten nicht verharmlost: „Wie Vieh [wurden sie] aufs grausamste und in verbrecherischer Weise hingeschlachtet." Interessant erschien ihm, „dass [s]eit Langem in Verlust geratene Kleinodien und vieles Einzigartige, das schon gleichsam vergessen war, ... in ihren Archiven gefunden" wurde.[8] Dabei handelte es sich wohl um nicht eingelöste Pfänder. Denn zu den Geldgeschäften der Juden war seit dem 13. Jahrhundert immer stärker der Pfänderhandel, das meint die Geldleihe gegen Pfänder, getreten, der nun auch breite Bevölkerungsschichten einbezog. Wie Heinrich von Herford machten auch andere zeitgenössische Chronisten die Habsucht der christlichen Bürger für den Mord an den Juden verantwortlich: „Das [Geld] war auch das Gift, das die Juden tötete", bemerkt der Straßburger Chronist Jakob Twinger.[9] Auch Papst Klemens VI. (Reg. 1342–1352) richtete sich von Avignon aus gegen den Vorwurf der Brunnenvergiftung und gegen die Ritualmordlüge. Den geistlichen und weltlichen Gewalten in Deutschland, Flandern und Brabant warf er gleichzeitig vor, nicht entschieden gegen die zu dieser Zeit auftretenden Flagellanten (Geißler) vorgegangen zu sein, denn diese „trachten danach, allenthalben die Juden zu töten".[10] Die Flagellanten trugen zwar mit ihren Selbstgeißelungen zur allgemeinen Emotionalisierung bei, waren aber nicht die Anstifter der Pogrome, wie der Papstbrief vermuten lässt. Es beteiligten sich, unterschiedlich in den einzelnen Städten, alle sozialen Gruppen an den Pogromen. In den Territorialstaaten waren es die Landesherren – wie der Wettiner Friedrich II. von Sachsen –, die den Mord an den Juden anordneten, um ihre Macht zu sichern. Andere wiederum – wie Herzog Albrecht II. von Österreich – griffen gegen die Aufständischen hart durch und schützten die Juden vor weiteren Verfolgungen. Kaiser Karl IV. aber trat – wie wir sahen – nicht so entschieden zum Schutz der Juden ein. Er wurde im Zuge seiner Machtsicherung zum „stillen Teilhaber der Greuel".[11]

An die 300 jüdische Gemeinden wurden während der Pestpogrome vernichtet, die Siedlungskontinuität in den meisten Städten unterbrochen; lediglich für 58 Orte ist die Kontinuität belegt. Sie aber lagen nicht im Zentrum, sondern an der Peripherie des Reiches wie zum Beispiel in Böhmen und Mähren. Viele der Überlebenden wanderten nach Norditalien und nach Polen aus, eine kleine Gruppe auch ins Heilige Land.
Die Pestpogrome von 1348/50 bedeuten eine wichtige Zäsur in der Geschichte der Juden in Deutschland. Zu Recht spricht der Historiker Alfred Haverkamp von dem „tiefgreifendsten Einschnitt in der Geschichte des deutschen Judentums von den Anfängen der Ansiedlung bis zur nationalsozialistischen ‚Endlösung'".[12]

Die zeitgenössische Darstellung aus der Zeit der Pestpogrome (um 1350) zeigt links die aktive Beteiligung auch der höheren Stände an der Verbrennung der Juden. Nicht die angebliche Brunnenvergiftung durch die Juden oder die Angst vor der Pest, sondern soziale Auseinandersetzungen in den Städten führten zur Verfolgung der Juden. Pogrome fanden auch in Städten statt, in denen die Seuche nicht auftrat.

Jüdische Siedlungen am Rhein vor der Pest und den Vertreibungen. Trotz zahlreicher Verfolgungen bildeten bis zu den Pestpogromen von 1348/50 der Rhein und seine Nebenflüsse die wichtigste Achse jüdischer Siedlungen. Als bedeutendste Handelsstraße und Kernzone des mittelalterlichen Reiches bot der Rhein mit seinen Nebenflüssen fundamentale Voraussetzungen für den Handel und die Lebensweise der aschkenasischen Juden, die sich hier bereits im 10. Jahrhundert niederließen. Weitere frühe jüdische Niederlassungen befanden sich an der mittleren und oberen Elbe sowie in Österreich, Böhmen und Schlesien. Jüdische Niederlassungen sind dagegen kaum im Norden an der Nord- und Ostsee nachzuweisen, wo die Hanse den Handel dominierte. Die Pestpogrome von 1348/50 bildeten eine scharfe Zäsur, da sie die Existenz von 300 jüdischen Gemeinden vernichteten. Nur 58 Gemeinden, die meisten im Osten des Reiches, blieben kontinuierlich bestehen.

Verfolgung, Vertreibung und vorsichtiger Neuanfang (1350–1650)

Rotraud Ries

Von den Pestpogromen der Jahre 1348/50 blieben nur die jüdischen Gemeinden in den Randgebieten des Siedlungsraumes im Osten und in den Reichsstädten Regensburg und Goslar verschont. Die Kontinuität jüdischer Siedlung war also fast vollständig unterbrochen. Die wenigen Juden, die irgendwo an versteckten Orten überlebt hatten, durften aus ökonomischen Gründen meist innerhalb der beiden folgenden Jahrzehnte wieder in die Städte zurückkehren, weil sie als Geldhändler gebraucht wurden. Sie konnten die oft noch vorhandene jüdische Infrastruktur, wie Friedhöfe und Synagogen, weiter nutzen. Sie lebten nun jedoch in erheblich kleineren Gemeinschaften als zuvor.

Für eine dauerhafte Konsolidierung der jüdischen Gemeinden blieb an vielen Orten kaum Zeit, denn schon Ende des 14. Jahrhunderts setzte eine erneute Welle von Vertreibungen aus Städten und Territorien ein, die bis ins 16. Jahrhundert andauerte. Die bedeutenderen Reichsstädte im Süden und Westen blieben den Juden seitdem bis in die Zeit um 1800 versperrt. Viele gut situierte Familien wanderten nach Italien und Polen aus, einige wenige auch ins Osmanische Reich oder nach Palästina. Die übrigen, eher ärmeren Juden blieben im Land und versuchten ihr Glück zumeist in kleineren Städten, bis sie auch von dort wieder vertrieben wurden und schließlich in dörflichen Siedlungen landeten.

Geografisch konzentrierten sich die jüdischen Niederlassungen in der Zeit von 1400 bis 1650 auf zwei Schwerpunkte, die im unmittelbaren politischen Einflussbereich des Kaisers – des obersten Schutzherrn der Juden – lagen. Den einen Schwerpunkt bildeten Böhmen, Mähren und die österreichischen Teile der Habsburger Territorien. Wichtige Gemeinden dort waren Prag, Nikolsburg in Mähren und Wien. Die zweite Siedlungsregion reichte vom Rhein über Hessen, Schwaben und Franken bis in den Südwesten von Thüringen. Hier gab es eine Vielzahl von kleinen Landgemeinden, aber auch große städtische Gemeinden wie Worms, Friedberg und Frankfurt am Main. Mit bis zu 3000 Bewohnern war die Frankfurter Gemeinde bis ins 18. Jahrhundert hinein die größte im Reich. Die Gesamtzahl der Juden, die für die Zeit vor den Pogromen auf etwa 100 000 geschätzt wird, dürfte um das Jahr 1400 nur noch etwa 40 000 betragen haben. Diese Zahl blieb bis um 1600 ziemlich konstant.

Juden in der christlichen Gesellschaft

Im Hochmittelalter hatten sich die jüdischen Geschäftstätigkeiten vom Waren- hin zum Geldhandel verlagert. In einer Zeit, in der nie genug Bargeld vorhanden war und deshalb in hohem Maße Kredite benötigt wurden, erfüllten vermögende jüdische Geldhändler eine wichtige Funktion für Herrscher, Adel, Kirchenvertreter, Stadträte, wohlhabende Bürger und Bauern. Nach den Pogromen von 1348/50 änderte sich daran zunächst wenig. Es lassen sich jedoch bereits erste Anzeichen für ein Schwinden jüdischer Vermögen beobachten, bevor dann König Wenzel 1385 und 1390 große Teile der jüdischen Geldleiher enteignete und ihnen damit die Geschäftsgrundlage entzog. Auch die Steuerforderungen an die Juden nahmen im Verlauf der folgenden Jahrzehnte stetig zu, während christliche Konkurrenten verstärkt im Kreditwesen Fuß fassten. Jüdische Händler wurden aus dem ertragreichen Kreditgewerbe verdrängt. Als Betätigungsfeld blieb ihnen nur noch der besonders schlecht angesehene Klein- und Pfandkredit, aus dem der von der christlichen Konkurrenz scharf beobachtete Handel mit nicht eingelösten Pfändern erwuchs.

Gegenüber der Anzahl reicher jüdischer Geldhändler (in den Städten übrigens etwa ein Fünftel Frauen) stieg im Verlauf des 15. Jahrhunderts der Anteil der kleinen

Die Pessach-Haggada von 1427 hält im Bild eine typische Vertreibungsszene aus einer deutschen Stadt fest. Durch die zahlreichen Vertreibungen der Juden aus den deutschen Städten im Spätmittelalter wurde das traditionelle städtische Gemeindeleben fast unmöglich. Schließlich blieb für die meisten Juden in Deutschland nur noch die Möglichkeit, sich auf dem Land niederzulassen. Dies bedeutete eine völlige Umorganisation der Gemeindestruktur, da die Zahl der verstreut in Dörfern wohnenden Juden nicht mehr für ein Minjan (Mindestzahl erwachsener männlicher Beter für die Abhaltung eines Gottesdienstes) reichte. Es entstanden sogenannte Landjudenschaften, die die Juden eines Territoriums umfassten.

jüdischen Handwerker, der Angestellten der Gemeinde und der Privatleute von 25 auf über 50 Prozent der Beschäftigten. Seit der zweiten Hälfte des 16. Jahrhunderts lässt sich außerdem unter den wohlhabenderen Stadtjuden neben den Geldgeschäften eine neue Tendenz zum Warenhandel beobachten. Die Juden, die sich auf dem Land niedergelassen hatten, konzentrierten sich neben der Kreditvergabe auf den Handel zwischen Land und Stadt sowie auf handwerkliche Tätigkeiten, weil hier die starke Konkurrenz der städtischen Handwerkerzünfte fehlte. Gelehrte, Studenten und die wachsende Zahl der jüdischen Armen lebten ebenfalls nicht vom Geldhandel. Die Rabbiner hingegen verdienten ihren Lebensunterhalt mit der Vergabe von Krediten und nicht mit ihrer Tätigkeit als Richter, Gutachter und Gelehrte. Jüdische Ärzte, darunter auch Frauen, gab es in allen Jahrhunderten. Sie bezogen ihr Fachwissen vermutlich aus dem islamisch-iberischen Kulturraum und standen in hohem Ansehen in der jüdischen wie auch in der christlichen Gesellschaft.

Im Alltag reduzierten sich Beziehungen zwischen Juden und Christen auf die Nachbarschaft, Begegnungen auf der Straße und Geschäftsbeziehungen. Der Verlust der wirtschaftlichen Kontakte zu den führenden Schichten der christlichen Gesellschaft und die erzwungene Mobilität der Juden ließen im Verlauf des 15. Jahrhunderts kaum mehr einen Rahmen für stabile soziale Beziehungen entstehen. Gleichzeitig steigerten die Konkurrenzgefühle mancher Zünfte und das Abhängigkeitsverhältnis im kleinen Pfandkreditgewerbe die Aversionen gegenüber den Juden. Judenfeindliches Potenzial war zumindest in bestimmten Gruppen immer vorhanden und wurde bei innerstädtischen Konflikten und Unruhen in politische Forderungen gemünzt. Zu dem Zeitpunkt, als die finanzielle Leistungsfähigkeit der Juden und

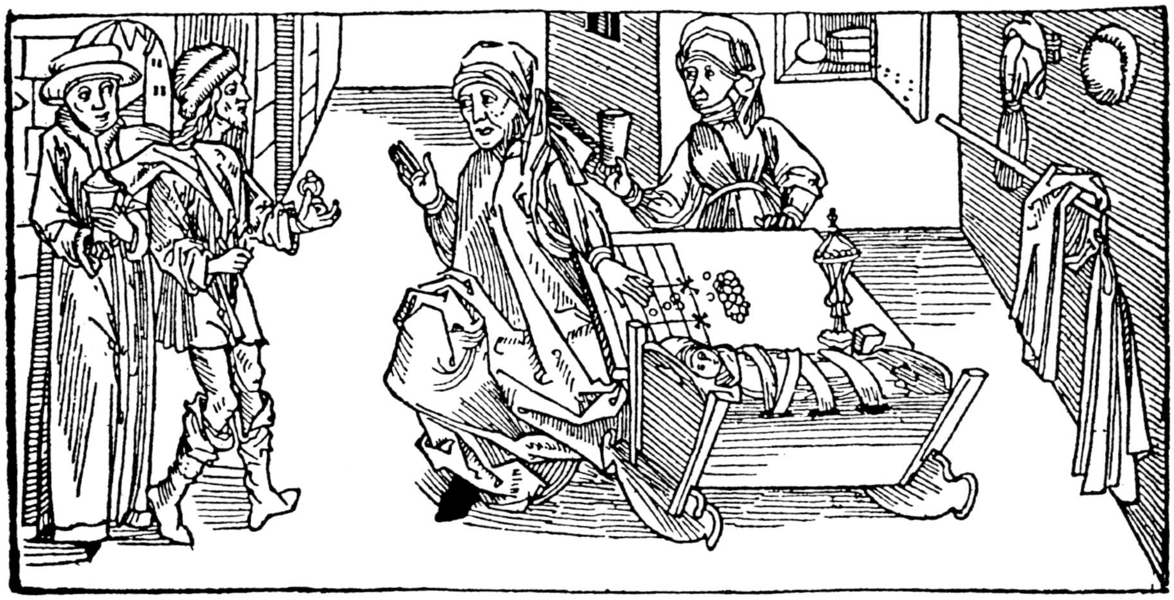

Der Nürnberger Holzschnitt von 1480 zeigt einen jüdischen Pfandleiher und seine Familie. Als Kunden sieht man einen Bauern, der einen Ring, und einen Bürger, der ein Gefäß versetzt. Auch im Spätmittelalter, ja bis ins 19. Jahrhundert, boten jüdische Pfandleiher als Einzige die Möglichkeit für den „gemeinen Mann“, einen Kredit aufzunehmen. In Abwesenheit der Männer oder nach deren Tod führten vielfach die Ehefrauen oder Witwen das Geschäft weiter und erwiesen sich dabei als sehr erfolgreich.

Die unterschiedlichen Kalender galt es für jüdische Kaufleute zu konvertieren, um sich im Geschäftsverkehr auf die christlichen Sonn- und Feiertage einzustellen. 1649 wurde in Bingen dieses grafisch gestaltete hebräische Kalenderbuch (Sefer Ibronot) entwickelt.

Obgleich von einer antijüdischen Propaganda verpönt, wurden jüdische Ärzte auch von Christen, nicht selten Klerikern, konsultiert. Ihr Fachwissen stammte vermutlich aus dem islamisch-iberischen Kulturraum. Der abgebildete medizinische Traktat von 1396/97 erörtert in jiddischer Sprache die Anwendung und Therapie des Aderlasses. Der Text ist einer der ältesten in jiddischer Sprache, die mit hebräischen Lettern geschrieben wurde.

damit ihr „Nutzen“ ruiniert waren, ließen sich – so die politische Logik der Zeit – solche Konflikte einfach „lösen“: Der innere Frieden und der „Gemeine Nutzen“ als höchste Ziele innerstädtischer Politik waren durch die Vertreibung der Juden wiederherzustellen. Pogrome kamen allerdings nur noch selten vor.

Zentrales Gestaltungsmittel obrigkeitlicher Judenpolitik waren die juristischen Normen, die den Status der Juden in einer mehrheitlich christlichen Gesellschaft bestimmten. Sie waren in ihrer Grundstruktur bereits vor 1350 ausgebildet, nämlich in dem Schutzverhältnis zwischen Stadt- oder Landesherrn und der Gruppe oder Gemeinde der Juden. Für den Schutz waren besondere Abgaben zu zahlen, bei deren „Erfindung“ die jeweiligen Herrschaftsträger besonders fantasiereich vorgingen. Die Schutzverträge hatten eine begrenzte Laufzeit, was bereits nach wenigen Jahren eine Neuverhandlung erforderlich machte, die dann zur Veränderung beziehungsweise Verschlechterung der Vertragsbedingungen oder auch zur legalen Ausweisung genutzt werden konnte. Viele Städte nutzten die Wiederansiedlung von Juden nach den Pestpogromen, um nun selbst auch als Schutzherren aufzutreten. Dass die Abgabenbelastungen für die Juden in den folgenden Jahrzehnten mehr und mehr ins Untragbare stiegen, ist eine Folge dieser Politik und der wachsenden Zahl der Schutzherren, die alle mitkassieren wollten. Spätestens seit dem 16. Jahrhundert traten als entscheidende Schutzherren der Juden die Regenten der einzelnen Territorien an die Stelle des Kaisers. Ihnen fiel damit auch die Rolle zu, Normen für die Juden, ihr Leben und ihre Geschäfte in der christlichen Gesellschaft zu setzen. Dies konnte sowohl in Schutzbriefen, in eigenen Judenordnungen wie auch im Rahmen allgemeiner landesherrlicher Gesetzgebung geschehen.

Oberster Schutzherr der Juden blieb zwar offiziell der Kaiser. Er sah sich jedoch immer mehr auf die Einnahmen von den Juden in den reichsunmittelbaren Gebieten und den großen reichsstädtischen Gemeinden in Worms und Frankfurt beschränkt. Dort versuchte er noch bis ins 17. Jahrhundert seinen Einfluss geltend zu machen. In Frankfurt, dessen jüdische Gemeinde im 16. Jahrhundert eine Phase rasanten Wachstums erlebte und eine Führungsrolle innerhalb der Judenschaft des Reiches einnahm, führten innerstädtische Konflikte im Jahr 1614 zur Plünderung des Judenviertels und zur Vertreibung der Juden aus der Stadt (sogenannter Fettmilch-Aufstand, nach dem Anführer Vinzenz Fettmilch). Damit war der kaiserliche Machtanspruch unmittelbar herausgefordert. Der Kaiser erzwang die Rückkehr der Juden, und sie erhielten eine neue „Stättigkeit“, also einen neuen Wohnvertrag, der

Infolge der Bestimmungen des Basler Konzils (1431–1449) wurden die Frankfurter Juden 1462 gezwungen, vor den Stadttoren ein geschlossenes Quartier zu beziehen. Damit wurden sie aus der marktgünstigen Lage am Dom verdrängt und waren zudem nicht mehr durch das städtische Befestigungssystem geschützt. Die Ghettotore mussten an Sonn- und Feiertagen geschlossen bleiben. Mit seinen Mauern und Toren existierte das Frankfurter Ghetto, hier auf dem Stich von Matthäus Merian von 1628, bis in die napoleonische Zeit.

ihr Wohnrecht nicht mehr infrage stellte. Dies zeigt, dass der kaiserliche Judenschutz wenigstens zeitweise doch mehr wert war als das Papier, auf dem er stand.
Seit dem 15. Jahrhundert waren die Juden – zunächst in den Städten – einer Vielzahl mehr oder weniger schikanöser sozialer und religiöser Einschränkungen unterworfen. Der Besitz von Häusern blieb ihnen vielfach verwehrt. In Frankfurt musste die gesamte jüdische Gemeinde 1462 in ein geschlossenes Viertel an der Stadtmauer umziehen. Eine hermetische Trennung von Christen und Juden blieb zwar die Ausnahme und war in ländlichen Siedlungsformen auch gar nicht möglich, doch die städtische Judengasse wurde immer mehr zum Ghetto – auch wenn der Begriff als solcher noch nicht existierte. Diese Maßnahmen spiegeln die Ordnungs- und Ausgrenzungsvorstellungen der christlichen Obrigkeiten wider und gehen auf die kirchliche Gesetzgebung seit der Antike zurück. Erst das Basler Konzil (1431–1449) und die Verbreitung dieser Normen durch Predigten wandernder Kleriker wie Petrus Nigri oder des päpstlichen Legaten Nicolaus Cusanus verhalfen ihnen zu allgemeiner Gültigkeit. Hinzu kommt das gewandelte politische Selbstverständnis der Stadtmagistrate, die sich zunehmend auch als geistliche Obrigkeit verstanden und vielfach forderten, die christliche Gemeinde vor dem „schädlichen Einfluss" der Juden schützen zu müssen. Reformation und Konfessionalisierung verstärkten diese Entwicklung, die zu zahlreichen Vertreibungen der Juden aus den protestantischen Städten und Territorien führte.
Christliche Theologen „arbeiteten" an der Verbreitung negativer Judenbilder bis hin zu ihrer Dämonisierung mit und beteiligten sich nicht zuletzt an der Konstruktion von Ritualmord- und Hostienfrevelanschuldigungen. Diese zogen nicht nur wie zum Beispiel in Trient 1475 Verfolgungen nach sich, sondern verfestigten im Zeitalter gedruckter Medien das in der Gesellschaft geläufige negative Bild von den Juden. Zu trauriger Berühmtheit gelangte in diesem Zusammenhang der Konvertit Johannes Pfefferkorn (1469–um 1523). Von besonderem Eifer gegen seine ehemaligen Glaubensgenossen getrieben und von den Kölner Dominikanern unterstützt, versuchte er – zunächst erfolgreich – in Frankfurt am Main, die Bücher der Juden zu konfiszieren und einer strengen Zensur zu unterziehen. Letztlich scheiterte das Unternehmen jedoch wegen der uneinheitlichen Haltung der christlichen Seite.
Zugleich war Pfefferkorn der erste einer Vielzahl von Autoren, die seit dem Beginn des 16. Jahrhunderts als Konvertiten das neue Medium des gedruckten Buches nutzten, um ihre Mitchristen über die jüdische Religion

Die Legende vom Ritualmord an dem christlichen Knaben Simon durch Juden in Trient (1475) wurde im neuen Medium des Buchdrucks schnell verbreitet. Auch der Nürnberger Humanist Hartmann Schedel überliefert sie in seiner Weltchronik (1493). Das Bild dazu setzt den Knaben Simon bildlich mit Jesus gleich. Die „Blutgier" der Juden wird mit der Beschneidungspraxis „bewiesen", die als ikonografisches Motiv im Zentrum des Bildes steht. Die Juden tragen die Namen der nach Foltergeständnissen verurteilten und hingerichteten Angeklagten. Der Knabe Simon wurde mit Erlaubnis des Papstes (1585) in Trient als Heiliger verehrt.

In dieser Schrift von 1543 bezichtigt Luther die Juden der Abgötterei und Schmähung der Christen. Er fordert, ihre Synagogen zu verbrennen und sie aus dem Land zu vertreiben. Das bot zahlreichen protestantischen Städten den Anlass zur Vertreibung der Juden.

und ihre Riten „aufzuklären". Vor allem reformatorische Theologen, unter ihnen an erster Stelle Martin Luther, nutzten dieses neue „ethnografische" Genre, um sich ein Bild vom Judentum zu machen und es publizistisch weiterzuverbreiten. Im Fall Luthers, der sich vor allem auf den Konvertiten Antonius Margaritha stützte, erlangten die so gewonnenen antijüdischen theologischen Positionen und politischen Empfehlungen fast kanonischen Status. Unter Berufung auf die Lehren des Reformators vertraten die lutherischen Geistlichkeiten besonders scharfe Positionen. In Braunschweig-Wolfenbüttel kritisierten sie sogar öffentlich die Fürsten wegen ihrer „judenfreundlichen" Politik. Zum Glück für die Juden wurden solche radikalen Standpunkte aus ökonomischen Erwägungen bald relativiert.

Positiv für die Juden wirkten sich im 16. Jahrhundert die Entwicklungen im Bereich

Da Juden keinen christlichen Eid ablegen durften, mussten sie den sogenannten Judeneid schwören. Dies geschah – wie auf diesem Holzschnitt von 1509 – vor Gericht oder auch in der Synagoge im Beisein zweier jüdischer Zeugen mit Auflegen der Hand auf die hebräische Bibel. Dabei konnte das Gericht auch eine entwürdigende Form wählen, indem der den Eid ablegende Jude gezwungen wurde, auf einer blutigen Sauhaut zu stehen. So schreibt zum Beispiel der Schwabenspiegel von 1275 es vor.

der allgemeinen Rechtsprechung aus: Im Zuge der Durchsetzung des Römischen Rechts wurden auch Juden als Cives Romani (Reichsbürger) gesehen und erhielten vor Gericht gleiche Rechte wie Christen. Wenn auch die Gerichtspraxis diesem Grundsatz nicht immer wirklich entsprach, so konnten doch Juden die geringen Rechte, die sie hatten, nun wenigstens gerichtlich einklagen. Sie nutzten diese Möglichkeit durchaus erfolgreich. Die Reichsgerichte fungierten allerdings im Wesentlichen als Ansprechpartner für die im kaisernahen Süden lebenden Juden und daneben vor allem für die finanzkräftige jüdische Elite des Reiches. Auch der kaiserlichen Gesetzgebung kam, trotz ihrer begrenzten Reichweite, eine stabilisierende Wirkung zu, weil etwa mit dem vielfach erneuerten Privileg von 1544 wichtige, für das ganze Reich geltende Grundprinzipien für die Rechtsstellung der Juden fixiert wurden. Im Strafprozess allerdings wurden Juden zumeist als Fremde angesehen, eher oder sogar grundsätzlich verdächtigt und härter bestraft. Eidformulare für Juden, der sogenannte Judeneid, wurden mitunter in einer besonders entwürdigenden Art gefasst. Ritualmord- und Hostienfrevelanschuldigungen wurden zwar mittlerweile „in geregelten Bahnen", das heißt gerichtlich, verhandelt. Trotzdem hatten die Beklagten nur selten die Chance, ihre Unschuld zu beweisen.

Jüdisches Leben in Familie und Gemeinde

Im 15. und beginnenden 16. Jahrhundert war die Existenz der Juden zwar nicht mehr im selben Maße bedroht wie zur Zeit der Kreuzzugs- und der Pestpogrome, dennoch machte sich ein Gefühl der Krise und der tiefen Resignation in der zusammengeschrumpften Judenschaft breit. Der wiederholte Neuaufbau der Lebensgrundlagen beanspruchte Zeit, Geld und Energien. Die Juden gingen verständlicherweise auf Distanz zur christlichen Mehrheitsgesellschaft, was vor allem an der Entwicklung

Hochzeitsvertrag (Ketubba) des reichen Hamburger sefardischen Juden Isaac Senior, genannt Manuel Teixeira, von 1648. Die Ketubba, häufig mit prächtiger Rahmenornamentik verziert, bestimmte die finanziellen Verpflichtungen des Ehemanns gegenüber der Ehefrau im Fall der Scheidung oder seines Ablebens. Die hier von Isaac Senior seiner Braut Rachel Ribca de Mattos versprochene Summe betrug 57 900 Reichstaler. Nach rabbinischer Vorschrift musste eine geschriebene Ketubba vorliegen, damit die Ehe gültig vollzogen werden konnte. Die Ketubba schützte die Ansprüche der Frau vor allem im Fall der Scheidung. War diese durch die Frau verursacht, erlosch ihr Anspruch auf die Summe des Ehemanns. Sie erhielt in diesem Falle allerdings ihre Mitgift zurück.

des (West-) Jiddischen als ihrer Umgangssprache augenfällig wird. Auch die starke Resonanz auf messianische Bußbewegungen wie zum Beispiel die des Ascher Lemlein, eines jüdischen Wanderpredigers zu Beginn des 16. Jahrhunderts, ist durch die krisenhafte Situation zu erklären.

Die Bedeutung der jüdischen Familie nahm zu. Unter Familie ist dabei im Wesentlichen die aus zwei Generationen bestehende Kernfamilie zu verstehen, in deren Haushalt je nach Vermögen, Geschäftsvolumen und rechtlichen Rahmenbedingungen eine Vielzahl weiterer Personen leben konnte: Bedienstete oder Lehrer, die für Geschäft, Haushalt und Kinder erforderlich waren, oder nicht schutzberechtigte Verwandte. In wohlhabenden Familien wurden die Kinder früh verheiratet; sie erhielten mit der Eheschließung von beiden Seiten eine Kapitalausstattung als Geschäfts- und Lebensgrundlage, blieben aber durch weitere Kostjahre im Haus des Vaters oder Schwiegervaters unter einer gewissen Aufsicht. In dieser Zeit studierten die jungen Männer und machten unter Anleitung ihre ersten Geschäftserfahrungen. In ärmeren Schichten gingen der Heirat und Selbstständigkeit – wenn überhaupt – viele Jahre einer dienenden Tätigkeit voraus. So konnte wenigstens ein kleines Kapital angesammelt werden, mit dem sich ein bescheidener Handel oder ein kleines Geldgeschäft aufbauen ließen, so weit die rechtlichen Bedingungen dies gestatteten.

Prägend für das jüdische Familienleben war die hohe Mobilität. Sie ergab sich gezwungenermaßen, wenn die Wohnerlaubnis abgelaufen war, oder aber aus Geschäfts- und Studiengründen. Sie ist aber auch darauf zurückzuführen, dass Juden weit verstreut in kleinen Gemeinschaften lebten, was zum Beispiel „Heiratsmobilität“ erforderlich machte. Die geringe Größe der meisten jüdischen Siedlungen ließ eine Vermittlung von

Tracht der Wormser Juden und Jüdinnen im 16. Jahrhundert. Der Mann trägt einen Mantel mit gelbem Ring und sogenannter Schulkappe. Der Geldbeutel weist auf seine Geldgeschäfte hin, der hebräisch „schum“ genannte Knoblauch auf die Herkunft des Mannes aus einer der sogenannten Schum-Städte (Speyer, Worms, Mainz).
Die Frau trägt außer einem Umhang mit gelbem Ring eine Haube. Die Gans weist auf die jüdischen Speisen hin. Den gelben Ring mussten die Juden auf Befehl der Obrigkeiten außen an der Kleidung tragen, um als Juden erkennbar zu sein.

Partnern mit gleichem Sozialstatus vor Ort nicht zu. Da Handels- und Bildungsmobilität weitgehend ein Monopol der Männer waren, blieb die Mobilität der Frauen deutlich dahinter zurück.

Die Ausbildung der Kinder lag primär im Verantwortungsbereich der Familien, lediglich größere Gemeinden konnten sich eine Schule leisten. So blieb es weitgehend den Finanzen und dem Willen der Eltern überlassen, wer in welchem Umfang unterrichtet wurde und ob dies zuhause oder im Haus der Lehrers (Cheder) geschah. Der Elementarunterricht dauerte normalerweise bis zum 13. Lebensjahr. Mitunter kamen auch Mädchen in seinen Genuss, die ansonsten der Erziehung und Unterrichtung durch ihre Mütter überlassen blieben. Die meisten von ihnen erwarben Grundkenntnisse in Lesen und Schreiben. Söhne mit ausreichenden intellektuellen Kapazitäten wurden für die weitere Ausbildung auf eine auswärtige Jeschiwa (Talmud-Hochschule) geschickt. Mancher verdiente sich sein Geld dabei selber, indem er nun seinerseits jüngere Kinder unterrichtete oder beaufsichtigte.

Die Verfolgungen von 1348/50 hatten das Netz der von berühmten Gelehrten geleiteten höheren Bildungseinrichtungen zerstört. Reste davon überdauerten nur in den von den Verfolgungen nicht betroffenen Randgebieten in Niederösterreich und in Wien. Den hier ausgebildeten Gelehrten gelang es, die rabbinische Bildungstradition im 15. Jahrhundert an verschiedenen Orten im Reich wiederzubeleben. Sie beschäftigten sich eher mit dem Brauchtum als mit den klassischen Gesetzesdiskussionen wie ihre Vorgänger. Typisch für diese Generation von Gelehrten war ihre allein aufs Bewahren ausgerichtete Grundeinstellung. Sie wagten es nicht mehr, sich kritisch mit der religiösen Tradition auseinanderzusetzen.

Religiöse und soziale Bedürfnisse bildeten das Fundament der jüdischen Gemeinden. Je nach Größe stellten sie Institutionen wie den Friedhof, die Synagoge, die Mikwe (das rituelle Tauchbad) und Dienstleistungen wie den Unterricht für arme Schüler zur Verfügung. Die Jeschiwot hingegen waren Privatinstitute. Sie wurden von Gelehrten unterhalten, die in der Gemeinde lebten und zum Teil Funktionen als Rabbiner und Richter ausübten. Manche Gemeinden unterhielten auch ein Gericht, vor dem innerjüdische Streitfälle ausgetragen wurden. Vielfach fungierten die Gemeindevorsteher als Vermittlungsinstanz zu den christlichen Obrigkeiten und hatten die Aufgabe, die Steuern einzuziehen. Seit Ende des 14. Jahrhunderts wurden durch Einführung der Semicha (Rabbiner-Approbation) die Zugangsmöglichkeiten ins Rabbinat reguliert, das nun zunehmend verbeamtete. Dies führte langfristig zur Abhängigkeit der Rabbiner von den jeweiligen Gemeindevorständen.

Im Laufe des 16. Jahrhunderts entstanden in den vielen Klein- und Kleinstsiedlungen neue Organisationsformen – wenn auch meist nur auf informeller Ebene. Führende Männer traten auch ohne Autorisation als Gemeindevorsteher auf; Satzungen, Wahlen und Ämter wurden oft erst viel später eingeführt. Dort, wo (Landes-) Rabbiner tätig waren, übernahmen diese oft integrative und strukturierende Funktionen. An Orten ohne Rabbiner fiel diese Rolle zwangsläufig säkularen Führungspersönlichkeiten zu. Letztere verstanden es auch in den wenigen gut organisierten Gemeinden, die Gemeindeführung stärker als zuvor an sich zu ziehen und auf Dauer eine regelrechte Vorsteheroligarchie auszubilden.

Im 16. Jahrhundert entstanden außerdem Beerdigungsbrüderschaften (Chewra Kaddischa). Sie nahmen in ähnlicher Form wie die christlichen Zünfte soziale Funktionen wahr, die über die engere Zweckbestimmung der Brüderschaft hinausgingen. Zum Beispiel boten sie auch eine Art Versicherung für Brautausstattung, Krankheits- oder Todesfälle. Parallel hierzu wiesen die wenigen großen Gemeinden eine ganze Anzahl weiterer Institutionen auf und stellten Dienstleistungen zur Verfügung: Bäcker und Metzger für eine koschere Nahrungsmittelversorgung,

Hospiz und Spital für Durchreisende und arme Kranke, den von der Gemeinde angestellten Arzt sowie die Aufsicht über Hebammen und Beschneider. Schließlich fielen der jüdischen Gemeinde Ordnungs- und Polizeiaufgaben zu.
Seit dem zweiten Viertel des 16. Jahrhunderts bemühte sich die Judenschaft, auch auf Reichsebene neue Strukturen zu schaffen. Dies war nötig für die Erhebung von Steuern und Beiträgen, die von ihr von außen als Gesamtheit gefordert wurden oder zur Finanzierung interner Aufgaben erforderlich waren. Ferner galt es Normen festzulegen, die für das Funktionieren der jüdischen Gerichtsbarkeit nötig waren und das Konfliktpotenzial im Geschäftsverkehr mit Christen reduzierten. Die Vertretung jüdischer Interessen gegenüber den politischen Instanzen stellte ebenfalls ein Desiderat dar. Wichtige Persönlichkeiten in diesem Erneuerungsprozess auf Reichsebene waren beispielsweise der vom Kaiser für Steuer- und Gerichtsangelegenheiten 1521 eingesetzte Reichsrabbiner Samuel aus Worms und der seit 1510 als Parnass (Vorsteher) der Vogtei Hagenau im Unterelsass tätige Josel von Rosheim.

Josel von Rosheim war ein Kaufmann mit rabbinischer Ausbildung. Er verfügte über großes Verhandlungsgeschick und wusste seine im Laufe der Zeit entstandenen politischen Kontakte, die schließlich bis zum Kaiser reichten, in beeindruckend effizienter Weise einzusetzen. So avancierte er jeweils per Auftrag oder Bittschreiben zum Fürsprecher der Juden des Reiches sowie einzelner bedrohter Gemeinden. Er war rastlos unterwegs, um Bedrohungen von seinen Glaubensgenossen abzuwenden. 1530 verlas er auf dem Augsburger Reichstag die auf seine Initiative hin beschlossenen Takkanot (Ordnungen), die den Geldgeschäften der Juden mit Christen einheitliche Regeln verleihen und so antijüdische Verordnungen verhindern sollten. Auch das Privileg von 1544, das zur Rechtsstabilisierung der Juden wesentlich beitrug, geht auf seine Initiative und seine Kontakte zum Kaiserhof zurück. Als er 1559 starb, fand er keinen gleichwertigen Nachfolger. Seine Funktionen wurden von verschiedenen Personen wahrgenommen. Doch keiner dieser Männer erlangte eine solche Bedeutung wie Josel. Dies hing auch damit zusammen, dass sich das politische Gewicht innerhalb der Judenschaft allmählich von der

Die Chewra Kaddischa („heilige Vereinigung“) bildete in fast allen jüdischen Gemeinden nach dem Vorstand die wichtigste Vereinigung. Sie war als Beerdigungsbruderschaft für die Totenbestattung zuständig, aber auch für die Spendung von Trost und Hilfe für die Hinterbliebenen. In den meisten Gemeinden oblagen ihr noch weitere soziale Aufgaben wie Krankenpflege und Waisenfürsorge. Diese Darstellung der Prager Chewra Kaddischa entstand um 1840.

durch die Wormser und die Frankfurter Gemeinde repräsentierten Reichsebene auf die der Territorien verschob.

Die Entwicklung im 17. Jahrhundert

Dieser Prozess, der zum ersten Mal um 1570 sichtbar wird, fand einen ungeplant dramatischen Abschluss zu Beginn des 17. Jahrhunderts. Auf Einladung einiger führender Repräsentanten der Frankfurter Gemeinde trafen sich dort im Jahr 1603 Rabbiner und Vorsteher aus weiten Teilen des Reiches. Auch 1582 und in den Jahren zuvor hatte es ähnliche Versammlungen gegeben, deren Beschlüsse aufeinander aufbauten. Die christlichen Obrigkeiten, die zu dieser Zeit über die innerjüdischen Verhältnisse und Vorgänge wenig informiert waren, hätten von dieser Versammlung, die zur Messezeit völlig unverdächtig stattfand, nie etwas erfahren. Doch der Landesvorsteher Levi von Bonn brachte im Konflikt um die Ausübung seines Amtes dem Kölner Kurfürsten die Frankfurter Beschlüsse als hochverräterisch zur Anzeige. Die Ermittlungen, Verhöre und Verhandlungen zogen sich über Jahre hin. Am Ende mussten die Juden eine große Summe als Strafe zahlen, und jede weitere Form reichsweiter Absprachen war auf lange Zeit unmöglich geworden.
Die entscheidenden politisch-geografischen Einheiten der Judenschaft wurden nun die Territorien. Angesichts der zerstreuten ländlichen Siedlungsformen begannen sich die Juden auf Länderebene zu organisieren. Es entstanden Landesjudenschaften, deren räumlicher Zuschnitt immer mehr den territorialen Grenzen angepasst wurde. In ihren Funktionen glichen sie aber den alten urbanen Gemeinden. Die Obrigkeiten nutzten die neu formierten jüdischen Körperschaften zunächst vor allem zur Steuererhebung. Die Landesjudenschaften, an deren Spitze der Landesrabbiner stand, beschäftigten Schreiber und Boten sowie Steuerschätzer und Steuerkollektoren, die zugleich die innerjüdischen Steuern eintrieben. Die säkulare Führung lag in den Händen der Landesvorsteher, als deren Repräsentanten gegenüber den Obrigkeiten häufig Hofjuden fungierten. Diese stellten einen neuen Typus der jüdischen Gesellschaft dar, der durch seine Herrschernähe und daraus abgeleitete Aufsichtsfunktionen über die Judenschaft geprägt war. Gewählt wurden Landesrabbiner und Vorstehergremien auf den Landtagen, den im Abstand von drei Jahren einberufenen Versammlungen aller Haushaltsvorstände.
Diese Struktur, die sich wesentlich erst nach 1650 herausbildete, weist in ihrer Entstehungszeit viele regionale und informelle Vorstufen auf. Nicht nur auf jüdischer Seite mussten nach der Zerstörung der alten Gemeinden neue, funktionale Organisationsformen gefunden werden. Auch der sich herausbildende Territorialstaat und seine Herrschaftsträger hatten keine fertigen Konzepte im Umgang mit der Korporation der jüdischen Untertanen. Die enge Kooperation zwischen den Herrschern und vermutlich auf eigene Initiative eingesetzten Vorstehern wie Münzmeister Lippold in Brandenburg oder der erwähnte Levi von Bonn in Kurköln führte zu erheblichen Konflikten zwischen diesen Vorstehern und der Judenschaft. Das Modell, auf diese Art die Steuerleistung der Juden zu erhöhen und die Kontrolle über sie zu verstärken, war also nicht immer erfolgreich. Denn aus jüdischer Sicht galten diese Männer in ihrer problematischen Herrschernähe als Verräter.
Infolge der wiederholten Enteignungen und steigenden Abgabenbelastungen blieben die jüdischen Vermögen bis weit ins 17. Jahrhundert eher bescheiden. Die ersten Juden, die wieder für höfische Herrschaftsträger als Kreditgeber tätig wurden, arbeiteten überwiegend mit fremdem Kapital. Die ökonomischen Begleitumstände und Folgen des Dreißigjährigen Krieges (1618–1648) brachten dann für die Juden Vorteile wie Nachteile. Da sie keiner der kriegführenden Konfessionen angehörten, galten sie als neutral. Der Krieg wurde zunächst durch eine

Minderung des Edelmetallgehalts der Münzen finanziert. Daran verdienten auch jüdische Edelmetalllieferanten. Trotz der unsicheren kriegerischen Lage gelang es vielen jüdischen Händlern, wieder Vermögen zu erwirtschaften, die einen allmählichen wirtschaftlichen und gesellschaftlichen Aufstieg nach 1650 ermöglichten.

Abgesehen von einigen Ausnahmen blieben die wenigen Zentren für höhere Bildung, Gelehrsamkeit und Gerichtsbarkeit an die größeren Gemeinden und ihre Rabbiner gebunden. Der jüdischen Gemeinde in Frankfurt am Main kam dabei die führende Rolle zu, daneben sind Metz, Worms und Friedberg zu nennen. Im gesamten Reich gab es zu dieser Zeit nicht mehr als zehn Gerichtshöfe, alle in kaisernahen Orten oder geistlichen Territorien gelegen. Die Frankfurter Takkanot von 1603 bestimmten – wie schon die von 1582 – Frankfurt, Worms, Friedberg, Fulda und Günzburg zu zentralen (Appellations-) Gerichten und teilten das ganze Reich in zugehörige Gebiete auf.

Keine der Institutionen im deutschsprachigen Raum konnte jedoch an die Bedeutung heranreichen, die Prag als Zentrum von Bildung und Gelehrsamkeit zwischen der Mitte des 16. und des 17. Jahrhunderts einnahm. Die weltoffene intellektuelle Atmosphäre in der kaiserlichen Residenzstadt trug dazu bei, dass jüdische Gelehrte – unter Führung von R. Juda ben Bezalel (Maharal, gest. 1609) – sich mit Allgemeinwissenschaften, Religionsphilosophie und Ethik zu beschäftigen und gewisse traditionelle Konzepte rabbinischer Lehre, den sogenannten Pilpul, zu kritisieren begannen. Zum Kreis der Schüler und Gleichgesinnten des „Hohen Rabbi Löw" zählen R. Abraham Horovitz (gest. 1615), R. Mordechai Jaffe (gest. 1612), R. Jomtow Lipmann Heller (gest. 1654) und der Astronom und Chronist David Gans (gest. 1613). Auch der ältere Bruder des Maharal, R. Chaim ben Bezalel in Friedberg (gest. 1588), gehörte in dieses Umfeld. Diesem kleinen Kreis Prager Gelehrter standen in der ersten Hälfte des 17. Jahrhunderts andere gegenüber, die an die Traditionen des 15. Jahrhunderts anknüpften und sich mit dem Brauchtum (den Minhagim) beschäftigten. Nicht zufällig waren es die beiden großen Gemeinden in Frankfurt und Worms, deren Minhagim durch Josef Juspa Hahn (gest. 1637) und R. Juspa Schammes (gest. 1678) aufgezeichnet wurden. Beide Werke sind zu ihrer Zeit allerdings nicht gedruckt worden.

Dem Buchdruck kommt jedoch eine große Bedeutung für die jüdische Kultur der frühen Neuzeit zu. Nach den Anfängen in Venedig war die erste hebräische Druckerei nördlich der Alpen 1512 in Prag entstanden. Im deutschen Raum lag der hebräische Buchdruck zur gleichen Zeit vor allem in Händen christlicher Hebraisten. 1578–81 wurde zum Beispiel in Basel eine neue Talmudausgabe publiziert. Es gab nun neben hebräischen auch jiddischsprachige Publikationen. Dies vergrößerte zwar den Bildungsabstand zwischen der hebräischen Gelehrtenwelt und der jiddischsprachigen Alltagskultur. Doch ermöglichte das gedruckte Buch andererseits durch die Vervielfältigung der hebräischen Traditionsliteratur wie auch durch die Schaffung neuer religiöser Literaturgattungen im Jiddischen den Fortbestand jüdischer Kultur. Hiervon profitierten nicht zuletzt die Frauen, die aus der hebräischsprachigen Kultur weitgehend ausgeschlossen waren. Und schließlich beschleunigte und intensivierte der Buchdruck nicht nur die Verbreitung von altem und neuem Wissen, sondern er ermöglichte es auch, dass Kenntnisse im Bereich des Allgemeinwissens und der Profanliteratur aus der umgebenden Gesellschaft in die jüdische Kultur übermittelt wurden. Die Verbreitung der Druckerzeugnisse im geografischen Dreieck zwischen Norditalien, Amsterdam und Polen trug dazu bei, dass ein gesamtaschkenasischer Kulturraum entstand. Die Mobilität der Menschen und ihre weiträumige Kommunikation über Briefe verstärkten diesen Prozess und gehören wie die Bildung überlokaler Strukturen zu den zentralen Merkmalen einer jüdischen frühen Neuzeit.

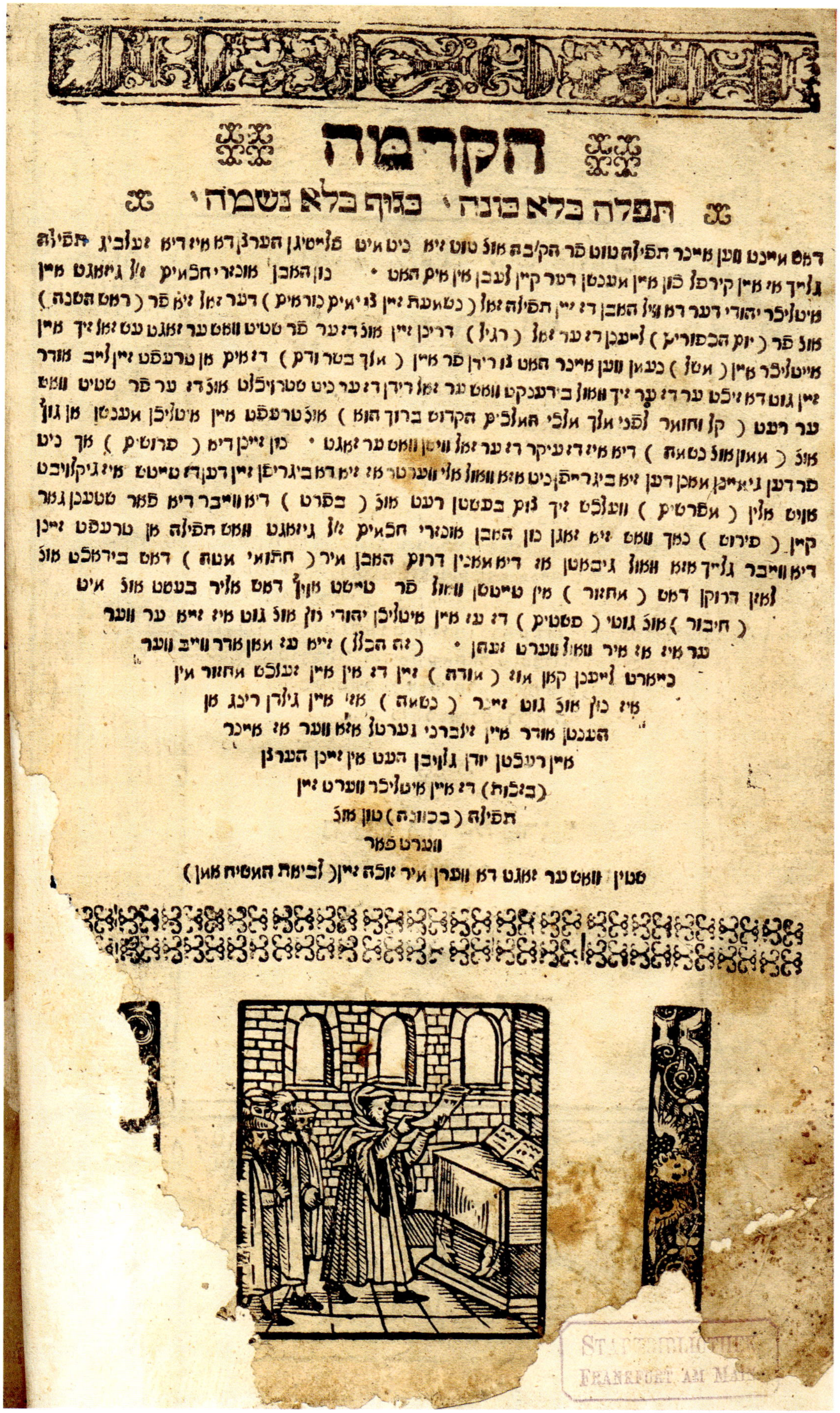

Prag bildete im ausgehenden 16. Jahrhundert und in der ersten Hälfte des 17. Jahrhunderts das geistige Zentrum des westaschkenasischen Judentums. Hier gab es seit 1512 hebräische Druckereien. Doch gab es auch im 16. und 17. Jahrhundert zahlreiche Bedrohungen der jüdischen Gemeinde, so 1648 durch Beschuss der schwedischen Truppen. Die acht Jahre später (1656/57) im Verlag Jakob Baks Söhne in Prag gedruckte Schrift *Queroves* (Qol rinna w-isna be-ohole saddiquim; dos iz tait gizang un hilf gitzelt fun tzadikim), „Die Stimme der Freude und Erlösung“, sollte Trost vermitteln. Das Schofarhorn auf der Titelseite bedeutet in Erinnerung an die Eroberung Jerichos (Jos. 6) das Zeichen des Sieges über das Böse.

Glikl: Der Blick einer jüdischen Frau auf die Gesellschaft der frühen Neuzeit

Rotraud Ries

Bertha Pappenheim (1859–1936): Auf diesem Ölbild von Leopold Pilichowski aus dem Jahr 1925 ließ sie sich so malen, wie sie sich Glikl vorstellte, im Kostüm des 17. Jahrhunderts und mit Heft und Feder. Rechts ist in hebräischen Buchstaben der von David Kaufmann erfundene jiddische Titel von Glikls *Sichroines* (Erinnerungen) geschrieben, die Bertha Pappenheim ins Deutsche übersetzte.

Glikl bas Juda Leib (1646/47–1724) oder, wie sie lange genannt wurde, Glückel von Hameln ist zweifellos die prominenteste Frau der deutsch-jüdischen frühen Neuzeit. Dies hat, wie sollte es anders sein, mit ihrer „Medienpräsenz" zu tun. Seit dem Erscheinen ihres unbetitelten autobiografischen Textes in der jiddischen Druckausgabe von 1896 sind ihre Erinnerungen (*Sichroines*) im deutschen und englischen Sprachraum in Übersetzung und in vielen Auflagen von Juden und Nichtjuden gelesen worden.[1] Und seit einigen Jahren wird sie gar als Repräsentantin der frühen Neuzeit im Jüdischen Museum in Berlin vorgeführt – mit den Augen und dem Gesicht der Frauenrechtlerin Bertha Pappenheim (1859–1936), die die *Sichroines* übersetzte und sich im Kostüm des 17. Jahrhunderts „als Glikl" malen ließ.

Es ist die umfangreiche Autobiografie mit ihren reichen Informationen zu Familie und Alltag, die Glikl besonders macht. Jeder, der etwas über jüdisches Leben in der frühen Neuzeit wissen oder schreiben will, findet bei ihr reiches Material. So wurde Glikls Text schon von vielen Autoren als Steinbruch benutzt oder zur erbaulichen Lektüre bildungsbeflissener Bürger und Bürgerinnen verwandt, weil es sonst nichts Vergleichbares gab. Die „bescheidenen Aufzeichnungen einer einfachen Frau" seien, wie es noch 1979 Hans Lamm formulierte, eine kulturhistorisch wichtige Quelle, aber letztlich eben doch nur ein „menschliches, mütterliches Erinnerungsbuch". „Wir müssen es nicht mit Ehrfurcht lesen, aber wir dürfen Glückels Humor und die Tapferkeit ihres Herzens genießen."[2] Darüber geriet der Text als Ganzes aus dem Blick, wurde sogar – etwa von Alfred Feilchenfeld – in gekürzter und neu arrangierter Form publiziert. Erst im Zuge neuer und interdisziplinärer Forschungsansätze der letzten zwei Jahrzehnte ist das Werk als Ganzes in den wissenschaftlichen Blickpunkt gerückt. Dabei kam ihm zugute, dass es die einzige erhaltene Autobiografie einer jüdischen Frau aus der Vormoderne ist. Im Vergleich zu weiteren jüdischen Selbstzeugnissen des aschkenasischen Raumes, die erst seit kurzem beginnen, die Aufmerksamkeit der Forschung zu erregen, wissen wir über Glikls Leben und Werk deshalb sicher besonders gut Bescheid.

Geboren wurde Glikl in Hamburg als dritte Tochter des angesehenen und wohlhabenden Kaufmanns Juda Leib und seiner Frau Bele, der Tochter des Nathan Melrich. Die Dependance der Altonaer jüdischen Gemeinde in Hamburg besaß keinen offiziellen Rechtsstatus in der Stadt, sondern wurde lediglich dort geduldet. Wenige Jahre nach Glikls Geburt endete die Duldung aus politischen Gründen und die Juden mussten für einige Zeit in das damals dänische Altona zurückkehren (1649–57).

Als knapp Zwölfjährige wurde Glikl mit dem wenig älteren Chaim verlobt, dem jüngsten Sohn des wohlhabenden Kaufmanns Josef Hameln alias Jobst Goldschmidt. Zwei Jahre später (zirka 1659/1660) fand die Hochzeit statt, und das junge Paar lebte zunächst ein Jahr im Haus der Goldschmidts in Hameln. Es waren vor allem ökonomische Gründe, die Chaim und Glikl jedoch schon bald nach Hamburg zogen: Sie wollten sich in der aufblühenden Hafen- und Handelsstadt selbstständig machen. Und dies wurde ihnen erleichtert, indem sie – wie in der jüdischen Oberschicht verbreitet – auch hier zunächst bei Glikls Eltern wohnen konnten. Chaim startete einen erfolgreichen Handel mit Goldketten und Glikl bekam mit 16 Jahren ihr erstes Kind; im Abstand von jeweils etwa zwei Jahren folgten 13 weitere Kinder, von denen zwölf das Erwachsenenalter erreichten.

Nach einem Jahr im Haus der Eltern mietete die junge Familie für sich und zwei Bedienstete ein eigenes kleines Haus in Hamburg.

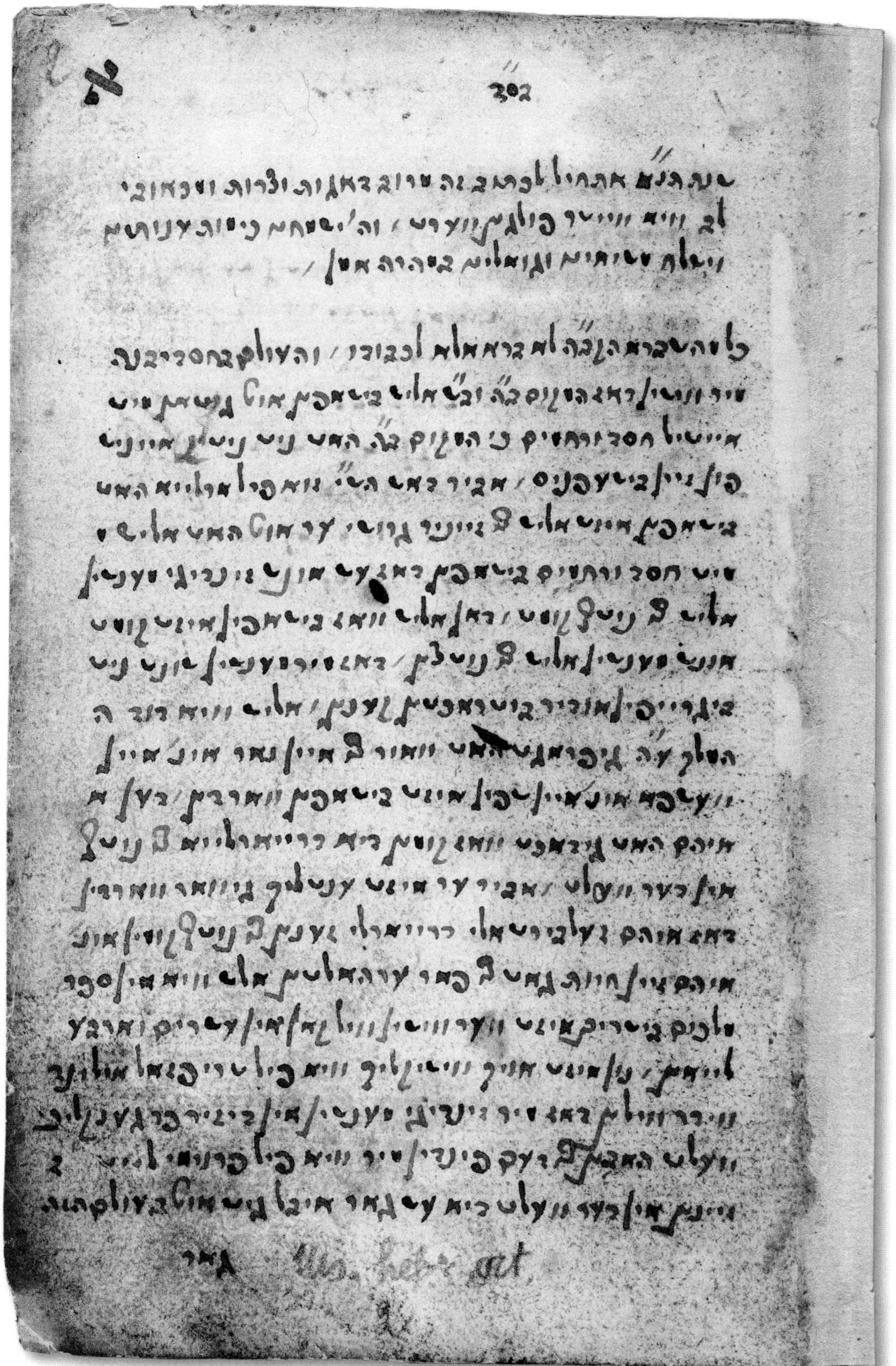

Titelseite der Erinnerungen der Glikl Hameln. Ein Autograf dieser Schrift ist nicht mehr vorhanden. Doch besitzen wir diese Abschrift, die ihr Sohn Moses Hameln angefertigt hat. Der Text ist auf Jiddisch mit hebräischen Buchstaben geschrieben. Das in Leder gebundene Manuskript befindet sich in der Universitätsbibliothek Frankfurt am Main (Ms. Hebr. Oct. 2).

Ihren Handel erweiterten Chaim und Glikl auf Gold, Silber, Edelsteine, Geld und Unzenperlen, und sie setzten gerade auch für die auswärtigen Geschäfte Mitarbeiter und Geschäftspartner ein. Doch auch der oft kränkliche Chaim ging regelmäßig auf Reisen, nach Amsterdam und auf die Messen in Leipzig und Frankfurt. Wenige Tage nach einem Sturz im Januar 1689 starb er unerwartet und hinterließ Glikl mit acht unverheirateten Kindern und der vollen Verantwortung für das Geschäft.

Um jedem Zweifel an ihrer Kreditwürdigkeit zuvorzukommen, veranstaltete Glikl eine Versteigerung und bezahlte aus dem Gewinn alle Schulden. Anschließend führte sie ein Ladengeschäft, in dem sie lokale Waren und Importe aus Holland anbot, Unzenperlen aufkaufte, sortierte und dann wieder verkaufte, Geldleihe und Wechselgeschäfte betrieb; auf den Messen in Leipzig und Braunschweig kaufte sie Waren ein, immer begleitet von einem ihrer älteren Söhne. Auch andere Reisen nutzte sie mindestens nebenbei für Geschäfte. Ferner gründete sie eine Strumpfmanufaktur mit angeschlossenem Handel. Sie war so erfolgreich, dass sie an der Hamburger Börse 20 000 Reichstaler Kredit hätte haben können. Erst zehn Jahre nach dem Tod ihres Mannes ging sie auf das Angebot eines Witwers aus Metz ein, ihn zu heiraten. Cerf (Hirsch) Levy war ein reicher Finanzmann und gehörte zur Führung der jüdischen Gemeinde in Metz. Heimlich verließ Glikl Hamburg, um die hohen Abzugssteuern an die Stadt und an die jüdische Gemeinde zu umgehen für ein Vermögen, das sie in der veranschlagten Höhe gar nicht mehr besaß, das jedoch ihren Ruf begründete. Es fiel der unabhängigen Kauffrau schwer, sich an ihre neue Umgebung zu gewöhnen, in einem in ihren Augen verschwenderischen Haushalt zu leben, in dem sie nichts oder kaum etwas zu sagen und wenig zu tun hatte; das partnerschaftliche Verhältnis, das ihre Ehe mit Chaim charakterisiert hatte, wollte ihr hier nicht gelingen. Und die stark vom Französischen geprägte Kultur der jüdischen Gemeinde war ihr fremd. Als nach kaum anderthalb Jahren Ehe ihr Mann Bankrott machte, entfielen auch noch die finanziellen Vorteile, die diese Ehe für sie hätte haben sollen. Möglicherweise begann sie erneut mit ihrer Handelstätigkeit; sie blieb, als Cerf Levy 1712 starb, nur noch mit einem Drittel des Vermögens zurück, das sie aus Hamburg mitgebracht hatte. Nie hatte sie in Abhängigkeit von ihren Kindern leben wollen – doch mit fast 70 Jahren und von Altersbeschwerden geplagt, gab sie dem Drängen ihrer Tochter und ihres Schwiegersohnes in Metz nach, um in deren Haus und gut versorgt ihre letzten Jahre zu verbringen. Sie starb 1724 mit 78 Jahren, nachdem sie bereits 1719 das Schreiben an ihrem autobiografischen Text beendet hatte.

Begonnen hatte sie in der Zeit nach dem Tod ihres ersten Mannes Chaim Hameln, um ihre schlaflosen Nächte zu füllen und die melancholischen Gedanken zu vertreiben. Doch ihr Werk, an dem sie mit Unterbrechungen drei Jahrzehnte schrieb, war ambitionierter als es diese therapeutische Funktion vermuten lässt: Von vornherein kündigte sie sieben Büchlein an, von denen das erste in der Tradition der Mussar-Bücher die Quintessenz traditioneller Ethik voranstellt, die sie ihren Kindern ans Herz legen wollte. Die übrigen Bücher verstand sie explizit nicht als Moralbücher, sondern vermittelte darin – ohne sich selbst dabei allzu sehr in den Mittelpunkt zu stellen – die Summe ihrer Lebenserfahrungen. Diese illustrierte sie kreativ aus dem Fundus der jiddischen Erzählliteratur sowie all dessen, was sie direkt oder indirekt, schriftlich oder mündlich erlebte und rezipierte. Die von ihr eingestreuten Exempelgeschichten nehmen allein zirka ein Fünftel des Werkes ein.

Im Schreiben fand sie eine Ausdrucksmöglichkeit für ihre Trauer, für ihre Einsamkeit in der großen Verantwortung für acht unmündige Kinder. Kinder und Enkel sind ihre Adressaten. Im Moment der Erschütterung ihres Lebens durch den Tod des Familienoberhauptes bindet sie sich selbst und ihre Kinder ein in die Kette der Ahnen und die Beziehungen zu aktuellen und künftigen Verwandten, zu jüdischen Geschäftspartnern und der lokalen jüdischen Gesellschaft. Durch das Schreiben aktualisiert sie ein weitgespanntes Beziehungsnetz und verankert es in der fragil gewordenen Realität. Und dieses soziale Netzwerk und seine Reichweite, ihre Bildung und ihre Mobilität widerlegen das (typisch männliche?) Klischee von der „einfachen jüdischen Frau" und ihren „bescheidenen Aufzeichnungen", weisen Glikl vielmehr als Mitglied der jüdischen Oberschicht ihrer Zeit aus.

Glikls Großväter zählten zu den Pionieren aschkenasischer Siedlung im Hamburger Raum, ihr Vater Juda Leib zu den führenden Mitgliedern der jüdischen Gemeinde in Altona. Auch Glikls Schwiegervater Josef Hameln beziehungsweise Jobst Goldschmidt gehörte – wie üblich – zur gleichen Schicht: Seine Vorfahren waren seit den spätmittelalterlichen Vertreibungen aus dem süddeutschen Raum nach Frankfurt eingewandert und hatten sich von dort aus über Generationen in einer langen Kette über Nordhessen, den lippisch-weserländischen Raum, Ostfriesland und Hamburg bis nach Kopenhagen ausgebreitet. Die Verbindungen zu den Verwandten auf der „Strecke" hielten sie aufrecht. Josef Hamelns zahlreiche Kinder verteilten sich, so erfahren wir von Glikl, vor den Chmielnicki-Pogromen in der Mitte des 17. Jahrhunderts zwischen Polen im Osten, Bonn im Westen, Frankfurt im Süden und Hamburg im Norden. Ähnlich groß war der Raum, in dem Glikls Kinder später lebten.

Glikl wollte ihren Kindern zeigen, woher sie kamen und wohin sie gehörten. Dabei spannte sie ein Panorama auf, das Merkmale, Strukturen und Orientierungen ihrer Gesellschaftsschicht offenbart. Beziehungen und menschliche Qualitäten stehen in ihrem Fokus, genauso aber bemisst sie mit dem ökonomischen Sachverstand einer Kauffrau Gegenstände und die von ihr erwähnten Personen. „Mein Schwiegervater ... hat uns ein Kännchen geschenkt, das ist ungefähr zwanzig Reichstaler wert gewesen, welches uns doch so lieb gewesen, als wenn er uns hundert Reichstaler gegeben hätte. Nun, mein Schwiegervater ... ist damals ein reicher Mann gewesen von mehr als zwanzigtausend Reichstalern und hatte alle seine Kinder verheiratet. Und die Reise hat uns über hundertfünfzig Reichstaler gekostet."[3]

„Reichtum" und „Ehre" (oisher ve koved), deren „Kurswert" in der jüdischen Gesellschaft sorgfältig beobachtet und öffentlich verhandelt wurden – „Reb Elia Cleve ist ein sehr reicher Mann gewesen und hat den Namen gehabt für hunderttausend Reichstaler und mehr"[4] –, bestimmten über den Platz in der gesellschaftlichen Hierarchie und damit zum Beispiel über die Platzierung auf dem Heiratsmarkt. Folglich sind die Partien, die Glikl für ihre Kinder aushandeln konnte, ein wichtiger Indikator für ihre eigene, hohe gesellschaftliche Stellung.

Als Frau, Mutter und Kauffrau schrieb Glikl über andere Dinge als ein – meist männlicher – Gelehrter. Im Zentrum dieser weiblichen Perspektive stehen die Familie, die Kinder, die alltäglichen Herausforderungen durch das Geschäft. Zugleich eine Religiosität, die anders als bei den Männern nicht geprägt war durch gemeinschaftliches Lernen, Studieren und Beten, sondern in ihrer spezifischen weiblichen Form und angesichts von Schicksalsschlägen einen sehr individuellen und selbstbewussten Dialog mit Gott offenbart. „Wiewohl du großer Gott es weißt, wie ich meine Zeit in großen Sorgen und großer Betrübnis meines Herzens zubringe. Ich bin eine Frau gewesen, die in großer Aestimation so lange mit ihrem frommen Mann gewesen ist, und von ihm gehütet wie sein Augapfel, aber mit seinem Absterben ist mein Reichtum, meine Ehre, alles mit ihm weg gewesen, was ich alle meine Tage zu bejammern und zu beklagen habe. Wenn ich auch wohl weiß, dass es eine Schwachheit ist, dass ich einen großen Fehler begehe, muss ich doch bekennen, dass ich meine Zeit in solchem Elend und Jammer zubringe."[5] Eingebunden in die allumfassende Religiosität ist die ebenfalls höchst individuell anmutende Auseinandersetzung mit dem Erzählgut der zeitgenössischen jiddischen Literatur. Glikl verarbeitet es eigenwillig in ihrem Text, möglicherweise zur Illustration, aber ohne direkte didaktische Botschaft an ihre Kinder.

Die Beziehung zu ihrem ersten Mann Chaim Hameln kleidet Glikl in Formulierungen, die eine traditionelle patriarchalische Hierarchie widerzuspiegeln scheinen. Sie spricht von ihm als der „Krone unseres Hauptes" und klagt nach seinem Tod: „... als wir waren wie eine Herde ohne Hirt und wir unsren getreuen Hirten verloren haben".[6] Gleichzeitig demonstriert sie jedoch ein von innerfamiliärer Gleichrangigkeit und Partnerschaftlichkeit geprägtes Verhältnis der Eheleute mit einem hohen Grad an gemeinsamen Entscheidungen im privaten wie im wirtschaftlichen Bereich. „Und ich, ob ich auch noch jung gewesen bin, habe ich das Meinige dazu beigetragen. Ich schreibe es mir nicht zum Ruhm, dass mein Mann ... von niemandem einen Rat angenommen hat, als was wir uns immer zusammen besprochen haben."[7] Doch nicht pure Idealisierung schönt dieses Bild in der Rückschau, sondern sie benennt durchaus Konflikte und Meinungsverschiedenheiten, die bis zu gemeinsamer Klärung diskutiert wurden.

Die Beziehung von Glikl und Chaim zu ihren Kindern ist liebevoll und sehr persönlich: „ ... es ist kein schöneres, klügeres Kind ersehen worden" als „meine Tochter Mate". Nach dem Tod der Dreijährigen wirft die Trauer die Eltern fast um: „Worüber wir uns unbeschreiblich, sowohl mein Mann ... als ich, gegrämt haben. Ich fürchte, dass ich mich an dem höchsten Gott sehr versündigt habe ... Mein Mann ist so gekränkt gewesen, dass wir alle beide lange Zeit große Krankheiten ausgestanden."[8] Liebe, Sorge und Verantwortung für jeden Einzelnen, seine Fähigkeiten und seine Zukunft spiegeln sich darin und werden für Glikl als Witwe zur fast schon stereotyp wiederholten, nachvollziehbar schweren Last: „Aber ich war dagelassen mit meinen ledigen und verheirateten Kindern in Not, Kummer und Sorge, und es ist gewachsen Gram und Kummer Tag für Tag, Schlag auf Schlag ..."[9]

Durch Klugheit, Bildung und die Erfahrungen der Partnerschaft mit Chaim gereift, widersetzt sich Glikl den gesellschaftlichen Erwartungen, sich bald wieder zu verheiraten. Und macht die Erfahrung, trotz aller Hilfe von außen und der Bemühungen ihrer großen Söhne letztlich allein dazustehen. Die zweite Ehe, die sie erst mehr als ein Jahrzehnt später schloss, scheint sie aus dieser Einsamkeit nicht wirklich befreit zu haben.

Um die im Zentrum ihrer Perspektive stehende Familie gruppiert Glikl die bereits erwähnte Verwandtschaft. Vor allem sie bildet das alles entscheidende soziale Netzwerk, auf das man sich angesichts ökonomischer Schwankungen und politischer Unsicherheiten verlassen kann. Die persönliche, am besten verwandtschaftliche Beziehung, wenn auch um viele Ecken, ermöglicht und erleichtert Reisen, Informationstransfer, Geschäftskontakte und die Vermittlung von Ehepartnern.

Es ist, das dürfte kaum jemanden erstaunen, eine jüdische Welt, die Glikl vorführt – und vorführen kann, weil sie in Hamburg und später in Metz lebte, wo es bedeutende jüdische Gemeinden gab. Als dritten der von Glikl beschriebenen Kreise möchte ich deshalb die vor allem lokale jüdische Gesellschaft bezeichnen. Hätte jedoch Glikls Schwiegermutter diese *Sichroines* geschrieben, hätten sie anders aussehen können, denn sie lebte mit ihrer Familie überwiegend in Hameln, einem „lumpigen, unlustigen" Ort, in dem sich jüdisches Leben fast ausschließlich im Hause der Familie Goldschmidt abspielte. Hier konnte sich noch nicht einmal eine Frau auf ein exklusiv jüdisches Leben zurückziehen, war unmittelbar auf nachbarschaftliche Beziehungen zu Christen angewiesen. Josef Hameln passte sich an diese Situation an, verstand es, mit seinen adeligen Kunden in selbst verfassten deutschen Briefen zu kommunizieren. Sein Enkel Samuel Goldschmidt, nur wenig jünger als Glikl und Hofjude der lippischen Grafen in Lemgo, lebte räumlich ähnlich isoliert und kompensierte dies ebenfalls durch gute Kontakte zur christlichen Oberschicht. Dies hat die jüdische Welt der beiden Männer in ihren Bedeutungen und Funktionen nicht abgelöst, aber punktuell ergänzt.

Leider können wir nur spekulieren, wie eine Autobiografie aus diesem Milieu ausgesehen hätte. Da es jedoch nicht so sehr die Fakten, sondern mehr die Interpretationen sind, die sich im autobiografischen Schreiben wiederfinden, sind Zweifel daran angebracht, ob sich tatsächlich Spuren der verschiedenen äußeren Lebensbedingungen als zentral wiedergefunden hätten. Denn die Welt der frühneuzeitlichen Juden war in ihren wesentlichen Bedeutungen natürlich eine jüdische, genauso wie sie für Christen eine christliche war. Säkulare und pluralistische Alternativen gehören einer späteren Zeit an. So finden sich bei Glikl Nichtjuden ausschließlich an der Peripherie. Sie gehören einer anderen Welt an, kommen fast von einem anderen Stern. Sie sind wichtig, weil sie Macht und Herrschaft repräsentieren, wie das Beispiel der restriktiven Hamburger Judenpolitik zeigt, und gefährlich als Urheber individueller oder kollektiver Gewalttaten gegen Juden. Doch dies verleitet Glikl nicht zu einer undifferenzierten Schwarz-Weiß-Malerei. Sie schildert auch Begebenheiten, bei denen sie positive Erfahrungen mit Nichtjuden machte, und weiß diese als Akte der Menschlichkeit, Hilfsbereitschaft und eines jedenfalls neutralen Kommunikationsklimas zu würdigen. Ihre Distanz zu Nichtjuden bleibt bei aller Anerkennung jedoch immer spürbar, die aus langer leidvoller Erfahrung gewonnene Vorsicht gegenüber den Angehörigen einer Religion, zu deren Fundamenten die Herabsetzung des Judentums, wenn nicht die Feindschaft gegen alle Juden gehörte.

Glikl zeigt sich uns als eine sehr individuelle Schriftstellerin, als kluge Beobachterin der Gesellschaft ihrer Zeit und als selbstbewusst handelnde und denkende, dabei auch mit Gott argumentierende Persönlichkeit. Es sind die literarische Vielseitigkeit, der Blick auf Alltagsleben und Einstellungen, auf Religiosität und Wirtschaftsgebaren, auf Personen, Familien und Gesellschaft, die an ihrem Werk noch heute faszinieren.

Als größte und prächtigste Synagoge Norddeutschlands gilt die im traditionellen mittelalterlichen Stil 1682 errichtete Altonaer Synagoge. In ihr haben sicher auch Glikl und ihr Mann gebetet. 1711 brannte die Synagoge ab, wurde aber im alten Stil wiedererrichtet. Die Palmenblätterkapitelle, die an den Orient erinnern sollten, wurden allerdings erst bei einer Renovierung 1832 angebracht.

Grandezza und Hoheiten: Sefardische Gemeinden in Hamburg

Michael Studemund-Halévy

Im Jahr 1652 vereinigten sich die drei Synagogengemeinden Talmud Tora, Keter Tora und Neve Salom in Hamburg zur „Heiligen Gemeinde des Hauses Israel". Die Gemeinde bestand zu diesem Zeitpunkt aus exakt 1212 Personen sefardischer, das heißt jüdisch-iberischer Herkunft, nach dem hebräischen Wort für Spanien (Sefarad).[1]
Noch um 1595 lebten kaum mehr als ein knappes Dutzend Sefarden in Hamburg. Am 9. Dezember 1603 teilte die Bürgerschaft dem Rat mit, man erfahre täglich, „dass ohne Unterschied viele Personen sich hierein begeben, hier wohnen, frey handeln und hantieren, darunter rechte Juden, die aus Portugal und anderen Orten vertrieben sein sollen", und forderte, dass man von den iberischen Kaufleuten eine Sonderabgabe verlangen und die Juden unter ihnen ausweisen solle. Infolge der kriegerischen Auseinandersetzungen zwischen Spanien und den Niederlanden ließen sich dann im Jahr 1621 zahlreiche Sefarden aus Amsterdam in Hamburg nieder.
Nach Angaben des Hamburger Senats von 1646 lebten in Hamburg ungefähr 100 sefardische Familien, das entspräche einer Zahl von 600 bis 800 Gemeindemitgliedern. Nach der Trennung Portugals von Spanien (1640) und der verstärkten Aktivität der spanischen Inquisition, der die getauften Juden unterstanden, ließ sich ein beträchtlicher Teil der sefardischen Emigranten aus Spanien, Brasilien und Venedig in den großen Hafenstädten Nordwesteuropas nieder. Deren wirtschaftliche Perspektiven waren durch den Abschluss des Westfälischen Friedens 1648 und den Aufschwung des Fernhandels, den er versprach, besonders günstig. Um 1650 kann man – vorsichtig geschätzt – die Zahl der Sefarden in Hamburg mit rund 1000 ansetzen, das entspräche ungefähr zwei Prozent der Stadtbevölkerung. Diese überraschend hohe Zahl macht deutlich, dass sich Hamburg – in Konkurrenz zur prosperierenden Gemeinde in Amsterdam, die zu dieser Zeit mehr als zweimal so groß war – innerhalb eines halben Jahrhunderts zu einem bedeutenden jüdischen Zentrum entwickelt hatte. Dazu trug auch die Zuwanderung zahlreicher Juden aus dem dänischen Glückstadt, aus Amsterdam, Italien, Nordafrika und dem Osmanischen Reich bei.
Nach Hamburg und Amsterdam kamen vor allem die Nachkommen der 1497 in Portugal zwangsgetauften Juden, Conversos oder auch Neuchristen genannt, die ihr Land Ende des 16. Jahrhunderts wegen der rigorosen Verfolgung durch die Inquisitionsbehörden verlassen hatten. Diese Flüchtlinge, die erst außerhalb der Iberischen Halbinsel zum jüdischen Glauben zurückfanden, nannten sich in Hamburg Portugiesen und ihre Gemeinde später Portugiesisch-Jüdische Gemeinde. Ihnen schlossen sich auch zahlreiche Nachkommen jener Juden an, die Spanien nach der Zwangsausweisung 1492 verlassen und Zuflucht in Nordafrika oder im Osmanischen Reich gefunden hatten. Mitglieder dieser Gruppe werden Spaniolen beziehungsweise Sefarden genannt.
Hamburg hatte sich zu der Zeit, als die Sefarden über ihre Aufnahme zu verhandeln begannen, zu einem bedeutenden Fernhandelsplatz entwickelt, mit einer seit 1558 international notierten Warenbörse und mit einer 1619 gegründeten Bank. Profitierte die Stadt von der ständig wachsenden Zahl der „Fremden", so löste die Tatsache, dass es sich bei den Sefarden nicht um Christen handelte, immer wieder Unbehagen innerhalb der christlichen Gesellschaft aus, in deren Folge eine hitzige Debatte darüber entbrannte, wie man mit diesen Fremden verfahren solle.[2] Ging es bei der Debatte in Amsterdam ausschließlich um eine geeignete Judenordnung, so wurde in Hamburg darüber diskutiert, ob man Juden in der Stadt überhaupt dulden könne und, wenn ja,

unter welchen Bedingungen. Sollte man den Juden die Ausübung ihrer Religion gestatten? Während sich in Holland bald Synagogen, jüdische Schulen und Druckereien etablierten, diskutierte man in Hamburg das ganze 17. Jahrhundert lang über die Religionsausübung der Juden, was gegen Ende des 17. Jahrhunderts zur Abwanderung ihrer reichen und prominenten Mitglieder nach Amsterdam führte.[3]

Weil Hamburg nicht bereit war, den Sefarden ein Friedhofsgelände auf Ewigkeit zu verkaufen, was nach jüdischem Recht unverzichtbar ist, wandten sie sich an den Grafen Ernst III. von Holstein-Schaumburg, den Besitzer der benachbarten Grafschaft Pinneberg. Am 31. Mai 1611 verkaufte er den wohlhabenden Gemeindemitgliedern Andre Falero, Ruy Fernandes Cardoso und Álvaro Dinis in Altona ein Stück Land auf dem „Heuberg", damit „die portugiesische Nation" ihre Verstorbenen dort „zur Erde bestattigen und mit den bei ihnen üblichen hergebrachten Ceremonien doch ohne einig Clingen oder Singen begraben möge".[4] Spätere Geländekäufe zur Erweiterung des Friedhofes wurden in die Privilegien eingeschlossen und das Anrecht auf den Friedhof wurde erneut bestätigt. Mit seinen vielsprachigen und kunstvoll verzierten Grabsteinen zählt der 1960 unter Denkmalschutz gestellte Portugiesenfriedhof an der heutigen Königstraße in Hamburg-Altona zu den ältesten und bedeutendsten sefardischen Friedhöfen in Nordeuropa.[5] Zusammen mit den sefardischen Friedhöfen von Ouderkerk (Amsterdam) und Curaçao soll er zum Weltkulturerbe erklärt werden.

Für viele Hamburger waren die Sefarden, die sich, als Katholiken nur notdürftig getarnt, ab Ende des 16. Jahrhunderts in ihrer Stadt niedergelassen hatten und hier offen nach dem Gesetz Mose lebten, die ersten Juden, mit denen sie in Kontakt kamen. Und sie erregten Aufsehen, waren sie doch anders als jene Juden, von denen die Hamburger aus den Büchern erfahren oder in den antijüdischen Hetzpredigten der lutherischen Geistlichkeit gehört hatten. Diesen iberischen Juden war das Judentum selbst fremd, und die erste jüdische Gemeinde, der sie begegneten, war die, die sie gerade gegründet hatten. Judentum war für sie eine Religion, keine Lebensweise. Ihre Wiederannäherung ans Judentum war von ideologischen und intellektuellen Spannungen geprägt, denn ihre Lebens- und Denkweise wurde stark von den Erfahrungen bestimmt, die sie über Generationen hinweg im Schatten der katholischen Kirche gesammelt und verinnerlicht hatten. Ihre intime Kenntnis des Christentums und der Umstand, dass viele Gemeindemitglieder Latein beherrschten, waren die Voraussetzungen für einen Dialog mit protestantischen Theologen und Hebraisten, wie er in den Beziehungen zwischen Juden und Christen bis dato unbekannt gewesen war. Und dann waren diese Sefarden die ersten Juden,

Die Familienwappen künden stolz von der realen oder fiktiven aristokratischen Herkunft der iberischen Juden. Das Motiv des aufgespannten Stoffstücks auf einigen Gräbern des Portugiesenfriedhofs in Hamburg-Altona scheint dem dänischen Königswappen entlehnt zu sein.

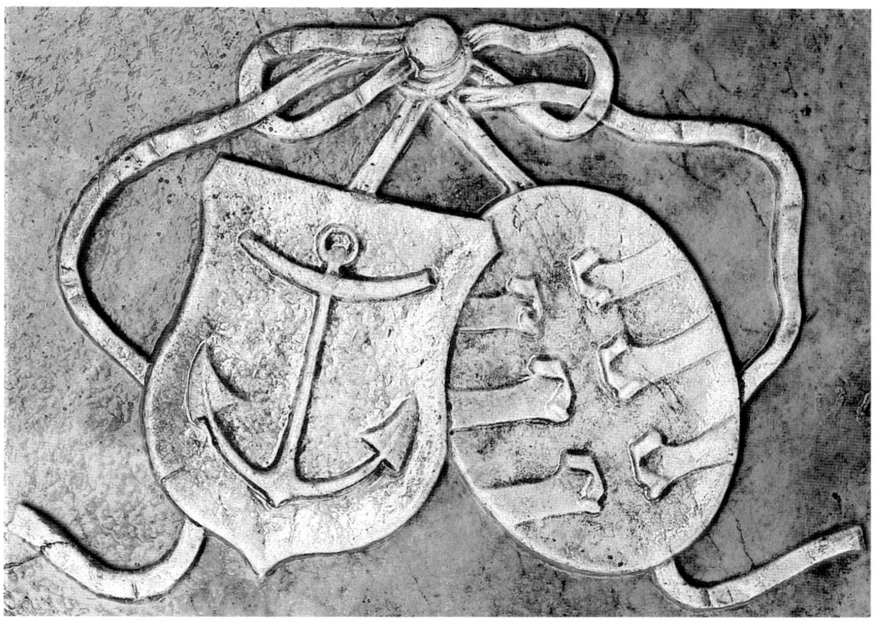

Mit seinen 53 dekorativen Marmorgrabsteinen des 17. und 18. Jahrhunderts stellt der Portugiesenfriedhof an der Königstraße in Hamburg-Altona das größte freistehende Marmorfeld Deutschlands dar. Der Reichtum sefardischer Gräber entfaltet sich nicht nur in der großartigen Umsetzung biblischer Themen, sondern vor allem auch in der kunstvollen Kombination der Symbole, der Bilder und der Sprachen. Das oben abgebildete Doppelwappen steht für die Familien Abas und Ferro.

Obgleich zum Judentum zurückgekehrt, verzichteten die Hamburger sefardischen Juden weder auf ihren noblen Lebensstil noch auf ihre vornehme Sepulkralkultur, die sich von der einfachen aschkenasischen Grabgestaltung krass unterscheidet. Dies zeigt deutlich der Jüdische Friedhof an der Königstraße in Hamburg-Altona, auf dem sich beide Traditionen finden. Das 1611 von der sefardischen Gemeinde erworbene Friedhofsareal weist flach liegende Grabplatten, sarkophagähnliche Blöcke und lang gezogene pyramidenartige Grabmale (sogenannte Zeltgräber) auf. Die Inschriften sind zumeist einsprachig, entweder portugiesisch oder hebräisch, das Grabmal ist ornamental reich geschmückt mit Darstellungen biblischer Szenen oder Anspielungen auf die Namen des Toten. Die Memento-mori-Symbolik (Totenschädel, gekreuzte Knochen, Stundenglas) erinnert an die christliche Tradition. Der seit 1616 von den Altonaer Aschkenasim belegte Friedhofsteil enthielt ursprünglich 6700 weitgehend einfache Grabsteine mit fast ausschließlich hebräischen Inschriften und einfacher Ornamentik. 1870 wurde der Friedhof an der Königstraße geschlossen. Er steht heute unter Denkmalschutz und soll zum Weltkulturerbe erklärt werden.

denen es gelang, in den protestantischen Ländern des Nordens, in denen eine dauerhafte jüdische Niederlassung bisher unmöglich schien, jüdische Gemeinschaften zu gründen.

Handel mit den portugiesischen Kolonien in Amerika und Asien, Reisen nach Portugal und Spanien, ausgeprägte, an wirtschaftlichen Interessen ausgerichtete Endogamie (Eheschließung nur innerhalb der eigenen Gemeinschaft), hohe soziale Mobilität und nicht zuletzt das Festhalten an der portugiesischen Sprache verstärkten das Zusammengehörigkeitsgefühl unter den Sefarden, die sich weniger über religiöse als über ethnische und soziale Kriterien definierten. Folgerichtig betrachteten sie die auf der Iberischen Halbinsel und in anderen Teilen des spanischen Weltreiches zurückgebliebenen

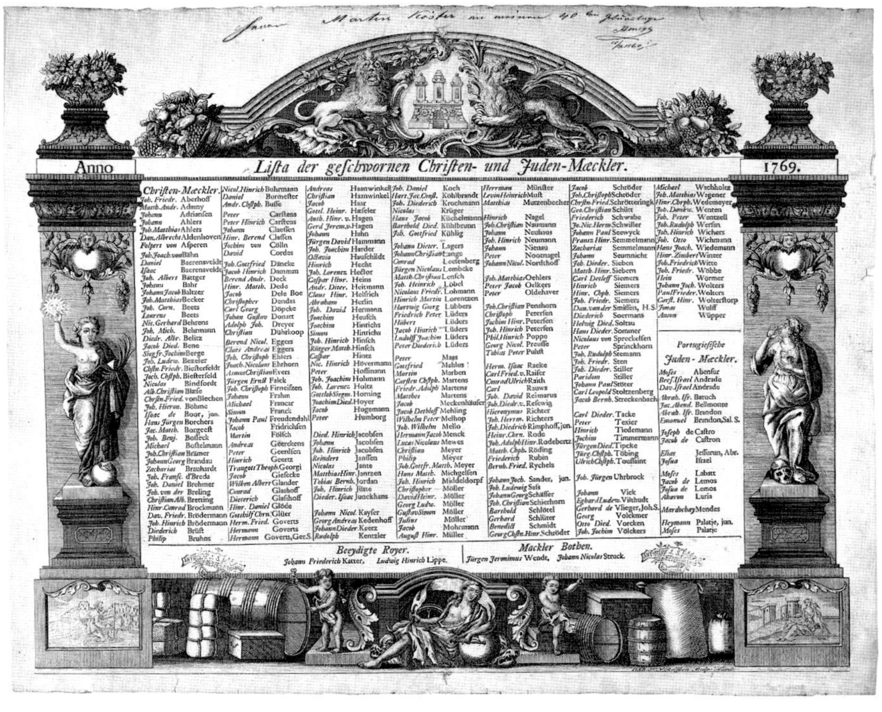

Ihren überaus erfolgreichen Bankiers, Großkaufleuten, Überseehändlern, Seeversicherern, Handelsmaklern und Juwelenhändlern verdankten die Hamburger Portugiesen ihre wirtschaftliche Grundlage. Die abgebildete „Lista der geschwornen Christen- und Juden-Mæckler" von 1769 verzeichnet in der rechten Spalte die portugiesischen Makler in Hamburg.

Conversos weiterhin als Fleisch von ihrem Fleische, was sie für Christen, aber auch für die jüdische Orthodoxie verdächtig machte. Sie blieben, was sie lange Zeit auch sein wollten: universale Fremde und eine nichtnationale „Nation". Ihre Fremdheit war nicht auf einen bestimmten Ort beschränkt, sie waren keine Besucher aus einem anderen Land, denn für sie gab es überhaupt kein Land, in dem sie das Recht beanspruchen konnten, nicht Besucher oder Fremde zu sein.[6]

Ihren wirtschaftlichen und gesellschaftlichen Erfolg verdankten diese gebildeten Bankiers, Makler, Juweliere, Kaufleute und Ärzte, die als Residenten oder Konsulen im Schutz von spanischen, portugiesischen, dänischen und italienischen Königen und Herzögen für ihre Unternehmen und Gemeinden tätig waren, vor allem zehn Faktoren: selbstbewusstes Auftreten als Kaufleute, internationale Verbindungen, Förderung des hamburgischen Handels nach den spanischen und portugiesischen Häfen, Knüpfung neuer Handelskontakte mit den Häfen des Ostseeraums, wirtschaftliche Macht, große Vermögen und beträchtliche Steuerkraft, sehr gute Beziehungen zu den europäischen Fürstenhöfen, Weltläufigkeit und eine überwiegend auf verwandtschaftlichen Strukturen basierende Wirtschafts- und Gemeindestruktur.

Die Hamburger lernten in dem Sefarden einen christlichen und kosmopolitisch geprägten Juden mit umfassender weltlicher Bildung kennen, der häufig in mehreren Ländern gelebt und unterschiedlichste kulturelle, soziale und wirtschaftliche Einflüsse aufgenommen hatte. Ihnen trat ein Jude entgegen, der einen selbstverständlichen Umgang mit Christen pflegte, in Karossen reiste, christliche und afrikanische Dienstboten hielt, der mit der antiken Literatur häufig besser vertraut war als mit der jüdischen und der seine iberisch-aristokratische Herkunft wie selbstverständlich in seine neue jüdische Welt übertrug.[7] Diese iberischen Juden setzten ganz bewusst auf die iberische Karte. Sie profitierten nicht nur davon, sondern sie spielten geradezu mit dem Umstand, dass sie immer auch für Portugiesen oder Spanier gehalten wurden, was ihnen den Eintritt in die christliche Welt erleichterte. So ließ sich der Großkaufmann und Gemeindeführer Abraham Senior Teixeira, der vor seiner Zeit in Hamburg mehrfach zum Konsul der Portugiesischen Nation in Antwerpen gewählt worden war, seinen Adelstitel samt Wappen bestätigen. Der Hamburger Arzt, Mathematiker und Resident der spanischen Krone Jacob Rosales erhielt im Juni 1641 sogar auf sein Gesuch hin von Kaiser Ferdinand III. die Würde des „kleinen Palatinats". Der Kaiser befreite ihn und seine Nachkommen überdies vom „Makel" der jüdischen Abstammung und bestätigte ihm seinen Doktortitel.[8]

Die hohe Anzahl portugiesischer Ärzte in Hamburg und ihre wissenschaftliche Reputation führten dazu, dass es in Hamburg zu einem Konflikt zwischen jüdischen und christlichen Ärzten kam, der bald eskalierte. Im Gegensatz zu Amsterdam, das jüdischen Ärzten die Aufnahme in die Chirurgengilde nur ausnahmsweise gestattete, bestand in Hamburg kein solches ausdrückliches Verbot. Allerdings hatte die Hamburger Bürgerschaft den Rat im Mai 1634 aufgefordert, Juden an der Behandlung christlicher Kranker zu hindern. Erbost hatten die Lutheraner zur Kenntnis nehmen müssen, dass Könige, Fürsten und Bischöfe jüdische Ärzte konsultierten und Ärzte wie Dr. Rodrigo de Castro „wie die anderen Christendoctoren" mit Rock, Wolkenkragen und hohem Samthut in der Stadt spazierengingen. Sie diffamierten die portugiesischen Ärzte als Schwarzkünstler und Landstreicher und bezichtigten sie der „Gottlosigkeit, der Christenfeindschaft und der Charlatanerie".

Als die Hamburger und vor allem die lutherische Geistlichkeit den Sefarden bei jeder Gelegenheit ihre übermäßige Prunksucht sowie ihre „Grandezza und Hoheiten" vorwarfen und darüber klagten, dass die Portugiesen auf ihren Hochzeiten aus silbernen Gefäßen speisten sowie auffällige und kostbare Kleidungsstücke mit köstlichen Perlen und Edelsteinen trügen, erließ der Vorstand der sefardischen Gemeinde sogenannte Luxusgesetze, um Konflikten mit der lutherischen Geistlichkeit aus dem Wege zu gehen. Große Sorgen bereitete dem Gemeindevorstand und der lutherischen Orthodoxie auch die Unbefangenheit, mit der einige Gemeindemitglieder christliche Gaststätten aufsuchten und weitreichende Kontakte mit den Christen pflegten. Vor allem aber waren es die offenbar zahlreichen intimen Beziehungen zu Nichtjüdinnen, die ihr Missfallen erregten. Um diese Kontakte zu unterbinden, schlugen die Lutheraner allen Ernstes vor, die Missetäter mit der Amputation des männlichen Gliedes zu bestrafen. Und weil die Hamburger Portugiesen nicht nur zwangsgetaufte Glaubensbrüder mit einer häufig auch von Christen besuchten Beschneidungsfeier ins Judentum zurückführten, sondern wohl auch Christen zum Eintritt in die jüdische Gemeinde überredeten, legten sie in ihren Statuten fest, dass Nichtjuden nicht beschnitten werden dürften.

Die Sefarden nannten die aschkenasischen Juden stets abfällig „tudescos" (Deutsche). Eine Vereinigung der aschkenasischen mit der sefardischen jüdischen Gemeinde gab es nicht. In Hamburg existierten beide Gemeinden bis zu ihrem Untergang nach 1940 nebeneinander. Allerdings statteten die deutschen Juden an den hohen Feiertagen der „esnoga", der portugiesischen Synagoge, einen Besuch ab. An diesen Feiertagen bot die sefardische jüdische Gemeinde ein Abbild höfischen Lebens: Vorbeter und Schammasch (Synagogendiener) trugen Dreimaster-Hüte, Frack, Kniehosen, weiße Strümpfe, schwarze Halbschuhe und einen kleinen Degen.

Im 18. Jahrhundert nahmen die Zahl und die Bedeutung der Hamburger Sefarden dramatisch ab. Rabbiner und Kantoren kamen aus Amsterdam, die portugiesische Sprache wurde allmählich durch die deutsche abgelöst, und es kam vermehrt zu

Die im typischen norddeutschen Backsteinstil errichtete und am 6. September 1771 geweihte kleine Portugiesensynagoge Neve Shalom (Ort des Friedens) in der Altonaer Bäckerstraße wurde 1882 geschlossen und an die Altonaer Hochdeutsche Israelitengemeinde verkauft, die sie als Wintersynagoge nutzte. Sie wurde 1940 von den Nazis abgerissen. Die Portalbekrönung mit dem Monogramm des dänischen Königs Christian VII. befindet sich heute im Altonaer Museum.

Eheschließungen mit den ungeliebten aschkenasischen Juden. Die Zahl der Hamburger Gemeindemitglieder nahm jedoch Anfang des 19. Jahrhunderts mit der Zuwanderung teilweise wohlhabender sefardischer Juden aus Südamerika noch einmal stark zu. Ironischerweise handelte es sich bei den zugewanderten Sefarden um Nachfahren jener Portugiesen, die im 17. Jahrhundert wegen ihrer Armut Hamburg hatten verlassen müssen. Zusammen mit den später aus dem Osmanischen Reich beziehungsweise der Republik Türkei eingewanderten Spaniolen erlebte die Hamburger Portugiesengemeinde einen bescheidenen Aufschwung. Anfang der 1930er Jahre zählte sie etwa 250 Personen. Schon kurz nach der sogenannten Machtergreifung 1933 verließen die wirtschaftlich besser gestellten Familien die Hansestadt, um nach Holland, Italien, Frankreich, Portugal, Palästina oder in die USA zu emigrieren.[9] Auf dem Amsterdamer Sefarden-Kongress 1938 appellierte Joseph Sealtiel, der letzte Präsident der Hamburger Portugiesisch-Jüdischen Gemeinde, an die Solidarität der sefardischen Gemeinschaft, „den auswanderungsbedürftigen Mitgliedern der Sefardimgemeinde in Hamburg zu ermöglichen, sich gemeinsam in einer Siedlung [in Übersee] niederzulassen". Die Amsterdamer Sefarden versprachen, bei der niederländischen Regierung vorstellig zu werden und in den Kolonien eine Möglichkeit ausfindig zu machen, um eine solche Ansiedlung durchzuführen. Man regte die Einsetzung einer Kommission an, die sich besonders dieser Frage annehmen sollte. Nach den wenig konkreten Ergebnissen des Amsterdamer Kongresses beschloss man 1939 die Einsetzung einer Kommission zur Lage der Sefarden, die Deutschland oder Italien verlassen wollten, auch unternahm man verzweifelte Anstrengungen, geeignete Länder zu finden, die ihnen Asyl gewähren könnten. Vergebens. Alle Hamburger Sefarden, die Hamburg nicht verlassen konnten oder wollten, wurden Opfer der deutschen Vernichtungspolitik. Nach dem Zweiten Weltkrieg kam es zu keiner Wiederbelebung sefardischen Lebens in Deutschland.

Der lange Weg von der Duldung zur Emanzipation (1650–1871)

Andreas Brämer

Zur Mitte des 17. Jahrhunderts lebten etwa 60 000 Jüdinnen und Juden zumeist aschkenasischer Herkunft auf dem Gebiet des Heiligen Römischen Reichs deutscher Nation. In den Jahrzehnten nach dem Dreißigjährigen Krieg (1618–1648) vermehrte sich die jüdische Bevölkerung stetig, zumal sie jetzt nur noch vereinzelt gewalttätiger Verfolgung ausgesetzt war. Ganz anders entwickelte sich die Situation im Osten Europas, der noch im Mittelalter jüdische Migranten in großer Zahl willkommen geheißen hatte: Während 1648 der Westfälische Frieden ausgehandelt wurde, mordeten und plünderten aufständische Kosaken unter der Führung Bogdan Chmielnickis in den jüdischen Gemeinden der zum polnischen Herrschaftsbereich gehörenden Ukraine. Unter jenen, die den schrecklichen Pogromen entkamen, waren viele, die im Westen Zuflucht suchten, wo sie sich zum Teil dauerhaft niederließen.[1]

Die Entscheidung darüber, ob Juden in den deutschen Gebieten geduldet wurden, trafen die jeweiligen Landesfürsten mit unterschiedlichem bevölkerungspolitischen Kalkül. Während in den Kurfürstentümern Bayern, Sachsen, den Herzogtümern Mecklenburg, Pommern und Württemberg sowie zahlreichen anderen Territorien eine jüdische Ansiedlung untersagt war, fanden Juden dagegen Aufnahme in Städten und Herrschaften, aus denen sie einst ausgewiesen worden waren.

Vertreibungen fanden freilich vereinzelt auch weiterhin statt. 1670 etwa wurden alle Wiener Juden per Dekret gezwungen, ihre Heimatstadt zu verlassen. Ein Teil von ihnen fand wenig später Aufnahme in Berlin und Brandenburg, wo 1671 erstmals seit hundert Jahren wieder 50 jüdische Zuwandererfamilien das Niederlassungsrecht erhielten, sofern sie genügend Kapital nachweisen konnten.[2]

Juden unterstanden unmittelbar der Herrschaft der Landesherren, die die konkreten Rechtsverhältnisse in den sogenannten Judenordnungen sowie in den speziellen Geleiten – das waren Schutzbriefe, die reisenden Juden gegen bestimmte Abgaben gewährt wurden – regelten. Dabei kamen durchaus widersprüchliche Tendenzen zum Tragen, weil sich die Obrigkeit einerseits volkswirtschaftliche Impulse von der jüdischen Handelstätigkeit versprach, sie aber andererseits den judenfeindlichen Befindlichkeiten der christlichen Bevölkerung Tribut zollen musste. Zwar entspannte sich durch das verfassungsrechtlich garantierte Nebeneinander der christlichen Konfessionen auch das Verhältnis zu den Juden, ohne dass sich jedoch eine Haltung echter Toleranz durchgesetzt hätte. Im Gegenteil: Ökonomischer Konkurrenzneid lebte besonders in den Zünften fort, die den Juden mangelnde Geschäftsmoral vorwarfen und auf ihre Ausgrenzung drängten. Antijüdische Vorurteile und Stereotypen aus dem Fundus der Theologie fanden zudem in allen Bevölkerungsschichten weite Verbreitung. Genährt wurde die Feindseligkeit nicht nur von Vertretern des christlichen Klerus, sondern auch von Gelehrten wie dem Heidelberger Orientalisten Johann Andreas Eisenmenger, dessen 1711 gedrucktes Werk *Entdecktes Judentum* noch späteren Generationen pseudowissenschaftliche Argumente gegen die Juden an die Hand lieferte.[3] Selbst besonnenere Stimmen, die ein positives Interesse an den Juden bekundeten, waren im Grunde eher von dem Wunsch der Bekehrung beseelt.

Als „Gottesmörder“ beschuldigt, standen Juden in Deutschland außerhalb der christlichen Ständegesellschaft. An ihrem Wohnort genossen sie einen besonderen Schutzstatus, der aber an einen Katalog von Bedingungen geknüpft war. Hohe Sonderabgaben, Zölle und Steuern, eingeschränkte Freizügigkeit, das Verbot des Grundbesitzes, umfassende Berufsbeschränkungen, die Verpflichtung zur solidarischen Haftung sowie eine Fülle von weiteren Reglementierungen

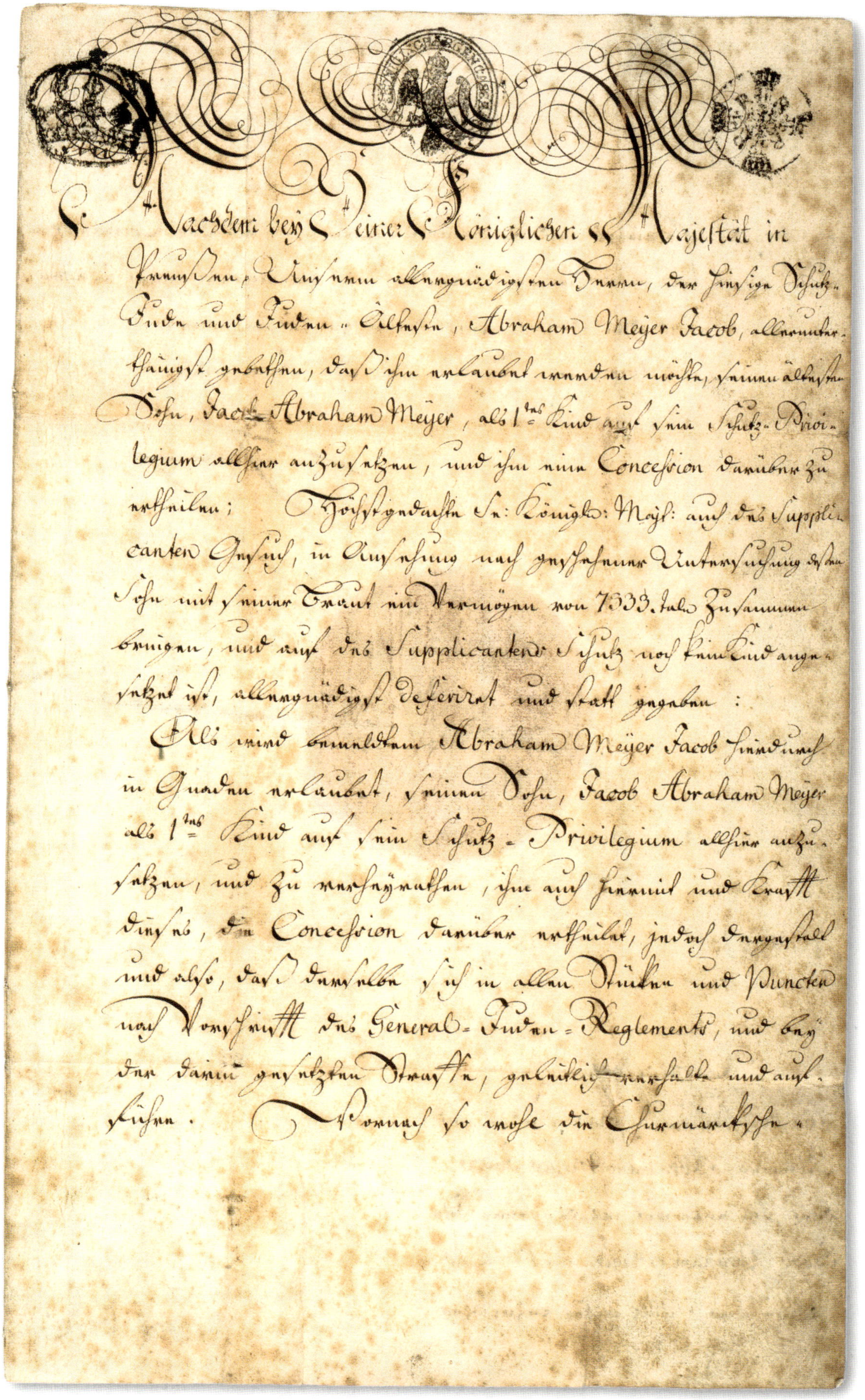
Nachdem bey Seiner Königlichen Majestät in
Preußen, Unserm allergnädigsten Herrn, der hiesige Schutz-
Juden und Juden-Aeltester, Abraham Meyer Jacob, allerunter-
thänigst gebethen, daß ihm erlaubet werden möchte, seinen ältesten
Sohn, Jacob Abraham Meyer, als 1tes Kind auf sein Schutz-Privi-
legium allhier anzusetzen, und ihm eine Concession darüber zu
ertheilen; Höchstgedachte Se: Königl: Majt: auch des Supplic-
canten Gesuch, in Ansehung nach geschehener Untersuchung dessen
Sohn mit seiner Braut ein Vermögen von 7333. thaler zusammen
bringen, und auf des Supplicanten Schutz noch kein Kind ange-
setzet ist, allergnädigst deferirat und statt gegeben:
Als wird benanntem Abraham Meyer Jacob hierdurch
in Gnaden erlaubet, seinen Sohn, Jacob Abraham Meyer
als 1tes Kind auf sein Schutz-Privilegium allhier anzu-
setzen, und zu vergleiten, ihm auch hiermit und Krafft
dieses, die Concession darüber ertheilet, jedoch dergestalt
und also, daß derselbe sich in allen Stücken und Puncten
nach Vorschrifft des General-Juden-Reglements, und bey
der darin gesetzten Strafen, gebührend verhalten und auf-
führen. Wornach so wohl die Churmärkische-

Landesherrliche Judenordnungen regelten in der Frühen Neuzeit die Bedingungen jüdischer Existenz in den einzelnen Territorialstaaten des Alten Reichs. Sie galten für alle dort über ein Schutzgeleit verfügenden („vergleiteten") Juden. Im Königreich Preußen führte König Friedrich II. 1750 eine unterschiedliche Privilegierung ein, die die Judenschaft sozial stark differenzierte. An erster Stelle standen die Generalprivilegierten, die den christlichen Kaufleuten gleichgestellt waren, weil sie durch ihre Unternehmen die wirtschaftliche Entwicklung des Staates sehr förderten. Je nach dem sozialen Rang des Empfängers wurden gegen entsprechende Zahlung die Schutzbriefe auf Pergament, Bütten- oder einfachem Papier ausgestellt. Der hier abgebildete Schutzbrief auf Büttenpapier wurde 1755 für Jacob Abraham Meyer, Sohn des Berliner Judenältesten Abraham Meyer Jacob, anlässlich seiner Eheschließung ausgestellt. Die Zahl der Kinder, die ebenfalls einen Schutzbrief erhielten, richtete sich nach dem Vermögen des Vaters. Da das Brautpaar zudem ein Vermögen von 7333 Talern aufwies, gewährte König Friedrich II. von Preußen eigenhändig das Schutzgeleit.

Obgleich 1791 die Revolution in allen von Frankreich beherrschten Gebieten die Juden gleichgestellt hatte, blieb Preußen immer noch bei dem mittelalterlichen Schutzbriefsystem mit der sogenannten Vergleitung der einzelnen Juden. Als 1795 nach der dritten Teilung Polens die Zahl der jüdischen Einwohner Preußens sich fast verdoppelte, wendete der Staat auch in der neuen Provinz Südpreußen die Schutzbriefvergabe an. In die vorgedruckten, in deutscher und polnischer Sprache abgefassten Formulare wurden der Name, Wohnort und Beruf des Schutzjuden eingetragen, wie dieser am 20. Oktober 1798 in Posen ausgestellte Schutzbrief für den Schnitt- und Lederwarenhändler Moses Boas Eduard zeigt, der eine künftige Regelung noch offen ließ. Das Schutzbriefsystem vermochte nicht die allgemeine Verarmung der Juden in der zweiten Hälfte des 18. Jahrhunderts zu verhindern. Seit 1781 plädierten deshalb preußische Beamte wie Christian Wilhelm Dohm für dessen Abschaffung und für die Integration der Juden als Bürger in die Staatsgesellschaft.

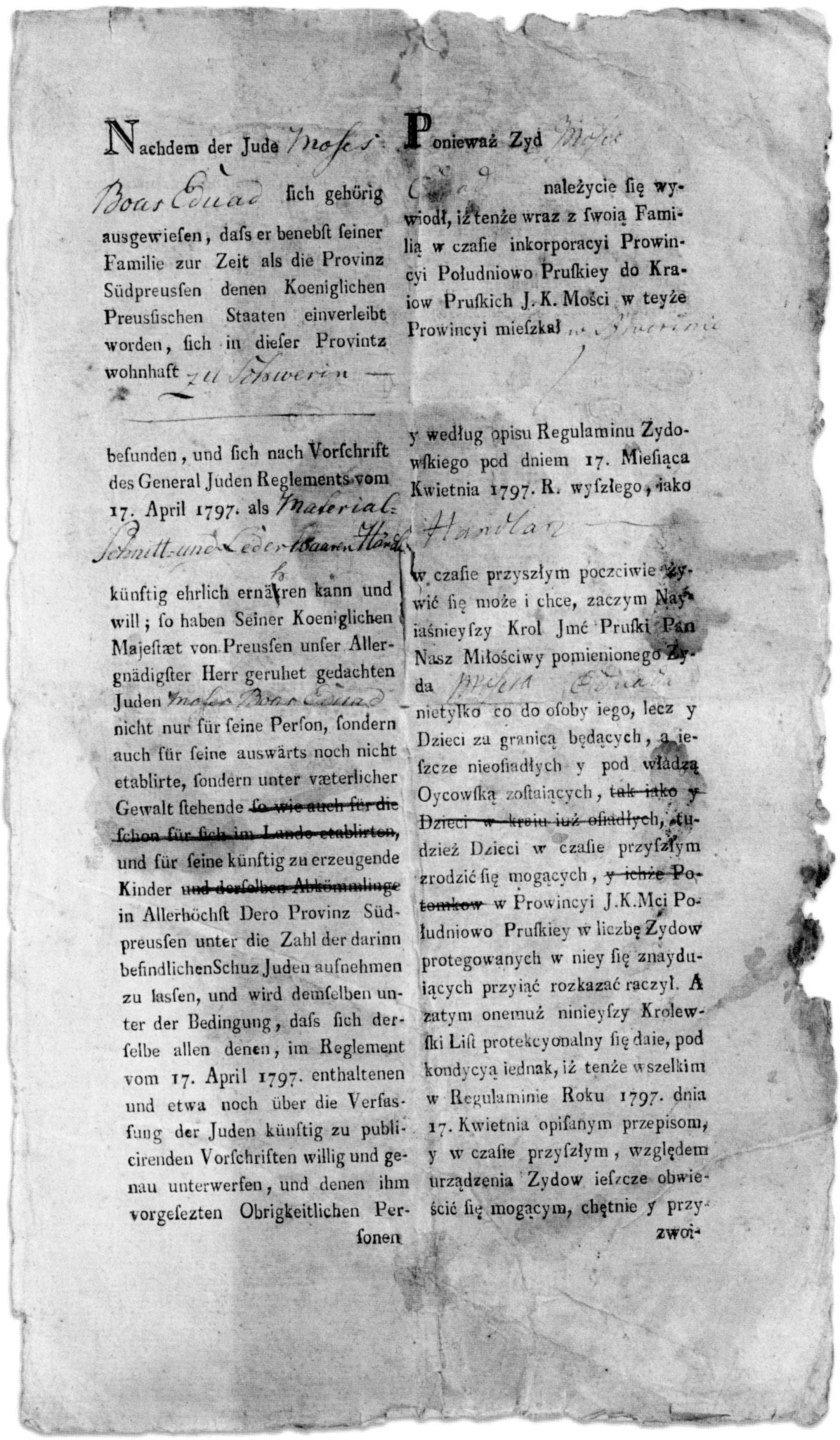

Nachdem der Jude Moses Boas Eduard ſich gehörig ausgewieſen, daſs er benebſt ſeiner Familie zur Zeit als die Provinz Südpreuſsen denen Koeniglichen Preuſsiſchen Staaten einverleibt worden, ſich in dieſer Provintz wohnhaft zu Schwerin —

beſunden, und ſich nach Vorſchrift des General Juden Reglements vom 17. April 1797. als Material-Schnitt-und Leder Waaren Händl[er]

künftig ehrlich ernähren kann und will; ſo haben Seiner Koeniglichen Majeſtæt von Preuſsen unſer Allergnädigſter Herr geruhet gedachten Juden Moses Boas Eduard nicht nur für ſeine Perſon, ſondern auch für ſeine auswärts noch nicht etablirte, ſondern unter væterlicher Gewalt ſtehende ~~ſo wie auch für die ſchon für ſich im Lande etablirten,~~ und für ſeine künftig zu erzeugende Kinder ~~und derſelben Abkömmlinge~~ in Allerhöchſt Dero Provinz Südpreuſsen unter die Zahl der darinn befindlichen Schuz Juden aufnehmen zu laſsen, und wird demſelben unter der Bedingung, daſs ſich derſelbe allen denen, im Reglement vom 17. April 1797. enthaltenen und etwa noch über die Verfaſsung der Juden künftig zu publicirenden Vorſchriften willig und genau unterwerfen, und denen ihm vorgeſezten Obrigkeitlichen Perſonen

Ponieważ Zyd Mojżesz Eduard należycie ſię wywiodł, iż tenże wraz z ſwoią Familią w czaſie inkorporacyi Prowincyi Południowo Pruſkiey do Kraiow Pruſkich J. K. Mości w teyże Prowincyi mieſzkał w Szwerinie

y według opiſu Regulaminu Żydowſkiego pod dniem 17. Mieſiąca Kwietnia 1797. R. wyſzłego, iako Handlarz

w czaſie przyſzłym poczciwie żywić ſię może i chce, zaczym Nayiaśnieyſzy Krol Jmć Pruſki Pan Nasz Miłościwy pomienionego Żyda Mojżesza Eduarda nietylko co do oſoby iego, lecz y Dzieci za granicą będących, a ieſzcze nieoſiadłych y pod władzą Oycowſką zoſtaiących, ~~tak iako y Dzieci w kraiu iuż oſiadłych,~~ tudzież Dzieci w czaſie przyſzłym zrodzić ſię mogących, ~~y ichże Potomkow~~ w Prowincyi J.K.Mci Południowo Pruſkiey w liczbę Żydow protegowanych w niey ſię znayduiących przyiąć rozkazać raczył. A zatym onemuż ninieyſzy Krolewſki Liſt protekcyonalny ſię daie, pod kondycyą iednak, iż tenże wszelkim w Regulaminie Roku 1797. dnia 17. Kwietnia opiſanym przepiſom, y w czaſie przyſzłym, względem urządzenia Żydow ieſzcze obwieścić ſię mogącym, chętnie y przyzwoi-

ſonen Gehorſam leiſten werde, dieſer Königliche Schuz-Brief ertheilet und demſelben der Genuſs aller der Rechte und Befugniſse zugeſichert, welche erwähntes Reglement de nen Südpreuſsischen geſchüzt Juden verheisset und zuſichert.

zwoicie ſię podda, y Zwierzchnościom onemuż poſtanowionym poſłuſznym będzie; oraz onemuż użytek Praw y wolności wſzelkich w Regulaminie nadmienionym Zydom rotegowanym Południowo-Pru m przyrzeczonych y zapewnio h ſię zabeśpiecza.

Gegeben zu [Posen d. 20] 1798

[Poznaniu d. 20] 1798

Koeniglich Südpreusſische und Domainen Kamme

Mości Prus Południowych Ka mera Woyſkowa y Ekonomiczna.

bestimmten ihren Alltag. Freilich wurde die Judengesetzgebung nicht überall so bürokratisch gehandhabt wie in Preußen. 1750 trat hier das „Revidierte Generalprivilegium und Reglement" in Kraft, das die in der Hohenzollernmonarchie wohnhaften Juden in sechs Klassen einteilte. An der Spitze der Pyramide stand eine kleine Zahl von Generalprivilegierten, die mit weitreichenden Sonderrechten ausgestattet war und ausnahmsweise sogar das Bürgerrecht erwerben durfte. Eine bevorzugte Behandlung genossen auch die ordentlichen Schutzjuden, bedeutend weniger Rechte besaßen hingegen die außerordentlichen Schutzjuden, die Gemeindeangestellten sowie die in der fünften Klasse zusammengefassten „tolerierten" Juden. Am unteren Ende der Hierarchie befanden sich die Dienstboten, deren Aufenthaltsrecht auf die Dauer ihres Beschäftigungsverhältnisses befristet blieb.[4]

An der untersten Stelle der jüdischen Sozialordnung standen die Betteljuden, die ihr Schutzgeld nicht mehr zahlen und von den Gemeinden nicht mehr unterhalten werden konnten. Um 1800 lebte fast die Hälfte der jüdischen Einwohner in Deutschland an der Armutsgrenze. Wie diese Darstellung eines jüdischen Bettlers von 1830 zeigt, gab es noch bis in die zweite Hälfte des 19. Jahrhunderts eine breite Schicht armer Juden. Der Kontakt der Landjuden zur übrigen Bevölkerung war sehr intensiv, sodass vielfach jiddische Wörter in die allgemeine Umgangssprache aufgenommen wurden, so „Ische" für Frau, „Penunse" für Geld oder „Maloche" für Arbeit.

Da den Juden die Betätigung in den meisten Handwerken und Gewerben verwehrt blieb, waren sie gezwungen, auf Erwerbszweige vor allem im Geldverleih und Handelssektor auszuweichen. Dies taten sie mit ganz unterschiedlichem Erfolg. Zu Vermögen kam hauptsächlich die kleine Gruppe der Hofjuden, deren Aufstieg bereits während des Dreißigjährigen Krieges begonnen hatte. Ihre institutionelle Verankerung an den Fürstenhöfen erfolgte zeitgleich mit der Herausbildung des absolutistischen Wirtschaftsstaates, in dem sie sich vorwiegend als Warenlieferanten, Münzpächter und Kreditvermittler betätigten und den Landesherren bei dem Ausbau ihrer Macht zur Seite standen. Durch ihre Privilegien sowie durch ihren aristokratischen Lebensstil handelten die jüdischen Hoffaktoren weitgehend unabhängig von der jüdischen Gesellschaft, für deren Interessen sie sich jedoch häufig erfolgreich einsetzten. Im Verlauf des 18. Jahrhunderts wandelten sich die Hofjuden zu modernen Unternehmern und Bankiers, denen zum Teil auch der Aufstieg in den Adel gelang – wenn auch zunächst nur nach dem Übertritt zum christlichen Glauben.[5] Von dem Reichtum dieser Sondergruppe, die nur wenige Personen umfasste und untereinander häufig durch Heiratsallianzen verbunden war, war die Masse der Schutzjuden weit entfernt. Immerhin formierte sich während des 18. Jahrhunderts ein schmaler jüdischer Mittelstand, dessen Mitglieder neue Tätigkeitsfelder erschlossen und solche kommerziellen Nischen zu besetzen wussten, in denen sie sich durch Risikobereitschaft und Innovationsfreude einen Vorsprung vor der christlichen Konkurrenz erarbeiteten. Die große Mehrheit der Juden jedoch musste sich im Klein-, Trödel- und Hausierhandel verdingen, durch den sie mehr schlecht als recht den Lebensunterhalt ihrer Familien bestritten. Den negativen Extremfall der jüdischen Sozialordnung bezeichneten die Armen, denen die Landesherren den Status als Schutzjuden verwehrten und die als Vagabunden ohne festen Wohnsitz teilweise in die Kriminalität abgedrängt wurden. Im späten 18. Jahrhundert gehörten etwa zehn Prozent der jüdischen Bevölkerung zur Gruppe der Betteljuden. Sie stellten ein soziales Problem dar, mit deren Lösung die jüdische Gesellschaft überfordert war, solange die Fürsten an ihrer Politik der Marginalisierung festhielten.[6]

Trotz der repressiven Behandlung hielten die jüdischen Einwohnerzahlen im Alten Reich mit dem allgemeinen Bevölkerungswachstum Schritt. Etwa ein Prozent der deutschen Bevölkerung bekannte sich zur jüdischen Religion. Während die Juden vielfältige ökonomische Beziehungen zu ihrer Umgebung pflegten, lebten sie doch im Alltag relativ abgesondert von der Gesamtgesellschaft. Hierbei ging es zum einen darum, dem Verlangen einer tendenziell feindlich gesinnten Umwelt und Staatsgewalt entgegenzukommen. Zum anderen spielte aber auch das Bedürfnis nach religiös-kultureller Entfaltung eine wichtige Rolle. Die Juden unterschieden sich nicht nur durch den Glauben, sondern auch durch ihre Sprache, das Westjiddisch beziehungsweise Judendeutsch, von den übrigen Bewohnern der deutschen Territorien. Zudem heirateten sie ausschließlich untereinander. Nur in Ausnahmefällen – wie etwa in Frankfurt am Main – wurden sie in Ghettos gezwungen, doch konzentrierten sie sich auch in anderen Städten meist in einzelnen Häusern, Straßen oder Vierteln, auf die sich ihr Niederlassungsrecht begrenzte. Hier konstituierten sich die Lokalgemeinden als Zwangsverbände, in denen sich ein intensives innerjüdisches Leben entwickeln konnte.[7]

Die sogenannte Kehilla Kedoscha (Heilige Gemeinde) genoss ein hohes Maß an Autonomie und wies in ihrer hierarchischen Struktur zahlreiche Parallelen zu den städtischen Verwaltungen auf. Hier wie dort erfolgte eine strenge Aufsicht, die der Rat beziehungsweise der Vorstand mit Unterstützung von bezahlten und unbezahlten Funktionsträgern ausübte. Hatten im Mittelalter eher religiöse Gelehrte die Geschicke der Gemeinschaft bestimmt, so waren inzwischen überwiegend vermögende Laien in einflussreichen Stellungen zu finden. Einer Willkürherrschaft der Gemeindeführer beugten die Statuten und Vorschriften vor, die das Zusammenspiel der gemeindlichen Anstalten und Funktionsträger regelten. Die auf Zeit gewählten und ehrenamtlich wirkenden Parnassim (Vorsteher) stützten ihre Autorität zugleich auf den Rückhalt der Obrigkeit, für die sie wichtige Kontroll-

Die Karte, die den jüdischen Bevölkerungsanteil ausgewählter Orte um 1800 wiedergibt, zeigt das lange Nachwirken der Vertreibung der Juden aus den Städten im Mittelalter. Ein neues Zentrum bildete seit 1650 Hamburg, wo es im Mittelalter keine jüdische Gemeinde gegeben hatte, das nun aber etwa 6000 jüdische Einwohner zählte. In einigen Städten, wie im oberschlesischen Zülz, war der Anteil der jüdischen Einwohner im 18. Jahrhundert größer als derjenige der christlichen. In solchen Orten hatten meist adlige oder geistliche Herrschaften durch günstige Privilegien jüdische Niederlassungen ermöglicht.

Im Aufklärungszeitalter entstand ein allgemeines Interesse am jüdischen Leben, das in zahlreichen Darstellungen jüdischer Feste seinen Niederschlag fand. Dazu verfassten protestantische Theologen wie J. C. Bodenschatz oder jüdische Konvertiten wie P. C. Kirchner die Erläuterungstexte. Von Interesse war vor allem das Laubhüttenfest, da es nicht nur in der Synagoge, sondern auch halböffentlich in den Häusern unter abgedeckten Dächern gefeiert wurde. Vorschrift war, dass der Himmel durch das Dach scheinen musste. Erinnert wurde damit an die provisorischen Hütten während der 40-jährigen Wüstenwanderung des israelitischen Volkes. Mit diesem Fest wurde im Herbst die Wein- und Obstlese gefeiert. Trotz Exils und der weitgehenden Tätigkeit der jüdischen Bevölkerung in Handelsberufen sollte durch dieses Fest die fortbestehende Verbundenheit mit dem Land Israel und die ehemalige Tätigkeit der Juden in der Landwirtschaft verdeutlicht werden.

funktionen versahen, sei es bei der Aufsicht über Fremde und Zuwanderer oder bei der Steuerveranlagung der Mitglieder.
Nach traditioneller jüdischer Vorstellung ruhte das Kollektiv auf drei religiösen Grundpfeilern: Verbreitung der göttlichen Lehre (Tora), Gottesdienst (Avoda) und Mildtätigkeit (Gemilut Chessed). Abhängig von ihrer Größe umfasste die Kehilla ein mehr oder weniger dichtes Netz von Institutionen, die den Mitgliedern mit Dienstleistungen zur Verfügung standen. Zu den wichtigsten Einrichtungen gehörten die Synagoge, der Friedhof, das rituelle Badehaus (Mikwe), das talmudische Lehrhaus (Jeschiwa, Bet Midrasch), die religiöse Armenschule (Talmud-Tora) sowie karitative Vereinigungen. Unter den bezahlten Angestellten der Gemeinden ragte der Rabbiner heraus, der zwar den Ältestenvorstehern unterstellt war, als Lehrer und Interpret des überlieferten Religionsgesetzes jedoch höchstes Ansehen genoss. Vor allem stand er dem jüdischen Gerichtshof (Bet Din) vor, der sowohl in rituellen Fragen, in ehe- und familienrechtlichen Angelegenheiten als auch bei Zivilstreitigkeiten zwischen Juden Recht sprach. Als Sanktionsmittel standen dem religiösen Oberhaupt neben Geldstrafen auch die Androhung und Verhängung des Bannes zu Gebote, der in seiner strengsten Form einer Exkommunikation gleichkam. Körperliche oder Gefängnisstrafen waren hingegen nicht die Regel.
Nur ein kleiner Teil der Juden wohnte freilich in Großgemeinden wie Frankfurt am Main, Fürth, Glogau, Hamburg oder Zülz, die allesamt eine weitverzweigte Infrastruktur aufwiesen. Während des 17. und 18. Jahrhunderts siedelten etwa neun Zehntel der jüdischen Bevölkerung in Kleinstädten und Dörfern. Die günstigsten Bedingungen für die Niederlassung auf dem Land boten sich in den mittleren und südwestdeutschen Herrschaften, namentlich in Baden, Hessen, der bayerischen Pfalz, in Franken und Westfalen. Als „Judendörfer" wurden solche Orte bezeichnet, die einen hohen jüdischen Bevölkerungsanteil aufwiesen. Doch lebten die meisten Landjuden so zerstreut, dass sie gar keine Kehilla im städtischen Sinne gründeten, für die zumindest ein Quorum von zehn Männern für das gemeinschaftliche Gebet benötigt wurde. Stattdessen organisierten sich nach und nach etwa 30 Landjudenschaften, denen jeweils die Schutzjuden eines Herrschaftsgebiets angehörten. Als Selbstverwaltungsorgane traten sie periodisch zu Versammlungen, den Judenlandtagen, zusammen, auf denen die gemeinsamen Angelegenheiten der Mitglieder zur Sprache kamen und entsprechende Beschlüsse gefasst wurden. Auch die Wahl der Obervorsteher, die mit erheblichen Machtbefugnissen ausgestattet waren, erfolgte auf den Zusammenkünften der jüdischen Hausväter. Solche Beratungen fanden die ausdrückliche Zustimmung der Landesfürsten, nicht zuletzt weil diese die Landjudenschaften als Machtinstrument namentlich bei der Besteuerung zu gebrauchen verstanden.[8]
Das Judentum in den deutschen Territorien lebte mithin in relativ gefestigten Strukturen, soweit der äußere Druck die Entfaltung der Selbstorganisation nicht beeinträchtigte. Für erhebliche Verunsicherung innerhalb der Judenheit sorgten die endzeitlichen Erwartungen der sabbatianischen Bewegung. Als sich der 1626 in Smyrna (Izmir) geborene Sabbatai Zwi 1665 als Messias ausrufen ließ, erfasste viele Juden eine Begeisterung, die in tiefe Verzweiflung und Verbitterung umschlug, als ihr vermeintlicher Erlöser 1666 unter Zwang zum Islam übertrat.[9] Trotzdem hielt eine kleine Minderheit der Juden auch weiterhin an ihrem Glauben an dessen messianische Mission fest. Erhebliche Nachwirkungen dieser mystischen Wirren zeigten sich noch fast ein ganzes Jahrhundert später während des sogenannten Amulettenstreits, als Jakob Emden, Talmudist und Druckereibesitzer aus Altona, den Oberrabbiner der Dreigemeinden Altona-Hamburg-Wandsbek, Jonathan Eibeschütz, öffentlich beschuldigte, er verbreite im Geheimen die Irrlehren des Pseudomessias.

קדש
ורחץ
כרפס
יחץ
מגיד
רחצה
מוציא מצה
מרור
כורך
שלחן ערוך
צפון
ברך
הלל
נרצה

Die jüdische Oberschicht des 18. Jahrhunderts – so auch die niederrheinische Familie van Geldern, die zu den Vorfahren Heinrich Heines gehört – benutzte am Seder-Abend nicht eine gedruckte, sondern eine handillustrierte Haggada. Diese von dem jüdischen Künstler Moses Juda Leib aus Mähren angefertigte kostbare Pergamenthandschrift – van Geldern-Haggada genannt – dokumentiert in ihren Bildern den Reichtum der Familie. Während das Bild links den Verlauf des Sedermahls recht einfach darstellt, präsentiert das Bild rechts die Begebenheit in der Sphäre der jüdischen Oberschicht. Durch die geöffnete Tür und die Fenster zeigt sich dem Betrachter eine elegante Parklandschaft im Tageslicht, obgleich das Sedermahl abends stattfinden muss. Auch die Ausstattung des Zimmers soll den Reichtum der Familie demonstrieren. Der Herr des Hauses am linken Tischende ist in ein festliches weißes Gewand, den „Kittel", gekleidet. Die Schürze der Frau über dem kostbaren Kleid verweist auf ihre zeremoniellen Pflichten beim Mahl. Weiterhin sitzen am Tisch die Kinder – eines davon scheint eingeschlafen – sowie zwei Gäste. Der Diener, der einen Becher bringt, erinnert an die Sitte, einen Becher für den Propheten Elias hinzustellen, dessen Wiederkunft erwartet wird.

Während die Synagogen in der Antike mit figürlichen Darstellungen ausgestattet waren, gab es in den mittelalterlichen und frühneuzeitlichen Synagogen selten bildliche Darstellungen. Vor allem in Polen wurden die Holzsynagogen mit Pflanzen- und Tierdarstellungen ausgeschmückt. Polnische Künstler brachten diese Tradition nach Süddeutschland. So malte Elieser Süssmann aus Brody (Galizien) im 19. Jahrhundert die ländlichen Holzsynagogen von Horb und Bechhofen in Franken aus. Das Foto rechts zeigt die Decke der Synagoge von Bechhofen. Die zwischen 1684 und 1732 erbaute Synagoge wurde in den 1920er Jahren auf Staatskosten renoviert und unter Denkmalschutz gestellt. Beim Novemberpogrom von 1938 wurde sie durch Brandstiftung zerstört.

Emden entfachte eine mehrjährige Kontroverse, an der sich jüdische Gelehrte aus ganz Europa beteiligten. Die Affäre schwächte das Ansehen des Rabbinats, ohne allerdings zunächst eine wirkliche Desintegration der traditionellen Gesellschaft einzuleiten. Noch bis weit in die zweite Hälfte des 18. Jahrhunderts stand die prinzipielle Verbindlichkeit der religiösen Ge- und Verbote noch nicht in Frage, selbst wenn das Niveau jüdischer Bildung allmählich nachließ und die individuelle Frömmigkeit hier und dort bereits weniger strenge Formen annahm.

Die jüdische Aufklärung

Für die jüdische Geschichte markierte erst das späte 18. Jahrhundert eine Wendezeit zur Moderne, in der die konfessionelle Minderheit ihre randständige Position noch nicht grundlegend veränderte, jedoch Weichen gestellt wurden für eine tief greifende Transformation, die sich vor allem im 19. Jahrhundert vollziehen sollte.[10] Während der allgemeinen Aufklärung, die einem an der Vernunft orientierten Denken zum Durchbruch zu verhelfen suchte, wurde auch das traditionelle Judenbild vereinzelt einer kritischen Revision unterzogen. Diese neue Einstellung manifestierte sich etwa in den Schriften Gotthold Ephraim Lessings, dessen Theaterstück *Nathan der Weise* als Schlüsseltext der religiösen Toleranz gilt. Zumindest in den deutschen Gebieten hatten die neuen Ideen noch keine unmittelbaren politischen Auswirkungen, doch vor allem in den intellektuellen Zirkeln Berlins entwickelten sich bereits neue Formen der Geselligkeit, die das herkömmliche Ständedenken überwanden. An ihnen hatten neben christlichen Adligen und Bürgern auch Jüdinnen und Juden teil, sofern sie den Nachweis europäischer Bildung erbringen konnten. Berühmtes Beispiel dieser interkonfessionellen Annäherung waren die häufig von jüdischen Frauen unterhaltenen Salons.
Die Haskala, eine jüdische Minderheitenversion der deutschen Aufklärung, lieferte das notwendige theoretische Fundament für eine neue soziokulturelle Offenheit. Erstmals trat innerhalb der jüdischen Gesellschaft eine gebildete Elite in Erscheinung, die sich nicht aus dem Kreis religiöser Gelehrter rekrutierte und deren Führungsanspruch sowohl auf ihrer profanen als auch auf ihrer jüdischen Gelehrsamkeit fußte. Die sogenannten Maskilim wurden zu Trägern eines neuen, pluralistischen Verständnisses jüdischer Kultur. Sie schufen eine säkulare Sphäre, in der auch die Religion hinterfragt werden konnte.[11] Herausragender Vertreter dieser mit Sendungsbewusstsein agierenden Gruppe, die sich mehrheitlich aus Autodidakten zusammensetzte, war der Berliner Philosoph und Kaufmann Moses Mendels-

Siegel der Landjudenschaft im Hochstift Bamberg. Die Vorstände der Landjudenschaften hatten eine quasioffizielle Stellung im Rahmen der Landesherrschaft.

Die Aufklärung wirkte auch in das Judentum hinein und erfasste als sogenannte Haskala eine Gruppe vor allem jüngerer Juden, die Maskilim. Diese versuchten die Aufklärung auch für die jüdische Kultur fruchtbar zu machen. Ihr bedeutendster Vertreter war der in Dessau geborene Berliner Kaufmann und Philosoph Moses Mendelssohn (1729–1786). Er fand mit seiner Philosophie allgemeine Anerkennung. Das Judentum sollte sich zu einer vernünftigen Religion entwickeln, ohne seine religiösen Ge- und Verbote aufzugeben. Sein Bildnis, wie dieses Gemälde von Anton Graff, fand weite Verbreitung.

sohn (1729–1786). Als Mitglied zweier bislang getrennter Lebenswelten reihte sich Mendelssohn zum einen in die allgemeine Geistesgeschichte der Aufklärung ein, an deren Popularisierung er sich seit den 1750er Jahren mit zahlreichen Abhandlungen in deutscher Sprache beteiligte. Zum anderen verschrieb er sich der Aufgabe, die Grenzen des Judentums als vernunftgemäßes Bekenntnis neu abzustecken, ohne allerdings die Verbindlichkeit der religiösen Ge- und Verbote prinzipiell in Zweifel zu ziehen.[12] Erst die jüngeren Mitglieder seines Kreises vertraten radikalere Standpunkte, indem sie die jüdische Tradition einer grundsätzlichen Kritik unterzogen.

Im Grunde handelte es sich bei der Haskala um ein nach innen gerichtetes Erziehungsprogramm, das von der Prämisse ausging, dass die Juden nicht nur verbesserungsbedürftig, sondern auch verbesserungsfähig seien. Mendelssohns Weggefährte Naftali Herz Wessely skizzierte 1782 erstmals ein Bildungskonzept, das auf die Vorstellungswelt der zeitgenössischen Pädagogik zurückgriff und konkret die Forderung nach weltlichem, deutschsprachigem Unterricht in einem konfessionellen Kontext stellte.[13] Bereits vier Jahre zuvor hatte in Berlin die Freischule für jüdische Knaben eröffnet, die das Beispiel christlicher Musterschulgründungen aufgriff. In den nächsten Jahren folgten – zum Teil gegen erhebliche Widerstände traditioneller Eliten – weitere jüdische Reformschulen, unter anderem in Breslau, Dessau, Seesen, Wolfenbüttel und Frankfurt/Main. Obwohl diese Anstalten in der Regel eine vorläufige Erscheinung blie-

Lesebuch
für
Jüdische Kinder.

Zum Besten der jüdischen Freyschule.

Berlin
in Commißion bey Christian Friedrich Voß und Sohn
1779.

Die Maskilim übernahmen die Bildungskonzepte der Aufklärung, um die Mängel der traditionellen jüdischen Erziehung, die sich ausschließlich auf Talmud und Tora konzentrierte, zu überwinden. In den jüdischen Reformschulen wurden die Kinder in deutscher Sprache und „weltlichen" Fächern unterrichtet. Der Berliner Seidenmanufakturist David Friedländer (1750–1834) – rechts sein Porträt – verfasste dafür 1779 das links abgebildete Lesebuch. Friedländer war Mitbegründer der Jüdischen Freischule in Berlin und wurde 1809 als erster Jude in den Berliner Stadtrat gewählt.

ben und dort stets nur ein kleiner Teil der jüdischen Schulkinder seine Erziehung genoss, sollten von den Absolventen wichtige Impulse für die Modernisierung der jüdischen Gesellschaft ausgehen.

Das Zeitalter der Emanzipation

Die rechtliche Gleichstellung der deutschen Juden im 19. Jahrhundert erfolgte nicht nur aus theoretischen Überlegungen zur religiösen Toleranz, sondern verlief eng verzahnt mit der Entstehung der modernen bürgerlichen Klassengesellschaft, die an die Stelle der feudalen Ständeordnung trat. Anders als in Frankreich, wo bereits die Revolution von 1789 den einheimischen Juden die vollständige Emanzipation beschert hatte, erlangten die deutschen Juden ihre Gleichberechtigung im Zuge eines ebenso langwierigen wie wechselvollen Prozesses.[14] Wesentliche Impulse zu einer Revision bisheriger Exklusionsmuster hatte bereits der preußische Reformbeamte Christian Wilhelm Dohm gegeben, als er 1781 sein Buch über die „bürgerliche Verbesserung der Juden" publizierte. Dohm vertrat die Auffassung, dass den Juden ein Platz innerhalb der Gesellschaft zugestanden werden müsse, sie infolge ihrer sittlichen Mängel aber erst allmählich integriert werden könnten. Den Weg zu rechtlichen Statusverbesserungen der Minderheit entwarf er deshalb als ein langfristiges Umerziehungsprojekt, das unter der Obhut des Staates verlaufen sollte.[15] Viele deutsche Territorien sollten dieses Konzept aufgreifen, sobald der Rechtsstatus der Juden neu verhandelt wurde.

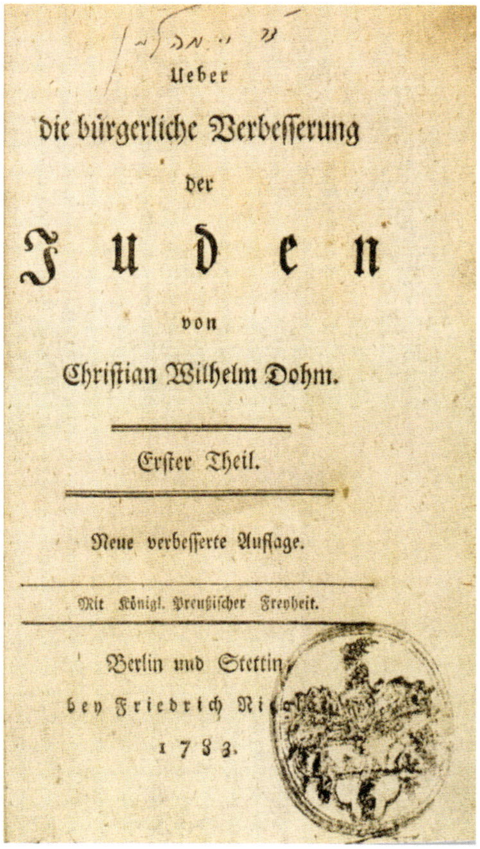

Ueber

die bürgerliche Verbesserung

der

Juden

von

Christian Wilhelm Dohm.

Erster Theil.

Neue verbesserte Auflage.

Mit Königl. Preußischer Freyheit.

Berlin und Stettin,

bey Friedrich Ni[illegible]

1783.

Die Diskussion um die Emanzipation initiierte der preußische Beamte Christian Wilhelm Dohm (1751–1820, Bild rechts) im Jahr 1781 mit seiner Schrift *Über die bürgerliche Verbesserung der Juden*, hier in der Ausgabe von 1783 (Bild links). Er plädierte darin für eine Erziehungsemanzipation, das heißt, die Juden sollten unter der Obhut des Staates durch eine kulturelle und soziale Anpassung an die bürgerliche Gesellschaft zu „brauchbaren" Staatsbürgern erzogen werden. Ihre Religion sollten sie beibehalten. Dohms Programm fand vor allem bei den jüdischen Aufklärern begeisterte Aufnahme.

Erste Rechtsverbesserungen erfolgten vor allem unter dem Einfluss der napoleonischen Expansionen, etwa in Württemberg (1808), Baden (1809) sowie in Bayern (1813). Trotzdem blieb das jüdische Leben in diesen Territorien auch weiterhin zahlreichen Restriktionen unterworfen. Gleiche bürgerliche und staatsbürgerliche Rechte erhielten die Juden in den von Frankreich eroberten Gebieten. Im Königreich Preußen, wo die Diskussion über die jüdische Emanzipation im Rahmen einer Gesamtreform des Staates geführt wurde, erklärte das Märzedikt von 1812 die Juden erstmals zu Staatsbürgern. Die neuen Bestimmungen gewährten großzügige ökonomische Freiheiten. Eine volle Gleichstellung mit den Angehörigen der christlichen Konfessionen war jedoch noch nicht vorgesehen. Zudem bezog sich der Erlass lediglich auf die Kernprovinzen, nicht aber auf die nach der Niederlage Napoleons hinzugewonnenen Gebietsteile. In der Zeit des Vormärz waren in der preußischen Monarchie mehr als 20 unterschiedliche Judenordnungen in Kraft. Vor allem in der Provinz Posen, in der die 52 000 Juden (1816/17) mehr als sechs Prozent der Gesamtbevölkerung stellten, hielt die Bürokratie weiter an den konfessionellen Diskriminierungen fest.[16]

Mit dem Wiener Kongress (1814/15), dessen Schlussakte vielen Bundesstaaten die Rückkehr zu den alten Schutzverhältnissen ermöglichte, endete die erste Phase der Judenemanzipation. Mit dem Beginn der Reaktionszeit kippte auch die vormalige Reformstimmung, sodass die deutschen Juden vorläufig kaum auf weitere Rechtsverbesserungen hoffen konnten. In die breite Front der Gleichstellungsgegner reihten sich auch Vertreter der deutschen Romantik ein. Zudem wollten auch die Liberalen vorerst noch für keine volle rechtliche Integration der „Israeliten" eintreten. Während sich ein gelehrter Judenhass in einer Fülle von Veröffentlichungen niederschlug, schreckte der Mob vereinzelt auch vor Gewalt nicht zurück. Pogromähnliche Angriffe auf Juden und deren Besitz fanden etwa während der „Hep-Hep-Unruhen" statt, die 1819 von Würzburg ausgingen und binnen kurzem auf zahlreiche Städte im ganzen Land übersprangen. Erst durch das Eingreifen von Polizei und Militär konnte die Ruhe wiederhergestellt werden.[17]

Unbeschadet solcher Nachstellungen identifizierten sich die deutschen Juden mehr und mehr mit ihrer Heimat. Ihre Treue zum Vaterland hatten viele von ihnen bereits als Freiwillige während der Befreiungskriege (1813–1815) unter Beweis stellen können. Je mehr sich die jüdischen Deutschen von loyalen Untertanen zu überzeugten Patrioten wandelten, desto weniger waren sie bereit, die andauernden Benachteiligungen in Staat und Gesellschaft hinzunehmen.[18] Mit dem Erwachen eines politischen Bewusstseins

Edikt
betreffend
die bürgerlichen Verhältnisse
der Juden
in dem Preußischen Staate.

De Dato Berlin den 11ten März 1812.

Breslau,
gedruckt bei Wilhelm Gottlieb Korn.

Die politische Diskussion, die der preußische Beamte Christian Wilhelm Dohm durch seine Schrift *Über die bürgerliche Verbesserung der Juden* von 1781 ausgelöst hatte, wurde nur sehr langsam in politische Konzepte umgesetzt, so 30 Jahre später in Preußen. Doch kam auch das hier abgebildete Edikt vom März 1812 nur unter dem politischen Druck der Niederlage gegen Napoleon 1806 und der preußischen Reformen zustande. Es eröffnete den Juden den Zugang zu fast allen Berufen, die akademischen allerdings ausgenommen.

griffen zudem einzelne Persönlichkeiten selbstbewusst in die Emanzipationsdebatte ein. Eine herausragende Stellung nahm der Hamburger Jurist Gabriel Riesser (1806–1863) ein, der die jüdische Frage in den Kontext allgemeiner Freiheitsbemühungen zu stellen wusste und mit zahlreichen Schriften sowie als Parlamentarier zu einer Versachlichung der Diskussionen beitrug.[19]
Die politischen Umwälzungen von 1848 nährten erneut die Hoffnung auf eine Vollendung der rechtlichen Gleichstellung. Zwar verkündeten die in der Frankfurter Nationalversammlung verabschiedeten Grundrechte des deutschen Volkes, dass „durch das religiöse Bekenntnis […] der Genuss der bürgerlichen und staatsbürgerlichen Rechte weder bedingt noch beschränkt" werde, doch währte der Traum wiederum nur für kurze Zeit. In den Reaktionsjahren nach 1850 widerriefen viele deutsche Staaten die während der Revolution gewährten Bürgerrechte der Juden.[20] Auch in Preußen, das den Beschluss der Paulskirche in seine oktroyierte Verfassung übernahm, wurde die jüdische Gleichberechtigung auf dem Verwaltungswege weitgehend ausgehebelt. Erst gegen Ende der 1850er Jahre erfolgte in der Debatte um die Stellung der Juden ein erneuter Rückgriff auf freiheitliche Positionen. Letzten Endes wurde die Emanzipation in einer Zeit des ökonomischen Aufschwungs von oben gewährt, nicht von unten erkämpft. 1869 erklärte der Norddeutsche Bund alle konfessionellen Unterschiede für hinfällig. Dieser Beschluss wurde 1871 auf das geeinte Kaiserreich ausgedehnt, ohne dass freilich die antijüdischen Stimmen restlos verstummten.[21]

Jüdische Gemeinschaft im Wandel

Im Verlauf der Jahrzehnte bis zum Abschluss der rechtlichen Gleichstellung veränderte sich auch die jüdische Gesellschaft grundlegend. Während des gesamten 19. Jahrhunderts stieg die Zahl der in Deutschland beheimateten Juden rasant an. Lebten 1816/17 etwa 257 000 jüdische Menschen auf dem Gebiet des späteren Kaiserreichs, so waren es 1848 schon 394 600. Bis 1867 vermehrte sich die jüdische Einwohnerschaft auf etwa 470 000, von denen über 60 Prozent innerhalb der Grenzen der preußischen Monarchie siedelten. Wenn auch der Anteil der Juden an der Gesamtbevölkerung bis in die 1860er Jahre zunahm, so war für dieses Phänomen nicht so sehr Kinderreichtum als vielmehr eine niedrigere Sterblichkeitsrate verantwortlich. Die Bevölkerungsentwicklung verlief freilich nicht gleichmäßig allerorten, sondern regional abhängig von politischen und wirtschaftlichen Faktoren.
So verzeichneten vor allem die bayerischen Landesteile Franken, Schwaben und die Pfalz sowie die preußische Provinz Posen

Die sich anbahnende Emanzipation der Juden wurde von kleinbürgerlichen Gruppen heftig bekämpft. 1819 kam es deshalb in mehreren Städten – wie hier in Frankfurt am Main – zu den sogenannten „Hep-Hep-Unruhen", pogromähnlichen Angriffen gegen jüdische Einwohner und ihren Besitz. Der zeitgenössische Holzschnitt zeigt die Brutalität der Angreifer und die schwache Gegenwehr der Angegriffenen.

nach 1850 einen deutlichen Rückgang, sei es durch Abwanderung in andere deutsche Staaten oder durch die Emigration nach Übersee. Hingegen lässt sich für das Königreich Sachsen eine im Verhältnis zu anderen deutschen Gebieten geradezu rasante Zunahme der jüdischen Bevölkerung feststellen, nachdem dort die für Juden geltenden Zuzugsbeschränkungen gelockert worden waren. Ein weiterer Trend begann sich ebenfalls nach der Jahrhundertmitte durchzusetzen: Zwar lebte die große Mehrheit der Juden weiterhin überwiegend in ländlichen Regionen, doch wanderten mehr und mehr Familien in die Mittel- und Großstädte ab, wo sie nicht nur ein besseres Bildungsangebot für ihre Kinder vorfanden, sondern sich auch weitgefächerte berufliche Entfaltungsmöglichkeiten eröffneten.[22]

Innenansicht des Israelitischen Tempels in Hamburg nach einer Lithografie von zirka 1830. Die jüdische Aufklärung (Haskala) leitete zur Reform des jüdischen Gottesdienstes über. Der 1818 eingeweihte Hamburger Tempel am Alten Steinweg gilt als eine der ersten Reformsynagogen. Trotz Einführung einer Liturgie in deutscher Sprache achtete man jedoch auf die traditionelle Trennung von Männern und Frauen im Gottesdienst. Letztere durften nur auf den Emporen dem Gottesdienst beiwohnen. Auch verzichtete man zunächst auf die Einführung einer Orgel.

Besonders in ökonomischer Hinsicht schrieben die deutschen Juden eine beeindruckende Erfolgsgeschichte, indem wachsende Teile der konfessionellen Minderheit Armut und Not hinter sich ließen und insbesondere am konjunkturellen Aufschwung der 1850er und 1860er Jahre teilhatten. Zum Zeitpunkt der Reichsgründung lebten bereits etwa 60 Prozent der jüdischen Familien in bürgerlich gesicherten Verhältnissen. Beinahe ohne Wirkung blieben freilich alle organisierten Bemühungen, die jüdische Berufsstruktur zu „normalisieren“. Die den Juden lange Zeit verschlossenen Bereiche Landwirtschaft und Handwerk, in denen der Großteil der nichtjüdischen Deutschen tätig war, büßten während der industriellen Revolution an volkswirtschaftlicher Bedeutung ein. Gegen eine Berufsumschichtung und sogenannte „Produktivierung“ sprachen auch die besseren Aufstiegsmöglichkeiten im kommerziellen Sektor, in dem Juden seit jeher in großer Zahl vertreten waren. Auch während der Industrialisierung suchten die jüdischen Berufstätigen also ihr Auskommen weiterhin im Handel und insbesondere in selbstständigen Beschäftigungen. Zugleich wandten sie sich lukrativeren Tätigkeiten zu, indem sie den ambulanten Handel aufgaben, sich als Ladenbesitzer einrichteten und es als Kaufleute oder Bankiers zum Teil zu Vermögen brachten.
Im Bereich der Industrieproduktion hingegen blieb der jüdische Anteil gering – lediglich in den Sparten Textilwirtschaft, Nahrungsmittel sowie in der chemischen und Elektroindustrie gelang es jüdischen Unternehmern, sich zu etablieren.[23] Auch als Hochschullehrer, Staatsanwälte und Richter sowie im Offizierskorps konnten nur wenige ungetaufte Juden Fuß fassen, da öffentliche Ämter und insbesondere gehobene Positionen nahezu ausschließlich Christen vorbehalten blieben.
Dass sich die Juden als eine Kerngruppe des deutschen Bürgertums formierten, hing auch mit einem sich wandelnden Verhältnis zur Kultur und Sprache der Umwelt zusammen.

Dabei spielte das Erziehungswesen eine nicht zu unterschätzende Rolle. Beschritten integrationswillige Juden zunächst den beschwerlichen Weg des Selbststudiums, so erleichterten die modernen Schulen einen systematischen Zugang zur europäischen Bildung. Konfessionelle Elementaranstalten ersetzten das traditionelle Religionsschulwesen, doch standen den jüdischen Kindern auch die allgemeinen Lehranstalten offen. Für die Prägekraft zeitgenössischer Bildungsideale zeugten der auffällig hohe Anteil jüdischer Schülerinnen und Schüler an den Gymnasien und Töchterschulen sowie die steigende Zahl jüdischer Akademiker. Bürger jüdischer Konfession traten zudem als Kulturkonsumenten und -förderer hervor und trugen obendrein als Schaffende zur Literatur, bildenden Kunst und Musik bei. Ungeachtet mancher Schmähungen von nichtjüdischer Seite hatten Juden also wichtigen Anteil an der deutschen Kultur und ihrer Entwicklung im 19. Jahrhundert.[24]
Mit dem Eintritt der Juden in die bürgerliche Gesellschaft veränderte sich zugleich die jüdische Gemeinde, die nicht nur wichtige Selbstverwaltungsprivilegien einbüßte, sondern auch im Bewusstsein ihrer Mitglieder an Bedeutung verlor. Obwohl nur wenige Juden ihrer Religion den Rücken kehrten und zum Christentum konvertierten, forderten Säkularisierung und religiöse Entfremdung ihren Tribut. Den vermeintlichen Konflikt zwischen traditioneller religiöser Praxis und kultureller Integration versuchte eine progressive Avantgarde durch eine veränderte Gestaltung des Gottesdienstes beizulegen. In Hamburg schlug die Kultusreform erstmals feste Wurzeln, als dort 1817 der Neue Israelitische Tempelverein gegründet wurde. Deutsche Predigten, Orgelspiel, Chorgesang und veränderte Gebetstexte prägten die Gebetsversammlungen dieser privaten jüdischen Vereinigung. In den nachfolgenden Jahrzehnten gingen aber auch Synagogengemeinden in großer Zahl dazu über, Ritus und Liturgie zu reorganisieren und auf diese Weise den gewandelten ästhetischen Ansprüchen und Glaubensvorstellungen Rechnung zu tragen. Bewahrte die Orthodoxie dem Religionsgesetz kompromisslos die Treue, so verlor sie doch allmählich an Einfluss. Eine Pluralisierung erfasste das deutsche Judentum, die sich auch in der Herausbildung unterschiedlicher theologischer Strömungen niederschlug. Bis zum Kaiserreich stellten die Anhänger des sogenannten liberalen Judentums vielerorts die Mehrheit.[25]
Trotz zunehmender Uneinigkeit in religiösen Fragen und ungeachtet ihrer vielfältigen Kontakte zur umgebenden Mehrheitsgesellschaft wollten die deutschen Juden ihre Gruppenbindungen untereinander nicht völlig aufgeben. Während sie selbst keinen Widerspruch zwischen ihrer jüdischen und ihrer deutschen Identität sahen, hielten viele nichtjüdische Zeitgenossen an ihren Vorbehalten gegenüber der konfessionellen Minderheit fest. Die nationalistische Fraktion der Emanzipationsgegner betrachtete die Juden als fremde Elemente und bestritt, dass diese überhaupt je Teil des deutschen Volkes werden könnten. Auch die weitverbreitete Vorstellung vom Staat als christlicher Institution stand einer Anerkennung jüdischer Differenz im Wege. Selbst die politischen Liberalen, die sich spätestens seit der Jahrhundertmitte konsequent für die Gleichstellung der Glaubensbekenntnisse eingesetzt hatten, gingen im Grunde von der Erwartung aus, dass die Juden den Weg der völligen Assimilation beschreiten würden. Da große Teile der deutschen Bevölkerung soziokulturelle Vielfalt nicht als Bereicherung erkannten, sondern zu überwinden trachteten, stand die sogenannte „Judenfrage“ auch nach der formalen Gleichstellung fortwährend zur Diskussion.[26]

Jud Süß

Frank Otto

Es ist der 12. März 1737, und durch Württemberg schwirren bedrohliche Gerüchte: Herzog Karl Alexander plane einen Staatsstreich gegen die „Landschaft" – die selbstbewusste Ständevertretung der Städte und der Geistlichkeit, welche die Steuereinnahmen des Landes verwaltet und ohne deren Zustimmung der Herzog nach der württembergischen Verfassung kein Gesetz erlassen darf. Noch schlimmer: Karl Alexander wolle mithilfe würzburgischer Truppen seine katholische Religion in dem protestantischen Land durchsetzen und ein Blutbad unter den Evangelischen veranstalten.
Ohne sich um das aufgeregte Gerede zu scheren, veranstaltet der Herzog in seiner Ludwigsburger Residenz einen Ball. Gegen zehn Uhr abends zieht Karl Alexander sich zurück. Beim Auskleiden überkommt ihn plötzlich Atemnot. Der Herzog stirbt so rasch, dass nicht einmal ein Arzt gerufen werden kann und auch kein Geistlicher zur letzten Ölung.
Wie stets gehört der Geheime Finanzrat Joseph Süß Oppenheimer zum Gefolge des Herzogs. Nach dem Tod seines Schutzherrn schwebt er in großer Gefahr; doch das scheint er nicht zu ahnen. Arglos fährt er noch am selben Abend gemeinsam mit dem Oberstallmeister Heinrich Reinhard Baron von Röder nach Stuttgart zurück, um der Herzogin die Nachricht vom Ableben ihres Gatten zu überbringen. Röder erkennt die Chance, einen Konkurrenten am Hof loszuwerden, bei dem er noch dazu hoch verschuldet ist. Der Oberstallmeister wartet beim Tor, als Süß das Stuttgarter Schloss nach der Audienz bei der Herzogin verlässt, und befiehlt der Wache, ihn festzunehmen und in seinem Palais unter Hausarrest zu stellen. Die Soldaten fragen weder nach einem Haftbefehl noch nach einem Grund für die Anordnung – Röders Uniform und sein Ansehen genügen ihnen als Legitimation. Röder und andere Gegner des Herzogs erklären kurz darauf das Testament Karl Alexanders für ungültig und entlassen von ihm eingesetzte Beamte. Das Ganze ist ein Putsch – mit dem Ziel, den als übermächtig empfundenen Juden zu beseitigen.

Der Aufstieg

Fünf Jahre zuvor begegnen sich der künftige Herzog Karl Alexander und sein künftiger engster Ratgeber Joseph Süß zum ersten Mal: im Kurort Wildbad im Schwarzwald, wo der damals 48-jährige Thronfolger Urlaub macht. Karl Alexander, ein Cousin des regierenden Herzogs, hat es in österreichischen Diensten bis zum Statthalter in Belgrad gebracht. Aber ihm fehlt Geld für eine standesgemäße Hofhaltung. Die württembergischen Stände verweigern ihrem zukünftigen Herrn den geforderten Vorschuss auf seine Apanage. Auch sein Privatbankier Isaak Landauer will keinen weiteren Kredit mehr geben. Aber er weiß einen wagemutigen Ersatzmann zu nennen, den er in Wildbad beim Kronprinzen einführt. Einen entfernten Verwandten, der sich sofort bereit erklärt, 80 000 Gulden aufzubringen (eine Summe, von der eine fünfköpfige Familie 40 Jahre lang leben könnte) – Joseph Süß aus Heidelberg. Karl Alexander findet auf Anhieb Gefallen an dem 33-Jährigen und ernennt ihn zu seinem „Hof- und Kriegsfaktor". Das ist die höchste gesellschaftliche Position, die ein Jude erreichen kann. Und zugleich äußerst prekär.
Mehrere Hundert dieser Hoffaktoren – oder Hofjuden – dienen im Heiligen Römischen Reich deutscher Nation ihren fürstlichen Herren. Denn die meisten der christlichen Bankiers sind nicht mehr willens, den notorisch klammen Herrschern Kredit zu gewähren, trotz der hohen Zinsen als Risikoprämie. Etliche jüdische Kaufleute hingegen scheuen das Risiko nicht: Sie sehen neben den möglichen enormen Profiten die Gelegenheit, sich Zugang zum Hof zu verschaffen. Und damit einen sozialen Aufstieg zu

erreichen, der ihnen in der christlichen Ständegesellschaft sonst verbaut ist. Reich sind die wagemutigen Finanziers zumeist nicht; die Gelder für die fürstlichen Schatullen müssen sie sich selbst leihen. Dafür greifen sie zumeist auf ein dichtes Netz familiärer Beziehungen zurück, das die jüdischen Geschäftsleute in ganz Europa miteinander verbindet.
Doch obgleich sie unentbehrlich sind für die Finanzen der deutschen Staaten, ist die Stellung der Hofjuden jederzeit gefährdet; stets sind sie abhängig von der Gnade ihres Herrschers. Gerade diese Abhängigkeit ist es, welche die Fürsten dazu bewegt, sich Juden an ihre Höfe zu holen: Der Herrscher kann seinen Faktor bedrängen, ohne befürchten zu müssen, dieser hege gefährliche Machtgelüste. Denn die Juden sind weitgehend rechtlos. Die Hofjuden müssen alles erledigen, was ihnen zugemutet wird, wollen sie nicht ihre Stellung, ihr Vermögen, ja ihr Leben aufs Spiel setzen. So werden sie von ihren Fürsten unter anderem oftmals gezwungen, schlechte Münzen auszuprägen – und ziehen damit den Hass der verarmenden Bevölkerung auf sich.
Zwischen Karl Alexander und Joseph Süß Oppenheimer entwickelt sich eine enge Beziehung, die weit über das übliche Verhältnis zwischen Herrn und Dienstmann hinausgeht. Wiederholt rühmt der spätere Herzog öffentlich seinen Berater, dessen Können, die Klugheit, Treue und Hingabe. In einem Brief grüßt er warm: „Ich verbleibe dein geneigter Karl Alexander." Sogar einen Adelstitel will der Herzog für seinen Faktor erlangen, eine beispiellose Erhebung für einen Juden. Mehrfach schreibt er an Kaiser Karl VI., ein gütiges Geschick habe ihm in schwerer Stunde einen Freund und Helfer gesandt. Doch der Kaiser lehnt das Ansinnen ab. Unterdessen tritt Süß – auf Empfehlung des Württembergers – auch in den Dienst des Landgrafen zu Hessen, des Erzbischofs von Köln und des Kurfürsten der Pfalz. Er reist regelmäßig mit der Kutsche nach Stuttgart, Heidelberg, Mannheim, Frankfurt, Wien und Belgrad. Immer ist er in Eile und immer in Unruhe.
Die zeichnet seinen ganzen Lebensweg aus. Schon mit 16 Jahren lässt sich der um 1698 geborene Joseph für mündig erklären. Als Kaufmann pendelt er zwischen Frankfurt und Mannheim, den ungleichen Zentren der süddeutschen Geschäftswelt. Auf der einen Seite die alte Freie Reichsstadt Frankfurt: der große Geldmarkt, Heimstatt zahlreicher Banken, Handelsplatz zwischen England, den Niederlanden und den Ostseeländern, zwischen Deutschland, Italien und der Schweiz. Auf der anderen die moderne Fürstenstadt Mannheim: Anziehungspunkt für Auswanderer aller Länder, seit Kurfürst Karl Ludwig dort nach dem Ende des Dreißigjährigen Krieges unbeschränkte Freizügigkeit und volle Religionsfreiheit verkündet hat. Fast zwei Drittel aller Häuser dort gehören Juden, während ihnen in den meisten deutschen Staaten der Erwerb von Grundeigentum verboten ist. Süß betreibt in beiden Städten Warenhandel sowie ein bedeutendes Wechselgeschäft; er steht mit den größten Bankhäusern in Verbindung, hat einen Kredit von über 150 000 Gulden. Ohne wirklich reich zu sein, unterhält der ledige Kaufmann gleich zwei luxuriöse Haushalte; er kleidet sich in edle Stoffe, hält sich Kutsche und Pferde – Statussymbole eines Aufsteigers.
Am 31. Oktober 1733 stirbt unerwartet Herzog Eberhard Ludwig von Württemberg, der Landesherr. Karl Alexander wird sein Nachfolger. Nun braucht er seinen genialen Finanzier und Ratgeber Süß dringender denn je. Denn die württembergischen Finanzen sind zerrüttet – und der neue Herzog hat aufwendige Projekte im Sinn. In Unordnung geraten sind die Finanzen, weil sich so mancher seiner Vorgänger allzu sehr in der Rolle des barocken Kavaliers gefallen und seinen Mätressen Schlösser, ja ganze Ortschaften zum Geschenk gemacht hat. In Unordnung geraten sind die Finanzen aber auch durch die Raubzüge des französischen Königs Ludwig XIV. auf württembergischem Terri-

Niemand versorgt Herzog Karl Alexander von Württemberg (1684–1737, oberes Bild) so verlässlich mit Geld wie der Kaufmann und Bankier Joseph Süß Oppenheimer (1698–1738). Der Herzog macht ihn zu seinem „Hof- und Kriegsfaktor", später zum Finanzminister. Ihre freundschaftliche Beziehung geht über das übliche Verhältnis zwischen Herrn und Dienstmann hinaus. Für ihre gemeinsame, höchst umstrittene Finanzpolitik muss jedoch allein „Jud Süß" den Kopf hinhalten. Nach dem Tod des Herzogs 1737 wird er von mächtigen Feinden angeklagt und zum Tode verurteilt. Am 4. Februar 1738 stirbt er am Galgen. Das Kupferstichporträt stammt aus dem Jahr seiner Hinrichtung.

torium gut 40 Jahre zuvor. In Unordnung ist die herzögliche Kasse überdies, weil die Landschaft – die Ständevertretung – einen so großen Anteil an der Gesetzgebung hat wie wohl nirgendwo sonst in einem deutschen Staat: Nach der Landesverfassung darf der Herzog ohne ihre Genehmigung kein Bündnis schließen, keinen Krieg beginnen – und vor allem: keine Steuern erheben.

Die Abgeordneten der Landschaft aber sind fromme, ehrbare, biedere Leute; ihr Schwabenland ist ihnen Maß aller Dinge. Was außerhalb vorgeht, ist für sie ohne Bedeutung; sie wollen Ruhe und Frieden, Wahrung ihrer verbrieften Rechte, den Schutz der protestantischen Religion. Von diesen sparsamen Bürgersleuten kann der stürmische Krieger Karl Alexander niemals erhalten, was er sich wünscht: ein starkes, stehendes Heer, Festungen, Schanzen, um Württemberg zum Bollwerk gegen die Franzosen zu machen. Vor allem aber will der junge Herzog allein regieren, absoluter Monarch sein, unabhängig vom Wohlwollen der protestantisch geprägten Ständeversammlung – die dem zum Katholizismus Konvertierten zutiefst misstraut. Also müssen andere Wege gefunden werden, vorbei an den Ständen und den ebenso konservativen Regierungsräten.

Wer aber kann derlei Wege aufspüren? Wer sprüht vor Ideen, ist als brillanter Außenseiter ohne Bindung zu den etablierten Eliten – und gibt zudem, sollte der Plan misslingen, den idealen Sündenbock ab? Joseph Süß wird schon bald zu einem überaus effektiven Problemlöser des Herzogs – und zieht damit rasch die Feindschaft der Konservativen im Land auf sich. Vor allem seine Münzpolitik wird heftig bekämpft. Die Fürsten im Reich sehen es als ihr Recht an, mit dem Ausgeben von Münzen einen Gewinn zu machen; kaum einer hat Skrupel, den Gold- oder Silbergehalt der Münzen, welcher den Wert des Geldes bestimmt, heimlich zu verringern und das so gesparte Edelmetall als Gewinn einzustreichen. Dieser Art staatlicher Geldfälschung bedient sich auch Süß.

Auch die eigene Kasse des Hoffaktors profitiert von den Staatsgeschäften – ob er nun Gold und Silber an die Münze liefert oder Uniformen und Zelte für das Heer oder Juwelen für den Herzog. Nebenher ist Joseph Süß ohnehin weiter als Bankier in Mannheim und Frankfurt tätig. Der Aufsteiger wird reich. Anfang 1737 bezieht er in Stuttgart ein herrschaftliches Palais in der Seegasse. Wenn Süß bei Hofe auftritt, trägt er Staatskleidung: einen scharlachroten, samtenen Rock, mit Gold bestickt, gefüttert mit weißem, gekräuseltem Samt. Dazu ein blütenweißes Oberhemd, rote Hosen und Weste, weiße Strümpfe, hohe schwarze Schuhe, Perücke und Dreispitz. Zu seiner Erscheinung passt auch der Titel, mit dem Süß sich schmücken darf: Der Herzog ernennt Süß zum Geheimen Finanzrat. Damit hat ihn Karl Alexander über alle anderen Hofjuden des Reiches erhoben: Es mag wohlhabendere geben, vielleicht gewandtere – aber kein anderer Hoffaktor ist jemals auf diese Weise ausgezeichnet worden.

Das Leben als mächtiger Politiker, barocker Kavalier, umschwärmt von adeligen Damen, Hof haltend in seinem luxuriösen Palais – das ist nur die eine Seite der Existenz des Finanziers. Bei Hofe und in seinem Palast ist er ein ironischer und skeptischer Freigeist, der sich selbst einen „Volontär" aller Religionen nennt: jedem Glauben gegenüber offen, doch keinem zugetan. Er weigert sich, in Frankfurt, wie vorgeschrieben, seine Wohnung im Ghetto zu nehmen. Und zeigt – im Gegensatz zu allen anderen prominenten Hoffaktoren – keinerlei Interesse für die jüdische Gemeinschaft. Doch andererseits hält er am Glauben seiner Ahnen fest, obwohl ihm der Übertritt zum Christentum wahrscheinlich das begehrte Adelspatent einbringen würde. Und die Frau, die er zu heiraten begehrt, ist die Tochter eines traditionsverbundenen Juden. Dieses Leben, bestimmt von zwei gegensätzlichen Welten, formt einen zwiespältigen Charakter: Wenn ihn etwa der Starrsinn der Räte reizt, droht

er mit Haft, Auspeitschen, Köpfen, lässt sich zu Anfällen tobenden Zornes hinreißen. Ziel seiner Ausbrüche sind nicht nur widerspenstige Politiker, auch Geschäftspartner kassieren zuweilen Ohrfeigen; ebenso die Frauen in seiner Umgebung. Andererseits zeigt sich Süß häufig großmütig und mildtätig, verschenkt Brillanten und Perlen an seine Geliebten, gibt reichliche Almosen.
In höchstem Maße ideenreich erweist sich der Geheime Finanzrat Süß, wenn es gilt, im Auftrag seines Herrn neue Abgaben zu ersinnen oder in anderen Ländern bewährte Einnahmequellen auch für Württemberg zu erschließen. Etwa eine Besoldungssteuer, die alle staatlichen und kirchlichen Beamten zu entrichten haben und die als „Juden"- oder „Höllengroschen" beschimpft wird. Oder das Verschachern von Ämtern: Wer künftig Vogt oder Hofbäcker, Bürgermeister oder Koch, Pfarrer, Amtsschreiber oder Förster werden will, muss dafür zahlen.
Ebenso geflissentlich geht Süß seinem Herrn bei der Entmachtung der konservativen Bürokratie, des Geheimen Rats, zur Hand. Dieses Gremium, einem heutigen Ministerkabinett vergleichbar, überprüft die Befehle des Herzogs und ist der Ständeversammlung gegenüber dafür verantwortlich, dass erlassene Gesetze der Verfassung entsprechen. In Streitfragen soll es einen Interessenausgleich zwischen Landesherrn und Landschaft herbeiführen. Als Soldat ist Karl Alexander Disziplin und Gehorsam gewohnt. Jetzt hat er es mit einer mächtigen Behörde zu tun, die sich seinem Willen widersetzt und ihre verfassungsmäßigen Rechte verteidigt. Der Herzog ist empört über das „pflichtwidrige Betragen und die aufwieglerischen Machinationen" der Beamten, will deren Einfluss brechen. Ungestüm entlässt er 1735 die widerspenstigen Räte. Süß unterstützt ihn, geht aber taktisch klüger vor: Der Geheime Rat soll als Institution bestehen bleiben, jedoch aus allen wichtigen Fragen herausgehalten werden; stattdessen schlägt Süß vor, dass dem Herzog eine neue, gefügige Behörde zur Seite gestellt wird, ein Konferenzministerium. Dessen Mitglieder werden vom Hofjuden persönlich ausgesucht.
Den Höhepunkt seiner Karriere erreicht Süß, als er zum „Kabinettsfiskal" ernannt wird. Beamte des neu gegründeten, von ihm geleiteten Fiskalamts sollen Diebe, Wucherer, Ehebrecher und andere Missetäter aufspüren und sie dann an ein Gericht überstellen oder das Strafverfahren gegen hohe Geldstrafen niederschlagen. Für die Anzeige einer Straftat wird Denunzianten eine Belohnung zugesichert. Eine solche Behörde ist nicht ungewöhnlich, Preußen etwa dient als Vorbild. Unter der Führung des Hofjuden entwickelt sich das Fiskalamt zu einem Werkzeug der Willkürherrschaft – und seiner persönlichen Bereicherung: So muss sich etwa der Heereslieferant Salomon Mayer – dem vorgeworfen wird, er habe an seinen Lieferungen zu viel verdient – seine Freiheit mit einer Zahlung von 7500 Gulden an den Herzog und 3000 Gulden an Süß erkaufen. Im Volk entlädt sich der wachsende Groll über das Fiskalamt in Wort und Schrift. Doch das Ziel ist nicht der Herzog, dem die Behörde direkt untersteht, sondern der Hofjude. In einem Flugblatt nennen die anonymen Autoren Joseph Süß „des Landes Gift, der Bürger Pest, Schelm, Spitzbub, Filou, Dieb und Schinder".
Die jahrelang andauernde Feindseligkeit zermürbt den Hoffaktoren. Er fleht den Herzog an, zu ihm und der gemeinsamen Politik zu stehen, schildert immer wieder die Hindernisse, die ihm die entlassenen Minister und Subalternen in den Weg legen. Karl Alexander verlacht die Befürchtungen seines Ratgebers als Überempfindlichkeit eines Juden. Zwar erlässt er ein strenges Gesetz gegen Denunziationen der fürstlichen Räte; verspricht Süß, sich niemals von derartigen Ressentiments beeinflussen zu lassen; gewährt ihm am Ende sogar eine Generalabsolution, die ihn von jeder rechtlichen Verantwortung für alle vergangenen und zukünftigen Taten freispricht. Allein: Süß resigniert, glaubt spätestens seit Februar 1737, dem „Komplott" seiner Gegner nicht

gewachsen zu sein. Wiederholt bittet er den Herzog um Entlassung, doch der will ihn nicht ziehen lassen. Ein freier Mensch ist der Geheime Finanzrat Joseph Süß längst nicht mehr. Sein Wohlergehen hängt wie das Schicksal jedes anderen Hofjuden allein von der Zufriedenheit seines fürstlichen Herrn ab. Und als der Herzog am 12. März 1737 stirbt, endet noch in der derselben Nacht die Karriere seines Hofjuden.

Der Fall

Nach dem Tod Karl Alexanders nutzen die Mitglieder des Geheimen Rats das entstandene Machtvakuum und reißen binnen weniger Tage die Befehlsgewalt an sich. Das Testament des Herrschers hatte bestimmt, dass die Herzogin-Witwe an der vormundschaftlichen Regentschaft für den minderjährigen Thronfolger teilhaben soll – die Putschisten wischen es beiseite: Zum alleinigen Vormund und Regenten für den neunjährigen Thronfolger Karl Eugen erklären sie den Protestanten Karl Rudolf aus einer württembergischen Seitenlinie – einen schwachen und alten Mann, der den mächtigen Räten zusichern muss, dass er nichts ohne ihre Einwilligung beschließen werde. Unter dem Einfluss von Süß ernannte Beamte verlieren ihre Posten. Ebenso wie die Verhaftung des jüdischen Finanzpolitikers Süß löst das Ende der katholischen Herrschaft über Württemberg Freude bei den protestantischen Schwaben aus.
Die siegreichen Umstürzler wollen nun ein Exempel statuieren und sich für ihre Zurücksetzung rächen. Ihr Opfer: Joseph Süß Oppenheimer. Gleich nach seiner Verhaftung lassen sie sein gesamtes Personal festsetzen. Das Vermögen wird konfisziert, seine Möbel, Bilder, Juwelen werden verkauft, Geschäftsbücher, Korrespondenz und Verträge beschlagnahmt. An die weltlichen und geistlichen Beamten sowie an alle Untertanen ergeht der Befehl anzuzeigen, was man an Süß gezahlt habe, um ein Amt zu bekommen oder einen Gnadenerweis zu erlangen – Beweise müssen her für die vermeintlichen Untaten des Hofjuden.
Am 20. März 1737 werden Süß und zwei seiner engsten Mitarbeiter von Stuttgart auf die Festung Hohenneuffen gebracht, wo die Verhöre des Gefangenen beginnen. Doch die Justizbeamten lassen den Inhaftierten im Unklaren darüber, was sie ihm vorwerfen. Und das Untersuchungsgericht, das am 22. Mai die Ermittlungen übernimmt, teilt lediglich mit, ihm würden „verschiedene enorme Verbrechen" zur Last gelegt. Erst die weitere Verlegung auf die Festung Hohenasperg macht Süß deutlich, dass es um Tod oder Leben geht. Dort legt man ihn in Ketten, er wird in eine kleine, dunkle, ungeheizte Zelle gesperrt, Wachen verhindern jeden Besuch, lassen kein Schreiben herein oder heraus. Die Untersuchungsrichter vernehmen seine Diener und Geschäftspartner – Juden wie Christen – sowie herzogliche Minister, Räte und Beamte und verhören Frauen, die verdächtigt werden, ein Verhältnis mit Süß gehabt zu haben. Süß weigert sich, Namen zu nennen. Gibt ausweichende Antworten. Er verlangt, die Vergehen zu erfahren, derer man ihn bezichtigt, fordert eine Audienz beim Regenten. 1500 Reichstaler ist er dafür zu zahlen bereit. Doch die Verhöre gehen weiter. Stundenlang, tagelang. Er soll zugeben, sich unrechtmäßig bereichert zu haben, etwa an der Münzprägung. Ein Verbrechen aber kann Süß nicht erkennen. Er räumt zwar ein, dass der Edelmetallgehalt der Münzen mitunter verringert worden sei. Doch dies sei die Folge gestiegener Gold- und Silberpreise gewesen, belehrt er die Inquisitoren. Die Teuerung des Metalls habe die Münzprägung zu einem Verlustgeschäft gemacht. Überdies seien die Münzen aus Stuttgart nach seiner Neuorganisation der Prägung so gut gewesen, dass sie von Geldwechslern in Frankfurt mit einem Wertaufschlag gehandelt wurden. Und außerdem: Er sei nicht der Pächter gewesen, nur der Lieferant; er habe bloß einen Plan vorgelegt, den auszuführen der Herzog ihn gezwungen habe.

Mehr als 1000 Seiten füllen die Verhörprotokolle. Einen eindeutigen Schuldbeweis indessen enthalten sie nicht. Da greifen die Untersuchungsrichter zur Folter: Süß wird Tag und Nacht „kreuzweise geschlossen", seine Hände hinter dem Rücken gefesselt und an einen Fuß gekettet. Von nun an kann der Gefangene sich nicht mehr richtig bewegen, sich nicht mehr entspannen, nicht mehr bequem schlafen. Doch auch das bricht seinen Widerstandswillen nicht.
Weitere zwei Monate dauern die Verhöre an. Süß bittet um einen auswärtigen Verteidiger, was ihm verweigert wird. Niemand soll Einzelheiten über den Prozess ins Ausland tragen. Schließlich benennt die Untersuchungskommission den Tübinger Michael Andreas Mögling zum Anwalt – einen „ehrlichen Kerl", wie Süß meint, aber „blutschlechten Doktor". Dem noch dazu die Verteidigung bei jeder Gelegenheit erschwert wird: Mögling erhält nur begrenzt Einblick in die Akten oder Verhörprotokolle, viel zu selten gestattet man ihm den Besuch seines Klienten, nie darf er ihn allein sprechen.
Die Haft hinterlässt ihre Spuren: Aus dem eleganten Kavalier ist ein gebückter, weißhaariger Mann geworden, dem die schmutzigen Kleider in Fetzen gehen und der derart abgemagert ist, dass er sich die engsten Handschellen mühelos über die Gelenke streifen kann. In seiner Qual findet Süß zum jüdischen Glauben zurück. Der freigeistige Spott weicht einer tiefen Frömmigkeit – unaufhörlich spricht er hebräische Gebete, achtet auf die vorgeschriebenen Fastentage, weigert sich, andere als koschere Nahrung zu sich zu nehmen. Den vielfachen Bekehrungsversuchen evangelischer Pastoren hält er entgegen, er wolle als ein Märtyrer seiner Religion sterben: „Ich bin ein Jud und bleib ein Jud. Ich würde kein Christ werden, wenn ich gleich ein Kaiser werden könnte."
Am 13. November 1737 beginnt der Kriminalprozess. Die Anklage lautet unter anderem auf Hochverrat, Münzverfälschung, „Aussaugung des Landes durch tolle Machinationen" sowie Kränkung der Religion. Schon die ersten beiden Delikte gelten als todeswürdig, üblicherweise bestraft durch Vierteilung oder Verbrennung bei lebendigem Leib. Einen Monat später fällt das Gericht sein Urteil, einstimmig. Die Anklage sei hinreichend bewiesen, der Hochverräter solle seine Taten am Galgen büßen. Das Hängen gilt als besonders entehrende Strafe. Für das Urteil gibt es keinerlei Begründung oder auch nur einen Hinweis auf die verübten Verbrechen. Nur von „verdammlichen Misshandlungen" ist die Rede – der ganze Prozess ist eine Farce, die Abrechnung der konservativen Räte mit dem verhassten jüdischen Emporkömmling.
Die Hinrichtung ist für Dienstag, den 4. Februar 1738 angesetzt – sie wird zum größten Spektakel, das Stuttgart bis dahin

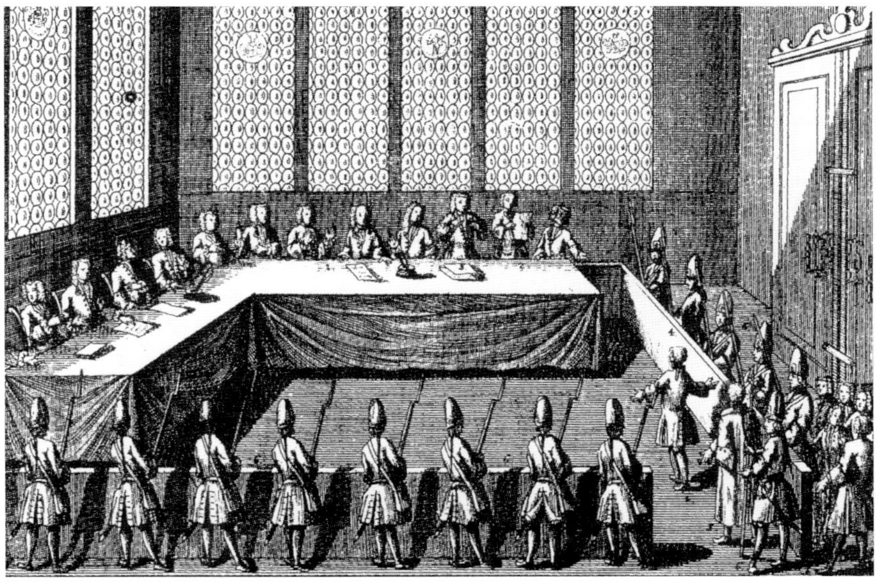

Joseph Süß Oppenheimer steigt als Bankier des Herzogs von Württemberg zu hohen Ehren auf – und macht sich damit zahlreiche Feinde in der christlichen Gesellschaft. Als der Herzog im März 1737 stirbt, ist Süß der Rache seiner Gegner ausgeliefert. Sie klagen ihn wegen Hochverrats und Ausplünderung des Landes an. Im großen Saal des Stuttgarter Herrenhauses muss sich der einstige Hofjude und Geheime Finanzrat Ende 1737 vor Gericht verantworten.

Der Kabinettsfiskal (Finanzminister) Joseph Süß Oppenheimer hat sich als harter Steuereintreiber im Dienst von Herzog Karl Alexander auch beim Volk verhasst gemacht. Die Hinrichtung von „Jud Süß" wird zum größten Spektakel der Stuttgarter Geschichte. Tausende Zuschauer säumen die Straßen, als der zum Tode Verurteilte am 4. Februar 1738 zum Richtplatz vor der Stadt gefahren wird. Dort haben Handwerker einen zwölf Meter hohen Galgen aus Eisen und Holz errichtet. In einem Käfig an dessen Spitze liegt der Leichnam des erwürgten Süß sechs Jahre lang – anderen Juden zur Warnung, sich nicht über die „gottgewollte" Gesellschaftsordnung zu erheben.

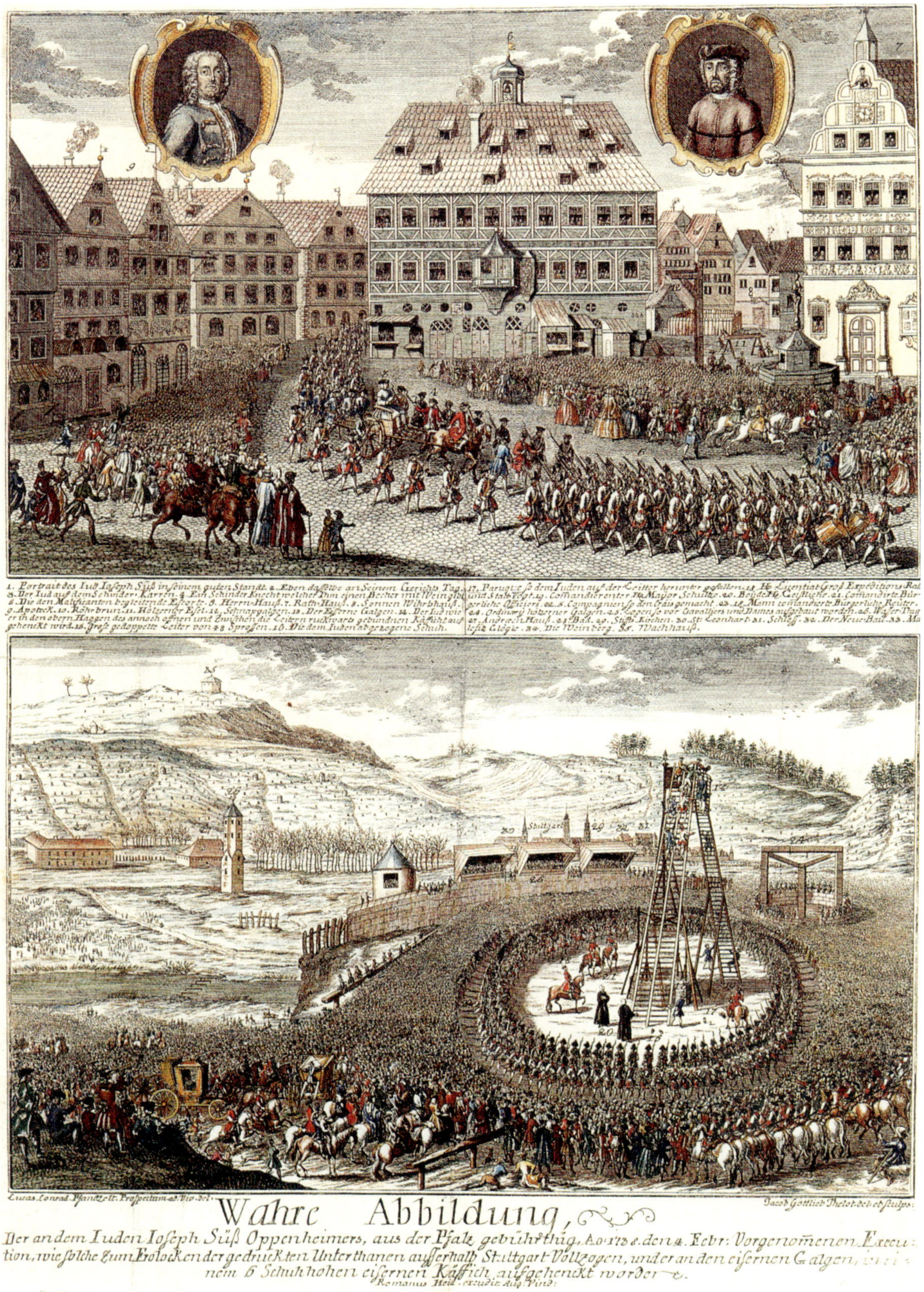

gesehen hat: 12 000 Zuschauer versammeln sich, fast die ganze Stadt, Gaffer kommen von weither angereist. 2400 Soldaten werden abkommandiert, für Ruhe zu sorgen, die ansässigen Juden dürfen ihre Häuser nicht verlassen.
Süß fürchtet sich vor der öffentlichen Demütigung. Er bittet um schwarze Trauerkleidung, doch sie wird ihm verweigert: Der Jude hat seine Exekution im Staatsgewand durchzumachen, im scharlachroten Rock mit Goldtressen, feinem Oberhemd, weißen Seidenstrümpfen und Perücke – man soll in ihm den gefallenen Höfling erkennen. Lediglich ein schmales schwarzes Tuch um den Kopf darf er tragen, darunter ein Zettel mit Bibelversen.
Am frühen Morgen führt ein Kommando der Miliz Joseph Süß Oppenheimer in den großen Saal des Herrenhauses im ersten Stock, zur Verkündung des Todesurteils. Eine halbe Stunde dauert die Prozedur. Dann schleppt man den gefesselten Delinquenten auf den Schinderkarren. 400 Grenadiere mit aufgepflanztem Bajonett begleiten den Wagen zum Richtplatz vor dem Siechentor außerhalb der Stadt. Vier kräftige Henkersknechte sind nötig, um den abgemagerten Süß, der sich mit aller Kraft wehrt, zum Galgen zu schleifen. Der ist zwölf Meter hoch, mit einem steinernen Fundament, dem zehn Meter messenden Gestell aus Holz, darüber der eiserne Galgen. Daran hängt, dreieinhalb Zentner schwer und leuchtend rot angemalt, ein eiserner Käfig.
In dem Moment, da ihm die Henkersknechte am Fuße des Gerüstes den Strick um den Hals legen, beginnt Süß laut in hebräischer Sprache zu beten: „Schema Israel", Höre Israel, das jüdische Glaubensbekenntnis. Auf jede einzelne der 49 Sprossen bis zum Käfig muss er geschoben werden. Quälend langsam geht es empor. Endlich kommt er oben an – da zieht der Scharfrichter den Strick ruckartig zusammen und erwürgt ihn. Als der Hingerichtete keine Lebenszeichen mehr von sich gibt, ersetzt der Henker den Strick durch eine Kette, der Käfig wird verschlossen – niemand soll den Leichnam herausnehmen und bestatten können. Die Exekution ist beendet, die Richter kehren zum Mittagessen in die Stadt zurück. Die Kosten der Hinrichtung – 539 Gulden, 34 Kreuzer und drei Heller – stellt man dem seit Langem enteigneten Toten in Rechnung.
Sechs Jahre liegt die Leiche in dem Käfig, allen Juden zur Warnung, sich nicht zu stellen über die gottgegebene Ordnung der Gesellschaft. Dann lässt Herzog Karl Eugen, der gerade mündig gewordene Sohn Karl Alexanders, das Gerippe des wohl treuesten Dieners seines Vaters am Fuße des Galgens verscharren. Auch unter den Juden bleibt Süß ein Außenseiter, selbst nach dem Tod: Sein Name wird nicht in das Buch der Gerechten eingeschrieben. Und die Rabbiner verbieten es, um den früheren Abtrünnigen zu trauern.

Der Strom des Geldes: Die Rothschilds

Jörg-Uwe Albig

Mayer Amschel Rothschild (1744–1812) wird im Frankfurter Ghetto geboren. Er beginnt seine Karriere als Münz- und Antiquitätenhändler, erwirbt dabei die Gunst mächtiger Kunden – und eröffnet sich so den Zugang zur Finanzwelt.

Sie stehen unter seinem Fenster. Sie belagern die Zuflucht, die er gefunden hat nach all den Jahren im Ghetto, wo er eingesperrt war wie ein Tier. Jetzt hat er einen Garten, hat Blumen, hat Licht und Luft, ist sogar kürzlich geadelt worden. Doch seit langem kursieren Drohungen, in denen unter anderem steht, die Juden könnten bald „ihr Blut trinken". Jetzt sind sie da. „Baron Amschel", höhnen sie schrill, „Baron Amschel!"
Es ist 1817, die Zeit der Restauration. Napoleon ist vertrieben, doch an seiner Stelle regiert am Main der Hass. Unter den Besatzern ist es den Frankfurter Juden ein bisschen besser gegangen, haben sie 1811 gegen Zahlung von 440 000 Gulden sogar die Bürgerrechte erlangt. Fast ein Viertel davon hat Amschels Vater vorgestreckt, Mayer Amschel Rothschild, der Gründer des Familienunternehmens. Nach dem Abzug der Franzosen aber hat die Stadt die neue Freiheit wieder einkassiert, Juden aus öffentlichen Stellungen entlassen und ihren weiteren Zuzug verboten. Schon während der „Befreiungskriege" gegen Napoleon haben Intellektuelle wie der Philosoph Johann Gottlieb Fichte zum Kampf für völkische Reinheit getrommelt. Studenten in „altteutscher" Tracht, geschmückt mit Schärpe, Federbarett und Totenkopfdolch, machen Jagd auf „unteutsch" wirkende Zeitgenossen.
Jetzt strömt die Meute vor Amschel Rothschilds Haus an der Bockenheimer Landstraße 10 zusammen. Und was nun geschieht, ist zwar nur ungenügend verbürgt – doch die Legende ist umso bezeichnender. „Liebe Freunde", ruft der Hausherr vom Balkon hinab, „ihr wollt Geld vom reichen Juden. Es gibt 40 Millionen Deutsche. Ich besitze etwa die gleiche Anzahl Dukaten. Es kommt also auf jeden von euch einer, und den werde ich jedem runterwerfen. Dann geht heim!" Die Meute, so die Anekdote, lässt von ihrem Opfer ab. Verdutzt schnappt sie nach den fliegenden Münzen, trägt die Beute eilig nach Hause. Und glaubt man der Überlieferung, so hat sein Geld, und nichts als sein Geld, Amschel Rothschild gerettet. Vielleicht ist das der Antrieb, der hinter dem sagenhaften Aufstieg der Familie Rothschild steckt: Sie wurde reich, um zu überleben. Vielleicht häuften die Rothschilds all ihre Schätze an, um sich wenigstens jene Selbstverständlichkeit kaufen zu können, die umsonst schlicht nicht zu haben war: Toleranz.
Über Jahrhunderte haben die Rothschilds giftige Fantasien geweckt, Verschwörungs-Halluzinationen, Zerrbilder von unanständigem Reichtum und obszöner Macht. Doch hätten die Frankfurter Juden ohne die Unterstützung der reichen Rothschilds 1824 die Beseitigung zahlreicher erniedrigender Sonderregelungen und 1864 endlich auch das Wahlrecht erreicht? Hätten sie das Haus Habsburg zur allmählichen Rücknahme von diskriminierenden Gesetzen bewegen können, wenn nicht das eigene Geschäftsinteresse den judenfeindlichen Gesandten Wiens 1853 zu der Empfehlung gezwungen hätte, „die Kinder Israel etwas zu besänftigen"? Hätte ein notleidender Edmond de Rothschild 1882, nach den Massakern an seinen Glaubensgenossen in der Ukraine, die Ansiedlung von Juden in Palästina finanzieren und so die Grundlage für viele nachfolgende – oft lebensrettende – Einwanderungswellen legen können? So war es vielleicht nicht zuletzt ein Akt der Notwehr, dass sie im 19. Jahrhundert das größte Geldinstitut der Welt aufbauten, das unangefochtener die Branche anführte als jede heutige Bank; dass sie einen Anteil am Vermögen der Welt erwarben, der den jedes heutigen Computer- oder Ölmilliardärs übersteigt. Denn das Geld war der Ausbruch aus der Angst, aus der Demütigung, aus der Würdelosigkeit.

Der Mann aus dem Ghetto

In den vierziger Jahren des 18. Jahrhunderts, als Amschels Vater Mayer Amschel in die enge Welt der Frankfurter Judengasse am nordöstlichen Stadtrand geboren wird, ist ein Judenleben nicht viel wert. Am Nordturm der Alten Brücke prangt ein Fresko der „Judensau“, an deren Milch und Kot sich drei Rabbiner laben, dazu das Bild eines von Messerstichen durchlöcherten Kleinkinds mit der Behauptung, es sei „Anno 1475 am grünen Donnerstag“ rituell „von den Juden umgebracht“ worden.

Das Ghetto ist mit Mauern umschlossen. Die drei Tore am Nord- und Südende sowie an der zur Innenstadt hin gelegenen Westseite werden nachts, an Sonntagen und zu christlichen Festen zugesperrt. Die Bevölkerung darf 500 Familien nie übersteigen; die Zahl der Ehen ist auf zwölf im Jahr beschränkt und das Heiratsalter auf 25. Juden dürfen keine Parks und keine Gasthäuser betreten, sich nicht an der Stadtmauer oder in der Nähe des Doms aufhalten und „nicht über zween miteinander gehen“. Auf dem Markt dürfen sie kein Obst und kein Gemüse berühren, müssen den Hut abnehmen und beiseite treten, wenn es einem Bürger gefällt, sie auf der Straße mit „Jud’, mach Mores“ zu maßregeln.

Die „Judengasse“ ist ein Haufen Häuser zwischen der Bornheimer Straße und dem jüdischen Friedhof, etwa 50 mal 330 Meter groß. Die Gassen sind enge Schläuche, oft keine vier Meter breit, ohne Licht, frische Luft und sanitäre Anlagen. Ihre Bewohner sehen, wie ein Reisender 1795 erschreckt notiert, „wie wandelnde Tote aus“; sie sterben im Durchschnitt viel früher als die übrigen Frankfurter. Hier wird Mayer Amschel Rothschild geboren, und hierher muss er 1764 nach seiner Ausbildung gemäß den für Juden gültigen Wohngesetzen zurückkehren, nachdem er in Fürth den Talmud studiert und bei der Firma Wolf Jakob Oppenheim in Hannover die Geldwirtschaft kennengelernt hat. Hier haben seine Vorfahren mit Stoffen gehandelt und als Geldwechsler gearbeitet. Hier lässt sich Mayer Amschel als Münz- und Antiquitätenhändler nieder.

Die alten Münzen finden adelige Freunde am Hof des Grafen Wilhelm von Hanau, Erbprinz von Hessen-Kassel. Eines Tages geruhen sogar Seine Hoheit höchstselbst, für 38 Gulden und 30 Kreuzer eine Auswahl kostbarer Stücke zu erwerben. Und so beginnt eine Geschäftsbeziehung, die Mayer Amschel auf den Weg zum Reichtum bringt. 1769 erhält der „Jude Mayer“, wie die gräfliche Buchhaltung ihn nennt, den Titel eines Hoffaktors – womit in diesem Fall ein fürstlich privilegierter Händler gemeint ist. 1783 verschafft ihm Wilhelm einen Sonderpass, der ihm eine gewisse Reisefreiheit beschert. Denn ein gewöhnlicher Jude darf an Sonn- und Feiertagen das Ghetto nicht verlassen. Und überall an deutschen Straßen erheben Mautstellen den „Judenleibeszoll“.

Diese Münze verkauft Mayer Amschel Rothschild 1789 an den bayerischen Hof. Meist liefert er seine Schätze als Versandhändler, gelegentlich organisiert er auch Auktionen.

Landgraf Wilhelm IX. von Hanau und Hessen-Kassel ist einer der vermögendsten deutschen Fürsten seiner Zeit – unter anderem deshalb, weil er seine Soldaten als Kämpfer an die Briten im nordamerikanischen Unabhängigkeitskrieg vermietet. Auch er kauft Münzen vom Frankfurter Händler, ernennt ihn 1769 zum „Hoffaktor“ und betraut ihn später mit immer bedeutenderen Wechsel- und Kreditgeschäften.

Gutle Schnapper (1753–1849) wird 1770 Mayer Amschel Rothschilds Frau und später legendäre Matrone der Bankiersfamilie. Sie hat fünf Söhne und fünf Töchter, die das Erwachsenenalter erreichen.

Wilhelm IX. von Hanau, seit 1785 auch Regent von Hessen-Kassel, hat Tausende seiner Untertanen als Soldaten vermietet, vor allem an Großbritannien. Den Erlös hat er zu gutem Zins an andere deutsche Fürsten verliehen oder in Großbritannien investiert. Sein Finanzverwalter Karl Friedrich Buderus findet Gefallen an Mayer Rothschild und an den seltenen Münzen, die der Mann aus dem Ghetto ihm zu jedem Feiertag als Geschenk überreicht. Er ist es, der Rothschild den Zugang zu den Geldströmen öffnet, die den Hof seines Herrn überschwemmen: Denn regelmäßig versteigert Wilhelm Wechsel, die er für seinen Menschenhandel von der britischen Krone erhalten hat. Die Bankiers in Kassel ersteigern diese schriftlichen Zahlungsversprechen, die an einem vereinbarten Stichtag fällig werden, zu einem Preis, der geringer ist als die auf dem Wertpapier zugesagte Summe – um sie später in voller Höhe in London einzulösen. An diesem exklusiven und höchst lukrativen Geschäft will sich auch Mayer Amschel beteiligen. Karl Friedrich Buderus ebnet ihm den Weg. Ganz allmählich wird der Hoffaktor so zum Hofbankier.

1787 bezieht Mayer Amschel Rothschild das kurz zuvor für über 11 000 Gulden erworbene Haus „Zum Grünen Schild" in der Frankfurter Judengasse, eines der teuersten Anwesen im Ghetto. Es wird der Stammsitz des entstehenden Finanzimperiums und Geburtshaus seiner vier jüngsten Kinder.

Geld in Bewegung

Und er wird reich. Bis 1795 hat Mayer sein steuerpflichtiges Vermögen verdoppelt. Schon die Bilanz von 1797 weist als „Saldo meines Vermögens, Gott lob", 108 504 Gulden aus. Er knüpft Verbindungen nach Regensburg, Augsburg, Leipzig, Berlin und Wien, nach Amsterdam, Paris und London. Längst hat Mayer Amschel Rothschild das armselige Haus „Zur Hinterpfann" gegen das Haus „Zum Grünen Schild" in einem besseren Abschnitt der Judengasse getauscht. In diesem Haus gebiert seine Frau Gutle mindestens 19 Kinder, von denen zehn am Leben bleiben; die Söhne müssen schon mit 13 Jahren in der Firma mitarbeiten; für höhere Bildung bleibt keine Zeit. Von hier brechen sie, kaum sind sie volljährig, zu Geschäftsreisen auf und rollen in Postkutschen durch Europa. Es ist die Bewegung, gemeinhin die einzige Chance der Schwachen, die gegen Ende des Jahrhunderts zum Trumpf der Rothschilds wird. Und so gibt die Familie Rothschild 1810 den Handel mit Antiquitäten und Stoffen fast vollständig auf und beschäftigt sich mit kaum etwas anderem mehr als mit Geld.
Zuerst sind es die Söhne, die Mayer in die Welt pflanzt wie Investitionen: Nathan geht nach England, Carl nach Italien, James nach Frankreich, Salomon ins kaiserliche Wien; nur Amschel bleibt in Frankfurt. Unterschiedlicher könnten sie nicht sein. Der grobe, bescheidene Nathan mit dem Vorsatz, „kein Luxus zu machen", denn „sonst die Zeitungen können anfangen zu schreiben gegen mir". Der fromme, schwerfällige Carl,

Die fünf Söhne des Patriarchen weiten das Familienunternehmen zum europa-, ja weltweit agierenden Institut aus. Amschel, der älteste, bleibt in Frankfurt (oben). Salomon (zweite Reihe rechts) geht nach Wien, Nathan (zweite Reihe links) nach London, Carl Mayer (unten rechts) nach Neapel, James (Jakob) Mayer, der jüngste (unten links), nach Paris. Darstellung von Moritz Daniel Oppenheim, 1852.

der stets die Mesusa küsst, die Metallkapsel mit den Bibelsprüchen am Türpfosten seines Hauses, bevor er auf Reisen geht. Der schöne James, der Salonlöwe mit den dunklen Locken. Salomon, der mürrische Lebemann in blauem Frack und Nankinghosen, der Philanthrop mit einem Hang zu Wohltätigkeit und jungen Mädchen. Und der ängstliche, ruhebedürftige, kinderlose Amschel, der bisweilen beim Beten vor Inbrunst in Ohnmacht fällt.

Als der Franzosenkaiser Napoleon Europa zu unterwerfen beginnt, im Jahr 1806 mit seiner Kontinentalsperre den Handel mit Großbritannien lahmlegt und den Kurfürsten Wilhelm von Hessen-Kassel an einem frühen Novembermorgen zur Flucht gen Norden zwingt, besteht die Mobilität der Familie Rothschild ihre erste Probe. Während Wilhelm in Schleswig und Prag im Exil schmort, besorgen die Rothschilds seine weitläufigen Millionengeschäfte, treiben die Darlehen ein, die er über Europa verteilt hat, verwalten die britischen Investitionen, die ihm jeden Monat Zinsen und Dividenden von fast 2000 Pfund einbringen. Sie überreden ihn zum Kauf von britischen Staatsanleihen, um das Geld in Bewegung zu halten – und um selber mit zweistelligen Prozentzahlen an den Transaktionen zu verdienen. Karl Friedrich Buderus, der fürstliche Finanzberater, schiebt derweil für die Bankiers aus dem Ghetto die Konkurrenz aus dem Feld: Ab 1807 ist Mayer Amschel Rothschild der einzige Treuhänder des Wilhelm'schen Vermögens.

Leicht lassen die Rothschilds Geld und Waren über die streng bewachten Grenzen laufen. Nathan schmuggelt Geld über den Kanal nach Frankreich. Dort legt Bruder James es in Wechseln auf London an, die wegen der Blockade weit unter Wert zu haben sind. Schließlich löst Nathan die Wechsel wieder in London zum vollen Betrag ein. Frankreichs Polizisten sind machtlos: Die Brüder, meldet einer ihrer Agenten, seien „sehr raffiniert, ausgesprochen vorsichtig und beherrschen die Kunst, sich Freunde zu machen".

Die Rothschilds führen ihren eigenen Krieg, der keine Verbündeten braucht. Sie leiten britische Hilfsgelder an Londons Alliierte in Österreich, Preußen und Russland weiter, versorgen in einem Husarenstreich wohl auch General Wellington, der in Portugal die britischen Truppen gegen Napoleon organisiert. Dazu lässt Nathan eine größere Menge Goldes nach Frankreich verschiffen. James überzeugt den französischen Finanzminister, dass ein Goldexport aus England die britische Krone nur schwächen und die „Banque de France" stärken würde – und erhält die Genehmigung für die Transaktion. Dann nimmt er das Gold an der Kanalküste in Empfang und tauscht es gegen spanische, sizilianische und maltesische Wechsel um, reicht sie an Carl weiter, der diese über die Pyrenäen in Wellingtons Hände schmuggelt. Derweil reist Salomon pausenlos zwischen Toulouse und Saint-Jean-de-Luz hin und her, um die Strecke vor dem Zugriff der Behörden zu sichern.

Und in Frankfurt am Main sitzt Mayer Amschel, der Patriarch, und horcht den Generalpostmeister der Familie Thurn und Taxis, der ihm wegen gewisser Darlehen verpflichtet ist, nach neuesten Nachrichten aus. Denn wenn etwas dem Geld an Beweglichkeit gleichkommt, dann sind es Informationen. Die blau-gelb uniformierten Boten der Rothschilds, ihre Kutschen, ihre Schiffe, die bei jedem Wind und Wetter segeln – sie eilen durch die Welt, bringen Berichte von Siegen und Niederlagen, Regierungskrisen und diplomatischen Kabalen. Verwandte, Händler und Journalisten rapportieren als Korrespondenten der Rothschilds aus Rom, Turin, Florenz, Mailand und Neapel, aus Odessa und Petersburg, Brüssel und Amsterdam, New York, Baltimore und San Francisco. Brieftauben aus eigener Zucht in der englischen Grafschaft Kent und in Hemsbach an der Bergstraße überfliegen alle Hindernisse, tragen 1830 vor allen Zeitungen die Meldung vom Ausbruch der Pariser Juli-Revolution nach London.

Das Auf und Ab der europäischen Politik treibt die Bewegung der Rothschilds an wie der Kolben den Motor: die Kriegswirren zum Beginn des 19. Jahrhunderts, die tollkühnen Schwankungen der Währungen, die Flut der Staatsschulden aus Wiederaufbau und Reparationen, die nach dem Frieden von 1815 ins Monströse gestiegen sind. 1817 beschließt Preußen, mit mehr als 70 Millionen Talern in der Kreide, eine große Anleihe aufzunehmen. „Wenn die Anleihe hier gelingen soll", schreibt der preußische Gesandte aus London, „so glaube ich allerdings, dass dies nur durch Rothschild zu bewirken ist." Nur Nathan ist in der Lage, eine solche Menge Geldes aufzubringen. In den ersten Jahrzehnten des 19. Jahrhunderts – im Jahr 1812 ist der Dynastiegründer Mayer Amschel gestorben – gelingt es den Rothschilds, die finanziellen Begehren fast aller europäischen Großmächte auf sich zu vereinigen und alle Konkurrenten hinter sich zu lassen.

Ein mobiler Dauerzustand, in dem nichts bleibt, wie es ist – ganz wie die Bündnisse, welche die Rothschilds eingehen, um ihn zu erhalten. 1823 finanziert James Rothschild noch Frankreichs Ludwig XVIII., der im Auftrag der Heiligen Allianz die liberale Revolte in Spanien niederschlägt; sieben Jahre später wird dessen Nachfolger Karl X. von der Juli-Revolution in Frankreich abgesetzt und James ergreift selbst die Partei der Liberalen. Dem neu eingesetzten „Bürgerkönig" Louis-Philippe bleibt er treu – bis 1848 die Pariser erneut auf die Barrikaden steigen, der König nach Großbritannien flieht und die Menge das Palais Royal plündert. Und wieder ist James bereit: Gleich nach der Machtübernahme des neuen Regimes sichert er sich das Vertrauen der Revolutionäre mit einer großzügigen Spende an den Polizeipräfekten – „für gute Zwecke".

Nur die Geschwindigkeit ist es, die das Überleben sichert. Und so stürzen sich die Rothschilds mit Eifer auf alle Neuerungen, die diese Geschwindigkeit erhöhen. Die Pariser Filiale etwa finanziert ein europaweites Eisenbahnnetz, das Belgien und Frankreich, die Schweiz, Österreich und Deutschland verbindet und bis nach Spanien und Italien reicht. Und schon 1835 hat Salomon Rothschild von seinem „Allerdurchlauchtesten Großmächtigsten Kaiser" Ferdinand I. das „Allerhöchste Wohlgefallen" für den Bau einer mehr als 400 Kilometer langen Strecke von Wien ins galizische Bochnia erlangt. Doch wo immer die Rothschilds die neue Mobilität propagieren, fällt das Publikum in Angststarre. Als im Juli 1846, drei Wochen nach der Einweihung mit einer eigens komponierten Kantate von Hector Berlioz, 13 Waggons der Rothschild'schen „Nordbahn" zwischen Paris und Brüssel entgleisen und viele Passagiere ums Leben kommen, wendet sich der Zorn gegen die Juden: „Die Rothschilds haben von unserem Unglück immer nur profitiert", giftet ein antisemitisches Pamphlet, „wenn Frankreich gewann, verloren die Rothschilds."

„Unsere königliche Familie"

Noch immer sind Juden den Eliten Europas Fremdlinge, ungelittene, unheimliche Zeitgenossen. Auch die Rothschilds bewerben sich oft ohne Erfolg um Mitgliedschaft in den feinen Clubs der Gesellschaft, warten vergebens auf Einladungen zu Festen und Bällen, erleben, wie Geschäftsleute ihre Gesellschaft meiden, um nicht selbst für Juden gehalten zu werden. 1822 gewähren sie dem österreichischen Staatskanzler Clemens Graf von Metternich ein Darlehen in Höhe von 900 000 Gulden – und erlangen auch endlich die Freiherrenwürde und die Zulassung ihres Familienwappens mit Krone, Löwe, Adler, Einhorn und fünf Pfeilen als „Symbol der Einigkeit unter den fünf Brüdern". Vor dem Kredit hat ihnen Wien das Wappen entschlossen verweigert – mit „besonderer Rücksicht" auf die Tatsache, „dass die Gebrüder Rothschild Israeliten sind". Noch bis in die sechziger Jahre des 19. Jahrhunderts dürfen Juden im habsburgischen Reich kein Land erwerben, nicht Richter, Beamte noch

Lehrer werden. Sie haben Sondersteuern zu zahlen und sich regelmäßig bei den Behörden zu melden. Fast ein Vierteljahrhundert lang muss Salomon Rothschild Krankenhäuser stiften, im Dürresommer 1835 auch 25 000 Gulden für den Bau einer Wasserleitung von der Donau in die Vorstädte spenden, muss Wohltat über Wohltat verteilen – bis Wien ihm endlich, ehrenhalber und ausnahmsweise, das Bürgerrecht verleiht.
Das Ringen der Familie um aristokratische Würde ist ein handfestes Paradox. Denn die Rothschilds sind zwar, wie der Dichter Heinrich Heine mit kritischer Bewunderung schreibt, „die größten Revolutionäre, welche die moderne Demokratie begründeten", in einer Welt der Ignoranz aber sind es Status und Noblesse, die am wirksamsten gegen die Verachtung schützen. Und weil niemand sie einlädt, müssen die Rothschilds eben selbst Empfänge ausrichten, die so verlockend sind, dass sich auch die ärgsten Judenfeinde zu ihnen bequemen: In Paris gibt James im Schnitt vier Gesellschaften pro Woche, zu denen er bisweilen den Damen einen Blumenstrauß mit einem Diamantenring überreichen lässt. Und auch die Kunst-Fürsten von Heine bis Balzac, von Rossini bis zu Liszt und Chopin, die im Salon seiner Frau Betty die Kreationen des Meisterkochs Antonin Carême goutieren – sie sind nicht zuletzt Entlastungszeugen gegen die mehr oder weniger verstohlene Anklage, die noch immer durch Europas Gesellschaft raunt.
Doch bei allem Hang zum monarchischen Prunk gibt es „keine stärkeren Beförderer der Revolution", notiert Heinrich Heine, „als eben die Rothschilde". Indem das Haus Rothschild „das Staatspapierensystem zur höchsten Macht emporhob, dadurch die großen Besitzthümer und Einkünfte mobilisirte, und gleichsam das Geld mit den ehemaligen Vorrechten des Bodens belehnte", habe es, so Heine, „die Oberherrschaft des Bodens" beendet. Die träge Erde, aus der Absolutismus und Fürstenherrschaft wuchsen: Die Rothschilds haben sie durch das bewegliche Geld ersetzt, das „unzuverlässigste Element", das fließt, wohin es will – „flüssiger als Wasser, windiger als Luft".
Das wichtigste Kapital, mit dem die Rothschilds ihre Erfolge erwirtschaften, bleibt der Zusammenhalt der Familie. Er brauche nur zwei Nationen auf der Welt zu kennen, soll Nathan Rothschild seinem Sohn ans Herz gelegt haben: „Unsere Mischpoche – und dann all die anderen." Schon der Patriarch Mayer Amschel Rothschild hat die Regeln gesetzt, die dem Familienbetrieb bis heute Dauer verleihen. Nur männliche Familienmitglieder dürfen die Schlüsselstellungen der Firma besetzen, werden am Tag ihrer Hochzeit automatisch zu Teilhabern der Firma: eine Ehre und eine Pflicht, die bis in das 20. Jahrhundert hinein kein Sohn verweigern wird. Bis 1960 wird es keinen Teilhaber

Bis heute führen die Rothschilds das ihnen 1822 verliehene Adelswappen unter dem Motto „Concordia, Integritas, Industria" – „Eintracht, Redlichkeit, Fleiß".

geben, der nicht in direkter Linie von Mayer Amschel Rothschild abstammt. Und während Europas Königshäuser noch zögern, den Rothschilds gesellschaftliche Ehren zuzubilligen, hat sich die Sippe selbst längst zur Dynastie nach habsburgischem Vorbild geprägt: „unsere königliche Familie", wie einer von ihnen in einem Brief schreibt, die auch bei der Partnerwahl am liebsten unter sich bleibt – nicht zuletzt, um die Mitgift in der Familie zu halten. Insgesamt zehn der 13 Enkel Mayer Amschels heiraten Cousinen oder Nichten.

Die Rothschilds, obwohl zu Kriegszeiten reich geworden, haben längst kein Interesse mehr am Schlachtengetümmel. In ihrem weltumspannenden Geldverkehr werden Kontobewegungen zu Friedensbewegungen, weil nur der Frieden den Fortgang der Geschäfte sichert. Sie antichambrieren bei ihren mächtigen Geschäftspartnern, kolportieren gezielt Gerüchte aus Hof und Politik. Und selbst Alfred Rothschild, ein Sohn Lionels, ein Dandy und Exzentriker, der gern in seinem Privatzirkus auftritt, mit einem Zebragespann spazieren fährt und seinen Gästen bei der Milch zum Morgentee die Wahl zwischen den Produkten dreier verschiedener Rinderrassen lässt, erweist sich Ende des 19. Jahrhunderts als äußerst sensibler Diplomat. In seinem Londoner Stadthaus am Seamore Place lädt er die deutsche und britische Elite zu Diners, lässt 1898 den deutschen Botschafter und den englischen Kolonialminister bei Mokka und Kognak ihre Missstimmigkeiten um Samoa bereden, versucht 1899 die Spannungen zwischen Briten und Buren in Südafrika zu entschärfen, öffnet auch nach einer deutschfeindlichen Breitseite britischer Zeitungen 1900 gern ein paar edle Flaschen, um einem Berliner Diplomaten begreiflich zu machen, „dass diese Presseangriffe dem Foreign Office unangenehm" seien.

Mit dieser Unerschütterlichkeit überstehen die Rothschilds auch zwei Weltkriege. Auch die Verfolgungen der NS-Zeit. Auch die Verstaatlichung der französischen Rothschild-Bank, immerhin gegen eine Entschädigung zum aktuellen Börsenkurs, durch den sozialistischen Präsidenten François Mitterrand im Jahr 1981. Eine Enteignung, die Guy de Rothschild („Ein Jude unter Pétain, ein Paria unter Mitterrand, das reicht mir") ins Exil nach New York treibt, wo er mit der 1967 gegründeten Rothschild Inc. Firmenfusionen und unfreundliche Übernahmen orchestriert. 1984 baut sein Sohn David auch die Firma in Paris mit vier Finanzexperten und einer Sekretärin als unscheinbare, doch einflussreiche Investmentbank für die Elite wieder auf.

So haben sich die Rothschild-Finanzunternehmen mittlerweile vom größten Bankhaus der Welt zum Bankhaus der Größten gesundgeschrumpft, verwalten die exquisiten Vermögen der Mächtigen und Superreichen. Und 1989 haben die Rothschilds auch an ihrem Ursprungsort Frankfurt wieder ein Haus eröffnet, das den Frankfurter Flughafen an die Börse brachte, an der Privatisierung von Post und Telekom beteiligt war und 2003 auf der Rangliste der Fusions- und Übernahmeberatungen an dritter Stelle stand.

Noch immer schwören die Rothschilds auf die Kraft der Familienbande: Zur Jahrtausendwende hielten sechs Familienmitglieder 37 Verwaltungsratssitze in 15 der wichtigsten Rothschild-Unternehmen. Sie lassen das Geld rollen, leicht und ungreifbar wie Wasser und Luft – und zelebrieren die hohe Kunst des Überlebens. „Ich muss doch weiterleben", soll ja der alte Nathaniel Rothschild im letzten Jahr seines Lebens gesagt haben. „Wenn ich es nicht tue, wäre das der schlimmste geschäftliche Fehler, den ich je gemacht habe."

Ankunft in der Moderne: Aufklärung und Reformjudentum

Eberhard Wolff

„Aus dem Ghetto in die bürgerliche Gesellschaft" – so beschrieb der große jüdische Historiker Jacob Katz den Weg, den die deutschen Juden in den Jahren zwischen 1750 und 1850 durchschritten.[1] In einer gewaltigen Kraftanstrengung machten sie einen immensen kulturellen Wandlungsprozess durch, an dessen Ende sozusagen der Rohbau dessen stand, was man heute als modernes Judentum bezeichnet. Dieser Wandel ist auf das Engste verbunden mit zwei Begriffen: dem der Haskala – das ist der hebräische Name für die jüdische Aufklärungsbewegung des 18. Jahrhunderts – und dem des sogenannten Reformjudentums, das Anfang des 19. Jahrhunderts die Idee eines modernen, zeitgenössischen Judentums in die Praxis umsetzte.

Greifen wir eine Biografie heraus, in der dieser Wandel ganz besonders plastisch erscheint: diejenige des jüdischen Malers Moritz Daniel Oppenheim (1800–1882). Geboren in der verordneten Enge des Hanauer Judenviertels und in den geistigen Grenzen traditioneller jüdischer Frömmigkeit, wurde er zum preisgekrönten Künstler des deutschen Bürgertums zwischen Biedermeier und Historismus.[2] Es soll hier allerdings weder um Oppenheim als Maler gehen noch um den Erfolg und sozialen Aufstieg einer einzelnen Person. Es geht vielmehr darum, an seinem Beispiel zu zeigen, wie ein beträchtlicher Teil vor allem der städtischen deutschen Juden innerhalb von zwei bis drei Generationen ihr Selbstverständnis fundamental änderten und damit den Eintritt in die moderne Welt meisterten.

Mehr als nur ein Ghetto-Idyll: In dem Ölgemälde *Sabbatruhe auf der Gasse* von 1866 hat Moritz Daniel Oppenheim (1800–1882) bereits erste Anzeichen der Moderne festgehalten. Über der beschaulichen Szene mit der jüdischen Familie, die den Feiertag vor ihrem geschlossenen Geschäft genießt, ist im Türsturz die Jahreszahl 1789 eingraviert – das Jahr der Französischen Revolution, die auch in Deutschland die rechtliche Gleichstellung der Juden mit sich bringen sollte.

„Ghetto"

Oppenheim wurde im Jahre 1800 als Sohn „gottesfürchtiger" Eltern in der Hanauer Judengasse geboren. Sie war von zwei großen Toren begrenzt, die damals noch sonntags und an christlichen Feiertagen verschlossen blieben. Die „Ghettoexistenz" der Oppenheims war fest von den jüdischen Feiertagen und ihren strengen Regeln strukturiert. Der kleine Moritz Daniel hatte wenig Kontakt mit christlichen Kindern. Er besuchte den Cheder, die Elementarschule, um das hebräische Alphabet zu lernen, und die Talmud-Tora-Schule für den religiösen Unterricht.

In seinen *Bildern aus dem altjüdischen Familienleben*, entstanden im künstlerischen Spätwerk, erinnerte sich Oppenheim – auch romantisch verklärend – an seine Jugend im engen Judenviertel, etwa in der *Sabbatruhe auf der Gasse* aus dem Jahre 1866. Die jüdische Händlerfamilie sitzt darauf entspannt vor dem Haus mit den geschlossenen Läden des bescheidenen Geschäfts. Doch in dieser vordergründigen Beschaulichkeit hat Oppenheim den bevorstehenden Wandel bereits angedeutet: Im Türsturz ist die Zahl 1789 eingraviert, das Jahr der Französischen Revolution, die mit ihrer Forderung nach bürgerlicher Gleichheit auch die Gleichheit der Juden vor dem Recht meinte. Es waren denn auch die französischen Truppen, die im Jahre 1806 die Tore des Hanauer Judenviertels auf Dauer öffnen und die Gleichheit der Untertanen sowie die Religionsfreiheit verkünden sollten.

Der Frankfurter konservative Reformer und zeitweise Oberrabbiner Leopold Stein, der Oppenheims Bildfolge fantasievoll betextete, las ein weiteres Detail des Wandels in das Werk hinein: Während die alte Mutter im Vordergrund noch die „jüdisch-deutsche Weiberbibel" lese, halte die Tochter des Hauses im Hintergrund – in moderne Garderobe gekleidet – schon ein deutsches Buch in Händen. Der Autobiografie Moritz Daniel Oppenheims zufolge las in der Tat bereits seine Mutter bevorzugt deutsche Bücher, etwa Goethes *Hermann und Dorothea*, und sie ging gerne ins nahe gelegene Theater.[3] Sprache und Bildung sollten zu zentralen Faktoren des anstehenden Wandels im gesamten Judentum werden. Und so war es auch bei Moritz Daniel. Als kleiner Junge ging er mittwochs noch zaudernd aus dem Judenviertel zur Schönschreibstunde mit christlichen Kindern. Neunjährig konnte er dann das traditionelle Hanauer Gymnasium, die Hohe Landesschule, besuchen, lernte Lateinisch und Griechisch und wurde seines Talents wegen von einem kunstsinnigen christlichen Gönner an die 1772 gegründete Hanauer Zeichenakademie geholt. Sein Weg zum bürgerlichen Künstler hatte begonnen. Und auch hier ist Oppenheim lediglich ein einzelnes Beispiel für einen großen Trend. Stufe um Stufe traten Juden in „bürgerliche", vor allem auch akademische Berufe ein. Jüdische Ärzte, von den Christen ebenso bewundert wie verteufelt, gab es in beschränkter Zahl schon seit Hunderten von Jahren, doch im Laufe des 18. Jahrhunderts wurden Juden zunehmend an den Universitäten als Studenten zugelassen, erhielten Promotionsrecht und danach leichter die Konzession zu praktizieren. Lediglich beamtete Ärzte konnten sie ohne die Bürgerrechte noch nicht werden. Der Philosoph und Kant-Schüler Marcus Herz (1747–1803) zählt zu den bekanntesten Namen unter diesen neuen jüdischen Ärzten. Auch die Jurisprudenz wurde den Juden schrittweise geöffnet. Gabriel Riesser (1806–1863) aus Hamburg durfte Jura studieren, wurde aber als Jude zunächst nicht zum Anwaltsberuf zugelassen. Später konnte er doch noch eine Juristenkarriere machen, wurde 1848 Abgeordneter der Nationalversammlung in der Frankfurter Paulskirche und endete als angesehener Obergerichtsrat. Mehrfach porträtierte Oppenheim diese Symbolfigur eines neuen Judentums.

Eintritt in neue Berufswelten: der jüdische Rechtsanwalt, Obergerichtsrat, Abgeordnete und Emanzipationskämpfer Gabriel Riesser (1806–1863). Kreidelithografie von Moritz Daniel Oppenheim, um 1848.

Aufbruch

Diesen Entwicklungen war ein langer Bewusstseinswandel vorausgegangen. Seit etwa der Mitte des 18. Jahrhunderts – in Europa stand die Aufklärung in voller Blüte – zeigten sich erste Ansätze der Haskala. Ihre Vertreter waren die Maskilim, die jüdischen Aufgeklärten, die „ein neues jüdisches intellektuelles Milieu" (Shulamit Volkov) schufen.[4] Der berühmteste, wenn auch nicht typischste Vertreter der Haskala war der jüdische Philosoph Moses Mendelssohn (1729–1786). Mit seinem Interesse an Naturwissenschaften, alten und neuen Sprachen und moderner Philosophie überschritt er schnell den herkömmlichen jüdischen Wissenskreis. Neben philosophischen Werken übersetzte er die Tora, also die fünf Bücher Mose, ins Deutsche, gedruckt allerdings in hebräischen Buchstaben. Damit verbreitete er den Gebrauch der deutschen

Der Begründer der „Wissenschaft des Judentums", Leopold Zunz (1794–1886; oberes Bild), war vor allem im jüdischen Bildungswesen engagiert. Er gründete 1819 unter anderem zusammen mit dem Juristen und Philosophen Eduard Gans (1798–1839; unteres Bild) den Verein für Kultur und Wissenschaft der Juden. Der „Kulturverein" erstrebte eine wissenschaftliche Neubestimmung des Jüdischen. Seit 1823 gab Zunz auch die „Zeitschrift für die Wissenschaft des Judenthums" heraus.

Sprache unter den Juden. Er interpretierte das Judentum als eine Religion, in der die Prinzipien der Aufklärung bereits angelegt seien, vor allem die Rationalität und die Freiheit von Dogmen. Viele andere Maskilim folgten dem Trend, das jüdische Religionsgesetz nicht mehr als etwas Überzeitliches zu sehen, sondern als dem geschichtlichen Wandel unterworfen: Die lange talmudische Tradition habe den nützlichen Kern verschüttet. Ihren Ausdruck fand diese neue Bewegung in einer eigenen Zeitschrift in hebräischer Sprache mit dem Titel „Ha Meassef" (Der Sammler). Das Hebräische sollte so als lebendige Kultursprache auch jenseits der Gottesdienste Verwendung finden. Gegen die rasante Ausbreitung des Deutschen unter den Juden konnten sich diese Versuche aber nicht durchsetzen.
1792 gründeten junge männliche Berliner Juden einen ebenso aufklärerisch-reformerischen wie philanthropischen Verein mit dem Namen „Gesellschaft der Freunde".[5] 1819 schlossen sich intellektuelle Juden wie Leopold Zunz (1794–1886) und Eduard Gans (1798–1839) in einem „Kulturverein" (Verein für Kultur und Wissenschaft der Juden) zusammen, dem auch Heinrich Heine zeitweise angehörte. In ihrer „Wissenschaft des Judentums" ging es um eine von zeitgenössischen wissenschaftlichen Ideen bestimmte Neubestimmung dessen, was das eigentliche Wesen des Jüdischen sei.
Mit der Haskala ging ein verstärkter Kontakt zu Vertretern der christlichen Bevölkerungsmehrheit einher. Beispielhaft ist hier die Freundschaft zwischen Moses Mendelssohn und dem Schriftsteller Gotthold Ephraim Lessing (1729–1781). Moritz Daniel Oppenheim griff dieses Thema 1856 in einem Historiengemälde mit dem Titel *Lavater und Lessing bei Moses Mendelssohn* auf. Auf dem Bild sieht man Mendelssohn und den Züricher Prediger Johann Kaspar Lavater (1741–1801) im Gespräch am Tisch sitzend, während Lessing hinter dem Tisch steht und Mendelssohns Frau Fromet gerade ein gefülltes Tablett hereinträgt. In Wirklichkeit kann ein Treffen in dieser Konstellation nie stattgefunden haben, doch das Bild ist auch mehr Programm als Abbild: Mit deutlicher Zeichensprache demonstriert es, so der Historiker Christoph Schulte, wie weit Mendelssohn, der in einem bürgerlich anmutenden Ambiente den Besuch zweier prominenter Christen empfängt, das Ghetto damals bereits hinter sich gelassen hatte.

„Verbesserung"

Doch das Bild geht tiefer. Es hält in der Person Lavaters auch die Problematik dieses Kontakts fest: Während Mendelssohn als zurückhaltender Denker erscheint, beugt sich Lavater weit über den Tisch zu seinem Gegenüber vor, sogar das Tischtuch ist schon verrutscht. Die eine Hand hat Lavater auf ein aufgeschlagenes Buch gelegt, vielleicht die Bibel, mit der anderen berührt er den jüdischen Philosophen am Arm. Er bedrängt Mendelssohn gleichsam. In der Tat wollte sich der christliche Prediger mit dem aufgeklärten Rabbiner religionsphilosophisch streiten: Mendelssohn solle, so Lavater 1769, die Wahrheiten des Christentums widerlegen oder zu diesem übertreten. Letztlich geriet Lavater mit seinem Vorstoß aber in die Kritik christlicher Kollegen. In seinem Gemälde stellt Oppenheim denn auch den stehenden Lessing in skeptischer Distanz zu Lavater dar. Der forderte Mendelssohn ja – angesichts der Unmöglichkeit eines solchen „Wahrheitsbeweises" des Christentums – letztlich auf, seine jüdische Identität preiszugeben, wollte er als Philosoph weiter akzeptiert werden. Und Lavater wollte die Spielregeln dieses Streits bestimmen.
Das ist nur zu typisch für den sogenannten deutschen Sonderweg der Judenemanzipation. Viele christliche Aufklärer wollten den Juden erst dann die Gleichberechtigung zuerkennen, wenn sie sich ihrer als „würdig" erwiesen hätten. Der preußische Kriegsrat Christian Wilhelm Dohm (1751–1820) fasste dies 1781 in den griffigen Buchtitel *Die bürgerliche Verbesserung der Juden*, der

Eine deutsch-jüdische Begegnung, die so nie stattgefunden hat: Der Züricher Prediger Johann Kaspar Lavater (1741–1801) und der Schriftsteller Gotthold Ephraim Lessing (1729–1781) zu Besuch bei Moses Mendelssohn (1729–1786), so wie Moritz Daniel Oppenheim es sich in seinem Gemälde aus dem Jahr 1856 vorstellte. Links am Tisch sitzend ist Mendelssohn dargestellt, rechts Lavater, hinter dem Tisch stehend Lessing. Mendelssohns Frau Fromet tritt im Hintergrund rechts mit einem Tablett ins Zimmer, um die Gäste zu bewirten. Mit deutlicher Zeichensprache demonstriert das Bild, wie weit Mendelssohn – als Gastgeber zweier prominenter Christen – das jüdische Ghetto bereits hinter sich gelassen hat.

fortan das Schlagwort der Emanzipationsdebatte war. Es hieß, man könne die Juden nur emanzipieren, wenn sie etwa als Soldaten „nützlich“ seien und am Sabbat das Kämpfen nicht verweigerten. Auch könne man sie erst emanzipieren, wenn sie nicht mehr nur den damals als „unproduktiv“ angesehenen Beruf des Händlers ausübten, sondern stattdessen als „produktive“ Bauern oder Handwerker tätig seien. Weitere „Verbesserungs“-Forderungen kursierten. Vor der Emanzipation sollten die Juden doch bitte ihre so schrecklich anzuhörende Sprache, das „Judengemauschel“, aufgeben, nicht mehr nach Juden riechen, keine „barbarischen“ Bräuche wie die Beschneidung der neugeborenen Knaben pflegen und in der Synagoge ebenso ruhig sitzen, wie es die Kirchgänger täten. Gefordert war eine umfassende Assimilation, die die Grundlagen des jüdischen Selbstverständnisses in Frage gestellt hätte. Dahinter stand zwar die Bereitschaft, die Juden als Individuen anzuerkennen, aber in letzter Konsequenz auch die Forderung, sich als kulturelle und soziale Gruppe aufzulösen – und vielleicht sogar im christlichen Bürgertum aufzugehen.

Dabei spielten offensichtlich verwurzelte antijüdische Vorstellungen mit. Selbst ein Lessing war nicht frei davon. Juden, so der Tenor, hätten ihren schlechten Charakter aufgrund ihrer gedrückten Verhältnisse. Damit lag die Schuld für die angebliche Schlechtigkeit der Juden zwar nicht in ihnen selber, doch bediente diese Sichtweise immer noch das Stereotyp, dass sie de facto moralisch schlecht seien.

Ansonsten aber überschnitten sich die Forderungen der christlichen Emanzipationsbefürworter in großen Teilen mit denen der jüdischen Aufklärer. Die Maskilim, und später die Vertreter der jüdischen Reformbewegung, verlangten zum Beispiel, dass die Beschneidung nicht nur nach den Regeln des Talmuds, sondern auch gemäß den damaligen Erkenntnissen der Medizin durchgeführt werde. Dies entspräche dem für das Judentum geltende Grundprinzip der Menschenliebe. Sie wollten, dass ihre Religion sich nicht im Befolgen traditioneller formeller Regeln erschöpfte, sondern dem neuen, verbreiteten Bedürfnis nach Innerlichkeit und Erbauung entgegenkäme. Sie unternahmen Anstrengungen dafür, dass die nachwachsende Generation junger Juden eine gute weltliche Ausbildung erhielt und „produktiven“ Berufen wie den Handwerken nachgehen konnte. Schließlich wollten sie erreichen, dass die Juden der Nation, in der sie gleichberechtigte Bürger sein wollten, auch als Soldaten dienen könnten.

Von diesem Wunsch erzählt eines der bekanntesten und bedeutsamsten Bilder Moritz Daniel Oppenheims. Es ist *Die Heimkehr des Freiwilligen aus den Befreiungskriegen zu den nach alter Sitte lebenden Seinen* von 1833/34. Es zeigt einen zu seiner Familie zurückgekehrten jungen Juden in Husarenuniform. Er hat Deutschland als Soldat gegen die napoleonischen Armeen in den „Befreiungskriegen“ zwischen 1813 und 1815 verteidigt. Die um ihn stehende Familie bewundert seine Uniform und seine in der Schlacht erlittene Verletzung. Der Vater besieht sich die errungene Auszeichnung des Sohnes, das Eiserne Kreuz, ein Symbol der deutschen nationalen Ehre. Der Stolz, sich für das Land, in dem sie lebten, als „nützlich“ erwiesen zu haben, wurde von vielen jüdischen Soldaten geteilt. Auch einige von Oppenheims Nachbarn aus der Hanauer Judengasse hatten sich freiwillig gemeldet.

Traditionen im Wandel

Um auf diese Weise ein „nützlicher“, moderner Bürger zu sein, bedurfte es allerdings einer neuen Auffassung dessen, was jüdisch sei. Im *Heimkehr*-Bild hat Oppenheim dies subtil angedeutet. Der Sohn und Soldat kommt nämlich während der traditionellen Nachmittagsmahlzeit des Sabbat an – und hat damit offensichtlich das Religionsgesetz der Sabbatruhe übertreten, wie Norman Kleeblatt festgestellt hat. Die Halacha, das jüdische Religionsgesetz, stellt für den Sohn

Stolzer Vertreter einer neuen Generation deutscher Juden: Moritz Daniel Oppenheims *Die Heimkehr des Freiwilligen aus den Befreiungskriegen zu den nach alter Sitte lebenden Seinen* von 1833/34 zeigt einen jungen jüdischen Soldaten in Husarenuniform, der zu seiner Familie zurückkehrt. Er hat sich in den Kriegen gegen die napoleonischen Armeen zwischen 1813 und 1815 ausgezeichnet – zu erkennen ist das Eiserne Kreuz – und wird dafür von seinen Angehörigen bewundert. Allerdings ist er während der traditionellen Nachmittagsmahlzeit des Sabbat angekommen und hat folglich das Gesetz der Sabbatruhe übertreten. Das jüdische Religionsgesetz scheint für ihn keine uneingeschränkte Geltung mehr zu haben.

demnach keine Selbstverständlichkeit mehr dar. Es wird auf den Prüfstand zeitgenössischer Lebensanforderungen gestellt.
All dies geschah vor dem Hintergrund der großen Reformbewegung im Judentum des frühen 19. Jahrhunderts. Am Anfang stand eine Gottesdienstreform. Die Aktivisten forderten die Einführung einer auf Deutsch gehaltenen Predigt. Die Einführung der Orgelmusik (zum Teil nach christlichem Vorbild) kam dem allgemeinen Bedürfnis dieser Zeit nach einer Gefühls- und Erbauungsreligion entgegen. Das überlieferte Religionsgesetz wurde an vielen Stellen in Frage gestellt. Viele Maskilim, allen voran Marcus Herz, wollten den Brauch abschaffen, Verstorbene noch am selben Tag zu beerdigen. Sie wollten dadurch verhindern, dass jemand aus Versehen lebendig begraben wurde. Grabsteine, die eine Beerdigung erst drei Tage nach dem Tod vermerken, weisen die Verstorbenen eindeutig als Maskilim aus. „Liberale", reformorientierte Juden hielten sich auch nicht mehr so streng an die Speisegesetze oder die Sabbatruhe. In Frankfurt am Main weigerte sich eine Reformgruppierung in den 1840er Jahren, ihre neugeborenen Knaben beschneiden zu lassen. Zur gleichen Zeit trafen sich viele deutsche Reformrabbiner zu den berühmt gewordenen „Rabbinerversammlungen", in denen sie die Grenzen einer religiösen Neuausrichtung ausloteten. Sie gehörten nicht mehr zu der alten, vor allem im Talmud geschulten Generation, sondern hatten nun häufig eine weltliche Universitätsausbildung oder gar den Doktortitel. Und viele warteten nicht mehr auf die Erlösung, sich „nächstes Jahr in Jerusalem" treffen zu können. Stattdessen war nun die Diaspora zu ihrer Heimat und Utopie geworden.

Jüdische Tradition als Ausdruck wahrer bürgerlicher Werte: Moritz Daniel Oppenheims *Der Oster-Abend* aus der Serie der *Bilder aus dem altjüdischen Familienleben* setzt ein selbstbewusstes Gegengewicht gegen die verbreiteten antijüdischen Bilder dieser Zeit. Der Titel des Bildes, das korrekt eigentlich „Der Pessach-Seder" heißen müsste, weist darauf hin, dass es auch an ein christliches Publikum gerichtet war. Der Holzstich nach dem Originalgemälde von Oppenheim wurde 1867 in der christlich-bürgerlichen Zeitschrift „Die Gartenlaube" abgedruckt.

Selbstbewusste Bürger jüdischer Konfession

In diesem neuen Verständnis war die Religion auf bestimmte Zeiten, etwa die Feiertage, oder bestimmte Orte, etwa die Synagoge, begrenzt. Das Judentum wurde so auf die Rolle einer Konfession reduziert. Das zeigte sich auch rein äußerlich. Den reformierten Juden sah man ihr Judesein nicht mehr an der Kleidung oder an der Haartracht an. In einem frühen Selbstbildnis von 1814–16 porträtierte sich Oppenheim als junger bürgerlicher Künstler ohne jüdische Attribute. Später stellte er die Mitglieder der Familie Rothschild in verschiedenen Ölporträts nicht als Juden, sondern vor allem als Bürger ohne großen „Pomp" (Annette Weber) dar.[6]
Hatten sich die „Reformjuden" einfach nur den Forderungen der christlichen Umwelt unterworfen und sich assimiliert, das heißt wie ein Chamäleon angepasst? Die Zahl derer, die zum Christentum übertraten und damit ihr „Eintrittsbillet in die europäische Kultur" (Heinrich Heine) erhielten, war in dieser Zeit höher als sonst. Eine Lesart der

jüdischen Geschichte sah diesen Kulturwandel als Selbstaufgabe. Diese Ansicht vertraten strenggläubige Juden, die in der Tradition der Religionsgesetze den wesentlichen Grundpfeiler für das Weiterbestehen des Judentums seit der Zerstörung des Tempels und der Zerstreuung in der Diaspora sahen. Es ist kein Zufall, dass als Reaktion auf die Reformen eine jüdische „Neoorthodoxie" entstand. Doch auch der Reformer Leopold Zunz hatte sich gegen die Abschaffung der Beschneidung mit dem Satz geäußert: „Ein Selbstmord ist keine Reform." Der radikale Vorschlag auf einer der Rabbinerversammlungen, den Sabbat auf den Sonntag zu verlegen, kam nicht einmal zur Abstimmung. Es handelte sich also nicht um Selbstaufgabe, sondern um das Entstehen einer neuen, man könnte sagen „hybriden" modern-jüdischen Kultur. David Sorkin wies vor einigen Jahren darauf hin, dass die reformierten Juden mit modernen jüdischen Vereinen und Zeitschriften wie der „Allgemeinen Zeitschrift des Judentums" seit 1837 eine jüdische „Subkultur" innerhalb der bürgerlichen Gesamtkultur etabliert hätten.[7] Simone Lässig geht noch weiter. Ihre These: Die deutschen Juden des 19. Jahrhunderts übernahmen die Werte des Bürgertums ihrer Zeit so früh und intensiv, dass sie sich nicht etwa an dieses ja gerade erst im Entstehen begriffene Phänomen anpassten, sondern es wesentlich mitbegründeten und prägten.[8]

Auch hierfür kann Moritz Daniel Oppenheim als Beispiel herangezogen werden. Denn er hörte selbst auf dem Gipfel seines Erfolges als bürgerlicher Porträtmaler nicht auf, sich als Jude zu verstehen und dies auch offen deutlich zu machen – etwa in den späten Werken, in denen er das längst verloren gegangene „altjüdische Familienleben" festhielt. Diese Bilder sind nämlich allenfalls nebenbei romantische Reminiszenzen an eine vergangene jüdische Epoche, wie der Historiker Andreas Gotzmann hervorgehoben hat.[9] Die uns heute bieder oder kitschig erscheinenden Szenen können ihm zufolge genauso als Ausdruck jüdischen Selbstbewusstseins gelesen werden. Das *Heimkehr*-Bild spielt zwar auf das biblische Gleichnis des verlorenen Sohnes an. Aber dieser Sohn kehrt nicht reumütig zurück, sondern „erhobenen Hauptes", gleichsam als Vertreter einer erfolgreichen neuen Generation. Andere Bilder zeigen die alte jüdische Tradition als Hort höchster bürgerlicher Werte wie den der Familie. Die Bilder sind auch ausdrücklich an ein christliches Publikum gerichtet, etwa wenn eines mit *Der Oster-Abend* (anstatt korrekter „Der Pessach-Seder") betitelt ist. Mit ihnen wollte Oppenheim ein selbstbewusstes, der damals verbreiteten judenfeindlichen Ikonografie entgegengesetztes Bild der Juden vermitteln. Die Reformbewegung selbst hatte in den 1840er Jahren ihren Scheitelpunkt überschritten. Nichtsdestotrotz bilden viele ihrer Ideen die Grundlage des Selbstverständnisses eines großen Teils heute lebender Juden.

Das Judentum im Kaiserreich (1871–1918)

Ulrich Sieg

Im Rückblick erscheint die deutsch-jüdische Geschichte des Kaiserreichs wie ein goldenes Zeitalter. Vor Augen steht der gesellschaftliche Aufstieg einer Minderheit, der im Laufe von zwei Generationen ein umfassender Verbürgerlichungsprozess gelang. Mit der Kulturblüte des Fin de Siècle sind die Namen jüdischer Intellektueller und Künstler wie Martin Buber, Albert Einstein, Sigmund Freud, Max Liebermann, Gustav Mahler oder Walther Rathenau untrennbar verbunden. An dieser Sichtweise ist gewiss manches richtig, doch handelt es sich um ein allzu idealistisches und deshalb nicht wirklich zutreffendes Bild. Die Doppelbödigkeit jüdischer Existenz begann unmittelbar mit der Reichsgründung. Die Verfassung des Jahres 1871 gewährte die Staatsbürgerrechte unabhängig vom religiösen Bekenntnis und beendete damit den gut hundert Jahre währenden Emanzipationsprozess der deutschen Juden. Doch das Ende der rechtlichen Diskriminierung begünstigte auch einen politischen Antisemitismus, dessen Anhänger das Rad der Zeit gewaltsam zurückdrehen wollten. Insbesondere die Verlierer des rasanten wirtschaftlichen und sozialen Wandels im Kleinbürgertum und in der Landbevölkerung suchten einen Sündenbock. Die Juden mussten mit Ressentiments leben, die sie selbst als zutiefst mittelalterlich betrachteten. Dennoch lässt sich von einer Erfolgsgeschichte sprechen. International galt das deutsche Judentum als Modellfall der Emanzipation und als bewundertes Vorbild.

Soziale Mobilität und Urbanisierung

Werfen wir zunächst einen Blick auf die demografische Entwicklung. Die jüdische Bevölkerung wuchs zwischen 1871 und 1910 von 512 000 auf 615 000. Im Vergleich mit anderen Gesellschaftsgruppen war dieses Wachstum ungewöhnlich niedrig. Die sinkende Kinderzahl von vier auf gut zwei Kinder pro Familie spiegelte nicht zuletzt den Aufstiegswillen, der eine Konzentration der familiären Ressourcen nahelegte. Eine gewisse demografische Bedeutung hatte auch die Einführung der Zivilehe 1875, die erstmals Heiraten zwischen Christen und Juden ohne religiösen Übertritt gestattete. Schließlich nahm die Zahl der Konversionen zu, weil die Taufe das gesellschaftliche Vorankommen beträchtlich erleichterte – eine Tatsache, die ein Großteil des deutschen Judentums als ärgerlich oder gar skandalös betrachtete. Anfang des 20. Jahrhunderts kam es zu einer innerjüdischen Diskussion, ob eine übermäßige Assimilation letztlich zum „Untergang des Judentums“ führen müsse. Doch brachte die hitzig geführte Debatte keine greifbaren Resultate. Die Einwanderung osteuropäischer Juden, in denen mancher die Zukunft des deutschen Judentums erblickte, ließ sich ja nicht wirklich steuern. Und die „armen Verwandten aus dem Osten“, die es mehrheitlich weiter in die Neue Welt zog, betrachtete das deutsch-jüdische Bürgertum mit gemischten Gefühlen. Aus heutiger Perspektive fällt vor allem die spezifische Modernität des deutschen Judentums auf, dessen Geschichte nachhaltig durch Migration, soziale Mobilität und Urbanisierung geprägt wurde. Am Vorabend des Ersten Weltkriegs lebte mehr als die Hälfte aller Juden in Großstädten, davon gut 150 000 in Berlin. Im Vergleich zur übrigen Bevölkerung, deren Urbanisierungsgrad bei zirka 20 Prozent lag, ist dies ein auffälliger Befund. Der niedrigeren Geburtenrate korrespondierte eine höhere Lebenserwartung, und die geringe jüdische Kindersterblichkeit wurde schon zeitgenössisch bestaunt. Da sich der Staatsdienst für Juden nur sehr zögernd öffnete, waren sie in den freien Berufen, vom Journalisten über den niedergelassenen Arzt bis zum Rechtsanwalt, überproportional vertreten. Politisch standen sie mehrheitlich dem Liberalismus nahe und begrüßten die Aufhebung ständischer Schranken. Umgekehrt betrachteten die

Antisemiten sie als Inbegriff der verhassten Moderne, in der Geld und Effektivität mehr zählten als das Herkommen. Wie so häufig bei erfolgreichen Ideologien war dies ein verzerrtes Bild der Wirklichkeit. Es richtete sich an stereotypen Wahrnehmungen aus und missachtete die tatsächlichen Gegebenheiten.

Gewiss, es gab eine kleine Gruppe ungewöhnlich erfolgreicher Juden, die sogar das Wohlwollen des Kaisers genossen. Zu ihnen zählten der Bankier Carl Fürstenberg, der Gründer der Allgemeinen Elektricitäts-Gesellschaft (AEG) Emil Rathenau und der Reeder Albert Ballin, der die Modernisierung des Hamburger Hafens vorantrieb. Ein Leben lang machte er seinem Wahlspruch „Mein Feld ist die Welt“ alle Ehre. So sorgte er als Generaldirektor der Hamburg-Amerika-Linie dafür, dass die HAPAG zur wichtigsten Transatlantikverbindung heranwuchs. Freilich war die Gunst Wilhelms II. ein zweischneidiges Schwert. Seine völkisch-nationalistischen Vorstellungen waren zu ausgeprägt, als dass er ernsthaft Sympathien für das deutsche Judentum hätte empfinden können. Letztlich sah er in dessen Vertretern nur eine unverzichtbare Funktionselite. Bezeichnenderweise bewunderte der Kaiser den ambitionierten Schwiegersohn Richard Wagners, Houston Stewart Chamberlain. Er führte den Kulturschriftsteller bei Hofe ein und sorgte dafür, dass sein pessimistisch-rassistisches Werk *Die Grundlagen des 19. Jahrhunderts* in der preußischen Lehrerausbildung obligat wurde.

Generell identifizierte man die Juden gern mit der kapitalistischen Wirtschaftsordnung. Ihre Steuerleistung, die dreieinhalbmal so hoch wie die der Protestanten war und das katholische Steueraufkommen pro Kopf gar um das Siebenfache übertraf, wurde nicht als Leistung, sondern als Problem angesehen. In Preußen befanden sich unter den 100 reichsten Männern 29 Juden, und den Rothschilds sagte man einen märchenhaften Reichtum nach. Freilich wurde – und wird – die Bedeutung des jüdischen Bankwesens häufig übertrieben. Im späten Kaiserreich hatte es bereits seinen Zenit überschritten, weil Aktiengesellschaften zunehmend an die Stelle der Privatbanken traten. Zukunftsweisenden Trends folgten deutsche Juden hingegen bei der Einführung der Warenhäuser. Die Brüder Hermann und Leonhard Tietz gründeten jeder eine erfolgreiche Warenhauskette, und Adolf Jandorfs „Kaufhaus des Westens“ (Kadewe) in Berlin avancierte zum Inbegriff des modernen Konsumtempels.

Eine entscheidende Voraussetzung für den Erfolg des Judentums lag in seinen Bildungsanstrengungen. Auf preußischen Gymnasien

Der Hamburger Reeder Albert Ballin (1857–1918) machte als Generaldirektor der HAPAG die Hamburg-Amerika-Linie zur größten Schifffahrtslinie der Welt. Er gehörte zu der kleinen Gruppe ungewöhnlich erfolgreicher Juden, die sogar das Wohlwollen des Kaisers genossen, obwohl an dessen Hof durchaus antisemitische Gesinnungen gepflegt wurden. Auf diesem Foto aus der Zeit um 1914 ist Ballin im Gespräch mit Kaiser Wilhelm II. (links) zu sehen. Aus Verzweiflung über den Ausgang des Ersten Weltkrieges und die Abdankung „seines“ Kaisers nahm sich Ballin am 9. November 1918 – dem Tag der Ausrufung der Republik – das Leben.

Nachdem er in den USA moderne Verkaufsmethoden kennengelernt hatte, gründete der aus Birnbaum/Posen stammende Hermann Tietz (1827–1907) 1883 in Gera ein Weißwarengeschäft. 1896 eröffnete er dort das erste Warenhaus. In Berlin wurden vor dem Ersten Weltkrieg drei große Kaufhäuser errichtet. Sie wurden nach Hermanns Ausscheiden von seinem Sohn Oskar und dessen Sohn Georg Tietz weitergeführt.

waren Juden 1906 um das Sechsfache überrepräsentiert; in Frankfurt am Main besuchten im selben Jahr 86 Prozent, in Hamburg sogar 96 Prozent der jüdischen Kinder eine weiterführende Schule. Die Basis der Bildungsoffensive lag in der Familie, wo es schlicht außer Frage stand, dass eine gute Ausbildung beinahe jede Anstrengung lohne. Ein Musterbeispiel für ein erfolgreiches Familiennetzwerk waren die Mosses. Der Posener Arzt Markus Mosse und seine Frau Ulrike hielten ihre 14 Kinder schon früh zu Ordnungsliebe, Pflichterfüllung und hohem Arbeitseinsatz an. So schärfte der Vater dem jungen Theodor Mosse vor Beginn seiner Berufslaufbahn mit spartanischer Strenge ein, „entweder mit dem Schild oder auf dem Schild" zurückzukehren. Zum frühestmöglichen Zeitpunkt erlernten die Söhne das Führen eines Haushaltsbuchs und übten so den disziplinierten Umgang mit Geld. Rudolf Mosse, der erfolgreichste der acht Brüder, revolutionierte das Anzeigengeschäft und gab mit dem Reichs-Adressbuch einen Longseller heraus, der in der dritten Auflage mehr als 8000 Druckseiten umfasste. 1871 gründete er mit dem „Berliner Tageblatt" eine linksliberale Zeitung, die aufgrund ihrer sachlichen Berichterstattung bald weithin Respekt genoss. Albert Mosse widmete sich der Jurisprudenz und gehörte zu den Beratern des Tenno bei der Modernisierung des Inselreichs, ja zu den Mitschöpfern der japanischen Verfassung. Ein Lehrstuhl an einer deutschen Universität blieb ihm zwar versagt, doch als erster ungetaufter Jude brachte er es zum Oberlandesgerichtsrat und später zum Honorarprofessor in Königsberg. Im Hause Mosse pflegte man über Zurücksetzungen kaum Worte zu verlieren. Hier herrschte das Gefühl, die Zukunft zur Seite zu haben, und so identifizierten sich die Mosses trotz mancher Unzulänglichkeiten mit Staat und Nation. Die Unterstützung zahlreicher Stiftungen wurde innerfamiliär als Selbstverständlichkeit empfunden, wobei das soziale Engagement fast noch wichtiger war als die Förderung von Kunst und Wissenschaft.

Neben dieser Schauseite jüdischen Lebens sollte allerdings das Phänomen der armen Juden nicht vernachlässigt werden. Selbst wenn das Hausiererwesen spürbar zurückging, vegetierte manch ein jüdischer Kleinstunternehmer am Rande des Existenzminimums, und viele Zuwanderer in die größeren Städte brachten es nie zu nennenswertem Reichtum. Eine ihrer Stützen bestand in der jüdischen Gemeinde, die von jeher nicht nur eine religiöse, sondern auch eine juristische und soziale Einrichtung war.

Gemeinde und Familie

Nach den heftigen Auseinandersetzungen über die richtige religiöse Orientierung um die Jahrhundertmitte erlebte die Institution der Kultusgemeinde (Kehilla) im Kaiserreich eine vergleichsweise ruhige Zeit. Zehn bis zwanzig Prozent der deutschen Juden dürften der Orthodoxie zuzurechnen sein, die in den ländlichen Gebieten Posens und Nordhessens besonders stark war. Insgesamt tonangebend blieb das liberale Judentum, das bei den Gemeindewahlen durch das am Steueraufkommen orientierte Dreiklassenwahlrecht begünstigt wurde.

Das liberale Judentum entschied sich im Kultusbereich für moderate Reformen. Die Trennung im Gottesdienst zwischen Männern und Frauen wurde ebenso beibehalten wie die männliche Kopfbedeckung. Einige Gebetstexte wurden verändert, doch stand das Hebräische als sakrale Sprache nicht ernsthaft zur Diskussion. Spürbar an Bedeutung gewann hingegen die ästhetische Dimension des Gottesdienstes, und die Einführung einer Orgel war nicht selten der ganze Stolz einer liberalen Gemeinde. Noch wichtiger dürfte der allgemeine Säkularisierungsprozess gewesen sein. Er führte dazu, dass sich jüdische Bürger meist nur noch an den hohen Feiertagen auf ihr Judentum besannen. Um die Jahrhundertwende spielten kulturell geprägte Selbstbilder vermutlich eine größere Rolle als genuin religiöse Vorstellungen. Ein vielfach kolportierter Witz be-

stimmte den Unterschied zwischen Christen und Juden dahin, dass ein Christ sonntags nicht in die Kirche und ein Jude am Sabbat nicht in die Synagoge gehe. Freilich gehörte eine gewisse Nonchalance im Umgang mit religiösen Normen auch zum bürgerlichen Selbstverständnis. Über die private Seite des Glaubens wissen wir nicht allzu viel.
In der Familie sorgten die Frauen für die Vorbereitung der Feiertage, auf die große Energie verwandt wurde. Sie vermittelten ihren Kindern Grundanschauungen des Judentums und sorgten für die Einübung bürgerlicher Normen. Die Männer, die traditionell zu religiösem Studium verpflichtet waren, wussten den Einsatz ihrer Frauen zu schätzen. Nur wenige bekannten sich wie Sigmund Freud zu einem kämpferischen Agnostizismus. Er verbot seiner Frau Martha, der Enkelin des Hamburger Oberrabbiners Isaak Bernays, das Entzünden der Sabbatkerzen, was einem Affront gleichkam. Die meisten Männer bemühten sich eher um die Vermittlung der unterschiedlichen Lebenssphären. Nicht wenige gingen zwar am Sabbat ihren beruflichen Pflichten nach, doch eine Wahl in den Gemeindevorstand wurde allgemein als ehrenvoll betrachtet.
Der Heiratsmarkt spiegelte den wachsenden Wohlstand deutscher Juden. Besonders hoch im Kurs standen die Bildungspatente. Ein Berliner Akademiker konnte mit einer Mitgift von 75 000 Mark – heute etwa 500 000 Euro – rechnen; doch gehörten zu einer lohnenden Heirat eine Prise Glück und die notwendigen familiären Kontakte. Manch ein junger Mann stattete sich für eine Bäderreise kostspielig aus und machte trotz beträchtlicher Anstrengungen keine „gute Partie“. Die Zahl der Liebesheiraten war auch im jüdischen Bürgertum verschwindend gering. Zwar existierte eine breite Literatur, die in Gefühlen schwelgte und die Geschlechterrollen idealisierte; allein, wenn es zur Entscheidung kam, stand meist die Arrondierung der Vermögensverhältnisse im Vordergrund. „Gold ist Trumpf“ formulierte Theodor Fontane in seinem Roman *Frau Jenny Treibel* illusionslos, und kaum einer kannte das Bürgertum besser als er.
Die Autobiografien, von denen viele im New Yorker Leo Baeck Institut liegen, werfen ein mildes Licht auf das jüdische Familienleben. Häufig erscheinen die Frauen ebenso als organisatorisches Zentrum der Familie wie als Hüterin der religiösen Bräuche. Doch das Leben der jüdischen Frauen lässt sich nicht auf eine einfache Formel bringen. Im Besitz- und Bildungsbürgertum unterstützten sie nach Kräften den beruflichen Erfolg des Mannes, strebten aber auch die Überwindung traditioneller Rollenmuster an. Ihr Anteil unter den energischen Verfechterinnen der Frauenemanzipation war ungewöhnlich hoch, und Rahel Hirsch, die Enke-

Das berühmte Kaufhaus Hermann Tietz in der Brunnenstraße in Berlin, 1928. Wie Tietz waren es vor allem jüdische Unternehmer, die in den 1890er Jahren in Berlin die aus den USA stammende Idee des Warenhauses einführten. Innerhalb weniger Jahre entstanden in mehreren Berliner Bezirken palastartige, später auch moderne Gebäude, die das Bild der innerstädtischen Architektur prägten.

Das linksliberal ausgerichtete „Berliner Tageblatt“ aus dem Verlagshaus Mosse galt als eine der zuverlässigsten Informationsquellen des Landes. Hier ein Jugendstil-Plakat aus dem Jahr 1899, das für das „Berliner Tageblatt“ wirbt.

lin eines berühmtes Rabbiners, erhielt 1913 als erste deutsche Frau den Professorentitel. Nicht wenige Frauen entschieden sich für die Ausbildung als Lehrerin und hatten später für ihre Berufsausübung den Preis erzwungener Ehelosigkeit zu erbringen. (Heiratete eine Lehrerin, musste sie von Amts wegen ihren Beruf aufgeben.) So dynamisch das Kaiserreich in wirtschaftlicher Hinsicht auch war, politisch wurde es durch mannigfache Schranken charakterisiert. Klasse, Geschlecht und Religion bestimmten maßgeblich die individuellen und kollektiven Lebenschancen.

Politik gegen den Antisemitismus

Politisch optierte das jüdische Bürgertum für die Nationalliberalen. Führende Politiker dieser Partei waren Juden, und Eduard Lasker erwarb sich den Ruf, Bismarcks hartnäckigster innenpolitischer Gegner zu sein. Andererseits hatte der Reichskanzler viele jüdische Anhänger, wie überhaupt das Erreichen der deutschen Einheit die Liberalen mit solchem Stolz erfüllte, dass die Vorbehalte gegen die Bismarck'sche Konfliktpolitik erheblich leichter wogen. Den preußisch-österreichischen Krieg hatte Bismarcks jüdischer Bankier Gerson Bleichröder finanziert, der ihm auch später öfter aus der Bredouille half. Nach dem Börsenkrach 1873/74 vermied der Reichskanzler zwar die öffentliche Rückendeckung seines Bankiers, doch antisemitische Vorurteile spielten für ihn nie eine größere Rolle. So erwies sich die Denunziation Bleichröders durch Bismarcks Sohn Herbert 1889 als Schlag ins Wasser. Der ebenso ehrgeizige wie mittelmäßige Politiker hatte seinem Schwager Kuno Graf zu Rantzau die hasserfüllten Worte geschrieben: „Wenn dieser geldgierige Semit einige Millionen verdienen kann, ist es ihm ganz egal, was aus Papa und unserem Vaterlande wird." Der stets wohlinformierte Reichskanzler notierte an den Rand des Schriftstücks lediglich die nüchternen Worte: „Wem nicht?" Im Grunde wurde sein Verhältnis zu den Juden – wie zu fast allen Menschen – von reinen Nützlichkeitserwägungen bestimmt.

Mit der konservativen Wende der Bismarck'schen Politik 1878/79 sank der Einfluss der Liberalen, und das innenpolitische Klima wurde zunehmend durch antisemitische Ressentiments bestimmt. Immerhin behielt der Liberalismus auf kommunaler Ebene beträchtliches Gewicht und prägte das Gesicht von Metropolen wie Berlin, Breslau oder Frankfurt. Die Integration der Juden ins städtische Vereinswesen war hoch, wobei ein Rest gesellschaftlicher Distanz beinahe stets gewahrt blieb. Auch in der aufstrebenden Arbeiterbewegung spielten Juden eine wichtige Rolle. Sie stellten vor 1914 zehn Prozent der sozialdemokratischen Reichstagsabgeordneten und manchen führenden Kopf. Besonders angefeindet von der Partei-

Der traditionellen Rolle der jüdischen Frau in der Familie stand ein hoher Anteil jüdischer Frauenrechtlerinnen und berufstätiger Frauen gegenüber. Die Ärztin Rahel Hirsch (1870–1953) erhielt 1913 als erste deutsche Frau den Professorentitel.

Die aus einer jüdischen Posener Arztfamilie stammenden Brüder Mosse in einer Aufnahme aus dem Jahr 1891. Von links nach rechts: Albert, Salomon, Paul, Emil, Theodor, Rudolf und Max. Die Mosses gehörten zu den Aufsteigern des Kaiserreichs. Der Verleger Rudolf Mosse (1843–1920) war der erfolgreichste der Brüder.

Bismarcks jüdischer Bankier Gerson Bleichröder (1822–1893) auf einem Holzstich um 1893.

orthodoxie wurde Eduard Bernstein, der mit triftigen Argumenten den angeblich bevorstehenden Zusammenbruch der kapitalistischen Wirtschaftsordnung bestritt. Er rührte damit an ein zentrales Dogma der programmatisch noch am Marxismus orientierten Sozialdemokratie und hatte sich mit judenfeindlichen Vorbehalten in der Arbeiterpartei auseinanderzusetzen. Letztlich fasste man den Antisemitismus in der SPD jedoch als pure Demagogie auf, und August Bebel konnte sich breiter Zustimmung sicher sein, wenn er ihn als „Sozialismus der dummen Kerls" verspottete.

Wie sehr sich das innenpolitische Klima in der Bismarckzeit für die Juden verschlechterte, illustriert ein Blick auf die Flugschriften. 1869 hatte das Bekenntnis Richard Wagners zu seinem Pamphlet *Das Judenthum in der Musik* noch 170 gedruckte Gegenreaktionen hervorgerufen. Nach dem „Gründerkrach" von 1873/74 erschien eine antisemitische Broschüre nach der nächsten, ohne dass sich nennenswerter Widerspruch formierte; insgesamt waren es etwa 500. Lediglich der Historiker Heinrich von Treitschke, der 1878 im reichsweit ausgefochtenen Antisemitismusstreit den Satz „Die Juden sind unser Unglück" ventilierte, stieß auf energischen Widerstand. Kein Geringerer als sein Berliner Kollege Theodor Mommsen warf ihm vor, er schüre zum Schaden des Gemeinwesens niedere Instinkte. Letztlich musste jedoch der berühmte Althistoriker erkennen, dass Treitschke – ungeachtet seiner politischen Isolierung – sein wichtigstes Ziel erreichte: Der Antisemitismus wurde im Bürgertum salonfähig.

Angesichts der Vehemenz des politischen Antisemitismus herrschte im deutschen Judentum große Enttäuschung. Dem viel gelesenen Romancier Berthold Auerbach schien es 1879 sogar, er habe „vergebens gelebt und gearbeitet". Doch das Feld wurde keineswegs kampflos geräumt. Im März 1891 kam es zur Gründung des Vereins zur Abwehr des Antisemitismus, der sich linksliberalen Werten verpflichtet fühlte. Jüdische Honoratioren spielten im Abwehrverein eine wichtige Rolle, dessen Aufklärungsarbeit im stabilen politischen System des Kaiserreichs durchaus Früchte trug. Nach einem Zwischenhoch versanken die antisemitischen Parteien um die Jahrhundertwende in der politischen Bedeutungslosigkeit. Doch konnte der Abwehrverein nicht verhindern, dass der Antisemitismus im nationalistischen Klima der wilhelminischen Ära als gesellschaftliche Norm zunehmend an Akzeptanz gewann.

Wohl noch bedeutsamer als der Abwehrverein war der 1893 gegründete Centralverein deutscher Staatsbürger jüdischen Glaubens (CV), schließlich verfügte er im Unterschied zu der überkonfessionellen Organisation über einen Massenanhang. Schon bald galt der CV als die repräsentative politische Vertretung des deutschen Judentums. 1914 hatte er 40 000 Mitglieder, und die von ihm herausgegebene Monatsschrift „Im Deutschen Reich" besaß kaum weniger Abonnenten. Mit beträchtlichem Erfolg schöpfte der CV die Mittel des Strafgesetzbuchs aus und erwirkte etwa im Zusammenhang mit dem berüchtigten Ritualmordfall im westpreußischen Konitz die Verurteilung eines antisemitischen Verlegers. Stets betonte der CV seine Loyalität zur Nation Kants und Schillers und kritisierte ausdrücklich, wenn es Juden an Engagement für ihr deutsches Vaterland missen ließen. Noch heute nötigt sein Einsatz für die Geltung universaler und nationaler Werte Respekt ab. Doch ist auch die begrenzte Wirksamkeit seiner aufklärerischen Agenda deutlicher geworden. Auf dem „politischen Massenmarkt" ließ sich um 1900 mit dem Appell an die Vernunft nicht mehr viel erreichen, weil die neuen Ideologien mit hoher Energie den „ganzen Menschen" ansprachen.

Genau hier knüpfte die Kritik der zionistischen Bewegung an, deren Vertreter die Vorstellung eines harmonischen deutsch-jüdischen Zusammenlebens als schönfärberisch und antiquiert empfanden. Die charismatische Figur des Zionismus war Theodor Herzl. Wie kaum ein anderer stand der Wiener Journalist für den Wunsch, im Zeitalter des Nationalismus eine eigene jüdische Identität zu finden. Seine Schrift *Der Judenstaat* war freilich hoch umstritten, weil sie die Erfolge der Assimilation zu gefährden schien und überdies die religiöse Dimension des Judentums nicht recht ernst nahm. Ein Jahr nach ihrem Erscheinen wurde indes der Baseler Zionistenkongress 1897 zu einem international viel beachteten Ereignis. Herzls Sinn für politische Symbolik, aber auch sein Fortschrittsglauben, der ihn das orthodoxe Judentum als ein „verschlepptes Stück Mittelalter" betrachten ließ, trafen offenkundig den Ton der Stunde. Nach seinem frühen Tod 1904 wurde der Sitz der zionistischen Weltorganisation erst nach Köln und später nach Berlin verlegt. Generell spielte das Deutsche Kaiserreich in der Frühgeschichte des Zionismus eine zentrale Rolle. 1897 wurde die Zionistische Vereinigung für Deutschland gegründet, die trotz ihrer geringen Mitgliederzahl die politische Vorrangstellung des CV energisch in Frage stellte. Und die deutsche Sprache dürfte kaum zufällig das wichtigste Kommunikationsmedium auf den ersten internationalen Zionistenkongressen gewesen sein.

Unter den ostjüdischen Einwanderern war der Zionismus besonders populär, während der CV lediglich deutsche Staatsbürger aufnahm. Gleichwohl bestand an der bürgerlich nationalistischen Ausrichtung der deutschen Zionisten kein Zweifel. Erst 1912 erreichte der Parteisekretär Kurt Blumenfeld, dass die Auswanderung nach Palästina zum „Lebensprogramm" für „jeden Zionisten" erhoben wurde. Doch blieb dies eher eine theoretische Angelegenheit; denn die meisten deutschen Juden hatten ganz andere Ziele als die Auswanderung aus einem Land, mit dessen Kultur sie sich vielfältig verbunden fühlten. Dementsprechend reserviert fiel die Reaktion auf heroisierende Vorstellungen wie Max Nordaus Verherrlichung des „Muskeljudentums" aus. Selbst Blumenfeld, der lauthals das Ende des assimilatorischen Zeitalters verkündete, besaß ein durchaus ambivalentes Bild der jüdischen Geschichte. Beispielsweise teilte er Max Webers Auffassung, die Juden seien in der nachbiblischen Zeit zu einem Pariavolk geworden, was trotz der angestrebten soziologischen Strenge nicht frei von pejorativen Untertönen war. Wie viele Angehörige seiner Generation lehnte der 1883 geborene Blumenfeld die materialistische Welt der Gründerzeit ab. Herzls politisches Verständnis des Zionismus verstand er als antiquiert und setzte ihm eine kulturzionistische Lesart des Judentums entgegen, die einen umfassenden Neuanfang ermöglichen sollte. Offenkundig war mit dem Liberalismus auch das Assimilationskonzept in die Krise geraten. Selbst die glühendsten Verfechter der Bildungsidee mussten mit der Tatsache leben, dass sich die im Kaiserreich wirkenden Diskriminierungsmuster mit dem Hinweis auf überzeitliche Ideale nicht entkräften ließen.

Bericht

über die

erste General-Versammlung

des

Centralvereins

deutscher Staatsbürger

jüdischen Glaubens

am 30. December 1893

im Saale der „Gesellschaft der Freunde"

W. Potsdamerstrasse 9.

BERLIN W.

Kronenstrasse 22.

Titelseite des Berichts über die erste Generalversammlung des Centralvereins deutscher Staatsbürger jüdischen Glaubens (CV), 1893. Der Verein bemühte sich um die Bekämpfung des Antisemitismus und galt bald als repräsentative politische Vertretung des deutschen Judentums.

Bildung, Sprache, „jüdische Renaissance"

Die deutsche Universität lockte eine hohe Zahl jüdischer Nachwuchswissenschaftler an, bot jedoch nur wenige Dauerstellen, die zumeist für protestantische Gelehrte reserviert waren. Dementsprechend hoch war der strukturelle „Taufdruck", der mit dem Erklimmen der Karriereleiter immer weiter anstieg. 1911 stellte eine einschlägige Untersuchung fest, dass 37,6 Prozent der Privatdozenten jüdischer Herkunft konvertiert seien, während von den Ordinarien 70 Prozent den christlichen Glauben angenommen hätten. Das Zusammenspiel von ministeriellen und universitären Ausschlussmechanismen führte gerade in den etablierten Fächern zu Schranken, die nur wenige jüdische Wissenschaftler überwinden konnten. Stattdessen drängten sie in „kreative Nischen", wo sie beispielsweise den rasch voranschreitenden Differenzierungsprozess in der Medizin oder den modernen Naturwissenschaften nachhaltig beeinflussten. Bezeichnenderweise war die Zahl jüdischer Wissenschaftler in den forschungsorientierten Kaiser-Wilhelm-Instituten, aus denen nach dem Zweiten Weltkrieg die Max-Planck-Institute hervorgingen, ganz besonders hoch.

Freilich sollten die innovativen Leistungen jüdischer Akademiker auch nicht überbetont werden. Zwar prägten Gelehrte wie der Soziologe Georg Simmel oder Sigmund

Theodor Herzl (1860–1904), Vordenker und Mitbegründer der zionistischen Bewegung, um 1896.

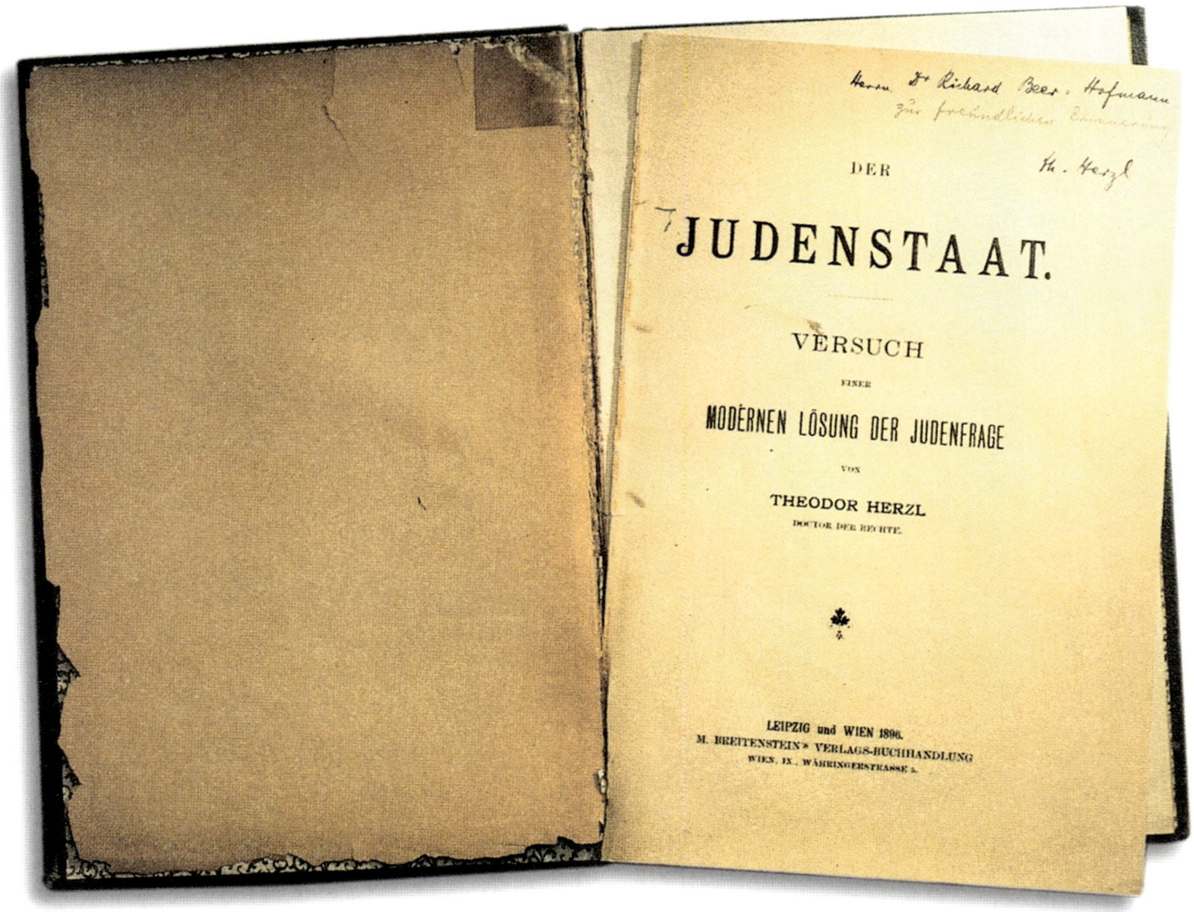

Herzls 1896 erstmals erschienene Schrift *Der Judenstaat* war innerjüdisch heftig umstritten, erreichte aber eine breite Öffentlichkeit. Herzl wurde damit zum Initiator des politischen Zionismus, der die Gründung eines selbstständigen jüdischen Staates anstrebte.

Freud die Entwicklung neuer Fächer, doch mindestens ebenso folgenreich war ein Phänomen, das sich als „Konformismus der Außenseiter“ beschreiben ließe. Viele jüdische Wissenschaftler waren zu hohen Anpassungsleistungen bereit und verließen sich für ihr berufliches Vorankommen in erster Linie auf ihren Fleiß. Ein Musterbeispiel für diese Haltung ist der herausragende jüdische Urkundenforscher Harry Bresslau. In einer Vielzahl von Texteditionen bewies er die Breite seiner Kenntnisse und die Güte seiner Methodik, doch die publikumswirksamen Gesamtdarstellungen der mittelalterlichen Geschichte überließ er seinen christlichen Kollegen. Über die konfessionelle Offenheit der deutschen Universität hatte er sich schon früh ein Bild machen können. Als er sich bei Leopold von Ranke über seine Zurücksetzungen im akademischen System beklagte, erwiderte der berühmte Historiker verständnislos: „Aber Bresslau, so treten Sie doch über.“

Das entscheidende Integrationsmedium für die deutschen Juden war die Sprache. Das Bildungsbürgertum verehrte die Klassiker und schätzte an Schiller wie Goethe die Verknüpfung nationaler und kosmopolitischer Werte. Die jüdischen Schriftsteller ließen sich allerdings nicht für eine Weltsicht vereinnahmen, sondern vertraten ganz unterschiedliche Auffassungen. Dabei reichte das stilistische Spektrum vom poetischen Realismus Jakob Wassermanns über Else Lasker-Schülers Symbolismus bis zum elitären Expressionismus jüdischer George-Schüler. Im Feuilleton und insbesondere in der Literatur- und Theaterkritik galten Journalisten wie Alfred Kerr oder Theodor Wolff als Maß der Dinge. Die Antisemiten hingegen unternahmen beträchtliche Anstrengungen, den Juden eine „mauschelnde“ Sprache zu attestieren. Gleichzeitig wurde es zunehmend beliebter, jüdischen Denkern fehlende Verwurzelung in der deutschen Kultur oder „intellektuelles Virtuosentum“ zu unterstellen. Eine tonangebende Gestalt wie den Marburger Philosophen Hermann Cohen focht dies nicht an. Der Ordinarius blieb davon überzeugt, dass sich jede Weltanschauung vor dem Forum der Vernunft rechtfertigen müsse. Er glaubte an eine idealistische Synthese aus Deutschtum und Judentum und betrachtete den Antisemitismus verächtlich als „nackte Dummheit – die sich selbst vernichten muss“. Dies war eine hochgradig normative Sicht der Dinge, die den gesellschaftlichen Realitäten nur unzureichend Rechnung trug. Spätestens um die Jahrhundertwende dominierte eine nationalistische Mythenwelt, die mit religiöser und völkischer Bedeutung aufgeladen war.

Junge Zionisten entwickelten eine eigene Ästhetik, um sich auf dem Markt der konkurrierenden Weltanschauungen zu behaupten. Neu gegründete Kulturzeitschriften verbreiteten ein positives Bild jüdischer Vergangenheit, das eher durch die Heldengestalten der hebräischen Bibel als durch die jahrhundertelangen Verfolgungen geprägt wurde.

Die Schlüsselgestalt der „jüdischen Renaissance“ war Martin Buber. In einer suggestiven Sprache priesen seine *Chassidischen Geschichten* die religiöse Ursprünglichkeit der Ostjuden. Zur Verbreitung seiner Ideen gewann Buber den Jenaer Verleger Eugen Diederichs, der mit seinen Ausgaben von Kierkegaard oder Tolstoi die Ausrichtung der Lebensreformbewegung mitbestimmte und Paul de Lagardes seltsame Vorstellung einer „deutschen Religion“ propagierte. Die *Reden über das Judentum*, die Buber zwischen 1909 und 1911 vor der Prager Studentenorganisation Bar Kochba hielt, stellten mit hoher Eindringlichkeit die Frage nach dem Wesen des Judentums. Bei ihrer Beantwortung gelang dem wortgewaltigen Intellektuellen ein erstaunliches Kunststück. Er vermittelte seinen Adepten genau jene jugendbewegten Anschauungen, die sie bereits vom Gymnasium kannten. Ein völkisch aufbereiteter Fichte wurde zum Idol der jungen Zionisten, die wie ihre christlichen Altersgenossen für Friedrich Nietzsches Idee des „gefährlichen Lebens“ schwärmten. Und so diente die Identifika-

Der junge Martin Buber (1878–1965) auf einem Foto um 1905. Mit seinen *Chassidischen Geschichten* war Buber eine Schlüsselfigur der „jüdischen Renaissance“ um die Jahrhundertwende.

tion mit der deutschen Kultur zugleich der ersehnten Wiedergeburt des Judentums. Wie idealistisch die Vorstellung war, das jüdische Leben auf kulturellem Weg zu erneuern, zeigte sich, als 1914 die europäische Friedensordnung zerbrach.

Das Judentum und der „Große Krieg“

Aus naheliegenden Gründen steht der Erste Weltkrieg in Deutschland – im Unterschied zu England oder Frankreich – stark im Schatten des Zweiten Weltkrieges und der Schoah. Dies hat häufig übersehen lassen, wie tief greifend die Folgen des „Großen Krieges“ für das deutsche Judentum waren. Zudem wurde allzu emphatisch die Kriegsbegeisterung deutscher Juden betont, obwohl sich nur wenige zeitgenössische Quellen dafür finden lassen. Die in den Schulbüchern bis auf den heutigen Tag beschworene „Augustbegeisterung“ war nicht viel mehr als ein staatlicher Propagandamythos, und die pathetischen Erklärungen jüdischer Verbände spiegelten nicht zuletzt das Ausmaß des Diskursdrucks. Dies gilt auch für den Aufruf des CV, „über das Maß der Pflicht hinaus“ dem Vaterland zu dienen. Hingegen zeigen die Rabbinerkonferenzen der ersten Kriegswochen beträchtliche Vorbehalte gegenüber dem verordneten nationalistischen Überschwang. Und die Zweifel der jüdischen Landbevölkerung unterschieden sich nicht von denen der christlichen. Dementsprechend gering fiel in ländlichen Regionen die Kriegsfreiwilligen-

Die deutschen Universitäten zogen eine große Zahl jüdischer Nachwuchswissenschaftler an. Berufliche Ausschlussmechanismen wirkten jedoch weiter. Wer im akademischen Bereich eine Festanstellung suchte, war hohem Konvertierungsdruck ausgesetzt. Gruppenfoto einer jüdischen Studentenverbindung aus dem Jahr 1908.

Mobilisierung auf der Straße Unter den Linden, Berlin 1914. Solche Bilder wurden gezielt verbreitet, um der Bevölkerung den Eindruck einer überwältigenden Kriegsbereitschaft zu geben. Auf dem Foto ist das Ehepaar Emma und Fritz Schlesinger bei der Verabschiedung des Kavalleristen Ludwig Börnstein zu sehen. Alle drei lebten später in Israel.

quote aus. So hatten sich von den 280 jüdischen Soldaten aus der bayerischen Rhön lediglich zwei freiwillig gemeldet. Allgemein zustimmungsfähig war hingegen die Ansicht, man dürfe die bedrohte Nation in der „Stunde der Not“ nicht im Stich lassen. Die sogenannte Burgfriedensrede Kaiser Wilhelms II. vom 4. August 1914 bestärkte zwar die deutschen Juden in ihrer Hoffnung auf endgültige Integration, doch schon bald machte sich Ernüchterung breit. Als Erstes stellte sich die Vorstellung von einem „kurzen Krieg“, den übereifrige Journalisten als „Spaziergang nach Paris“ präsentiert hatten, als Illusion heraus. Nachdem der deutsche Vormarsch an der Marne gestoppt worden war, musste man sich auf einen Zweifrontenkrieg einstellen, der trotz gewaltiger Mobilisierungsanstrengungen nichts Gutes verhieß. Die meisten Äußerungen im „Krieg der Geister“ bekundeten jedoch wenig Realitätssinn. Vor allem Schriftsteller, Professoren und Politiker der älteren Generation, die ihre fehlende Fronttüchtigkeit durch literarischen Eifer kompensierten, zeichneten ein heroisch verklärtes Kriegsbild und pflegten nationalistische Stereotypen. Unter ihnen befanden sich viele Juden, die insbesondere Kant als Ahnherrn des deutschen Patriotismus verherrlichten. Ernst Lissauers *Hassgesang gegen England* empfand man hingegen als Überreaktion, weil er den Kriegsgegner ungebührlich herabsetze. Sechzig angesehene Persönlichkeiten des deutschen Judentums beurteilten das vom Kaiser geschätzte Gedicht sogar dezidiert als „unjüdisch“. Die schon in Friedenszeiten nicht unkomplizierte Doppelidentität als Deutsche und Juden wurde im Krieg hochgradig problematisch. Immer wieder hoben die großen Verbände den jüdischen „Blutzoll“ für das Vaterland hervor und konnten doch anderslautende Gerüchte nicht zum Schweigen bringen. Großen Stolz empfand man ange-

Armee-Rabbiner bemühten sich um die Betreuung der jüdischen Soldaten. Das Foto entstand nach dem jüdischen Gottesdienst im belgischen St. Quentin im Herbst 1916.

sichts der Tatsache, dass zirka 2000 der 100 000 jüdischen Kriegsteilnehmer ein Offizierspatent erwarben. Diese Tatsache wog umso schwerer, als im Offizierskorps beträchtliche antisemitische Vorurteile herrschten. Bei der entscheidenden Abstimmung über die Aufnahme eines Bewerbers reichte eine schwarze Kugel unter noch so vielen weißen, um die Ablehnung zu erwirken. Im Kriegsalltag waren judenfeindliche Schikanen an der Tagesordnung, und schon während der Ausbildung litten die Angehörigen des Bildungsbürgertums an den Ressentiments der Unteroffiziere. Die Dienstbefreiung an den hohen jüdischen Feiertagen oder die Bereitstellung koscherer Speisen scheiterte hingegen häufig an organisatorischen Schwierigkeiten. Gleichwohl sollte man die Besonderheiten jüdischer Kriegserfahrung nicht überbetonen. Private Quellen wie Tagebücher und Briefe belegen eindrücklich, in welchem Ausmaß jede Form von Idealismus durch den Kriegsalltag zerschlissen wurde.

Nach Kräften bemühten sich die Armeerabbiner um Betreuung der jüdischen Soldaten. Die anfallenden Kosten wurden anfangs vom 1904 gegründeten Verband der deutschen Juden getragen. Später übernahm das Kriegsministerium die Finanzierung. Die jüdischen Gemeinden hatten großes Interesse an den Schilderungen „ihrer" Rabbiner, und so berichtete ein angesehener Gelehrter wie Leo Baeck alle zwei Wochen nach Berlin. Mit seiner 1905 erschienenen Schrift *Das Wesen des Judentums* hatte sich Baeck größere Bekanntheit erworben. Die Arbeit galt als die wichtigste jüdische Reaktion auf Adolf von Harnacks Werk *Das Wesen des Christentums*, mit dem dieser bedeutende Theologe protestantischen Suprematieansprüchen gegenüber dem Judentum Ausdruck verliehen hatte. Im Krieg entwarf Baeck ein „Feldgebetbuch" für jüdische Sol-

Gottesdienst zu Chanukka, dem jüdischen Tempelweihefest, 1916 in Osteuropa. In der Mitte sieht man die Menora, den siebenarmigen Leuchter, das wichtigste Symbol des etwa zeitgleich mit Weihnachten gefeierten Fests, das auch Lichterfest genannt wird.

daten, legte aber keine chauvinistischen Gefühle an den Tag. Die Vorstellung vom „Gott der Deutschen“ war ihm ebenso suspekt wie die Herabsetzung der Kriegsgegner. Sogar den „Ideen von 1789“ erwies er seine Reverenz. So hielt er in einer französischen Schule einen Gottesdienst ab und ließ die Erklärung der Menschenrechte an der Tafel stehen. Als Baeck jedoch an die Ostfront versetzt wurde, weckte die Weite des unbekannten Raumes Fremdheitsgefühle, ja Ängste. Auch aus sprachlichen Gründen begegnete er den dortigen Juden unsicher, womit er sich kaum von anderen Intellektuellen unterschied. Selbst Zionisten, die sich den „Ostjudentumskult“ auf ihre Fahnen geschrieben hatten, reagierten bisweilen schockiert auf die Armut der Juden in Litauen oder Polen und unterstrichen die Höhe der eigenen zivilisatorischen Standards.

Mit der Revolution vom November 1918 endete die Zeit des Kaiserreichs. Der überwiegende Teil der deutschen Juden verteidigte zwar die alte Staatsordnung, gleichwohl spielten jüdische Politiker in der Revolution eine wichtige Rolle. Das Foto zeigt in der Bildmitte den führenden Kopf der revolutionären Ereignisse in Bayern, Kurt Eisner (1867–1919), in einem Demonstrationszug in München am 16. Februar 1919. Wenige Tage später fiel er einem völkisch-nationalistisch motivierten Mordanschlag zum Opfer.

Bemerkenswert ist die hohe Bedeutung, die das deutsche Judentum der Friedensidee beimaß. Rabbiner beschworen seltener als protestantische oder katholische Geistliche Gottes Nähe zur deutschen Nation, und an den hybriden Kriegszieldiskussionen beteiligten sich jüdische Intellektuelle fast überhaupt nicht. Charakteristisch für ihre Haltung war Theodor Wolff, dessen „Berliner Tageblatt“ sachlich informierte und darum von der Militärzensur mit schöner Regelmäßigkeit verboten wurde. Bereits am 27. August 1914 vertraute Wolff seinem Tagebuch die zweifelnden Worte an: „Wenn sich nur schließlich die vielen Toten nicht aufrichten und fragen: warum?!“ Doch auch unter den deutschen Juden waren radikale Pazifisten in der Minderheit. Schon allein ihre staatskritische Haltung stempelte Intellektuelle wie Gershom Scholem oder Albert Einstein zu Außenseitern, die politisch überwacht wurden und deren Ideen lediglich kleine Zirkel erreichten.
Immerhin erschwerte die Zensur in den ersten Kriegsmonaten nachhaltig die Verbreitung antisemitischer Publikationen. Doch der „Burgfrieden“ vom August 1914 erwies sich als Schönwetter-Konstruktion. Mit zunehmender Härte des Krieges suchten immer mehr Menschen nach einem Sündenbock und stellten die Zugehörigkeit der Juden zur deutschen Nation in Frage. Eine besonders hohe Verbreitung fanden Houston Stewart Chamberlains Kriegsaufsätze, die im Gewand der England-Kritik gezielt antisemitische Stereotypen verbreiteten. Der Abwehrverein kämpfte vergeblich gegen die zu einem Spottpreis vertriebenen antisemitischen Druckerzeugnisse. Zum einen fehlte es der Organisation an den notwendigen materiellen Ressourcen, zum anderen verlor ihr universalistisches Weltbild im erbittert geführten Propagandakrieg zunehmend an Attraktivität. Generell arbeitete die Zeit gegen jene Rechtfertigungen des Judentums, die auf die Einsichtsfähigkeit des Bürgers vertrauten.
Beeinflusst durch das antisemitische Meinungsklima, veranlasste das Kriegsministe-

rium im Oktober 1916 eine Erhebung über die jüdische Kriegsbeteiligung. Da die einschlägigen Akten verbrannt sind, dürfte sich die Vorgeschichte dieses fatalen Ereignisses nie vollständig aufklären lassen. Doch spricht einiges dafür, dass neben antisemitischen Ressentiments im Offizierskorps auch die Mobilisierungsanstrengungen der III. Obersten Heeresleitung unter Hindenburg und Ludendorff eine Rolle spielten. Immerhin galt es, nach den Massenschlachten an der Westfront eine erneute Konzentration der Kräfte zu erwirken. Für die betroffenen jüdischen Kriegsteilnehmer war die Konfessionsstatistik jedenfalls äußerst deprimierend. Die „Judenzählung", bei der jüdische Soldaten vorab gezielt in die Etappe verlegt wurden, um ihren vermeintlich geringen Fronteinsatz zu erweisen, war eine öffentliche Demütigung. Im Reichstag kam es zu heftigen Protesten, und schließlich nahm das Militär von der Publikation der erhobenen Zahlen Abstand. Den Rufmord bändigte das nicht – im Gegenteil. Nun konnte jede antisemitische Organisation ihre Vorstellungen verbreiten, ohne die Korrektur durch harte Fakten fürchten zu müssen. Bezeichnenderweise gehörte der durch nichts gerechtfertigte Vorwurf jüdischer Feigheit vor dem Feind noch in der Weimarer Republik zum Standardrepertoire antisemitischer Propaganda.
Bei Kriegsende wurde das deutsche Judentum von ganz unterschiedlichen Gefühlen bewegt. Natürlich herrschte tiefe Enttäuschung über den Kriegsausgang, der den lange gehegten Hoffnungen so gar nicht entsprach; doch die Menschen freuten sich auch darüber, dass der Krieg endlich vorbei war. In der Revolution spielten jüdische Politiker eine wichtige Rolle und zogen den Hass völkisch-nationalistischer Kräfte auf sich. Unter den Toten, die es in München und Berlin zu beklagen gab, befanden sich Kurt Eisner, Gustav Landauer und Rosa Luxemburg. Der überwiegende Teil der deutschen Juden verteidigte jedoch die alte Staatsordnung. Exemplarisch sei auf die „Bayerische Israelitische Zeitung" verwiesen, die am 31. Oktober 1918 die königstreue Einstellung der bayerischen Juden unterstrich und Eisner zur „Zurückhaltung" mahnte.

Das hasserfüllte politische Klima wurde freilich durch keinen noch so wohlmeinenden Appell verändert. So verteilte allein die sektiererische „Deutsche Erneuerungsgemeinde" des fanatischen Antisemiten Theodor Fritsch etwa zwei Millionen Flugblätter. Ungeachtet ihres patriotischen Einsatzes hielt man es auf der völkischen Rechten für ausgemacht, dass die Juden die Hauptschuldigen für die Kriegsniederlage seien. Führende Militärs, die es wirklich besser wissen konnten, verbreiteten die Dolchstoßlegende und erhöhten damit die Gefährdung der deutschen Juden. Fassungslos verwiesen diese immer wieder auf die 12 000 jüdischen Soldaten, die ihr Leben für das Vaterland gelassen hatten.

Recht bald gewann die jüdische Bevölkerung eine positive Einstellung zur Weimarer Republik und zu den sie tragenden Parteien. Gegen antisemitische Übergriffe vertraute sie auf den Schutz durch die neue Staatsordnung. Gleichwohl erinnerten sich viele Menschen an das Kaiserreich als ein Zeitalter harmonischen deutsch-jüdischen Zusammenlebens, das mit dem Krieg für immer untergegangen war.

Das jüdische Berlin der Kaiserzeit

Ulrich Wyrwa

Am 5. September 1866 wurde in Berlin die Neue Synagoge eröffnet. Die in der Oranienburger Straße, im Zentrum der Stadt gelegene, im maurischen Stil gebaute und mit markanter, das Stadtbild prägender goldener Kuppel versehene Synagoge gehörte mit ihren 3000 Plätzen zu den größten Synagogenbauten der Zeit. Die Entwürfe stammten von dem Berliner Achitekten Eduard Knoblauch (1801–1865), vollendet wurde der Bau von Friedrich August Stüler (1800–1865). Innenarchitektonisch war er Ausdruck für eine Erneuerung des jüdischen Gottesdienstes: Die Frauenempore war frei von Sichtblenden und es gab eine lediglich noch von einer Trennwand verdeckte Orgel. Mit ihrem reichhaltigen und farbigen Dekor sowie ihrer ausgefeilten Gasbeleuchtung schuf diese Synagoge eine ganz neuartige und außergewöhnliche religiöse Atmosphäre.

Die Neue Synagoge, an deren feierlicher Einweihung unter anderem der preußische Ministerpräsident Otto von Bismarck zusammen mit weiteren Ministern seines Kabinetts sowie Mitglieder des Magistrats von Berlin und der Stadtverordnetenversammlung teilnahmen, fand eine ungemein positive Rezeption in weiten Teilen der städtischen Öffentlichkeit. Von jüdisch-orthodoxer Seite indes kamen Bedenken. Die Architektur drohe „den bisherigen jüdischen Kultus in der Gemeinde" zu zerstören, monierte Aron Hirsch Heymann (1802–1880), von 1838 bis 1866 Vorsteher der Gemeinde und 1869 Mitbegründer der orthodoxen Separatgemeinde Adass Jisroel, in seinen 1873 verfassten Lebenserinnerungen. Das Gebäude, so fuhr Heymann fort, „sei ein schönes Theater, aber keine Synagoge".[1]

Selbst die konservative „Neue Preußische Zeitung", die sogenannte Kreuzzeitung, lobte bereits vor der Eröffnung die Neue Synagoge, und der Schriftsteller Theodor Fontane hob in seinem hier veröffentlichten Artikel hervor, dass die Architektur „dieses reichen jüdischen Gotteshauses [...] an Pracht und Großartigkeit der Verhältnisse alles weit in den Schatten stellt, was die christlichen Kirchen unserer Hauptstadt aufzuweisen haben".[2]

Für die Mehrzahl der zeitgenössischen Juden in Berlin war das neue Gotteshaus, wie es in der „Allgemeinen Zeitung des Judentums" hieß, „ein Stolz der jüdischen Gemeinde". Bei seiner Einweihung sei insbesondere „der historische Zusammenhang" dieser neuen Synagoge „mit der alten thränenreichen Geschichte des jüdischen Volkes" deutlich geworden. Den Fortschritt der neueren Zeit, der gerade auch in diesem neuen Gotteshaus zum Ausdruck komme, hob ebenfalls der Rabbiner Joseph Aub (1805–1880) in seiner Einweihungsrede hervor, wenn er den „Geist humaner, dem neuen Zeitalter entsprechender Duldung" betonte.[3]

Im Zentrum der bürgerlichen Gesellschaft

Notwendig geworden war der Bau einer neuen Synagoge, weil die jüdische Bevölkerung Berlins in den vorangegangenen Jahrzehnten einen rapiden Anstieg erlebt hatte. Von der Mitte des 19. Jahrhunderts bis zum Beginn der 1860er Jahre war die Zahl der in Berlin lebenden Juden von knapp 10 000 auf nahezu 18 000 angestiegen, und im folgenden Jahrzehnt hatte sie sich noch einmal annähernd verdoppelt, sodass im Jahr 1871, als Berlin zur neuen deutschen Hauptstadt wurde, über 36 000 Juden in der Stadt lebten, was einem Bevölkerungsanteil von 3,9 Prozent entsprach. Die Zahl der Juden in Berlin stieg in den folgenden Jahrzehnten zwar nicht mehr ganz so rasant an wie vor der Reichsgründung, nahm gleichwohl immer noch deutlich zu, bis sie nach der Jahrhundertwende prozentual leicht zurückging.

Entwurf für die Gestaltung der Ostwand der Neuen Synagoge in der Oranienburger Straße in Berlin von Friedrich August Stüler von 1863. Die Wirkung der von Stüler geplanten Gestaltung zeigt der Bericht in der Vossischen Zeitung am Tag nach der Eröffnung der Neuen Synagoge: „Das Licht strömt durch die vielfarbigen Fenster gleichsam magisch gedämpft und verwandelt. Decke, Wände, Säulen, Bögen und Fenster sind von außergewöhnlicher Pracht und bilden mit ihrer Vergoldung und dem Schmuck ein wunderbares arabeskes, in ein harmonisches Ganzes verwobenes Band und schaffen so eine märchenhaft vergeistigte Wirkung.“

Die jüdische Bevölkerung Berlins und ihr Anteil an der Gesamtbevölkerung:[4]

1871	36 000	3,9 %
1885	65 000	4,2 %
1895	94 000	4,2 %
1905	130 000	4,0 %
1910	144 000	3,9 %

Beruflich war die jüdische Bevölkerung Berlins überwiegend im Bereich Handel und Verkehr tätig, doch ging der Anteil von über 50 Prozent zu Beginn der 1860er Jahre auf knapp über 40 Prozent im ersten Jahrzehnt des neuen Jahrhunderts zurück. Gleichzeitig stieg der Anteil der in Industrie und Handwerk tätigen Juden in Berlin von der im Vergleich zur Gesamtbevölkerung gesehen sehr geringen Zahl von 17 Prozent um 1860 auf 36 Prozent um 1910. Im Bereich der häuslichen Dienstleistungen wiederum sank der Anteil von acht auf 0,6 Prozent, während er in den freien Berufen leicht, von sechs auf 7,5 Prozent, anstieg.

Was das jüdische Berlin der Kaiserzeit vor allem auszeichnete, war aber nicht nur die nummerische Stärke, sondern auch der rapide soziale Aufstieg der Juden. Von einer marginalisierten, an den Rand der ständischen Gesellschaft abgedrängten religiösen Minderheit war die jüdische Bevölkerung zu einer überwiegend wohlhabenden und gut situierten Gruppe im Zentrum der bürgerlichen Gesellschaft geworden. Diesen sozialen Aufstieg verdankten die Juden in erster Linie ihren Kompetenzen im Bereich des Handels, jenem Bereich der Wirtschaft, der in der vorindustriellen Welt eher negativ besetzt war und in den die Juden aus diesem Grund abgedrängt worden waren. In dem historischen Moment, in dem mit Industrialisierung und Urbanisierung der Handel zu einem zentralen Sektor der Ökonomie wurde, schlug die Ausgrenzung der Juden dialektisch in einen Startvorteil in der entstehenden Konsumgesellschaft um. Da Berlin in dieser Zeit zu einem Handelszentrum in Deutschland wurde, konnte die jüdische Bevölkerung dieser Stadt davon in besonderer Weise profitieren.

In stadträumlicher Hinsicht zeigte sich das jüdische Berlin äußerst vielgestaltig. Ein in sich abgeschlossenes Wohnviertel existierte nicht, die jüdische Bevölkerung verteilte sich auf verschiedene Quartiere. Gleichwohl lag der Mittelpunkt des Gemeindelebens in der Spandauer Vorstadt. Hier wurde nicht nur die Neue Synagoge gebaut, schon die alte Synagoge in der Heidereutergasse lag in diesem Teil der Stadt. Kurz vor Eröffnung der Neuen Synagoge durch die überwiegend liberal-religiöse Hauptgemeinde hatten stärker an religiösen Reformen orientierte Juden in der ebenfalls in diesem Viertel gelegenen Johannisstraße eine eigene Synagoge gebaut, und die alte Synagoge in der Heidereutergasse diente nach 1866 den orthodoxen Mitgliedern der Hauptgemeinde als Gotteshaus.

Der Schriftsteller Georg Hermann 1913 mit seiner Familie in seinem Haus in Berlin. 1871 als Georg Borchardt in einer berlinisch-jüdischen Kaufmannsfamilie geboren, war er zunächst als Journalist und Kunstkritiker tätig. 1906 hatte er mit seinem Roman *Jettchen Gebert*, der tragischen Lebensgeschichte einer jungen jüdischen Frau im Berlin der Biedermeierzeit, großen Erfolg. Auch weitere seiner Romane, die gleichfalls im jüdisch-bürgerlichen Milieu Berlins spielten, wurden zu Bestsellern. Im März 1933 emigrierte Hermann in die Niederlande. Nach der deutschen Besetzung war er 1943 im Konzentrationslager Westerbork interniert, wurde dann nach Auschwitz deportiert und dort ermordet.

In unmittelbarer Nachbarschaft eröffnete die Vereinigung gesetzestreuer Juden, Adass Jisroel, ihre Synagoge und ein Rabbinerseminar. Darüber hinaus lagen in diesem Viertel das Israelitische Krankenhaus und das Altersheim der Gemeinde sowie deren Knaben- und Mädchenschule. 1872 wurde hier die Hochschule für die Wissenschaft des Judentums eröffnet, und auch die 1885 gegründete Historische Commission für die Geschichte der Juden in Deutschland, aus der 1905 das Gesamtarchiv der deutschen Juden hervorging, hatte in diesem Stadtteil ihren Sitz. Nach Osten hin schloss sich daran das zwischen Rosenthaler Platz und Alexanderplatz gelegene Scheunenviertel an, in dem vor allem die aus Osteuropa eingewanderten armen Juden in dicht gedrängten und ärmlichen Verhältnissen lebten.
Während die alte Mitte Berlins im Zuge der Urbanisierung zu einem Geschäfts- und Verwaltungsviertel wurde, zog ein Großteil der Berliner Juden ihrem sozialen Aufstieg entsprechend in bessere Wohnlagen um, bevorzugt in die neuen bürgerlichen Viertel im Westen der alten Stadt, zunächst in das Tiergarten- und Hansaviertel, sodann in das Gebiet um den Kurfürstendamm und darüber hinaus insbesondere in die vor Berlin gelegene eigenständige Stadt Charlottenburg. Um 1910 wohnten so etwa 23 Prozent der jüdischen Bevölkerung in Berlin Mitte, 16 Prozent in Charlottenburg, 13 Prozent in Prenzlauer Berg, elf Prozent in Tiergarten, fast neun Prozent in Schöneberg, sieben Prozent in Wilmersdorf und ebenso viele in Kreuzberg.
Im Zuge dieser stadträumlichen Verlagerungen und der Zunahme der jüdischen Bevölkerung einerseits sowie der unterschiedlichen religiösen Orientierungen andererseits wurde auch der Bau zusätzlicher Synagogen

Die oben abgebildete Postkarte zeigt eine Aufnahme der Artilleriestraße 31. In dem Haus befanden sich ab 1904 die Synagoge, das Rabbinerseminar und die Verwaltung der orthodoxen Separatgemeinde Adass Jisroel.

Innenansicht der von Gustav Stier entworfenen und 1854 eröffneten Synagoge der liberalen Mitglieder der jüdischen Gemeinde in der Johannisstraße, die als Ausdruck der Reform des jüdischen Gottesdienstes eine Orgel hatte.

Die sogenannten Ostjuden lebten in Berlin in dem zwischen Rosenthaler Platz und Alexanderplatz gelegenen Scheunenviertel. In ihrer traditionellen Kleidung erregten sie die Aufmerksamkeit der übrigen Einwohner Berlins, wie hier auf diesem Foto, wo ein orthodoxer Jude am Sabbat in der Grenadierstraße seine Kinder ausführt. Die deutschen Juden schwankten in ihrem Verhältnis zu den Ostjuden zwischen Unbehagen und Wohltätigkeit.

notwendig. 1891 etwa wurde die liberale Synagoge in der Lindenstraße in Kreuzberg eröffnet, und 1903/04 erbaute die liberale Hauptgemeinde in der Rykestraße im Bezirk Prenzlauer Berg eine weitere Synagoge. Als Vereinssynagoge wurde 1911/12 das Gotteshaus in der Pestalozzistraße in Charlottenburg errichtet, 1912 wurde die monumentale Synagoge in der Fasanenstraße eingeweiht, und von 1913 bis 1916 errichtete die Hauptgemeinde eine orthodoxe Synagoge am Kottbusser Ufer (heute Fraenkelufer) in Kreuzberg.

In dem Maße, wie die alte Stadt zu einem Verwaltungs- und Geschäftszentrum wurde, nahmen einzelne Straßenzüge und Plätze eigene wirtschaftliche und kulturelle Profile an, die wiederum in einem jeweils spezifischen Zusammenhang mit dem jüdischen Berlin standen. So bildete sich um den Hausvogteiplatz das Konfektionsviertel, zwischen Französischer Straße, Behren- und Jägerstraße das Bankenviertel, sowie südlich der Leipziger Straße das Zeitungsviertel. Die von Berliner Juden aufgebauten Industriebetriebe wiederum, etwa im Maschinenbau oder im Bereich Elektro- sowie der chemischen Industrie, befanden sich vorwiegend nördlich des Tiergartens in Moabit.

Hinsichtlich der Lebenshaltungen und der Alltagskultur war das jüdische Berlin eine Gemengelage, eine Überlagerung verschiedenster Lebensstile und kultureller Einstellungen. Eine in sich geschlossene und homogene Identität oder eine einheitliche Lebensweise ist angesichts der Vielfalt jüdischer Lebensformen im kaiserzeitlichen Berlin kaum auszumachen. Zum jüdischen Berlin gehörten gesetzestreue ebenso wie allein auf die Einhaltung des Sabbat achtende Juden, und wieder andere standen den religiösen Riten und Traditionen eher distanziert gegenüber.

Zum jüdischen Berlin gehörten auch die kleinen Leute, im Mittelpunkt aber standen

Rechts die 1912 eröffnete Synagoge in der Fasanenstraße in Charlottenburg. Oben begrüßen der Vorsteher der Jüdischen Gemeinde, Julius Jacoby, und der Justizrat Leo Lilienthal am 31. Oktober 1912 Kaiser Wilhelm II. vor der gerade eingeweihten Synagoge in der Fasanenstraße.

die Angehörigen des gut situierten und wohlhabenden jüdischen Bürgertums, des sozialen Erfolgs ihrer Familiengeschichte eingedenk und ihren bürgerlichen Aufstieg kultivierend. Nicht immer vermochte die jüngere Generation diese Erfolgsgeschichte mitzutragen, Teile wendeten sich vom stolzen bürgerlichen Habitus und dem patriarchalischen Familienleben ab. Immer wieder rief der Wechsel der Generationen neue Facetten im jüdischen Berlin hervor. Hinzu kamen verschiedene Lebensgestaltungen je nach beruflichem Hintergrund. Neben jüdischen Unternehmern, Anwälten oder Ärzten standen jüdische Intellektuelle, die als Journalisten, Schriftsteller oder Künstler tätig waren und dem jüdischen Berlin jeweils besondere Prägungen gaben. In all diesen Bereichen überlagerten sich die Lebensstile praktizierender Juden und nichtjüdischer Juden, frommer Juden und jüdischer Agnostiker. Zum jüdischen Berlin gehörten ferner Zuwanderer aus Osteuropa, die aus ihrer Heimat ganz andere, fremde oder vergangen geglaubte Lebensstile mitbrachten, vom etablierten jüdischen Bürgertum Berlins mitunter argwöhnisch beäugt.
All diese unterschiedlichen Lebensformen überlagerten sich mit verschlungenen politischen Orientierungen. Neben liberal-national ausgerichteten Juden standen preußisch-patriotische und kaisertreue Juden. So waren im jüdischen Berlin Ausdrucksweisen eines Hohenzollern-Pathos ebenso zu vernehmen, wie eine – eingedenk der in der Verfassung des Deutschen Reiches verankerten rechtlichen Gleichstellung der Juden – frühe Form von jüdisch-liberalem Verfassungspatriotismus. Weite Teile des jüdischen Bürgertums der Stadt teilten die Verehrung für die deutsche Kultur und die humanistische Bildung. Neben diesen patriotischen Juden standen jüdische Kosmopoliten sowie zionistische Juden oder jüdische Sozialisten.

Panorama des Hausvogteiplatzes, dem Mittelpunkt des Konfektionsviertels, um 1905. In der expandierenden und bald berühmten Berliner Konfektion war der Anteil jüdischer Unternehmer größer als in allen anderen Branchen.

Um dieses Spektrum unterschiedlicher Lebenshaltungen, politischer Orientierungen und religiöser Einstellungen innerhalb des jüdischen Berlin zu konkretisieren, seien die Lebenswege einiger Berliner Juden skizziert.

Jüdische Lebenswege in Berlin

Der in Halberstadt geborene Esriel Hildesheimer (1820–1899) wurde nach seiner Rabbinerausbildung und Stationen in Ungarn 1869 an die neu gegründete orthodoxe Gemeinde in Berlin berufen, baute hier das orthodoxe Rabbinerseminar auf und prägte nachhaltig das religiös traditionelle Milieu innerhalb des jüdischen Berlins. Sein im orthodoxen Sinne erzogener Sohn Hirsch Hildesheimer führte diese Familientradition fort und unterrichtete ebenfalls am Rabbinerseminar. Wie sehr der religiöse Lebensstil den Alltag der Familie prägte, berichtet noch die 1884 im Haus des Berliner Rabbinerseminars geborene Enkeltochter und Lehrerin Henriette Hirsch in ihren Lebenserinnerungen.

Eine ganz andere Lebensführung und religiöse Einstellung hatte der aus Mainz stammende Ludwig Bamberger (1823–1899), der sich vor allem politisch engagierte und für die Bildung einer liberalen Gesellschaft sowie die Idee einer demokratischen Nation eintrat. Nach der Revolution von 1848/49 floh er aufgrund der politischen Verfolgungen ins Ausland und wurde in Deutschland zum Tode verurteilt. Im Exil vor allem im Bankgeschäft tätig, konnte er nach einer 1866 erlassenen Amnestie nach Deutschland zurückkehren und erwarb im Tiergartenviertel in Berlin eine Stadtvilla. Als Nationalliberaler zunächst in das Zollparlament und daraufhin in den Reichstag gewählt, war Bamberger vor allem auf finanzpolitischem Gebiet tätig und wesentlich an der Bildung der Deutschen Reichsbank sowie der Einführung der Reichsmark beteiligt. In seinen Tagebüchern und Briefen beschäftigte er sich immer wieder mit der Frage nach den habituellen und kulturellen Zuschreibungen, mit denen Juden konfrontiert wurden. Als ein säkularer Jude griff Bamberger aktiv in den Berliner Antisemitismusstreit ein und verteidigte das Judentum gegen die Vorwürfe seines einstigen Fraktionskollegen Heinrich von Treitschke.

Auch der in Fürth als Sohn eines Papiergroßhändlers geborene Leopold Ullstein (1826–1899) nahm an den religiösen Riten kaum mehr Anteil, ließ ihnen aber „einen Rest von Würde“.[5] 1858 ging er nach Berlin, eröffnete hier ebenfalls einen Papiergroßhandel und war gleichzeitig in der Stadtverordnetenversammlung tätig. 1877 wechselte er das Metier, erwarb das „Neue Berliner Tageblatt“ und etablierte sich als Zeitungsverleger. Kurz darauf übernahm er auch die „Berliner Zeitung“, gab 1887 die „Berliner Abendpost“ und 1891 die „Berliner Illustrirte Zeitung“ heraus. Nach seinem

Abbildung der Ludwig Loewe AG in der Huttenstraße in Berlin Moabit. Inhaber Ludwig Loewe (1837–1886) hatte zunächst Werkzeugmaschinen und ab 1873 auch Waffen hergestellt. Ludwigs Bruder und Nachfolger Isidor Loewe (1848–1910) wurde 1892 Zielscheibe antisemitischer Verleumdungen. Hermann Ahlwardt (1846–1914) beschuldigte ihn in seinem Pamphlet *Judenflinten*, dem Deutschen Reich mangelhafte Gewehre geliefert zu haben. Diese Verleumdungen wurden zwar vom Kriegsministerium zurückgewiesen, Ahlwardt erzielte aber mit seiner mehrfach aufgelegten Schrift breite öffentliche Aufmerksamkeit.

Tod im Jahr 1899 übernahmen die Söhne das um den Ullstein-Buchverlag erweiterte Geschäft. Sie ließen sich jedoch taufen und lösten damit ihre Verbindungen zur jüdischen Tradition und zur religiösen Herkunft ihrer Familie.
Im Unterschied zu den Ullstein-Söhnen setzte sich der spätere Außenminister der Weimarer Republik, Walther Rathenau (1867–1922), Sohn des Berliner Unternehmers Emil Rathenau (1838–1915), philosophisch immer wieder mit seiner jüdischen Herkunft und den Fragen der jüdischen Kultur auseinander. Wie Leopold Ullstein hatte auch Emil Rathenau in seiner Lebensführung den jüdischen Traditionen nur mehr geringe Beachtung geschenkt. Er setzte seine ganze Energie in den Aufbau der von ihm gegründeten Allgemeinen Elektricitäts-Gesellschaft (AEG). Sein Sohn war zunächst in verschiedenen Industrieunternehmen und Aufsichtsräten tätig, bevor er am Ende des Jahrhunderts in die Leitung der AEG berufen wurde. Kurz darauf trat er auch in den Vorstand eines maßgeblichen Berliner Bankhauses ein. Doch blieb Walther Rathenau ein Außenseiter und Einzelgänger und führte eine zwischen jüdischem Selbsthass und jüdischer Selbstbehauptung changierende intellektuelle Auseinandersetzung über seine religiöse Herkunft.
Aber nicht nur im Milieu der Unternehmer waren Berliner Juden vertreten, sondern auch im Kleinhandel. Der in Berlin geborene Hugo Lissauer (1834–1910) setzte sich nach seiner kaufmännischen Ausbildung vor allem für die Interessen der Berliner Kleinhändler ein, gründete 1898 den Bund der Handel- und Gewerbetreibenden und ging erfolgreich gegen den Einfluss des Antisemitismus in diesem Verband vor. Neben seiner beruflichen Tätigkeit trat er auch als Autor von Gedichten hervor und beschäftigte sich in diesen mit der neuen Judenfeindschaft.
In einer ganz anderen religiösen Familientradition stand der in Berlin geborene Historiker Ludwig Geiger (1848–1919). Sein Vater Abraham Geiger (1810–1874) war 1869 als liberaler und reformorientierter Rabbiner nach Berlin berufen worden, wo er auch an der von ihm mitgegründeten Hochschule für die Wissenschaft des Judentums unterrichtete. Sein Sohn Ludwig wiederum studierte Geschichte und unterrichtete als Privatdozent an der Berliner Universität. Er folgte der liberal-religiösen Einstellung seines Vaters und widmete sich der jüdischen Vergangenheit. So veröffentlichte er 1871 anlässlich der 200-Jahr-Feier der Gemeinde von Berlin eine Geschichte der Juden dieser Stadt, in der er die gelungene Integration der Juden sowie deren erfolgreichen Eintritt in die bürgerliche Gesellschaft darstellte.
Während Geiger in einer bildungsbürgerlichen Familie aufwuchs, kam Eduard Bernstein (1850–1932) aus der Arbeiterklasse. Der Sozialist, Herausgeber des Parteiorgans „Socialdemokrat“ und spätere SPD-Reichstagsabgeordnete wurde als Sohn des Lokomotivführers Jakob Bernstein und seiner Frau Johanna geb. Rosenberg geboren, die wiederum der von Geiger entscheidend geprägten jüdischen Reformbewegung verbunden waren. Zwar trat Eduard Bernstein, der während des Sozialistengesetzes das Land verlassen musste, in der Öffentlichkeit allein als Sozialdemokrat und parteiintern als Kritiker der revolutionären Rhetorik hervor, gleichwohl verleugnete er seine Zugehörigkeit zum Judentum keineswegs und wies auch alle Zumutungen von Zeitgenossen, sich davon abzuwenden, von sich. In der jüdisch religiösen Maxime „Gedenke, dass du ein Knecht warst in Ägypten“ sah er vielmehr eine Übereinstimmung mit seinen sozialdemokratischen Prinzipien.[6]
Der ebenfalls der Arbeiterklasse zugehörige Glaser Joseph Lange (1855–1935) war im Unterschied zu Bernstein ostjüdischer Herkunft. Aus dem polnischen Teil des Zarenreiches stammend, ging er 1876 in die Provinz Posen und von dort aus weiter nach Berlin, wo er zunächst als Gelegenheitsarbeiter tätig war. 1878 heiratete er in Beelitz in eine orthodoxe Familie ein und erhielt eine Ausbildung zum Kantor. Nach Stationen als

Kantor unter anderem in Pommern und Westpreußen kehrte er nach Berlin zurück und war hier als Kleinhändler tätig.
Alice Salomon (1872–1948) hingegen kam aus einer wohlhabenden Berliner Familie und wurde, wie sie in einem Lebenslauf schrieb, „im israelischen Glauben" erzogen.[7] Nach dem Tod ihres Vaters engagierte sie sich in der Frauenbewegung, wobei sie im Bund Deutscher Frauenvereine wegen ihrer jüdischen Herkunft auf unmissverständliche Vorbehalte stieß. 1906 promovierte sie an der Berliner Universität mit einer Arbeit über die *Ursachen der ungleichen Entlohnung von Männer- und Frauenarbeit* und gründete zwei Jahre später die „Soziale Frauenschule". Die Bindungen an ihre jüdische Tradition wurden jedoch immer lockerer, und nach dem Tod ihrer Mutter konvertierte sie zum Protestantismus.
Für die Mehrheit der jüdischen Berliner kam ein solcher Schritt indes nicht in Betracht. Was sie in ihrer lebensweltlichen Einstellung und ihrem gesellschaftlichen Engagement in erster Linie auszeichnete, war ihr emphatisches Selbstverständnis als deutsche Staatsbürger jüdischen Glaubens. Programmatisch wurde diese Formulierung auch als Zusatz für den Namen des 1893 in Berlin gegründeten Centralvereins gewählt, der zur mitgliederstärksten Vereinigung der Juden in Deutschland wurde.
Dem soziokulturellen Milieu des etablierten, sich nachdrücklich als Teil der deutschen Gesellschaft verstehenden jüdischen Bürgertums gehörten auch die Familien des Kunst- und Antiquitätenhändlers Emil Benjamin (1856–1926) und seiner Frau Pauline geb. Schönflies (1869–1930) sowie des Druckereibesitzers Arthur Scholem und seiner Frau Betty geb. Hirsch (1866–1946) an. Im Haus Scholem etwa gab es, wie einer der Söhne in seiner Autobiografie schrieb, „nur wenige wahrnehmbare Relikte des Jüdischen".[8] Gelegentlich wurden jüdische Redewendungen gebraucht, auch die Familienfeste des jüdischen Kalenders noch gefeiert, doch zündete sich der Vater mitunter an den Sabbatkerzen seine Zigarre an, was geradezu einem doppelten Sakrileg gleichkam angesichts des religiösen Verbotes, am Sabbat zu rauchen. In der Auseinandersetzung mit der Vätergeneration und aus Protest gegen die bürgerliche Lebenswelt entwarfen die Söhne dieser deutsch-jüdischen Familien höchst unterschiedliche Strategien und Lebensperspektiven. Der erste Sohn des Druckereibesitzers, Werner Scholem (1895–1940), entfernte sich von seiner jüdischen Herkunft und engagierte sich nach seinem Geschichtsstudium in der sozialistischen Arbeiterjugend, sein Bruder Gerhard, alias Gershom Scholem (1897–1982), wandte sich der zionistischen Bewegung und dem Studium der mystischen Tra-

Der orthodoxe Rabbiner Esriel Hildesheimer (1820–1899).

Der Nationalökonom und liberale Politiker Ludwig Bamberger (1823–1899), um 1880.

Der Verleger Leopold Ullstein (1826–1899), um 1860.

Der Unternehmer Emil Rathenau (1838–1915), um 1912.

Der Industrielle, Politiker und spätere Außenminister Walther Rathenau (1867–1922), um 1920.

ditionen im Judentum zu. Dessen Freund Walter Benjamin (1892–1940) wiederum widersetzte sich klaren Entscheidungen und pendelte jugendbewegt und philosophierend zwischen verschiedenen Lebensentwürfen hin und her, während sein Bruder Georg Benjamin (1895–1942) sich – wie Scholems Bruder – der sozialistischen und später kommunistischen Arbeiterbewegung anschloss. Diese knappen Hinweise auf verschiedene Biografien von Berliner Juden zeigen die breite Vielfalt jüdischer Lebensentwürfe und jüdischer Familientraditionen, die sich an diesem Ort vielfach überlagerten und im Wechsel der Generationen fortentwickelten.

Neue Aversionen

Wie schon das Engagement von Ludwig Bamberger oder Hugo Lissauer zeigte, war das kaiserzeitliche jüdische Berlin nicht nur von Juden selbst geprägt. Auch die Ressentiments gegen sie, die neuen Formen von antijüdischen Aversionen, von Neid und Hass auf Juden, bestimmten das jüdische Berlin. Kurz nach der Eröffnung der Synagoge in der Oranienburger Straße empörte sich der maßgebliche Historiker an der Berliner Universität und Protagonist des Antisemitismusstreits Heinrich von Treitschke (1834–1896) darüber, „dass das schönste und prächtigste Gotteshaus der deutschen Hauptstadt eine Synagoge ist“.[9]
Berlin spielte in der Entstehung und Entwicklung dieser neuen Judenfeindschaft vor allem durch das Auftreten dieses Historikers sowie durch die Agitation des Hofpredigers Adolf Stoecker (1835–1909) eine zentrale Rolle. Durch Treitschke und Stoecker ist der Antisemitismus gesellschaftsfähig geworden und hat Eingang in das staatstragende konservative Milieu gefunden. Verhängnisvoll sollte sich vor allem auswirken, dass sich die neue Feindseligkeit gegen Juden insbesondere unter den Studenten der Berliner Universität verbreitete. Damit wurde der Antisemitismus unter der künftigen Führungsschicht des Deutschen Reiches zu einem „kulturellen Code“ (Shulamit Volkov) und zu einer gesellschaftlichen Norm.
Wie leicht das überschwängliche Lob, mit dem die Neue Synagoge in der Berliner Öffentlichkeit aufgenommen wurde, in neue Aversionen umschlagen konnte, lässt auch der Bericht zur Eröffnung der Synagoge in der „Illustrierten Berliner Morgenzeitung“ erahnen. Positiv gemeint heißt es darin, es handele sich um ein Gebäude, „welches mitten in die moderne prosaische Welt die Wunder des Orients uns vor das Auge zaubert“. Nur wenig später sollte das Judentum als eine überlebte orientalische Religion diffamiert werden.[10]

Der liberale Reformrabbiner Abraham Geiger (1810–1874), um 1860.

Der Historiker und Literaturwissenschaftler Ludwig Geiger (1848–1919), um 1891.

Der SPD-Abgeordnete Eduard Bernstein (1850–1932), um 1895.

Die Sozialpolitikerin und Frauenrechtlerin Alice Salomon (1872–1948), um 1910.

Der Philosoph und Literaturwissenschaftler Walter Benjamin (1892–1940).

Ostjuden in Deutschland

Frank Golczewski

Der Begriff „Ostjuden“ ist missverständlich und wird eigentlich nur brauchbar, wenn wir mit ihm ausdrücken, dass deutsche Juden und Juden in den angrenzenden osteuropäischen Territorien einander als verschieden wahrnahmen.[1] Gehen wir von der gängigen Interpretation dieses Wortes aus, das erst zu Beginn des 20. Jahrhunderts im Sprachgebrauch allgegenwärtig wurde, dann beschreibt es die Judenheit Osteuropas, die von derjenigen des Westens abgesetzt wird. Anders aber als die kulturellen Gemeinschaften der sefardischen Juden im arabisch-spanischen Kulturraum, der äthiopischen oder der indischen und zentralasiatisch-persischen Juden ist die osteuropäisch-jüdische Kultur von der deutsch-jüdischen nicht trennbar.
In der großen religiös-rituellen Kategorisierung sind Ostjuden ebenso wie die Juden Deutschlands aschkenasische Juden, was uns auf eine Spur setzt – ist doch „Aschkenas“ nichts anderes als die Bezeichnung Deutschlands in der rabbinischen Literatur des Mittelalters. Und wenn wir dann noch beachten, dass die nichtrituelle Umgangssprache der osteuropäischen Juden ein in vielen mundartlichen Varianten mit den slawischen Umgebungssprachen und hebräischen Elementen vermischtes mittelalterliches Deutsch war, das wir heute als Jiddisch bezeichnen, während dessen Sprecher es einst „dajtsh“ nannten, dann erschließt sich bereits der Zusammenhang zwischen dem Ostjudentum und den deutschen Juden.

Juden im Königreich Polen

Da die Juden des Alten Reiches im Mittelalter und in der frühen Neuzeit in Pogromen verfolgt und die meisten von ihnen irgendwann im Laufe der Zeit aus ihren Heimatgemeinden vertrieben und oft nur zögerlich wieder zugelassen wurden, zogen viele der von diesen Vertreibungen Betroffenen in ein Land, das einen hohen Menschenbedarf hatte und dessen Herrscher und Adlige sich von diesen Menschen einen nicht zuletzt ökonomisch nutzbaren Know-How-Transfer versprachen. So kamen sie in das Königreich Polen, das sich zwischen dem 14. und dem 16. Jahrhundert durch die Verbindung mit dem Großfürstentum Litauen und den Anschluss der heutigen Ukraine zum größten europäischen Flächenstaat entwickelte.
Vom 13. Jahrhundert an erließen die polnischen Fürsten und später Könige Rechtsurkunden, in denen ihnen die Juden unterstellt wurden. Diese erhielten damit eine zwar häufig gefährdete, aber gegenüber der Kirche und den Bürgern, die deutschem Recht unterstanden, doch ungewohnt gesicherte Stellung im Staate. Hasspredigten, Plünderungen der Judenviertel und Pogrome gab es allerdings auch in Polen. Dem Privileg, Juden in Städten und Territorien nicht dulden zu müssen (ius de non tolerandis Iudaeis), entsprach in Polen das Privileg, dass Städte ausschließlich von Juden bewohnt werden durften (ius de non tolerandis Christianis). So stand etwa das jüdische Kazimierz dem christlichen Krakau am anderen Weichselufer nahezu gleichberechtigt gegenüber. Im Rat der Vier Länder (Vaad Arba Aratzot) verfügten die polnischen Juden über eine Art Ständeversammlung, die mit den Adelstagen der christlichen Polen gleichgesetzt wurde. Ursprünglich war dieser Rat eine Institution zur Verteilung der von König Stephan Báthory den Juden auferlegten Steuerlast und zur Verständigung der rabbinischen Gerichtsbarkeit. Er gewann aber im Laufe der Zeit den Charakter einer allgemeinen Vertretung der jüdischen Gemeinden. Hinzu kam, dass vom 16. Jahrhundert an Juden in von Adligen angelegten Privatstädten (das bekannteste Beispiel ist wohl die Stadt Jan Zamoyskis – Zamość) eine von den Eigentümern gewünschte ökonomische Rolle spielten und dafür rechtlich abgesichert wurden.
Es nimmt nicht wunder, dass die Juden Polens sich unter diesen Umständen im äußeren Habitus den Moden des polnischen

Russischer Jude mit dem Gebetsmantel (Tallit) und Gebetskapsel (Tefillin), die den Text des Gebets „Schema Israel" enthält. Die Ursprünge des Tragens der Tefillin sind auf die Bibel zurückzuführen: „Du sollst sie als Denkzeichen an deine Hand binden und als Mahnmal zwischen Deinen Augen tragen" (5. Mose 6,8).

Adels anschlossen, die heute als typisch jüdisch-orthodox angesehen werden (Kaftan, Pelzmütze). In der relativ gesicherten Lage mit dichten Kontakten zwischen den Gemeinden blühte im frühneuzeitlichen polnisch-litauischen Reich auch das jüdische Geistesleben auf. Während sich einerseits die auf der jüdischen Gesetzesreligion basierende Theologie mit einem Hochschulwesen entwickelte, gab es vom 18. Jahrhundert an auch eine schwärmerische Gegenbewegung, die nicht in der trockenen Gesetzeslehre, sondern in einer emotionalen Frömmigkeit, im gemeinschaftlichen religiösen Erlebnis das Wesen des Judentums erblickte. Diese „Frommen" (Chassidim) mit ihren charismatischen „Wunderrebben" (Zaddikim, „die Gerechten") wurden von den traditionell rabbinischen Juden zunächst abgelehnt und bekämpft, setzten sich aber bei einfachen Juden leichter durch und bestimmten weitgehend das spätere Klischeebild des polnischen Judentums. Für die deutsch-jüdischen Reformer des frühen 19. Jahrhunderts aber waren die Chassidim geradezu das Gegenteil ihres neuen Ideals vom modernen Judentum.

In dem polnischen Adelsstaat hatten Juden eine wichtige ökonomische Funktion: Sie wurden zum handelnden Mittler zwischen Stadt und Land, zwischen Adel und Bauern. Wie auch Armenier und Deutsche übernahmen sie die Funktion der Bürgerschicht, die in der polnischen Gesellschaft – im Gegensatz zu Westeuropa – weniger ausgeprägt war. Sie waren dabei einerseits sozial unentbehrlich, andererseits widersprachen sie der

Die äußerlich schlichten Holzsynagogen in Russland hatten oft kunstvoll konstruierte Dächer. Innen waren sie farbig ausgemalt. Das Foto stammt aus der ethnografischen Sammlung des jüdischen Schriftstellers Schlomo Sanwel Rapoport, genannt An-Ski (1863–1920), der im Auftrag der Jüdischen Historischen und Ethnografischen Gesellschaft in Sankt Petersburg vor dem Ersten Weltkrieg mehrere Expeditionen in den ab 1795 geschaffenen „Ansiedlungsrayon" unternahm, also in die Provinzen des Zarenreichs, in denen Juden leben durften.

Während die Juden Westeuropas im 19. Jahrhundert die weltliche Bildung in den Vordergrund stellten, galt in Osteuropa lange das Ideal weiter, dass die Männer vor allem religiös gelehrt sein sollten. Im traditionellen Cheder (hebr. Stube) lernten Jungen, religiöse Texte zu lesen, und wenn sie Glück hatten, brachten ihnen die oft selber wenig gebildeten Lehrer auch etwas Rechnen und andere weltliche Dinge bei. Das Foto zeigt eine Gruppe in einem Cheder in Lublin in den 1920er Jahren.

modernen Idee von der (kulturellen) Einheit der Nation.
Im Laufe des 18. Jahrhunderts verschwand der Staat, in dem die Juden gelebt hatten, von der Landkarte. In den drei Teilungen Polens von 1772, 1793 und 1795–1815 wurde die Teilungsgrenze dann noch einmal etwas anders gestaltet – wurden dessen Gebiete samt den dort lebenden Juden von Preußen, Österreich und Russland annektiert. Dies geschah unter unterschiedlichen staatsrechtlichen Prämissen und in der Anpassung schrittweise. Alle drei Teilungsmächte hatten in ihrem ursprünglichen Gebiet zuvor nur eine geringe jüdische Bevölkerung besessen. Nun versuchten sie, die neuen Einwohner in ihren Staatsrahmen zu integrieren. In Russland scheiterte der anfängliche Versuch der rechtlichen Gleichstellung an antijüdischen Vorbehalten – 1786 wurde ein Gebiet bestimmt, in dem die Juden mit wenigen Ausnahmen zu leben hatten (Ansiedlungsrayon – čerta osedlosti). Lange Zeit unternahm der russische Staat Versuche, seine neuen Untertanen russisch zu assimilieren und zu reformieren. Im 1815 entstandenen, dem Zaren untergebenen (Kongress-) Königreich Polen gab es eine polnische Assimilationsbewegung, die die russisch assimilierten Juden weiter östlich als „Litwaken“ (da sie auf dem Gebiet des historischen Großfürstentums Litauen lebten) negativ bewertete. Im österreichischen Teilungsgebiet Galizien sahen die nichtjüdischen Polen die Juden nominell als Teil ihrer Gruppe an (und verweigerten ihnen nach 1867 die Anerkennung

Das Gemälde des aus Łódź stammenden Malers Samuel Hirszenberg (1865–1908) stammt aus dem Jahr 1905 und hängt heute in The Jewish Museum, New York. Es trägt den Titel *Das Schwarze Banner* oder *Das Begräbnis des Zaddik*. Die Verzweiflung angesichts des Verlusts des verehrten und Rat erteilenden Zaddik (des „Gerechten“) zeichnet sich auf den Gesichtern der trauernden Menschenmenge ab. Möglicherweise bringt der Künstler auch seine Besorgnis über das für die Juden zu dieser Zeit schwierige soziale und politische Klima in Polen zum Ausdruck.

als eigene Nation), um damit eine rechnerische Mehrheit gegenüber den Ruthenen (Ukrainern) zu bewahren. Galizische Juden zogen aber auch zunehmend in die anderen Reichsteile – nach Ungarn und vor allem in die Hauptstadt Wien.

Juden in Posen und Westpreußen

Am schnellsten assimilierten sich die Juden im preußischen Teilungsgebiet (Posen und Westpreußen). Sie standen im Kontakt mit der jüdischen Aufklärungsbewegung Haskala. Auch hier mussten sie aber zunächst noch warten, bis die Rechte, die den altpreußischen Juden in den Stein-Hardenbergschen Reformen von 1812 gewährt wurden, auf sie ausgedehnt wurden. Die Juden Posens

Das Gemälde von Tadeusz Sulima Popiel (1863–1913), *Simhat Tora* (Das Fest der Freude an der Schrift), um 1890, im Besitz des Jüdischen Historischen Instituts Warschau. Das Bild zeigt eine Synagogenszene – der galizische nichtjüdische Maler schöpfte hier aus den Eindrücken, die er in seiner Heimat erfahren hat.

und Westpreußens kamen erst 1833 in den Genuss der preußischen Staatsangehörigkeit. Voraussetzungen für deren Erwerb waren jedoch unter anderem Deutschsprachigkeit, ein deutscher Familienname, ein sesshaftes Gewerbe und Vermögen.[2] Freizügigkeit und der Zugang zu staatlichen oder kommunalen Ämtern blieben ihnen in der Regel verwehrt. 1850 gab es in Preußen über 200 000 Juden, mehr als 80 000 lebten in den früher polnischen Territorien.

Der preußische Staat wollte seine Juden zu „nützlichen" Bürgern „erziehen" – und wenn das schon für die lang eingesessenen Juden galt, dann umso mehr für die ehemals polnischen Juden. Zwar orientierten auch sie sich häufig an den jüdischen Landsleuten weiter westlich. Aus deren Sicht aber galten sie weiterhin als kulturell zurückgeblieben. Polen und damit seine Juden hatten im „ordentlichen" Preußen keinen guten Ruf. Hier führte die Assimilation und die mit ihr verbundene Verbürgerlichung samt der Kritik am traditionellen Judentum dazu, dass man den Unterschied zu den Juden des Ostens wahrnahm: Ihr Klischee entstand in der Optik der „aufgeklärten" deutschen Juden. Ein glänzendes Beispiel dieser Mischung von Abscheu und Bewunderung finden wir in Heinrich Heines Reisebericht aus Polen, den er noch vor seiner Taufe schrieb: „Mich überläuft ein Schauder, wenn ich daran denke, wie ich hinter Meseritz zuerst ein polnisches Dorf sah, meistens von Juden bewohnt. Das Wadzecksche Wochenblatt [...] hätte mich nicht so brechpulverisch anwidern können, als der Anblick jener zerlumpten Schmutzgestalten, und die hochherzige Rede eines für Turnplatz und Vaterland begeisterten Terzianers hätte nicht so herzzerreißend meine Ohren martern können, als der polnische Juden-Jargon. Dennoch wurde der Ekel bald verdrängt von Mitleid, nachdem ich den Zustand dieser Menschen näher betrachtete, und die schweinestallartigen Löcher sah, worin sie wohnen, mauscheln, beten, schachern und – elend sind. [...] Der polnische Jude mit seinem schmutzigen Pelze,

Die Teilungen Polens: Der polnisch-litauische Doppelstaat wurde 1795 und 1815 aufgeteilt. Seine jüdischen Bewohner lebten fortan in Preußen (Posen, Westpreußen), Österreich (Galizien), Russland und dem 1815 dem russischen Zaren unterstellten Königreich Polen (Kongresspolen), das im Laufe des 19. Jahrhunderts seine Autonomie verlor und mehr und mehr Russland angeglichen wurde.

Der jüdische Ansiedlungsrayon in Russland, durch Gesetze von 1795 und 1835 festgelegt, beherbergte 1897 etwa 4,9 Millionen Juden. Im Russischen Reich suchte man die neu erworbene jüdische Bevölkerung bis zum Ersten Weltkrieg in den Gebieten zu belassen, die ehemals zu Polen gehört hatten, oder sie in Gebiete zu drängen, die neu besiedelt und entwickelt werden sollten, wie zum Beispiel Odessa im Süden. Ausgenommen von diesen Beschränkungen waren nur reiche Kaufleute, Akademiker, Studenten und Prostituierte. Daneben vertrieb man auch die Juden aus ländlichen Gegenden in die kleinen und großen Städte.

mit seinem bevölkerten Barte und Knoblauchgeruch und Gemauschel, ist mir noch immer lieber als Mancher [deutsche Jude] in all seiner staatspapiernen Herrlichkeit."[3]
Erst 1848/49 machte die Judenemanzipation im Zusammenhang mit den demokratischen Tendenzen der Nationalversammlung in der Frankfurter Paulskirche weitere Fortschritte. Nun sollten nach der oktroyierten Verfassung vom 5. Dezember 1848, die die religiöse Diskriminierung aufhob, auch Juden in den Genuss der neuen Bürgerrechte kommen. Immerhin erwarben sie die Freizügigkeit innerhalb Preußens, konnten also westwärts ziehen, aber es dauerte noch einmal etwa 20 Jahre, bis sie die volle formale Gleichberechtigung erfuhren.
Dabei hatten sich die Posener Juden längst deutsch ausgewiesen. Als nach den Versprechen der Paulskirche die Polen des preußischen Teilungsgebiets einen Aufstand mit dem Ziel eines eigenen polnischen Nationalstaats unternahmen, schlossen sich ihnen nur wenige Juden an. Für die Ostjuden in Preußen war es attraktiver, sich der deutschen Variante anzupassen, die jiddische Umgangssprache zugunsten des Deutschen (und nicht des Polnischen) aufzugeben und die Schulangebote in dem Anschlussgebiet wahrzunehmen. Politisch standen sie den Liberalen nahe. Die Eindeutschung war in Preußen politisches Programm, seit klar geworden war, dass sonst die Gefahr bestand, angesichts des neuen Begriffs des Nationalstaats dieses Land an ein wiederentstehendes Polen zu verlieren. In Bezug auf die Polen war dieses Angebot nur eingeschränkt wirksam – sie setzten ihm ein eigenes Nationalprogramm mit entsprechenden Hilfsangeboten entgegen. Die Juden sahen darin jedoch eine Chance, aus der Enge der früher polnischen Provinzen auszubrechen. Die sozialen Beschränkungen fielen nur schrittweise, aber mit der formalen Gleichberechtigung durch das Gesetz des Norddeutschen Bundes über die Gleichberechtigung der Konfessionen in bürgerlicher und staatsbürgerlicher Beziehung vom 3. Juli 1869[4] gab es neue Möglichkeiten. So wie die Annexion eines Teiles Polens dem preußischen Ruhrgebiet die dringend benötigten polnischen Arbeitskräfte – als Inländer – zuführte, so zogen seit 1849 auch viele Juden – nun als preußische Staats- und Reichsbürger – in das altpreußische Gebiet. Sie sprachen jetzt deutsch und hatten oft die von den Aufklärern entwickelte Dämonisierung des Jiddischen als Symbol der Rückständigkeit übernommen.
In Posen und Westpreußen standen einer germanisierten jüdischen Bildungsbürger-, Handwerker- und Händlerschicht in den größeren und kleineren Städten immer noch viele Juden gegenüber, die sich im Lebensstil wenig von der Unterschicht entfernt hatten und jiddisch sprachen. Ihre Kontakte über die in der Teilungszeit gezogenen willkürlichen Grenzen hinweg bewirkten, dass Juden aus Russisch- und Österreichisch-Polen Arbeit und wirtschaftliche Betätigungsmöglichkeiten in dem geförderten preußischen Gebiet fanden. Mehrfach (1883/85) hat der preußische Staat jedoch aus „Russland" oder „Galizien" stammende arme Juden (aber auch nichtjüdische Polen) abgeschoben.
Damit „siebte" man das Judentum in Preußen: Deutsch akkulturierte, Steuern zahlende und bürgerlich angepasste Juden konnten dableiben und auch nach Westen ziehen. Die ärmeren und traditionelleren Juden wurden dagegen mit den nun russischen und österreichischen Teilen des ehemaligen Polen identifiziert und durften nicht weiterziehen. Tatsächlich gelang es den aus Posen, Westpreußen und dem ebenfalls einst polnischen Schlesien nach Westen strömenden Juden, wirtschaftlich und partiell auch gesellschaftlich in Alt-Preußen und anderen Ländern des Reiches Fuß zu fassen. Auch wenn ihnen die gesellschaftlichen Spitzenpositionen bis zum Ersten Weltkrieg informell weiterhin verschlossen blieben, waren sie wirtschaftlich erfolgreich, technisch innovativ und fleißig. Sie verschmolzen weitgehend mit den bereits in vormoderner Zeit auf deutschem

Gebiet lebenden Juden und wurden mit ihnen zu den „deutschen Juden“, deren Erfolgsgeschichte der Nationalsozialismus jäh unterbrach. Demografisch ist diese Westwanderung sichtbar: Hatte das Posener Gebiet in der Mitte des 19. Jahrhunderts 76 000 jüdische Einwohner, so waren es 1910 nur mehr 26 500.

Ängste, Vorbehalte, Ambivalenzen

Diese Wanderungsbewegung schuf jedoch auch Ängste. Angesichts des ungewohnten jüdischen Erfolges erhielten judenfeindliche Haltungen Auftrieb, deren bekannteste sich im sogenannten Berliner Antisemitismusstreit zwischen dem Historiker Heinrich von Treitschke (1834–1896) und seinem Fachkollegen Theodor Mommsen (1817–1903) manifestierte. Den eigentlich vom Liberalismus kommenden Treitschke überfiel 1879 Panik: „Über unsere Ostgrenze [...] dringt Jahr für Jahr aus der unerschöpflichen polnischen Wiege eine Schar strebsamer hosenverkaufender Jünglinge herein, deren Kinder und Kindeskinder dereinst Deutschlands Börsen und Zeitungen beherrschen sollen.“ Es ging um Ostjuden. Und Treitschke sah in ihnen Menschen, die mit ihrer sozialen Mobilität drohten, Deutschland zu dominieren und „ostjüdisch“ zu gestalten. Aber auch die assimilierten Juden Deutschlands dachten kaum anders. Der Deutsch-Israelitische Gemeindebund wollte schon 1869 die Zuwanderung der „sprichwörtlichen jüdischen Schnorrer“ aus Osteuropa eindämmen, die die deutschen Juden angeblich vor den Nichtjuden desavouierten.[5] Dabei gab es damals noch keinen wirklich nennenswerten Zuzug über die Grenze – und Treitschke, der wohl eigentlich die Posener Juden meinte, hatte ja selber den Zuwanderern Assimilationsfähigkeit bescheinigt. Treitschke verwechselte oder vermischte die beiden Gruppen bewusst, um den gewünschten politischen Effekt zu erzeugen.[6]
Der grenzüberschreitende Strom sollte jedoch tatsächlich bald anschwellen. Im Russländischen Reich – auch in Russisch-Polen – kam es ab 1881 zu einer Welle von Pogromen. Ökonomische Krisen, antijüdische Hetze und eine anfangs zögerliche Reaktion der Obrigkeit auf die Ausschreitungen (ohne dass jene selbst die Pogrome ausgelöst hätte, wie man eine Zeitlang annahm) motivierten die Juden, ihr Heil in der Emigration zu suchen. Nur wenige fanden über die Hilfsmaßnahmen Baron de Rothschilds in das noch osmanische Palästina – die meisten suchten einen Neuanfang in der Neuen Welt und durchquerten auf dem Weg zu den bedeutendsten Verschiffungshäfen Hamburg, Bremen und Rotterdam Deutschland. Zwischen 1881 und 1890 waren 63,3 Prozent der Auswanderer aus Russland Juden, zwischen 1901 und 1910 immer noch 44,1 Prozent.[7] 1906 war der Höchststand mit in diesem Jahr über 125 000 Juden aus Russland erreicht, die in die USA einwanderten.[8]
Dies waren nun „echte“ Ostjuden, also nur zu einem geringeren Teil deutsch, russisch oder polnisch assimilierte Menschen, die sich auch in den Augen der inzwischen eingesessenen Juden aus Posen und Westpreußen kulturell von ihnen unterschieden. Wie bei einem so großen jährlichen Zug durch Deutschland nicht anders zu erwarten, blieb ein Teil von ihnen an Land und fand Lebens- und Erwerbsmöglichkeiten, ohne auf die beschwerliche Seereise im Zwischendeck zu gehen. Von den über 400 000 Juden, die 1910 im Deutschen Reich lebten, gehörten um die 48 000 zu diesem Personenkreis. Sie besaßen, da sie ja eigentlich als Transitreisende nach Preußen gekommen waren, keine Aufenthaltsgenehmigung und wurden bestenfalls geduldet. Preußen war in dieser Hinsicht rücksichtsloser als etwa Sachsen oder Bayern, wo die Behörden nicht ganz so streng waren. Dementsprechend stammten vor dem Ersten Weltkrieg von den etwa 17 000 Juden Sachsens fast 10 000 aus den östlichen Nachbarstaaten des Reiches.
Da sie – anders als die Zuwanderer aus den preußischen Ostprovinzen – keinen gesicher-

Ab 1881 kam es in Russland immer wieder zu Pogromen. Viele Juden entschlossen sich deshalb zur Flucht Richtung Westen. Das Foto zeigt die Ankunft von Emigranten aus Russland auf dem Auswandererbahnhof Ruhleben in Berlin um 1900.

Die meisten aus Osteuropa geflüchteten Juden wollten eigentlich nach Übersee. Das Foto zeigt einen koscheren Speisesaal für jüdische Auswanderer in den Hallen der Hamburg-Amerika Linie auf der Hamburger Elbinsel Veddel.

ten Status hatten, passten sich die neuen Landesbewohner seltener an die bestehenden jüdischen Gemeinden und die sie umgebende Kulturlandschaft an. Am Vorabend des Ersten Weltkriegs gab es im Reich etwa 20 000 bis 30 000 aus den Nachbarreichen kommende jüdische Industriearbeiter, die sich aber – anders als in Russland – kaum für politische Dinge interessierten. Auch etwa 3000 jüdische Studenten aus Russland studierten wegen des russländischen Numerus Clausus für Juden an deutschen Hochschulen. Zumeist blieben sie zwar unter sich, aber sie entsprachen als „Aufsteiger" nicht dem Klischee der traditionalistischen Ostjuden.[9]

Die etablierten deutsch-jüdischen Gemeinden wiederum begegneten den Juden aus Osteuropa ambivalent: Einerseits sah man in ihnen der Wohltätigkeit bedürfende Glaubensbrüder und -schwestern, andererseits fürchtete man eine Aufweichung der eigenen Akkulturation. Juden aus Osteuropa, die dem Klischee nicht entsprachen, nahm man andererseits nicht wahr, sodass sich der einmal festgesetzte Eindruck verhärtete. Die meisten deutschen Juden verstanden sich als Angehörige einer deutschen Glaubensgemeinschaft, einer dritten Konfession neben den beiden großen christlichen Kirchen. Die nicht assimilierten und häufig als „kulturlos" bezeichneten Einwanderer aus dem Osten schienen diesen Prozess zu stören. Nicht wenige deutsche Juden waren fest überzeugt, die bissigen Vorwürfe der völkischen Antisemiten zu bestätigen, Judentum sei mit echtem Deutschtum unvereinbar, wenn sie sich auf gleichen Rang mit den Ostjuden stellten. Die Angst um die eigene Anerkennung, aber auch die Abneigung gegenüber einem als unterentwickelt, weniger modern und weltoffen wahrgenommenen Judentum führten manchmal zu Stellungnahmen von jüdischer Seite, die antisemitisch klangen. Deren Autoren wollten nicht wahrhaben, dass nur die Abwanderung nach Polen und die zufällige Grenzziehung der Teilungen Polens diese Juden von denjenigen trennten, die es in das preußische Teilungsgebiet verschlagen hatte.

In diesem Kontext erst entstand Anfang des 20. Jahrhunderts der Begriff „Ostjuden": Er drückte den Unterschied zwischen den deutsch akkulturierten „Westjuden" aus dem Altreich, aber auch aus den schon seit etwa hundert Jahren preußischen Gebieten Polens, und den ihnen nachgereisten Juden aus den russisch-polnischen Gebieten aus. Und er war nicht freundlich gemeint.

Mitglieder der Organisation russisch-jüdischer Studenten in Deutschland, um 1890. Für russisch-jüdische Studenten galt an den Universitäten des Zarenreiches ein Numerus clausus. Wer es sich leisten konnte, ging also nach Westeuropa, wo es an den Hochschulen kaum Beschränkungen gab.

Religiöse und politische Haltungen

Auch in Deutschland gab es jedoch weiterhin Juden, die an den außerhalb Deutschlands üblichen rituellen Traditionen festhielten. Die Folge war, dass sich neben den libe-

ralen deutschen jüdischen Gemeinden, die evangelische Gottesdienstformen samt Orgelmusik und patriotischen Predigten übernahmen, orthodoxe und chassidische Betstuben etablierten, die die religiösen Bedürfnisse der Zuwanderer bedienten, zu denen aber auch deutsche Juden gehörten, die die Aufweichung des traditionellen Judentums nicht mitmachen wollten.
Überhaupt war das Judentum in Deutschland gar nicht so einheitlich, wie manche Antisemiten glaubten. Der neue politische Zionismus, als Reaktion auf den Antisemitismus entstanden und eine eigene nationale Heimat für die Juden fordernd, hatte seine Zentrale in Deutschland – auch wenn die meisten deutschen Juden ihm höchstens theoretisch anhingen: Sich selber sahen sie nicht mehr als Angehörige eines separaten jüdischen Volkes. Dennoch hielten manche den Zionismus für etwas ganz Nützliches – konnte man doch so vielleicht die nicht assimilierten Ostjuden, die in Russland verfolgt wurden, in eine gesonderte nationale Heimstätte abschieben und von den Zuwanderern ungestört den eigenen Assimilationsprozess dennoch vorantreiben.
Das Bild der Ostjuden wurde aber zu Beginn des 20. Jahrhunderts nicht mehr nur von Orthodoxie und Chassidismus geprägt: Längst waren nicht mehr alle Juden in Russland und Österreich religiös. Auch dort verbreitete sich ein reformiertes liberales Judentum, das die deutschen Entwicklungen zum Vorbild genommen hatte und in den großen liberalen Synagogen in den Hauptstädten praktiziert wurde. Große Teile der jüngeren jüdischen Generation im Osten – sowohl Angehörige der Intelligenzschicht als auch einfache jüdische Arbeiter, von denen es in den Industriezentren immer mehr gab – wandten sich indes von dem religiösen Milieu ganz ab. Sie engagierten sich in den polnischen und russischen liberal-demokratischen Parteien, auch in der frühen russischen „narodniki"-Bewegung, die mit idealistischen Vorstellungen die Bauern befreien wollte.[10] Sehr attraktiv waren aber auch die radikalsozialistischen Richtungen, schienen sie doch ein Ende der religiös motivierten Diskriminierung der Juden in einer klassenlosen Gesellschaft zu versprechen. Der atheistische, 1897 in Wilna gegründete Allgemeine jüdische Arbeiterbund von Litauen, Polen und Russland („Bund"), 1898 in Minsk an der Gründung der Russischen Sozialdemokratischen Arbeiterpartei (RSDRP) beteiligt, propagierte die Zusammenarbeit mit der nichtjüdischen Linken gegen die Reaktion, zu der man auch das jüdische religiöse Establishment rechnete. Auch in anderen linken Parteien – wie der Polnischen Sozialistischen Partei (PPS) und der nationale Kategorien ganz ablehnenden Sozialdemokratie des Königreichs Polen und Litauens (SDKPiL) – suchten Ostjuden einen Ausweg aus der

Das 1910 entstandene Gemälde *Er schaute und war betroffen* des taubstummen Malers Maurycy Minkowski (1881–1930) schildert den Einbruch der jüdischen Aufklärung (Haskala) in das ostjüdische Milieu. Den Bruch mit der Tradition haben die rechts gezeigten Studenten durch das Abrasieren ihrer Bärte vollzogen.

fortgesetzten Diskriminierung in Osteuropa. Verfolgt vor allem von den russischen Behörden, flohen viele von ihnen nach Deutschland. Während manche – wie etwa der aus der Gegend von Elisavetgrad (heute Kirovohrad) in der Ukraine stammende Leo Trotzki, der in Leipzig die Zeitung „Iskra" (Der Funke) der RSDRP herausgab und dann nach Frankreich und in die Schweiz weiterzog – sich weiter im Rahmen der russischen Auslandsparteien engagierten, schlossen sich andere der SPD an – am bekanntesten waren wohl Rosa Luxemburg aus Zamość in Russisch-Polen, die Mitgründerin der SDKPiL, und Karl Radek aus Lemberg im österreichischen Galizien. Wer sowohl Juden als auch Linke nicht mochte, für den fügte sich nun scheinbar ein Bild der Verbindung von Judentum und Kommunismus zusammen, in dem die osteuropäischen Juden eine besondere Rolle zu spielen schienen.

Aber es gab auch eine „positive" Verfälschung der Ostjuden. Anfang des 20. Jahrhunderts hatten Antisemitismus (Dreyfus-Affäre), der junge Zionismus und eine um sich greifende Kritik an der europäischen Kultur das Vertrauen der deutschen Juden in ihr rationalistisches Selbstverständnis erstmals gründlich erschüttert. Im Zuge einer jüdischen Neoromantik meinten selbst linke Historiker wie Simon Dubnow und Philosophen wie etwa Martin Buber, der aus Lemberg stammte, aber in Leipzig lebte, im chassidischen Judentum eine Quelle reiner, unverfälschter Spiritualität zu entdecken, mit der die Juden des europäischen Westens kulturell sensibilisiert werden könnten. Am Beginn des 20. Jahrhunderts begannen sich zivilisationsmüde deutsche Juden an den scheinbaren Weisheiten des osteuropäischen Judentums zu erfreuen und sie romantisch zu verklären. Die charismatischen chassidischen „Wunderrebben" wurden zu tief gründenden Weisen stilisiert. Buber ging es dabei weniger um formale Religion und Geschichte als um einen Triumph des irrationalen Mythos über den Rationalismus. Mit dem

Der aus Drohobycz in Galizien stammende Zeichner Ephraim Moses Lilien (1874–1925) lebte ab 1899 in Berlin und verband als bewusstes Programm in seinem Werk Jugendstil und Judentum. Aufgrund seiner Bekanntschaft mit Martin Buber gestaltete er dessen Kulturzeitschrift „Ost und West", eine „Monatsschrift für modernes Judentum", die von 1901 bis 1923 erschien und die jüdische Neuorientierung seit der Jahrhundertwende repräsentiert. Die Abbildung zeigt eine Illustration Liliens zu dem Buch *Lieder des Ghetto* von Morris Rosenfeld.

Bei der Besetzung Osteuropas während des Ersten Weltkriegs stießen zusammen mit anderen Deutschen auch die deutschen Juden auf die ungewohnte Welt des Ostjudentums. Die Durchführung des Passzwangs im deutschen Besetzungsgebiet führte zu der hier dokumenierten „behördlichen Photographierung" der polnischen Juden.

Antijüdische Maßnahmen der kriegführenden Mächte und die Kriegsereignisse selbst zwangen während des Ersten Weltkriegs große Teile der jüdischen Bewohner Osteuropas zur Flucht nach Westen.

real existierenden, durch die fortschreitende Modernisierung weitgehend im Zerfall befindlichen Judentum Osteuropas hatte das alles wenig zu tun, aber es begründete bei assimilierten westlichen Juden eine positive Haltung zu den osteuropäischen Vettern.

Der Erste Weltkrieg und seine Folgen

Der Erste Weltkrieg bedeutete für das Verhältnis zueinander einen entscheidenden Einschnitt. Auf deutscher Seite gab man sich als Befreier der osteuropäischen Juden von der russischen Oberhoheit, und tatsächlich versuchten die Mittelmächte (Deutschland, Österreich-Ungarn) mit ihren Verwaltungsmaßnahmen die gröbsten Benachteiligungen der Juden zu beseitigen. Da die Russen viele Juden wegen des Verdachts des Landesverrats ins Innere ihres Imperiums deportiert hatten, begrüßten Juden häufig die Deutschen als Befreier. Durch die Verwandtschaft des Deutschen und des Jiddischen konnten die Deutschen auch manchmal Juden als Dolmetscher nutzen.[11] Vor allem aber nahmen deutsche Juden die Ostjuden nun wahr und diskutierten über sie und damit auch über sich selber. Das Elend des osteuropäischen Judentums motivierte deutsche Juden, Hilfsmaßnahmen zu ergreifen, westdeutsche orthodoxe Juden brachten 1916 in Polen sogar erstmals eine politische Organisation der orthodoxen Ostjuden (Aguda) zustande. Aber die in den Osten gekommenen deutschen Juden waren auch entsetzt über das Elend und die Rückständigkeit der Ostjuden, die in Wirklichkeit so wenig von der Spiritualität ausstrahlten, die man nach der Lektüre von Bubers Schriften vielleicht erwartet hatte. Wie 90 Jahre zuvor bei Heine mischte sich Mitleid mit Abscheu, und die scheinbare Bestätigung antijüdischer Vorurteile führte einerseits zu Wohltätigkeit und Reformversuchen, andererseits zur Abgrenzung. Eine Grenzsperre, um die unerwünschten Ostjuden nicht ins Reich zu lassen, fand weite Zustimmung. Der Historiker Martin Philippson (1846–1916), ein hoher Funktionär deutsch-jüdischer Organisationen, polemisierte gegen den „Aberglauben und Schmutz“ der Ostjuden und wünschte deren Assimilation an die Polen.[12] Dagegen wandte sich zum Beispiel der Sozialist Gustav Landauer (1870–1919), der schrieb, dass verängstigte, in ihrer Assimilation noch keineswegs gefestigte Westjuden die Ostjuden „wie ein Karthagergespenst vor dem Osttor stehen“ sähen.[13] Er hoffte – ähnlich wie Buber, in dessen Zeitschrift er schrieb – auf eine Erneuerung des Judentums aus der Geistigkeit des Ostjudentums.[14] Und auch der Rabbiner von Lissa, Siegfried Gelles (1884–1947), sah in den Ostjuden „die Reserven, die wir zur Auffrischung des jüdisch-religiösen Lebens in allen Ländern brauchen“.[15] Aber meist überwog das Negative, das man auch kriegsgemäß dem Gegner zuschreiben konnte: „Mit geradezu teuflischer Grausamkeit haben die russischen Machthaber es verstanden, die Juden geistig und körperlich auf einen Zustand herabzuwürdigen, der sie unfähig macht, den Anforderungen, die unsere Zeit an den Kulturmenschen stellt, Genüge zu leisten.“[16] In dieser Übertragung des antisemitischen Stereotyps vom „Juden“ auf den „Ostjuden“ drückte sich nicht zuletzt die „prekäre Stellung der Westjuden in der nichtjüdischen Mehrheitsgesellschaft“ aus.[17] Aber auch wenn deutsche Juden dies gern verhindert hätten, der Krieg führte wieder Ostjuden ins Reich. Etwa 30 000 von ihnen wurden als freiwillige oder zwangsverpflichtete Arbeiter eingesetzt.

Als dann 1918 die Deutschen den Krieg verloren hatten und die osteuropäischen Territorien zu unabhängigen Staaten wurden, die gegeneinander um ihre Grenzen Krieg führten, waren wieder die dortigen Juden die Leidtragenden. Der ostmitteleuropäische Nationalismus gebärdete sich häufig antisemitisch, Juden wurden, wenn sie sich nicht vorbehaltlos für die eine oder andere Nation entschieden (und manchmal auch dann), als Verräter angesehen und von allen Beteiligten verfolgt. Der wenig geglückte Versuch ihrer

Absicherung im Minderheitenschutzvertrag 1919 wurde von den gerade erst gegründeten Staaten als Eingriff in die mühsam errungene Souveränität aufgefasst. Dass viele Juden die neuen Landessprachen nicht beherrschten, sondern Russisch oder das deutsch klingende Jiddisch sprachen, machte sie in den Augen der neuen Nationalisten zum verlängerten Arm der früheren Oberherren. Da diese den Krieg gerade verloren hatten, meinte man sich an den Juden schadlos halten – und nebenbei von der eigenen frühen Zusammenarbeit mit den Deutschen ablenken zu können. Auch ihre vorgebliche Anhänglichkeit gegenüber dem Kommunismus (die nur einen Teil der nichtreligiösen Jugend betraf) setzte Juden in Polen der Verfolgung aus. Ein Teil der Kriegsarbeiter blieb daher in Deutschland, andere flohen jetzt erst westwärts.

Im sowjetisch gewordenen Russland wiederum gab es unter denjenigen, die vor Bürgerkrieg und Kriegskommunismus flüchteten, auch nicht wenige Juden. Darunter waren solche, die zu einem gewissen Wohlstand gekommen waren, den sie im radikalen Sowjetstaat gefährdet sahen, aber auch einfache Menschen, denen die politische Umgestaltung nicht behagte. Ein weiterer Schub folgte, als die UdSSR begann, in ihren Atheismus-Kampagnen auch jüdische Religiosität zu verfolgen. Wer sich der Säkularisierung oder dem Kommunismus entziehen wollte, konnte jetzt noch relativ leicht in den Westen entweichen. So kamen diese Juden zunächst nach Deutschland, um hier die erforderlichen Formalitäten für die geplante Weiterreise nach Übersee zu erledigen. Bürokratische Schwierigkeiten machten es dann aber häufig unmöglich, ein Visum zur Fortsetzung der Emigration zu erhalten.[18]

Also blieb man erst einmal da. Im Berliner Scheunenviertel entstand ein „Biotop", der von den Flüchtlingen aus Osteuropa gestaltet wurde – nicht zuletzt auch von den osteuropäischen Juden. Auch im Ruhrgebiet und in den Industriegebieten Mitteldeutschlands kamen die Migranten unter. Bis 1923, während in Deutschland Inflation herrschte, lebten sie in der Weimarer Republik aufgrund der mitgebrachten Sachwerte relativ billig. Nach der Stabilisierung der deutschen Währung verteilten sich die Emigranten auf das übrige Europa; manche gingen auch zurück in die osteuropäischen Staaten. Aber etwa 60 000 blieben in Deutschland.[19]

Sie akkulturierten sich meistens rasch. Manchen gelang es, sich wirtschaftlich zu etablieren und – wie ihre Vorgängergeneration vor dem Krieg – aus dem heruntergekommenen Berliner Scheunenviertel in das gehobenere Westend der Stadt zu ziehen. Um dies zu tun, mussten sie sich mitteleuropäischen Kulturstandards anpassen, was den meisten nicht schwer fiel. Andere aber blieben auf Wohlfahrtseinrichtungen angewiesen. Wie vor

Krieg, Nachkriegsantisemitismus und Revolution trieben Juden aus Polen und Russland in die Flucht nach Westen. Berlin-Mitte wurde zu einem Zwischenhalt, an dem manche ihre Weiterreise aufgaben. Das zwischen Rosenthaler Platz und Alexanderplatz gelegene Scheunenviertel bildete eine Insel ostjüdischen Lebens. Szene vor einer Leihbibliothek im Scheunenviertel, 1928.

Die Ostjuden im Berliner Scheunenviertel lebten meist in dicht gedrängten und ärmlichen Verhältnissen. Das Foto zeigt eine Szene vor einem jüdischen Kellerladen in der Grenadierstraße im Scheunenviertel um 1920.

1914 auch fürchteten viele assimilierte deutsche Juden, ihre nicht angepassten Glaubensgenossen lieferten den Antisemiten Argumente gegen sie.[20] Tatsächlich nutzte die antisemitische Propaganda Zerrbilder aus dem ostjüdischen Milieu, um den Gegensatz zwischen „Deutschen" und „Juden" zu illustrieren. Dabei wurden gerade die am besten integrierten und prosperierenden deutschen Juden von den Antisemiten als Beherrscher von Kultur und Kapital bekämpft (Treitschkes Terminologie wirkte also fort). Naiv meinten die deutschen Juden, es würde besser, wenn man sich der „auffälligen" Ostjuden entledigte. Die deutschen jüdischen Gemeinden berieten und versorgten daher zwar die gestrandeten Ostjuden, wollten sie aber möglichst bald wieder loswerden. „Wir wollen kein deutsches Whitechapel entstehen lassen, sondern die Durchwanderung fördern", erklärte 1920 Bernhard Kahn (1876–1955), der Generalsekretär des Hilfsvereins der deutschen Juden, unter Anspielung auf das jüdische Elendsviertel im Londoner East End.[21] Nur einem kleinen Teil der nach 1918 eher unfreiwillig zugewanderten Ostjuden gelang der Erwerb der deutschen Staatsbürgerschaft. Zum einen war dies – regional unterschiedlich – schwierig, weil die deutschen Ordnungsämter damit ziemlich zurückhaltend und viele Beamte fremdenfeindlich waren. Bayern wies 1923 alle Ostjuden aus, andere deutsche Länder brachten sie zeitweise in Internierungslagern unter.[22] Das preußische Innenministerium hatte dagegen am 1. November 1919 die Duldung der in Deutschland befindlichen Ostjuden verfügt.[23] Wenn die Konsulate der neuen osteuropäischen Staaten „ihren" Juden in Deutschland Schwierigkeiten machten, stellten ihnen deutsche Behörden Personalausweise aus, die ihnen ein halbwegs normales Leben ermöglichten. Die Beschaffung ausländischer Dokumente und ihre jeweilige Verlängerung waren mit Unannehmlichkeiten und (Bestechungs-) Kosten verbunden, was dazu führte, dass manche darauf verzichteten und – zunächst ohne Schwierigkeiten – mit ihren neuen deutschen Papieren als Staatenlose existierten. Etwa 15 bis 17 Prozent der in Deutschland lebenden Juden – um 85 000 – waren Ostjuden, etwa 56 000 von ihnen besaßen die polnische Staatsangehörigkeit.[24]

Nationalsozialismus und Zweiter Weltkrieg

Als die Nationalsozialisten 1933 den Antisemitismus zur Staatspolitik erhoben, war die angebliche Überfremdung aus dem Osten zunächst nicht ihr Thema. Anfangs waren gar die osteuropäischen Juden in Deutschland in gewisser Weise gegenüber den deutschen Juden privilegiert. Als ausländische Staatsangehörige trafen sie die rechtlichen Beschränkungen der deutschen Juden nicht sofort, ihre Kinder durften meist weiterhin öffentliche Schulen besuchen und studieren. Im öffentlichen Dienst, der als erster „gesäubert" wurde, waren sie als Ausländer auch vorher nur selten (etwa an Universitäten) vertreten gewesen. Dies änderte sich 1936: Nun gerieten auch die bis dahin in Ruhe gelassenen osteuropäischen Juden in den Blickwinkel der Nationalsozialisten. Sie wurden ihrer Arbeitsmöglichkeiten und ihres Besitzes beraubt, und man begann, sie über die Grenze nach Polen abzudrängen, wobei sie ihren Besitz in Deutschland lassen mussten.

Dies sah man in dem ebenfalls antisemitischen polnischen Staat nicht gern. Dessen offizielles Ziel war es, die Juden Polens in die Emigration zu treiben. Daher wurden alle polnischen Staatsangehörigen, die im Ausland lebten, durch einen Erlass vom 6. Oktober 1938, der aber erst am 15. Oktober veröffentlicht wurde, aufgefordert, sich bis zum 29. Oktober einen Kontrollvermerk des örtlich zuständigen polnischen Konsulats zu besorgen. Pässe, die diesen Vermerk nicht enthielten, verloren mit diesem Tag ihre Gültigkeit. Die Auslandspolen erfuhren zumeist erst gar nichts von diesem Erlass. Die Deutschen interessierten aber vor allem die Juden. Die deutsche Botschaft in

Warschau überreichte der polnischen Regierung eine Denkschrift mit dem Text: „Aus dem Erlass hat die deutsche Regierung den Schluss gezogen, dass die Juden mit polnischer Staatsangehörigkeit, die keinen Kontrollvermerk erhalten haben, auf Dauer in Deutschland bleiben müssen, was das Reich nicht dulden kann."[25] Tatsächlich war dies das polnische Ziel gewesen. Die deutsche Seite reagierte schnell: Die durch den Entzug der Staatsbürgerschaft staatenlos Gewordenen erhielten den Ausweisungsbefehl und wurden nach Polen abgeschoben. Polen erkannte sie aber nicht mehr als eigene Staatsbürger an und ließ sie zunächst nicht ins Land – sie mussten also eine Zeitlang im Niemandsland zwischen Deutschland und Polen kampieren. Nach einer gewissen Zeit gab Polen dann nach – aber dieses Verfahren löste die erste deutsche gewaltsame Judenverfolgung aus: Aus Protest gegen die Abschiebung seiner Eltern ermordete ein junger Jude einen deutschen Diplomaten in Paris, was als Vorwand für die Organisation der sogenannten Reichskristallnacht, des inszenierten Pogroms von Parteiformationen gegen die deutsche Judenheit am 9. November 1938, benutzt wurde.

Im Niemandsland zwischen Deutschland und Polen, Oktober 1938: Aus dem nationalsozialistischen Deutschland ausgewiesene Juden mit ehemals polnischer Staatsangehörigkeit, die aber Polen zunächst nicht hereinlassen will, werden durch Wohltätigkeitsorganisationen notdürftig verpflegt.

Im Zweiten Weltkrieg kehrte sich die jüdische Migrationsrichtung endgültig um: Nun deportierten 1941/42 die deutschen Nationalsozialisten die Juden des westlichen und mittleren Europas in den Osten, zunächst vorwiegend in die Ghettos von Litzmannstadt (Łódź), Riga und Minsk. Die Unterschiede zwischen den westlichen und den einheimischen Juden waren erheblich, erstere waren noch weniger als letztere auf die unzumutbaren Zustände vorbereitet, die hier herrschten. Und da sie im Westen eher in intellektuellen und Angestellten-Berufen tätig waren und auch kaum jemanden von der örtlichen „Prominenz" kannten, konnten sie nur in wenigen Fällen in den Produktionsbetrieben die „Arbeitskarte" erhalten, die wenigstens vorübergehend die für die Deutschen arbeitenden Ghettobewohner vor der Ermordung in den Vernichtungslagern bewahrte. Entsprechend gering waren die Überlebenschancen.

Nach der Schoah

Den Zweiten Weltkrieg überlebten nur wenige der nicht emigrierten deutschen Juden. Der größte Teil der jüdischen Überlebenden der Schoah – meist Juden aus Osteuropa – blieb auch nicht lange in den Lagern für Displaced Persons in Westdeutschland und Österreich, sondern zog nach Palästina oder Amerika weiter. Die Mitglieder der kleinen jüdischen Gemeinden, die nach 1945 in Deutschland wiederentstanden, kamen aber auch vorwiegend aus dem europäischen Osten. Es waren ehemalige Insassen von Arbeitslagern, Zwangsarbeiter oder Juden, die in der UdSSR überlebt hatten, erst allmählich kamen auch deutsche Juden aus der Emigration oder aus Israel zurück in das Land, das sie vertrieben und ihre Verwandten ermordet hatte. In den jüdischen Gemeinden in Deutschland verschwand der liberale Ritus der deutschen Juden (der in abgewandelter Form im amerikanischen Reformjudentum fortexistierte). An seine Stelle trat eine gemäßigt orthodoxe Ordnung, bis in den 1990er Jahren ein wieder selbstbewusster gewordenes liberal-reformiertes Judentum dazu in Konkurrenz trat. Hatte nach der Schoah die deutsch-jüdische Symbiose zunächst als gescheitert gegolten – was sich darin ausdrückte, dass man eher von „Juden in Deutschland" oder von „Deutschen und Juden" sprach – wurde es nun wieder akzeptabel, von „deutschen Juden" zu sprechen, obwohl das Trauma der NS-Zeit weiterwirkte und das Ziel des totalen Aufgehens im „Deutschtum" nicht mehr so naiv angesteuert wurde wie in der Zeit vor 1933. Und trotzdem kam erneut eine „ostjüdische" Frage auf, nur in einem ganz anderen Kontext. Aus politischen Gründen gestattete die Regierung der Bundesrepublik Deutschland Juden aus der Sowjetunion ab 1989 die Einwanderung in die Bundesrepublik. Zirka 190 000 Menschen – Juden und ihre nichtjüdischen Familienangehörigen – haben dieses Angebot bisher wahrgenommen. Die gesetzliche Grundlage dafür war bis zum 31. Dezember 2004 das Gesetz über Maßnahmen für im Rahmen humanitärer Hilfsaktionen aufgenommene Flüchtlinge (Kontingentflüchtlingsgesetz) vom 22. Juli 1980 (BGBl I, S. 1057). Einzige Voraussetzung war, dass die Antragsteller jüdische Vorfahren haben mussten und keiner anderen Religionsgemeinschaft als der jüdischen angehören durften. Sie konnten aber auch areligiös bis atheistisch sein. Letztlich galten die sowjetischen Bestimmungen, wonach „Jüdisch" eine Nationalität war, die im Inlandspass eingetragen wurde. Aber auch Personen, die sich zur Vermeidung von antisemitischer Diskriminierung als Russen oder Ähnliches hatten registrieren lassen, konnten ihre jüdische Abstammung nachweisen. Bei den deutschen religiösen jüdischen Gemeinden, die nur einschränkt diesem Ethnizitätsprinzip folgten, trafen die neuen „Ostjuden" nicht nur auf offene Arme. Zirka 80 000 traten den jüdischen Gemeinden bei und brachten deren Mitgliederzahl in Deutschland damit wieder auf etwa 105 000. Zwar wuchsen also durch die Zuwanderung der sowjetischen Juden die schrumpfenden und überalterten Gemeinden, aber manche der inzwischen wieder deutsch assimilierten Juden befürchteten eine Domination durch die zahlenmäßig stärkeren, aber häufig religiös eher indifferenten, russischsprachigen und an anderen Dingen als die langjährigen Mitglieder interessierten Migranten.[27]

Zusammenfassend lässt sich feststellen, dass die kulturelle Entwicklung der Juden in Mittel- und in Osteuropa unterschiedliche Wege ging. Obwohl die Juden hier wie dort den gleichen Ausgangspunkt hatten, passten sie sich im Westen früher an die nichtjüdische Gesellschaft an. Die größere Zahl und die geschlossenere Siedlung in Osteuropa ermöglichten zunächst eine selbstständigere Entwicklung – auch wenn der Wechsel der Posener Juden in die deutsche Judenheit möglich und häufig war, wurden Ostjuden als etwas „Jüdischeres" als Westjuden wahrgenommen. In Wirklichkeit setzte die modernisierende Säkularisierung in Osteuropa nur zeitlich versetzt gegenüber dem Westen ein. Zuletzt verlief sie durch die Schoah und die atheisierende Politik in der UdSSR und in anderen osteuropäischen Staaten eher schneller als in Deutschland, wo sie durch den konservierenden Minderheitenstatus gebremst wurde. Dabei übersieht man häufig, dass die jüdische Geschichte – wie die Geschichte aller anderen sozialen Gruppen – nicht isoliert oder völlig abweichend verlief und verläuft, sondern die kulturelle und soziale Gesamtentwicklung widerspiegelt. Dabei haben die historischen Pfade der „Ostjuden" und der „Westjuden" einen gemeinsamen Ausgangspunkt – und sie kreuzen sich seit 150 Jahren immer wieder.

Juden in der Weimarer Republik

Kirsten Heinsohn

Die erste Demokratie in Deutschland von 1918 bis 1933 ist schon von den Zeitgenossen als Phase der Vollendung und zugleich als Krise des jüdischen Emanzipationsprozesses empfunden worden. Die Verfassung von Weimar brachte die letzten diskriminierenden Ausgrenzungen für jüdische Deutsche in der Verwaltung und im öffentlichen Dienst zu Fall. Außerdem wurde festgelegt, dass die bürgerlichen und staatsbürgerlichen Rechte unabhängig vom religiösen Bekenntnis seien und dass niemand verpflichtet sei, „seine religiöse Überzeugung zu offenbaren". Mit diesen Bestimmungen ging ein zentrales liberales Motiv der Emanzipation in die Verfassung ein. Die Zugehörigkeit zum Judentum stellte nun endgültig nur noch eine konfessionelle und rein private Einordnung des Staatsbürgers dar. Als Walther Rathenau (1867–1922) im Februar 1922 Außenminister wurde, konnte er daher auf die Frage „Zu welcher Konfession bekennen Sie sich?" antworten: „Diese Frage entspricht nicht der Verfassung."[1] Rathenau hatte die deutschen Juden 1897 in einem aufsehenerregenden und innerjüdisch sehr umstrittenen Essay *Höre, Israel!* aufgefordert, sich vollständig in die deutsche Gesellschaft zu integrieren, dafür aber nicht den Weg der Konversion zu wählen, sondern die „bewusste Selbsterziehung" zum Deutschen.[2] Er selbst und mit ihm die meisten anderen Jüdinnen und Juden verstanden sich aufgrund ihrer Herkunft, Erziehung und Lebensplanung zuerst und vorrangig als Deutsche, die lediglich einer anderen Konfession angehörten als die christliche Mehrheit.

Genau dieses Selbstverständnis aber wurde immer wieder erschüttert. Viele Jüdinnen und Juden sahen sich vor Situationen gestellt, in denen ihre Identität als deutsche Staatsbürger in Zweifel gezogen wurde. Formal war der Emanzipationsprozess mit der Verabschiedung der Weimarer Verfassung am 11. August 1919 zwar endgültig abgeschlossen, tatsächlich aber zeigte sich an der Radikalisierung und der weitgehenden gesellschaftlichen Akzeptanz des Antisemitismus nach 1918, dass die Integration der jüdischen Minderheit keineswegs vollendet war. Schon im Kaiserreich war der Antisemitismus zu einem „kulturellen Code" (Shulamit Volkov) geworden, an dem sich Linke und Rechte schieden. Diese Tendenz radikalisierte sich in den Jahren nach der Novemberrevolution. Die erste deutsche Demokratie wurde von rechtsstehenden Personen und Gruppen als „Judenrepublik" verhöhnt, als deren Personifizierung Walther Rathenau galt. Demokraten, Liberale und Linke reagierten darauf nur verhalten und defensiv, während der „Abwehrkampf" vor allem von jüdischen Vereinen, wie dem Centralverein deutscher Staatsbürger jüdischen Glaubens (CV), getragen wurde. Außenminister Rathenau wurde eines der prominentesten Opfer der gewalttätigen antisemitischen Hetze, als er im Juni 1922 von Mitgliedern einer rechtsradikalen Organisation erschossen wurde. Aber auch im Alltag und im persönlichen Umfeld wurden Juden verstärkt mit antisemitischen Ressentiments konfrontiert.[3]

War die Verfassung der Republik also einerseits ein Garant für die individuelle Gleichberechtigung aller Staatsbürger unabhängig von ihrer Konfession, so sahen sich andererseits jüdische Deutsche immer wieder als ein Kollektiv („die Juden") wahrgenommen, das für ökonomische und politische Krisen haftbar gemacht wurde. In dieser Ambivalenz wiederholten sich Erfahrungen, die die deutschen Juden schon im Laufe des Ersten Weltkrieges gemacht hatten: Das Versprechen der Gleichheit und Gleichbehandlung, das mit dem Kaiserwort von Anfang August 1914: „Ich kenne keine Parteien mehr, ich kenne nur noch Deutsche", gegeben worden war, wurde nicht erfüllt. Die sogenannte Judenzählung im Heer im Oktober 1916, aber auch viele diskriminierende Erfahrungen jüdischer Soldaten im Schützengraben

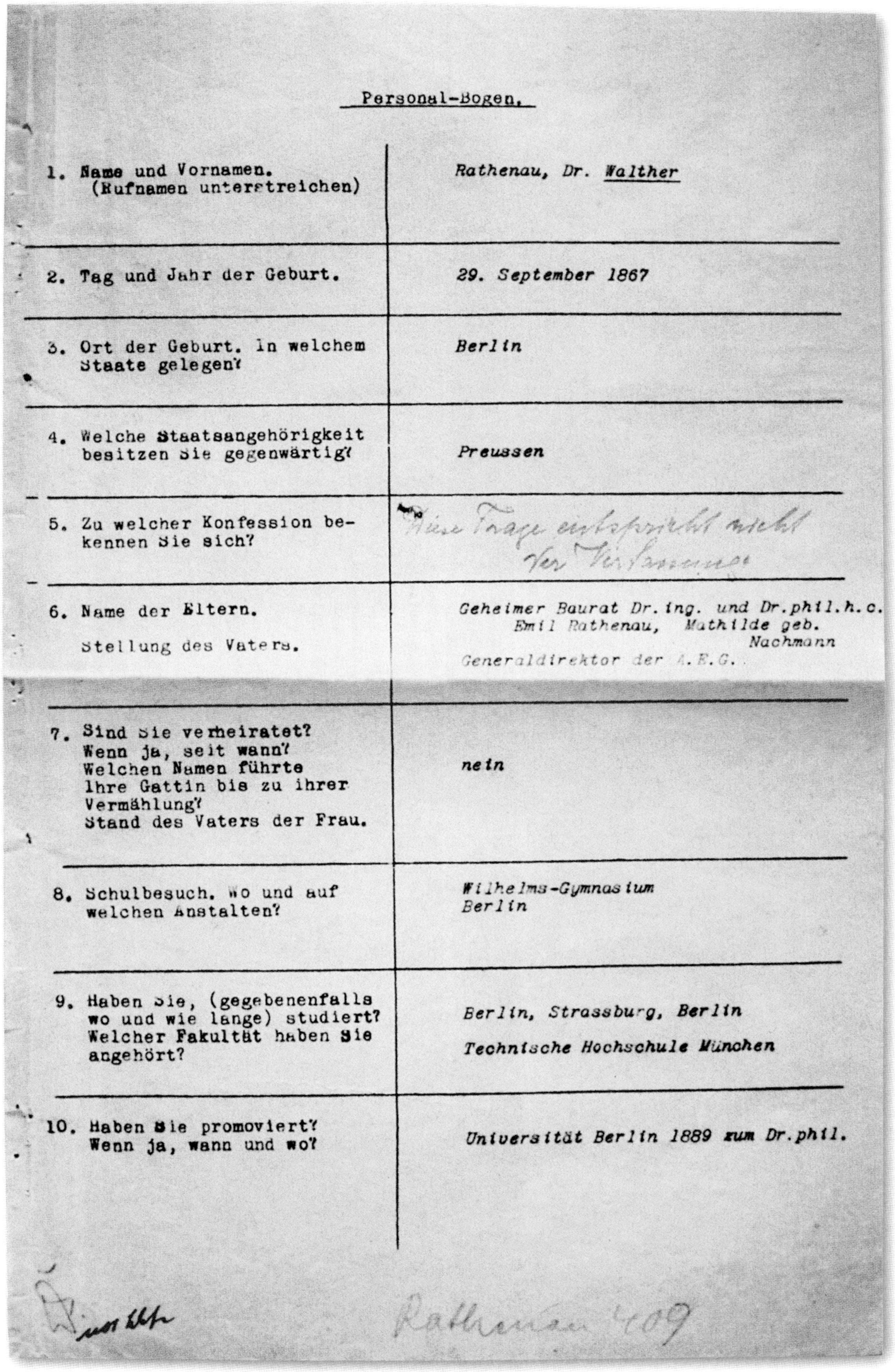

Personal-Bogen.

1. Name und Vornamen. (Rufnamen unterstreichen)	Rathenau, Dr. Walther
2. Tag und Jahr der Geburt.	29. September 1867
3. Ort der Geburt. In welchem Staate gelegen?	Berlin
4. Welche Staatsangehörigkeit besitzen Sie gegenwärtig?	Preussen
5. Zu welcher Konfession bekennen Sie sich?	Diese Frage entspricht nicht der Verfassung
6. Name der Eltern. Stellung des Vaters.	Geheimer Baurat Dr.ing. und Dr.phil.h.c. Emil Rathenau, Mathilde geb. Nachmann Generaldirektor der A.E.G.
7. Sind Sie verheiratet? Wenn ja, seit wann? Welchen Namen führte Ihre Gattin bis zu ihrer Vermählung? Stand des Vaters der Frau.	nein
8. Schulbesuch. Wo und auf welchen Anstalten?	Wilhelms-Gymnasium Berlin
9. Haben Sie, (gegebenenfalls wo und wie lange) studiert? Welcher Fakultät haben Sie angehört?	Berlin, Strassburg, Berlin Technische Hochschule München
10. Haben Sie promoviert? Wenn ja, wann und wo?	Universität Berlin 1889 zum Dr.phil.

Rathenau 409

Personalbogen von Reichsaußenminister Walther Rathenau (1867–1922) vom Februar 1922. Unter Punkt 5, wo nach der Konfession gefragt wurde, vermerkte Rathenau: „Diese Frage entspricht nicht der Verfassung."

Nr. 295 • 39. Jahrgang
Ausgabe B Nr. 145

Bezugspreis:
Vierteljährl. 150.– M., monatl. 50.– M. frei ins Haus, voraus zahlbar. Postbezug: Monatlich 56.– M., einschl. Zustellungsgebühr. Unter Kreuzband für Deutschland, Danzig, Saar- u. Memelgebiet, sowie Oesterreich u. Luxemburg [illegible].– M., für das übrige Ausland 102.– M. Postbestellungen nehmen an Belgien, Dänemark, England, Estland, Finnland, Frankreich, Holland, Lettland, Luxemburg, Oesterreich, Schweden, Schweiz, Tschechoslowakei und Ungarn.
Der „Vorwärts" mit der Sonntagsbeilage „Volk und Zeit", der Unterhaltungsbeilage „Heimwelt" und der Beilage „Siedlung und Kleingarten" erscheint wochentäglich zweimal, Sonntags und Montags einmal.

Telegramm-Adresse:
„Sozialdemokrat Berlin"

Abend-Ausgabe

1 Mark

Vorwärts

Berliner Volksblatt

Zentralorgan der Sozialdemokratischen Partei Deutschlands

Anzeigenpreis:
Die einspaltige Nonpareillezeile kostet 16.– M. – Reklamezeile 80.– M. „Kleine Anzeigen" das fettgedruckte Wort 4.– M. (zulässig zwei fettgedruckte Worte), jedes weitere Wort 3.– M. Stellengesuche und Schlafstellenanzeigen das erste Wort 2.50 M., jedes weitere Wort 2.– M. Worte über 15 Buchstaben zählen für zwei Worte. Familien-Anzeigen für Abonnenten Zeile 8.– M.

Anzeigen für die nächste Nummer müssen bis 4½ Uhr nachmittags im Hauptgeschäft, Berlin SW 68, Lindenstraße 3, abgegeben werden. Geöffnet von 9 Uhr früh bis 5 Uhr nachmittags.

Redaktion und Expedition: SW 68, Lindenstr. 3
Fernsprecher: Redaktion Moritzplatz 15195–97, Expedition Moritzplatz 11753–54

Sonnabend, den 24. Juni 1922

Vorwärts-Verlag G.m.b.H., SW 68, Lindenstr. 3
Fernsprecher: Verlag, Expedition und Inseratenabteilung Moritzplatz 11753–54

Rathenau ermordet!

Berlin, 24. Juni. (WTB.) Nach einer amtlichen Mitteilung wurde heute vormittag Minister Rathenau, kurz nachdem er seine Villa im Grunewald verlassen hatte, um sich in das Auswärtige Amt zu begeben, erschossen und war sofort tot. Der Täter fuhr im Auto nebenher und sauste nach vollbrachter Tat weiter.

Titelblatt des „Vorwärts" am Abend der Ermordung von Außenminister Walther Rathenau. Die politische Rechte verunglimpfte Rathenau schon seit seiner Tätigkeit als Sachverständiger bei den Friedensverhandlungen in Versailles als „Erfüllungspolitiker". Polizeiliche Sicherheitsmaßnahmen lehnte Rathenau trotz vieler Drohungen immer ab. Am 24. Juni 1922 wurde er dann von Mitgliedern der rechtsradikalen „Organisation Consul" ermordet.

Sympathiekundgebung für den ermordeten Außenminister Walther Rathenau vor dem Berliner Reichstag. Reichskanzler Joseph Wirth hielt einen Tag nach dem Attentat eine Gedenkrede im Reichstag, in der er die politische Verantwortung ganz eindeutig zuordnete: „Der Feind steht rechts."

bewirkten eine fortschreitende Desillusionierung und einen „Bewusstseinswandel“, der bei vielen eine positive (Re-) Identifikation mit dem Judentum hervorrief.[4] Man verstand sich bewusst als eine Schicksals- und Abstammungsgemeinschaft, die zwar weiterhin für eigene Rechte und gesellschaftliche Integration kämpfen müsse, aber nicht um den Preis der vollständigen Assimilation.
Der Vorsitzende des CV, Eugen Fuchs (1856–1923), brachte diese Idee 1917 auf den Begriff, als er ausführte, er sei „Deutscher von Nation, Jude von Religion und Stammes wegen“. [5]
Die soziale, politische und kulturelle Entwicklung der jüdischen Minderheit in der Weimarer Republik vollzog sich also in einem Spannungsfeld zwischen der verfassungsrechtlich vollendeten Emanzipation, dem wachsenden und gesellschaftlich akzeptierten Antisemitismus und einem positiven jüdischen Selbstverständnis, das zu großen Teilen eine Antwort auf die von der deutschen Gesellschaft verweigerte Integration war. Der Schriftsteller Georg Hermann (1871–1943 in Auschwitz) thematisierte diese Spannungen und ihre innerjüdischen Folgen im Juli 1919: „Ob wir es wollten oder nicht, wir mussten uns auf unser Judentum besinnen, denn der Krieg und die Grundanschauungen, die mit ihm Hand in Hand gingen, zeigten uns von Jahr zu Jahr mehr und stärker die Wesensfremdheit, die uns von jenen trennten. Wir haben eine große Enttäuschung am Deutschen erlebt und wir erleben sie noch heute jede Stunde.“[6]

Demografie und soziales Profil

Soziologisch betrachtet, stellten die jüdischen Deutschen eine gesellschaftliche Minderheit dar und wiesen außerdem eine spezifische Berufsstruktur auf. Bei der Volkszählung im Juni 1925 gaben 564 379 Menschen an, sie seien Mitglied in einer rechtlich anerkannten jüdischen Gemeinde des Deutschen Reichs. Dies entsprach einem Anteil an der Gesamtbevölkerung von 0,9 Prozent. Die Volkszählung im Juni 1933 (ohne das Saargebiet) ergab dann eine Gruppe von 499 682 Personen, mithin 0,8 Prozent der gesamten Bevölkerung.[7] Relativ und absolut waren die deutschen Juden damit seit Mitte der 1920er Jahre eine demografisch abnehmende Gruppe der Gesamtbevölkerung.
Die Gründe für diese Entwicklung liegen in mehreren Faktoren: Ein relativ hohes Heiratsalter, die Anwendung von Verhütungsmitteln, eine aufgrund hygienischer und medizinischer Kenntnisse geringer werdende Säuglings- und Kindersterblichkeit sowie ein wachsender Anteil von Ledigen begrenzten die Zahl der Geburten. Dazu kam eine relative Überalterung. 1925 waren 28 Prozent der jüdischen Bevölkerung über 40 Jahre alt, 1933 bereits 31 Prozent. Weiterhin unterstützte die steigende Zahl von konfessionell gemischten Ehen den negativen Trend, während die Konversion zu einer christlichen Konfession kaum mehr eine Rolle spielte. Knapp 20 Prozent aller Eheschließungen von Juden in der Weimarer Republik waren Mischehen, wobei dieser Anteil regional höher ausfallen konnte, etwa in den Großstädten wie Berlin, Frankfurt oder Hamburg. Die Mehrheit der Kinder aus Mischehen wurde nicht als Jüdinnen oder Juden erzogen. Zwar gab es noch einige ausgleichende Effekte durch die Einwanderung von Juden aus Osteuropa, diese konnten aber den insgesamt negativen Trend nicht aufhalten.
Die jüdische Minderheit lebte in der Weimarer Republik zu 60 Prozent in größeren Städten, wobei Berlin 1925 mit rund 170 000 Mitgliedern die größte Gemeinde bildete.
Der Wanderungsprozess vom Land in die Stadt nahm im Laufe der 1920er Jahre weiter zu. Als Folge lösten sich kleinere Landgemeinden auf. 1933 lebten 70 Prozent aller Juden bereits in einer Großstadt, davon rund ein Drittel allein in Berlin. Die weiteren größeren Gemeinden waren Frankfurt am Main (1925: zirka 29 000 Mitglieder), Breslau (23 000), Hamburg (20 000), Köln (16 000), Leipzig (13 000) und München (10 000).

FELIX A. THEILHABER

DER UNTERGANG
DER
DEUTSCHEN JUDEN

Eine volkswirtschaftliche Studie.

2. veränderte Auflage / 3. bis 4. Tausend

1 9 2 1
JÜDISCHER VERLAG / BERLIN

Felix Aaron Theilhaber (1884–1956) war Mediziner, Publizist und Zionist. Er widmete sich vor allem demografischen Fragen der jüdischen Bevölkerung in Deutschland. Seine Studie *Der Untergang der deutschen Juden* wurde erstmals 1911 in Berlin publiziert und erschien 1921 in einer zweiten, veränderten Auflage.

Neben eigentümlichen demografischen Merkmalen und einer klaren Tendenz zur Urbanisierung prägte sich auch eine spezifische Berufstruktur in den 1920er Jahren stärker aus. Jüdische Deutsche fanden im 20. Jahrhundert vor allem in mittelständischen und akademischen Berufen ihr Auskommen, wenn auch eine nicht geringe Anzahl von Familien in eher bescheidenen Verhältnissen lebte und zudem ein jüdisches Industrieproletariat in Berlin und im Ruhrgebiet entstanden war. Dem stand eine kleine Oberschicht gegenüber, die sich aus Bankiers oder Unternehmern zusammensetzte. Die Tendenz junger Juden, sich den akademischen Berufen zuzuwenden, nahm in der Weimarer Republik weiter zu, und nun waren auch junge Frauen vermehrt unter den Studenten zu finden. Im Vergleich mit der Gesamtbevölkerung fällt die Konzentration auf wenige Wirtschaftszweige auf: Rund 60 Prozent der deutschen Juden arbeiteten im Bereich Handel und Verkehr, aber nur 16 Prozent der Gesamtbevölkerung. Der überwiegende Teil der jüdischen Minderheit war als Angestellter oder als Selbstständiger – und zu diesen zählte auch der Kleinwarenhändler auf dem Land – tätig. Diese Berufsstruktur führte aber sowohl in der Inflation 1923 wie auch in der Weltwirtschaftskrise seit 1929 dazu, dass die Einkommenssituation vieler jüdischer Deutscher sich dramatisch verschlechterte, wenn sie auch im Verhältnis zur Gesamtbevölkerung relativ günstig blieb. Insbesondere die Älteren, die ihren Lebensabend auf der Grundlage von angelegtem Kapital verbringen mussten, waren durch die Inflation akut bedroht. Und auch viele Kleinhändler und Ladenbesitzer waren nach 1930 gezwungen, ihre Geschäfte zu schließen und für ihre Familie soziale und finanzielle Unterstützung bei Behörden und bei ihrer Gemeinde zu suchen. In Berlin wurde 1931 fast ein Viertel der Gemeindemitglieder sozial und finanziell unterstützt; ein tendenzieller Verarmungsprozess hatte also schon eingesetzt, bevor die Nationalsozialisten seit 1933 gezielt auf die ökonomische und soziale Ausgrenzung der jüdischen Minderheit hinarbeiteten.

Innerjüdisch wurde die demografische und wirtschaftliche Entwicklung mit Besorgnis zur Kenntnis genommen. Schon 1911 hatte der Arzt Felix Theilhaber (1884–1956) den *Untergang der deutschen Juden* prognostiziert; 1921 erschien eine zweite Auflage seiner Schrift, die lebhafte Diskussionen über die Ursachen und mögliche Lösungsansätze auslöste.[8] Der Aufbau ausdrücklich jüdischer Einrichtungen in den 1920er Jahren und die Auseinandersetzungen der verschiedenen Gruppen im deutschen Judentum haben viel mit dem Bestreben zu tun, den befürchteten „Untergang“ aufzuhalten und eine „jüdische Substanz“ zu erhalten, ohne sich zugleich von der Mehrheitsgesellschaft zu isolieren.

Selbstbewusstsein und innerjüdische Differenzierungen

Die Gruppe der jüdischen Deutschen war in vielerlei Hinsicht differenziert. So gab es zentrale Unterschiede in religiöser Hinsicht zwischen der Minderheit orthodox orientierter Juden, die das Leben ihrer Familien streng nach der Tradition ausrichteten, und einer Mehrheit, die sich im persönlichen Leben wie im religiösen Brauchtum dem reformierten Judentum zugehörig fühlte. Beide Gruppen engagierten sich in den einzelnen Gemeinden für ihre Interessen, entsandten ihre Vertreter in deren Gremien und verwalteten dort gemeinsam die Aufgaben der Gemeinde.

Einer von mehreren Streitpunkten zwischen Orthodoxen und Liberalen war beispielsweise die Frage des Frauenwahlrechts in der Gemeinde, das den Frauen aufgrund des Gleichberechtigungsgrundsatzes der Verfassung zustand. In der Deutsch-Israelitischen Gemeinde Hamburg wurde den Frauen – wie in vielen anderen Gemeinden auch – zwar das aktive Wahlrecht zu den Repräsentantenversammlungen 1919 gewährt, das passive dagegen nicht. Bis 1930 wehrten sich die Vertreter der Orthodoxie in Hamburg erfolgreich gegen dieses Recht, geduldet von der liberalen und zionistischen Mehrheit des Gemeindevorstands und der Repräsentantenversammlung, die in dieser Frage Rücksicht auf die Orthodoxie walten ließen.[9] Heftig eingeklagt dagegen wurde das Recht vom Jüdischen Frauenbund, einer von Bertha Pappenheim (1859–1936) im Jahre 1904 gegründeten Vereinigung, die sich für die Gleichberechtigung von Frauen in der jüdischen Gemeinde einsetzte, praktische Sozialarbeitsprojekte anbot und die Stärkung des jüdischen Selbstbewusstseins zum Ziel hatte. 1928 waren 50 000 Frauen Mitglied in diesem Verein,[10] der zwar für seine Arbeit im jüdischen Wohlfahrtsbereich sehr anerkannt war, mit seinen gemäßigt feministischen Positionen aber auch in Konflikte mit dem männlichen Establishment der Gemeinden geriet.

Für viele Juden spielte eine religiöse Lebensführung keine Rolle mehr, manche gingen nur noch zu den hohen Feiertagen in die Synagoge, hatten aber sonst keine engere Beziehung zu ihrer Gemeinde. Der Architekturhistoriker Julius Posener (1904–1996) berichtet aus seiner Familie, die in Berlin-Lichterfelde lebte, dass die Eltern zwar noch traditionell erzogen worden waren, seine Brüder und er jedoch keinen Religionsunterricht und auch keine Bar Mizwa erhielten. Sie waren sich aber bewusst, Juden zu sein, und wehrten sich gegen antisemitische Angriffe. Ansonsten waren seine Eltern „deutsche Staatsbürger, die nicht in die Kirche gingen". Sie lebten ein „familiäres Judentum": „Man durfte mit einer ‚Goyte' flirten, man durfte sich sogar ernsthaft in sie verlieben. Nur heiraten, das sollte man nicht, das war undenkbar. […] An dieser Schwelle machte die Assimilation auch meiner Eltern halt."[11] Das Selbstverständnis, jüdisch zu sein, bezog sich bei vielen auf eine bewusste oder – in den Worten Poseners – familiär gebundene Identifikation und war damit mehr als nur eine Angabe zur Konfession. In der Auseinandersetzung über „Deutschtum und Judentum" seit dem ausgehenden 19. Jahrhundert zeigten sich alle Varianten möglicher Identifikationen, und diese nahmen nach den Erfahrungen des Weltkrieges noch einmal zu.

Der zentrale weltanschauliche Gegensatz innerhalb der deutschen Juden blieb nach wie vor der zwischen den Aktivisten des Centralvereins und den Zionisten. Dem Zionismus kam nach 1917, nach der Balfour-Deklaration, eine neue und besondere Bedeutung zu, weil die Idee der planmäßigen Auswanderung nun mittelfristig ebenso realisierbar erschien wie eine Flucht vor dem Antisemitismus. Allerdings konnte die 1897 gegründete Zionistische Vereinigung für Deutschland nicht die Mehrheit der Juden in Deutschland für sich gewinnen. Vielmehr war es der 1893 ins Leben gerufene Centralverein deutscher Staatsbürger jüdischen Glaubens mit seinen 60 000 bis 70 000 Mitgliedern, der nach einer zeitgenössischen Schätzung rund 300 000 deutsche Juden, also eine deutliche Mehrheit, repräsentierte.[12] Die Zionisten zählten Mitte der 1920er Jahre etwa 33 000 Mitglieder, Ende des Jahrzehnts sollen es aber nur noch 7500 gewesen sein. Erst seit 1933 konnten sie ihre Mitgliederzahl wieder deutlich auf über 20 000 steigern, obwohl zu diesem Zeitpunkt schon eine größere Anzahl Zionisten ausgewandert war.

Der Centralverein deutscher Staatsbürger jüdischen Glaubens sah auch in den 1920er Jahren keine Veranlassung, seinen Namen, der zugleich seine Programmatik ausdrückte, zu ändern; doch verschoben sich die Akzente. Hatte der Verein in den ersten Jahren seines Bestehens die juristische und politische Abwehr des Antisemitismus in den Vordergrund gestellt, so wurde schon zu Beginn des neuen Jahrhunderts die „Positivierung der jüdischen Existenz"[13], also eine selbstbewusste Bejahung und Bewahrung des Judentums, zu einer gleichrangigen Aufgabe. Viele Zeitgenossen legten Wert auf das Wörtchen „und": Jüdisch *und* deutsch zu

Der Jurist Kurt Blumenfeld (1884–1963) war von 1911 bis 1914 Generalsekretär des Zionistischen Weltkongresses und von 1924 bis 1933 Präsident der Zionistischen Vereinigung für Deutschland.

Kameraden!
Wählt am 16. Mai
die Liste der
jüdischen Volkspartei
Liste 1
Klee – Löwe – Goslar
Dr. Alfred Apfel Karl Glaser Sally Heilbrunn
Philipp Kozower Hugo Lösser Dr. Willi Meyer
Max Pinkus Arthur Rothenberg
Dr. Willi Schön Dr. Felix A. Theilhaber
Hugo Wolfermann Dr. Isaac Zwirn

Flugblatt der Jüdischen Volkspartei zur Wahl der Repräsentantenversammlung am 16. Mai 1926. Die Partei etablierte sich bei Repräsentantenwahlen in Gemeinden als zionistische Alternative zu Orthodoxie und Liberalismus.

sein, diese Beschreibungen nicht als Gegensätze, sondern als Teile einer gesamten Identität zu verstehen, entsprach ihrem Selbstverständnis. Der Dichter und Lektor des S. Fischer Verlages, Moritz Heiman (1868–1925), prägte dafür den Aphorismus: „Man kann auch um zwei Mittelpunkte kreisen. Alle Planeten tun es.“[14]

Eva Reichmann (1897–1998), Mitarbeiterin des CV in Berlin, begründete im Mai 1934, als die nationalsozialistischen Machthaber dabei waren, allen jüdischen Deutschen das Recht auf das „und“ zu nehmen, noch einmal ausführlich den „Sinn deutsch-jüdischen Seins“.[15] Auf die Frage, ob es eine deutsch-jüdische Zukunft gäbe, antwortete sie mit einem dreifachen Ja. Das jüdische Ja gründe sich auf der Überzeugung, dass die Diaspora Teil jüdischer Geschichte und Existenz sei, das deutsche Ja enthalte das Bekenntnis zur „Deutschheit unseres Wesens“, während das ethische Ja sich auf die jüdische Religion beziehe, die unabhängig von den Zeitläuften weiterbestehe.

Die Zionistische Vereinigung wiederum vertrat unter der Führung Kurt Blumenfelds (1884–1963), der von 1924 bis 1933 ihr Präsident war, offiziell eine Position, die Palästina in das Zentrum jüdischen Lebens und Wirkens stellte und seit 1912 alle Mitglieder der Vereinigung verpflichtete, die Auswanderung nach Palästina in das persönliche Lebensprogramm aufzunehmen und die Aufbauarbeit zu unterstützen.[16]

Unter der zionistisch gesinnten Jugend war zwar nach 1920 eine stärkere Tendenz zur „Alija“ – der Auswanderung nach Palästina – zu verzeichnen als in den Jahren zuvor, doch blieb die Zahl der Auswanderungen aus Deutschland noch immer sehr gering. Auch die ältere Generation um Blumenfeld und Robert Weltsch (1891–1982), Redakteur der „Jüdischen Rundschau“, blieb in der internationalen und nationalen zionistischen Verbandsarbeit engagiert und sah sich erst nach Januar 1933 gezwungen, Deutschland zu verlassen. Verbandsintern gab es durchaus Kritik am palästinozentrischen Kurs der Führungsspitze. Eine Minderheit forderte, die Zionisten sollten sich mehr um die Gemeindearbeit vor Ort kümmern, also eine zionistische „Gegenwartsarbeit“ in der Diaspora verfolgen. Mitglieder dieser Minderheit wie Alfred Klee (1875–1943 KZ Westerbork), stellvertretender Vorsitzender des 1922 gegründeten preußischen Landesverbandes jüdischer Gemeinden, waren sehr aktiv in der Jüdischen Volkspartei, die sich bei Repräsentantenwahlen in Gemeinden als zionistische Alternative zu Orthodoxie und Liberalismus etablierte.

Zwischen den Polen deutsch-jüdisch und national-jüdisch entwickelten sich nach dem Ersten Weltkrieg weitere Variationen im Spektrum jüdischer Identität, die auch Ausdruck in eigenen Verbänden fanden. Eine wichtige Rolle für die deutschen Juden spielte der patriotisch gesinnte Reichsbund jüdischer Frontsoldaten (RjF), etabliert 1919, der Mitte der 1920er Jahre rund 40 000 Mitglieder hatte.[17] Hier vereinigten sich ehemalige Soldaten, die den Beitrag jüdischer Männer zur Verteidigung des Vaterlandes gewürdigt wissen wollten und sich gegen antisemitische Vorwürfe zur Wehr setzten. Der Reichsbund hatte eine Anzahl von Sport- und Wehrsportvereinen sowie Jugendgruppen organisiert. Er publizierte 1933 das Gedenkbuch für die jüdischen Kriegsteilnehmer und Gefallenen, mit dem er seine nationale Treue und Gesinnung unter Beweis zu stellen suchte. Der RjF hatte sowohl zionistisch gesinnte Mitglieder wie auch aktive CV'ler in seinen Reihen.

Zahlenmäßig klein, aber äußerst umstritten und damit sehr bekannt, war der 1921 von Max Naumann (1875–1939) gegründete Verband nationaldeutscher Juden, der sich mit seinen knapp 4000 Mitgliedern vorrangig als nationaldeutsch definierte.[18] Naumann und seine Anhänger denunzierten vor allem die Mitglieder des CV als „Zwischenschichtler“, da diese sich nach Meinung des Verbandes weder eindeutig zu Deutschland noch zur zionistischen Idee bekannten. Sie würden damit einer unklaren Identität das

Wort reden. Die Zionisten dagegen wurden als Vertreter des nationalen Judentums vom Verband anerkannt, soweit sie tatsächlich an eine Auswanderung dachten oder nur die Rechte in Anspruch nahmen, die im Deutschen Reich Ausländern zugestanden wurden. Politisch tendierte der Verband damit deutlich nach rechts.

Seine innerjüdischen Abgrenzungsversuche richteten sich vor allem gegen die aus Osteuropa eingewanderten Juden, die der Verband gern ausgewiesen gesehen hätte. Zwischen 1914 und 1921 waren rund 100 000 Juden aus Osteuropa nach Deutschland gekommen, von denen nach Schätzungen ungefähr 70 000 blieben. Die demografische Stagnation der jüdischen Gemeinschaft in Deutschland wurde durch diese Zuwanderung kurzfristig ausgeglichen. Religionspraxis und orthodoxe Lebensweise der eingewanderten Familien trafen oft auf erheblichen Widerstand innerhalb der deutschen Gemeinden. In der Folge organisierten sich die „Ostjuden“ auch selbstständig, indem sie 1919 einen Dachverband als überregionale Organisation für ihre vielen kleinen Jugend-, Arbeiterkultur- und Wohltätigkeitsvereine schufen. Im „Verband der Ostjuden“ waren Anfang 1919 rund 40 Vereine und einige Hundert Einzelpersonen Mitglied.[19]

Diese vielfältigen innerjüdischen Differenzierungen, häufig in den einzelnen Verbänden noch weiter aufgefächert, lassen die Frage aufkommen, ob es eine Gesamtschau auf „die Juden“ in der Weimarer Republik überhaupt geben kann. War diese Gruppe zwar

Fahne des patriotisch gesinnten Reichsbundes jüdischer Frontsoldaten, Berlin 1927. Auf der Rückseite stehen unter einem Davidstern die Worte „Ehre Freiheit Recht“. Der an der Stange befestigte Wimpel trägt das Emblem des Reichsbundes und ebenfalls bestickt die Inschrift „Bundesvorstand“ sowie in Hebräisch die Worte „stark und „tapfer“.

sozial mehrheitlich dem Bürgertum zuzuordnen, so gab es doch hinsichtlich der Interpretation und Schlussfolgerungen gesellschaftlicher Erfahrungen und Zukunftswünsche erhebliche Unterschiede.[20] Alfred Wiener (1885–1964), Syndikus des CV, konnte daher 1924 mit gutem Recht in einer der vielen Aufklärungsveranstaltungen erklären, das deutsche Judentum sei „keine Einheit, sondern eine Vielheit; genau so bunt, genau so politisch, so wirtschaftlich zerrissen wie das deutsche Volk. Einen irgendwie überstaatlichen Bau des Judentums gibt es nicht und kann es nicht geben [...] Der ‚jüdische Geist' ist nicht besser, aber auch nicht schlechter als der Geist der Umwelt, in dem er lebt."[21]

In den 1920er Jahren wurden vielfältige Initiativen aufgebaut, die sich der jüdischen Traditionspflege, Erziehung und Bildung widmeten. Der jüdische Kulturverein Progress in Berlin veranstaltete zum Beispiel „jüdisch-literarische Abende" mit öffentlichen Vorträgen. Das Foto zeigt Mitglieder des Kulturvereins Progress um 1923/24.

Jüdische Kultur

Bewusstseinswandel und jüdische Selbstbesinnung am Ende des Ersten Weltkrieges führten in den 1920er Jahren zum Aufbau vielfältiger Initiativen, die sich der jüdischen Traditionspflege, der Erziehung und der Bildung widmeten. Die Zeit der Weimarer Republik wird trotz der Bedrohungen durch den Antisemitismus auch als eine Hochzeit der „jüdischen Renaissance" gesehen, die zwar schon zur Zeit des Kaiserreiches begonnen hatte, in den 1920er Jahren aber eine besondere Dynamik entfaltete.[22] Diese Dynamik hatte mehrere schon genannte Ursachen, die noch unterstützt wurden durch die intellektuelle „Entdeckung" des Ostjudentums als Quelle religiöser und jüdisch-nationaler Erneuerung bei Martin Buber (1878–1965), Gershom Scholem (1897–1982) oder Franz Rosenzweig (1886–1929) sowie darüber hinaus durch eine positive Rezeption von Gemeinschaftsideen und Mystik im liberalen Judentum. All dies führte zu einem Anwachsen und Neuaufbau spezieller Einrichtungen, die das Judentum vermitteln, erfahrbar und lernbar machen wollten und die einen emotionalen Zugang und vor allem die Erfahrung, einer Gemeinschaft anzugehören, anboten.

Eine wichtige neue Einrichtung, die dieses Ziel verfolgte, war die 1919 von Wissenschaftlern, Bankiers und Kulturvertretern ins Leben gerufene Akademie für die Wissenschaft des Judentums, an der zeitweilig rund 20 Wissenschaftlerinnen und Wissenschaftler tätig waren. War diese eine Einrichtung der jüdischen Elite, so sprach die jüdische Erwachsenenbildung eher interessierte Laien an, die wissen wollten, was Judentum bedeutet und wie es sich historisch entwickelt hat. Eines der ersten neuen Bildungsinstitute eröffnete Franz Rosenzweig 1920 in Frankfurt als „Freies Jüdisches Lehrhaus". Das Lehrhaus bot öffentliche Vorträge und Kurse an, die pro Semester von bis zu 1000 Interessierten besucht wurden. In Berlin und Breslau gab es bereits seit 1919 jüdische Volkshochschulen, ebenso ein Bildungsprogramm in München. Weitere Städte folgten. Lehrer oder Wissenschaftler boten Kurse in hebräischer Sprache, ein Studium der Bibel und des Talmuds oder themenbezogene Arbeitsgemeinschaften an. Im nichtakademischen Bereich waren es vor allem die Gruppen der jüdischen Jugendbewegung, wie der zionistische Bund Blau-Weiß, der deutsch-jüdische Wanderbund Kameraden oder die orthodoxe Gruppe Esra, die Mädchen und Jungen eine positive Identifikation mit dem Judentum anboten.

Die jüdische Minderheit in der Republik

Die Gruppe der deutschen Juden machte in den Jahren der Weimarer Republik sehr widersprüchliche Erfahrungen. Hier ein verbindliches Bild für *die* Juden zu zeichnen, verbietet sich aufgrund der internen Differenzierungen und vielfältigen sozialen Lagen. Dennoch waren alle Juden in Deutschland gleichermaßen von antisemitischen Angriffen betroffen. Der Druck, die Repression von außen und vor allem der Wandel des Antisemitismus zu einer rassistisch begründeten Ideologie haben viel dazu beigetragen, dass sich viele bewusst als eigenständige ethnische oder gar, wie die Zionisten meinten, als nationale Gruppe empfanden. Nur wenige allerdings gingen so weit wie der USPD-Politiker und Zionist Oskar Cohn (1869–1934), der im Zuge der Beratungen der Nationalversammlung in Weimar nationale Minderheitenrechte für die Juden in Deutschland forderte.[23] Er konnte sich nicht durchsetzen, weil als Kriterium für die Anerkennung einer Minderheit deren eigenständige Sprache festgelegt wurde. Cohn wurde für diesen Vorstoß von vielen Seiten heftig angegriffen, so zum Beispiel von Hugo Preuß (1860–1925), dem „Vater" der Weimarer Verfassung, und vor allem vom CV.

Cohns Vorschlag machte ein zentrales Problem der Emanzipationsära erneut zum Thema: Sollte die Emanzipation das Individuum befreien oder die Gruppe? Wie sollte man mit den unsichtbaren Ghettomauern umgehen, die immer wieder um die deutschen Juden gezogen wurden? Die Mehrheit der deutschen Juden hätte diese Fragen wohl mit dem Hinweis auf ihre staatsbürgerlichen Rechte und ihre Verbundenheit mit Deutschland beantwortet, gepaart mit der Hoffnung, die antisemitische Aggression würde sich in wirtschaftlich und politisch stabilen Zeiten wieder legen. Tatsächlich gibt es Hinweise darauf, dass zumindest in der stabilen Phase der Republik, von 1924 bis 1928, das Krisenbewusstsein zurückging und einer positiven Stimmung für die Zukunft Platz machte. Die Vertreter der jüdischen Organisationen dagegen waren sich auch in diesen Jahren der Bedrohung durch den Antisemitismus bewusst und legten weiterhin großes Gewicht auf den Abwehrkampf.[24] Bis 1929 versuchten der CV und manche Zionisten die meinungsbildende Elite durch Artikel und öffentliche Veranstaltungen über die drohende Gefahr „aufzuklären". Nach dem Sturz des letzten Kabinetts unter Führung der SPD und dem Wahlerfolg der Nationalsozialisten 1930 verlegten sich die Aktivitäten mehr auf die Unterstützung der republiktreuen Parteien.

Dass diese insgesamt in die Defensive gerieten und der Liberalismus zunehmend verfiel, zeigte einen Wertewandel in der deutschen Gesellschaft an, der genau die Werte betraf, die die erfolgreiche Emanzipation der Juden in Deutschland begünstigt hatten.[25] Solange der Rechtsstaat aber noch bestand, waren die Errungenschaften der Emanzipation ebenso geschützt wie das Recht einer Gruppe auf eigenständige kulturelle Einrichtungen und ein lebendiges Gemeinschaftsleben. Die „nationale Revolution" im Jahr 1933, die von der Mehrheit der deutschen Gesellschaft begrüßt wurde, stellte den Rechtsstaat zur Disposition – und damit auch die Gleichstellung der jüdischen Deutschen.

Hugo Preuß (1860–1925), als Sohn eines jüdischen Kaufmanns in Berlin geboren, Jurist, Mitbegründer der 1918 gegründeten Deutschen Demokratischen Partei, war 1919 erster Innenminister der Republik und gilt als „Vater" der Weimarer Verfassung.

Bäder-Antisemitismus in Deutschland

Frank Bajohr

Im März 1933 erlebten die Bewohner und Besucher des Kurortes Bad Wildungen ein abstoßendes Schauspiel. Alle jüdischen Einwohner über 16 Jahre wurden von der SA zu einem Marsch durch die Stadt gezwungen und dabei beschimpft, bespuckt und als „Mörder“ verunglimpft. Die öffentliche Demütigung der Bad Wildunger Juden, die im Kurviertel begann und in der Altstadt endete, zielte nicht zuletzt auch auf die Einschüchterung jüdischer Kurgäste, die das Bad vor 1933 in größerer Zahl besucht hatten, zumal es mit dem „Palasthotel“ (Inhaber: Berthold Baruch) und dem „Hotel Germania“ (Inhaber: Gerson Krittenstein) über zwei rituell geführte Hotels verfügte, die sich gezielt an jüdische Gäste wandten.[1]

Aktionen wie in Bad Wildungen waren im Frühjahr 1933 kein Einzelfall. In zahlreichen Kurorten und Seebädern suchten die an die Macht gekommenen Nationalsozialisten jüdische Gäste zu vertreiben und abzuschrecken – besonders in denjenigen Orten, die aus Sicht der Antisemiten als „Judenbäder“ galten, weil sie traditionell eine größere Zahl jüdischer Gäste anzogen und deshalb auch über eine gewisse „jüdische Infrastruktur“ aus rituell geführten Hotels, koscheren Restaurants, einem Betsaal oder einer Synagoge verfügten.
Die Vertreibungstaktik der örtlichen Nationalsozialisten erwies sich jedoch keineswegs überall als erfolgreich, zumal manche Kurverwaltungen und die örtlichen Hotelierverbände aus wirtschaftlichen Gründen nicht einfach auf die gewohnten jüdischen Gäste verzichten wollten: So zum Beispiel in

Die Abbildung oben zeigt eine Siegelmarke, mit der die Kurverwaltung von Norderney 1933/34 ihre Geschäftspost verklebte.

Das Foto rechts dokumentiert die antisemitische Agitation der SA am Strand von Norderney im Oktober 1933.

Baden-Baden, wo Arbeitgeber und Gewerkschaften 1930 eine Massenkundgebung gegen Übergriffe auf jüdische Gäste veranstaltet hatten. Deshalb versicherten die Nationalsozialisten im April 1933 öffentlich, dass das Prinzip der „Gastfreundschaft“ für alle Besucher gelten solle, „gleichgültig welcher Einstellung und Rasse“.[2] Erst im Januar 1937 dekretierte der badische NSDAP-Gauleiter Robert Wagner per Erlass den Ausschluss von Juden aus Bädern und Kureinrichtungen. Auch Bad Wildungen verzeichnete trotz diverser antijüdischer Aktionen noch bis 1937 jährlich mehrere Hundert jüdischer Kurgäste, ehe 1938 hier wie andernorts jüdischen Gästen das Betreten der Kuranlagen und öffentlichen Einrichtungen verboten wurde. Wesentlich schneller hatte sich die Ausgrenzung jüdischer Gäste nach 1933 in den Seebädern an Nord- und Ostsee vollzogen. Fast paradigmatisch verlief die Entwicklung auf der Nordseeinsel Norderney, die vor 1933 zu den ausgesprochenen Refugien für jüdische Gäste gezählt hatte. Bereits Ende Juni 1933 hatte die Badeverwaltung jüdische Gäste öffentlich als „unerwünscht“ bezeichnet. Ende 1933 ließ sie Tausende von Briefverschlussmarken mit der Aufschrift „Nordseebad Norderney ist judenfrei“ drucken und unter anderem an die Einwohner verteilen. Jüdischen Zeitungen ließ die Kurverwaltung eine Presseerklärung zukommen, in der sie versicherte, „dass jüdische Kurgäste auf Norderney nicht erwünscht“ seien: „Sollten Juden trotzdem versuchen, im kommenden Sommer in Norderney unterzukommen, so haben sie selbst die Verantwortung zu tragen. Bei vorkommenden Reibereien müsste die Badeverwaltung

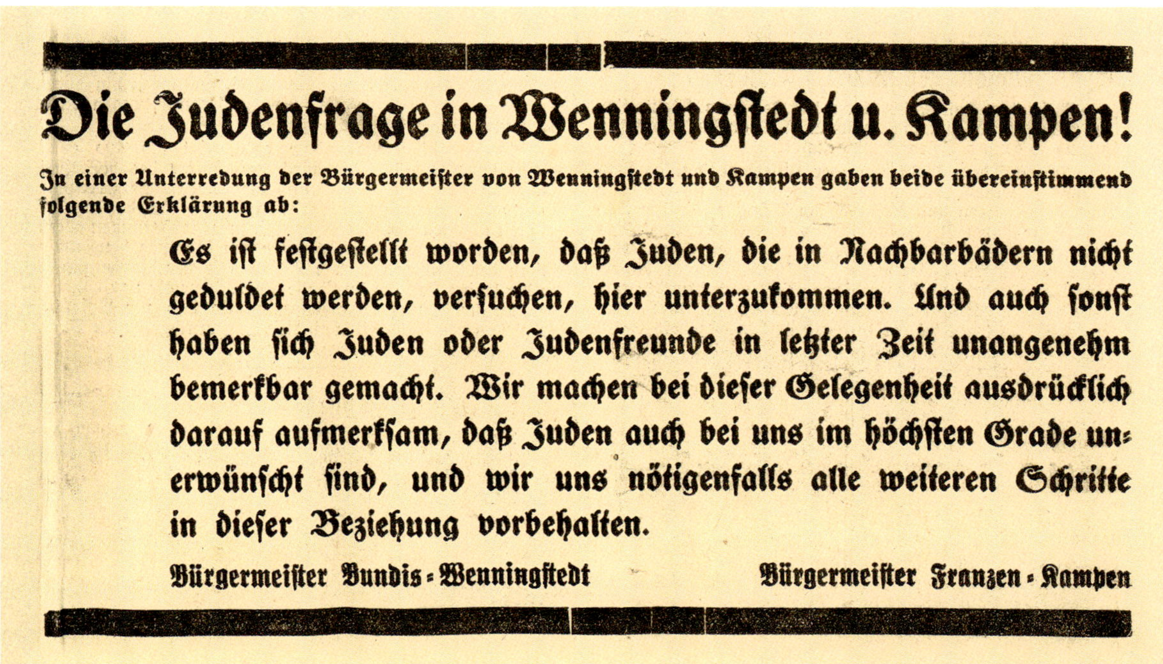

Die Judenfrage in Wenningstedt u. Kampen!

In einer Unterredung der Bürgermeister von Wenningstedt und Kampen gaben beide übereinstimmend folgende Erklärung ab:

Es ist festgestellt worden, daß Juden, die in Nachbarbädern nicht geduldet werden, versuchen, hier unterzukommen. Und auch sonst haben sich Juden oder Judenfreunde in letzter Zeit unangenehm bemerkbar gemacht. Wir machen bei dieser Gelegenheit ausdrücklich darauf aufmerksam, daß Juden auch bei uns im höchsten Grade unerwünscht sind, und wir uns nötigenfalls alle weiteren Schritte in dieser Beziehung vorbehalten.

Bürgermeister Bundis - Wenningstedt **Bürgermeister Franzen - Kampen**

Die oben abgebildete Briefverschlussmarke wurde von antisemitisch gesinnten Hotel- und Pensionsinhabern verwendet.

Links die gemeinsame Erklärung der nationalsozialistischen Bürgermeister Wenningstedts und Kampens in der „Sylter Zeitung“ vom 2. August 1935.

im Interesse des Bades und der anwesenden deutschen Kurgäste die anwesenden Juden sofort von der Insel verweisen."[3] Solche unverhohlenen Drohungen verfehlten nicht ihre Wirkung, obwohl sie selbst in den Anfangsjahren des Dritten Reiches jeder Rechtsgrundlage entbehrten, zumal sie jüdische Hotelbesitzer auf der Insel in den Ruin trieben, deren Gäste Norderney notgedrungen fernbleiben mussten.
Da andere Seebäder nachzogen und in einen regelrechten Wettbewerb eintraten, um ihren Ort als „judenfrei" zu präsentieren, kam der Centralverein deutscher Staatsbürger jüdischen Glaubens schon Ende 1935 zu dem Schluss, dass den Juden der Aufenthalt an Nord- und Ostsee durch Beschluss der Kurverwaltungen oder durch eine entsprechende Beschilderung faktisch verwehrt sei.[4]
Im Ergebnis waren Seebäder und Kurorte die ersten öffentlichen Orte, die von Juden nach 1933 nicht mehr betreten werden konnten. Deren wachsende Isolierung und schleichende Ghettoisierung nahmen ausgerechnet von Ferien- und Erholungsorten ihren Ausgang. Dies war kein Zufall, hatte sich doch schon im 19. Jahrhundert vielerorts ein spezifischer „Bäder-Antisemitismus" offenbart. Warum – so ließe sich fragen – etablierte sich an Orten, die gemeinhin mit entspannter Ferienatmosphäre verbunden werden, ein solches Phänomen der Ausgrenzung und des Hasses? Warum schlug Juden dieser Hass besonders entgegen?

Die Badereise als gesellschaftliches Statussymbol

Zum einen spiegelte sich im Bäder-Antisemitismus der gesellschaftliche Antisemitismus in Deutschland wider. Zum anderen war er eng mit der sozialen Funktion der Badereise vor dem Zeitalter des Massentourismus sowie mit dem frühen Aufstieg der jüdischen Minderheit in Deutschland ins Bürgertum verknüpft.
Vor dem Ersten Weltkrieg konnten sich nur elf Prozent der deutschen Bevölkerung eine jährliche Urlaubsreise leisten. Der Urlaub blieb damit insgesamt ein gesellschaftliches und in hohem Maße bürgerliches Privileg. Ins Bad reisten Menschen, „die Gott mit viel Geld gesegnet und mit viel Leibesfülle gestraft" hatte, wie der jüdische Schriftsteller Scholem Alejchem einmal sarkastisch bemerkte.[5]
Gerade durch ihren privilegierten Charakter erfüllte die Erholungsreise eine Reihe wichtiger gesellschaftlicher Funktionen. Als Statussymbol war sie ein Mittel, soziale Anerkennung zu erlangen. Der gesellschaftlichen Repräsentation, dem „Sehen-und-gesehenwerden", kam deshalb eine überragende Bedeutung zu. Überdies konnte man am Badeort wichtige soziale Kontakte knüpfen, die sich beruflich wie privat auszahlen konnten. Es war kein Zufall, dass sich viele Badeorte zu einem regelrechten Heiratsmarkt entwickelten, auf dem viele Mütter ihre Töchter an einen Herrn von „Rang und Stand" zu vermitteln suchten. Diese Funktion des Badeortes war nicht zuletzt für jüdische Gäste interessant, vor allem für jene, die eine interkonfessionelle „Mischehe" vermeiden wollten, aber im engen Rahmen der lokalen jüdischen Gemeinde keinen geeigneten jüdischen Ehepartner fanden.
Gemessen an ihrem Bevölkerungsanteil waren Juden, die in Deutschland nur rund ein Prozent der Gesamtbevölkerung ausmachten, unter den Badegästen überrepräsentiert. Vor allem die deutschen Juden wiesen ein betont bürgerliches Sozialprofil auf. Viele gut verdienende jüdische Selbstständige und Freiberufler konnten sich finanziell eine Reise ins Bad leisten. Der überwiegend großstädtischen Bevölkerungsgruppe des jüdischen Bürgertums bot der Aufenthalt in einem See- oder Kurbad die Möglichkeit, eine naturnahe Erholung mit dem gewohnten Komfort, aber auch den kulturellen Vorzügen der Großstadt zu kombinieren.
Auch die gesellschaftliche Funktion der Badereise, die Demonstration und Bekräftigung des sozialen Status, war für das jüdische Bürgertum ebenso attraktiv wie für die nichtjüdischen Gäste. Als der jüdische Inha-

ber eines Konfektionshauses in Hamburg Isidor Hirschfeld im Jahre 1894 zum ersten Mal die Insel Helgoland besuchte, gab er als Begründung an: „Man musste sich ‚sehen lassen'."[6] Ansehen und Anerkennung, wichtige soziale und berufliche Kontakte, die Demonstration des wirtschaftlichen Erfolgs – dies alles war für die jüdische Minderheit von besonderer Bedeutung, da sie einerseits wirtschaftlich überdurchschnittlich erfolgreich war und eine relativ hohe Qualifikation hatte, andererseits niemals wirklich in die deutsche Gesellschaft integriert war.

Das Feindbild des „jüdischen Parvenü"

Die gesellschaftliche Repräsentation am Badeort hatte jedoch eine fast unvermeidliche Kehrseite: Sie war in der Regel mit ständiger Konkurrenz, mit Aus- und Abgrenzung verbunden und rief deshalb Neid, Hass und Ressentiment hervor. Daran knüpfte der Bäder-Antisemitismus an, der die allgemeine soziale Repräsentation in den Badeorten als vermeintlich „undeutsch" und „typisch jüdisch" denunzierte. Hier lag einer der soziokulturellen Hintergründe des Bäder-Antisemitismus, der sich massiv am Neid gegenüber dem vermeintlichen jüdischen Parvenü entzündete.
Welches Ausmaß an Missgunst gegen Juden hier mobilisiert werden konnte, zeigt das Beispiel des Schriftstellers Theodor Fontane. Dieser weilte 1882 auf Norderney und schrieb in einem Brief an seine Frau Emilie: „Fatal waren die Juden; ihre frechen, unschönen Gaunergesichter (denn in Gaunerei liegt ihre ganze Größe) drängen sich einem überall auf. Wer in Rawicz oder Meseritz ein Jahr lang Menschen betrogen oder wenn *nicht* betrogen, eklige Geschäfte besorgt hat, hat keinen Grund darauf, sich in Norderney unter Prinzessinnen und Comtessen mit herumzuzieren. Wer zur guten Gesellschaft gehört, Jude oder Christ, darf sich auch in der guten Gesellschaft bewegen; wer aber 11 Monate lang Katun abmisst oder Kampfer in alte Pelze packt, hat kein Recht im 12. Monat sich an einen Grafentisch zu setzen."[7]
Sein ganzes Leben lang war der Schriftsteller Fontane – mehr oder minder vergeblich – um Anerkennung durch den preußischen Adel bemüht und hatte – symbolisch formuliert – um seinen Platz am Grafentisch gerungen. Dass dort nun ein jüdischer Pelzhändler – noch dazu ein sogenannter „Ostjude" – Platz nahm, der obendrein in einem teureren Hotel logierte, erweckte den Neid Fontanes, dessen Ressentiment für den Bäder-Antisemitismus typisch war. Die Ausgrenzung der jüdischen Gäste sollte die eigene Person aufwerten und den Umstand kaschieren, dass man bei der sozialen Reprä-

Jüdische Gäste werden als juwelenbehangene „Parvenüs" lächerlich gemacht. Postkarte um 1900.

sentation im Kurbad möglicherweise nicht besonders erfolgreich war.
Das verbreitete Klischee des „reichen Juden" war zwar ein antisemitisches Stereotyp, doch war nicht zu übersehen, dass seit dem letzten Drittel des 19. Jahrhunderts besonders in den renommierten Bädern Juden vermehrt in die wohlhabende und tonangebende Gesellschaft der Kur- und Badegäste eingerückt waren. Dies mobilisierte nicht nur die Ressentiments eines Teils der traditionellen Eliten (Adel, Großbürgertum), sondern auch des ebenfalls um sozialen Aufstieg bemühten bürgerlichen Mittelstandes sowie der kleinbürgerlichen Schichten. Für die traditionellen Eliten repräsentierten Juden verhasste gesellschaftliche Aufsteiger, die bis dahin auch für das Reisen geltende Standesgrenzen einebneten. Aus mittelständischer Perspektive wurden sie als unerwünschte Konkurrenten um den sozialen Aufstieg wahrgenommen, und aus kleinbürgerlicher Perspektive standen sie für ein elitäres „Protzentum". Alle diese Perspektiven, die sich eigentlich ausschlossen, flossen im antisemitischen Stereotyp des jüdischen Parvenü zusammen, der als Feindbild für ganz unterschiedliche gesellschaftliche Schichten funktionalisiert werden konnte.

Das Ostseebad Vitte auf der Insel Hiddensee warb für die Saison 1922/23 mit dem Hinweis „Kein Luxusbad – judenfrei".

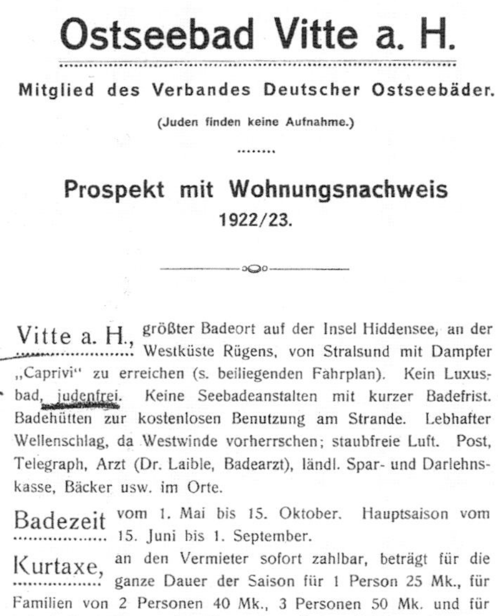

Ostseebad Vitte a. H.

Mitglied des Verbandes Deutscher Ostseebäder.

(Juden finden keine Aufnahme.)

Prospekt mit Wohnungsnachweis

1922/23.

Vitte a. H., größter Badeort auf der Insel Hiddensee, an der Westküste Rügens, von Stralsund mit Dampfer „Caprivi" zu erreichen (s. beiliegenden Fahrplan). Kein Luxusbad, judenfrei. Keine Seebadeanstalten mit kurzer Badefrist. Badehütten zur kostenlosen Benutzung am Strande. Lebhafter Wellenschlag, da Westwinde vorherrschen; staubfreie Luft. Post, Telegraph, Arzt (Dr. Laible, Badearzt), ländl. Spar- und Darlehnskasse, Bäcker usw. im Orte.

Badezeit vom 1. Mai bis 15. Oktober. Hauptsaison vom 15. Juni bis 1. September.

Kurtaxe, an den Vermieter sofort zahlbar, beträgt für die ganze Dauer der Saison für 1 Person 25 Mk., für Familien von 2 Personen 40 Mk., 3 Personen 50 Mk. und für jede weitere Person 10 Mk. mehr. Ärzte, Krankenschwestern und Dienstboten in Begleitung der Herrschaft sind von der Kurtaxe befreit. Seebäder kostenlos.

Nähere Auskunft gegen Rückporto erteilt die Badeverwaltung.

„Kein Luxusbad – judenfrei"

Ein Autor des „Israelitischen Familienblattes" ortete 1911 die sozialen Trägerschichten des Bäder-Antisemitismus vor allem im bürgerlichen Mittelstand. Besonders das vom Sozialneid getriebene mittlere Beamtentum, das er als „Papachen- und Mamachen-Existenzen" bezeichnete, „treu, deutsch und pensionsberechtigt", habe die antisemitischen Erholungsorte geschaffen: „Warum gerade diese? Weil gerade sie vom Neid besessen sind gegen alle diejenigen, die im Besitze der dazu nötigen Mittel sich mehr und Besseres leisten können als die, die zwar recht hübsche Titel, aber nur wenige Mittel besitzen."[8]
Zu diesem Befund passt die Tatsache, dass sich nicht die etablierten, traditionellen Erholungsorte, sondern die weniger komfortablen „Nachzügler" unter den Erholungsorten besonders antisemitisch gerierten und gezielt die Ressentiments einer kleinbürgerlich-mittelständischen Klientel anzusprechen suchten. So setzte sich das antisemitische Borkum vom vermeintlich „weltstädtischen Treiben" Norderneys ab. Das antisemitische Zinnowitz positionierte sich auf diese Weise gegenüber dem mondänen Heringsdorf. „Kein Luxusbad – judenfrei"[9], inserierte der Badeort Vitte auf der Insel Hiddensee, und es war auch kein Zufall, dass auf der Insel Sylt nicht die Badeverwaltung des etablierten Westerlands, sondern des kleinbürger-

lichen Wenningstedts erklärte, „Gäste mosaischer Konfession" nicht aufzunehmen. Natürlich genossen Juden wie alle anderen Staatsbürger im Deutschen Reich das Freizügigkeitsrecht und konnten deshalb polizeilich nicht am Betreten von Orten gehindert werden, deren Kurverwaltungen den Besuch von Juden für unerwünscht erklärten. Andererseits war es das Recht der Pensions- und Hotelbesitzer, sich ihre Gäste auszusuchen und Juden abzuweisen. Diese rechtliche Grauzone machte sich der Bäder-Antisemitismus zunutze, der bis 1933 „von unten", das heißt von antisemitisch gesinnten Gästen ausging, die Druck auf Hotel- und Pensionsinhaber einerseits, Kur- und Badeverwaltungen andererseits ausübten und ihnen im Gegenzug eine wachsende Zahl von Gästen in Aussicht stellten. Der Bäder-Antisemitismus war daher nicht nur ein politisch-moralischer Skandal, er war vor allem ein einträgliches Geschäft, das sich nach den Gesetzen von Angebot und Nachfrage richtete.

Die Verbreitung des Bäder-Antisemitismus in Deutschland war an den „Warnlisten" abzulesen, die das „Israelitische Familienblatt" oder die Zeitungen des Centralvereins deutscher Staatsbürger jüdischen Glaubens abdruckten. Vor dem Ersten Weltkrieg verzeichneten die Listen rund 20 bis 30 Erholungsorte und 70 bis 80 Hotels. Nach 1918 wurden die Listen immer umfangreicher, und die Zahl der antisemitischen Hotels und Pensionen stieg von 83 im Jahr 1914 über 198 im Jahr 1924 bis auf 360 im Jahr 1931.[10]

Doch nicht allein die regionale und quantitative Ausweitung zeichnete den Bäder-Antisemitismus in der Weimarer Republik aus, sondern seine wachsende politisch-ideologische Aufladung und Radikalisierung. Einzelne Kur- und Badeorte entwickelten sich nach 1918 zu regelrechten Zentren der antisemitischen Agitation, vor allem Zinnowitz an der Ostsee und Borkum an der Nordsee, wo der berühmt-berüchtigte „Borkumpastor" Ludwig Münchmeyer – ein späterer „Reichsredner" der NSDAP – auf sogenannten „deutschen Abenden" eine maßlose antisemitische Hetze entfaltete. Diese offenbarte sich zudem in den immer zahlreicher kursierenden antisemitischen Liedern und Gedichten (*Borkum-Lied*, *Zinnowitz-Lied*, *Wangerooger Judenlied*).

Jüdische Reaktionen: Rückzug und Vermeidung

Wie reagierten nun die deutschen Juden auf den Bäder-Antisemitismus, und welche Folgen zeitigte er für ihre gesellschaftliche Stellung in Deutschland und für ihr Selbstverständnis? „Von allen Ungeheuerlichkeiten, die der Antisemitismus im deutschen Vater-

Anzeige der Pension Lambeck („Nur für Christen") in Westerland auf Sylt, 1911. Ansonsten gehörte Westerland eher zu den viel besuchten Refugien für jüdische Badegäste.

lande erzeugt hat [...], hat uns keine mit solcher Empörung erfüllt, als die Stempelung gewisser Bäder und Sommerfrischen zu antisemitischen",[11] empörte sich die „Allgemeine Zeitung des Judentums" im Jahr 1904 und brachte damit zum Ausdruck, wie sehr sich die deutschen Juden davon getroffen fühlten. Schon im Kaiserreich wirkte sich der Bäder-Antisemtismus auf das Alltagsverhalten jüdischer Bade- und Erholungsgäste massiv aus. Entgegen der judenfeindlichen Propaganda, die ihnen eine besonders auffällig-protzige Selbstdarstellung unterstellte, zogen sich nicht wenige jüdische Gäste eher zurück und übten im gesellschaftlichen Verkehr Zurückhaltung. „Man ist", so beklagte das „Israelitische Familienblatt" 1909 in einer Betrachtung über Ferienbeziehungen, „oft zur Gezwungenheit verdammt, Angst vor der Gesinnung der Umgebung führt zur Einschüchterung, zum Verbergen der eigenen Natur."[12] Die Beziehungen zwischen Juden und Nichtjuden am Badeort waren daher vielfach von Unsicherheit und Misstrauen gekennzeichnet, die auf Seiten der deutschen Juden ein Rückzugs- und Vermeidungsverhalten förderten.

Antisemitische Postkarte mit den Schlusszeilen des sogenannten *Borkum-Lieds:* „Doch wer dir naht mit platten Füssen, / Mit Nasen krumm und Haaren kraus, / Der soll nicht deinen Strand geniesen [sic] / Der muss hinaus! Der muss hinaus! / ‚Hinaus!'"

Deshalb wundert es nicht, dass das „Israelitische Familienblatt" seinen Lesern in den Ferien riet, „möglichst im eigenen Milieu zu bleiben und da alles Schöne und Gute zu pflegen. Wir sollten uns keine Mühe geben, in solche Kreise einzudringen, die uns nicht haben wollen. Wir erkaufen uns den Eintritt meistens nur durch Verzicht auf unsere Individualität und müssen doch jeden Augenblick fürchten, dass wir nur geduldet, aber nicht geliebt werden."[13]

Die Radikalisierung des Antisemitismus in der Weimarer Republik verstärkte das besagte Rückzugs- und Vermeidungsverhalten weiter. Dementsprechend setzte sich der Rückzug in touristische Refugien mit einer „jüdischen Infrastruktur" aus rituell geführten Hotels und koscheren Restaurants fort, die nun gezielt auch um nichtreligiöse jüdische Kunden warben. „Wer nicht wegen der koscheren Verpflegung zu uns kommt, der komme als Jude, als Volksgenosse, der komme aus Solidaritätsgefühl",[14] forderten jüdische Restaurantbesitzer 1931 im „Israelitischen Familienblatt". Der Appell an den jüdischen „Volksgenossen" deutete die schleichenden Veränderungen im Selbstbild der Juden in Deutschland an, wo vor allem in der Endphase der Weimarer Republik immer weniger von „deutschen Juden" oder gar „jüdischen Deutschen" die Rede war. „Man ‚trägt' wieder Judentum", meldete das Familienblatt Ende 1932 und vertrat die Auffassung, dass die Zeiten weitgehender Emanzipation und Assimilationshoffnungen endgültig vorbei seien: „Es ist heute anders geworden. Alle diese Leute werden durch den Antisemitismus unserer Tage daran erinnert, dass sie Juden sind. Sie können geistige und gesellschaftliche Geltung nicht mehr in Kreisen anderer finden [...] Die exklusiven Kreise des Berliner Westens, die man sonst an Sonntagen nur auf Golfplätzen und Rennbahnen sah, finden es wieder modern, in die Synagoge zu gehen, und sei es auch nur, um einen Vortrag dort anzuhören."[15] Jüdische Selbstbesinnung – auch in Urlaub und Freizeit – bot eine Alternative zu der geistigen und politischen Heimatlosigkeit, die viele Juden angesichts der Erosion liberal-demokratischer Bürgerlichkeit in Deutschland überfiel.

Vorläufer der NS-Ausgrenzungspolitik

Als Indikator einer gesellschaftlich verwurzelten Judenfeindschaft war der Bäder-Antisemitismus jedoch kein ausschließlich deutsches, sondern vielmehr ein internationales Phänomen, das in verschiedensten Ländern auftrat und die Verhältnisse in Deutschland teilweise deutlich übertraf. So war in Österreich die Zahl antijüdischer Erholungsorte vor dem Ersten Weltkrieg mit rund 60 bis 70 doppelt so hoch wie im Deutschen Reich, und in den USA weigerten sich noch in den 1950er Jahren rund 30 Prozent der Hotels, jüdische Gäste aufzunehmen. Deshalb greifen auch Erklärungsansätze zu kurz, die in der gesellschaftlichen Judenfeindschaft in Deutschland den zentralen, sogar alleinigen Faktor für die Judenverfolgung nach 1933 sehen.

Gleichwohl lässt sich die Frage nach der Relevanz des gesellschaftlichen Antisemitismus für die Judenverfolgung nach 1933 nicht hinlänglich beantworten, indem man auf die Internationalität dieses Phänomens verweist. Für die Haltung der nichtjüdischen deutschen Bevölkerung nach 1933 war zweifellos die im Bäder-Antisemitismus manifestierte Judenfeindschaft, wie sie besonders im Mittelstand und Teilen der traditionellen Eliten verbreitet war, von erheblicher Bedeutung. Der Bäder-Antisemitismus brachte öffentliche Zonen der Apartheid hervor, die die gesellschaftlichen Kontakte zwischen Juden und Nichtjuden immer stärker reduzierten. Dies förderte eine Grundhaltung gegenüber der jüdischen Minderheit, ohne die die nationalsozialistische Ausgrenzungspolitik nicht so erfolgreich verlaufen wäre: die weitverbreitete Auffassung nämlich, dass es sich bei Juden nicht um „Deutsche" oder gar „Volksgenossen" jüdischen Glaubens handelte, sondern um „Fremde", ja „Andersartige", die nicht wirklich dazugehörten. Der seit dem 19. Jahrhundert in Deutschland etablierte Bäder-Antisemitismus trug zu dieser Entwicklung bei.

Jüdisches Krisenbewusstsein in den Jahren der Weimarer Republik

Andreas Reinke

Fragt man nach der Existenz eines jüdischen Krisenbewusstseins in den Jahren der Weimarer Republik, so wird damit – implizit oder explizit – auch die Frage aufgeworfen, inwieweit die in den Jahren von 1918/19 bis 1933 in Deutschland lebenden Juden ihre nach 1933 einsetzende Ausgrenzung und Verfolgung hätten erahnen oder voraussehen können. Mit anderen Worten: In dieser Perspektive wird die Geschichte der deutschen Juden in der Weimarer Republik als „Vorgeschichte" dessen gelesen und verstanden, was die Nationalsozialisten mit der Ermordung der europäischen Juden nach 1939 anrichteten. So berechtigt diese Frage aus der Sicht der Nachgeborenen im Wissen um das Geschehene auch erscheinen mag, so wenig wird sie doch der Wahrnehmung der Zeitgenossen gerecht – ja, sie ist geradezu unangemessen. Vom Standpunkt unseres heutigen Wissens eine Frage von solch historischer Tragweite zu stellen, hieße, den Zeitgenossen prophetische und prognostische Fähigkeiten zuzuschreiben, über die sie – Juden wie Nichtjuden – genauso wenig verfügten wie wir heute. Es gab keine Entwicklung, die notwendig und zwangsläufig von Weimar nach Auschwitz führte. Die Zukunft der in Deutschland lebenden Juden war, wie Trude Maurer, eine der besten Kennerinnen deutsch-jüdischer Geschichte während der Weimarer Republik, es einmal formulierte, „bis kurz vor der Aufhebung der Gleichberechtigung 1933–1935 und dem dann durch die Vertreibung und Mord gewaltsam gesetzten Ende [...] offen" und keineswegs entschieden.[1]

Mit der Ausrufung der Weimarer Republik wurden auch die letzten Hindernisse beseitigt, denen Juden sich im Hinblick auf eine vollständige Gleichberechtigung noch im Kaiserreich ausgesetzt sahen. In den Artikeln 109 und 128 der Weimarer Verfassung war festgeschrieben worden, dass alle Staatsbürger gleiche Rechte genossen und nach ihrer Befähigung und ihren Leistungen zu allen öffentlichen Ämtern zugelassen werden mussten. Doch nicht nur als Einzelpersonen, auch als Religionsgemeinschaft waren Juden nun erstmals in ihrer Geschichte den christlichen Kirchen gleichgestellt, und die jüdischen Gemeinden erhielten die mit dem Status einer öffentlichen Körperschaft verbundenen staatlichen Unterstützungen.

Doch vermittelten diese Akte rechtsstaatlichen Handelns zur Beseitigung noch vorhandener Benachteiligungen wohl nur wenigen Juden das Gefühl, „in Deutschland zu Hause" zu sein.[2] Zu widersprüchlich waren die Erfahrungen, die sie in den verschiedenen Lebensbereichen der Politik, der Wirtschaft und der Geselligkeit machten, als dass sich unter ihnen das Gefühl einer weitgehend sicheren Existenz eingestellt hätte. Die über weite Strecken krisenhaften Entwicklungen der Weimarer Republik in diesen Bereichen betrafen natürlich nicht nur die jüdische Bevölkerung, sondern alle Deutschen und bewirkten eine tief greifende Verunsicherung gewohnter Wahrnehmungs-, Denk- und Verhaltensweisen. Doch es gab auch besondere Gründe, warum in Deutschland lebende Juden sich zunehmend in ihrer Existenz gefährdet sahen.

Bereits der Ausrufung der neuen Republik begegneten die Juden in Deutschland – wie wohl die Mehrheit ihrer nichtjüdischen Mitbürger – eher skeptisch als hoffnungsvoll-euphorisch. Noch Ende Oktober 1918, nur wenige Wochen vor dem Beginn der revolutionären Ereignisse in Deutschland, hatte der Centralverein deutscher Staatsbürger jüdischen Glaubens (CV) in einem Aufruf „an dem Altar des Vaterlandes [...] das Gelübde unverbrüchlicher Treue zu Kaiser und Reich" proklamiert. Und Eugen Fuchs, Vorsitzender des CV, charakterisierte im Januar 1919 die Perspektiven der deutschen Juden mit kaum verhohlenem Pessimismus: „Der Krieg ist verloren, das Reich zusammengebrochen. Der Sturmwind der Revolu-

tion hat die deutschen Throne hinweggefegt, die Republik ist ausgerufen, das Alte gestürzt. [...] Die jetzige Regierung wird demokratisch und als solche kaum ein Gegenstand des Kampfes sein. [...] Da der Antisemitismus von heute nicht mehr so sehr in den Erlassen der Bürokratie als im Lärm der Presse und der Gasse leben wird, so werden wir ihm dort entgegenzutreten und dort den Kampf gegen antisemitische Volksströmungen und gegen ihre Exponenten – die politischen Parteien – zu führen haben."[3]
Gründe für diese Skepsis gab es aus jüdischer Sicht genug. Da war zunächst vor allem die Erfahrung des Ersten Weltkriegs. An den vom Kaiser zu Kriegsbeginn verkündeten „Burgfrieden" („Ich kenne keine Parteien mehr, ich kenne nur noch Deutsche") hatte sich in der jüdischen Öffentlichkeit die Hoffnung geknüpft, dass nunmehr auch Juden in die Einheit der Nation eingeschlossen würden und nicht weiter antisemitischen Anfeindungen und Ausgrenzungen ausgesetzt wären. Doch schon bald erwies sich diese Hoffnung als trügerisch. Bereits ein Jahr nach Kriegsbeginn konstatierten jüdische Organisationen besorgt eine massive Zunahme antisemitischer Strömungen in der Bevölkerung.[4] Bestätigt sahen sich die Antisemiten in ihrer Haltung durch die 1916 staatlicherseits durchgeführte „Judenzählung" im Heer, die Juden erneut als eine von der übrigen Bevölkerung unterschiedene Gruppe betrachtete und ihnen einen Sonderstatus zuschrieb.[5] In der Folgezeit nahm die antisemitische Agitation massiv zu und scheute auch nicht vor öffentlich vorgetragenen Mordaufforderungen gegenüber Juden, etwa durch den Führer des nationalistischen Alldeutschen Verbandes im Oktober 1918, zurück.
Die Erschütterungen, die diese Entwicklung während des Krieges unter den deutschen Juden auslöste, brachte Georg Hermann, ein bekannter und populärer jüdischer Schriftsteller, 1919 in einem Zeitschriftenartikel zum Ausdruck: „Der Westjude ist heute vor eine ganz neue Konstellation gestellt. Er hat eine schwere Enttäuschung erfahren. Aus der seelischen Domäne, in der er sich beheimatet glaubte, ist er vertrieben worden; oder – wenn er auch nicht vertrieben wurde – er hat das Heimatgefühl zu ihr verloren, und seine Seele, die sich stärker als vorher auf ihr Judentum besann, sucht nach einer neuen Heimat; denn irgendwo will sie doch ruhen und ihren Mittelpunkt haben."[6]
Ist es bei Hermann, einem weitgehend akkulturierten Juden, vor allem die Enttäuschung über die offensichtlich misslungene Integration, so wandten sich andere von dem Bestreben nach Integration ab und wurden zu überzeugten Zionisten. Aber auch die Hinwendung zu einem extremen deutschen Nationalismus war eine mögliche Reaktion einer, allerdings kleinen, Zahl deutscher Juden auf die Erschütterungen ihres Selbstverständnisses durch die Entwicklungen, die sie während des Krieges erlebten.[7]
Auch die Ereignisse in der unmittelbaren Nachkriegszeit boten nur wenig Anlass zur Hoffnung auf ein friedliches Zusammenleben von Juden und Nichtjuden. Die zahlreichen völkischen und antisemitischen Gruppierungen schlossen sich 1919 auf Initiative des Alldeutschen Verbandes in dem Deutschvölkischen Schutz- und Trutzbund zusammen, der zum Zeitpunkt seines Verbots nach dem Mord an Außenminister Walther Rathenau im Juni 1922 etwa 160 000 bis 180 000 Mitglieder hatte.[8] Damit war eine Organisation entstanden, in der sich nicht nur sogenannte Radauantisemiten artikulierten und für gewalttätige Aktionen gegen Juden warben, sondern von der auch eine breite Propaganda gegen die sogenannte Judenrepublik der Weimarer Zeit ausging. Die in Bromberg erscheinende „Ostdeutsche Rundschau" fasste die von den Antisemiten in der unmittelbaren Nachkriegszeit verwandten Vorwürfe so zusammen: „Die Juden haben unseren Siegeslauf gehemmt und uns um die Früchte unserer Siege betrogen. Die Juden haben die Axt an die Throne gelegt und die monarchische Verfassung in Stücke geschlagen. Die Juden haben die

innere Front und dadurch die äußere zermürbt. Die Juden haben unseren Mittelstand vernichtet, den Wucher wie eine Pest verbreitet, die Städte gegen das Land, den Arbeiter gegen den Staat und [das] Vaterland aufgehetzt. Die Juden haben uns die Revolution gebracht, und wenn wir jetzt nach dem verlorenen Kriege auch noch den Frieden verlieren, so hat auch Juda ein geschüttelt Maß von Schuld. Darum, deutsches Volk, vor allem das Eine – befreie dich von der Judenherrschaft."[9]

Die herausragende Position einzelner jüdischer Politiker während der Revolutionsereignisse nahm die antisemitische Bewegung zum Anlass spektakulärer und aufsehenerregender Aktionen, die in der Ermordung führender Persönlichkeiten der Revolutionszeit gipfelten, so etwa von Rosa Luxemburg (1919), dem bayerischen Ministerpräsidenten Kurt Eisner (1919) oder dem im gleichen Jahr im Gefängnis ermordeten Rätesozialisten Gustav Landauer. Da derartige Taten gezielt eine aktive Beteiligung und Verantwortung von Juden an dem Verlauf des Krieges und der darauf folgenden Entwicklung zu suggerieren suchten, lösten sie in der jüdischen Bevölkerung weitere Befürchtungen und Sorgen aus. So notierte etwa Rahel Straus, eine in München lebende Ärztin und aktive Zionistin, die selbst zeitweise an den revolutionären Ereignissen in München beteiligt war, in ihren (1940 verfassten) Erinnerungen: „Wir empfanden es damals schon erschreckend, wie viele Juden plötzlich auf Ministersitzen saßen [...] Aber am Schlimmsten war es wohl in München; hier waren nicht nur unter den Führenden viele Juden, sondern noch mehr unter den Angestellten, die man im Regierungsgebäude traf. Es war zu verstehen, dass so viele Juden an der Spitze standen, sie waren ‚die Intellektuellen'. Aber es war ein Unglück [...]. Und es ist nicht so, dass wir das erst heute wissen, wir haben es damals schon gewusst und ausgesprochen."[10]

Doch nicht nur durch die politische Entwicklung sahen sich die Juden in den ersten Nachkriegsjahren in ihrer Existenz gefährdet. Auch wirtschaftlich gerieten sie zunehmend in Bedrängnis. Die Einkommensverhältnisse und Beschäftigungssituation der jüdischen Bevölkerung unterlagen in der Weimarer Republik – ähnlich wie die der übrigen Bevölkerung – starken Schwankungen. Die 1914 einsetzende Geldentwertung, die in der Hyperinflation der frühen 1920er Jahre gipfelte, traf die jüdische Bevölkerung aufgrund ihrer spezifischen Berufsstruktur möglicherweise stärker als die im Vergleich dazu vorwiegend in der Landwirtschaft und Industrie tätige Gesamtbevölkerung. Vor allem kleine Selbstständige, die ihr Vermögen nicht in Sachwerten angelegt hatten, sowie „Rentiers", eine unter Juden stark vertretene Gruppe ehemaliger Selbstständiger, die sich ihren Lebensabend durch Kapi-

Rosa Luxemburg (1871–1919) wuchs in Zamość und Warschau auf und studierte in Zürich Nationalökonomie. Die Sozialistin und Kriegsgegnerin betätigte sich zunächst in der SPD, später in dem von ihr mitbegründeten Spartakusbund sowie als führendes Mitglied in der KPD (1918). Am 15. Januar 1919 wurde sie zusammen mit Karl Liebknecht von Freikorpssoldaten in Berlin ermordet.

Kurt Eisner (1867–1919), Redakteur und Politiker, Gründungsmitglied der USPD (1917), proklamierte als Vorsitzender des Arbeiter-, Bauern- und Soldatenrats in München den „Freistaat Bayern", zu dessen Ministerpräsidenten er am 8. November 1918 ernannt wurde. Am 21. Februar 1919 wurde er von einem völkisch-nationalistischen Studenten und Leutnant auf offener Straße erschossen.

Gustav Landauer (1870–1919) war eine der führenden Persönlichkeiten des deutschen Anarchismus. Er betätigte sich als Übersetzer, Journalist und Kulturkritiker. 1918 wurde er von Kurt Eisner in die Münchener Räteregierung berufen. Bei der Zerschlagung der Münchener Räterepublik wurde Landauer am 1. Mai 1919 verhaftet und einen Tag später im Gefängnis ermordet.

talzins finanzierten, sahen sich durch die Inflation um ihre Vermögenswerte gebracht und fristeten in den Jahren der Weimarer Republik eine ärmliche Existenz.[11]
Die grassierende Verarmung der jüdischen Bevölkerung wurde von Zeitgenossen besorgt registriert. 1926, also mitten in den Jahren der wirtschaftlichen Konsolidierung der Republik, fragte – anlässlich der Veröffentlichung der Steuerstatistik der Berliner Jüdischen Gemeinde – die CV-Zeitung: „Wo ist der jüdische Mittelstand geblieben?“ Und in der nächsten Nummer derselben Zeitschrift erschienen dort unter dem Titel „Die Alarmglocke läutet“ zahlreiche Berichte, in denen die Auswirkungen der wirtschaftlichen Krise der vergangenen Jahre eindrücklich beschrieben wurden.[12] Selbst wenn man berücksichtigt, dass im Vergleich zur Gesamtbevölkerung die Situation der meisten Juden relativ günstig war – gehörten sie doch vorwiegend dem Mittelstand an und verfügten mehrheitlich vor der Krise über ein zwei- bis dreimal höheres Einkommen als die Mehrheitsbevölkerung[13] –, entwickelte sich ihre wirtschaftliche Situation zunehmend bedrohlich. So hieß es im Protokoll der Hauptversammlung des CV von 1926: „Die Entwicklung auf wirtschaftlichem Gebiete, ganz abgesehen von der Boykottfrage, die nur eine Erscheinungsform des wirtschaftlichen Antisemitismus darstellt, ist stellenweise als bedrohlich anzusehen.“[14]
Mit der Weltwirtschaftskrise nahm auch die Zahl der jüdischen Arbeitslosen zu, die nicht nur infolge des Zusammenbruchs jüdischer Unternehmen anwuchs, sondern auch, weil immer mehr Juden aufgrund antisemitischer Propaganda kaum noch eine Anstellung in

In der Weimarer Republik verfügten die jüdischen Gemeinden in Deutschland über ein breites Netz von Einrichtungen der Wohlfahrtspflege und Sozialfürsorge. Die benötigten finanziellen Mittel wurden weitgehend durch Spenden aufgebracht. Teil der jüdischen Wohlfahrtspflege war der Arbeitsnachweis, im ausgehenden 19. Jahrhundert gegründet mit dem Ziel, aus Osteuropa zuwandernden Juden Beschäftigungsmöglichkeiten zu vermitteln. Angesichts der wirtschaftlichen und politischen Entwicklung in der Weimarer Republik wandelte sich die Funktion des Arbeitsnachweises, der zunehmend von der wirtschaftlichen Notlage und antisemitisch motiviertem Boykott betroffene Arbeitskräfte in jüdische Unternehmen zu vermitteln suchte.

nichtjüdischen Firmen fanden. Diese Entwicklung spiegelte sich nicht zuletzt in den Wohlfahrtsetats der großen jüdischen Gemeinden im Deutschland der Weimarer Republik wider: Ende der 1920er beziehungsweise zu Beginn der 1930er Jahre wurden in Berlin ein Viertel der Mitglieder der jüdischen Gemeinde durch die innergemeindliche Wohlfahrtspflege unterstützt; in Breslau waren es etwa ein Drittel und in München ein Fünftel der jüdischen Bevölkerung.[15]
Mit der Gefährdung ihrer wirtschaftlichen Existenz ging für die jüdische Bevölkerung aber vor allem auch die Bedrohung durch den Antisemitismus einher. In verschiedenen Großstädten wie etwa Breslau oder Königsberg wurde das im Kaiserreich erreichte Niveau des Zusammenlebens von Juden und Nichtjuden vor allem dadurch zerstört, dass „christliche Mitbürger den liberalen Konsens mit ihren jüdischen Nachbarn aufkündig[t]en".[16] Dies bedeutete nicht nur, dass antijüdisches Gedankengut – von den zahlreichen Gruppierungen der völkisch-antisemitischen Bewegung in Umlauf gebracht – in weiten Kreisen der Bevölkerung Eingang fand. Eine neue Qualität erlangte der Antisemitismus in der Weimarer Republik besonders dadurch, dass er sich zunehmend in Gewalttätigkeiten gegenüber Juden und jüdischen Einrichtungen artikulierte. „Kriminelles und gewalttätiges Vorgehen gegen Juden wurde", so Dirk Walter in seiner Studie über Judenfeindschaft in der Weimarer Republik, „zu einer eigenständigen Dimension des Antisemitismus – einer Form von Judenhass, die es im Kaiserreich noch nicht gegeben hatte."[17] In den ersten Nachkriegsjahren erschütterten eine Reihe von politischen Morden, darunter auch an führenden jüdischen Politikern, die Republik. Darüber hinaus kam es immer wieder zu antisemitischen Aussschreitungen, so etwa in verschiedenen Seebädern und Kurorten, an einzelnen Universitäten, aber auch in Städten wie München oder Berlin sowie in zahlreichen kleinen Ortschaften auf dem Lande.[18] Ein bevorzugtes Ziel antisemitischer Agitation und Aggression waren die aus Osteuropa nach Deutschland einwandernden Juden, wie etwa die Ausschreitungen im November 1923 im Scheunenviertel, einem von zahlreichen Ostjuden bewohnten Berliner Stadtviertel, belegen.[19] Ihr spezifisches soziokulturelles Gepräge diente den Antisemiten als Vorwand einer umfassenden, vornehmlich fremdenfeindlich und rassistisch motivierten Propaganda, die Juden in Deutschland zunehmend das Existenzrecht bestritt. Unterstützung erfuhr dieser zunehmend radikaler agierende und auf Ausschluss der Juden vom gesellschaftlichen, politischen, wirtschaftlichen und kulturellen Leben drängende Antisemitismus schließlich durch staatliche Einrichtungen – und dies vor allem war es, was in weiten Teilen der jüdischen Öffentlichkeit eine tief greifende Verunsicherung zur Folge hatte.

Auf dem Höhepunkt der Inflation Anfang November 1923 kam es in Berlin zu Plünderungen und Teuerungsunruhen. Besonders in dem von zahlreichen osteuropäischen Juden bewohnten „Scheunenviertel" im Berliner Stadtzentrum wurden jüdische Geschäfte geplündert und Juden misshandelt. Die Polizei beschränkte sich – zeitgenössischen Berichten zufolge – lange darauf, das Geschehen lediglich zu beobachten und erst, nachdem die Unruhen einen ganzen Tag lang anhielten, massiv einzugreifen.

Der CV hatte sich die rechtsstaatliche Bekämpfung des Antisemitismus bereits bei seiner Gründung auf die Fahnen geschrieben, und er setzte sie nach dem Krieg auch fort. Allerdings machte sich innerhalb der Vereinsführung angesichts der herrschenden Gerichtspraxis, antisemitische Vergehen und Agitatoren gar nicht oder nur mit symbolischen und geringfügigen Strafen zu belegen, zunehmend Resignation breit im Hinblick auf die Möglichkeit, den Antisemitismus juristisch zu bekämpfen. 1927 veranstaltete der CV ein Treffen von 400 Juristen, die der Frage nachgingen, „ob wir", wie der Rechtsexperte des CV, Julius Brodnitz, in seinen einleitenden Worten es formulierte, „mit Recht innerhalb der allgemeinen Rechtsnot von einer jüdischen Rechtsnot sprechen dürfen, ob auch in der Frage der Rechtssprechung der jüdische Bevölkerungsanteil sich als die Gruppe des schwächsten Widerstandes fühlen muss, wie dies sein Schicksal in kultur- und wirtschaftspolitischen, besonders aber in rein politischen Fragen leider so oft gewesen ist".[20] In der Bekämpfung des Antisemitismus stützte der CV sich vor allem auf die Paragraphen 130 (Aufreizung zum Klassenhass) und 160 (Schutz religiöser Einrichtungen), musste aber bald feststellen, dass diese „in vielen Fällen keinerlei Schutz mehr gewähren [...]. Man mag von einer jüdischen Rechtsnot sprechen wollen oder nicht", so Alfred Wiener in einem Zeitungsbericht über das erwähnte Juristentreffen, „der Schutz durch die Gesetze Juden und Judentum gegenüber reicht nicht aus, ja er versagt."[21] Ende der 1920er Jahre änderte der CV seine Strategie des Rechtskampfes insofern, als er nunmehr Anzeigen wegen Kollektivbeleidigung stellte. In mehreren Urteilen stellte das Reichsgericht in Leipzig jedoch fest, dass eine Personengesamtheit als solche keinen Rechtsschutz gegen Beleidigungen genieße, sondern lediglich einzelne körperliche Personen. Damit war diese Strategie des CV, sich gegen antisemitische Beleidigungen und Angriffe zur Wehr zu setzen, ebenfalls gescheitert.[22]

Doch nicht nur auf juristischem Felde sahen sich Juden zunehmend in die Defensive gedrängt und isoliert. Auch die politische Entwicklung seit Mitte der 1920er Jahre, die vor allem den Nationalsozialisten – mit Ausnahme der Reichstagswahlen von 1928 – wachsende Wahlerfolge brachte, bot den in Deutschland lebenden Juden wenig hoffnungsvolle Perspektiven. Vor allem die Erosion des bürgerlich-liberalen Lagers, dem sich die überwiegende Mehrheit der deutschen Juden verbunden fühlte, machte sie politisch „heimatlos", fühlte sich ein wachsender Teil von ihnen doch nicht mehr durch die vorhandenen Parteien repräsentiert. So reagierte ein Teil der jüdischen Wähler in Berlin und Hamburg bei den Wahlen im Jahre 1928 mit Wahlenthaltung, das heißt, sie gingen gar nicht erst wählen.[23] Es passt in das Bild dieser Entwicklung, dass

EINZELNUMMER 20 Milliarden M.

JÜDISCHE RUNDSCHAU

Anzeigen-Verwaltung:

Nummer 96 | Berlin, 9. XI. 1923 | XXVIII. Jahrg.

Der Zionismus erstrebt für das jüdische Volk die Schaffung einer öffentlich-rechtlich gesicherten Heimstätte in Palästina. „Baseler Programm."

Die Schicksalsstunde des deutschen Judentums

In den Straßen Berlins hat ein Judenpogrom stattgefunden.

Berlin war der Schauplatz trauriger und beschämender Ereignisse, wie sie bisher nur das Merkmal minderkultivierter Staaten gewesen sind. Die Früchte der Saat, die durch fünf Jahre systematisch ausgestreut worden ist, sind gereift. Der Antisemitismus, der in [illegible] Deutschland wie eine Pest um sich gegriffen hat, hat, nachdem er in der letzten Zeit vor allem in Bayern zur offiziellen Regierungsmaxime geworden ist, nun auch in Berlin seine Opfer gefordert.

Die Judenfrage ist in Deutschland akut geworden. Die von Haß verzerrten Gesichter, die auf das Judengespenst stieren, die ungetrübte Einigkeit der Judenfeindschaft, die Zustimmung weitester Kreise der Bevölkerung zu den erbärmlichsten Schandtaten gegen Juden zeigt uns, daß die Juden heute fast vogelfrei geworden sind.

Das Gewissen der zivilisierten Welt ist abgestumpft. Im Herzen Europas, im deutschen Kulturstaat, haben wir erlebt, was noch vor zehn Jahren niemand für möglich gehalten hätte. Die deutschen Juden, die mit der Ueberlegenheit des auf sicherem Port Stehenden von den Juden-Progromen in Rußland gehört haben, hätten nie geglaubt, daß ihnen selbst ähnliche Erfahrungen bevorstehen. Die furchtbare Krise, in die der Krieg die ganze Welt und vor allem Deutschland gerissen hat, hat nun auch **diese** Folge gehabt.

Verstehen die deutschen Juden, was heute vor sich geht? Die Schicksalsstunde des deutschen Judentums ist gekommen. Die Juden sind in Deutschland ihres Leibes und Lebens nicht sicher; die Gleichberechtigung, die stets als das Fundament der jüdischen Existenz gepriesen wurde, ist erschüttert, die Möglichkeit einer Ausnahmegesetzgebung – noch vor wenigen Jahren völlig undenkbar und unvorstellbar – erscheint am Horizont. Die Früchte der Juden-Emanzipation sind ins Wanken geraten. Die Politik der Assimilation, die Politik der systematischen Preisgabe und Zersetzung des Judentums, hat Schiffbruch gelitten. Das deutsche Judentum steht heute vor der Tatsache, daß seine Politik des letzten Jahrhunderts völlig bankrottiert hat.

In dieser ernsten Stunde wollen wir es unterlassen, darauf hinzuweisen, wie sehr wir Zionisten recht behalten haben, wenn wir die großen Zusammenhänge der Judenfrage aufzeigten. In diesem Augenblick geht es nicht darum, wer Recht behalten hat, sondern darum, was heute geschehen soll.

Das deutsche Judentum muß heute verstehen, daß **nur wir Juden selbst uns helfen können.** Werden wir uns nicht helfen, wird niemand uns helfen. Werden wir nicht für uns einstehen, wird niemand für uns einstehen.

Das deutsche Judentum muß heute solidarisch und entschlossen auf den Plan treten. Es gilt nicht nur den Schutz von Leib und Leben, es gilt auch die Wahrung unserer Ehre. Das deutsche Judentum muß die Welt heute vor die eindrucksvolle Tatsache stellen, daß es ein lebendiger, selbstbewußter Faktor ist, der seine Rechte und Interessen wahrt. Der Ruf „Tod den Juden" gilt allen. Der Haß gilt allen. Der gemeinsame Feind – wenn schon nicht mehr – schließt uns zusammen. Für jeden Juden, dem heute in Deutschland um seines Judentums willen ein Haar gekrümmt wird, muß das gesamte Judentum solidarisch eintreten.

Wir Zionisten sind uns des Ernstes der Stunde bewußt. Wir wollen, ungeachtet aller Gegensätze der Weltanschauung und der Partei, das Trennende zurückstellen, wenn die deutschen Juden bereit sind, mit uns zusammen das deutsche Judentum als kraftvollen Organismus wieder aufzubauen.

Die Einheitsfront aller Juden in Deutschland ist das Gebot dieser Stunde. Werden die deutschen Juden dies verstehen?

Wir warten mit Bangen der nächsten Tage, die die Entscheidung bringen. Denn schwerer noch als die Schläge von außen würde es uns treffen, wenn wir einsehen müßten, daß das deutsche Judentum in diesen Tagen nicht seine Kraft und Würde wiedergefunden hat.

Die judenfeindlichen Ausschreitungen in Berlin

Die Vorgänge am Montag

In der „Jüdischen Rundschau" vom 9. November 1923 wird über die judenfeindlichen Ausschreitungen im Berliner Scheunenviertel berichtet. Sie werden als „Die Schicksalsstunde des deutschen Judentums" bezeichnet und auf systematische antisemitische Politik – auch von staatlicher Seite – zurückgeführt.

etwa die Deutsche Demokratische Partei (DDP), einst unter Beteiligung prominenter jüdischer Persönlichkeiten wie Albert Einstein, Rudolf Mosse, Walther Rathenau und Theodor Wolff gegründet, sich in der Weimarer Republik von ihrem liberalen Gedankengut zunehmend entfernte. Als sie aus Furcht vor weiteren Stimmenverlusten im Jahre 1930 mit dem antisemitischen Jungdeutschen Orden zur Deutschen Staatspartei fusionierte, wandte sich die Mehrheit ihrer jüdischen Wähler – unterschiedlichen Schätzungen zufolge haben die Hälfte bis zu zwei Dritteln der deutschen Juden diese Partei gewählt – von ihr ab.

Was jüdische Zeitgenossen an dem Zerfall des liberalen politischen Lagers über die zunehmend empfundene politische Heimatlosigkeit hinaus beunruhigte, war die damit einhergehende weitgehende Aufgabe liberaler Werte und Positionen, durch sie sich in ihrer Existenz bedroht sahen: „Überall sind die Parteien, die ihn [den Liberalismus; A.R.] sich auf die Fahnen geschrieben haben, im Niedergehen begriffen. Die Schuld trägt er zum Teil selbst, weil es ihm an Anpassungsfähigkeit fehlte und er nicht verstanden hat, dass er den Voraussetzungen der Zeit Rechnung tragen muss [...] Schwer belastend ist für ihn auch, dass Parteien, die sich liberal nennen, den Geist des Liberalismus nicht mehr verspüren. [...] Der Niedergang des Liberalismus nicht als Partei – denn da stimmen Begriff und Programm nicht mehr zusammen – , sondern als Weltanschauung ist für ihn [den Juden, A.R.] bedenklich.“[24]

Im Juni 1930 veröffentlichte die Zeitschrift „Deutsche Republik“ einen *Offenen Brief an die Deutschen Juden*, den der elsässische Jude Gaston Heymann verfasst hatte. Hierin rief er die deutschen Juden in drastischen Worten dazu auf, endlich aktiv zu werden und sich gegen den massiv auftretenden Antisemitismus zu wehren: „Auf was wartet ihr noch? Auf das Jahr 1940, wenn die jetzt bis zur Bewusstlosigkeit verhetzte Jugend im Amt sein wird? [...] Ihr werdet die ersten Opfer sein. Man wird euch nicht gerade totschlagen? Kommt es nicht auf dasselbe heraus, wenn kein Mensch mehr in eure Kontore, Läden, Sprechzimmer kommt?“[25] Der Appell, in dem vor allem die scheinbare Tatenlosigkeit der deutschen Juden angesichts wachsender nationalsozialistischer Wahlerfolge vehement beklagt wurde, löste heftige Reaktionen innerhalb der deutsch-jüdischen Öffentlichkeit aus. Vertreter des CV, der Zionisten und der Orthodoxie antworteten öffentlich auf das Schreiben. Eva Reichmann, führende Mitarbeiterin des CV, verwies in ihrer Antwort auf die zahlreichen Aktivitäten des CV, nicht ohne jedoch gleichzeitig zu beklagen, „dass eine große schläfrige Masse innerhalb der deutschen Judenheit immer noch die drohende Gefahr gering schätzt, dass sie nicht sieht und nicht sehen will, dass sie vor allen Dingen nichts

Aus der Inflationszeit stammt diese Reichsbanknote über 500 000 Mark mit Datum Berlin, 1. Mai 1923. Auf der Vorderseite befindet sich rechts ein antisemitischer Überdruck, der den Juden und der „goldenen Internationale“ die Schuld an der Geldentwertung zuweist.

von Ruhe opfern, [...] nichts von wirklicher oder nur noch eingebildeter Unauffälligkeit aufs Spiel setzen will". Die in der zionistischen „Jüdischen Rundschau" veröffentlichte Stellungnahme klagt vor allem die Untätigkeit von Nichtjuden angesichts der politischen Entwicklung an und fordert zu mehr Engagement von dieser Seite auf. Und im orthodoxen „Israelit" wird für ein in der Öffentlichkeit unauffälliges, dafür umso stärker an den religiösen Grundsätzen orientiertes Verhalten plädiert.[26]

So unterschiedlich also die Antworten im Hinblick auf mangelnde Aktivitäten ausfielen: Keiner der Autoren aus den unterschiedlichen Lagern der jüdischen Öffentlichkeit widersprach der grundsätzlichen Einschätzung Heymanns, dass die Lage der Juden in Deutschland zu diesem Zeitpunkt gefährdet war und existenzbedrohende Ausmaße erreicht hatte. Ihre Anworten auf Heymanns Appell, die so auch zu Zeiten des Kaiserreichs hätten formuliert werden können, offenbaren auch ein gewisses Maß an Resignation und Ratlosigkeit im Hinblick auf die Frage, wie Juden auf die veränderten Bedingungen in der Endphase der Weimarer Republik reagieren sollten.

Der deutsch-israelische Historiker Moshe Zimmermann hat vor diesem Hintergrund die These aufgestellt, dass die Zukunftserwartungen der deutschen Juden zu Beginn der 1930er Jahre deutlich von Pessimismus geprägt waren: „Was zwischen Januar 1933 und September 1935 geschah, gehörte bereits vorher zu den Erwartungen der in der nur auf dem Papier existierenden Republik lebenden Juden. Ihre Erwartungen haben die vorläufigen Pläne der Nazis realistisch eingeschätzt. Was sich an Plänen *nach* 1935, bzw. 1938 oder 1941 entwickeln sollte, konnten die Juden nicht prognostizieren, weil auch ihre Umgebung [...] diese Pläne als Richtlinien für die Zukunft nicht entwickelte oder nicht ahnte."[27] Diese Einschätzung mag in ihrer Zuspitzung und Pointierung überzogen wirken – gleichwohl verdeutlicht sie, dass die deutschen Juden sehr wohl die Symptome einer umfassenden Krise ihrer Situation registrierten und wahrnahmen. Zu Beginn der 1930er Jahre sahen sie sich in ihrer wirtschaftlichen Existenz bedroht sowie politisch und sozial zunehmend isoliert – und damit Bedingungen ausgesetzt, die wenig Anlass zu Hoffnung und dem Gefühl boten, in Deutschland zu Hause zu sein.

Ausgrenzung und Vernichtung der deutschen Juden (1933–1945)

Beate Meyer

Bereits in ihrem Parteiprogramm vom 25. Februar 1920 hatte die NSDAP festgelegt: „Staatsbürger kann nur sein, wer Volksgenosse ist. Volksgenosse kann nur sein, wer deutschen Blutes ist, ohne Rücksichtnahme auf Konfession. Kein Jude kann daher Volksgenosse sein."[1] In diesem Sinne brachte die „Völkische Fraktion" 1924 im Reichstag etliche Gesetzesentwürfe ein, die Juden aus der deutschen Gesellschaft ausgrenzen sollten. Doch noch scheiterten ihre Initiativen, noch verfügte sie nicht über die Macht, antisemitische Regelungen einzuführen, wenngleich ihre Redner diese lautstark propagierten.

Bei der nationalsozialistischen Machtübernahme 1933 verfügten weder Hitler noch seine Gefolgsleute über eine geschlossene Konzeption für die „Judenpolitik". Doch bot das Vorhaben, die deutsche Gesellschaft zu „entjuden", den Nationalsozialisten die Möglichkeit, alle Lebensbereiche zu durchdringen „und die deutsche Gesellschaft ihrem totalen Machtanspruch zu unterwerfen".[2] Mit allgemein gehaltenen Zielsetzungen ermunterte die NS-Führung untergeordnete Organe, die staatliche Bürokratie und die deutsche Bevölkerung, Eigeninitiativen zu entwickeln. Raul Hilberg, der Nestor der Holocaust-Forschung, teilt den Verfolgungsprozess in vier Etappen ein: Definition und Enteignung (1933 bis 1938), Konzentration (1939 bis 1943) und schließlich Ausrottung (ab 1941).[3] Im Folgenden soll an Beispielen gezeigt werden, wie dieser Prozess voranschritt und wie die betroffenen Juden darauf reagierten.

Ausgrenzung, Diskriminierung und Zerstörung der ökonomischen Existenz

SA-Angehörige und Parteimitglieder brannten 1933 darauf, ihre antisemitische Gesinnung, die nun Staatsdoktrin geworden war, lautstark und gewalttätig zu demonstrieren. Tätliche Übergriffe auf Juden wurden aus Chemnitz, Breslau, Gleiwitz, Berlin, Görlitz und vielen anderen Orten des Deutschen Reiches gemeldet. In die Aktionen der „Radauantisemiten" mischten sich antijüdische Interessen des Mittelstandes und einzelner Berufsgruppen wie beispielsweise der Juristen. Während Hitler und der Außenminister Neurath gegenüber dem besorgten Ausland die Überfälle auf Juden als „Greuelhetze" bezeichneten, ging die SA dazu über, jüdische Geschäfte und Wohnhäuser zu demolieren. Julius Streicher, Herausgeber des antisemitischen Wochenblattes „Der Stürmer", seit 1933 Leiter des „Zentralkomitees zur Abwehr der jüdischen Greuel- und Boykotthetze", bereitete im Auftrage der NS-Führung einen Boykott jüdischer Geschäfte vor, dessen Beginn Hitler auf den 1. April festlegte.[4] Damit setzte er sich wieder an die Spitze seiner randalierenden Basis und versuchte gleichzeitig der deutschen Bevölkerung zu zeigen, wo der vermeintliche Verursacher der Wirtschafts- und sonstigen Krisen zu suchen war. Auch in den Folgejahren behielt der Rassenantisemitismus diese Doppelfunktion. Er war Motor für die innerparteiliche Mobilisierung und präsentierte den Partei- wie den „Volksgenossen" zugleich einen Sündenbock für Probleme jeglicher Art.

Demonstrativ bezogen am 1. April 1933 SA- und HJ-Mitglieder Posten vor jüdischen Geschäften, Arztpraxen und Anwaltskanzleien. Zwar erhielten die Boykottierten vereinzelt Bekundungen des Mitgefühls und der Sympathie – Hinweise, dass jedenfalls ein Teil ihrer nichtjüdischen Klientel ihnen die Treue hielt –, doch wirksamer öffentlicher Protest gegen diese Art der Diskriminierung erhob sich im Inland nicht.

Fast gleichzeitig wurden jüdische Richter und Staatsanwälte in Hamburg, Preußen, Bayern, Sachsen und Hessen zwangsweise beurlaubt und daran gehindert, ihre Arbeitsstätten zu betreten. Am 7. April 1933 schrieb das „Gesetz zur Wiederherstellung

Viele Städte und Kommunen verboten den ortsansässigen Juden schon frühzeitig den Besuch von Schwimm- oder Strandbädern: So durften die Berliner Juden ab Sommer 1933 das Strandbad Wannsee nicht mehr betreten, ein Jahr später verwehrte die Stadt Bad Kissingen Juden den Zutritt zum Schwimmbad. Badeorte verbannten sie an besondere Strandabschnitte oder untersagten ihnen den Aufenthalt ganz. Im Dezember 1938 erstreckte sich der „Judenbann" für bestimmte Einrichtungen, darunter Badeanstalten und Badeorte, auf das gesamte Deutsche Reich.

des Berufsbeamtentums" dieses rechtswidrige Vorgehen fest, das nun sukzessive auf den gesamten öffentlichen Dienst und auf halböffentliche Unternehmen ausgedehnt wurde: Politisch „nicht tragbare" Beamte oder solche „nichtarischer Abstammung" wurden pensioniert oder entlassen. Lediglich Beamte aus der Zeit vor 1914 oder Frontkämpfer des Ersten Weltkriegs konnten Ausnahmeregelungen beanspruchen. In der Folgezeit nahmen auch Berufsverbände, Vereine und Clubs den „Arierparagraphen" in ihre Satzungen auf, sodass die ökonomische Isolierung mit einer zunehmenden gesellschaftlichen einherging. Immer mehr Hotels und Gaststätten inserierten, Juden als Gäste seien unerwünscht. „Nichtarische" Schüler wurden in öffentlichen Schulen teils nicht mehr aufgenommen, teils aus ihnen vertrieben. Als „nichtarisch" galt zwischen 1933 und 1935 eine Person, wenn sich unter ihren vier Großelternteilen ein Jude beziehungsweise eine Jüdin befand.

Boykott und Entlassungen bildeten den Auftakt für schließlich fast 2000 antijüdische Maßnahmen, die im Laufe der zwölfjährigen NS-Herrschaft angeordnet wurden. Noch zielten sie „nur" darauf ab, die wirtschaftliche Existenz der in Deutschland lebenden Juden zu zerstören, sie aus der deutschen Gesellschaft auszugrenzen und zur Flucht aus dem Land zu nötigen. Diskriminierungen in der Nachbarschaft, am Arbeitsplatz oder auf der Straße ergänzten die staatlichen Maßnahmen und verschärften die Situation für die Betroffenen.

Die NSDAP-Führung rief Ende März 1933 zu einem „Boykott" der jüdischen Bevölkerung auf. Ab dem 1. April sollten in ganz Deutschland organisierte Propaganda-Aktionen stattfinden. Betroffen waren unter anderem jüdische Geschäfte, Arztpraxen und Anwaltskanzleien. Das Foto oben zeigt SA-Posten am 1. April 1933 vor dem Kaufhaus Wohlwert in Heilbronn. Die Aufnahme rechts vom selben Tag zeigt Boykottzettel an Arztpraxen in Berlin.

Die Reaktion der deutschen Juden: den Glauben stärken, sich zusammenschließen, das Land verlassen

Zu diesem Zeitpunkt – so ergab die Volkszählung im Juni 1933 – befanden sich im Deutschen Reich etwa 504 310 Personen, die einer jüdischen Gemeinde angehörten.[5] Mehr als die Hälfte dieser „Glaubensjuden" lebte in den großen Städten, vor allem in Berlin (160 564 Personen), Frankfurt (26 158 Personen), Breslau (20 202 Personen) und Hamburg (mit Randgemeinden 19 410 Personen).
Als Folge der antijüdischen Maßnahmen stieg die Arbeitslosigkeit sprunghaft an. Jüdische Stellen in Berlin registrierten 1933 mehr als 93 000 arbeitslose Juden. Nicht nur Beamte und Angestellte wurden entlassen, Freiberufler verloren ihre Zulassungen und jüdische Gewerbetreibende wurden vom Vergabewesen der öffentlichen Hand ausgeschlossen. Firmen kündigten ihren jüdischen Angestellten. Das alles führte dazu, dass die Zahl der Bedürftigen und Wohlfahrtsempfänger stieg.
Die politischen Organisationen der Juden, ihre Gemeinden und jeder Einzelne standen vor der schwerwiegenden Entscheidung, wie sie mit der Ausgrenzung umgehen sollten und was sie ihr materiell wie geistig entgegensetzen konnten. Jüdische Geschäftsleute reagierten unterschiedlich auf den Boykott. So erinnerte sich der Hamburger Max Plaut: „Tietz wurde geschlossen. Max Haack am Neuen Steinwall gab am Boykotttag 10 % Rabatt, jedem Kunden einen Luftballon und erzielte doppelten Umsatz." [6]
Später versuchten viele jüdische Kaufleute – zum Ärger ihrer nichtjüdischen Konkurrenten – ihre Kunden durch besondere Abzahlungskonditionen zu halten oder neue durch ausgefeilte Werbestrategien anzulocken. Dennoch mussten viele in der Folgezeit ihr Geschäft schließen, weil der anhaltende „stille Boykott" staatlicher Stellen, Konkurrenten oder Zulieferer ihnen die wirtschaftliche Betätigung unmöglich machte.

Die jüdischen Gemeinden konzentrierten ihre Anstrengungen darauf, die Mitglieder angesichts der äußeren Bedrohung zum Glauben zurückzuführen, wie der folgende Aufruf zeigt: „Eine Zeit der Not und damit der Prüfung ist über uns deutsche Juden gekommen. Die Fundamente unserer wirtschaftlichen und staatsbürgerlichen Existenz sind ins Wanken geraten. Wir versinken, wenn wir Wirtschaft und Staat als die alleinige Lebensgrundlage betrachten, wir bleiben aufrecht – trotz allem – wenn wir auf jenes Fundament uns besinnen, das in geheimnisvollen Tiefen der Seele verankert, unserer kampf- und sturmerprobten Gemeinschaft immer wieder segnende Kräfte spendet: unser Judentum."[7]
Tatsächlich füllten sich die Gotteshäuser, und Tausende assimilierter Juden, die sich in

Die Jüdische Winterhilfe (hier eine Veranstaltung 1937/38) sammelte Spenden für jüdische Bedürftige.

ihrem Alltag von religiösen Traditionen schon weit entfernt hatten, suchten Trost in der Religion der Väter.
Neben der Stärkung des Glaubens und jüdischer Traditionen bemühten sich die Gemeinden, Familien zu unterstützen, die durch Berufsverbote in wirtschaftliche Not geraten waren; sie weiteten die gemeindliche Fürsorge aus und schufen Beratungsstellen für jüdische Wirtschaftshilfe und Berufsausbildung; sie gewährten Darlehen, unterhielten eigene Lehrwerkstätten und Haushaltungsschulen, riefen zur Solidarität mit Glaubensgenossen auf und appellierten an jüdische Arbeitgeber, entlassene jüdische Lohnabhängige einzustellen. Die Jüdische Winterhilfe sammelte für jüdische Bedürftige. Der Kulturbund deutscher Juden, der sich später in „Jüdischer Kulturbund in Deutschland e.V." umbenennen musste, bot Veranstaltungen jeder Art an, die ein Gegengewicht zur gesellschaftlichen Isolierung schufen und jüdischen Künstlern Arbeits- und Auftrittsmöglichkeiten boten.
Unter diesem äußeren Druck schlossen sich Gemeinden und jüdische Organisationen in einem Dachverband zusammen, der „Reichsvertretung der deutschen Juden". Sie sollte Sprachrohr und Interessenverband der Juden gegenüber dem NS-Staat zugleich sein. Als Präsident fungierte der hoch angesehene liberale Rabbiner Leo Baeck, als geschäftsführender Vorsitzender der ehemalige Ministerialrat Otto Hirsch und als Generalsekretär der ehemalige Landgerichtsrat Arthur Lilienthal, um nur einige zu nennen. Die Repräsentanten gehörten unterschiedlichen innerjüdischen Strömungen an, galten jedoch allesamt als Autoritäten innerhalb der deutschen Judenheit. Die Reichsvertretung, vom NS-Staat bis 1938 als Körperschaft öffentlichen Rechts anerkannt, übernahm die Aufgaben Erziehung, Ausbildung und berufliche Umschulung mit Blick auf die Auswanderung, Hilfe bei der Emigration und die Sozialfürsorge für diejenigen, die Deutschland nicht verlassen konnten oder wollten.
Doch derlei Aktivitäten halfen einzelnen Familien nur bedingt, wenn sie Schikanen oder Übergriffen in ihrer unmittelbaren Umgebung ausgesetzt waren. So suchten die auf dem Lande und in kleineren Ortschaften lebenden Juden Schutz und neue Erwerbsmöglichkeiten in der anonymeren Atmosphäre größerer Städte. Eva B., Jahrgang 1933, lebte beispielsweise mit ihrer Familie in Jever. Ihre frühe Kindheit sei mit „viel Aufregung verbunden" gewesen, erinnerte sie sich später, die Familie sei wegen ständiger Anfeindungen dauernd umgezogen. Ihre Mutter sei als „Judenziege", sie selbst als „Judenbrut" beschimpft und verprügelt worden, bis sie sich als Fünfjährige nicht mehr allein auf die Straße getraut habe. Erst ein Umzug nach Wilhelmshaven und dann nach Hamburg milderte diesen Druck etwas,[8] wenn auch

Die Jüdische Gemeinde Berlin bot Fremdsprachenkurse für Juden an, die sich auf die Auswanderung vorbereiten wollten. Hier büffeln 1935 alte und junge Sprachschüler Spanisch.

dort bald neue Verfolgungsmaßnahmen an die Stelle der alten traten.
Andere Familien überlegten, ob nicht die unwägbaren Lebensbedingungen im Ausland einer unsicheren Existenz in Deutschland vorzuziehen seien. Die erste Welle jüdischer Emigranten verließ das Land: 1933 gingen 38 000, 1934 zirka 23 000 Personen teils in die europäischen Nachbarländer, teils in die USA oder nach Palästina.[9] Noch konnten Auswanderer ihr Eigentum weitgehend ohne staatliche Einmischung verkaufen und den Teil des Erlöses mitnehmen, der nach Abzug der – allerdings erheblichen – Steuern und Abgaben übrig blieb.
Dennoch glückte nicht jeder Versuch, in der Fremde Fuß zu fassen, wie das Beispiel der Familie Rieder zeigt: „1933 ist meine Mutter mit uns 5 Kindern (im Alter von 12 bis 2 Jahren) nach Amsterdam ausgewandert. Der Plan war, dass meine Mutter ein Lebensmittelgeschäft aufmachen und für unsere Familie eine Existenz aufbauen sollte und dass nach einer Weile mein Vater nachfolgen würde. Die Anforderungen für eine Frau mit 5 Kindern waren zu groß. Nach zwei schweren Jahren reisten wir nach Hamburg zurück."[10] 1936 emigrierte der 14-jährige Sohn in die USA, Ende 1937 folgten die Eltern mit drei Kindern. Die Schreiberin selbst durfte wegen eines Handekzems nicht einreisen. Sie gelangte 1938 mit einem Kindertransport in Sicherheit. Dass auch die Großeltern Ende 1938 noch ein Einreisevisum in die USA erhielten, grenzt an ein Wunder, denn diese Generation blieb zumeist in Deutschland zurück, was ab 1941/42 ihr Todesurteil bedeutete.
Bei jüngeren Juden erlebte der Zionismus einen spürbaren Aufschwung. Sie strebten in die Hachscharah-Zentren (Hachscharah = Vorbereitung), wo sie Hebräisch lernten und geistig wie körperlich vorbereitet wurden, in Palästina Kibbuzim aufzubauen. Hier brach auch ein Generationenkonflikt auf, denn die assimilierte Elterngeneration tat sich deutlich schwerer, Zukunftsperspektiven zu entwickeln. Viele hatten zunächst gehofft, die lautstarke antijüdische Propaganda der NSDAP und ihrer Führer würde im politischen Alltagsgeschäft von allein abflauen. Oder sie waren davon ausgegangen, Hitler werde nach kurzer Zeit abgewirtschaftet haben. Als deutlich wurde, dass die Zustimmung zum neuen Regime eher stieg, stellten sie sich schließlich darauf ein, das Land zu verlassen oder aber eine Existenz als Bürger zweiter Klasse zu führen.

Die rechtliche Fixierung der Ausgrenzung

Die im September 1935 erlassenen Nürnberger Gesetze und ihre Ausführungsverordnungen lieferten erstmals eine Art negativer Rechtssicherheit, weil sie definierten, wer als „Nichtarier" beziehungsweise „Jude" gelten sollte, nämlich eine Person mit drei „volljü-

Insbesondere in den ersten beiden Jahren der NS-Herrschaft ergriffen SA-, SS- oder NSDAP-Mitglieder jede Gelegenheit, Juden öffentlich zu demütigen, insbesondere, wenn sie ihnen „Rassenschande" vorwarfen. Sie trieben die Beschuldigten durch die Heimatstadt, hängten ihnen Schilder um und misshandelten sie körperlich und psychisch wie hier am 27. Juli 1933 in Cuxhaven. 1935 stellten die Nürnberger Gesetze „Rassenschande" dann unter Gefängnis- beziehungsweise Zuchthausstrafe.

dischen" Großelternteilen. Personen, die von einem oder zwei „volljüdischen" Großelternteilen abstammten, sollten – wenn sie selbst nicht einer jüdischen Gemeinde angehörten – als „Mischling ersten Grades" („Halbjuden") unter Sonderrecht gestellt oder als solche „zweiten Grades" („Vierteljuden") mit einigen Einschränkungen unter der deutschen Bevölkerung leben dürfen. Künftige Ehen zwischen „Volljuden" und „Deutschblütigen" wurden verboten, die bestehenden jedoch nicht angetastet. Außerehelicher Sexualverkehr wurde als „Rassenschande" unter Strafe gestellt. Die neuen Gesetze erweiterten die Ausgrenzung auf den Bereich der persönlichen Beziehungen und öffneten dem Denunziantentum Tür und Tor. Tausende Ermittlungsverfahren wurden in den folgenden Jahren reichsweit wegen „Rassenschande" eingeleitet, mehr als 2000 jüdische und nichtjüdische Männer sowie eine unbekannte Anzahl Frauen verurteilt.[11] Als Folge der Nürnberger Gesetze flüchteten in einer zweiten Auswanderungswelle 1936 zirka 25 000 und 1937 noch einmal 23 000 Juden aus Deutschland. Damit hatten ungefähr 30 Prozent der deutschen Juden ihre Heimat verlassen. Inzwischen griff der NS-Staat restriktiv in den Verkauf des Eigentums ein und erschwerte durch neue Verordnungen die Ausreise und den Vermögenstransfer ins Ausland. Im Inland durften Ärzte und Rechtsanwälte nur noch in kleiner Zahl für jüdische Patienten und Klienten tätig sein. Ab April 1938 mussten Juden Vermögen über 5000 Reichsmark anmelden, und es zeichnete sich ab, dass der NS-Staat unmittelbar auf den „jüdischen Besitz" zugreifen würde. Ebenso wurde deutlich, dass die Aufnahmeländer nicht bereit waren, ihre Einwanderungsbestimmungen zu lockern und deutsche Juden in größerer Zahl aufzunehmen.

Bei dem Pogrom vom 9. und 10. November des Jahres 1938 wurden vielerorts die Synagogen in Brand gesteckt, wie hier in Baden-Baden.

Das Schicksalsjahr 1938 und die Folgen

So hatten die deutschen Juden Mitte 1938 fast alle Möglichkeiten der Existenzsicherung verloren und waren weitgehend aus der deutschen Gesellschaft ausgeschlossen, als in schneller Folge Gewaltmaßnahmen über sie hereinbrachen: Im Juni 1938 inhaftierten Gestapo und Kriminalpolizei reichsweit zirka 9000 „Asoziale" in den Konzentrationslagern Sachsenhausen und Buchenwald, darunter etwa 2000 Juden, die zumeist wegen Bagatelldelikten vorbestraft waren. Im Oktober 1938 wurden zirka 17 000 Juden polnischer Herkunft abgeschoben, weil Polen angekündigt hatte, ihre Pässe nicht verlängern zu wollen. Da Polen die unwillkommenen jüdischen Staatsbürger nicht ins Land ließ, mussten viele von ihnen wochen- und monatelang unter schrecklichen Bedingungen im Niemandsland an der Grenze kampieren. Als der junge Jude Herschel Grynszpan, dessen Eltern von der „Polen-Aktion" betroffen waren, aus Protest

Zirka 30 000 jüdische Männer, insbesondere wohlhabende und öffentlich bekannte, standen während des Novemberpogroms 1938 auf den Verhaftungslisten der Gestapostellen. Sie wurden in die Konzentrationslager Buchenwald, Dachau und Sachsenhausen eingewiesen. Vorher wurden sie an manchen Orten, wie hier in Baden-Baden, zu einem „Schandmarsch“ durch die Stadt gezwungen.

Auch jüdische Geschäfte wurden während des Pogroms zerstört und geplündert. Das Foto zeigt ein demoliertes Schaufenster nach dem 9. November 1938 in Magdeburg.

in Paris ein Attentat auf den deutschen Botschaftssekretär Ernst vom Rath verübte, nutzten Hitler und Goebbels die Chance, einen reichsweiten organisierten „Volkszorn" auszurufen, der als „Kristallnacht" unrühmlich in die deutsche Geschichte einging: Am 9./10. November 1938 demolierten und plünderten vor allem SA- und HJ-Trupps jüdische Geschäfte, griffen Juden tätlich an, verwüsteten ihre Habe und zerstörten Synagogen und Betstuben.
Der Düsseldorfer Rabbiner Max Eschelbacher verfasste einen Bericht, der hier exemplarisch einen Eindruck von den Vorgängen und den Akteuren vermitteln soll: „Ein großer Teil unserer Möbel war vernichtet, ein großer Teil meiner Bibliothek durch das Fenster hinaus auf die Straße geworfen worden. Unsere Bilder waren zerschnitten oder zerrissen, viele Scheiben zertrümmert, viele Möbel hoffnungslos beschädigt. In vielen Häusern war die Vernichtung so vollkommen gewesen, weil die Plünderer zweimal gekommen waren, einmal in der Nacht zum Donnerstag und am Donnerstag selbst. [...] Meine Bücher und Akten [...] waren durch die Doppelfenster auf die Straße hinausgeworfen worden [...] am Vormittag kamen andere und zündeten das Ganze an. Es brannte viele Stunden lang."[12] Einer seiner Nachbarn hatte die SA-Trupps ins Haus beordert. Seinen Kollegen in den Nachbarstädten Essen und Recklinghausen zündeten die uniformierten Nationalsozialisten die Häuser an. In der Düsseldorfer Synagoge dagegen wüteten „honorige" Männer: „Einige sollen Ärzte von den Städtischen Krankenanstalten, einige Landgerichtsräte gewesen sein. Aus der Apotheke [...] waren Mengen von Benzin herbeigeschafft worden, von anderen Orten Teer. Die Thorarollen wurden [...] im Hof angezündet, wobei die Mordbrenner um sie herum tanzten, zum Teil in den Ornaten der Rabbiner und Cassanim [richtig: Chasanim = Kantoren, B.M.]. Dann wurde alles Holz, insbesondere der Dachstuhl und die Bänke, mit Benzin und Teer bestrichen und angezündet [...] So ist unsere Synagoge verbrannt worden."[13]
Zur blutigen Bilanz des Novemberpogroms gehören 91 jüdische Todesopfer ebenso wie bis zu 30 000 jüdische Männer, die in den Konzentrationslagern Dachau, Sachsenhausen und Buchenwald inhaftiert wurden.[14] Etlichen Häftlingen wurde während dieser Zeit ihr Besitz abgepresst. Göring ordnete an, die Juden müssten eine „Sühneleistung" von einer Milliarde Reichsmark in vier Raten zahlen. Nach der Umlage belief sich diese sogar auf 1,2 Milliarden Reichsmark. Die Angehörigen bemühten sich um Auswanderungsmöglichkeiten, damit die Inhaftierten entlassen wurden. In der dritten und größten Auswanderungswelle verließen 1938 zwischen 33 000 und 40 000 Juden das Land, 1939 folgten noch einmal zwischen 75 000 und 80 000. Ihr Vermögen mussten sie zurücklassen, der Staat be-

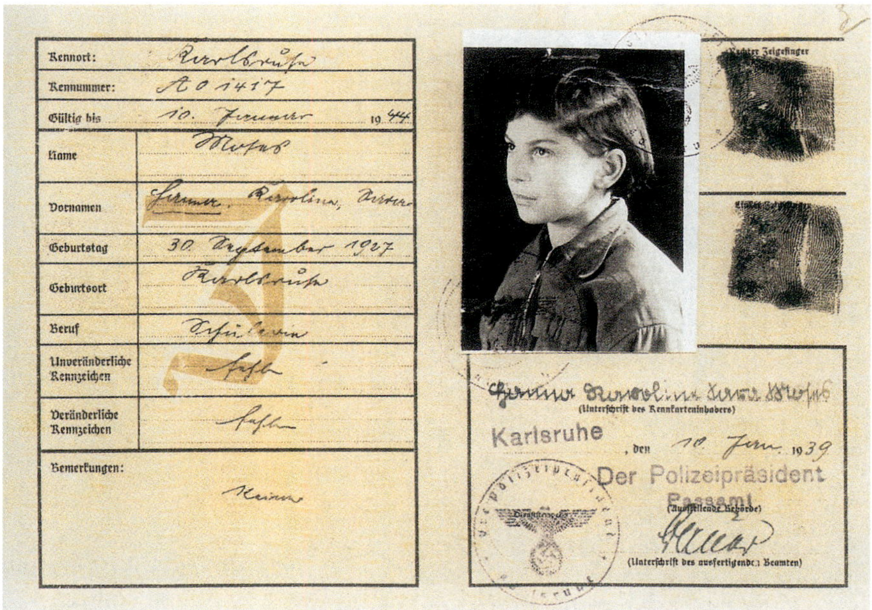

„Kennkarte" eines elfjährigen Mädchens aus Karlsruhe. Bis Ende des Jahres 1938 musste jeder deutsche Jude eine solche Karte beantragen. Sie wurde mit einem roten „J" gestempelt, und die seit dem 1. Januar 1939 verordneten Zwangsnamen Israel und Sara wurden eingetragen. Die Karte musste bei Behördengängen unaufgefordert vorgelegt werden.

schlagnahmte es später größtenteils. Wer nicht auswandern konnte, versuchte wenigstens, seine Kinder zu retten. Großbritannien nahm nach dem Novemberpogrom 10 000 jüdische Kinder auf. Viele sahen ihre Eltern nie wieder.

Unter den aus den Konzentrationslagern entlassenen Juden befanden sich auch solche, die in Mischehen mit „deutschblütigen" Ehefrauen lebten. Die insgesamt 20 454 Mischfamilien waren bis zum Winter 1938 ebenso wie jüdische behandelt worden.[15]

Um nichtjüdische Verwandte zu beruhigen und den Schock auszunutzen, den die nichtjüdischen Ehefrauen erlitten hatten, als sie realisierten, dass dem sozialen Abstieg nun die Kriminalisierung folgte, stellte Göring im Dezember 1938 die in Mischehe lebenden Juden besser als andere Juden und differenzierte die Mischehen in „nichtprivilegierte" und „privilegierte". Als „nichtprivilegiert" galten kinderlose Paare, wenn der Ehemann jüdisch war, oder Paare, deren Kinder jüdisch erzogen wurden. „Privilegiert" waren Ehepaare, wenn die Frau jüdisch war oder wenn die Kinder nicht jüdisch erzogen und als „Mischlinge ersten Grades" eingestuft waren. Die „Privilegien" bestanden im Wesentlichen darin, dass das Vermögen auf den nichtjüdischen Teil überschrieben werden durfte. Später musste der jüdische Ehepartner den Stern nicht tragen und die Familie (noch) nicht in ein „Judenhaus" ziehen. Zur Zwangsarbeit waren Juden aus Mischehen ungeachtet der Einstufung verpflichtet, von den Deportationen jedoch (vorläufig) zurückgestellt. Göring bot den „deutschblütigen" Frauen an, sich scheiden zu lassen und – sollten sie bei der Heirat zum Judentum übergetreten sein – zu rekonvertieren und in den „deutschen Blutsverband" zurückzukehren.[16]

Nach der Zerstörung ihrer ökonomischen Existenz und der sozialen Ausgrenzung ging das Regime dazu über, Juden zu kennzeichnen: Auf ihren Reisepässen prangte ein rotes „J"; wenn sie nicht bereits „eindeutig" jüdische Namen trugen, mussten sie „Sara" beziehungsweise „Israel" als Zwangsnamen führen, ab September 1941 den „Judenstern" tragen und später ihre Wohnungen mit einem Stern kennzeichnen. In der Folge des Novemberpogroms löste der NS-Staat fast alle jüdischen Organisationen auf und gründete die „Reichsvereinigung der Juden in Deutschland", der jeder deutsche Jude (bis auf die in Mischehen lebenden) angehören musste.

Konzentration, „forcierte Auswanderung" und „Judenreservate"

In der deutschen Bevölkerung hatten die antijüdischen Ausgrenzungsmaßnahmen zwischen 1933 und 1938 durchaus Zustimmung gefunden. Es hatte sich aber auch deutlich gezeigt, dass Gewalt und die Vernichtung von Sachwerten weitgehend

Seit dem 15. September 1941 wurde Juden, die das sechste Lebensjahr vollendet hatten, vorgeschrieben, in der Öffentlichkeit einen „Judenstern" aus Stoff deutlich sichtbar und fest angenäht an der Kleidung zu tragen.

Nach dem Novemberpogrom 1938 erklärte sich Großbritannien bereit, 10 000 jüdische Kinder bis zum Alter von 17 Jahren aus dem „Altreich" aufzunehmen. Sie kamen – wie dieses von der Reise erschöpfte Mädchen – auf dem Seeweg nach Harwich und wurden von dort auf Pflegefamilien oder Heime verteilt.

abgelehnt wurden. Der Novemberpogrom beendete diese erste Phase der „Judenpolitik“, in der verschiedenste Institutionen in Staat und Partei um die Ausgestaltung konkurrierten und sich bisweilen mit Vorschlägen überboten. Nachdem die deutschen Juden „auf den Status einer vollkommen entrechteten und ausgeplünderten Minderheit herabgedrückt worden waren, hatte selbst die NS-Propaganda Probleme, Gefahren heraufzubeschwören, die von dieser Gruppe ausgehen konnten“.[17] Dennoch lebten immer noch 214 000 Juden im Land.[18] Hitler betrachtete sie als Geiseln und prophezeite im Januar 1939 für den Fall eines Weltkrieges die Vernichtung der „jüdischen Rasse“.

An ihren Heimatorten wurden die Juden nun in bestimmten Stadtteilen oder in einzelnen „Judenhäusern“ konzentriert, während gleichzeitig Pläne für ihre „Umsiedlung“ in künftige „Judenreservate“ entstanden. Nach Kriegsbeginn erschwerten ihnen nächtliche Ausgangssperren, reduzierte Lebensmittelzuteilungen und Zwangsarbeit das Leben. Vielerorts überfielen Mitarbeiter des „Judenreferats“ – der für die Juden zuständigen Abteilung der Gestapo – regelmäßig die „Judenhäuser“, nahmen Haussuchungen vor, beschlagnahmten Gegenstände oder schikanierten die Bewohner. In Hannover beispielsweise erschienen die verbeamteten Schläger meist nachts und trieben die Bewohner zum „Appell“ in den Keller: „Sie weckten den im Parterre wohnenden Hausältesten Theo Oppenheim [...] Oppenheim musste, nachdem er meistens schon vorher Prügel bekommen hatte, das Haus alarmieren. Wir waren insgesamt ca. 78 Personen. Die Treppen des Hauses waren eng. In kürzester Zeit mussten wir auf dieser engen Treppe aus unseren Räumen und sogar vom Boden im Keller sein. Den Gestapoleuten ging es nicht schnell genug. Sie standen auf der Treppe und schlugen blindlings dazwischen. Es kam vor, dass sie uns vier- bis fünfmal die Treppen rauf und runter jagten. Im Keller mussten wir dann antreten, Frauen und Männer und junge Mädchen wurden gesondert, den jungen Mädchen wurde zum Teil nachgestellt.“[19]

Vielerorts ließen die NSDAP-Gauleitungen auch Barackenlager errichten wie am Rande von München, Köln oder Dresden, weil ihnen die „Entjudung“ ihres Gebietes nicht schnell genug ging. Immer dringlicher forderten einzelne Gauleiter Hitler auf, die Juden endlich „umzusiedeln“. In schneller Folge tauchten nun – in Abhängigkeit vom Kriegsverlauf – Pläne für „Judenkolonien“ auf, die meist ebenso schnell verworfen wurden.

Einer der utopischen Pläne, mit denen die NS-Machthaber liebäugelten, sah nach der Kriegsniederlage Frankreichs 1940 einen Polizeistaat auf der ostafrikanischen Insel Madagaskar, damals französische Kolonie, für Millionen europäischer Juden vor. Aber

Seit 1939 wurden die Juden an ihren Heimatorten in bestimmten Stadtteilen oder in einzelnen „Judenhäusern“ konzentriert.

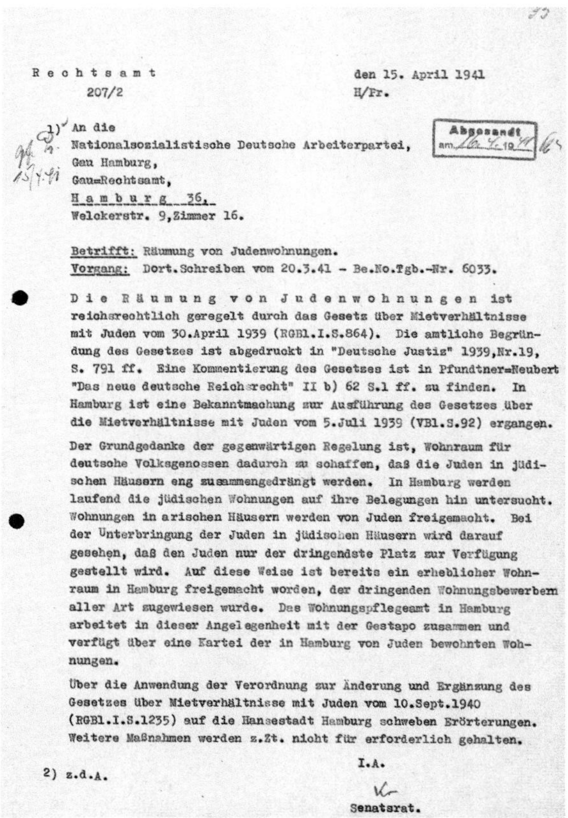

Rechtsamt
207/2

den 15. April 1941
H/Fr.

1) An die
Nationalsozialistische Deutsche Arbeiterpartei,
Gau Hamburg,
Gau=Rechtsamt,
Hamburg 36,
Welckerstr. 9, Zimmer 16.

Abgesandt am 16.4.1941

Betrifft: Räumung von Judenwohnungen.
Vorgang: Dort. Schreiben vom 20.3.41 – Be.No.Tgb.-Nr. 6033.

Die Räumung von Judenwohnungen ist reichsrechtlich geregelt durch das Gesetz über Mietverhältnisse mit Juden vom 30. April 1939 (RGBl.I.S.864). Die amtliche Begründung des Gesetzes ist abgedruckt in "Deutsche Justiz" 1939, Nr.19, S. 791 ff. Eine Kommentierung des Gesetzes ist in Pfundtner=Neubert "Das neue deutsche Reichsrecht" II b) 62 S.1 ff. zu finden. In Hamburg ist eine Bekanntmachung zur Ausführung des Gesetzes über die Mietverhältnisse mit Juden vom 5. Juli 1939 (VBl.S.92) ergangen.

Der Grundgedanke der gegenwärtigen Regelung ist, Wohnraum für deutsche Volksgenossen dadurch zu schaffen, daß die Juden in jüdischen Häusern eng zusammengedrängt werden. In Hamburg werden laufend die jüdischen Wohnungen auf ihre Belegungen hin untersucht. Wohnungen in arischen Häusern werden von Juden freigemacht. Bei der Unterbringung der Juden in jüdischen Häusern wird darauf gesehen, daß den Juden nur der dringendste Platz zur Verfügung gestellt wird. Auf diese Weise ist bereits ein erheblicher Wohnraum in Hamburg freigemacht worden, der dringenden Wohnungsbewerbern aller Art zugewiesen wurde. Das Wohnungspflegeamt in Hamburg arbeitet in dieser Angelegenheit mit der Gestapo zusammen und verfügt über eine Kartei der in Hamburg von Juden bewohnten Wohnungen.

Über die Anwendung der Verordnung zur Änderung und Ergänzung des Gesetzes über Mietverhältnisse mit Juden vom 10. Sept. 1940 (RGBl.I.S.1235) auf die Hansestadt Hamburg schweben Erörterungen. Weitere Maßnahmen werden z.Zt. nicht für erforderlich gehalten.

2) z.d.A.

I.A.
Senatsrat.

die englische Vorherrschaft auf See konnte nicht gebrochen werden, und so wurde das Vorhaben nicht weiter verfolgt. Leidtragende waren allerdings 6500 Juden, die die Gauleiter aus Baden und der Saarpfalz nach Frankreich hatten deportieren lassen. Statt Schiffe nach Madagaskar zu besteigen, lebten sie unter schlechtesten Bedingungen im Lager Gurs, bis sie 1942 „gen Osten" deportiert wurden.
Nachdem der Madagaskarplan sich schon bald als untauglich erwiesen hatte, traten die besetzten Ostgebiete, insbesondere der Distrikt Lublin, in den Mittelpunkt der Überlegungen für ein „Reservat". Die ersten Opfer waren mehr als 1000 Stettiner Juden, die auf Initiative des Gauleiters Franz Schwede-Coburg bereits im Februar 1940 dorthin verschleppt wurden, ohne dass irgendwelche Vorkehrungen für ihre Unterbringung oder Versorgung getroffen worden waren. Ein Großteil von ihnen starb auf dem Weg oder bald nach der Ankunft. Auch die Verschleppung der Juden „hinter den Ural" oder in Eismeer-Lager wurde erörtert, ein Zeichen, dass die Pläne der NS-Führung zwar noch keine Ermordung an den Zielorten, doch durchaus einen „schleichenden Völkermord" vorsahen.[20]
Fernab der in „Judenhäusern" leidenden deutsch-jüdischen Bevölkerung eskalierte im Sommer 1941 der Vernichtungskrieg gegen die Juden in der Sowjetunion. Nachdem sie zunächst Tausende männlicher Juden erschossen hatten, weiteten die SS-Einheiten vor Ort – ganz im Sinne ihrer Berliner Befehlsgeber – den Mord auf Frauen und Kinder aus, die aus ihrer Sicht „unnütze Esser" waren.[21] Die nächste Eskalationsstufe stellten die beiden Entscheidungen dar, die deutschen Juden im Herbst 1941 in die ins Reich eingegliederten polnischen Gebiete zu deportieren und die dort einheimischen Juden zu ermorden.[22] Die deutschen Juden sollten im Frühjahr 1942 dann weiter nach Osten transportiert werden.
Ein „Führerbefehl" zur Ermordung der europäischen Juden wurde bislang nicht gefunden. Einige Historiker, wie beispielsweise Christian Gerlach,[23] gehen von einer mündlichen Instruktion Hitlers aus, andere, wie Hans Mommsen oder Götz Aly, bestreiten, dass es einen „voluntaristischen ‚Entschluss'" gegeben habe.[24] Der systematische Mord an den Juden sei im Gegenteil Ergebnis eines nur vor dem Hintergrund des Krieges möglichen, breit angelegten, keineswegs gradlinigen Willensbildungsprozesses mit etlichen „Entwicklungssprüngen" gewesen.

Die Deportationen

Als diese Konzepte Gestalt annahmen, lebten in Deutschland noch 163 696 Juden, viele alt, versorgungsbedürftig oder krank. In vier großen Deportationswellen wurden sie nun abtransportiert,[25] während die Oberfinanzdirektion ihr Vermögen zugunsten des Deutschen Reiches einzog. Die erste Deportationswelle zwischen dem 15. Oktober und dem 2. November 1941 betraf 20 000 Juden und 5000 „Zigeuner", die nach Łódź transportiert wurden, jetzt in „Litzmannstadt" umbenannt. In einer zweiten Deportationswelle von November 1941 bis Januar 1942 gingen sieben Transporte nach Minsk, fünf nach Kowno und 22 nach Riga. Insgesamt wurden mit diesen Transporten zirka 53 000 Juden und 5000 „Zigeuner" in den Osten verschleppt.[26] Wenngleich etwa 6000 Personen sofort nach ihrer Ankunft von der SS erschossen wurden, konnte von systematischem Mord noch keine Rede sein.
Auf der Berliner „Wannsee-Konferenz" am 20. Januar 1942 hingegen, die eigentlich schon am 9. Dezember 1941 hätte stattfinden sollen, stand das Ziel, die Juden systematisch zu ermorden, bereits fest. Auf der vom Chef des Reichssicherheitshauptamtes, Reinhard Heydrich, geleiteten Tagung, an der acht Staatssekretäre, darunter Wilhelm Stuckart vom Reichsinnenministerium und Roland Freisler vom Justizministerium, sowie sechs Polizei- und Sicherheitsexperten, unter ihnen Heinrich Müller und Adolf Eichmann, teilnahmen, ging es nur noch um

Bereits am 22. Oktober 1940 wurden die jüdischen Bürger des badischen Ortes Gailingen deportiert – in aller Öffentlichkeit, am hellichten Tag. Sie gehörten zu den 6500 Juden, die die Gauleiter aus Baden und der Saarpfalz nach der Kriegsniederlage Frankreichs (Juni 1940) in das Nachbarland abschieben ließen. Die Deportierten kamen in das Internierungslager Gurs in den Pyrenäen, wo sie unter schlechtesten Bedingungen existierten, bis sie 1942 in die Vernichtungslager im Osten deportiert wurden.

Dieses Polizeifoto vom 24. März 1942 zeigt die Deportation der jüdischen Bevölkerung Kitzingens. Deutlich ist zu erkennen, dass sich das Geschehen auch hier vor den Augen der übrigen Bewohner der Stadt abspielte.

Vielerorts fotografierten oder filmten Gestapoleute, von ihnen beauftragte Fotografen oder (heimlich) Privatleute die ortsansässigen Juden auf dem Weg zur Sammelstelle oder von dort zum Deportationsbahnhof, so auch hier in Regensburg am 2. April 1942. Diese wurden einem Münchener Transport nach Piaski im Distrikt Lublin im sogenannten Generalgouvernement (den nicht ins Deutsche Reich eingegliederten besetzten Gebieten Polens) angeschlossen.

Wiesbadener Juden, die sich am 29. August 1942 in der örtlichen Synagoge hatten einfinden müssen, wurden am 1. September 1942 nach Theresienstadt deportiert.

Die erste Deportationswelle zwischen dem 15. Oktober und dem 2. November 1941 betraf 20 000 Juden und 5000 „Zigeuner", die in das Ghetto nach Łódź transportiert wurden, jetzt in „Litzmannstadt" umbenannt. Das Foto von 1942 zeigt Soldaten, die einen Juden im Ghetto Łódź misshandeln und sich dabei offenbar amüsieren.

Ein Teil der deportierten Juden wurde nicht sofort ermordet, sondern ausgewählt, um von der Wehrmacht, der SS und von Privatfirmen der „Vernichtung durch Arbeit" unterworfen zu werden. Das Foto zeigt Juden bei der Zwangsarbeit in einer Uniformschneiderei für die Wehrmacht im „Produktionsghetto" Łódź.

die Koordination und Organisation der „Endlösung der Judenfrage",[27] der letzten Stufe der Eskalation, die ab Frühjahr 1942 unterschiedslos alle, also auch die deutschen Juden, einbezog.[28]
Die dritte Deportationswelle von 17 000 deutschen Juden von Januar bis Juli 1942 führte in verschiedene kleine Ghettos im „Generalgouvernement" (den nicht ins Deutsche Reich eingegliederten besetzten Gebieten Polens), die sich als Vorhöfe zu den Mordstätten Belzec oder Sobibor entpuppten. Die Angehörigen der vierten Deportationswelle – ab Mai 1942 – wurden transportweise an Gruben in der Nähe der Eisenbahngleise erschossen oder direkt in die inzwischen eingerichteten Vernichtungslager gebracht und kurz nach der Ankunft ermordet.[29] Die großen Gaskammern von Auschwitz-Birkenau arbeiteten ab Herbst 1942.

Was erwartete die deutschen Juden, als sie im Herbst/Winter 1941/42 in die Ghettos von Łódź, Minsk und Riga deportiert wurden? Die deutsche Verwaltung hatte 1940 in Baluty, dem jüdischen Armenviertel der Stadt Łódź, ein Ghetto eingerichtet und dort 154 000 einheimische Juden auf vier Quadratkilometern zusammengepfercht.[30]
Im „Produktionsghetto" Łódź wurden vor allem Textilien für die Wehrmacht gefertigt. Abnehmer waren aber auch Bekleidungshäuser im „Altreich" wie beispielsweise das Hamburger Alsterhaus. Der „Judenälteste" Chaim Rumkowski verfolgte die Strategie, die Juden des Ghettos sollten sich über ihre Arbeitsleistung unentbehrlich machen und damit eine Chance zum Überleben gewinnen. Als die 20 000 Juden aus dem „Altreich" in Łódź eintrafen, war das Ghetto bereits heillos überfüllt. Dennoch wurden sie

Kinder aus dem Ghetto Łódź werden im September 1942 auf Lastwagen getrieben, mit denen sie anschließend ins Vernichtungslager Chelmno transportiert werden.

in die Holzhäuser ohne Wasseranschluss „eingesiedelt“ und auf die Fabriken verteilt. Die Sterblichkeitsrate im Ghetto war hoch: Bis Jahresende 1942 waren mehr als 4200 Tote unter den reichsdeutschen Ankömmlingen registriert.[31]

Zu dieser Zeit wurden die polnischen Juden und „Zigeuner“ bereits in Gaswagen erstickt, erschossen oder in dem im Dezember 1941 in Betrieb genommenen ersten Vernichtungslager Kulmhof (Chelmno) ermordet, „einer Gaswagenstation, die aus einigen Gebäuden bestand“.[32] Dort wurden auch die nicht arbeitsfähigen reichsdeutschen Juden ermordet. Wer die Arbeits- und Lebensbedingungen sowie die wiederkehrenden „Selektionen“ (auf Arbeitsfähigkeit) bis August 1944 überstanden hatte, wurde bei der Liquidierung des Ghettos Łódź nach Auschwitz gebracht. Wer durch die dortige Überprüfung der Arbeitsfähigkeit fiel, wurde ermordet, die anderen in Zwangsarbeiterlager weiterdeportiert.

In Minsk, der Hauptstadt Weißrusslands, hatten vor dem deutschen Überfall 80 000 einheimische Juden gelebt und damit ein Drittel der Stadtbewohner gestellt. Die deutschen Besatzer richteten – nach brutalen Mordaktionen – in der Stadt ein etwa zwei Quadratkilometer großes Ghetto für 100 000 einheimische Juden ein, das auch einen Friedhof umfasste. Als die Ankunft der deutschen Juden angekündigt wurde, ermordete die SS im November 1941 insgesamt 19 000 Ghettobewohner. Die Neuankömmlinge standen fassungslos vor den Leichen, die sie aus den Häusern tragen mussten, um diese beziehen zu können.[33]

Aufgrund von Transportschwierigkeiten trafen in Minsk jedoch nicht 25 000, sondern lediglich 7000 Juden aus Deutschland ein (dafür erhöhte sich die Zahl der Deportierten nach Riga).[34] 1400 arbeiteten bei Stellen der SS, der Wehrmacht, im Lazarett und in Werkstätten, wurden bei der Organisation Todt (einer Spezialtruppe für militärisches Bauwesen) oder in Privatfirmen eingesetzt.[35]

Viele Deportierte starben bald an Entkräftung oder Infektionskrankheiten. Diejenigen, die diese Zeit harter Arbeit bei unwirtlichen Lebensbedingungen überlebt hatten und nicht einer der häufigen Erschießungsaktionen zum Opfer gefallen waren, wurden fast alle in einem Massaker am 8. Mai 1943 erschossen oder in Gaslastwagen erstickt. Einige wenige wurden zur Zwangsarbeit ausgesucht. Von den 7000 deutsch-jüdischen Minsker Häftlingen hat nicht einmal ein Dutzend überlebt.

Auch im Ghetto von Riga wurde „Platz geschaffen“, um die angekündigten deutschen Juden aufnehmen zu können. Die SS erschoss am 30. November, dem „Rigaer Blutsonntag“, und am 8. Dezember 1941 mehr als 27 500 lettische Juden (und ermordete die Teilnehmer eines aus Berlin eingetroffenen Transports kurzerhand mit).[36] Als die Züge aus Nürnberg, Stuttgart, Wien und Hamburg eintrafen, lief die Mordaktion noch. Deshalb wurden sie zum sechs Kilometer von Riga entfernten Gut Jungfernhof umgeleitet. Das heruntergekommene Stadtgut bestand aus einem Gutshaus, drei großen Holzscheunen, fünf kleineren Häusern und Viehställen. Die Sterblichkeitsrate in den ungeheizten Unterkünften bei klirrender Kälte war hoch. Zwischen 1700 und 1800 der deutschen Juden aus Jungfernhof wurden am 26. März 1942 in der „Aktion Dünamünde“ erschossen. Ein kleinerer Teil der Männer wurde in das Lager Salaspils verlegt, die „Weiße Hölle“ genannt. Sie errichteten Baracken und wurden beim Gleisbau eingesetzt. Hier lag die Todesrate noch höher.

Spätere Transporte aus dem „Altreich“ gelangten ins Ghetto von Riga selbst. Als die Rote Armee vorrückte, verlegte die SS die Häftlinge im Sommer 1944 in das KZ Stutthof bei Danzig. Mehr als 47 000 Juden trafen hier ein, sodass das Lager bald hoffnungslos überfüllt war. Die Häftlinge erhielten den Befehl, Richtung Deutschland zu marschieren. Die Männer kamen nach Buchenwald oder Auschwitz, die Frauen nach Neuengamme, Mauthausen, Dachau,

Sachsenhausen oder Natzweiler.[37] Von den wenigen Häftlingen, die diese Stationen überstanden, starben weitere, als diese Lager ebenfalls geräumt und die Häftlinge auf „Todesmärsche" geschickt wurden.

Die SS-Einsatzgruppe A, die in Weißrussland mordete, schloss einen Bericht über die Deportationen nach Minsk und Riga mit dem höhnischen Satz: „Es konnte beobachtet werden, dass die Juden sich z.T. ein völlig falsches Bild über ihre Zukunft machten, z.B. dass sie sich als Pioniere fühlten, die zur Kolonisierung des Ostens eingesetzt werden."[38] Tatsächlich gingen die deutschen Juden 1941/42 mehrheitlich davon aus, dass sie an ihrem Zielort unter härtesten Bedingungen arbeiten, aber doch leben würden. Die Leiter der Gemeinden hatten Werkzeuge, Land- oder Nähmaschinen, Waschkessel oder Öfen organisiert, um ihnen den Start zu erleichtern. Die Deportierten gelangten jedoch meist gar nicht erst in den Besitz dieser Dinge. Da auch das Gepäck oft genug geplündert wurde, verfügten sie meist nur über das, was sie am Leibe trugen. Wo es keine Arbeitsmöglichkeit gab, konnten sie Lebensmittel nur im Tausch gegen die wenigen geschmuggelten Wertgegenstände oder warme Kleidung erlangen.[39]

Die vom Deportationsbefehl betroffenen deutschen Juden wussten nichts über die Eskalationsstufen, die schließlich zu ihrer systematischen Ermordung führen sollten. Doch manche erhielten Warnungen von Soldaten auf Urlaub, die Massenexekutionen miterlebt oder Juden in Ghettos gesehen hatten. Während einige dies für „Greuelpropaganda" hielten, zogen andere die Konsequenzen, tauchten unter oder versuchten, über die Grenzen zu flüchten. Die meisten Betroffenen aber folgten dem Befehl. Sie hofften, dass es – wenigstens für die jüngeren – irgendeine Zukunftsperspektive geben könnte.

Wer die Aufforderung erhielt, bemühte sich, mit der Familie zusammenzubleiben. Die Berlinerin Ilselotte Themal beispielsweise hatte mit ihrer Mutter vereinbart, sich nur zusammen deportieren zu lassen. Als die Mutter ins Sammellager gebracht wurde, bat Ilselotte, die selbst ein kleines Kind hatte, einen Bekannten bei der Jüdischen Gemeinde, ihr zu helfen, in denselben Transport zu kommen. Seine Antwort: „Ich kann es nicht verantworten, ich muss dir die Wahrheit sagen, du würdest umsonst dein Opfer bringen. Man nimmt dir in den ersten 10 Minuten dein Kind weg und in weiteren 10 Minuten trennt man dich von deiner Mutter. Wem hilfst du?"[40] Nach dieser Auskunft versteckte sie sich mit ihrem Baby in Berlin und überlebte. Ihre Mutter wurde ermordet.

In allen Ghettos versuchten die Deportierten unter schwierigsten Bedingungen, nicht nur die notdürftigste medizinische Versorgung und die Nahrungsverteilung zu organisieren, sondern auch ihre Menschenwürde zu bewahren und im Einklang mit der Religion zu handeln. Die israelische Historikerin

Die vom Deportationsbefehl betroffenen deutschen Juden wussten nichts über die Eskalationsstufen, die zu ihrer systematischen Ermordung führen sollten. Manche erhielten jedoch Warnungen von Soldaten auf Urlaub, die Juden in Ghettos gesehen oder Massenexekutionen miterlebt hatten wie diese im Fort IX der alten Festung von Kowno (Kaunas) in Litauen am 28. Oktober 1941.

Nach Schätzungen nahmen sich insgesamt 10 000 deutsche Juden während der NS-Zeit das Leben, mehr als ein Drittel angesichts der bevorstehenden Deportation. Aus Hamburg sollen es 319 Personen gewesen sein, davon 190, die den Deportationsbefehl erhalten hatten oder erwarteten. Die Abbildung zeigt die Anlage zu einem Schreiben der Gestapo an den Hamburger Oberfinanzpräsidenten vom 4. November 1942. Die hier aufgeführten, meist älteren Menschen nahmen sich das Leben, nachdem sie im Juli 1942 ihren „Evakuierungsbefehl“ für den Transport nach Auschwitz beziehungsweise nach Theresienstadt erhalten hatten.

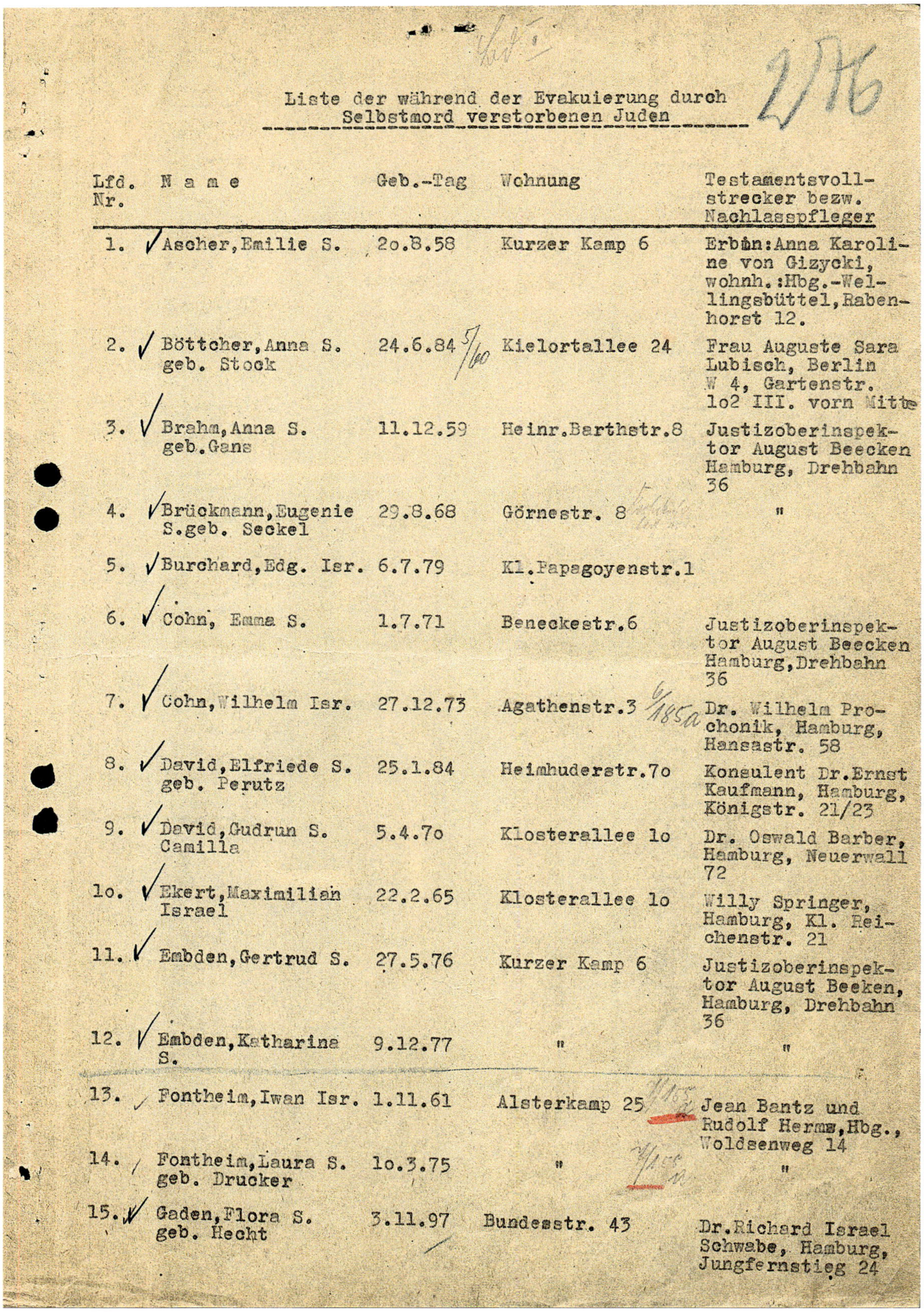

2/76

Liste der während der Evakuierung durch Selbstmord verstorbenen Juden

Lfd. Nr.	Name	Geb.-Tag	Wohnung	Testamentsvollstrecker bezw. Nachlasspfleger
1.	Ascher, Emilie S.	2o.8.58	Kurzer Kamp 6	Erbin: Anna Karoline von Gizycki, wohnh.: Hbg.-Wellingsbüttel, Rabenhorst 12.
2.	Böttcher, Anna S. geb. Stock	24.6.84	Kielortallee 24	Frau Auguste Sara Lubisch, Berlin W 4, Gartenstr. 1o2 III. vorn Mitte
3.	Brahm, Anna S. geb. Gans	11.12.59	Heinr.Barthstr.8	Justizoberinspektor August Beecken Hamburg, Drehbahn 36
4.	Brückmann, Eugenie S. geb. Seckel	29.8.68	Görnestr. 8	"
5.	Burchard, Edg. Isr.	6.7.79	Kl. Papagoyenstr.1	
6.	Cohn, Emma S.	1.7.71	Beneckestr.6	Justizoberinspektor August Beecken Hamburg, Drehbahn 36
7.	Cohn, Wilhelm Isr.	27.12.73	Agathenstr.3	Dr. Wilhelm Prochonik, Hamburg, Hansastr. 58
8.	David, Elfriede S. geb. Perutz	25.1.84	Heimhuderstr.7o	Konsulent Dr. Ernst Kaufmann, Hamburg, Königstr. 21/23
9.	David, Gudrun S. Camilla	5.4.7o	Klosterallee 1o	Dr. Oswald Barber, Hamburg, Neuerwall 72
1o.	Ekert, Maximilian Israel	22.2.65	Klosterallee 1o	Willy Springer, Hamburg, Kl. Reichenstr. 21
11.	Embden, Gertrud S.	27.5.76	Kurzer Kamp 6	Justizoberinspektor August Beeken, Hamburg, Drehbahn 36
12.	Embden, Katharina S.	9.12.77	"	"
13.	Fontheim, Iwan Isr.	1.11.61	Alsterkamp 25	Jean Bantz und Rudolf Herms, Hbg., Woldsenweg 14
14.	Fontheim, Laura S. geb. Drucker	1o.3.75	"	"
15.	Gaden, Flora S. geb. Hecht	3.11.97	Bundesstr. 43	Dr. Richard Israel Schwabe, Hamburg, Jungfernstieg 24

Miriam Gillis-Carlebach trug aus Berichten Überlebender zusammen, wie ihr Vater, der Rabbiner Joseph Carlebach, der selbst ermordet wurde, lebenserhaltende Seelsorge betrieb, wenn Ghettovorschriften und religiöse Gebote nicht vereinbar waren: Er löste die Probleme erzwungener Samstagsarbeit, wies orthodox-religiöse Insassen darauf hin, dass nichtkoschere Speisen, wenn sie lebensrettend waren, durchaus gegessen werden durften. Er verwahrte demonstrativ die eingesammelten Gebetbücher und Bibeln so würdig, wie es unter den Umständen möglich war, hielt in der Scheune eine Chanukka-Feier für Kinder ab und nahm geheime Bar-Mizwa-Feiern vor. Er rief die Pädagogen zusammen und initiierte einen provisorischen Schulunterricht. Im Kunstunterricht beispielsweise modellierten die Kinder Figuren aus Schnee.[41] Dieser religiöse, kulturelle und geistige Kampf um die Menschenwürde und Selbstbehauptung wurde in allen Lagern geführt.

Die Akten der Jüdischen Gemeinde Berlins weisen auf zwei entgegengesetzte Verhaltensweisen der Betroffenen hin: Zum einen gaben Juden kistenweise Dokumente (Zeugnisse, Versicherungspolicen, Rentenbescheinigungen und standesamtliche Unterlagen) bei der Gemeinde zur Verwahrung ab. Zum anderen stiegen im Jüdischen Krankenhaus die Einlieferungen von Personen, die versucht hatten, Selbstmord zu begehen. Beides stellt gleichermaßen eine Reaktion auf die Deportationen dar: Während die einen hofften, irgendwann in ein bürgerliches Leben zurückkehren zu können, in dem ordnungsgemäße Papiere vonnöten sein würden, reklamierten andere ihr Recht auf einen selbstgewählten Todeszeitpunkt. Insbesondere ältere Juden, die den Deportationsbefehl erhielten, hatten sich oftmals bereits vorgenommen, in diesem Fall aus dem Leben zu scheiden, und ihre Angelegenheiten entsprechend geregelt. Andere handelten spontan. Widerstandsakt und Verzweiflungstat lagen eng beieinander. Zwischen 3000 und 4000 deutsche Juden sollen zwischen 1941 und 1945 Suizid begangen haben. Werden diejenigen hinzugerechnet, die bereits während der nationalsozialistischen Herrschaft seit 1933, im Exil oder in den Konzentrationslagern ihrem Leben ein Ende setzten, so erhöht sich die Schätzung auf 10 000.[42]

Einige Gruppen waren vom Abtransport zunächst ausgenommen: Juden über 65 Jahre, Kriegsausgezeichnete, in Mischehen Lebende, teilweise solche mit ausländischer Staatsangehörigkeit und Prominente. Diese wurden ab Juni 1942 in das Ghetto Theresienstadt deportiert, das ursprünglich als Lager für die tschechischen Juden gedacht war. Um die Funktionen eines „Altersghettos“ und „Vorzugslagers“ erweitert, nahm das Garnisonsstädtchen nun 42 124 deutsche Juden auf. Fast die Hälfte von ihnen starb dort, und zirka 16 000 wurden in Vernichtungslager weiterdeportiert. Zwar lag

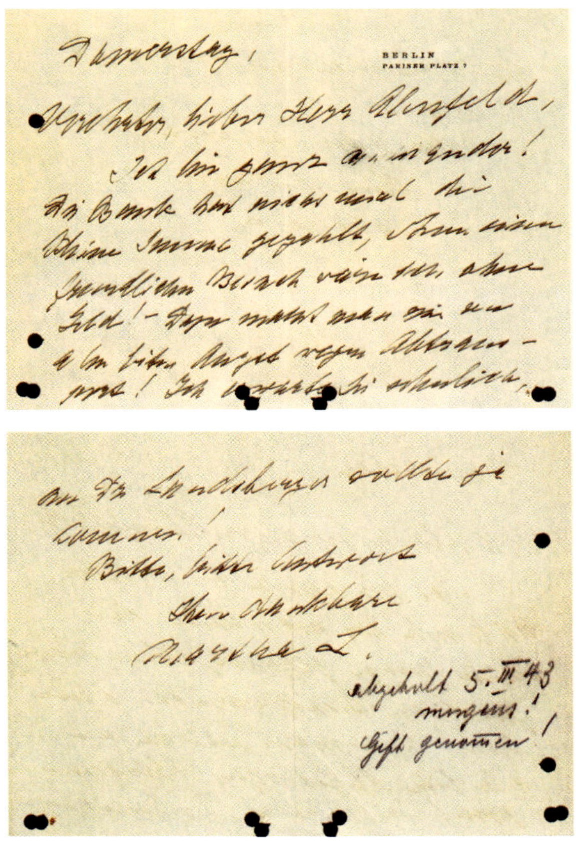
Donnerstag,
BERLIN
PARISER PLATZ 7
[illegible]
abgeholt 5.III.43
morgens!
Gift genommen!

Letzte Zeilen von Martha Liebermann, der Witwe des Malers Max Liebermann (1847–1935), an einen Freund vom 4. März 1943. Am folgenden Tag erhielt die schwer kranke 86-Jährige die Aufforderung, sich zur Deportation in ein „Altersheim“ nach Theresienstadt bereitzuhalten. Daraufhin nahm sie eine Überdosis Veronal. Sie starb am 10. März 1943 im Jüdischen Krankenhaus in Berlin.

die Überlebenschance in Theresienstadt höher als in den anderen Lagern, doch kamen mehr als 85 Prozent der dorthin deportierten deutschen Juden zu Tode.[43] Zu Jahresbeginn 1943 befanden sich noch zirka 51 000 Juden in Deutschland, 35 000 davon in Berlin. Die mehr als 15 000 jüdischen Zwangsarbeiter und ihre Familien in der Reichshauptstadt hatten einen vorläufigen Schutz vor der Deportation genossen, bis sie Ende 1942/Anfang 1943 durch ausländische Zwangsarbeiter ersetzt werden konnten. Am 27./28. Februar 1943 verhafteten SS, Polizei und Gestapo „schlagartig" (Goebbels) alle Juden in Fabriken, Wohnbezirken oder vor Lebensmittelkartenstellen. Zirka 8000 „Rüstungsjuden" wurden von Berlin nach Auschwitz deportiert, weitere folgten aus Breslau, Hamburg, Darmstadt und anderen Orten.

In das Konzentrationslager Bergen-Belsen wurden kurz vor Kriegsende Tausende Häftlinge aus anderen Lagern gebracht. An Hunger und Krankheiten starben hier zwischen Januar und April 1945 35 000 und in den ersten Wochen nach der Befreiung durch britische Truppen noch einmal 28 000 Menschen. Sie wurden in Massengräbern bestattet.

Damit war Deutschland weitgehend „judenfrei", die letzten jüdischen Gemeinden wurden aufgelöst und ihre Repräsentanten ebenfalls abtransportiert. Nur die in Mischehe lebenden Juden blieben zurück. Ihre Situation verschlechterte sich stetig. In Berlin mussten schon Hunderte im Sammellager leben. Die Zwangsarbeit, die jüdische Ehepartner ohnehin leisten mussten, wurde auf die nichtjüdischen Partner und die „Mischlinge ersten Grades" ausgedehnt. Im Jahr 1945, als der Krieg erkennbar verloren war und die Alliierten vorrückten, zeigte das NS-Regime ein letztes Mal seinen Fanatismus in der „Judenfrage": Fast 2000 Juden, die in noch existierenden Mischehen lebten, wurden aus allen Landesteilen nach Theresienstadt deportiert. Wegen der Kürze der KZ-Haft überlebten die meisten von ihnen. Insgesamt wurden 160 000 deutsche Juden im Holocaust ermordet. Sie waren aus ihren Heimatorten, aus besetzten Exilländern oder aus Konzentrationslagern (weiter-)deportiert worden. Die Truppen der Alliierten befreiten zirka 4500 deutsche Juden aus Theresienstadt und weniger als 4000 aus anderen Konzentrationslagern. In Deutschland selbst befanden sich – so Schätzungen – bei Kriegsende noch zirka 15 000 Juden,[44] etwa 12 000 hatten im Schutz der Mischehe, die anderen im Versteck oder unter falscher Identität überlebt. Die meisten konnten sich eine Zukunft im Land der Täter nicht vorstellen.

Überlebende Häftlinge des Konzentrationslagers Buchenwald bei Weimar am 11. April 1945 im Gespräch mit amerikanischen Soldaten.

Die erzwungene Mitwirkung der „Reichsvereinigung der Juden in Deutschland" an den Deportationen

Beate Meyer

Unter dem Dach der „Reichsvertretung der deutschen Juden" hatten sich 1933 die verschiedenen Strömungen der deutschen Juden und die jüdischen Gemeinden erstmals zusammengeschlossen. Doch bereits 1938 konnte diese Organisation nicht mehr arbeiten, weil der NS-Staat ihr den Status der Körperschaft öffentlichen Rechts aberkannte. Die jüdischen Funktionäre betrieben deshalb die Gründung einer Nachfolgeorganisation, wie sie im Februar 1939 bekannt gaben.[1] Zeitgleich setzte sich auch im Sicherheitsdienst der SS, der nach dem Novemberpogrom von 1938 die Federführung in der Judenpolitik an sich gerissen hatte, die Erkenntnis durch, dass ein jüdischer Adressat für die künftige Politik unabdingbar sei,[2] schon um die vielen organisatorischen Aufgaben zu erledigen.

So wurde im Juli 1939 die „Reichsvereinigung der Juden in Deutschland" per Gesetzesakt gegründet.[3] Ihre regionalen Zweigstellen unterstanden den jeweiligen Gestapostellen, die Zentrale in Berlin war dem Reichssicherheitshauptamt direkt verantwortlich. Dieses setzte die alten Funktionäre ein, die bereits die Reichsvertretung geleitet hatten: Leo Baeck, Otto Hirsch, Julius Seligsohn, Paul Eppstein, um nur einige zu nennen. Auf der Ebene der Abteilungsleiter befanden sich auch etliche Frauen wie Martha Mosse, Cora Berliner, Hannah Karminski oder Paula Fürst.[4]

Doch das äußerlich gleiche Erscheinungsbild verbarg einen rapiden Wandlungsprozess: Mitglieder waren nun nicht mehr jüdische Gemeinden und verschiedenste Gruppierungen, sondern Einzelpersonen, die nach der „rassischen" Definition des NS-Regimes als Juden galten. Die Mitgliedschaft war für sie obligatorisch. Alle jüdischen Stiftungen, Verbände und Vereine sowie die kleineren jüdischen Gemeinden wurden der Reichsvereinigung eingegliedert, während die größeren Gemeinden als Zweigstellen weiterarbeiteten.

Die vordringliche Aufgabe der Reichsvereinigung war die Förderung der Auswanderung. Hinzu kam die Sorge für die in Deutschland lebenden Juden hinsichtlich Erziehung, Ausbildung und Wohlfahrt. Für jeden Arbeitsbereich erhielt die Reichsvereinigung detaillierte inhaltliche und finanzielle Vorgaben. Ihre Arbeit verlief in drei Phasen:

1. Von 1939 bis Oktober 1941 wirkte sie an der „forcierten Auswanderung" der Juden mit.
2. Zwischen Oktober 1941 und Juni 1943 verwandelte sie sich gezwungenermaßen immer mehr zum ausführenden Instrument des Reichssicherheitshauptamtes beziehungsweise der Gestapostellen im Prozess der Deportationen.
3. Ab Sommer 1943, als die Deportationen weitgehend abgeschlossen waren, betreute sie die in Mischehen verheirateten Juden bis Kriegsende.

In der Phase von 1939 bis Herbst 1941 trafen sich die Interessen des NS-Staates und die der jüdischen Organisation im Bemühen um die Massenauswanderung. Während der NS-Staat die Juden finanziell ausplünderte, schikanierte, verhaftete und in Konzentrationslagern quälte, suchten die jüdischen Repräsentanten fieberhaft nach allen noch gangbaren legalen und – von den Einwanderungsländern her gesehen – illegalen Wegen, Juden aus Deutschland herauszuschleusen. Sie appellierten an begüterte Auswanderer, die Kosten für ärmere Emigranten mitzutragen; an bereits Emigrierte, von ihren Sperrguthaben in Deutschland Spenden anzuweisen; an ausländische Hilfsorganisationen, Schiffspassagen zu bezahlen; sie verwiesen im „Jüdischen Nachrichtenblatt" – der unter Zensur stehenden Zeitung der Reichsvereinigung – auf letzte Zufluchtsmöglichkeiten in Südamerika, der Karibik oder in Schanghai, als die gefragteren Zielländer keine Flücht-

linge mehr aufnahmen. So verließen überwiegend Jüngere, Wohlsituierte, Sprachkundige, Personen mit gefragten Berufen oder solche mit verwandtschaftlichen Beziehungen zum Ausland das Land.
Neben denen, die aus emotionalen Gründen nicht emigrierten, blieben vor allem die Alten, Kranken und Arbeitsunfähigen zurück. Ihre Betreuung absorbierte einen Großteil der Ressourcen der Reichsvereinigung, die Anstalten, Heime und Suppenküchen einrichten musste.[5] Noch erlaubte das Reichssicherheitshauptamt den großen jüdischen Gemeinden, als Zweigstellen der Reichsvereinigung weiterzuarbeiten und die Mitglieder religiös zu betreuen. Schrumpfte eine Gemeinde auf weniger als 1000 Mitglieder, wurde sie in die Reichsvereinigung eingegliedert. Ende 1941 existierten in Deutschland die Berliner Zentrale der Organisation, 14 regionale Büros und 17 größere jüdische Gemeinden.
Anfangs strebten die jüdischen Repräsentanten um Paul Eppstein eine auf mehrere Jahre verteilte, geordnete Auswanderung im Einklang mit den Zielländern an. Nach dem Scheitern der von den USA initiierten Konferenz von Evian – Vertreter von 32 Nationen berieten dort im Juli 1938 ergebnislos, ob und wie sie Tausende Juden aufnehmen sollten –, vor allem aber nach Kriegsbeginn am 1. September 1939, als die Grenzen geschlossen wurden, erwies sich diese Vorstellung als utopisch. Legale Auswanderungsmöglichkeiten existierten nun kaum noch, und illegale Transporte nach Palästina waren nicht nur schwer zu organisieren, sondern verursachten kaum vorherzuberechnende Kosten, weil sie oft monatelang unterwegs waren und Routen oder Transportmittel gewechselt werden mussten. Zudem erwiesen sie sich als gefährlich für die Teilnehmer, wenn Schiffe strandeten oder abgefangen wurden. Die Gestapo beharrte dennoch darauf. Als Eppstein sich im August 1940 weigerte, einem unsicheren Transport Richtung Palästina sein Plazet zu erteilen, verhaftete sie ihn für vier Monate. Eppstein litt noch lange unter den körperlichen und psychischen Folgen der Haft, führte jedoch sein Amt nach der Freilassung fort.
In den Jahren 1940 und 1941 liefen immer wieder alarmierende Meldungen über Deportationen bei der Reichsvereinigung ein: Transporte gingen aus Stettin (Februar 1940) und Schneidemühl (März 1940) in den Distrikt Lublin im „Generalgouvernement“ (der besetzte, aber nicht ins Deutsche Reich eingegliederte Teil Polens); aus Baden und der Pfalz (Oktober 1940) nach Gurs in Südfrankreich sowie aus Danzig (Februar 1941) und Wien (Februar/März 1941) wiederum in den Distrikt Lublin. Die Reichsvereinigung erfuhr davon meist zufällig, im letzten Moment oder erst hinterher. Ihre Proteste liefen weitgehend ins Leere. Das Reichssicherheitshauptamt verbot ihr zudem jede Tätigkeit für die Abtransportierten an deren Zielorten. Immerhin konnten die Funktionäre der Reichsvereinigung die Abschiebung von zirka 1000 ostfriesischen und Oldenburger Juden nach Lublin verhindern, von der sie rechtzeitig erfuhren. Sie erwirkten die Erlaubnis der Gestapo, die Juden innerhalb von drei Wochen in Berlin, Hamburg und Hannover einzuquartieren. Im Großen und Ganzen jedoch mussten die jüdischen Repräsentanten bereits vor Beginn der Massendeportationen aus Deutschland den Geschehnissen ohnmächtig zusehen.
Einmal versuchten sie, einen stummen Protest zu organisieren: Anlässlich der Deportation der 6500 Juden aus Baden und der Pfalz im Oktober 1940 forderte Vorstandsmitglied Julius Seligsohn die Rabbiner auf, reichsweit zu einem Fasttag aufzurufen. Der Fasttag wurde sofort verboten. Seligsohn bezahlte den Vorstoß mit seinem Leben: Er wurde verhaftet und im KZ Sachsenhausen zu Tode gequält.[6]
Doch gerade weil zwischen 1939 und 1941 zeitgleich Massenauswanderungen und erste Deportationen stattfanden, schien es Eppstein wie seinen Kolleginnen und Kollegen umso wichtiger, persönliche Interessen hintanzustellen, um die Emigration so vieler

Paul Eppstein (1902–1944), Soziologe, Vorstandsmitglied der „Reichsvereinigung der Juden in Deutschland“. Er wurde vermutlich während eines Arrestes in der Kleinen Festung Theresienstadts erschossen.

Julius Seligsohn (1890–Febr. 1942), Rechtsanwalt, gehörte dem Vorstand der „Reichsvereinigung der Juden in Deutschland“ an. Er wurde im KZ Sachsenhausen zu Tode gequält.

Otto Hirsch (1885–1941), Jurist, Vorstandsmitglied der „Reichsvereinigung der Juden in Deutschland". Er wurde im KZ Mauthausen ermordet.

Leo Baeck (1873–1956), Rabbiner, Vorstandsvorsitzender der „Reichsvereinigung der Juden in Deutschland". Er überlebte die Haftzeit im Ghetto Theresienstadt und emigrierte später nach London.

Juden wie noch möglich zu bewerkstelligen. Dass die nationalsozialistischen Machthaber Pläne für gigantische „Judenreservate" entwarfen, erfuhren die jüdischen Repräsentanten nur indirekt, als sie nach dem deutschen Überfall auf Frankreich im Mai 1940 innerhalb von 48 Stunden ein Konzept für die Aussiedlung von „7 1/2 Millionen europäischen Juden" vorlegen sollten, „eine Chance, wie der Nationalsozialismus sie noch keiner jüdischen Organisation gegeben habe".[7] Sie glaubten, das Ziel sei Palästina. Als sie nach zwei Tagen keinen Plan vorlegten, sondern die Möglichkeit zu gründlicheren Recherchen einforderten, konfrontierte der Vertreter des Reichssicherheitshauptamtes Paul Eppstein und Otto Hirsch mit der Absicht, die Juden nach Madagaskar zu verschiffen – auf Kosten der „jüdischen Millionäre" in den USA.[8]
1940/41 häuften sich Verhaftungen mit Todesfolge unter den jüdischen Repräsentanten. Wie Julius Seligsohn wurde zum Beispiel auch sein Kollege Otto Hirsch im KZ ermordet; er kam in Mauthausen ums Leben. Zu dieser Zeit erhielten jüdische Funktionäre noch regelmäßig Genehmigungen für Auslandsreisen, um mit Hilfsorganisationen zu verhandeln. Ihre eigene Auswanderung allerdings wurde gezielt behindert. „Nie bekamen Paul und Hedwig Ausreisegenehmigung zur gleichen Zeit. Ein Pass wurde immer zurückbehalten. Einer war immer Geisel für den anderen", beschrieb Eppsteins Schwägerin später treffend die Situation aller Funktionäre, die in Deutschland geblieben waren.[9] Natürlich hätten sie eine Reise trotzdem zur Flucht nutzen können, doch hoch entwickeltes Verantwortungsgefühl für die jüdische Gemeinschaft, der äußere Zwang, aber auch die Auffassung, die massiven Probleme besser als andere lösen zu können, hielten sie zurück.
Im Oktober 1941, als die Phase der „forcierten Auswanderung" endete und die der systematischen Deportationen begann, konnten die Vertreter der Reichsvereinigung sich als Erfolg anrechnen, dass immerhin noch einmal zirka 70 000 deutsche Juden das Land verlassen hatten.[10] Aber die zeitgleiche Deportation von bereits 10 000 deutschen Juden weist darauf hin, wie hilflos die Funktionäre der immer brutaleren Dynamik der Judenpolitik ausgeliefert waren. Sie konnten nur in Ausnahmefällen Aufschübe oder Milderungen erreichen. Sie realisierten zudem, dass nicht nur die Mitglieder, sondern auch sie selbst in der Falle saßen, obgleich die Machthaber diese Tatsache noch leugneten: Als sie den jüdischen Funktionären im Oktober 1941 das generelle Verbot der Auswanderung mitteilten, setzten sie wahrheitswidrig hinzu, für die Funktionäre der Reichsvereinigung solle dies nicht gelten.
In der Reichshauptstadt, wo noch 73 000 Juden lebten, würde die systematische „Umsiedlung" der deutschen Juden beginnen, eröffnete die Gestapo den Funktionären der Jüdischen Gemeinde Berlin. Sie müssten daran mitwirken, oder SA und SS würden die Organisation der Transporte übernehmen.[11] Die Vorstände der Reichsvereinigung und der Berliner Gemeinde berieten lange und entschieden sich „trotz erheblicher Bedenken" für eine Strategie der Kooperation. Sie wollten „Schlimmeres verhüten" und „auf diese Weise so viel Gutes wie möglich im Interesse der Betroffenen tun".[12] Sicher hofften sie, das Chaos der letzten beiden Jahre würde nun in einen geordneten Prozess überführt, in den sie steuernd eingreifen könnten. Auf jeden Fall gingen sie davon aus, dass nur Teile der deutschen Juden deportiert würden. Sie glaubten, danach ihre eigentliche Aufgabe wieder wahrnehmen und die verbliebene Rest-Gemeinde administrativ wie seelsorgerisch betreuen zu können. Notgedrungen akzeptierten sie jetzt (und später) die auferlegte Schweigepflicht – zumal das Reichssicherheitshauptamt diese Anordnung unterstrich, indem es bei Nichtbefolgung KZ-Haft androhte.
So übernahmen die Berliner Zentrale der Reichsvereinigung, ihre regionalen Büros

und die noch existierenden jüdischen Gemeinden die Zuarbeiten für die Deportationen. Die Reichsvereinigung führte eine zentrale und viele regionale Karteien, deren sich die Gestapo und andere staatliche Stellen bedienten. Die jüdischen Funktionäre stellten auf Anweisung und nach Vorgaben Listen bestimmter Personenkreise auf, aus denen die Gestapo die zu Deportierenden aussuchte. Sie richteten vorübergehende Sammellager in Messe- oder Turnhallen, Gaststätten oder Heimen ein, von denen aus die Juden abtransportiert wurden. Berlin benötigte ein ständiges Sammellager. Es befand sich erst in einer Synagoge, dann in einem ehemaligen Altersheim und schließlich bis Kriegsende in einem Teil des Jüdischen Krankenhauses, der gefängnisähnlich ausgebaut wurde.[13]
Die Reichsvereinigung organisierte in diesen Unterkünften die Lagerleitung, einen Sanitätsdienst, Verpflegung und Ordner. Sie benachrichtigte die zu Deportierenden per Post oder Boten und sandte Ordner, die das Gepäck transportieren und später auch Gestapomänner begleiten mussten, wenn diese die Juden abholten, bis sie 1942/43 dann in „Abholkolonnen“ täglich oder wöchentlich eine vorgegebene „Sollzahl“ Juden festzunehmen hatten. Mitarbeiter der Reichsvereinigung halfen, Vermögenslisten auszufüllen, die es dem Fiskus erleichterten, das Eigentum nach dem Abtransport zu beschlagnahmen. Sie bestimmten die Transportleitungen für die Züge, organisierten Werkzeuge und Maschinen, die die Deportierten in den vorgeblichen Siedlungsgebieten benötigen würden.
Die deutschen Juden mussten ihre „Abwanderung“ selbst bezahlen. Der Reichsvereinigung oblag es, die Kosten für den Abtransport bei ihnen einzutreiben und an die Gestapo zu überweisen. Später übernahm die Organisation gezwungenermaßen zeitweise den Postverkehr mit den Ghettos. Dazu gehörte anfangs auch die Weitergabe von Urnen mit der Asche jüdischer „Schutzhäftlinge“ aus Konzentrationslagern.

Die Hoffnung der jüdischen Funktionäre, Schlimmeres verhüten zu können, erfüllte sich nur in Einzelfällen. So wurden in den größeren Städten – jedenfalls im ersten Jahr der Deportationen – Kranke vom Abtransport zurückgestellt. Meistens konnten die Funktionäre nur erfolgreich intervenieren, wenn die Gestapo ihre eigenen Vorgaben verletzte, das heißt, wenn sie Juden, die in der Rüstungsindustrie arbeiteten, solche über 65 Jahre oder in Mischehen Lebende zum Abtransport aufrief. Als ab Juni 1942 die Deportationen nach Theresienstadt

J

Liste der am 17. August 1942 vom
Altersheim Brunnenstr. 41 abgewanderten Personen.

1.	Bachmann	X	David Israel	18. 5. 69
2.	Bendit	X	Henriette Sara	5. 8. 66
3.	Cohn	X	Alexander Israel	26. 4. 65
4.	"	X	Alma Sara	30. 1. 80
5.	"	X	Hannchen "	7. 9. 66
6.	"	X	Hermann Israel	4. 12. 68
7.	"	X	Jeanette Sara	17. 12. 71
8.	"	X	Johanna "	12. 10. 62
9.	Deutsch	X	Isidor	13. 3. 73
10.	"	X	Gisela "	16. 9. 74
11.	Eisner	X	Ida "	22. 4. 54
12.	Elkan	X	Hugo Israel	20. 1. 67
13.	" "	X	Clara Sara	4. 6. 68
14.	Ephraim	X	Rosalie "	15. 12. 58
15.	Glaser		Salo	2. 10. 63
16.	"		Klara "	24. 12. 77
17.	Glogauer		Bianka "	2. 9. 63
18.	Glücksmann		Aurelie "	21. 1. 65
19.	Grüneberg		Adelena "	19. 9. 64
20.	Hartmann		Meta "	2. 5. 67
21.	Heiden-Heimer		Heinrich Israel	5. 4. 66
22.	Heiser		Isaak	8. 1. 72
23.	Himmelweit		Mathilde Sara	1. 2. 65
24.	Israel		Else "	25. 7. 69
25.	Israelski		Sally	15. 3. 68
26.	" "		Eva "	31. 3. 71
27.	Kirschner		Minna "	27. 3. 63
28.	Landsberg	✓	Jenny "	5. 10. 72
29.	Levy	✓	Anna "	24. 8. 71
30.	Lewin	✓	Cäcilie "	31. 1. 65
31.	" "	✓	Rosa "	7. 5. 67
32.	Lüfty	✓	Elise "	16. 3. 61
33.	Markel	✓	Jenny "	14. 11. 72
34.	Mathias	✓	Karoline "	2. 11. 54
35.	Meyer	✓	Recha "	23. 2. 63

31 AUG 1942

Im Jahr 1942 standen die Bewohner von Heimen und Anstalten auf den Deportationslisten. Ihre Betreuer und das medizinische und übrige Personal erhielten meist kurze Zeit später den Bescheid zum Abtransport. Die Gebäude musste die Reichsvereinigung unter Aufsicht des Reichssicherheitshauptamtes verkaufen oder an Parteigliederungen vermieten.

begannen, füllten die Mitarbeiter der Reichsvereinigung „Heimeinkaufsverträge" für die Älteren aus, so als ob diese sich einen Platz in einem Alters- oder Pflegeheim erkauften und dafür mit ihrem gesamten Besitz bezahlten. Hatte die Reichsvereinigung schon vorher die Kosten für die Osttransporte eintreiben müssen, so transferierte sie jetzt Millionenbeträge aus dem Besitz der Alten nach Prag, wo sie jedoch keineswegs – wie von der Gestapo behauptet – dem Ghetto Theresienstadt zugute kamen. Die Annahme, es handele sich um Teildeportationen, zerschlug sich schnell, und es wurde deutlich, dass alle deutschen Juden von der „Umsiedlung" betroffen waren. Auch die wenigen Interventionsmöglichkeiten der Reichsvereinigung verschwanden in den ersten Monaten des Jahres 1942 ganz – etwa zeitgleich mit der Etablierung des systematischen Mordprogramms im Osten. Gesichertes Wissen über die Zustände in den Ghettos und die Erschießungen im Osten gelangte allerdings wohl nicht zu den jüdischen Funktionären, obgleich Gerüchte umliefen.
In Deutschland war die Reichsvereinigung Arbeitgeber für Tausende Juden, die dadurch der Zwangsarbeit in der Rüstungsindustrie entgingen, ein gesichertes Einkommen besaßen und vor der Deportation geschützt waren. Allein in Berlin wies die Reichsvereinigung 1942 noch mehr als 1500 Beschäftigte aus, die in der Verwaltung, in Krankenhäusern, Schulen, Horten, Kinderheimen, Umschulungszentren, Suppenküchen oder Kleiderkammern tätig waren. Das Reichssicherheitshauptamt drängte immer wieder auf Entlassungen und zwang die Abteilungsleiter im Oktober 1942 schließlich, aus der versammelten Belegschaft Hunderte „entbehrliche" Arbeitskräfte zu bestimmen, die deportiert wurden.
Kurz darauf eskalierte die Situation in Berlin weiter: Der berüchtigte Alois Brunner, der als Adolf Eichmanns Mitarbeiter in Wien bereits 180 000 Juden deportiert hatte, übernahm mit seinen Gefolgsleuten diese Aufgabe nun in Berlin. Sie führten Großrazzien durch und wiesen den Abtransport ganzer Berufsgruppen an. Viele Berliner Juden tauchten daraufhin unter, so wie auch nach der „Fabrik-Aktion" Ende Februar 1943, als die bisher geschützten „Rüstungsjuden" verhaftet und zu Tausenden deportiert wurden.[14] Die leitenden jüdischen Funktionäre tauchten nicht unter, obwohl inzwischen etliche aus ihren Reihen wegen angeblicher Vergehen in Konzentrationslager gebracht und dort ermordet worden waren, so beispielsweise Conrad Cohn, Cora Berliner und Paula Fürst.
Im Januar 1943 sah das Reichssicherheitshauptamt die Aufgabe der jüdischen Funktionäre als abgeschlossen an und ließ sie in das „Vorzugslager" Theresienstadt deportieren. Wieder initiierten die Machthaber ein Täuschungsmanöver: Paul Eppstein erhielt den Auftrag, die Leitung des Ghettos Theresienstadt als „Judenältester" parallel zu seiner Tätigkeit als Leiter der Reichsvereinigung in Berlin zu übernehmen. Als „Ortsabwesender" sollte er im Vorstand der Reichsvereinigung bleiben, seinen Wohnsitz beibehalten und zu wichtigen Sitzungen anreisen dürfen. Eppstein kehrte nie wieder zurück. Mit ihm mussten Leo Baeck und andere Funktionäre nach Theresienstadt „übersiedeln". Sechs Monate später, im Juni 1943, trafen ihre Nachfolger Kurt Levy und Moritz Henschel mit ihren Familien sowie die Leiter der aufgelösten regionalen Büros der Reichsvereinigung dort ein.
Die deutsch-jüdischen Funktionäre setzten in Theresienstadt, nach dem bösen Erwachen über die Zustände im Ghetto, ihre Organisationstätigkeit fort. Paul Eppstein, eingesetzt als „Judenältester", verhandelte mit der deutschen Lagerleitung, seine Kolleginnen und Kollegen gehörten dem Ältestenrat an. Zu ihren Aufgaben gehörte jetzt die Zusammenstellung der Transporte von Theresienstadt in die Vernichtungslager auf Befehl der SS. Zwar handelten sie nach strikten Anordnungen, aber sie erfüllten nun Aufgaben, die sie in Deutschland auf keinen Fall hatten übernehmen wollen.

Als „Prominente“ standen ihnen etwas bessere Wohnverhältnisse zu, vor allem aber mussten sie selbst bis Herbst 1944 nicht befürchten, weiterdeportiert zu werden. Dann hatten sie auch hier ihre Aufgabe erfüllt. Paul Eppstein wurde am 28. September 1944 erschossen, die meisten anderen wurden in die großen Transporte eingereiht, die im Herbst/Winter 1944 nach Auschwitz gingen. Nur wenige überlebten, wenn sie als jüngere, kräftige Menschen zur Zwangsarbeit bestimmt wurden und die Strapazen harter, gefährlicher Arbeit bei mörderischer Kälte und Mangelernährung überstanden.[15]
Im Juni 1943 war die Reichsvereinigung aus Sicht der Machthaber eigentlich überflüssig geworden, denn in Deutschland befanden sich nur noch zirka 16 600 in Mischehen lebende Juden.[16] Aber auch deren Angelegenheiten mussten geregelt werden. Zudem hatte sich die Gestapo daran gewöhnt, dass jüdische Verantwortliche ihre Maßnahmen organisatorisch umsetzten. So verfügte das Reichssicherheitshauptamt, die Rest-Reichsvereinigung solle sich um die Mischehen kümmern und – bei Auflösung einer Mischehe durch Tod oder Scheidung – auch die Deportation dieser letzten Juden organisieren. Dazu ernannte das Amt „Vertrauensmänner“, die nun mit wenigen Helfern die regionalen Zweigstellen der Reichsvereinigung fortführten. Selbst durch ihre Mischehe geschützt, mussten sie mit der örtlichen Gestapo verhandeln, statistische Berichte abliefern und „Heimeinkaufsverträge“ für Theresienstadt-Deportationen ausfüllen. Wenn in Mischehe lebende Juden sich an irgendeine Behörde wenden wollten, prüften die „Vertrauensmänner“ ihre schriftlichen Eingaben und leiteten sie entweder weiter oder untersagten den Absendern, ihr Anliegen weiterzuverfolgen.
Den meisten „Vertrauensmännern“, allen voran dem Berliner Mediziner Walter Lustig, haftete der Ruf an, willfährige Handlanger der Gestapo zu sein. Für ein solches Verhalten existieren allerdings nur wenige Belege. Eher weisen die Akten darauf hin, dass die „Vertrauensmänner“ sich zwar bemühten, allen Anweisungen der Gestapo korrekt nachzukommen, gleichzeitig jedoch versuchten, ihre Klientel zu schützen und ihr Personal vor dem Abtransport zu bewahren. Doch unterlagen sie bis Kriegsende immer der doppelten Kontrolle: der ihrer eigenen Berliner Zentrale, die ihrerseits unter Aufsicht des Reichssicherheitshauptamtes stand, und der der örtlichen Gestapo.[17] In den ersten Monaten des Jahres 1945 erhielten die „Vertrauensmänner“ die Anweisung, einen „Auswärtigen Arbeitseinsatz“ der in Mischehen lebenden Juden nach Theresienstadt zu organisieren. Glücklicherweise überlebten die meisten der zirka 2000 Deportierten die kurze Zeit bis zur Befreiung. Die „Vertrauensmänner“, die ihr Amt nicht freiwillig und zudem unbezahlt ausgeübt hatten, mussten sich nach Kriegsende mit dem Vorwurf auseinandersetzen, Nazi-Kollaborateure gewesen zu sein.

„Arisierung“ und wirtschaftliche Existenzvernichtung in der NS-Zeit

Frank Bajohr

Bereits in den ersten Wochen nach ihrer Machtübernahme am 30. Januar 1933 ließ die neue Reichsregierung Hitler keinen Zweifel daran aufkommen, dass der Antisemitismus nun den Rang einer Staatsdoktrin hatte und nicht bloß propagandistisches Beiwerk der „Kampfzeit“ gewesen war. Der reichsweit organisierte Boykott jüdischer Geschäfte am 1. April 1933 und das „Gesetz zur Wiederherstellung des Berufsbeamtentums“ vom 7. April 1933, das zur Entlassung zahlreicher „nichtarischer“ Beamter führte, markierten unmissverständlich die Absichten der neuen Machthaber, die auf die Ausgrenzung der Juden aus der „Volksgemeinschaft“ und die Vernichtung ihrer wirtschaftlichen Existenz abzielten. Kaum einer sah diese Entwicklung klarer voraus als der Vorstandssprecher der Deutschen Bank, Georg Solmssen, der dem Aufsichtsratsvorsitzenden Franz Urbig am 9. April 1933 einen geradezu prophetischen Brief schrieb:

Aufkleber, der bei Boykottaktionen gegen jüdische Geschäfte an deren Schaufenster angebracht wurde, um mögliche Kunden abzuschrecken und einzuschüchtern.

Die Fotografien der Unerschrockenen wurden häufig in Schaukästen des antisemitischen Hetzblattes „Der Stürmer“ öffentlich ausgehängt.

„Lieber Herr Urbig, Die Ausstoßung der Juden aus dem Staatsdienst, die nunmehr durch Gesetz vollzogen ist, drängt die Frage auf, welche weiteren Folgen sich an diese, auch von dem gebildeten Teile des Volkes als selbstverständlich hingenommenen Maßnahmen für die private Wirtschaft knüpfen werden. Ich fürchte, wir stehen noch am Anfang einer Entwicklung, welche zielbewusst, nach wohlaufgelegtem Plane auf wirtschaftliche und moralische Vernichtung aller in Deutschland lebenden Angehörigen der jüdischen Rasse, und zwar völlig unterschiedslos, gerichtet ist. Die völlige Passivität der nicht zur nationalsozialistischen Partei gehörenden Klassen, der Mangel jedes Solidaritätsgefühls, der auf Seite derer zu Tage tritt, die bisher in den fraglichen Betrieben mit jüdischen Kollegen Schulter an Schulter gearbeitet haben, der immer deutlicher werdende Drang, aus dem Freiwerden von Posten selbst Nutzen zu ziehen und das Totschweigen der Schmach und des Schadens, die unheilbar allen denen zugefügt werden, die obgleich schuldlos, von heute auf morgen die Grundlagen ihrer Ehre und Existenz vernichtet sehen – alles dieses zeigt eine so hoffnungslose Lage, dass es verfehlt wäre, den Dingen nicht ohne jeden Beschönigungsversuch ins Gesicht zu sehen.“[1]

Solmssen war sich nicht nur über das Ziel im Klaren, das NSDAP und Reichsregierung mit ihrer antijüdischen Politik verfolgten; er machte sich auch keine Illusionen über das Verhalten der nichtjüdischen Bevölkerungsmehrheit. Sofern diese von den Verfolgungsmaßnahmen nicht betroffen war, ja im Gegenteil sogar von ihnen profitierte, war mit moralischen Einwänden, Protesten oder Gesten der Solidarität nicht zu rechnen. Aus dieser Verschränkung der ideologischen Ziele der neuen Machthaber mit gesellschaftlichen Interessen gewannen die wirtschaftliche Existenzvernichtung der Juden und die „Arisierung“ ihres Besitzes ihre eigentliche Dynamik.

Während des reichsweiten Boykotts jüdischer Geschäfte am 1. April 1933 bekleben SA-Männer ein Einzelhandelsgeschäft in Berlin mit Zetteln, die zum Boykott auffordern.

Boykottposten der SA vor einem jüdischen Geschäft in Berlin am 1. April 1933.

Finanzielle Ausplünderung und „Arisierung" als Arbeitsteilung zwischen Reich und Region

Der Begriff der „Arisierung" bezeichnete nach 1933 nicht nur den Eigentumstransfer von „jüdischem" in „arischen Besitz", sondern schloss in seiner erweiterten Bedeutung auch den Prozess der schrittweisen Verdrängung der Juden aus dem Wirtschaftsleben ein, die dem Eigentumstransfer gewöhnlich vorausging.[2] Die „Arisierung" stellt insgesamt einen der größten Besitzwechsel der neueren deutschen Geschichte dar. Zwar liquidierte der größere Teil der rund 100 000 jüdischen Selbstständigen in Deutschland nach 1933 sein Geschäft oder Unternehmen entweder freiwillig oder auf behördliche Anweisung, sodass weniger als die Hälfte der jüdischen Unternehmen in den Besitz eines „Ariers" überging. Doch auch die Liquidierung eines jüdischen Unternehmens war mit massiven ökonomischen Transferleistungen verbunden, gingen doch sowohl Warenlager und Inventar als auch die Marktanteile des jüdischen Unternehmens auf seine Konkurrenten über.

Die „Arisierung" im sogenannten Altreich ging bemerkenswerterweise weder auf ein zentrales Arisierungs- oder Enteignungsgesetz zurück, noch vollzog sie sich unter der Regie einer zentralen Genehmigungsinstitution. Das Reich konzentrierte sich im Wesentlichen auf fiskalische Belange und suchte das Vermögen der Juden durch Steuern und Zwangsabgaben zu konfiszieren, delegierte jedoch das konkrete Verfahren der „Arisierung" zumeist an regionale Entscheidungsträger.

Außerhalb der Großstädte waren vielfach Bürgermeister, Landräte und die Vertreter der lokalen Parteiorganisation mit der „Arisierung" befasst. In den Großstädten dominierten neben den lokalen Wirtschaftsbehörden vor allem die NSDAP-Gauwirtschaftsberater den Entscheidungsprozess; in manchen Städten wie München oder Regionen wie Thüringen und der Saarpfalz hatte zudem die Gauleitung der Partei eigene „Arisierungsstellen" oder formal privatwirtschaftliche Vermögensgesellschaften eingerichtet, die nicht nur die „Arisierung" jüdischen Eigentums mit besonderer Rücksichtslosigkeit betrieben, sondern durch einbehaltene Zwangsspenden auch zur verdeckten Finanzierung der regionalen und lokalen Parteiorganisationen und ihrer Funktionäre beitrugen.

Nur in den Anfangsjahren des Dritten Reiches waren halbwegs faire Unternehmensverkäufe noch möglich. Trotz der für die jüdischen Eigentümer bedrückenden politischen Rahmenbedingungen konnten sie in manchen Fällen Verkaufspreise erzielen, die nicht nur Vergütungen für Inventar und Warenlager einschlossen, sondern auch für den immateriellen Firmenwert, den sogenannten „Goodwill", der sich aus der Marktposition und dem Ansehen einer Firma, der Produktpalette, dem Kundenstamm, den Geschäftsbeziehungen und den Absatzwegen zusammensetzt.

Freilich setzte die Devisenbewirtschaftungspolitik des Deutschen Reiches allen Versuchen der jüdischen Eigentümer, auch nur einen Teil des Verkaufserlöses ins Ausland zu transferieren, von Anfang an enge Grenzen. So entwickelte sich die Reichsfluchtsteuer, die 1931 von der Regierung Brüning aus reparationspolitischen Gründen eingeführt worden war, durch stetige Verschärfungen zu einer antijüdischen Zwangssteuer, die ab Mai 1934 schon bei Vermögen über 50 000 Reichsmark erhoben wurde.[3] Im Falle einer Auswanderung musste beim Devisentransfer ins Ausland darüber hinaus eine Abschlagszahlung an die Deutsche Golddiskontbank (Dego) geleistet werden. Sie betrug bereits im August 1934 65 Prozent der transferierten Gesamtsumme und stieg bis 1939 sukzessive auf 96 Prozent. Selbst jene, die NS-Deutschland frühzeitig verließen, hatten diesen Schritt also mit einem weitgehenden Verlust ihres Vermögens zu bezahlen, was zahlreiche deutsche Juden vor einer Emigration zunächst zurückschrecken ließ.

Abschrift.

Der Reichsstatthalter in Hamburg. 16.Mai 1939.

1) Herrn Walther Behr pr.Adr.Herrn Rechtsanwalt Dr.H.Droege,
2) " Edgar Eichholz i/Fa. Eichholz & Loeser,Hamburg,Schulstr. 2,
3) " Rechtsanwalt Dr.H.Droege,Hamburg 1, Adolf Hitlerplatz 5,

Der in Hamburg am 18.März 1939 zwischen
Herrn Walther Behr in Hamburg als Erwerber,
und Herrn Edgar Eichholz in Hamburg, als Veräusserer,
geschlossene Vertrag über die Veräusserung des unter der Firma Eichholz & Loeser in Hamburg betriebenen Großhandelsgeschäftes wird hiermit gemäß Anordnung aufgrund der Verordnung über die Anmeldung des Vermögens von Juden vom 26.April 1938 (RGBl.I S. 415) mit folgender Maßgabe genehmigt :

1) Der Wert der zu übernehmenden Warenbestände und des Inventars ist von durch die Industrie- und Handelskammer Hamburg namhaft zu machenden Sachverständigen auf Kosten der Vertragschliessenden zu ermitteln und diesseits festzusetzen.

2) Der bisherige Firmenname darf mit einem die Nachfolgerschaft ausdrückenden Zusatz nur bis längstens 31.Dezember 1940 weitergeführt werden.

nur für 1) und 3)

3) Eine Weiterveräusserung des übernommenen Gewerbebetriebes innerhalb der nächsten 5 Jahre unterliegt der Genehmigung der Verwaltung für Handel,Schiffahrt und Gewerbe in Hamburg.

4) Der Erwerber ist verpflichtet, 70 % des noch zu ermittelnden Entjudungsgewinnes als Ausgleichszahlung zu Gunsten des Deutschen Reichs zu entrichten.

Gebühr RM 100,-.

Im Auftrag
gez. v. Allwörden
Senator.

Gr.I/4 Hamburg, den 30.Mai 1939.

An
alle Sachgebiete.

Vorstehende Abschrift übersende ich zur gefl.Kenntnis.
I.A.
gez.Dr.Kroog.

Für das Sachgebiet Gr.I/4 (Judenkartei)

wa

Genehmigung eines „Arisierungsvertrages“ durch den Reichsstatthalter in Hamburg. Der jüdische Inhaber Edgar Eichholz überlebte die NS-Zeit in einer „privilegierten Mischehe“ und eröffnete sein Unternehmen 1945 neu.

Ab 1935/36 schalteten sich die Gauwirtschaftsberater (GWB) der NSDAP in den „Arisierungs"-Prozess ein.[4] Sie waren der Kommission für Wirtschaftspolitik unter NSDAP-Reichsamtsleiter Bernhard Köhler in München unterstellt, der unter anderem einen „Rassenkampf der Wirtschaft" propagierte. In allen Gauen versuchten die Gauwirtschaftsberater die Kaufverträge zwischen jüdischen Unternehmern und „arischen" Erwerbern von ihrer Genehmigung abhängig zu machen und damit die „Arisierungen" im Sinne der NSDAP zu steuern. Dies bedeutete im Einzelnen: Bevorzugung von NSDAP-Mitgliedern unter den Käufern, Verhinderung von „Konzernbildungen", Förderung von Jung- und Nachwuchsunternehmern, Beseitigung „typisch jüdischer" Firmennamen.

Anzeigen wie diese gaben die „arischen" Erwerber ehemals jüdischer Unternehmen vielfach in Zeitungen auf. Das Leinenhaus F. V. Grünfeld in Berlin wurde 1938 „arisiert".

Vor allem achteten die Gauwirtschaftsberater darauf, dass – wie es der Hamburger Vertreter formulierte – „der Jude keinen unangemessen hohen Preis erhielt". Daher wurden für den „Goodwill" kaum noch Zahlungen genehmigt, Inventar und Warenlager gezielt unterbewertet und der Kaufpreis somit willkürlich nach unten gedrückt – häufig in engem Zusammenspiel mit dem „arischen" Erwerber, der an einem hohen Kaufpreis naturgemäß kein Interesse hatte. In manchen Gauen wie Hamburg konnten sich die Gauwirtschaftsberater als alleinige Genehmigungs- und Prüfungsinstanz etablieren, in anderen wie Westfalen-Süd oder Baden konnten sie lediglich ein Mitwirkungsrecht durchsetzen.[5] In jedem Falle beendete die Tätigkeit der NSDAP-Gauwirtschaftsberater die bis dahin offiziell geltende Vertragsfreiheit für die jüdischen Unternehmer auch formal.

Staatliche Kontrolle und Radikalisierung

Das „Schicksalsjahr 1938" beraubte die jüdischen Eigentümer dann sukzessive aller ihrer noch verbliebenen Handlungsspielräume. Als das Reichswirtschaftsministerium am 4. Januar 1938 den Begriff „jüdischer Gewerbebetrieb" verbindlich definierte, wurde erstmals deutlich, dass der Staat seine bis dahin eher passive Rolle bei der „Arisierung" aufzugeben begann.
Dies zeigte sich besonders deutlich bei der am 26. April 1938 von Hermann Göring in seiner Eigenschaft als „Leiter des Vierjahresplans" unterzeichneten „Verordnung zur Anmeldung des Vermögens von Juden", die alle Juden im Sinne der Nürnberger Gesetze, deren Vermögen den Wert von 5000 Reichsmark überstieg, einem Zwang zur Anmeldung, Auflistung und Bewertung ihres Besitzes unterwarf.
Dieser Schritt hin zu einer stärkeren Kontrolle der jüdischen Vermögenswerte durch den Staat war zentral durch die Ereignisse beim „Anschluss" Österreichs an das Deutsche Reich am 12. März 1938 motiviert, als

es vor allem in Wien zu gewalttätigen Exzessen gegen Juden und zur anarchischen Aneignung ihres Besitzes durch NS-Parteigänger gekommen war: ein warnendes Beispiel, das den Konfiskationsanspruch des Staates auf das Eigentum der Juden zu unterlaufen drohte.[6] Alle in den Folgemonaten erlassenen Verordnungen dienten in erster Linie dem Ziel, dies zu verhindern. An Details hingegen, an der Frage, wer welches jüdische Unternehmen zu welchem Preis erhielt, zeigte sich der Staat auch weiterhin nicht interessiert. Die Verantwortung dafür wurde in erster Linie an regionale Institutionen delegiert.

Die letzte Radikalisierungsstufe wurde nach dem Novemberpogrom 1938 erreicht, das den Übergang zur staatlich forcierten Zwangs-„Arisierung“ markierte. Die erste „Verordnung zur Ausschaltung der Juden aus dem deutschen Wirtschaftsleben“ vom 12. November 1938 untersagte den Betrieb sämtlicher jüdischer Einzelhandelsgeschäfte und Handwerksbetriebe nach dem 1. Januar 1939. Die „Verordnung über den Einsatz jüdischen Vermögens“ vom 3. Dezember 1938 leitete die Liquidierung oder den Zwangsverkauf aller sonstigen jüdischen Gewerbebetriebe ein. Nach dem Novemberpogrom waren Tausende jüdischer Unternehmer verhaftet und ins Konzentrationslager eingeliefert worden. Die in die verwaisten Unternehmen eingesetzten Treuhänder und Abwickler konnten die jüdischen Firmen nunmehr ohne Zustimmung des Eigentümers verkaufen. Dessen Rechte reduzierten sich im Wesentlichen auf die Unterzeichnung des Kaufvertrags. In einzelnen Fällen kam es vor, dass der jüdische Unternehmer zur Vertragsunterzeichnung in Gefängniskleidung vorgeführt wurde.

Marktwert und Kaufpreise der jüdischen Unternehmen fielen nach dem Novemberpogrom fast ins Bodenlose. An den Details des einzelnen „Arisierungs“-Vorgangs zeigte sich der nationalsozialistische Staat auch jetzt noch nicht sonderlich interessiert. Stattdessen forcierte er die Konfiszierung des jüdischen Vermögens durch immer neue Steuern und Zwangsabgaben, wie zum Beispiel durch die im November 1938 eingeführte „Judenvermögensabgabe“, die als Zwangskontribution nach dem Novemberpogrom mehr als eine Milliarde Reichsmark in die Reichskassen spülte. Schmuck, Juwelen und Kunstgegenstände hatten Juden dem Deutschen Reich zum „Kauf“ anzubieten. Die jüdischen Eigentümer erhielten dafür in der Regel weniger als ein Sechstel des tatsächlichen Wertes.[7]

Im Falle der Emigration wurden Juden nach 1938/39 durch das Deutsche Reich faktisch ausgeplündert. Nicht verkaufte Vermögenswerte verfielen nach Ausbürgerung des jüdischen Emigranten dem Reich – eine Maßnahme, die mit der elften Verordnung zum Reichsbürgergesetz vom 25. November 1941 obligatorisch wurde. Auch das Vermögen der deportierten Juden ging in die Hände des Deutschen Reiches über, das der finanzielle Hauptprofiteur der Enteignung der deutschen Juden war. Rund 60 Prozent des Gesamtvermögens der deutschen Juden, das 1933 mindestens zehn Milliarden Reichsmark betragen hatte, wurden durch den NS-Staat auf direktem Wege konfisziert.[8]

Nutznießer im „Bereicherungswettlauf“

Insgesamt brachte die „Arisierung“ jedoch auch in der deutschen Gesellschaft einen wachsenden Kreis von Nutznießern und Profiteuren hervor, die ein Interesse daran hatten, von jüdischen Eigentümern nicht regresspflichtig gemacht werden zu können, und auf diese Weise an das nationalsozialistische Herrschaftssystem gebunden wurden beziehungsweise sich selbst daran banden. Die beschleunigte Durchführung der „Arisierung“ im sogenannten Altreich 1938/39 wäre ohne den „Bereicherungswettlauf“ von Erwerbern, die sich Ende 1938 um die verbliebenen jüdischen Unternehmen geradezu balgten, nicht möglich gewesen. Zehntausende Unternehmen und Grundstücke wechselten in dieser Zeit den Besitzer. Nutznießer des Enteignungsprozesses konnte aber auch

derjenige werden, der sich an der „Arisierung“ gar nicht beteiligte. Da insbesondere jüdische Einzelhandelsgeschäfte 1938/39 zwangsweise liquidiert wurden, ging deren Kundschaft auf die „arischen“ Konkurrenten über, die auf diese Weise vom nachlassenden Konkurrenzdruck profitierten.
Im Zuge der Versteigerung und Verteilung des jüdischen Besitzes, der in ganz Europa zusammengeraubt worden war, dehnte sich die „Arisierung“ zudem auf weite Kreise der Bevölkerung aus, die bei den Firmen- und Grundstücks-„Arisierungen“ zuvor kaum in Erscheinung getreten waren und sich nun vor allem an der Versteigerung von Möbeln und Einrichtungsgegenständen beteiligten.[9] Allein in Hamburg und seiner unmittelbaren Umgebung nahmen mehr als 100 000 Personen an solchen Versteigerungen teil. Selbst wer zu den ärmsten Bevölkerungsschichten gehörte und auf soziale Unterstützung angewiesen war, konnte aus den Kleiderkammern der „NS-Volkswohlfahrt“ (NSV) mit Kleidung versorgt werden, an die in manchen Fällen noch der gelbe Stern angenäht war.
Die Funktionalisierung und Instrumentalisierung gesellschaftlicher Interessen wirkte sich auf den Prozess der „Arisierung“ radikalisierend aus. Wo sich viele im Konflikt zwischen Moral und Eigeninteressen zugunsten letzterer entschieden, war mit moralischen Einwänden nicht mehr zu rechnen. Auf diese Weise trug die „Arisierung“ dazu bei, mögliche Widerstände der deutschen Gesellschaft gegen die Judenverfolgung zu unterminieren.

Mit dem Krieg und dem Beginn der Judendeportationen wurden weitere Kreise der Bevölkerung zu Nutznießern der „Arisierung“. Das Foto zeigt eine Menschenmenge in Hanau bei einer Versteigerung von Wäsche und Hausrat, die Juden vermutlich bei ihrer Deportation zurücklassen mussten.

Ökonomische und psychosoziale Verlusterfahrung

Aus der Sicht des betroffenen jüdischen Eigentümers war die „Arisierung“ lediglich Teil einer wesentlich längeren persönlichen Verfolgungsgeschichte. Schon der Entschluss zum Verkauf des Eigentums ging keineswegs in allen Fällen auf ökonomische Motive und wirtschaftliche Ausgrenzungsmaßnahmen zurück. Die Situation eines jüdischen Unternehmers hing nicht allein von seiner Firmenbilanz ab. Er erlebte Ausbildungbeschränkungen und die Diskriminierung seiner Kinder in der Schule hautnah mit, die Nürnberger Gesetze stempelten ihn zum Staatsbürger zweiter Klasse, er durfte Parkanlagen, Schwimmbäder, Theater und viele Kurorte nicht mehr betreten, wurde aus Vereinen und Vereinigungen ausgeschlossen und zu gesellschaftlichen Anlässen nicht mehr eingeladen.
Wie Simone Lässig am Beispiel der Dresdner Bankiersfamilie Arnhold aufgezeigt hat, traf jüdische Unternehmer ihre gesellschaftliche Isolierung manchmal härter als wirtschaftliche Diskriminierungen:[10] Während ein Mitglied der Familie Arnhold zunächst auch nach 1933 als Vorstand des Dresdner Börsenvereins agieren durfte, schloss der Dresdner Kunstverein die Arnholds aus seinen Reihen aus, obwohl sie sich als Mäzene am Ausbau der Dresdner Kunstsammlungen

maßgeblich beteiligt hatten. Ähnliches galt für soziale und wissenschaftliche Vereinigungen, denen die Arnholds großzügige Spenden hatten zukommen lassen. Das von ihnen gestiftete „Georg-Arnhold-Bad" schloss Juden im Sommer 1935 von jeglichem Besuch aus. Die Kinder der Arnholds durften an schulischen Sportwettkämpfen, Theaterbesuchen und Landheimfahrten nicht mehr teilnehmen. Kuraufenthalte waren für die Bankiersfamilie nur noch in der „ersehnten Schweiz" möglich, während sich sächsische Kurorte mit antisemitischen Ortseingangsschildern den Besuch von Juden verbaten.

Derartige Maßnahmen zielten unmittelbar auf das kulturell definierte Deutschtum der Arnholds, deren Selbstverständnis brüchiger und deren kulturelle und gesellschaftliche Lebensleistung systematisch entwertet wurde – ein Prozess, der mit der zunehmenden ökonomischen Ausgrenzung des Bankhauses einherging.[11] Ökonomische und gesellschaftliche Verdrängung verbanden sich zu einer komplexen Verfolgungserfahrung, die sich auch in der Erinnerung nach 1945 nicht einfach in einzelne Teilbereiche auseinanderdividieren ließ.

Zudem markierte die „Arisierung" keineswegs den negativen Höhepunkt der Verfolgungsgeschichte jüdischer Unternehmer. Die anschließende Vermögenskonfiskation durch die staatlichen Finanzbehörden nahm häufig noch krassere und demütigendere Formen an, zumal dann, wenn die Emigration erst 1938/39 erfolgte und de facto mit der vollständigen finanziellen Ausplünderung der jüdischen Eigentümer verbunden war. Reichsfluchtsteuer, Dego-Abgabe, „Judenvermögensabgabe" und Zwangsspenden an Parteiinstitutionen und Auswanderungsfonds der Gestapo summierten sich zu einer Höhe, die einer vollständigen finanziellen Enteignung gleichkam. So konnte beispielsweise der jüdische Unternehmer Albert Aronson, der im September 1938 von Hamburg nach Großbritannien auswanderte, nur 1,7 Prozent seines Gesamtvermögens von vier Millionen Reichsmark ins Ausland retten, während sich das Deutsche Reich 98,3 Prozent seines Besitzes aneignete.[12] Selbst das Umzugsgut jüdischer Emigranten wurde in einem demütigenden Ritual nach neuwertigen Gegenständen durchsucht, für deren Mitnahme erhebliche Strafzuschläge zu zahlen waren.

Mit dem Verlust von Eigentum waren auf Seiten der jüdischen Besitzer vielfältige psychosoziale Kosten und immaterielle Verlusterfahrungen verbunden. Der Soziologe Harald Welzer hat in einem Forschungsbeitrag darauf hingewiesen, dass materielle Güter wichtiger Bestandteil der Identitätskonstruktion sind.[13] Wer mag die psychosozialen Belastungen eines Unternehmers ermessen, der ein über viele Generationen vererbtes Familienunternehmen verkaufen musste und sich in der Ahnengalerie erfolgreicher Vorfahren wie ein Versager vorkam? Schließlich bemaß sich der Wert eines Unternehmens keineswegs allein an seinem ökonomischen Wert.

Der französische Soziologe Pierre Bourdieu hat in seinen kultursoziologischen Machtanalysen darauf hingewiesen, dass ökonomisches Kapital häufig dem Erwerb von sozialem und symbolischem Kapital dient: von besonderen gesellschaftlichen Beziehungen, Ansehen, Anerkennung und Status.[14] Dies galt umso mehr für eine Minderheit, die niemals vollständig in die deutsche Gesellschaft integriert war. Für viele Juden verknüpfte sich deshalb mit der erfolgreichen wirtschaftlichen und beruflichen Tätigkeit der Wunsch nach Anerkennung, Ansehen und gesellschaftlicher Integration. Die „Arisierung" beendete nicht nur alle Integrationshoffnungen, sondern erschütterte auch Selbstwertgefühl und Selbstdefinition.

Nachdem der nationalsozialistische Rassismus die Juden aus der „deutschen Volksgemeinschaft" ausgegrenzt hatte, beseitigte die „Arisierung" alle Grundlagen eines ständisch-besitzbürgerlichen Selbstverständnisses, das viele jüdische Unternehmer gepflegt hatten. Es wurde durch die reale Wirkungsmacht rassistischer Hierarchien radikal und dauerhaft erschüttert.

Jüdischer Widerstand

Arnold Paucker

Jede Darstellung des Widerstands deutscher Juden gegen die NS-Diktatur zeigt nur zu deutlich, wie sehr die jüdische Widerstands-Historiografie – genau wie die deutsche – vor 1970 ein völlig vernachlässigtes Gebiet war. In Westeuropa und Amerika war sie in der Atmosphäre des Kalten Krieges lange Jahre ganz einfach nicht Mode. Denn wie auch immer man es drehen oder wenden mochte, um die Tatsache, dass im gesamten europäischen Widerstand den Kommunisten entweder die führende oder eine recht erhebliche Rolle zugewiesen werden musste, wollte man objektive Forschung betreiben, kam man nicht herum. Da nützte es auch kaum etwas, dass die Dinge vor dem deutschen Überfall auf die Sowjetunion doch teilweise anders gelegen hatten; mit dem kommunistischen Einfluss im Widerstand konnte man sich eben nicht befreunden. Wir begegnen hier einer ganzen Kette von Tabus und der Selbstzensur der Historiker.
Mit der deutschen und jüdischen Widerstandsforschung hat es sich nicht anders verhalten. In der Frühzeit der Bundesrepublik verlief die Geringschätzung jüdischer Aktivität gegen die NS-Diktatur parallel zum Herunterspielen fast jedes nichtmilitärischen und nichtkonservativen Widerstandes. Die Weiße Rose bildete da eine löbliche Ausnahme; der Arbeiterwiderstand dagegen blieb in der Versenkung verschwunden. Aber gerade im linken Widerstand hatten Juden ihren Platz gefunden – wo sonst hätten sie schließlich überhaupt sein können? Im Übrigen fügte sich die Reduzierung auf die Opferrolle besser in das Judenbild der Bundesrepublik. In der DDR hingegen betrachtete man den Widerstand eher umgekehrt. Nur der kommunistische Widerständler galt wirklich etwas. Diese Sichtweise führte zu einer bequemen Geschichtsklitterung. Und dass irgendeine Betonung des jüdischen Anteils am Widerstand sowieso nicht in die kommunistische Parteilinie passte, versteht sich von selbst.
Es wäre gewiss die Pflicht und Schuldigkeit gerade der deutsch-jüdischen Historiografie gewesen, auch diesem Aspekt jüdischer Vergangenheit die ihm gebührende Aufmerksamkeit zu schenken. Aber auch hier gab es zunächst ähnliche psychologische und politische Hindernisse. Wir haben schon an anderer Stelle wiederholt geschildert, dass die älteren jüdischen Historiker, die sich nach der Schoah zuerst der Geschichte ihrer untergegangenen Gemeinschaft in Deutschland zuwandten, starke Bedenken in Hinblick auf den Widerstand hatten.[1] Sie waren bürgerlich-liberal eingestellt, und die Beschäftigung oder gar Liebäugelei mit linken jüdischen Aktivisten lag außerhalb ihrer eher konservativ geprägten Wahrnehmung. Sie waren auch noch sehr stark in ihrer Vergangenheit verwurzelt. In der Endphase der Weimarer Republik hatte gerade diese Schicht die kräftige Linkswendung vieler junger Juden bemängelt und bestürzt von der Gefahr der „Roten Assimilation" gesprochen, obwohl man wirklich andere Sorgen hätte haben sollen.
Somit wurde der illegale, antifaschistische jüdische Widerstand bis 1970 von der deutsch-jüdischen Geschichtswissenschaft so gut wie ausgeklammert. Gegen Widerstand gab es nun einmal Widerstand, wobei ich gerade mein eigenes Leo Baeck Institut von der Kritik auch niemals habe ausnehmen können. Diese Einstellung war nicht zuletzt mit einem gewissen Unvermögen verbunden, jüdische Verhaltensweisen unter dem NS-Regime kritisch zu beleuchten. So wurde in die geschichtliche Untersuchung zunächst allenfalls der „Aufbau im Untergang" einbezogen, das heißt die konstruktive jüdische Leistung zur Zeit der nationalsozialistischen Verfolgungen. Hier gab es Vorbehalte und Hemmungen, die man verstehen und respektieren kann. Die Gründer des ersten deutsch-jüdischen historischen Instituts der Nachkriegszeit waren zum Teil Funktionäre, die in die Geschehnisse selbst verwickelt gewe-

sen waren. Die Beziehungen der „unfreien" jüdischen Repräsentanten zu den Vertretern und Schergen der braunen Machthaber waren komplex und geben zu vielen Fehlinterpretationen Anlass. Vor vielen Jahren hatte ich noch die Gelegenheit, mit überlebenden Mitgliedern der „Reichsvertretung der deutschen Juden" über ihre verzwickten Verhandlungen mit den zuständigen nationalsozialistischen Behörden zu sprechen. Hier wurde meiner Meinung nach aus unnötiger Ängstlichkeit das Feld allzu oft Unbefugten überlassen, die die jüdische Geschichte verfälschten. So sind Zerrbilder jüdischen Verhaltens entstanden, die noch heute herumgeistern. Mit „Aufbau im Untergang" alleine war es eben nicht getan. Man muss daher auch stets betonen, dass die Tatsache, dass der politische Widerstand gegen das NS-Regime von Antifaschisten getragen wurde, die mit der etablierten jüdischen Gemeinschaft oft nur lose verbunden waren, ältere jüdische Historiker leicht dazu verleitete, ihre Aktivität ganz einfach zu ignorieren.

Ein grundlegender Wandel fand statt, als eine jüngere Generation jüdischer und nichtjüdischer Historiker die deutsch-jüdische Geschichtswissenschaft übernahm und diese Schranken durchbrach. Eine großzügigere Definition davon, wer als Jude einzuschätzen war, war die Voraussetzung dafür, und gerade das Londoner Leo Baeck Institut hat seit 20 Jahren die Widerstandsforschung in die deutsch-jüdische Historiografie eingegliedert und energisch betrieben. In unseren Bemühungen einer umfassenden Darstellung des Widerstands und der Würdigung aller seiner Protagonisten sehe ich eine direkte Parallele zu der vorbildlichen Arbeit der Gedenkstätte Deutscher Widerstand.

Selbst nüchterne Schätzungen ergeben nunmehr, dass nicht weniger als 3000 deutsche Juden zu verschiedenen Zeiten zwischen 1933 und 1945 aktiv in den Widerstand eingespannt waren, und zwar überwiegend innerhalb der verschiedenen Gruppierungen der illegalen Arbeiterbewegung und der jüdischen Jugendbewegung. Aber auch der Anteil von Juden am Widerstand der Liberalen ist keineswegs gering einzuschätzen, was einen angesichts der politischen Bindungen des deutschen Judentums nicht verwundern sollte. Nur entsprach ihre relativ kleine Zahl eben dem Umfang des liberalen Widerstandes überhaupt. Wenn man dabei im Auge behält, dass die jüdische Bevölkerung Deutschlands im Januar 1933 etwa 550 000 betrug (wir zählen nicht nur Glaubensjuden) und bis zum Kriegsausbruch im September 1939 auf 200 000 zusammengeschmolzen war; und wenn man dies proportional zur übrigen deutschen Bevölkerung setzt, würde der jüdische Anteil am Widerstand einer Massenbewegung von 800 000 bis 900 000 im Reich operierenden aktiven deutschen Antifaschisten entsprechen.[2] So viele waren es aber wahrhaftig nicht. Dieses Rechenbeispiel sollte uns schon nachdenklich stimmen, denn wir haben es folglich mit einer ganz beachtlichen „jüdischen Kampftruppe" zu tun. Da man letzthin auch den Anteil von Juden am europäischen Partisanenkampf zu berücksichtigen hat, könnte ihre Zahl sogar noch steigen. Andererseits gibt es Überschneidungen, und bei allen Schätzungen gebührt Vorsicht, weil die Gefahr besteht, dass man doppelt zählt. Es war nicht ungewöhnlich, dass jemand zunächst illegal in Deutschland tätig war, sich später zu den Internationalen Brigaden in Spanien meldete und schließlich im französischen Maquis kämpfte. In den Jahren 1970 bis 1980 ergaben unsere vorsichtigen Schätzungen etwa 2000 Widerstandskämpfer.[3] Dass die Zahl heute um 50 Prozent höher liegt, beruht auf den neuen Ergebnissen der jüdischen und der allgemeinen Widerstandsforschung, aber auch darauf, dass das „Judesein" dieser Antifaschisten, nachdem es so lange in der Geschichtsschreibung der DDR einfach ad acta gelegt worden war, nun sichtbar gemacht wird.

Heute bestreitet niemand mehr ernsthaft, dass der Anteil von Juden an allen illegalen Gruppierungen der verbotenen Arbeiterbewegung nach der Machtübernahme ein äußerst eindrucksvoller war und dass sich im Verhältnis zu ihrer numerischen Stärke in den Weimarer Arbeiterparteien bestimmt viel mehr Juden als Nichtjuden schnell zu aktivem Widerstand entschlossen. Im kommunistischen Widerstand war die Anzahl der Juden am stärksten und noch wesentlich höher, als wir ursprünglich angenommen hatten. In den Widerstandsgruppen der SPD, der Sozialistischen Arbeiterpartei, der Trotzkisten, der KPD und der KPD (Opposition), des Internationalen Sozialistischen Kampfbundes – in allen gab es zahlreiche jüdische Genossen und teilweise jüdische Zellen. Die geistigen Schöpfer und Organisatoren der sozialistischen Widerstandsbewegung „Neu Beginnen" waren Juden.

Welche jüdischen Kontingente und Altersgruppen waren im deutschen Widerstand? Die Hauptgruppe bildeten diejenigen Juden, die nach der „Machtergreifung" sofort mit der verbotenen Linken in die illegale Arbeit gingen, also jüdische Sozialdemokraten, Sozialisten, Kommunisten und Gewerkschafter, die schon in der Weimarer Republik politisch gewirkt hatten. Da viele dieser Widerstandsorganisationen schon früh von der Gestapo aufgedeckt wurden, wurden viele ihrer Mitglieder in Konzentrationslagern inhaftiert. Zahlen und Namen sind daher nicht schwer zu ermitteln. Viele jüdische KZ-Häftlinge wurden zwischen 1936 und 1939 unter der Bedingung entlassen, dass sie Deutschland für immer verlassen würden. Aber wir haben auch viele Fälle von wiederholter Überschreitung der deutschen Grenzen mit dem Ziel, die illegale Arbeit wieder aufzunehmen. Diese Fälle weisen ein breites Spektrum auf, von der Geschicklichkeit und Waghalsigkeit gewiefter Funktionäre bis zur Tollkühnheit von Dilettanten.

Die zweitgrößte Gruppe umfasst diejenigen, die vor 1933 noch zu jung waren, um politisiert gewesen zu sein, und die innerhalb der jüdischen Jugendbünde für die Arbeit gegen die NS-Diktatur rekrutiert oder „gekeilt" wurden. Sie zählen angesichts ihrer politischen Ausrichtung zwar fast ausnahmslos zum Widerstand der Linken, aber ihre illegale Tätigkeit verdient doch eine besondere Beschreibung. Bei dieser Aufteilung sei angemerkt, dass sich eine ganz strenge Zäsur natürlich nicht setzen lässt. Es gab Jungführer der jüdischen Jugendbewegung, die von der ersten Stunde an auch im illegalen Arbeiterwiderstand waren, und sehr jugendliche Weimarer Aktivisten, die sofort in den jüdischen Bünden operierten. Mit dieser Einschränkung hat die hier vorgenommene Trennung schon ihre Berechtigung.

Deutsche Historiker meinen zuweilen, dass der hohe Anteil von Juden am illegalen politischen Widerstand in Anbetracht der Judenverfolgung nicht weiter verwunderlich sei. Ich würde dem widersprechen. Die Entrechtung verlief ja nicht schnurgerade, der Massenmord kam später. Wer als Jude Widerstand übte, setzte sich natürlich einem doppelten Risiko aus. Ein großer Teil der Widerstandsnetze wurde ja bald aufgedeckt, und die Zahl der jüdischen politischen Gefangenen war somit beträchtlich. Sich solcher Gefahr auszusetzen, war eine freiwillige Entscheidung vieler Juden. Sie beruhte eindeutig auf tiefen Überzeugungen und auf der traditionellen Rolle von vielen Juden in der deutschen Arbeiterbewegung.

Ein besonders günstiger Nährboden für die Entwicklung antifaschistischer Gesinnung und von Widerstandsaktivitäten war die jüdische Jugendbewegung. Damit soll hier nicht der Eindruck erweckt werden, dass sie dem hauptsächlich diente. Dies wäre eine ganz unsinnige Behauptung. Sehr weit verbreitet konnte eine derartige Betätigung ohnehin nicht sein. Schon die ständig wachsende Gefährdung der jüdischen Minderheit setzte dem Schranken, denn schließlich galt für die Jugend genau das gleiche wie für die Gemeinschaft überhaupt. Wären Teile der jüdischen Jugendbewegung auf die abstruse Idee verfallen, sich en masse auf das Gebiet der Propaganda gegen das NS-Regime zu wagen, wären alle jüdischen Jugendbünde

BOYKOTT
der Berliner Olympiade

Die Olympiade, die im Jahre 1936 in Berlin stattfinden soll, ist über den Rahmen einer reinsportlichen Veranstaltung hinausgewachsen. Die heutigen Machthaber Deutschlands benutzen die Olympiade zu einem Propagandawerk für den Faschismus. Es ist nicht das deutsche Volk, sondern es sind die Unterjocher des deutschen Volkes, die der Berliner Olympiade das Gepräge geben. Es sind die Machthaber Deutschlands, die die Arbeiter ihres Landes brutal unterjocht, die die Freiheit des deutschen Volkes zertrümmert und die zugleich die Kriegsgefahr auf das höchste gesteigert haben, die nun die Sportler der ganzen Welt einladen, in die Hauptstadt des Dritten Reiches zu kommen, das ein Reich des blutigen Terrors, der brutalen Gewalt und der schmachvollen Rechtlosigkeit geworden ist.

Nicht dem friedlichen Wettbewerb ertüchtigter Jugend, sondern der Kriegsvorbereitung dient der Sport der faschistischen Staaten. Nicht dem kulturellen Aufstieg der Massen, sondern ihrer Einlullung und Beherrschung ist der Sport in den faschistischen Ländern gewidmet.

Deshalb lehnen die beiden internationalen Verbände der Arbeitersportler, deren Ziel es ist, für einen freien Sport eines freien Volkes zu wirken, den Zwangscharakter der faschistischen Sportveranstaltungen mit aller Entschiedenheit ab. Sie protestieren gegen das Unterfangen, eine internationale sportliche Veranstaltung, wie es die Olympiade ist, für die Zwecke faschistischer Gewaltpolitik zu benutzen.

Sie rufen die Sportler und Turner der ganzen Welt auf, die Berliner Olympiade zu boykottieren!

Die beiden Arbeiter-Sportinternationalen wenden sich an die sozialistischen und freiheitlichen Parteien aller Länder mit dem Verlangen, keine Staatsmittel für die Berliner Olympiade zu bewilligen. Sie wenden sich an alle, die Gegner der faschistischen Gewaltpolitik sind, mit dem Rufe: die Berliner Olympiade in keiner Weise zu unterstützen!

Die beiden Arbeiter-Sportinternationalen fordern die Arbeiterorganisationen der ganzen Welt auf, in den entschiedensten Kampf gegen die Berliner Olympiade einzutreten, die nichts anderes ist, als eine Heerschau des Hitlerfaschismus.

Rote Sportinternationale — **Sozialistische Arbeiter-Sportinternationale**

Es gab keine Flugblätter eines speziellen „jüdischen Widerstandes“. Alle Flugblätter, die von jüdischen Jugendlichen verteilt – das heißt im Dunkel der Nacht gestreut – wurden, waren allgemein gegen Faschismus und Nationalsozialismus gerichtet. Dieses Flugblatt ruft zum Boykott der Olympischen Spiele vom Sommer 1936 in Berlin auf und entlarvt deren Funktion als „Heerschau des Hitlerfaschismus“.

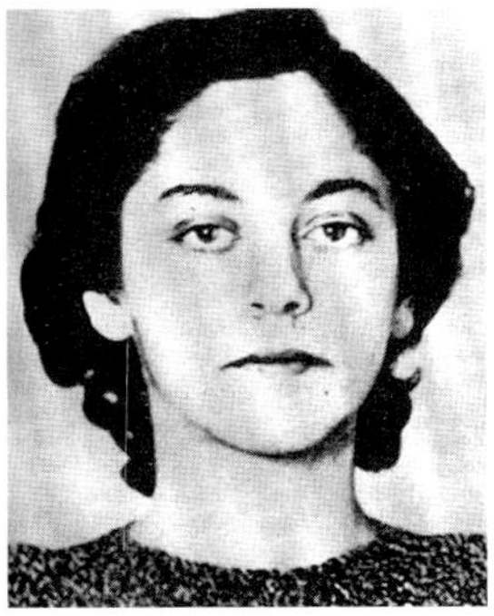

Heldin des jüdischen Widerstandes gegen den Faschismus: Hildegard Loewy, 22 Jahre alt, hingerichtet in Berlin am 4. März 1943.

sofort verboten und ihre Führer in die Konzentrationslager geworfen worden. Nur einzelne oder kleine jüdische Zellen konnten illegal etwas bewirken. Kaum mehr als ein Prozent wurde rekrutiert, und fast 99 Prozent hatten wohl auch weder einen Hang dazu noch Kenntnis davon, und dies trotz der starken Linkstendenzen vieler jüdischer Jugendbünde.

Antinazi-Propaganda jüdischer Jugendgruppen, wie sporadisch auch immer, ist erwiesen. Unentschuldbar und fast merkwürdig, und gewiss eine Lücke in unserem Wissen ist, dass in der umfangreichen Literatur über die jüdische Jugendbewegung in Deutschland so gut wie jeder Hinweis darauf fehlt, so als ob ihre Historiker die illegale Arbeit lieber nicht betonen möchten. Natürlich wurde diese Aktivität besonders stark von Kommunisten, aber auch von Sozialisten, die in der jüdischen Jugendbewegung wirkten, getragen, jedoch gab es mitunter auch unabhängige Aktionen. Ich selbst bin im Alter von 15 Jahren, recht unschuldig und ziemlich unvernünftig, mit Klebezetteln und Flugblättern gegen Hitler ausgerüstet worden und war offensichtlich „angeworben". Heute versuche ich, mir über die verschiedenen Beweggründe, die dazu geführt hatten, klar zu werden, und mir Rechenschaft über diesen jugendlichen Eifer abzulegen. Ich muss allerdings gestehen, dass mir ein im Herbst 1936 verteiltes Flugblatt, das die arbeitenden Massen Deutschlands zur Solidarität mit dem Freiheitskampf des spanischen Volkes gegen den Faschismus aufrief, noch heute große Genugtuung bereitet. Jedenfalls konnten getarnte kommunistische und andere Linksgruppen in den meisten jüdischen Jugendbünden operieren.

Es war ein Problem jeder politischen Widerstandsaktion deutsch-jüdischer Antifaschisten, dass sie als Juden besonders stark gefährdet waren und dass sie durch die zunehmende Isolierung der jüdischen Bevölkerung auch ihre deutschen Genossen durch ihre exponierte Position immer mehr in Gefahr brachten. Auch dies bedarf keiner weiteren Ausführungen. Die KPD beispielsweise trennte nach der Verkündung der Nürnberger Gesetze jüdische Widerstandszellen von den anderen ab. Im Parteijargon wurde das damals als die Taktik des „Trojanischen Pferdes" bezeichnet. Junge jüdische Kommunisten folgten dem Befehl der Partei und traten jüdischen Organisationen bei, während ihre deutschen Genossen in deutschen Verbänden untertauchten. Und die Kommunisten waren nicht die einzigen, die systematisch so verfuhren. Das galt gerade nach der Aufdeckung so vieler „älterer" Kader ganz besonders für die jüdische Jugendbewegung.

Der Eintritt in die jüdischen Organisationen diente zweierlei Zwecken: zum einen der Tarnung, zum anderen der Rekrutierung junger Juden für die antifaschistische Propaganda. Letztere wurde nicht zuletzt durch die weiter bestehenden engen Beziehungen zwischen ehemaligen Mitgliedern der bedeutenden jüdischen Jugendorganisation „Kameraden" erleichtert, die sich 1932 in drei größere Bünde und zwei weitere Ableger gespalten hatte, sowie durch alte Freundschaften zwischen Juden und Nichtjuden, die vor 1933 den nunmehr verbotenen deutschen Pfadfinderbünden oder linken Jugendverbänden angehört hatten.

Hier können wir allerdings nur einen Eindruck von dieser selbstlosen Tätigkeit junger jüdischer Menschen vermitteln. Auch ließe sich an dieser knappen Schilderung des jüdischen Widerstands einige Kritik üben. Widerstandsgruppen führten im Allgemeinen keine Protokolle. Wo Widerständler nicht gefasst wurden, gab es keine Gerichtsverhandlungen und Todesurteile. In Vielem müssen wir uns auf die Erinnerungen der Beteiligten verlassen. Das ist gewiss ein historiografisches Problem. Historiker hegen zu Recht Bedenken, wenn man sich mangels schriftlicher Quellen auf undokumentierte Berichte stützt, bei denen man gelegentlich schon einige Abstriche machen muss. Andererseits können Zeugenaussagen miteinander verglichen werden, und wir haben sie im

Allgemeinen recht zuverlässig gefunden. Auch unsere Schätzungen des ungefähren Umfangs des jüdischen Widerstands müssen sich der Kritik stellen. Zahlen und Prozentsätze lassen sich nur selten mit völliger Sicherheit belegen. Jedoch beruhen unsere Resultate auf ausführlich dokumentierten Gerichtsverhandlungen in der NS-Zeit, auf Nachkriegsprozessen, auf genauen Listen politischer jüdischer Häftlinge in Konzentrationslagern und ihrer Entlassung, auf für Deutschland vollständigen Listen der jüdischen Freiwilligen der Internationalen Brigade und auf wiederum vergleichbaren Angaben der überlebenden Antifaschisten. Wer sich die Mühe machen wollte, auf der Basis des jetzigen Standes der Widerstandsforschung und ihren Quellennachweisen die Anzahl der deutschen Juden, die in Deutschland und ganz Europa Widerstand geleistet haben, zu erfassen, würde mit Gewissheit auf über 2000 Namen stoßen. Dass andere auf immer namenlos bleiben werden, versteht sich von selbst.

Es ist nicht zu verbergen, dass meine Ausführungen auch von einer starken persönlichen Note gefärbt sind. Das ist einfach unumgänglich. Historiker meiner Generation sind zugleich Zeitzeugen und sprechen auch aus eigenen Erfahrungen. Wollten wir versuchen, diese auszuklammern, um nur nüchterne, abgeklärte Geschichte zu schreiben, so würden viele Dinge der Vergessenheit anheim fallen, um die nur wir wissen. Es muss ebenso verständlich sein, dass aus meiner Sicht und meinem starken persönlichen Engagement entsprechend – denn ich gedenke hier mancher Freunde, unter ihnen Hildegard Loewy und Hella Hirsch, zwei Mädchen aus meiner Berliner Schule, die 1943 hingerichtet wurden – den jüdischen Männern[4] und Frauen des politischen, antifaschistischen Widerstands ein Ehrenplatz in der Geschichte Deutschlands und der deutschen Juden gebührt.[5]

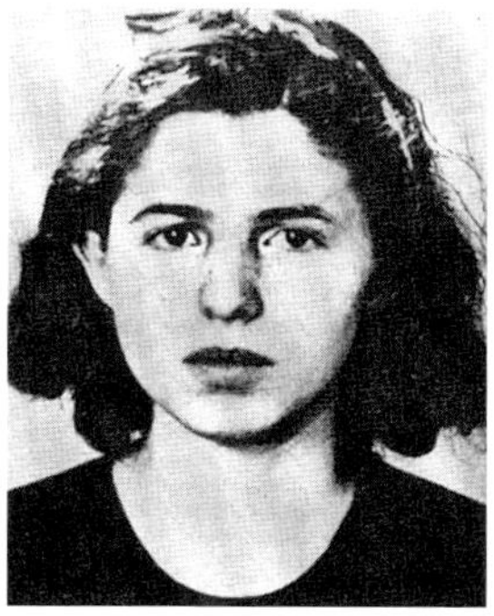

Heldin des jüdischen Widerstandes gegen den Faschismus: Hella Hirsch, 21 Jahre alt, hingerichtet in Berlin am 4. März 1943.

Leben in einem gezeichneten Land: Juden in Deutschland seit 1945

Monika Richarz

Für Juden in aller Welt war es jahrzehntelang ebenso unvorstellbar wie unbegreiflich, dass es nach den Verbrechen des Nationalsozialismus noch Glaubensgenossen gab, die ausgerechnet in Deutschland, dem Land der Mörder, zu leben bereit waren. Selbst die in Deutschland ansässigen Juden betrachteten unter dem Einfluss von Schuldgefühlen ihren Aufenthalt meist nur als vorübergehend und hielten mehrere Jahrzehnte an der Vorstellung fest, auf gepackten Koffern zu sitzen. Dennoch haben Juden und jüdische Gemeinden in den letzten 60 Jahren durchgehend in Deutschland existiert, wenn auch in sehr unterschiedlichem Umfang und fast nur als Resultat von Neueinwanderung.

Die jüdische Bevölkerung war seit 1945 gekennzeichnet durch starke Fluktuation, Überalterung und ständige Migrationsprozesse. Bis 1989 war sie auch geprägt durch eine sehr unterschiedliche Entwicklung in den beiden deutschen Staaten. Beim Fall der Mauer gab es in der Bundesrepublik knapp 30 000 jüdische Gemeindemitglieder, in der DDR kaum noch 350. Heute haben die Gemeinden in Deutschland 110 000 Mitglieder (2007), von denen etwa drei Viertel seit 1990 aus den Staaten der ehemaligen Sowjetunion, vor allem aus Russland und der Ukraine, eingewandert sind. Deutschland ist heute in der Europäischen Union nach Frankreich und England der Staat mit der drittgrößten jüdischen Gemeinschaft und der am schnellsten wachsenden jüdischen Minderheit.

Es ist wichtig zu betonen, dass es keine Kontinuität des deutschen Judentums nach 1945 gegeben hat. Die deutschen Juden waren unwiderruflich vertrieben oder ermordet worden, ihre Kultur wurde mit ihnen ausgelöscht. Die wenigen Überlebenden und Rückkehrer aus dem Exil befanden sich in einer vollständig veränderten Situation und mussten zusammen mit den jüdischen „Displaced Persons" (DPs) aus Osteuropa einen Neuanfang finden. Immer weniger bestimmen ehemals deutsche Juden das Gesicht der Gemeinden. Die Juden im heutigen Deutschland sind fast ausschließlich Neueinwanderer oder deren Nachkommen. Ein Hauptproblem der heutigen Gemeinden ist daher die starke kulturelle Vielfalt ihrer Mitglieder, die sich seit der großen Immigration der letzten 15 Jahre oft nicht einmal mehr sprachlich miteinander verständigen können.

Hinzu kommt der weitgehende Verlust der jüdischen Tradition. Es gibt zwar Juden in Deutschland, aber wenig Judentum. Waren die deutschen Juden vor 1933 überwiegend Träger des liberalen Judentums, wie es durch die Reformen im 19. Jahrhundert entstanden war, so prägten nach 1945 vor allem orthodoxe Juden aus Polen das religiöse Gemeindeleben, obgleich nur eine kleine Zahl der Gemeindemitglieder nach dem jüdischen Religionsgesetz lebte. Die jüngste Einwanderung aus der ehemaligen Sowjetunion führte dann Menschen nach Deutschland, die zumeist ohne jede Kenntnis des Judentums aufgewachsen sind. Nachdem in der Sowjetunion mehr als zwei Generationen lang fast jede religiöse Betätigung verboten war, bestand die jüdische Identität der meisten nur noch aus der Eintragung der jüdischen Nationalität im Pass, die die Inhaber der Diskriminierung aussetzte. Diese „Passjuden" trafen in Deutschland auf Juden, die sich primär als Überlebende des Holocaust verstanden und weit weniger als Träger einer religiösen Tradition. Die Gemeinden der Bundesrepublik waren nicht darauf vorbereitet, die Einwanderer wieder an das Judentum heranzuführen, obgleich sie das als ihre Aufgabe erkannten und entsprechende Versuche unternahmen. In Israel und den USA gibt es ebenfalls viele nichtreligiöse oder ganz säkulare Juden, doch existiert dort jeweils ein jüdischer Kern, der die Tradition durch Praxis und Lehre weitergibt. Ein solcher Kern fehlt in Deutschland fast ganz, und das macht es so schwierig, die gegenwärtige Situation religiös und kulturell zu bewältigen.

Nach der Befreiung

Wie kam es dazu, dass 1945 noch Juden in Deutschland existierten, in einem Land, das von den Nationalsozialisten zynisch für „judenrein“ erklärt worden war? Von den ehemals deutschen Juden hatten nur drei kleine Gruppen überlebt: die meisten, etwa 12 000, als Partner in „Mischehen“, etwa 8000 wurden aus Konzentrationslagern befreit und maximal 3000 überlebten im Versteck oder unter falscher Identität. Dieser kleine Rest der deutschen Juden befand sich nach der Befreiung in einer extremen physischen und psychischen Notlage, die kaum auf Beachtung und Hilfe stieß in einem Land, das sich nach der Bombardierung und Besetzung durch die Alliierten selbst als Opfer sah. Zudem war der nationalsozialistische Antisemitismus weiter virulent, wenn er auch zumeist nicht mehr offen zu Tage trat. In dieser Situation hofften die meisten der Überlebenden, Deutschland so bald wie möglich verlassen zu können.[1]
Die Alliierten befreiten in Deutschland selbst etwa 50 000 Juden aus Konzentrationslagern, von denen der allergrößte Teil aus Polen und Ungarn stammte. Für diese jüdischen DPs wurden ab Sommer 1945 eigene Lager eingerichtet, wo sie, unterstützt von ausländischen jüdischen Hilfsorganisationen, ein Leben in teilweiser Selbstverwaltung führten.[2] Besonders das American Jewish Joint Distribution Committee, kurz Joint genannt, hat in der ersten Nachkriegszeit jüdischen Überlebenden in großem Umfang geholfen. Die DP-Lager befanden sich vor allem in Bayern, weil viele Juden die Hoffnung hatten, aus der amerikanischen Zone leichter nach den USA und Palästina/Israel gelangen zu können. In Großstädten wie Berlin, Frankfurt am Main und München sowie im ehemaligen KZ Bergen-Belsen existierten ebenfalls umfangreiche Lager mit jüdischen DPs aus Ostmitteleuropa.
Schon bald mussten diese Lager Zehntausende weitere jüdische Flüchtlinge aufnehmen, die sich vor Pogromen in Polen in Sicherheit brachten. Ein Teil der polnischen Juden war bei Kriegsbeginn vor der deutschen Invasion in die Sowjetunion geflohen und konnte 1946 nach Polen zurückkehren. Dort aber schlug ihnen vielfach ein aggressiver Antisemitismus entgegen, der allein im Pogrom von Kielce 42 Juden das Leben kostete. Daraufhin setzte eine massive jüdische Fluchtbewegung aus Polen in die amerikanische Zone Deutschlands ein. Man schätzt, dass dadurch die Zahl der jüdischen DPs im besiegten Deutschland zeitweise auf 200 000 anstieg. Obgleich die DP-Lager nur als Durchgangslager bis zur Auswanderung gedacht waren, entfalteten ihre meist jungen

Die Not der überlebenden Juden linderten ausländische Hilfsorganisationen. Das Foto zeigt die Verteilung von Spenden in Berlin im April 1946, finanziert vom American Jewish Joint Distribution Committee, kurz Joint genannt.

und zionistisch orientierten Bewohner eine erstaunliche kulturelle Aktivität. Ihr starker Lebenswille zeigte sich auch in einer hohen Zahl von Eheschließungen und Geburten. Als 1948 der Staat Israel gegründet und kurz darauf die amerikanischen Einwanderungsgesetze für DPs gelockert wurden, gelang es unter Assistenz der Hilfsorganisationen den meisten jüdischen DPs, ihre Auswanderung nach Israel oder den Vereinigten Staaten zu verwirklichen. Das kurze Zwischenspiel dieser Überlebenden in Deutschland war 1952 weitgehend beendet. Zurück blieb nur eine kleine Restgruppe von etwa 12 000 DPs, von denen viele zu krank oder zu alt zur Auswanderung waren oder sich inzwischen eine neue Existenz in Deutschland aufgebaut hatten.

Die überlebenden deutschen Juden, von denen allerdings ebenfalls ein großer Teil auswanderte, hatten bereits 1945 in mehreren Städten neue jüdische Gemeinden gegründet.[3] Früher oder später schlossen sich die verbliebenen DPs diesen Gemeinden an. Beide Gruppen verfügten über sehr verschiedene kulturelle und religiöse Traditionen und unterschieden sich in Sprache, Mentalität und Verfolgungserfahrung. Spannungen und Konflikte zwischen den beiden Gruppen blieben daher nicht aus. In Frankfurt am Main, wo beide Gruppen etwa gleich stark vertreten waren, kam es erst 1949 zur Gründung einer gemeinsamen Gemeinde. In München prägten die stark überwiegenden DPs ganz das Gemeindeleben.

Feierliche Wiedereinweihung der Münchner Synagoge in der Reichenbachstraße am 21. Mai 1947 durch Oberrabbiner Dr. Aron Ohrenstein. Es spricht auch General Lucius D. Clay als Militärgouverneur der US-Besatzungszone.

Die innerjüdischen Spannungen traten jedoch besonders am Anfang zurück gegenüber den enormen Problemen, denen sich die jüdischen Gemeinden ausgesetzt sahen. Sie mussten sich nicht nur um den Neuaufbau eines Gemeindelebens mit Gottesdiensten, Rabbinern, Gemeindehäusern und Synagogen kümmern, sondern hatten vor allem die Verantwortung für die große Zahl der Gemeindemitglieder, die dringend Wohnung, Nahrung, Kleidung und medizinische Versorgung benötigten und meist vergeblich nach überlebenden Familienmitgliedern suchten. Nur mithilfe der Besatzungsmächte, des Joint und anderer Hilfsorganisationen konnte ihre Situation verbessert werden. Bis 1948 wurden bereits 100 jüdische Gemeinden neu gegründet, die den Überlebenden den ersten sozialen, psychischen und materiellen Halt für einen Neuanfang zu geben versuchten.

Ein schwieriges Problem, das ein halbes Jahrhundert andauern sollte, bildete von Anfang an die Berufung von Rabbinern. Sie mussten im Ausland gesucht werden und blieben oft nur kurzfristig in Deutschland. In der ersten Nachkriegszeit war diese Fluktuation besonders groß, sodass keine religiöse Kontinuität entstand. Im Gegensatz zu der seit Beginn eher schwachen Stellung der Rabbiner entwickelten die Vorstände und Vorsitzenden der jüdischen Gemeinden oft eine erstaunliche Kontinuität. Mancher

Gemeindevorsitzender, der zunächst kaum mit dem dauerhaften Bestehen der Gemeinde gerechnet hatte, amtierte dann 30 bis 40 Jahre und erlangte eine dominierende Stellung.

Nach der Gründung der Bundesrepublik (1949) schlossen sich die dortigen Gemeinden 1950 in einer Dachorganisation zusammen, dem Zentralrat der Juden in Deutschland. Die Vorsitzenden des Zentralrats wurden zum offiziellen Sprachrohr der Juden und äußerten sich fortan oft zu politischen Problemen, die Juden direkt oder indirekt betrafen. Der Name des Zentralrats drückte die Tatsache aus, dass es keine „deutschen Juden“ wie vor 1933 mehr gab, sondern „Juden in Deutschland“, eine Formulierung, die ihrem deutlich distanzierten Selbstverständnis entsprach.

Als der Exodus der meisten jüdischen Überlebenden aus Deutschland Anfang der 1950er Jahre beendet war, zeigte sich, dass mehr als 20 000 Juden in diesem Land bleiben wollten, darunter etwa 12 000 der ehemaligen DPs. Das stieß auf die völlige Ablehnung der internationalen jüdischen Organisationen, die Hilfe zu Neuanfang und Auswanderung geleistet hatten. Sie schlossen ihre Büros in Deutschland. Der Jüdische Weltkongress und die Jewish Agency forderten die Verbliebenen vergeblich zum Verlassen des Landes auf und sahen in ihrem Bleiben eine rein materiell bedingte und daher verwerfliche Entscheidung.

Damit begann eine jahrzehntelange Isolierung und Ächtung der Juden in der Bundesrepublik durch die internationale jüdische Öffentlichkeit, die erst mit dem Fall der Mauer und der Öffnung Osteuropas ihr Ende fand. Diese Tatsache der Isolierung mag dazu beigetragen haben, dass der Zentralrat ein relativ enges Verhältnis zur Regierung der Bundesrepublik entwickelte, die ihrerseits daran aus Gründen der politischen Legitimation sehr interessiert war. Die kritische Haltung Israels gegenüber Juden in der Bundesrepublik hinderte diese jedoch nicht daran, ihre Kinder in den Gemeinden zionistisch zu erziehen und Israel materiell zu unterstützen. Das hatte kompensative Funktion und drückte auch die Hoffnung auf die Weiterwanderung der Kinder aus.

Fremd im eigenen Land

Durch die Gründung zweier deutscher Staaten entstand eine neue Situation für Juden in Deutschland. Die unmittelbare Nachkriegszeit war vorüber, und die politische und wirtschaftliche Konsolidierung der Bundesrepublik und der DDR hatten auch Auswirkungen auf die jüdischen Gemeinden. Die Verabschiedung des sogenannten Wiedergutmachungsgesetzes von 1952/53, dessen Restitutionsgelder teilweise auch dem Aufbau der Gemeinden zugute kamen, und der Beginn der individuellen Entschädigung der Überlebenden veranlassten eine sehr begrenzte jüdische Remigration in die Bundesrepublik, die sich über mehrere Jahrzehnte hinzog. Man schätzt, dass im Ganzen etwa fünf Prozent der aus Deutschland geflohenen Juden zurückkehrten. Darunter waren viele alte Menschen und zahlreiche nach Israel Eingewanderte, die im neuen Land nicht hatten Fuß fassen können. Darüber hinaus kehrten auch einige bekannte Künstler, Wissenschaftler und Politiker aus der Emigration zurück, für die dabei oft die Bindung an die deutsche Sprache oder an politische Parteien eine Rolle spielte. Unter ihnen befanden sich Schauspieler wie Ernst Deutsch und Fritz Kortner, die Wissenschaftler Max Horkheimer, Theodor W. Adorno und Ernst Fraenkel oder der spätere Hamburger Bürgermeister Herbert Weichmann. Das Durchschnittsalter der Juden in der Bundesrepublik lag mit etwa 50 Jahren jedoch so hoch, dass die Rückwanderer nicht ausgereicht hätten, die Gemeinden zu erhalten, zumal es auch weiterhin eine Abwanderung ins Ausland gab. Jüngere Einwanderer kamen dann als Flüchtlinge aus den Ostblockstaaten, wenn sich dafür eine meist vorübergehende Möglichkeit ergab: In den 1950er Jahren flohen sie aus Polen,

Ungarn und auch aus der DDR, in den 1960er Jahren aus der Tschechoslowakei und in den 1970er Jahren aus der Sowjetunion. So prägte sich der Charakter einer Einwanderungsgemeinde in der Bundesrepublik immer deutlicher aus. Dabei blieb trotz Fluktuation und Überalterung die Gesamtzahl der jüdischen Gemeindemitglieder in der Bundesrepublik bis 1989 mit knapp 30 000 erstaunlich konstant. Daneben lebten auch Juden außerhalb der Gemeinden, die ihnen nicht beitraten, weil sie religiös indifferent waren, sich nicht mehr als Juden betrachteten oder nach der Verfolgung jede Art der Registrierung vermieden.
Das Verhalten der Bundesregierung gegenüber den jüdischen Repräsentanten trug stark symbolische Züge und war immer davon bestimmt, dass die Lage der Juden in der Bundesrepublik vom Ausland als eine Art Testfall der jungen Demokratie beobachtet wurde. Die Beziehung zwischen Juden und Nichtjuden blieb im politischen wie im gesellschaftlichen Bereich kontinuierlich angespannt und immer belastet von der höchst unterschiedlichen Erinnerung an die nationalsozialistische Vergangenheit. Es gab keine Normalität der Beziehungen, mussten Juden doch ständig damit rechnen, auf latenten Antisemitismus oder verdächtigen Philosemitismus, verbunden mit größter Unkenntnis alles Jüdischen, zu stoßen.[4]
Besonders in den ersten Jahrzehnten der Bundesrepublik lebten Juden in einer Umgebung, in der jeder Politiker, Beamte, Arzt oder Richter, mit dem sie in Berührung kamen, sich möglicherweise direkt an den nationalsozialistischen Verbrechen beteiligt hatte. Die meisten Juden zogen sich daher ganz auf den eigenen Kreis zurück, um solche Kontakte weitgehend auszuschließen. Ihre Erinnerungen verfolgten sie, wenn auch viele nicht über sie sprechen konnten, während die deutsche Gesamtbevölkerung in den Jahren des wirtschaftlichen Aufbaus das Geschehene möglichst zu vergessen suchte. Der Holocaust prägte die erste Generation der Juden in Deutschland vollständig, sie sah sich als Schicksalsgemeinschaft der Überlebenden an. Dieser eher negativen Identität stand positiv die bewusste Identifizierung der meisten mit Israel als jüdischem Staat und Halt aller Juden gegenüber.
Besonders schwierig war es für die Generation der Kinder, in der Bundesrepublik aufzuwachsen. Sie wurden von psychisch oft sehr belasteten Eltern erzogen, die immer noch auf gepackten Koffern zu sitzen glaubten. Andererseits besuchten diese Kinder deutsche Schulen und Universitäten und mussten sich mehr mit der deutschen Gesellschaft auseinandersetzen als ihre Eltern. „Fremd im eigenen Land" hieß bezeichnenderweise der Titel eines Buches mit Selbstdarstellungen dieser zweiten Generation, das 1979 erschien.[5] Manche Jugendliche warfen

Grundsteinlegung für das Berliner Jüdische Gemeindehaus 1957 in der Fasanenstraße. Vorne rechts Heinz Galinski (1912–1992), Überlebender dreier Lager, Gemeindevorsitzender von 1949 bis 1992. Hinter ihm der damalige Regierende Bürgermeister von Berlin, Willy Brandt.

ihren Eltern vor, in Deutschland geblieben zu sein, andere wanderten aus. Paul Spiegel, von 2002 bis 2006 Vorsitzender des Zentralrats der Juden, sagte in einem Interview: „Ich gebe auch zu, wenn ich zu Kriegsende vielleicht 25 oder 30 und nicht acht Jahre alt gewesen wäre, ich wäre nicht nach Deutschland zurückgegangen."[6]

Diese Hypothek der zweiten Generation, die ihre Lage nicht selbst gewählt hatte, glaubten einige in der Studentenbewegung von 1968 ablegen zu können. Sie solidarisierten sich mit den Studenten, weil diese Rechenschaft über die nationalsozialistische Vergangenheit und deren mangelnde juristische Aufarbeitung forderten. Doch diese Solidarität erwies sich als einseitig, da die Studentenbewegung die Realität des Holocaust weitgehend aus ihrem theoretischen Antifaschismus ausklammerte und Juden durch ihren militanten Antizionismus abschreckte. Wenn rechtsradikale Parteien bei Wahlen Stimmengewinne erzielten und immer wieder antisemitische Zwischenfälle Schlagzeilen in den Medien machten, wurde das Vertrauen von Juden in die Demokratie der Bundesrepublik stets von neuem verunsichert.

Die jüdischen Gemeinden in der Bundesrepublik bemühten sich intensiv um den Aufbau einer Infrastruktur. Vor allen in den Großgemeinden Berlin, Frankfurt am Main und München, gefolgt von Düsseldorf, Köln und Hamburg, entstand eine Vielfalt von Gemeindeeinrichtungen. Zu diesen gehörten neben den Synagogen auch Gemeindezentren, Kindergärten, Schulen, Jugend- und Frauengruppen, Logen, Altersheime, Volkshochschulen und Bibliotheken. Die erste jüdische Grundschule eröffnete 1966 in Frankfurt, erste neue Synagogenbauten wurden schon 1951/52 in Saarbrücken und Stuttgart errichtet, denen bis 1989 zahlreiche weitere folgten, so in Aachen (1957), Düsseldorf (1958), Karlsruhe (1971), Freiburg (1987), Mannheim (1987) und Darmstadt (1988). Das 1959 erbaute Jüdische Gemeindehaus Berlin in der Fasanenstraße erinnert an die an diesem Platz zerstörte Synagoge durch Übernahme von Architekturresten ihrer Fassade, und das 1986 vollendete Gemeindezentrum in Frankfurt am Main markiert den Bruch in der deutsch-jüdischen Geschichte durch einen Riss in der Eingangsfront. „Wer ein Haus baut, will bleiben", sagte bei der Eröffnung der Frankfurter jüdische Architekt des Gemeindezentrums, Salomon Korn, und kommentierte später: „Zum ersten Mal schloss ich nicht mehr aus, dass Frankfurt ein dauerhafter Aufenthaltsort für mich und meine Familie sein könnte."[7]

Trotz dieser Zeichen äußerer Konsolidierung blieb das Interesse an der eigenen Religion und Kultur in vielen Gemeinden gering. Es fehlte an Rabbinern und Lehrern, die neues jüdisches Leben erwecken und der Jugend weitergeben konnten. Oft bestimmten daher in erster Linie soziale Aufgaben und zionistische Aktivitäten das Gemeindeleben.

Die wichtigste überregionale Einrichtung der Gemeinden blieb der Zentralrat der Juden in Deutschland, dessen Vorsitzende als Sprecher der Juden in der Öffentlichkeit auch politischen Einfluss geltend machten. Die Zentralwohlfahrtsstelle der Juden koordinierte in Frankfurt die umfangreiche Sozialarbeit der Gemeinden,[8] und die „Jüdische Allgemeine Wochenzeitung", herausgegeben vom Zentralrat, ist bis heute das offizielle Presseorgan der Juden in Deutschland. Diese Zeitung, die lange vor allem über Israel und über Neonazismus in der Bundesrepublik berichtete, hat sich erst spät den innerjüdischen Problemen zugewandt.

Der Zentralrat suchte einige dieser Probleme zu lösen, als er 1979 in Heidelberg eine Hochschule für Jüdische Studien gründete. Da dort aber überwiegend Nichtjuden studierten und keine Rabbiner ausgebildet wurden, konnte die Hochschule den Mangel der Gemeinden an Rabbinern und Lehrern bis vor kurzem nicht befriedigen. Religiös waren die Gemeinden fast ausschließlich orthodox, doch bezog sich dies nur auf den Rabbiner und auf den Gottesdienst, denn fast alle Gemeindemitglieder lebten nicht nach dem Religionsgesetz. Wie vor 1933 galt weiterhin das Prinzip der Einheitsgemeinde, das heißt, alle Juden einer Stadt bildeten nur eine Gemeinde, wobei die Orthodoxie – anders als früher – die Gemeinden praktisch monopolisierte. Diese Situation sollte auf Dauer zu Konflikten führen.

Juden in der DDR

Die Situation von Juden in der DDR war in fast jeder Beziehung eine gänzlich andere als in der Bundesrepublik – abgesehen davon, dass auch die DDR den jüdischen Gemeinden gegenüber eine weitgehend symbolische Politik betrieb, indem sie sie als Beweis ihres Antifaschismus instrumentalisierte.[9] Die Gemeinden wurden jedoch als rein religiöse Gemeinschaften angesehen, sodass es für jüdische Kommunisten nicht als opportun galt, ihnen beizutreten. Diese aber machten zumindest nach der Fluchtbewegung von 1953 die Mehrheit der Juden in der DDR aus. Der Vorsitzende der Ostberliner Jüdischen Gemeinde hat geschätzt, dass es in der DDR außerhalb der jüdischen Gemeinden etwa zehnmal so viele Menschen jüdischer Herkunft gab wie innerhalb der Gemeinden. Die jüdische Geburt spielte für Kommunisten vorgeblich keine Rolle mehr und wurde weder von ihnen noch anderen öffentlich thematisiert. Selbst bei Diskriminierungen aufgrund ihrer Herkunft wurden sie nicht direkt als Juden, sondern als „Westemigranten" oder „Zionisten" verdächtigt.
Unter den deutschen Altkommunisten, die schon früh in die Sowjetzone zurückkehrten, um hier einen antifaschistischen Staat aufzubauen, befanden sich nicht wenige jüdische Remigranten, die wie Hermann Axen, Albert Norden, Alexander Abusch, Markus Wolf und Gerhard Eisler später hohe Staatsämter einnahmen.[10] Noch stärker war die Bedeutung der Kulturfunktionäre, Journalisten und Schriftsteller jüdischer Herkunft für die DDR. Aus dem Kulturleben seien genannt der Komponist Hanns Eisler sowie der Philosoph Ernst Bloch und der Literaturhistoriker Hans Mayer, die beide später die DDR verließen. Unübersehbar waren die prominenten jüdischen Schriftsteller Arnold Zweig, Anna Seghers und Stefan Heym, in deren Werken – wie auch bei Bloch – jüdische Themen eine Rolle spielten. Diese wenigen Namen zeigen, dass der DDR tatsächlich eine qualitativ bedeutende Rückwanderung von deutschen Juden zugutekam. Juden ausländischer Herkunft gab es in der DDR dagegen kaum, da sich jüdische DPs nicht in der Sowjetzone niederlassen durften.
Unter dem Einfluss des Schauprozesses gegen Rudolf Slánský und andere kommunistische Funktionäre jüdischer Abstammung in der Tschechoslowakei (1952) sowie nach dem Vorgehen gegen die angebliche jüdische „Ärzteverschwörung" in der Sowjetunion (1953) hat es in der Zeit des Spätstalinismus auch in der DDR eine antisemitische Verfolgungswelle gegeben. Sie richtete sich gegen „Kosmopoliten" und besagte „Westemigranten", die man der Spionage und des Zionismus verdächtigte. Die Regierung ließ Paul Merker, einen Nichtjuden und hohen Parteifunktionär, als zionistischen Agenten verhaften, weil er nach westdeutschem Vorbild eine finanzielle Entschädigung für überlebende Juden gefordert hatte. Die Büros der jüdischen Gemeinden wurden durchsucht und jeder der Spionage für den US-Imperialismus verdächtigt, der jemals Pakete des Joint erhalten hatte. Im Januar 1953 flüchteten Julius Meyer, Präsident der jüdischen Gemeinden der DDR und Mitglied der Volkskammer, und weitere Gemeindevorsitzende über Nacht in den Westen. Der damalige Rabbiner von Gesamtberlin, der junge Nathan Levinson, rief alle Juden der DDR in einer Pressekonferenz zur Flucht auf.[11] Viele flüchteten, weil sie sich von der Politik der Regierung bedroht fühlten und unmittelbare Verhaftung befürchteten. Die Folge war eine Reduzierung der jüdischen Gemeinden der DDR auf insgesamt weniger als 2000 Mitglieder und

die Spaltung der Berliner Gemeinde in eine westliche und eine östliche noch vor dem Bau der Mauer.
Der Tod Stalins ließ im Lauf des Jahres 1953 die antisemitische Agitation abklingen, doch blieben Angst und Unsicherheit für Jahrzehnte bestehen. Die Regierung der DDR war aus politischen Gründen an der Weiterexistenz der Gemeinden interessiert und unterstützte sie finanziell, erwartete aber ihre bedingungslose Loyalität. Die meisten Mitglieder waren alt, und es gab keine Zuwanderung. Daher sank die Zahl der Mitglieder bis 1961 auf 1500 und betrug beim Fall der Mauer nur noch 350. Zuletzt war nur noch die Gemeinde in Ostberlin überhaupt handlungsfähig. Das Ende schien absehbar. Darüber konnte auch die 1985 außerhalb der Gemeinden entstandene Gruppe „Wir für uns" nicht hinwegtäuschen, in der erwachsene Kinder aus jüdisch-kommunistischen Familien nach ihren jüdischen Wurzeln zu suchen begannen.
In den letzten Jahren ihres Bestehens zeigte die Regierung der DDR ein absurd wirkendes Interesse an dieser sterbenden Gemeinde, das auf deren politische Instrumentalisierung zielte. Die DDR erstrebte in ihrer wirtschaftlichen Notlage von der US-Regierung Vergünstigungen ökonomischer Art und glaubte diese am besten über die amerikanischen Juden erreichen zu können. In einer völligen politischen Kehrtwende erlaubte sie daher 1987 der Ostberliner Gemeinde die Anstellung eines amerikanischen Rabbiners, der jedoch nur kurz blieb. Ihren Höhepunkt erreichte diese neue Politik 1988 bei den offiziellen Veranstaltungen zum 50. Jahrestag des Novemberpogroms. Die Regierung errichtete eine Stiftung zum partiellen Wiederaufbau der größten Synagoge Berlins als Gedächtnisort, erlaubte erstmals eine Ausstellung zur Geschichte der Juden in Deutschland und forderte dazu auf, Artikel und Bücher zur lokalen jüdischen Geschichte zu publizieren. An der Sondersitzung der Volkskammer zum 50. Jahrestag des Pogroms nahm auch ein Vertreter des Jüdischen Weltkongresses teil, dessen Vorsitzender Edgar M. Bronfman schon im Oktober die DDR besucht und versprochen hatte, sich in Washington für die Verbesserung der Außenhandelsbeziehungen der DDR mit den USA einzusetzen. Die symbolische Politik gegenüber der winzigen jüdischen Gemeinde sollte so den wirtschaftlichen Interessen der hoch verschuldeten DDR dienen.

Nach der Wiedervereinigung

Die Wiedervereinigung Deutschlands bedeutete auch einen deutlichen Einschnitt in der Geschichte der Juden, zumal sie vielfach mit einem Generationswechsel der Gemeindeführer zusammenfiel. Als sich die Vereinigung beider deutscher Staaten abzeichnete, weckte dies zunächst bei Juden im In- und Ausland Angst vor einem neuen deutschen Nationalismus. Im Rückblick erschien ihnen die Teilung als ein Mittel der Disziplinierung Deutschlands, das nun entfiel. Diese Ängste erwiesen sich in der Folge auf staatlicher Ebene als unbegründet, doch begann in Teilen der Gesellschaft in den 1990er Jahren eine bislang ungebrochene Manifestation von rechtsradikaler Ausländerfeindlichkeit, die sich in physischen Gewaltakten auch gegen Juden und jüdische Einrichtungen zeigte und zeigt. Hier werden ein Rassismus und ein neonazistisches Potenzial sichtbar, von dem sich Juden und Nichtjuden bedroht fühlen müssen.
Erstaunlicherweise kam es in dieser Situation gleichzeitig zu einer jüdischen Einwanderung in die Bundesrepublik von bisher ungeahntem Umfang, die die Struktur der Gemeinden vollständig veränderte. Die neue Einwanderung wurde ausgelöst durch einen Beschluss, den das erste frei gewählte Parlament der DDR im Juli 1990 fasste, also drei Monate vor dem Beitritt der DDR zur Bundesrepublik. Während der ganzen Zeit ihres Bestehens hatte die DDR sich immer als erster antifaschistischer Staat auf deutschem Boden verstanden und damit jede Verantwortung für die nationalsozialisti-

schen Verbrechen von sich gewiesen. Im Gegensatz dazu verabschiedete die Volkskammer im April 1990 eine Erklärung, in der sie Juden in aller Welt um Vergebung für den Mord an den europäischen Juden bat.
Als eine Konsequenz daraus folgte der Beschluss, jüdischen Flüchtlingen aus der Sowjetunion in der DDR ein Bleiberecht, materielle Hilfe und Arbeitserlaubnis zu gewähren. Fast 3000 sowjetische Juden wurden noch vor der Wiedervereinigung aufgenommen. Das Motiv ihrer Auswanderung, die sich bisher in erster Linie nach Israel und in die USA gerichtet hatte, war die Angst vor einem schnell anwachsenden Antisemitismus und vor der politischen und wirtschaftlichen Instabilität der sich auflösenden Sowjetunion.
Nach anfänglichem Zögern setzte die Bundesregierung diese Einwanderungspolitik fort, weil sie an der Vergrößerung der noch immer vom Aussterben bedrohten jüdischen Gemeinden in der Bundesrepublik interessiert war. Die Neuregelung vom Januar 1991 sah eine bürokratisch kontrollierte Einwanderung vor, die eine Beantragung der Einreise schon im Heimatland verlangte und eine Verteilung der Flüchtlinge nach Quoten auf die einzelnen Bundesländer bestimmte. Zu dieser Zeit hat wohl kaum jemand erwartet, dass innerhalb von 15 Jahren kontinuierlich mehr als 200 000 Menschen von dieser Regelung Gebrauch machen würden.[12] Ebenso wenig dürfte der Bundesregierung bewusst gewesen sein, dass wegen der vielen Mischehen nur etwa die Hälfte der Einwanderer den jüdischen Gemeinden beitreten könnte und dass die Zuwanderer meistens so gut wie keine Kenntnisse des Judentums mitbrachten. Heute machen die aus den GUS-Staaten eingewanderten Juden fast drei Viertel aller Gemeindemitglieder aus, was erhebliche Probleme zur Folge hat, die kaum jemand vorausgesehen hat. Dies könnte einer der Gründe dafür sein, dass die Bundesregierung 2006 begann, die Einwanderung restriktiver zu handhaben und jüngere Zuwanderer, solche mit Deutschkenntnissen und Juden im Sinne des Religionsgesetzes zu bevorzugen.
Die Ursache dafür, dass die Flüchtlinge ausgerechnet Deutschland als Ziel akzeptierten, war teilweise eine negative, da manche Emigranten das bisherige Zielland Israel als politisch zu gefährdet, zu orientalisch oder als zu weit entfernt von Osteuropa und der europäischen Kultur ansahen. Die Vereinigten Staaten hatten die Einwanderung von Juden der GUS-Staaten inzwischen auf engste Verwandte begrenzt, sodass sie nur noch für wenige als Ziel infrage kamen. In dieser Situation wurde die Bundesrepublik zu einem neuen Zielland, das Aufnahme anbot. In einer europäischen Umgebung zu bleiben und in ein wirtschaftlich und politisch stabiles Land zu kommen, erleichterte den Entschluss der Exilanten und ließ die Bedeutung der nationalsozialistischen Vergangenheit Deutschlands für ihre Entscheidung zurücktreten.
Die erste große Schwierigkeit für die Einwanderer wie für die jüdischen Gemeinden zeigte sich schon bei der Ankunft. In der Sowjetunion galt als Jude, wer im Pass in der Rubrik Nationalität den Eintrag „Jude" hatte, doch nach jüdischem Religionsgesetz ist Jude, wer von einer jüdischen Mutter geboren wurde oder zum Judentum konvertiert ist. Diese unterschiedliche Definition führte in Verbindung mit den zahlreichen Mischehen, die jüdische Sowjetbürger eingegangen waren, zu erheblichen Divergenzen über die Frage, welche Einwanderer überhaupt Juden seien. Die Gemeinden in Deutschland ließen durch ihre Rabbiner die Herkunft überprüfen und nahmen keine nichtjüdischen Ehepartner und keine Kinder von nichtjüdischen Müttern – auch bei jüdischem Vater – in die Gemeinden auf. Das führte dazu, dass sehr viele Einwanderer nicht Gemeindemitglieder werden konnten, allerdings als Familienmitglieder von staatlicher Seite ebenfalls die Privilegien der Kontingentflüchtlinge erhielten. So ist es zu erklären, dass bis 2005 etwa 200 000 Immigranten als sogenannte Kontingentflüchtlin-

Nach dem Fall der Mauer in der Ostberliner Synagoge in der Rykestraße. Wo die DDR-Regierung jeweils am 9. November antifaschistische Staatsakte abzuhalten pflegte, begeht 1990 der Zentralrat der Juden die Gedenkveranstaltung zum Jahrestag des Novemberpogroms.

ge aus den GUS-Staaten in die Bundesrepublik einwanderten, aber nur gut 75 000 neue jüdische Gemeindemitglieder verzeichnet wurden.
Wer sind diese Einwanderer? Der Hauptteil kam aus Russland und der Ukraine, weitere aus den baltischen Staaten, aus Weißrussland und Moldawien. Ihr Bildungsstandard ist durchschnittlich sehr hoch. Über die Hälfte sind Akademiker und arbeiteten früher als Ingenieure, Lehrer, Ärzte, Ökonomen oder Musiker. In der Bundesrepublik hatten sie Anspruch auf staatliche Hilfe zur Eingliederung und erhielten finanzielle Unterstützung und einen sechsmonatigen Sprachkurs. Doch das Durchschnittsalter von etwa 45 Jahren führte dazu, dass viele nicht mehr ausreichend Deutsch lernten und die meisten nicht, wie erhofft, in ihre alten Berufe zurückkehren konnten. Ein beruflicher Abstieg war die Folge. Fast die Hälfte der Immigranten ist inzwischen arbeitslos oder nicht mehr erwerbstätig und lebt von Sozialhilfe. Die Sprachlosigkeit, der soziale Abstieg und die Orientierungslosigkeit in einer westlichen Demokratie führten oft zu einem Kulturschock und zum Rückzug in die eigene Immigrantengruppe. Kenntnisse von Judentum, jüdischer Geschichte und Kultur besaßen die Einwanderer kaum, da es in der Sowjetunion keine Möglichkeit zu ihrem Erwerb gab. Nur die Ältesten beherrschten noch etwas die jiddische Sprache.
In dieser Situation sind es die russische Sprache und Kultur, mit der sich diese bildungsbewusste Gruppe weiterhin identifiziert und die sie auch in der Bundesrepublik in zahlreichen Klubs und Presseorganen weiter pflegt. Wie in Israel und den USA entstand in der Bundesrepublik in der ersten Einwanderergeneration ein eigenes russischsprachiges Kulturleben. Der jüngeren Generation und den Kindern, die deutsche Schulen besuchen, fällt die sprachliche und berufliche Integration in Deutschland naturgemäß leichter und scheint nur eine Frage der Zeit zu sein. Gerade für die Zukunft ihrer Kinder haben viele Eltern, wie bei jeder Migration, die Schwierigkeiten einer Auswanderung auf sich genommen.
Selbst die etwa 100 jüdischen Gemeinden in Deutschland waren nicht darauf vorbereitet, dass Juden einwanderten, die keine Verbindung mehr zum Judentum hatten. Je mehr kamen, desto schwieriger wurde die Situation – musste doch schon bald eine Minderheit eine Mehrheit integrieren. Der Zentralrat, die Gemeinden und die Zentralwohlfahrtsstelle unternahmen große Anstrengungen, die sprachliche und berufliche Eingliederung zu fördern. Doch als ihre Hauptaufgabe erkannten sie, die neuen Mitglieder wieder mit der jüdischen Tradition vertraut zu machen. Daran war nur ein Teil der Einwanderer interessiert, sodass die überforderten Gemeinden ihre Bemühungen vor allem auf die Kinder und Jugendlichen richteten und durch sie die Familien ansprachen. Doch es fehlte an Kindergärten und Schulen, an Lehrern und Rabbinern, an Jugendzentren und Religionsschulen, um die Aufgabe strukturell zu bewältigen. Nur langsam konnte hier Abhilfe geschaffen werden. Alle Gemeindenachrichten müssen jetzt zweisprachig sein. Die sich auftuende Sprachbarriere hat in manchen Gemeinden fast bis zur sozialen Spaltung oder zum Rückzug der Alteingesessenen geführt. In den neuen Bundesländern gibt es sogar Gemeinden, wie Schwerin und Rostock, die fast ausschließlich aus Zuwanderern bestehen und vermehrt Hilfe von außen benötigen.
Für die Immigranten bedeuten die Gemeinden in erster Linie Ansprechpartner und sozialen Halt, weniger dagegen religiöse Gemeinschaften. Viele Einwanderer richten ihr kulturelles Interesse weiter auf die russische, weniger auf die jüdische oder deutsche Kultur. Besonders in den Großstädten haben sie eine unabhängige russische Kulturszene mit zahlreichen russischsprachigen Klubs vom Schachklub bis zum Verband der Veteranen des Großen Vaterländischen Krieges geschaffen. In Berlin erscheinen neben dem zweisprachigen Gemeindeblatt auch die russischsprachige Zeitung „Ruskij Berlin“ und

die kulturelle Monatszeitschrift „Ewrejskaja Gaseta". Es gibt Läden für russische Bücher, Musikkassetten und Lebensmittel und nicht zuletzt die „Russendisko" des 1990 eingewanderten Wladimir Kaminer, der auch als deutschsprachiger Autor populär geworden ist.

Nach der Wiedervereinigung wurde Berlin der Sitz des Zentralrats der Juden, der im Gebäude der ehemaligen Hochschule für die Wissenschaft des Judentums residiert. Den Zentralrat leitete nach dem Tod von Heinz Galinski von 1992 bis 1999 Ignatz Bubis und von 2000 bis 2006 Paul Spiegel, die beide die Probleme der Juden in Deutschland stärker in die Öffentlichkeit trugen und entschieden gegen antisemitische Äußerungen und Zwischenfälle Stellung nahmen, wie gegen den Anschlag auf die Synagogen in Lübeck (1994) und Düsseldorf (2000). Im Staatsvertrag zwischen der Bundesrepublik und dem Zentralrat von 2003 sicherte jene den jüdischen Gemeinden als Körperschaft öffentlichen Rechts Unterstützung im sozialen und kulturellen Bereich sowie bei der Integration der Zuwanderer zu.

Als große Aufgabe des Zentralrats erwies sich die Förderung des religiösen Lebens durch verbesserte Ausbildung von Personal und durch die Regelung der Teilhabe der wachsenden liberalen Gemeinden an den Einheitsgemeinden. Heute können an der Heidelberger Hochschule für Jüdische Studien jüdische Studenten das Staatsexamen als Religionslehrer ablegen oder ein viersemestriges Grundstudium für Rabbiner absolvieren, das dann im Ausland weitergeführt wird. Für den zunehmenden Bedarf an liberalen Rabbinern wurde 1999 das Abraham Geiger Kolleg in Potsdam gegründet, ein Rabbinerseminar, das erstmals seit 1942 wieder Rabbiner in Deutschland ausbildet. Hierdurch wird der jahrzehntelange Mangel an Rabbinern gemildert und das liberale Judentum gestärkt, dem einst die Mehrheit der deutschen Juden anhing. Damit verbreitert sich das religiöse Spektrum, an dessen Rand auch die chassidische Bewegung Chabad Lubawitsch aktiv ist. Ihre Rabbiner haben seit den 1990er Jahren zahlreiche unabhängige Gemeinden errichtet und missionieren vor allem unter den russischsprachigen Juden. Wie weit all diese Bemühungen zum Entstehen eines religiös stärker aktiven Judentums beitragen werden, kann erst die Zukunft erweisen.

Die Juden in Deutschland haben in den letzten 60 Jahren einen weiten Weg zurückgelegt und große Veränderungen durchlebt, die sie selbst kaum für möglich gehalten hätten. Als Einwanderergemeinde verband sie kaum etwas mit den Juden der Vorkriegszeit. Fast fünf Jahrzehnte lang lebten sie unmittelbar im Schatten des Holocaust, immer überzeugt von der Vorläufigkeit ihrer Existenz in diesem Land. Die große Einwanderungswelle seit 1990 machte Deutschland dann endgültig von einem Verfolgungsland zu einem Zufluchtsland. Die bisher hier lebenden Juden wurden unfreiwillig für die Einwanderer zu Wegweisern zu deutscher und jüdischer Kultur. Welche neue gemeinsame Identität diese Einwanderergemeinde entwickeln kann, wird sich erst in ein bis zwei Generationen erkennen lassen.

Jüdische DP-Camps im Nachkriegsdeutschland

Angelika Königseder

Als die alliierten Armeen im Frühjahr 1945 Deutschland besetzten, fanden sie auf dem späteren Gebiet der drei westlichen Besatzungszonen etwa sieben Millionen „Displaced Persons" (DPs) vor.[1] Hinter diesem administrativen Begriff verbargen sich Zwangsarbeiter, Kriegsgefangene und Konzentrationslagerhäftlinge, darunter auch 50 000 bis 75 000 jüdische Überlebende der NS-Herrschaft. Soweit die Befreiten in westeuropäischen Ländern beheimatet waren, konnten sie rasch repatriiert werden. Bei den Juden osteuropäischer Herkunft gestaltete sich die Situation schwieriger. Aufgrund der politischen Veränderungen in ihren Herkunftsländern wollten und konnten viele nicht mehr zurückkehren. Einige brachen zwar auf der Suche nach überlebenden Familienangehörigen in Richtung Osteuropa auf, da diese Suche jedoch in den meisten Fällen ergebnislos blieb, kehrten sie nach Deutschland und Österreich zurück.
Dort hatten die westlichen Besatzungsmächte – vor allem die USA – Unterbringungsmöglichkeiten für Displaced Persons geschaffen, sogenannte DP-Camps. Die Größe dieser Lager variierte von 50 bis zu über 7000 Bewohnern. Sie bestanden aus ehemaligen Kasernen, Kriegsgefangenen- und Zwangsarbeiterlagern, Industriearbeitersiedlungen, Zeltkolonien, Hotels, Sanatorien, Schulen und Ähnlichem. Die Lager Landsberg am Lech, Feldafing, Belsen-Hohne oder Eschwege etwa waren ehemalige deutsche Kasernen. Für Lampertheim, Zeilsheim und Berlin-Mariendorf wurden Wohnhäuser beschlagnahmt und die deutschen Bewohner evakuiert. In Stuttgart „West" zogen die DPs in Appartementhäuser in der Reinsburg-

Das Lager für osteuropäische jüdische Überlebende der NS-Herrschaft, sogenannte Displaced Persons (DPs), in Föhrenwald. Das in einer ehemaligen Arbeitersiedlung nahe der Kleinstadt Wolfratshausen, 25 Kilometer südlich von München eingerichtete DP-Lager bestand bis 1957.

Gedenkgottesdienst zur Erinnerung an die von den Nationalsozialisten ermordeten Juden in einer Synagoge im DP-Lager Zeilsheim in der Nähe von Frankfurt am Main.

straße, das Lager in Stuttgart-Degerloch war ein auf einer Anhöhe gelegenes ehemaliges Sanatorium. Das Karwendelhotel in Mittenwald/Garmisch diente als DP-Lager, das Hotel Elisabeth in Feldafing am Starnberger See als jüdisches DP-Krankenhaus. In St. Ottilien (bei Landsberg) wurde ein Kloster zum DP-Lager umfunktioniert.

Neue Zentren ostjüdischen Lebens

Während sich die deutsche Bevölkerung anschickte, die Folgen des Krieges rasch zu überwinden und im Zuge des wirtschaftlichen Wiederaufbaus die begangenen Verbrechen zu verdrängen, entwickelten sich gleichzeitig in eben diesem Land, das den Tod von Millionen Juden zu verantworten hatte, Zentren ostjüdischen Lebens, besonders in der amerikanischen, aber auch in der britischen Besatzungszone. Nicht nur in ihrer weitgehenden Distanz zur deutschen Umwelt, sondern auch hinsichtlich der innerjüdischen Struktur unterschieden sie sich gänzlich von dem deutschen assimilierten Judentum vor 1933.
Die Situation der jüdischen DPs veränderte sich im Laufe des Jahres 1946 grundlegend. Die ursprüngliche DP-Gesellschaft hatte im Wesentlichen aus befreiten Konzentrationslagerhäftlingen bestanden. Seit Herbst 1945, verstärkt aber im Jahr 1946 strömten kontinuierlich Juden aus Osteuropa, vorwiegend aus Polen, in die westlichen Besatzungszonen Deutschlands und Österreichs. Ursache dafür war die verzweifelte Lage der überlebenden Juden in Polen. Das Land glich einem riesigen jüdischen Friedhof, die einstmals bedeutenden jüdischen Gemeinden waren ausgelöscht. Hinzu kam die Weigerung vieler Polen, den Juden ihr Eigentum zurückzugeben, womit diese jeglicher Möglichkeit eines wirtschaftlichen Neubeginns beraubt waren. Als größtes Hindernis aber

Kinder im DP-Lager Landsberg. Mit den polnischen Juden, die 1946 aus ihrer Heimat flüchteten, erreichten zahlreiche Kinder die DP-Lager. Die jüdischen DP-Lager wiesen außerdem eine sehr hohe Geburtenrate auf.

Kinder im DP-Lager Kloster Indersdorf auf der Suche nach überlebenden Angehörigen. Die Fotos wurden in Zeitungen publiziert, um die Suchaktivitäten zu unterstützen.

stellte sich der wieder auflebende Antisemitismus heraus. In vielen polnischen Städten kam es zu gewalttätigen Ausschreitungen, die ihren Höhepunkt am 4. Juli 1946 bei dem Pogrom von Kielce erreichten: 42 jüdische Männer, Frauen und Kinder wurden ermordet. Weit mehr als 100 000 polnische Juden ergriffen daraufhin in Panik die Flucht. Im Januar 1946 waren in der amerikanischen Besatzungszone Deutschlands, die den Großteil des Flüchtlingsstroms auffing und in der die meisten DP-Lager eingerichtet worden waren, etwa 36 000 jüdische DPs registriert, im Oktober desselben Jahres 141 000.

Die ostjüdischen Zuwanderer prägten das jüdische Nachkriegsleben in Deutschland. Sie gestalteten die DP-Lager – weitgehend losgelöst von der deutschen Gesellschaft – zu kulturellen Zentren mit einem regen religiösen Leben und hielten die jüdischen Traditionen aufrecht. Jüdische Hilfsorganisationen aus den USA, Großbritannien und Palästina unterstützten die Überlebenden nicht nur mit finanziellen Zuwendungen, medizinischer Hilfe und Lebensmitteln, sondern bemühten sich auch um eine psychische Unterstützung der traumatisierten Menschen.

Föhrenwald, etwa 25 Kilometer südlich von München gelegen, war eines der größten jüdischen DP-Lager. Heute bildet der Ort den Stadtteil Waldram der Kreisstadt Wolfratshausen. Die IG Farben hatte die Siedlung bei Kriegsbeginn 1939 für die Angestellten des Rüstungswerks Geretsried erbauen lassen. Ende September 1945 beschlossen die Befehlshaber der US-Armee, neben Feldafing und Landsberg ein drittes großes jüdisches DP-Lager in der Nähe Münchens, das sich immer stärker zu einem Zentrum jüdischen Nachkriegslebens entwickelte, zu errichten. Die Wahl fiel auf Föhrenwald. Im Oktober 1945 lebten dort 3000 Juden, im Januar

Mathematikunterricht in der Grundschule im DP-Lager Zeilsheim. Der Ausbildung der Kinder und Jugendlichen wurde in allen DP-Lagern große Bedeutung zugemessen.

Kinder im DP-Lager Kloster Indersdorf am Klavier. Das ehemalige Mädchenpensionat war seit August 1946 ein jüdisches Kinderlager.

1946 bereits 5300. Für die Grundausstattung an Nahrung, Kleidung, medizinischer Versorgung, Unterkunft und Sicherheit des Lagers sorgte die US-Armee, die weltweit operierende Hilfsorganisation United Nations Relief and Rehabilitation Administration (UNRRA) für Verwaltung, zusätzliche Versorgung, Gesundheitsdienst, Wohlfahrt, Selbsthilfeprogramme und Berufsausbildung. Ferner war sie für die Koordinierung der in den Lagern tätigen jüdischen Hilfsorganisationen zuständig. UNRRA-Direktor Henry Cohen legte in Föhrenwald den Grundstein für ein erfolgreiches, durch demokratische Wahlen legitimiertes System der Selbstverwaltung durch die Lagerbewohner, was deren Lebenswillen erheblich stärkte.

Bildungseinrichtungen und kulturelles Leben

Von zentraler Bedeutung in den DP-Lagern war der Aufbau eines differenzierten Erziehungssystems für Kinder und Jugendliche. „Die Jugend ist jetzt unsere einzige übergebliebene Hoffnung, und von der Erziehung ist unsere Zukunft abhängig“, kommentierte die in den Berliner DP-Lagern Düppel-Center und Mariendorf erscheinende Lagerzeitung „Undser Lebn“.
Für Kinder und Jugendliche bis 18 Jahren bestand in den DP-Lagern Schulpflicht, ab 15 Jahren wurde ihr Tag in Schulunterricht und Berufsausbildung geteilt. Anfang November 1945 unterrichteten in Föhrenwald bereits 27 Lehrer 350 Kinder in der zentralen Lagerschule in Hebräisch, Religion, Bibelkunde, Englisch, Mathematik, Zeichnen, Musik und Sport. Seit Oktober existierte eine „Bet-Jakow“-Schule für die religiöse Erziehung der Mädchen, die sich regen Zulaufs erfreute. Die jüngsten Kinder wurden im lagereigenen Kindergarten versorgt. Für die älteren Kinder wurden Gymnasialkurse eingerichtet, und für rabbinische Studenten gründete Rabbiner Yehuskiel Yehuda Halberstam eine Jeschiwa, die im Februar 1946 von 150 Männern besucht wurde.

Der Litauer Jacob Oleiski, der bis zu seiner Verschleppung in das Kownoer Ghetto die Schulen der Organisation „Obschtschestwo Rasprostranenja Truda“ (Gesellschaft zur Förderung der Arbei; ORT) in Litauen geleitet hatte und in Dachau befreit worden war, legte im DP-Lager Landsberg den Grundstein für die Arbeit der ORT. Diese war 1880 in St. Petersburg gegründet worden, um den russischen Juden den Zugang zu Handwerk und Landwirtschaft zu erleichtern. Vor allem in der amerikanischen Besatzungszone ermöglichte die ORT Tausenden jüdischer DPs eine Berufsausbildung, die ein wichtiges Startkapital für eine Existenzgründung in den Auswanderungsländern war. Für die psychische Regeneration der Überlebenden waren die zahlreichen kulturellen Aktivitäten von Bedeutung. Bereits Anfang Juli 1945 begann Samy Feder, ein professioneller polnisch-jüdischer Schauspieler, im DP-Lager Belsen-Hohne in der britischen

Mitarbeiter der DP-Zeitung „Unterwegs“ im DP-Lager Zeilsheim. Trotz der Papierknappheit und des Mangels an technischen Geräten gaben nahezu jedes DP-Lager und viele Parteien eine eigene Zeitung heraus.

Programmheft des „Kazet"-Theaters im DP-Lager Belsen-Hohne. Samy Feder begann bereits Anfang Juli 1945 mit dem Aufbau dieser Theatertruppe. Die erste Vorstellung fand am 6. September 1945 statt.

Besatzungszone mit dem Aufbau seines „Kazet-Theaters". Auf einer improvisierten Bühne fand unter seiner Regie am 6. September 1945 die erste Aufführung statt, die aus drei kleineren Stücken mit satirischen Elementen bestand. Viele Jahre später erinnerte er sich an die Reaktion der begeisterten Zuschauer: „Nie wieder habe ich vor einem solch dankbaren Publikum gespielt. Sie klatschten in die Hände, lachten und schrien. Als wir zum Abschluss das berühmte Lied ‚Think not you travel to despair again' anstimmten, sprangen die tausend Menschen im Saal hoch und sangen mit. Die Vorstellung wurde mit der Hatikwa [der späteren israelischen Nationalhymne] beendet. Niemals wieder wurde die Hatikwa mit solchem Enthusiasmus gesungen wie an diesem ersten Abend."[2]

In den folgenden Wochen gab das „Kazet-Theater" noch zehn weitere Aufführungen dieses ersten Programms. Gleichzeitig begann Samy Feder mit der Vorbereitung von Scholem Alejchems Stück *Der verhexte Schneider*. Unterstützt wurde das Theater dabei von verschiedenen ORT-Fachkursen, die Kostüme nähten und Bühnenbilder anfertigten. Neben der Darstellung von Ghetto- und Konzentrationslagererfahrungen erfreuten sich die jiddischen Klassiker bei allen DP-Theatergruppen und ihren Zuschauern großer Beliebtheit. Die Föhrenwalder Theatertruppe „Bamidbar" (= in der Wüste) spielte zum Beispiel Anfang 1947 Scholem Alejchems *Tewje der Milchmann*.

Gleichzeitig mit Spielbeginn des „Kazet-Theaters" erschien in Belsen die erste jüdische Zeitung im Nachkriegsdeutschland, „Unzer Sztyme" (= unsere Stimme). Die beste und bekannteste Lagerzeitung wurde seit 8. Oktober 1945 im DP-Camp Landsberg publiziert, die jiddischsprachige „Landsberger Lager Cajtung" (Cajtung = Zeitung). Gründer, Herausgeber und Chefredakteur war der aus Kowno stammende Jurist Dr. Samuel Gringauz. Ab Herbst 1946 nannte sie sich „Jidisze Caytung" (= jiddische Zeitung) und trug damit ihrem überregionalen Anspruch Rechnung. In ihrer Glanzzeit erreichte die Zeitung eine Auflage von 15 000 Stück. In nahezu allen DP-Lagern erschien mindestens eine Zeitung. Die meisten dieser Publikationen waren typische Lagerzeitungen, die schwerpunktmäßig über Ereignisse und Veranstaltungen im Lager berichteten, Erinnerungen von Bewohnern und Listen mit vermissten Angehörigen veröffentlichten. Breiteren Raum nahmen meist auch die Geschehnisse in Palästina ein.

Die beliebteste Freizeitbeschäftigung in den jüdischen DP-Lagern war der Sport, vor allem das Fußballspiel. In den meisten Fußballmatches standen sich Teams verschiedener Lager gegenüber. 1947 gab es im weiteren Münchner Raum eine DP-Fußball-Liga, die aus zwölf Mannschaften bestand. Die Clubs aus Landsberg, Feldafing, Leipheim, Föhrenwald, München, Regensburg, Neu-

Fußballteam im DP-Lager Zeilsheim. Sport – und vor allem Fußball – war in den DP-Lagern die beliebteste Freizeitbeschäftigung. 1947 existierte sogar eine Fußball-Liga aus zwölf Mannschaften jüdischer DP-Lager.

Freimann, Bad Reichenhall, Gabersee, Pocking, Eggenfelden und Weilheim ermittelten in Hin- und Rückspielen ihre Meister.

Der Schwarzmarkt

Ein mit lange tradierten Vorurteilen und Emotionen belastetes Kapitel der jüdischen DP-Geschichte war der Schwarzmarkt. In Berlin etwa fanden Teile der Besatzungsmächte und der deutschen Bevölkerung, beide gleichermaßen in Schwarzmarktaktivitäten verwickelt, in den jüdischen DPs einen geradezu idealen Sündenbock für den regen Schwarzhandel in der Stadt. Beide weigerten sich, zwischen den kleinen Händlern, die am „grauen Markt" durch Tauschhandel ihre Versorgung aufzubessern versuchten, und den wirklichen Schwarzhändlern, die in großem Umfang Waren verschoben, zu unterscheiden. Wie bei den Besatzungsmächten und der deutschen Bevölkerung waren in den Schwarzhandel großen Stils nur einige „schwarze Schafe" verwickelt. Das jahrhundertealte Vorurteil vom „jüdischen Schacherer" machte es dennoch möglich, die wenigen Tausend DPs für den riesigen Schwarzmarkt der Drei-Millionen-Stadt verantwortlich zu machen.
Das Nachkriegsberlin war aufgrund der politischen Situation und der geografischen Lage ein Schwarzmarktparadies. Die sowjetischen Besatzer interessierten sich für nahezu alles, was auf den einschlägigen Plätzen angeboten wurde. Viele amerikanische und britische Soldaten beteiligten sich an Währungs- und Devisenspekulationen. Die deutsche Bevölkerung und die jüdischen DPs waren zur Verbesserung ihrer Versorgungslage auf den Schwarzhandel angewiesen. Beide beschränkten sich zum Großteil auf den Erwerb von Nahrungsmitteln, Kleidungsstücken und anderen Dingen des täglichen Bedarfs. Ohne diesen Handel wäre der ohnehin niedrige Lebensstandard in den DP-Lagern auf ein unerträgliches Niveau gesunken. Viele DPs erwarben auf dem Schwarzmarkt ihren ersten warmen Pullover oder ihr erstes Paar Schuhe seit vielen Jahren. Mit dem Klischee des reichen, mit Gold, Devisen und Diamanten handelnden Juden hatte die große Mehrheit der ostjüdischen Flüchtlinge nichts gemein.
Nach der Auflösung der Berliner DP-Lager im Sommer 1948 sah sich die deutsch-jüdische Zeitschrift „Der Weg" in ihrer Einschätzung der Rolle der jüdischen DPs auf dem Berliner Schwarzmarkt bestätigt: „Jetzt bestehen die Läger nicht mehr, jetzt haben die Menschen, die man als DPs bezeichnete, Berlin verlassen. Man sollte nun annehmen, dass damit auch der schwarze Markt in Berlin verschwunden ist, dass man an den bekannten Plätzen, am Potsdamer Platz, am Alexanderplatz, am Bahnhof Zoo und in der Friedrichstraße nicht mehr die Typen trifft, die mehr oder minder deutlich ‚geschäftliche' Angebote machen. Ist es so? Weit gefehlt. Wer heute sich die Mühe macht, diese Punkte Berlins aufzusuchen, wird die gleichen Typen finden, die auch vorher dort verkehrten, wird die gleichen Angebote erhalten, die früher gemacht wurden. Der schwarze Markt besteht wie eh und je, verschwunden ist lediglich der Sündenbock, auf den man die Schuld abwälzen konnte."[3]

Ziel Auswanderung

Trotz der beeindruckenden kulturellen, religiösen und bildungspolitischen Initiativen verloren die jüdischen DPs nie ihr Hauptziel aus den Augen: die schnellstmögliche Auswanderung aus dem Land, das die Ermordung ihrer Angehörigen und die Zerstörung ihrer Heimat zu verantworten hatte. Fast alle betrachteten Deutschland nur als eine Durchgangsstation, als Sprungbrett auf dem Weg in eine neue Heimat. Immerhin gelang es etwa 69 000 Juden, aus Deutschland und Österreich bis zur Staatsgründung Israels im Mai 1948 auf illegalen Wegen nach Palästina zu gelangen. Für viele endete dieser Versuch in Internierungslagern auf Zypern. Die Ereignisse um das Schiff „Exodus 47",

Die „Exodus 47“ mit illegalen Einwanderern unter britischer Bewachung im Hafen von Haifa. Sie war das einzige von 65 illegalen Schiffen, die zwischen Kriegsende und israelischer Staatsgründung im Mai 1948 Zehntausende Überlebende von Europa nach Palästina brachten, dessen Passagiere die Briten wieder nach Deutschland zurückschickten.

Jüdische DPs verlassen 1948 München in Richtung Frankreich. Nach der Staatsgründung Israels und dem israelischen Sieg im Unabhängigkeitskrieg verließ die große Mehrheit der DPs Deutschland. Gleichzeitig hatten die USA ihre Einwanderungsbestimmungen liberalisiert.

dessen Passagiere als einzige wieder nach Deutschland zurückgeschickt wurden und deren Schicksal Vorlage für Leon Uris' Roman *Exodus* war, machten diese Flucht berühmt.
Die eigentliche Auswanderung begann jedoch erst nach der israelischen Staatsgründung im Mai 1948 und der im Januar 1949 erlassenen Aufhebung jeglicher Einwanderungssperren. Gleichzeitig hatten die USA, die ebenfalls ein begehrtes Emigrationsziel darstellten, ihre Einwanderungsgesetze liberalisiert. Bis Ende 1950 konnten die meisten DP-Lager aufgelöst werden, weil alle DPs, die auswandern wollten und auch physisch dazu in der Lage waren, Deutschland verlassen oder sich den jüdischen Gemeinden angeschlossen hatten. Die Zurückgebliebenen wurden in Süddeutschland in den Lagern Föhrenwald, Landsberg am Lech, Feldafing am Starnberger See, Lechfeld bei Augsburg und Gabersee bei Wasserburg konzentriert. 1952 kamen alle in das letzte noch bestehende DP-Camp, nach Föhrenwald. Bis zu seiner Auflösung im Februar 1957, fast zwölf Jahre nach dem Ende der NS-Herrschaft, bemühten sich Hilfsorganisationen und die deutschen Verantwortlichen um Auswanderungsmöglichkeiten für die verbliebenen, meist kranken Lagerbewohner und deren Angehörige. Die letzten 789 Föhrenwalder DPs wurden schließlich in Wohnungen im gesamten Bundesgebiet untergebracht.

Zerreißprobe Integration

In den ersten Nachkriegsjahren existierten zwei weitgehend voneinander unabhängige Stränge jüdischen Lebens in Deutschland – einerseits die aus Osteuropa stammenden DPs, andererseits die von überlebenden deutschen Juden wiedergegründeten jüdischen Kultusgemeinden. Zunächst bestimmten Vorbehalte und Spannungen das gegenseitige Verhältnis. Die meisten DPs, die Deutschland nur als Durchgangsstation auf dem Weg in eine neue Heimat betrachteten, brachten für den Wiederaufbau jüdischer Gemeinden im Land der Mörder kein Verständnis auf. Viele deutsche Juden hingegen fürchteten eine Dominanz der ostjüdischen Glaubensbrüder in den Gemeinden. Einige Kultusgemeinden waren in der Folge vor regelrechte Zerreißproben gestellt.
Im Laufe der 1950er Jahre gelang jedoch unter dem Druck des Aufeinanderangewiesenseins eine Integration. Viele jüdische Gemeinden hatten nur durch die Aufnahme der ostjüdischen Zuwanderer eine Zukunftsperspektive, weil die meisten nach dem Krieg geborenen jüdischen Kinder Nachkommen von DPs waren. Die Altersstruktur der DPs unterschied sich nämlich erheblich von derjenigen der deutschen Juden, von denen die meisten zu alt waren, um neue Familien zu gründen.
Die Zusammensetzung der jüdischen Gemeinden mit Ost- und Westjuden war sehr unterschiedlich. In Süddeutschland, wo in der amerikanischen Besatzungszone mit Abstand die meisten DPs in Lagern gelebt hatten, dominierten die DPs die Gemeinden. In Bayern bestanden die jüdischen Gemeinden im März 1949 zu 93,7 Prozent aus DPs, in Württemberg zu 81,6 Prozent. Hingegen waren nur 28,6 Prozent der 7000 Berliner Gemeindemitglieder ehemalige DPs. Dieser Prozentsatz wurde in Niedersachsen (23,4 Prozent), Nordrhein-Westfalen (23,8 Prozent) und Rheinland-Pfalz (13 Prozent), also in britischem und französischem Besatzungsgebiet, noch deutlich unterboten.
Heute stellt die Integration der Zuwanderer aus den Nachfolgestaaten der ehemaligen Sowjetunion eine ähnliche Herausforderung für die jüdischen Gemeinden dar wie die Aufnahme der DPs, die nach dem Holocaust und Nachkriegsodysseen – oftmals gegen ihren Willen – in Deutschland blieben.

„Vergangenheitsbewältigung" in Deutschland: Vom Nürnberger Militärtribunal zum Holocaust-Mahnmal

Peter Reichel

Als die Truppen der Alliierten die Lager und Ghettos öffneten, gingen verstörende, kaum verständliche Bilder um die Welt. Erst allmählich wurde wahrnehmbar, dass während des Krieges fünf bis sechs Millionen Juden aus dem von Hitler-Deutschland besetzten Europa in die östlichen Vernichtungslager deportiert worden waren. Viele starben noch nach der Befreiung. Lange hat es gedauert, bis man den Judenmord als Wesenskern des NS-Regimes und seiner Rassenpolitik erkannt und für dieses industriell organisierte Großverbrechen einen Namen gefunden hat.[1]

Die beispiellosen Verbrechen verlangten von den Alliierten eine beispiellose Antwort. Und das war das erste Weltstrafgericht zweifellos. Ein Internationales Militärtribunal erhob in Nürnberg Anklage gegen „Hauptkriegsverbrecher" und machte ihnen einen alles in allem fairen Prozess. Zu Recht betonte US-Chefankläger Robert H. Jackson, dass der Verzicht der Sieger, Rache zu nehmen, eines der bedeutendsten Zugeständnisse sei, das „die Macht jemals der Vernunft" gemacht habe. Ausdrücklich verneinte er eine Kollektivschuld der Deutschen. Ja, er ging so weit, zu erklären, dass das Gericht „auch die Aggressionen" der Nationen verurteilen müsse, die „heute hier am Richtertisch sitzen".

Nach Lage der Dinge war die Missachtung des Gleichheitsprinzips (tu quoque) allerdings kaum zu vermeiden. Über die Luftbombardements der Alliierten, denen mehr als eine Million deutscher und japanischer Zivilpersonen zum Opfer gefallen waren, konnte so wenig verhandelt werden wie über die Ermordung Tausender polnischer Offiziere durch den sowjetischen Geheimdienst. Der Prozess hätte sonst nicht stattgefunden. Sehr viel weniger berechtigt war der Vorwurf einer Verletzung des Rückwirkungsverbotes (nulla poena sine lege). Zwar gab es zuvor noch keine internationalen Strafgesetze gegen Angriffskriege und Menschlichkeitsverbrechen. Seit dem Ersten Weltkrieg waren allerdings zahlreiche Schritte dahin unternommen worden. In allen Rechtsstaaten galt zudem, was man als Mindeststandard „menschlichen Verhaltens" definiert.

Die herausragende Bedeutung des Prozesses, dem zwölf weitere gegen führende Militärs, Juristen, Ärzte, Manager und andere NS-Funktionseliten folgten, ist nicht mehr umstritten. In Nürnberg wurde das erste und einzige Mal der militärisch-industriell und rassenpolitisch-medizinisch organisierte Gesamtkomplex des nationalsozialistischen Weltanschauungs- und Völkervernichtungskrieges mit seinen neuartigen Gewaltverbrechen vor der Weltöffentlichkeit zur Sprache gebracht und auch bildlich dokumentiert. Es war ein Prozess gegen mehr oder weniger prominente und verantwortliche Täter, denn Hitler, Himmler und Heydrich standen nicht mehr zur Verfügung. Den Opfern gab er noch keine Stimme, kein Gesicht.

Eine nachhaltige Wirkung blieb ihm versagt. Teilung und Kalter Krieg ermöglichten Deutschland einen unerwartet schnellen äußeren Identitätswandel: Aus dem gefürchteten Kriegsgegner und verhassten Verbrecherstaat wurde ein unentbehrlicher (doppelter) Frontstaat. Im Wiederaufbau hatte die soziale Integration Tausender politisch und strafrechtlich kompromittierter Personen hohe Priorität – und die Einrichtung von deutschen Sondergerichten keine Chance, obwohl die Alliierten mit dem neuen Völkerstrafrecht (Kontrollratsgesetz Nr. 10) die Voraussetzungen dafür geschaffen hatten. Als Anfang der 1950er Jahre die ersten als Kriegsverbrecher verurteilten Massenmörder begnadigt wurden, Amnestiegesetze in Kraft traten und zirka eine halbe Million Beamte und Berufssoldaten politisch und

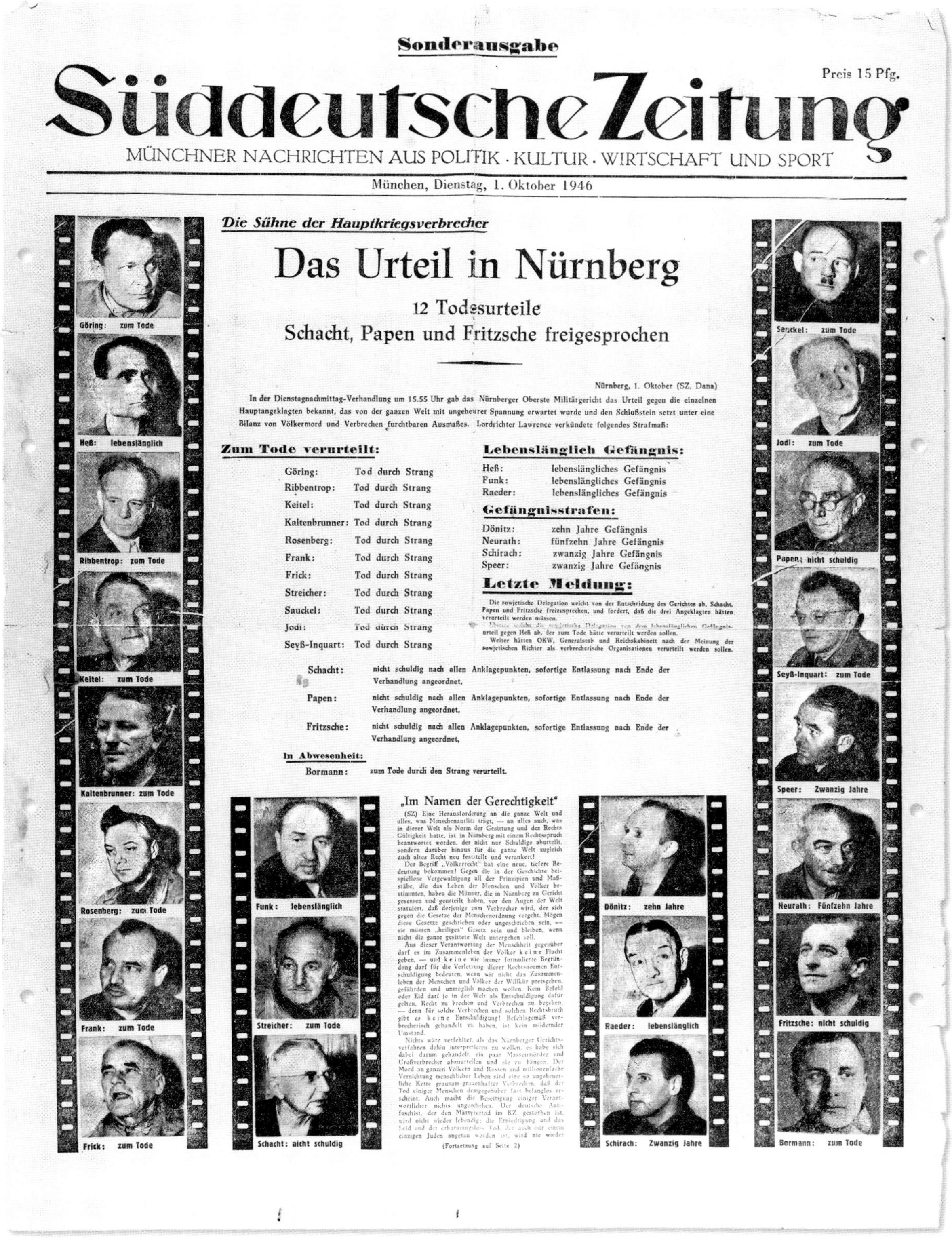

Sonderausgabe

Süddeutsche Zeitung

Preis 15 Pfg.

MÜNCHNER NACHRICHTEN AUS POLITIK · KULTUR · WIRTSCHAFT UND SPORT

München, Dienstag, 1. Oktober 1946

Die Sühne der Hauptkriegsverbrecher

Das Urteil in Nürnberg

12 Todesurteile
Schacht, Papen und Fritzsche freigesprochen

Nürnberg, 1. Oktober (SZ. Dana)

In der Dienstagnachmittag-Verhandlung um 15.55 Uhr gab das Nürnberger Oberste Militärgericht das Urteil gegen die einzelnen Hauptangeklagten bekannt, das von der ganzen Welt mit ungeheurer Spannung erwartet wurde und den Schlußstein setzt unter eine Bilanz von Völkermord und Verbrechen furchtbaren Ausmaßes. Lordrichter Lawrence verkündete folgendes Strafmaß:

Zum Tode verurteilt:

Göring:	Tod durch Strang
Ribbentrop:	Tod durch Strang
Keitel:	Tod durch Strang
Kaltenbrunner:	Tod durch Strang
Rosenberg:	Tod durch Strang
Frank:	Tod durch Strang
Frick:	Tod durch Strang
Streicher:	Tod durch Strang
Sauckel:	Tod durch Strang
Jodl:	Tod durch Strang
Seyß-Inquart:	Tod durch Strang

Lebenslänglich Gefängnis:

Heß:	lebenslängliches Gefängnis
Funk:	lebenslängliches Gefängnis
Raeder:	lebenslängliches Gefängnis

Gefängnisstrafen:

Dönitz:	zehn Jahre Gefängnis
Neurath:	fünfzehn Jahre Gefängnis
Schirach:	zwanzig Jahre Gefängnis
Speer:	zwanzig Jahre Gefängnis

Letzte Meldung:

Die sowjetische Delegation weicht von der Entscheidung des Gerichtes ab, Schacht, Papen und Fritzsche freizusprechen, und fordert, daß die drei Angeklagten hätten verurteilt werden müssen.

Ebenso weicht die sowjetische Delegation von dem lebenslänglichen Gefängnisurteil gegen Heß ab, der zum Tode hätte verurteilt werden sollen.

Weiter hätten OKW, Generalstab und Reichskabinett nach der Meinung der sowjetischen Richter als verbrecherische Organisationen verurteilt werden sollen.

Schacht:	nicht schuldig nach allen Anklagepunkten, sofortige Entlassung nach Ende der Verhandlung angeordnet,
Papen:	nicht schuldig nach allen Anklagepunkten, sofortige Entlassung nach Ende der Verhandlung angeordnet,
Fritzsche:	nicht schuldig nach allen Anklagepunkten, sofortige Entlassung nach Ende der Verhandlung angeordnet,

In Abwesenheit:

Bormann: zum Tode durch den Strang verurteilt.

„Im Namen der Gerechtigkeit"

(SZ) Eine Herausforderung an die ganze Welt und alles, was Menschenantlitz trägt, — an alles auch, was in dieser Welt als Norm der Gesittung und des Rechts Gültigkeit hatte, ist in Nürnberg mit einem Rechtsspruch beantwortet worden, der nicht nur Schuldige aburteilt, sondern darüber hinaus für die ganze Welt zugleich auch altes Recht neu feststellt und verankert!

Der Begriff „Völkerrecht" hat eine neue, tiefere Bedeutung bekommen! Gegen die in der Geschichte beispiellose Vergewaltigung all der Prinzipien und Maßstäbe, die das Leben der Menschen und Völker bestimmten, haben die Männer, die in Nürnberg zu Gericht gesessen und geurteilt haben, vor den Augen der Welt statuiert, daß derjenige zum Verbrecher wird, der sich gegen die Gesetze der Menschenordnung vergeht. Mögen diese Gesetze geschrieben oder ungeschrieben sein, — sie müssen „heiliges" Gesetz sein und bleiben, wenn nicht die ganze gesittete Welt untergehen soll.

Aus dieser Verantwortung der Menschheit gegenüber darf es im Zusammenleben der Völker keine Flucht geben, — und keine wie immer formulierte Begründung darf für die Verletzung dieser Rechtsnormen Entschuldigung bedeuten, wenn wir nicht das Zusammenleben der Menschen und Völker der Willkür preisgeben, gefährden und unmöglich machen wollen. Kein Befehl oder Eid darf je in der Welt als Entschuldigung dafür gelten, Recht zu brechen und Verbrechen zu begehen, — denn für solche Verbrechen und solchen Rechtsbruch gibt es keine Entschuldigung! Befehlsgemäß verbrecherisch gehandelt zu haben, ist kein mildernder Umstand.

Nichts wäre verfehlter, als das Nürnberger Gerichtsverfahren dahin interpretieren zu wollen, es habe sich dabei darum gehandelt, ein paar Massenmörder und Großverbrecher abzuurteilen und sie zu hängen. Der Mord an ganzen Völkern und Rassen und millionenfache Vernichtung menschlicher Leben sind eine so ungeheuerliche Kette grausam-grauenhafter Verbrechen, daß der Tod einiger Menschen demgegenüber fast belanglos erscheint. Auch macht die Beseitigung einiger Verantwortlicher nichts ungeschehen. Der deutsche Antifaschist, der den Märtyrertod im KZ. gestorben ist, wird nicht wieder lebendig; die Erniedrigung und das Leid und der erbarmungslose Tod, der auch nur einem einzigen Juden angetan worden ist, wird nie wieder

(Fortsetzung auf Seite 2)

Göring: zum Tode
Heß: lebenslänglich
Ribbentrop: zum Tode
Keitel: zum Tode
Kaltenbrunner: zum Tode
Rosenberg: zum Tode
Frank: zum Tode
Frick: zum Tode
Funk: lebenslänglich
Streicher: zum Tode
Schacht: nicht schuldig
Dönitz: zehn Jahre
Raeder: lebenslänglich
Schirach: Zwanzig Jahre
Sauckel: zum Tode
Jodl: zum Tode
Papen: nicht schuldig
Seyß-Inquart: zum Tode
Speer: Zwanzig Jahre
Neurath: Fünfzehn Jahre
Fritzsche: nicht schuldig
Bormann: zum Tode

Nach zehn Monaten Verhandlung verkündete der Internationale Gerichtshof in Nürnberg am 30. September und 1. Oktober 1946 die Urteile im Prozess gegen die Hauptkriegsverbrecher. Das Urteil der zum Tod durch den Strang Verurteilten wurde im Morgengrauen des 16. Oktober 1946 vollstreckt. Hermann Göring gelang es, sich wenige Stunden vor der Hinrichtung selbst zu vergiften.

In Nürnberg wurde das erste und einzige Mal der militärisch-industriell und rassenpolitisch-medizinisch organisierte Gesamtkomplex des nationalsozialistischen Weltanschauungs- und Völkervernichtungskrieges vor der Weltöffentlichkeit zur Sprache gebracht und auch bildlich dokumentiert. Eine nachhaltige Wirkung blieb dem Prozess jedoch versagt.

Anne Franks Tagebuch, hier die Taschenbuchausgabe von 1955, erreichte auch als Film ein großes Publikum, nicht zuletzt deshalb, weil das abstrakte und anonyme Großverbrechen des Judenmords, der erst später Holocaust genannt wurde, durch ein anrührendes Kinderschicksal ein konkretes, menschliches Gesicht bekam.

versorgungsrechtlich rehabilitiert wurden, da war die Entkriminalisierung der verurteilten NS-Kriegsverbrecher schon weit fortgeschritten. Sie galten nun vielfach nur als „Kriegsverurteilte", im Deutschen Bundestag sprach man von ihnen gar als „Opfer der alliierten Militärgerichte". Noch in den 1970er Jahren erinnerte Sebastian Haffner in seinem verbreiteten Hitler-Buch daran, dass es ein Fehler gewesen sei, „Hitlers Massenmorde" und die Kriegsverbrechen „in einen Topf" zu werfen.

Mochte die Bundesrepublik sich dadurch vergangenheitspolitisch auch als entlastet ansehen, ihre neue internationale Rolle konfrontierte sie immer wieder mit der NS-Vergangenheit. Der Streit um Rückerstattung und Entschädigung der jüdischen Opfer wurde erbittert geführt. Drohungen mit einem neuen Antisemitismus gehörten ebenso dazu wie die provozierende Gleichsetzung der ermordeten Juden mit den eigenen zivilen Kriegsopfern. Groß waren, auf beiden Seiten, die Vorbehalte gegenüber einer Entschädigung. Es bedurfte einer konzertierten Aktion der USA, ihres Hohen Kommissars John McCloy, der israelischen Regierung unter Ben Gurion, der Claims Conference mit ihrem Präsidenten Nahum Goldmann sowie des erst zögerlichen, dann aber entschlossen handelnden Bundeskanzlers. Ohne die Unterstützung der SPD-Fraktion wäre Konrad Adenauer mit dem Luxemburger Abkommen im Bundestag allerdings gescheitert. Darin verpflichtete sich die Bundesrepublik, Israel für die Eingliederung von einer halben Million Überlebender der „Endlösung" Waren im Wert von drei Milliarden Mark zu liefern und für die in der Diaspora lebenden jüdischen Verfolgten eine Globalentschädigung von 450 Millionen Mark zu zahlen. Der Gesamtaufwand wurde damals auf fünf bis zehn Milliarden Mark geschätzt. Niemand hat voraussehen können, dass die Wiedergutmachungspolitik erst mit dem Stiftungsgesetz für die Entschädigung der Zwangsarbeiter im Sommer 2000 ihren voraussichtlichen Abschluss finden würde.

Nachdem in Nürnberg der Nationalsozialismus vor Gericht gestellt, die unpopuläre Entnazifizierung beendet und die Bundesrepublik auch außenpolitisch aus dem Schatten des „Dritten Reiches" herausgetreten war, glaubten nicht wenige, die Vergangenheit sei nun bewältigt. Umfrageergebnisse ließen zudem erkennen, dass die positiven Einstellungen zu Hitler als Staatsmann und zum Nationalsozialismus als Idee zugunsten wachsender Akzeptanz der Bundesrepublik zurückgingen. Die gewünschte öffentliche Stille um die NS-Vergangenheit trat jedoch nicht ein.

Beginn deutscher „Vergangenheitspolitik"

Mitte der 1950er Jahre erschien das Tagebuch von Anne Frank in einer Taschenbuchausgabe. Millionen sahen den US-amerikanischen Spielfilm und die Bühnenfassung des Buches. Mit diesem jüdischen Mädchen wurde der Judenmord erstmals zu einem Medienereignis gemacht, bekam die Anonymität der großen Zahl ein menschliches Gesicht, der Massenmord seine erste anrührende Opferikone. Gleichzeitig lief eine Welle antisemitischer Vorfälle durch das Land. Schändungen jüdischer Friedhöfe, Verunglimpfungen von NS-Verfolgten sorgten für Skandale. Der politische Rechtsstreit zwischen dem berühmten, aber umstrittenen NS-Regisseur Veit Harlan (*Jud Süß, Kolberg*) und dem gegen diesen 1950 öffentlich zum Boykott aufrufenden Chef der Hamburger Senatspressestelle, Erich Lüth, endete am 15. Januar 1958 in Karlsruhe mit einem grundlegenden Urteil für die Meinungsfreiheit (BVerfGE 7, 198). Seitdem gilt das Recht auf freie Meinungsäußerung als „schlechthin konstitutiv" für die Demokratie.

Weitere spektakuläre Ereignisse leiteten schon Ende der 1950er Jahre eine Wende ein: Der aus einem Zufall entstandene Ulmer Einsatzgruppenprozess 1958 und die Hakenkreuzschmierereien an der kurz zuvor von Konrad Adenauer eingeweihten neuen Kölner Synagoge, ausgerechnet am Heilig-

abend 1959. Vergangenheitspolitik war nun nicht mehr außengeleitet, Sache der Alliierten. Sie wurde zur Aufgabe deutscher Politik, Justiz und bald auch der massenkulturellen Medien.
Das politische System reagierte prompt und entschieden. Bereits am 1. Dezember 1958 nahm die Ludwigsburger Zentrale Stelle der Landesjustizverwaltungen zur Aufklärung nationalsozialistischer Gewaltverbrechen ihre Arbeit auf. Anfang 1960 verabschiedete der Bundestag das „Gesetz gegen Volksverhetzung". Auch die Einrichtungen für schulische und außerschulische politische Bildung wurden aktiv. Heinrich Böll und andere Mitglieder der Gruppe 47 gründeten den Verein Germania Judaica, mit der Absicht, durch den Aufbau einer Bibliothek mit speziellen Publikationen zum besseren Verständnis zwischen deutschen Juden und nichtjüdischen Deutschen beizutragen. In Berlin entstand die Aktion Sühnezeichen/ Friedensdienste e.V. Funk und Fernsehen engagierten sich ebenfalls. Der nach dem Roman von Hans Scholz produzierte Mehrteiler *Am grünen Strand der Spree* (1960) zeigte erstmals in einem fiktionalen Fernsehfilm dokumentarische Aufnahmen der Judenvernichtung. Im selben Jahr erschien *Der gelbe Stern*, jenes fotografisch so eindringlich dokumentierte Buch über die Judenverfolgung, das vor allem für die 68er-Generation viele Jahre Pflichtlektüre war.
Auch in der DDR war der deutsche Faschismus in dieser Zeit ein bevorzugtes Thema. So in der Kampagne gegen die „Blutrichter" der Bundesrepublik. So in der Kampagne gegen Adenauers Staatssekretär und vormaligen Kommentator der Nürnberger „Rassegesetze" Hans Globke. Andererseits sah sich die DDR aber auch selbst mit Vorwürfen konfrontiert. Israel und jüdische Organisationen warfen ihr vor, sie würde in ihren antifaschistischen Gedenkstätten nicht an die Opfer des jüdischen Volkes erinnern. Kulturell trat sie ganz anders in Erscheinung: mit international stark beachteten Filmen zur Judenverfolgung von Frank Beyer (*Nackt unter Wölfen*, *Jakob der Lügner*) und Konrad Wolf (*Sterne*).
In der Bundesrepublik kann man für die 1960er Jahre von einer Offensive in der Vergangenheitsbewältigung sprechen. Jedenfalls wurden die Folgen der NS-Vergangenheit in gleich drei Institutionen verhandelt und vermittelt: in den parlamentarischen Verjährungsdebatten, auf der Bühne und in Strafprozessen. Erneut stand der Nationalsozialismus vor Gericht. Nun allerdings vor deutschen. Und es waren nicht mehr die „Hauptkriegsverbrecher", sondern die Exzess-, Befehls- und Schreibtischtäter, zum Erstaunen vieler mit bürgerlichen Lebensläufen. Der Jerusalemer Eichmann-Prozess machte durch Hannah Arendts Bericht über *Die Banalität des Bösen* zudem auf den bürokratischen Charakter des Judenmords und seiner Täter aufmerksam. Zugleich provozierte die jüdische Philosophin mit dem Urteil, die Juden seien mitverantwortlich für den Vollzug der „Endlösung".
Der Eichmann- und wenig später der Auschwitz-Prozess fanden auch in der ästhetischen Kultur ihren Niederschlag. Insbesondere junge deutsche Autoren nutzten die Prozess-Dramaturgie, um das Drama der Vergangenheit – und der Erinnerung – auf die Bühne zu bringen: Rolf Hochhuth (*Der Stellvertreter*), Heinar Kipphardt (*Bruder Eichmann*), Martin Walser (*Eiche und Angora*), Peter Weiss (*Die Ermittlung*).
Am 20. Dezember 1963 begann in Frankfurt am Main der von Fritz Bauer unermüdlich vorbereitete Auschwitz-Prozess, der größte Strafprozess der deutschen Nachkriegsgeschichte. Die Namen der bis dahin unbekannten Angeklagten Mulka, Boger, Kaduk, Capesius und anderer wurden schnell feste Begriffe. Zur Überraschung der Öffentlichkeit waren sie keine Monster, sondern eher unauffällige Personen, die nach ihrer Mitwirkung am Massenmord problemlos in das zivile Leben zurückgekehrt waren und als Kaufmann, Angestellter, Krankenpfleger und Apotheker bürgerliche Reputation erworben hatten. Sie sahen sich größtenteils als Opfer

Hannah Arendt (1906–1975), Schülerin von Martin Heidegger und Karl Jaspers, deutsch-jüdische Philosophin und politische Publizistin in den USA, wurde in den 1960er Jahren weltweit bekannt durch ihr vor allem in Israel und den USA umstrittenes Buch *Eichmann in Jerusalem.*

des Nationalsozialismus, als „befehlsunterworfene Soldaten", wie sie gern sagten. Sie verwiesen auf ihre nationalsozialistische Erziehung, auf fehlendes Unrechtsbewusstsein und Befehlsnotstand – eine Schutzbehauptung, wie die Sachverständigen nachweisen konnten. Erstmals erschienen Zeithistoriker als Gutachter vor Gericht. Noch mehr prägten die Anhörungen der vielen überlebenden Opfer den Prozess.
In seinem Schlusswort betonte der Vorsitzende Richter Hofmeyer, dass das Gericht nicht berufen war, die NS-Vergangenheit zu bewältigen. Und eben das hatte es in einer wesentlichen Frage doch getan. Erstmals wurde von einem deutschen Gericht festgestellt, wie die Vernichtungsmaschinerie Auschwitz funktionierte. Erstmals wurde öffentlich, dass hinter dem Tor des Lagers „eine Hölle begann, die für das normale menschliche Gehirn nicht auszudenken ist", für die aber eben keine Bestien verantwortlich waren, sondern „ganz normale Männer" (Christopher Browning).
Unter dem Eindruck dieser Prozesse stand auch die zweite große Verjährungsdebatte des Deutschen Bundestages im März 1965. Die Bundesregierung wollte die 20-jährige Verjährungsfrist für Mord im Jahr 1965 wirksam werden lassen, denn sie ging von der (irrigen) Annahme aus, dass inzwischen alle größeren Verbrechenskomplexe bekannt und durch die Zentrale Stelle der Verjährung entzogen waren. Der junge CDU-Abgeordnete Ernst Benda widersprach seiner Regierung und verwies auf das allgemeine Rechtsgefühl, das in „unerträglicher Weise" verletzt würde, wenn „Morde ungesühnt" blieben, obwohl sie gesühnt werden könnten. Ihre Ausstrahlungskraft gewann die Debatte durch die selbstkritische Eindringlichkeit mancher Sprecher. „Ich weiß mich mit in der Schuld", erklärte der SPD-Abgeordnete Adolf Arndt am Ende, denn „ich bin nicht auf die Straße gegangen und habe geschrien, als ich sah, dass die Juden aus unserer Mitte lastkraftwagenweise abtransportiert wurden."
Das politische Ergebnis, ein Berechnungskompromiss, der die Strafverfolgung nicht 1945, sondern erst 1949 beginnen ließ, erforderte 1969 eine dritte Verjährungsdebatte. Sie führte zur Verlängerung der Verfolgungsverjährung für Mord auf 30 Jahre, was zehn Jahre später eine vierte Verjährungsdebatte unvermeidlich machte. Es war die Zeit des Majdanek-Prozesses und der in der deutschen Mediengeschichte beispiellosen gesellschaftlichen Reaktion auf die Ausstrahlung des US-amerikanischen TV-Films *Holocaust*. Der Bundestag hob nun auch die Verjährung für Mord auf, nahm also die Unterscheidung zwischen Mord und (seit 1969 unverjährbarem) Völkermord wieder zurück – ein schwerwiegender Fehler, wie der FDP-Abgeordnete Werner Maihofer in einer leidenschaftlichen Rede darlegte. Er bestand darauf, dass der fundamentale Unterschied zwischen dem Massenmord von Auschwitz und dem Gewaltverbrechen

Angeklagte im ersten großen NS-Verfahren vor einem deutschen Gericht, dem ersten Frankfurter Auschwitz-Prozess 1963/65 gegen 21 SS-Angehörige, die zum Personal im Vernichtungs- und Konzentrationslager Auschwitz gehörten.

durch eine Einzelperson auch und gerade in der (Nicht-) Verjährung zum Ausdruck kommen müsse: „Über Mord wächst irgendwann einmal Gras, und zwar im Regelfall schon nach einer Generation. Über Auschwitz aber wächst kein Gras, noch nicht einmal in einhundert Generationen."
Ähnlich hatte Jahre zuvor schon Bundeskanzler Willy Brandt gesprochen, und sein Kniefall vor dem Mahnmal für den jüdischen Aufstand im Warschauer Ghetto am 7. Dezember 1970 machte weltweit sichtbar, dass die neue politische Führung andere geschichtspolitische Akzente setzen würde. Anlässlich der Unterzeichnung des Warschauer Vertrages an diesem Tag erklärte der erste sozialdemokratische Kanzler nach dem Kriege ausdrücklich, dass die Bundesregierung „die Ergebnisse der Geschichte" annehme. Damit war mehr gemeint als die Akzeptanz der umstrittenen Nachkriegsgrenzen.
In diesen Zusammenhang gehört selbstverständlich auch die von der 68er-Studentenbewegung forcierte Auseinandersetzung mit der NS-Vergangenheit. Sie wurde vor allem aus zwei Antrieben gespeist. Das eine Motiv war ein ideologisch-theoretisches Interesse an der Geschichte, das den Nationalsozialismus kapitalismuskritisch deutete, weshalb auch die Bundesrepublik unter Faschismusverdacht gestellt und ihre bisherige Vergangenheitsbewältigung als verlogen abgewertet wurde. Das andere Motiv war ein biografisches Interesse. Es erschöpfte sich allerdings in der unversöhnlichen Konfrontation und Denunziation mit den erinnerungs- und gesprächsunwilligen Eltern, Lehrern, Politikern und Professoren. Abstraktion und moralischer Rigorismus bestimmten also den Umgang mit der NS-Vergangenheit. Und sie verstellten die Frage nach der Normalität der NS-Verbrecher – und dem Verlauf der Judenverfolgung.
Diesem zwiespältigen Befund stehen andererseits Einflüsse und Ereignisse gegenüber, welche die öffentliche Diskussion über die NS-Vergangenheit weiter sensibilisiert und intensiviert haben: Die Diskussion um die Hitler-Bücher von Joachim Fest und Sebastian Haffner, die vierte Verjährungsdebatte, der Majdanek-Prozess und Kontroversen um die nationalsozialistisch vorbelasteten Biografien prominenter Politiker (Karl Carstens, Hans Filbinger und andere) gehören ebenso dazu wie neue Akzente im christlich-jüdischen Verhältnis und in der Geschichtspolitik der sozialliberalen Koalition. Bundeskanzler Helmut Schmidt und Außenminister Walter Scheel besuchten Auschwitz; beide sprachen auch auf Historikertagen. All diese Aktivitäten und Akzente haben mit dazu beigetragen, eine lange dominierende Tendenz abzuschwächen und zu relativieren, die Tendenz, den Nationalsozialismus aus der deutschen Geschichte herauszulösen.
Kein anderes kulturelles Ereignis hat allerdings eine so nachhaltige Resonanz gefunden und die Auseinandersetzung mit dem Nationalsozialismus so verändert wie die

Willy Brandts berühmter Kniefall vor dem Mahnmal zur Erinnerung an den Warschauer Ghettoaufstand von 1943, an den jüdischen Widerstand und an die Ermordung der polnischen Juden. Die in der Bundesrepublik umstrittene Demutsgeste des sozialdemokratischen Bundeskanzlers erregte 1970 weltweites Aufsehen, weil er als Regimegegner und Emigrant symbolisch Verantwortung für ein Verbrechen übernahm, an dem er keine Mitschuld trug.

Ausstrahlung des anfangs umstrittenen US-amerikanischen Fernsehfilms *Holocaust* im Januar 1979. Wie immer man die Bedeutung dieses mehrteiligen Melodrams einschätzt, erst im Rückblick wird erkennbar, was sich in den 1980er und 1990er Jahren vollzog und entfaltete: ein Wandel in der zweiten Geschichte des Nationalsozialismus. Nicht mehr die „deutsche Katastrophe“, nicht der „deutsche Sonderweg“, nicht die Weimarer Vorgeschichte, die NSDAP und die Herrschaftsstrukturen der totalitären Hitler-Diktatur standen im Mittelpunkt des allgemeinen geschichtlichen Interesses. Mehr und mehr richtete sich dieses nun auch auf die NS-Verfolgten und die Täter. In den folgenden Jahren rückte die Auseinandersetzung mit den rassenpolitischen Großverbrechen in den Vordergrund. In ihnen begann man nun das eigentliche Wesensmerkmal des Nationalsozialismus zu sehen.

Eine Szene mit der jüdischen Familie Weiß aus dem amerikanischen Fernsehfilm *Holocaust*, der weltweit und nicht nur kommerziell so erfolgreich war, dass er dem bis dahin namenlosen Verbrechen einen inzwischen allgemein und global gebräuchlichen, wegen seiner ursprünglichen Wortbedeutung „Brandopfer“ allerdings nicht unumstrittenen Begriff gab.

Geschichtspolitische Kontroversen seit den 1980er Jahren

Der Bogen spannt sich vom Historikerstreit 1986/87 über die ein Jahrzehnt andauernde Debatte um das hauptstädtisch-zentrale Holocaust-Mahnmal (2005 eingeweiht) bis hin zur hoch umstrittenen Wehrmachtsausstellung, die seit 1995 mit den Mitteln einer auf exemplarische Fallbeispiele (Balkan-Krieg, Krieg in Weißrussland, 6. Armee) gestützten Wanderausstellung den ehemaligen Wehrmachtssoldaten den Vorwurf machte, einer „verbrecherischen Organisation“ gedient und die Ermordung der Juden aus ganz Europa während des Zweiten Weltkrieges maßgeblich unterstützt zu haben. Vor allem von soldatischen und nationalkonservativen Kreisen, zunehmend aber auch von einer beunruhigten allgemeinen Öffentlichkeit wurde die Ausstellung als bildlich und textlich nicht angemessen vorgetragener, zudem auch politisch unerwünschter Angriff auf die im Wesentlichen geglückte Integration von Tätern, Mitläufern, ehemaligen KZ-Häftlingen, Regimegegnern und Emigranten, Bombenkriegsopfern, Flüchtlingen und Vertriebenen empfunden – und zurückgewiesen. In all diesen Debatten war die NS-Vergangenheit wie kaum je zuvor gegenwärtig, wurde erbittert und emotional über alles gestritten, was den Umgang mit dieser Epoche prägt: über Fakten und Deutungen, über Kommerzialisierung und Fiktionalisierung der Geschichte, und nicht zuletzt über öffentliche Erinnerungsorte und schließlich, in der Walser-Bubis-Debatte, auch über die Autonomie des individuellen Gewissens. Mit der Kohl-Ära begann 1982 eine Zeit geschichtspolitischer Kontroversen, *weil* die neue Regierung so forciert Konsens stiften, das Geschichtsbewusstsein der Gesellschaft befrieden und die NS-Vergangenheit deaktualisieren wollte. Den Auftakt machten Mitte der 1980er Jahre zwei hochkontroverse Ereignisse: der Historikerstreit und die Auseinandersetzung um die beiden nationalen Geschichtsmuseen, die

Bundeskanzler Helmut Kohl der Republik zum Geschenk machte. Tatsächlich ging es in beiden Fällen um das Problem einer historisierenden Deutung des Nationalsozialismus. Kritiker argwöhnten, dass dies auf eine Relativierung des Holocaust hinauslaufe, ja auf eine „Entsorgung" der Vergangenheit. Der Historiker Ernst Nolte beklagte sich, dass die NS-Vergangenheit „geradezu als Gegenwart etabliert" und „wie ein Richtschwert" über derselben schwebe. Nachdrücklich stellte er die „Singularität" des Holocaust infrage und sprach sich für einen Vergleich der stalinistischen und nationalsozialistischen Verbrechen aus. Entschieden traten ihm die der SPD und den Grünen nahestehenden Intellektuellen entgegen, angeführt von Jürgen Habermas. Scharf attackierte dieser die „apologetischen Tendenzen in der deutschen Zeitgeschichtsschreibung" und hielt den abschätzig so genannten „Regierungshistorikern" wie Andreas Hillgruber und Michael Stürmer eine „Art Schadensabwicklung" vor. Zwar betonte er ausdrücklich, „niemandem böse Absichten unterstellen" zu wollen, um den von ihm Gescholtenen doch vorzuwerfen, dass sie „eine revisionistische Historie in Dienst nehmen für die nationalgeschichtliche Aufmöbelung einer konventionellen Identität".

Der Ausgang dieses Streits hat die oppositionellen Historiker von Hans Mommsen bis Hans-Ulrich Wehler aufgewertet. Das gilt auch für ihre Rolle in der Auseinandersetzung um die beiden in jener Zeit entstehenden Geschichtsmuseen. Er konnte jedoch nicht verhindern, dass in der museal-modernen Selbstdarstellung der noch geteilten Nation die Präsentation des Nationalsozialismus und seiner Verbrechen gleichsam von zwei Seiten perspektivisch relativiert wurde. Im Bonner Haus der Geschichte gerät sie zur düsteren Vorgeschichte, die in schwarz drapierten Nischen zwar immer wieder Gegenwart wird, die farbenfrohe Erfolgsstory des westdeutschen Wiederaufbaus und Wirtschaftswunders letztlich aber kaum zu stören vermag. Demgegenüber schrumpfte sie im Deutschen Historischen Museum in Berlin zu einer bloß problematischen Periode unter vielen. Manchem drängte sich der Eindruck auf, die Zweiteilung der Museen folge nicht nur der Teilung Deutschlands, sondern auch dem dualen Geschichtsbild Nachkriegsdeutschlands.

Die seit dem Sommer 2006 gezeigte neue Dauerausstellung im Deutschen Historischen Museum geht darüber hinaus. Die Bedeutung, die Nationalsozialismus und Holocaust für die Überlebenden und Nachgeborenen haben und voraussichtlich noch für lange Zeit behalten werden, spiegeln sich in der relativ größten Zahl von Ausstellungsquadratmetern und Schaustücken wider. Aber die räumliche und dekorative Bedeutungszuweisung ist sich selbst genug, bleibt ohne Deutungsversuch. Unbefriedigend ist vor allem, was die Ausstellung zum Kernthema dieses Abschnittes der deutschen Geschichte zu sagen hat, zu Rassenpolitik, Antisemitismus und Judenmord. Zwar deutet sie an, was „Rassenhygiene", „Euthanasie", „Reichskristallnacht" und „Endlösung" waren. Aber sie macht mangels Fragestellung nicht den Versuch, zu erklären, dass es sich dabei um soziale Vorurteile und Konzepte moderner Gesundheits- und Bevölkerungspolitik handelt, die aus dem späten 19. Jahrhundert stammen. Der Nationalsozialismus hat sie später miteinander verknüpft und radikalisiert, um ein Großverbrechen zu organisieren und zu legitimieren.

Aber noch einmal zurück in die 1980er Jahre. Wie wenig das geschichtspolitische Konzept Kohls aufging und wie sehr die offensive Bekräftigung einer inneren und äußeren Versöhnung zum Widerspruch provozierte und zeitweilig eine ganz unversöhnliche Stimmung gegenüber der Bundesregierung heraufbeschwor, wurde des Öfteren offenbar. Zunächst während der Israel-Reise des Bundeskanzlers im Jahre 1984. Kohl reklamierte für sich und eine ganze Generation die „Gnade der späten Geburt" und weckte Misstrauen, gerade weil er das so forciert pathetisch tat.

Zu einem internationalen Skandal eskalierte 1985, was als deutsch-amerikanisches Versöhnungszeremoniell in Bitburg geplant war und medienwirksam inszeniert wurde. Man hatte allerdings übersehen, dass in den Gräbern des dortigen Soldatenfriedhofs neben US-amerikanischen Soldaten und Wehrmachtsangehörigen auch Mitglieder der Waffen-SS liegen. Dass Kohl und Reagan unter dem Druck des internationalen Protestes auch die KZ-Gedenkstätte Bergen-Belsen besuchten, war kaum mehr als eine protokollarische Schadensbegrenzung.

Einen als wohltuend empfundenen Gegenakzent setzte Bundespräsident Richard von Weizsäcker mit seiner Rede am 8. Mai 1985, anlässlich des 40. Jahrestages des Kriegsendes. Unmissverständlich nannte er den 8. Mai 1945 einen „Tag der Befreiung", mit dem der „Irrweg deutscher Geschichte" sein Ende gefunden habe. Unmissverständlich war auch, dass und wie er die Bundesbürger aufforderte, Lehren aus der Geschichte zu ziehen. Das „historische Gedächtnis", appellierte er an die Nation, müsse „für unser Verhalten in der Gegenwart genutzt werden: für den Umgang mit Geisteskranken, Asylsuchenden, Dissidenten, aber auch mit dem Staat Israel und den östlichen Nachbarn". Ausdrücklich würdigte er das gesellschaftlich und politisch breite Spektrum der gleichwohl geringen Zahl der Regimegegner. Ausdrücklich unterschied er zwischen Opfern und Tätern, ausführlich und namentlich beschäftigte er sich mit den verschiedenen Opfergruppen, unter denen die an der Front, bei Bombenangriffen, in Gefangenschaft oder auf der Flucht ums Leben gekommenen „eigenen Landsleute" in der Liste erinnerungs- und denkmalwürdiger Opfer der nationalsozialistischen Gewaltherrschaft keinen prominenten Platz mehr erhielten.

Gleichwohl, so beifällig die Rede aufgenommen wurde, auch wegen ihrer deutlichen Distanz zur Geschichtspolitik des Bundeskanzlers: Dass der Bundespräsident zugleich gewisse Rücksichten auf Tabus und Empfindlichkeiten seiner Landsleute nahm, war auch nicht zu überhören. Sie bekräftigte, was die Westdeutschen seit Adenauers Zeit immer wieder beruhigt hat: dass die Ausführung des Verbrechens in der Hand weniger lag. So sprach er vom „menschenverachtenden System" des NS-Regimes, aber nicht davon, dass und warum es bis weit in den Krieg auf hohe Massenzustimmung rechnen konnte. Vom „Faszinosum Hitler" sprach er nicht.

Anders als drei Jahre später Bundestagspräsident Philipp Jenninger, der dafür politisch bestraft, öffentlich vorgeführt und umstandslos aus seinem Amt gedrängt wurde. Anlass war die Gedenkveranstaltung im Deutschen Bundestag zum 50. Jahrestag der Reichspogromnacht vom 9./10. November 1938. Jenninger setzte sich in seiner – ungeschickt vorgetragenen – Rede couragiert erstmals vor der politischen Öffentlichkeit mit dem Tabu auseinander, dass die Hitlerdiktatur nicht nur Angst und Schrecken erzeugt, sondern bei den Eliten viel Unterstützung und in der Bevölkerung große Zustimmung erfahren hatte. In der israelischen, amerikanischen und englischen Presse erhielt der zu Unrecht Gedemütigte viel Beifall und Anerkennung („denounced for the truth").

1993 wiederholte sich der Bitburg-Skandal. Abermals sollte durch eine symbolisch-integrative Geste, nun war es eine Denkmalsetzung, die ursprünglich unversöhnliche Differenz zwischen verschiedenen Opfergruppen – Verfolgten, Tätern und Täteropfern – aufgehoben werden. Abermals wollte das eine kritische Öffentlichkeit nicht akzeptieren. Kohls selbstherrlichen Stil schon gar nicht. Ein kurzer, heftiger Streit um die Neue Wache als zentrale Gedenkstätte der neuen Bundesrepublik folgte. Anstoß erregte vor allem die in den kappellenartigen Innenraum gestellte, stark vergrößerte *Pietà* von Käthe Kollwitz, von der Künstlerin 1937 zur Erinnerung an ihren im Ersten Weltkrieg gefallenen Sohn modelliert. Kritiker warnten vergeblich vor einem fahrlässig vergesslichen Erinnerungszeichen, das seiner zentralen Bestimmung nicht gerecht werden könne, an

Die nach der *Pietà* von Käthe Kollwitz stark vergrößerte Figur in der Zentralen Gedenkstätte der Bundesrepublik Deutschland in der Berliner Neuen Wache, Unter den Linden, mit der Inschrift: „Den Opfern von Krieg und Gewaltherrschaft“.

die Millionen ziviler Opfer des Zweiten Weltkrieges und der nationalsozialistischen Gewaltverbrechen zu erinnern. Als provozierend wurde empfunden, dass die *Pietà* auf die Deutschen auch als Leidende verweist und an Täter wie Verfolgte im Opferbegriff gemeinsam erinnert, an das ermordete jüdische Mädchen Anne Frank wie an den Nazi-Blutrichter Roland Freisler, der bei einem Bombenangriff ums Leben kam.
Nicht wenige hätten auf eine solche zentrale Gedenkstätte lieber ganz verzichtet, zumal es an den einstigen Wegen der Verfolgung und den Sterbestätten der Verfolgten zahlreiche Erinnerungszeichen gibt und weil es angesichts des millionenfachen Todes nach Auschwitz ohnehin kaum noch möglich erscheint, Antwort auf die Frage nach Trost und Sinn zu finden und ein Mahnmal, „das die Wahrheit aushält, ohne daran zu scheitern“ (Reinhart Koselleck). Vor der Einweihung dieser hoch umstrittenen Gedenkstätte drohte ein Eklat. Auf Drängen des Vorsitzenden des Zentralrats der Juden in Deutschland, Ignatz Bubis, sicherte die Bundesregierung die Unterstützung eines bereits aus privater Initiative geforderten, zentralen Holocaust-Mahnmals zu. Außerdem ließ sie die pauschale Gedenkformel *Den Opfern von Krieg und Gewaltherrschaft* im Innenraum durch eine differenzierte Aufzählung verschiedener Opfergruppen auf einer Gedenktafel am Eingang zur Neuen Wache ergänzen.
In den ersten Jahrzehnten nach 1949 war das Verhältnis zur NS-Vergangenheit in Deutschland bestimmt durch die Auseinandersetzung mit der politischen Schuld, der kriminellen Schuld und den materiellen Schulden als Folgen der Hitlerdiktatur. Der jahrzehntelange Streit um Fakten und Dokumentationen, um wissenschaftlich-objektivierende und künstlerisch-fiktionale Darstellungen und Deutungen der Vergangenheit kam hinzu. Diese Phase geht seit der deutschen Vereinigung ihrem Ende entgegen. Die lange bedrängend gegenwärtige Vergangenheit wird nun Geschichte. Es beginnt eine neue Zeit, in der die unmittelbar durch den Nationalsozialismus betroffenen und in ihren Lebensgeschichten geprägten Generationen abtreten und sich im Generationenwechsel eine „Hegemonie der Erfahrungslosigkeit“ (Michael Jeismann) ausbreiten wird.

Der Wunsch nach Normalisierung der Nationalgeschichte

Die Walser-Bubis-Debatte markiert diesen Übergang wie keine andere. Der Schriftsteller Martin Walser konfrontierte die deutsche und internationale Öffentlichkeit in seiner Rede zur Verleihung des Friedenspreises des Deutschen Buchhandels 1998 mit seinem Überdruss an organisierter Erinnerung und Betroffenheit im Angesicht von Auschwitz. Er hatte damit ein zumindest latent in weiten Teilen der Gesellschaft vorhandenes Gefühl angesprochen. Nachdrücklich wehrte er sich gegen die „unaufhörliche Präsentation unserer Schande“, attackierte ihre „Monumentalisierung“ (Holocaust-Mahnmal) und „Instrumentalisierung zu gegenwärtigen Zwecken“ und ging mit jenen „Meinungssoldaten“ hart ins Gericht, die Auschwitz als „Moralkeule“ benutzen. In der Paulskirche bekam er dafür viel Beifall, draußen auch viel Schelte und Widerspruch. Ignatz Bubis warf ihm „geistige Brandstiftung“ vor. Ein neuer Eklat im anhaltend schwierigen Umgang mit der NS-Vergangenheit war da. Abermals brach der Konflikt auf zwischen zwei Großgruppen in der deutschen Gesellschaft – auf der einen Seite die Suche nach Normalität und Vergessenwollen, auf der anderen das moralisch unnachgiebige Beharren auf der besonderen Verpflichtung der Deutschen, dafür zu sorgen, dass über „Auschwitz kein Gras wächst“ (Werner Maihofer). Die Debatte hat jedoch keine neuen Fragen mehr aufgeworfen, nur die alten wiederholt, Ausdruck des gereizten Wunsches nach „Normalität“.
Noch aussagekräftiger dafür ist der Erfolgsfilm *Schindlers Liste* (1993). Nicht grundlos ist er vor allem bei der jungen, nur sekundär

betroffenen Generation so gut angekommen. Er hat ihr zunächst zu einer Art „Emotionalisierung zweiten Grades" verholfen und sodann mit dem Hollywood-Happy-End auch noch eine konkrete, aktuell verwertbare Lehre aus der Geschichte angeboten: Das Böse ist besiegbar. Die Retter und die Überlebenden sind letztlich wichtiger geworden als die Ermordeten und die toten Täter. Spielberg hat damit etwas vorweggenommen, was im Großgedenkjahr 1995 offenkundig wurde: eine bedenkliche, im öffentlichen Erinnern „vergessliche" Verschiebung des öffentlichen Interesses, das sich – dem Zyklus fünfzigster Gedenkjahre seit 1983 folgend – von der Vorgeschichte des Nationalsozialismus abwendet hin zu seinem Ende, zu seiner Überwindung, zur Befreiung der Lager, zur Rettung der Holocaust-Überlebenden, endlich auch zur Rückkehr der Deutschen in die westliche Zivilgesellschaft, dem Beginn der so erfolgreichen Nachgeschichte des Nationalsozialismus.

Ihre Generationen sehen sich nun mit einem Übergang konfrontiert, in dem die gelebte, verdrängte, erlittene, später kontrovers kommunizierte, Vergangenheit der „Schicksalsgruppen" (Friedrich Tenbruck), der „Mitlebenden" (Hans Rothfels) der NS-Epoche also, in kulturellen Medien gespeichert und institutionell in Archiven, Bildungseinrichtungen, Dokumentationen, Gedenkstätten, Gedenktagen und Denkmälern befestigt, aufgehoben und vermittelt wird. Man spricht nicht mehr vom „kommunikativen", sondern vom „kulturellen Gedächtnis".

Nun stellt sich die Frage nach der Zukunft der Vergangenheit als gespeicherte und in speziellen Gedächtnisorten vermittelbare Geschichte. Das vereinte Deutschland hat für die national-repräsentative Erinnerung an die Zeit des Nationalsozialismus in der altneuen Hauptstadt Berlin mehrere zentrale Gedenkstätten eingerichtet und Denkmäler errichtet. Dazu gehört das nach jahrelanger Auseinandersetzung im Sommer 1999 vom Bundestag beschlossene Holocaust-Mahnmal. Ein zentrales Trauermal für die ermordeten Juden Europas als ein für die Nation repräsentatives Erinnerungszeichen, so ein des Öfteren geäußerter Einwand, müsse ein gesellschaftlich kaum konsensfähiges „Schandmal" (Christian Meier) sein oder es gerate zu einer verlogenen Geste. Diesem Dilemma ist der preisgekrönte und mehrfach modifizierte Entwurf des amerikanisch-jüdischen Architekten Peter Eisenman nicht entgangen. Denn das entfernt an einen jüdischen Friedhof erinnernde, monumentale Stelenfeld vereinnahmt die Opfer und abstrahiert von den Tätern. Im Übrigen ist unübersehbar, dass es sich – im Hinblick auf Standort und künstlerische Gestaltung – einem sehr viel überzeugenderen Vorbild verdankt: der von den polnischen Künstlern Franciszek Duszenko und Adam Haupt schon 1964 geschaffenen Gedenkstätte im früheren Vernichtungslager Treblinka, wo die Deutschen nicht nur etwa 800 000 Juden

Ausschnitt aus der Gedenkstätte des ehemaligen NS-Vernichtungslagers Treblinka in der Nähe von Warschau. Schon 1964 haben dort die polnischen Architekten und Bildhauer Franciszek Duszenko und Adam Haupt den Versuch gemacht, jenen Ort – alten jüdischen Friedhöfen ähnlich – zu gestalten, an dem die Deutschen nicht nur etwa 800 000 polnische Juden ermordet, sondern auch die Spuren der Erinnerung an ihr Verbrechen – wie Gaskammern, Baracken, Bahngleise – getilgt haben.

ermordeten, sondern auch noch die Spuren der Erinnerung daran, die Massengräber und die Bahngleise, beseitigten.
Ein Holocaust-Mahnmal an zentraler Stelle der Hauptstadt kann und soll erinnerungspolitisch eine doppelte Funktion erfüllen. Dies hat auch die Bundestagsdebatte verdeutlicht, in der aus anfänglichen Gegnern dieses Mahnmals Befürworter wurden. Zum einen, dass sich auch das vereinte Deutschland zur historischen Schuld Deutschlands bekennt, und zum anderen, dass daraus die Verpflichtung erwächst, dauerhaft öffentlich an die nationalsozialistischen Gewaltverbrechen zu erinnern. Andernfalls würde sich die längst begonnene Normalisierung der Nationalgeschichte, also die Rückgewinnung eines umfassenderen Horizonts im historischen Bewusstsein, dem Verdacht einer revisionistischen Sicht auf die Vergangenheit und einer Verharmlosung der Gewaltverbrechen Hitlerdeutschlands aussetzen.
Allerdings hat der Gesetzgeber sich nicht dazu durchringen mögen, zu beschließen, dass das zentrale nationalpolitische Erinnerungssymbol nicht das Holocaust-Mahnmal, sondern der „Ort der Täter" sein muss, die so lange vernachlässigte und ins Abseits gedrängte „Topographie des Terrors" auf dem Prinz-Albrecht-Gelände, dem Sitz des ehemaligen Reichssicherheitshauptamtes, jedenfalls im Land, aus dem die Täter kamen. Die Zukunft wird zeigen, inwieweit diese national-repräsentativen Gedenkstätten zu jener spannungsreichen Einheit zusammenfinden, die den nachfolgenden Generationen vermittelt, dass sich die Ermordung der Juden Europas weder zwangsläufig noch zufällig in Deutschland ereignet hat, aber doch Teil seiner nationalstaatlichen Geschichte ist. Ihre konfliktreiche Dynamik lag in der Ungleichzeitigkeit von rasanter wissenschaftlich-industrieller Modernisierung und verzögerter Demokratisierung. Sie hat den deutschen Weg in die Moderne beschleunigt und erschwert und mit der größten politischen Katastrophe des 20. Jahrhunderts belastet.

Ausschnitt aus der „Topographie des Terrors" unterhalb der einstigen DDR-Mauer in der Niederkirchner Straße (vormals Prinz-Albrecht-Straße) in Berlin. Im Land, aus dem die leitenden und nachgeordneten Massenmörder kamen, die Akteure des Judenmords, verkommt dessen und deren öffentliche Dokumentation als schäbiges Dauerprovisorium, im Souterrain der Hauptstadt – eine zum Himmel offene und zum Himmel schreiende Erinnerungsstätte.

Ausschnitt aus dem monumentalen Holocaust-Mahnmal in Berlin (offiziell: Denkmal für die ermordeten Juden Europas), dem sogenannten Stelenfeld des amerikanisch-jüdischen Architekten Peter Eisenman.

Jüdische Kunst in Deutschland

Annette Weber

Dieser Grabstein von 1076/77 ist der älteste erhaltene Grabstein des Jüdischen Friedhofs „Heiliger Sand“ in Worms. Die eingravierte Inschrift lautet: „Dies ist der Leichenstein des Jakob / habachur, welcher verschied / im Jahre 4837 (= 1076/77) / nach der Zeitrechnung. Seine Seele sei bewahrt im Bunde des Lebens.“

In einem Winkel des alten jüdischen Friedhofes von Worms steht der Grabstein des Jünglings Jakob (Jakob habachur) von 1076/77, der zu den ältesten erhaltenen jüdischen Denkmälern in Deutschland gehört. Halb ins Erdreich versunken, dunkel und verwittert, ohne Grabeinfassung, sind die Grabsteine scheinbar regellos aufgestellt. Dennoch geht von diesen mittlerweile ältesten erhaltenen Grabstätten Europas gerade durch ihre Schlichtheit eine besondere Wirkung aus. Sie vermitteln Ehrwürdigkeit und den Respekt vor jedem einzelnen menschlichen Leben über den Tod hinaus, denn jeder, gleich ob arm oder reich, Mann, Frau oder Kind, hat im Judentum Anrecht auf ein Grabmal und Gedenken. Jüdische Friedhöfe sind Denkmäler des Überlebenswillens einer immer wieder von Zerstörung bedrohten Kultur.

Schrift und Bild

Sind diese Grabsteine aber auch Kunstwerke? Stein und Schrift sind schlicht wie viele jüdische mittelalterliche Grabsteine, aber dennoch geht von der hebräischen Schrift, der von deutschsprachigen (aschkenasischen) Juden benutzten Quadrata, eine besondere ästhetische Wirkung aus. Die Schrift ist Dokument und Dekor zugleich, zumal sie nicht nur Lebensdaten übermittelt, sondern oft auch aufwendig komponierte Nachrufe.
Die Grabsteinbearbeitung musste jedoch ab dem 12. Jahrhundert christlichen Steinmetzen übertragen werden, da nur sie dieses von christlichen Zünften organisierte Handwerk ausüben durften. Der Ausschluss der Juden von fast allen Handwerksberufen bis in die Neuzeit behinderte die Entwicklung einer formal eigenständigen jüdischen Kunst in Deutschland, aber zugleich war eine rein ästhetische Formentwicklung auch niemals ein zentrales Anliegen im Judentum. Zum kulturellen Überleben diente die Schrift, da vor allem sie die bewusste Tradierung der religiösen und geistigen Identität ermöglichte. Wegen dieser Beschränkungen hat jüdische Kunst in der gesamten Diaspora nie einen eigenen Stil entwickelt. Deshalb ist ihr Eigenständigkeit, ja sogar die Existenz abgesprochen worden; sie gilt bis heute bestenfalls als kulturelles Randphänomen.
Welche Rolle spielte dabei das biblisch-jüdische Bilderverbot? Dass es ernst genommen wurde und eine wichtige Rolle in der Auseinandersetzung mit der christlichen Umwelt im Mittelalter spielte, als die kirchliche Kunst ihre figürliche Bilderwelt entfaltete, zeigen die wiederholten Stellungnahmen der aschkenasischen, das heißt deutschsprachigen Rabbiner zur Ausmalung von Büchern, Synagogen und deren Glasfenstern. Immer wieder wurde angemahnt, wegen der Idolatriegefahr – der Gefahr der Bilderverehrung – die Ausstattung nicht an christlichen Sakralbauten zu orientieren und keine figürlichen Bilder zu gestalten. Diese Stellungnahmen dokumentieren aber andererseits die Existenz solcher Bilder, beziehungsweise das Bestreben, solche anzubringen.
In der Tat zeigen gerade auch aschkenasische Handschriften des Mittelalters wie Bibeln, Gebetbücher (Machsorim) oder die liturgische Erzählung zur Pessachfeier, die sogenannte Pessach-Haggada, mit ihrem teilweise aufwendigen Bilderschmuck, dass figürliche Darstellungen nicht unbekannt gewesen sind. Sie entwickelten sich vor allem als Randillustrationen, die den oftmals selbst grafisch gestalteten Text ergänzten und erläuterten, indem sie an biblisches Geschehen erinnerten oder als didaktische Erläuterung zur Ausführung des Ritus eingesetzt wurden. Dem Bilderverbot wurde insofern Rechnung getragen, als die jüdischen Schreiber und Illustratoren menschliche Gesichter häufig durch Vogel- oder andere Tierköpfe ersetzten, wie bei der gegen Ende des 13. Jahrhunderts wohl in Süddeutschland entstandenen Vogelkopf-Haggada.

Die sogenannte Vogelkopf-Haggada, eine illustrierte Pergamenthandschrift, ist vermutlich um 1300 am Oberrhein entstanden. Dem biblischen Bilderverbot wurde Rechnung getragen, indem die menschlichen Gesichter durch Vogelköpfe ersetzt wurden. Auf diesem Blatt des Buches ist dargestellt, wie Moses die Gesetzestafeln am Sinai erhält und die Fünf Bücher Mose an die Israeliten weitergibt; das Pessachlamm wird gebraten.

Synagogenbaukunst im Mittelalter

Darüber hinaus hat sich seit dem Mittelalter in Deutschland eine eigenständige synagogale Baukultur mit entsprechender religiöser Ausstattung entwickelt. Sie zeugt von selbstbewussten Gemeinden, die sich ab dem 10. Jahrhundert von Speyer über Worms und Mainz bis nach Köln entlang des Rheins gebildet hatten, aber auch in Würzburg, Erfurt und Regensburg entstanden waren. Von diesen Bauten sind die Synagogen in Erfurt (11.–14. Jahrhundert), Bamberg (13. Jahrhundert) und Miltenberg (13./14. Jahrhundert) in stark verändertem Zustand erhalten, als Ruine stehen noch Speyer (1104, ab 1655 Pulvermagazin, danach bis ins 20. Jahrhundert Wohnhaus, zuletzt abgebrochen) und vielleicht auch Ulm (13./14. Jahrhundert), während die Synagogen von Köln (12./13. Jahrhundert), Marburg und Regensburg (13. Jahrhundert, 1519 abgerissen) nur durch Ausgrabungen dokumentiert sind. Worms wurde nach dem Zweiten Weltkrieg rekonstruiert, nachdem die 1174/75 errichtete Synagoge 1938 erst gebrandschatzt und dann gesprengt worden war.
Nach außen traten mittelalterliche Synagogen, bedingt durch die Auflagen der christlichen Umgebung, nur wenig in Erscheinung, lediglich die nach Osten vortretende Nische für die Heilige Lade und hoch angesetzte große Fenster in Spitz- oder Rundbogenform vermittelten einen über den Wohnbau hinausgehenden, sakralen Anspruch. Das Innere war bei kleineren Synagogen ein Saalbau, bei größeren auch ein

Links die alte Synagoge in Worms im Zustand vor der Zerstörung 1938. Der Blick geht von Westen in die 1174/75 errichtete Männersynagoge („Männerschul") auf den Aron ha-Kodesch, also den Toraschrein, an der Ostwand. Zwischen den beiden Säulen, deren Kapitellinschriften einen Bezug zu den Säulen des Jerusalemer Tempels herstellen, steht das Lesepult, die Bima.
Das jüdische Ritualbad, die Mikwe, in Speyer wurde vor 1126 errichtet. Das Foto rechts zeigt den Blick vom Treppenschacht in das Tauchbecken.

von zwei (in Regensburg wegen der Länge des Baus drei) Säulen getragener gewölbter Raum, wie es das rekonstruierte Beispiel Worms zeigt. Dort stehen die Säulen in der Mittelachse des Raums, sodass sie den Blick auf die an der Ostwand eingelassene Heilige Lade zur Aufbewahrung der Torarollen verstellen. Zwischen den Säulen aber, in der Raummitte, steht das Lesepult (Bima), wobei das ursprünglich romanische Lesepult als erhöhte, rechteckige Plattform aus Stein mit umlaufender Arkatur (Bogenreihe) sehr aufwendig gestaltet gewesen sein muss. Die Bima ist der Ort, an dem die Torarolle von den jeweils dazu aufgerufenen Gemeindemitgliedern unter Leitung des Vorbeters gemeinsam gelesen wird, mithin das zentrale Element des jüdischen Gottesdienstes. Der architektonische Aufwand des Lesepultes wie der monumental gestalteten Säulen dient also der Hervorhebung des synagogalen Ritus.

Darüber hinaus setzt die einst vorhandene, heute rekonstruierte östliche Kapitellinschrift in Worms die beiden Säulen der Synagoge mit den Säulen Jachin und Boaz, den Hoheitszeichen des Salomonischen Tempels, in Bezug und legitimiert somit die Synagoge als Nachfolgebau des Tempels. Die beiden Säulen mit ihren einst von Wormser Dombauleuten prachtvoll gemeißelten Kapitellen waren also bewusst gewählte Baumetaphern, die die Erinnerung an die Tempelbautradition aufrechterhalten sollten. Mit den monumentalen Säulen, der prachtvollen Bema und dem ebenso aufwendig gestalteten Aron ha-Kodesch (Toraschrein) zeigte Worms eine strukturell eigenständige Form synagogaler Innenraumgestaltung, die durch das gesamte Mittelalter hindurch im aschkenasischen Judentum verbreitet blieb.

Im späteren 13. beziehungsweise im 14. Jahrhundert wurde den großen Synagogen von Worms und Speyer ein eigener Gebetsraum für die Frauen („Frauenschul") angebaut, der durch eine kleine Tür und Sehschlitze mit dem Hauptraum der Synagoge verbunden war. Darüber hinaus konnte es weitere Räume für die Talmudhochschule geben, sodass die Synagoge zugleich auch als Gemeindezentrum diente. In unmittelbarer Nachbarschaft befand sich deshalb oft das Ritualbad (Mikwe), das in Worms, Speyer und Friedberg als monumentale Treppenschachtanlage mit abschließendem Tauchbecken gebaut worden ist, um an reines Grundwasser zu gelangen. Diese heute noch erhaltenen Mikwen aus romanischer und gotischer Zeit sind ingenieurtechnische Meisterleistungen, deren Aufwand die Bedeutung der rituellen Reinheit im Judentum eindrücklich manifestiert.

Kultur des Land- und Hofjudentums in der frühen Neuzeit

Mit der Vertreibung der meisten jüdischen Gemeinden aus den deutschen Städten am Ende des Mittelalters und in der frühen Neuzeit begann eine neue Phase der jüdischen Kultur, die durch zunehmende Ritualisierung gekennzeichnet ist. Vom Dreißigjährigen Krieg bis zur Französischen Revolution entwickelte sich eine einzigartige Landjudenkultur mit zumeist vor Ort produziertem Ritualgerät für Synagoge und Haus wie Toraschmuck, Sabbat- und Pessachgeschirr. In seinen vielfältigen Dekorformen lässt es die Verwurzelung in den deutschen Kulturlandschaften erkennen.

Die meist saalförmigen Landsynagogen waren bescheiden gebaut und sahen manchmal von außen kaum anders aus als stattliche Bauernhäuser. Im Inneren gab es eine vergitterte Frauengalerie im Westen, hölzerne Betpulte, wie auch Bima und Aron ha-Kodesch oft nur aus bemaltem Holz waren. Bei einigen Betstuben Frankens und Schwabens, wie in Horb, Schwäbisch Hall (heute im Keckenburg-Museum) und Bechhofen (Abbildung Seite 90) war sogar der gesamte holzvertäfelte Innenraum über und über mit Gebetstexten und Tier- und Pflanzensymbolik bemalt, wofür man um 1730 eigens einen jüdischen Künstler namens Elieser Süssmann aus Brody in Galizien hatte kommen lassen.

Das Kostbarste der jüdischen Religion ist die Tora. Sie enthält die fünf Bücher Mose, die nach jüdischer Tradition auf Pergamentrollen geschrieben wurden.
Die Rollen wurden mit Kronen, Seidenumhängen und Schildern geschmückt. Das hier abgebildete Toraschild aus der zweiten Hälfte des 18. Jahrhunderts verweist in seiner Ornamentik auf den ehemaligen Tempelkult mit der Bundeslade, zum Beispiel auf die Säulen vom Tempel Salomons und auf die Löwen und Adler von der Bundeslade mit den Gesetzestafeln. Die Krone der Tora (Keter Tora) dokumentiert die Herrschaft der Tora über das jüdische Volk.

Ein Teil der nahezu 500 Landsynagogen in Franken und Schwaben besaß kostbaren, silbervergoldeten Toraschmuck, für den christliche Goldschmiede in Augsburg und Nürnberg ein eigenes Formenrepertoire im Stil des Spätbarock und Rokoko entwickelten. Dazu gehörten stattliche Aufsätze für die Rollenstäbe in Zepterform, für das Fest der Gesetzesfreude eine Torakrone und zusätzlich ein oder mehrere Toraschilder, die den jeweiligen Sabbat oder Festtag anzeigten, an dem die Rolle gelesen werden sollte. Das wichtigste aber war ein etwa 30 Zentimeter langer silberner Deuter in Stabform mit einer weisenden Hand an der Spitze, mit dem man die Rolle las, um den heiligen Text nicht mit den Händen berühren zu müssen.
Fast ebenso wichtig war der aus der gewaschenen Beschneidungswindel genähte Torawimpel. Dies war ein bis zu 3,60 Meter langes Wickelband für die Torarolle, das den hebräischen Namen des beschnittenen Jungen, sein Geburtsdatum und einen Segensspruch in gestickter oder gemalter Form trug. Waren die Buchstaben hebräisch, so war die Ausführung von einheimischen Traditionen bestimmt. Der nur in Gemeinden des deutschen Ritus seit dem 15. Jahrhundert geübte Brauch verband den Namensträger buchstäblich mit der Tora und seiner Gemeinde. Bis 1938 bewahrten Synagogen oft Hunderte solcher Wimpel, die damit ein einzigartiges Kulturdokument des deutschen Judentums darstellten. Im Nationalsozialismus wurde ein Großteil der Landsynagogen mit ihrer Ausstattung vernichtet, aber ein Teil des Kultgerätes und der Bücher konnte ins Exil gerettet werden, sodass eine Ahnung von dem zerstörten kulturellen Reichtum erhalten geblieben ist.
Ebenso wichtig wie Synagogen und Ritualgerät waren hebräisch oder judendeutsch („daitsch“) gedruckte Bücher, die in kleinen

Das Torawickelband (Wimpel, hebr.: Mappa) wurde für den 1711 geborenen Sohn Mordechai Gimpel des Hofjuden Berend Lehmann (hebr.: Issachar Bermann) aus Halberstadt angefertigt. Der reich bestickte Segensspruch zeigt die jüdische Hochzeitszeremonie unter dem Traubaldachin und drückt damit den Wunsch aus, dass der Junge sich glücklich verheiraten möge.

Im Zentrum des jüdischen Gottesdienstes steht die Lesung des jeweiligen Wochenabschnitts aus der Tora. Von Sabbat zu Sabbat wird deshalb die Tora weiter aufgerollt. Um die Heiligkeit des Textes zu betonen und das kostbare Pergament, auf dem der Text von Hand geschrieben ist, zu schonen, wird bei der Lesung aus der Tora ein Lesefinger – aus Silber gefertigt – benutzt.

Druckorten wie Wilhermsdorf, Sulzbach oder Rödelheim entstanden. Sie versorgten das Landjudentum nicht nur mit Gebet- und religiösen Erbauungsbüchern, sondern auch mit Kalendern, Alphabet-Tafeln, Amuletten und selbst Flugblättern, die oft reich illustriert waren. Sie dienten dem Erwerb religiöser Bildung ebenso wie der Unterhaltung für jung und alt, Mann und Frau. Für Frauen gab es sogar eigene, sogenannte „Weiberbibeln", die mit Holzschnittillustrationen versehen waren. Man lebte auf dem Lande, aber man war nicht „vom Lande" (Jacob Toury).

Eine weitere kulturelle Besonderheit bedeutete die Entwicklung einer Hofjudenkultur. Unter den Synagogen des 18. Jahrhunderts in Stadt und Land gab es aufwendige Steinbauten, die von Hofjuden gebaut oder ausgestattet worden waren. Heute stehen davon nur noch die Synagogen in Ansbach und Veitshöchheim (Innenausstattung rekonstruiert), aber alte Aufnahmen lassen erahnen, dass Bauten wie die von Berend Lehmann errichtete Halberstädter Synagoge von 1712 nicht nur eine prächtige barocke Innenausstattung mit Malerei besessen haben, sondern auch nach außen hin durch ihre großen Rundbogenfenster und ein Doppelwalmdach sehr repräsentativ gewirkt haben müssen.

Achteckige Lesekanzel (Bima) aus Kalkstein in der Synagoge Veitshöchheim in Unterfranken. Die Ausstattung der Synagoge wurde vermutlich von der Hofjudenfamilie des Nathan Höchheim im ersten Drittel des 18. Jahrhunderts gestiftet und von Handwerkern der Würzburger Residenz ausgeführt.

Hofjuden hatten als Finanziers Zugang zu Bauprojekten der Fürsten und versuchten offensichtlich, deren Bauleute auch für ihre eigenen Synagogen zu gewinnen. So wurde die Synagoge der Gemeinde Ansbach 1744–1746 von dem Hofbaumeister Leopoldo Retty errichtet. Sie erhielt einen hohen Saal mit einer achteckigen Bima in der Mitte. Deren Einfassung bildet ein Balustergeländer mit aufgesetzten gedrechselten Säulen. Diese wiederholen ein Motiv des Aron, der von einem Bogengiebel auf zwei gedrechselten Säulen eingefasst wird. Die achteckige Bima und der säulengestützte Aron ha-Kodesch von Veitshöchheim und Höchberg sind von Steinmetzen der Würzburger Residenz geschaffen worden, die unter dem dortigen Architekten Balthasar Neumann arbeiteten. Samson Baiersdorf, der Schwiegervater des Moses, Sohn der Glikl von Hameln, konnte für seine kurz nach 1700 errichtete Synagoge in Baiersdorf wohl auf Werkleute der Bayreuther Residenz zurückgreifen, die ihm einen Steinbau im Stil der Baumeisterfamilie Dientzenhofer errichteten.

Außer kostbarem Torasilber stifteten Hofjuden auch besonders prachtvolle, goldgestickte Toravorhänge für Synagogen, von denen sich einige wenige Exemplare erhalten haben. Ihre Herstellung war eine Spezialität jüdischer Goldsticker wie zum Beispiel Elkone Naumburg, der für aschkenasische Gemeinden in ganz Europa arbeitete. Darüber hinaus führten Hofjuden die alte aschkenasische Manuskripttradition fort, indem sie

Dieser prächtige Chanukkaleuchter aus vergoldetem Silber wurde 1680 von dem Goldschmied Johann Valentin Schüler als Hochzeitsgeschenk für Michel Speyer und Scheinle Kann gefertigt, deren Familien durch die Hauszeichen auf den Lichternäpfen identifizierbar sind. Der Leuchter befindet sich heute im Jüdischen Museum Frankfurt am Main.

sich illuminierte, das heißt mit Bildern versehene Handschriften und Gebetbücher anfertigen ließen.
Die Skizze dieser in Europa einmaligen Hofjudenkultur wäre unvollständig ohne die Erwähnung der kostbar und prächtig eingerichteten Häuser, von denen das von Samson Wertheimer aus dem Anfang des 18. Jahrhunderts in Marktbreit und das für Elias Seligmann Ende des 18. Jahrhunderts in Leimen erbaute noch stehen.
Gegen die neue Kultur des Land- und Hofjudentums behauptete sich in den alten Reichsstädten Frankfurt und Worms, die ihre jüdischen Gemeinden in eine einzige Gasse gepfercht, aber nicht vertrieben hatten, eine eigenständige Gemeindekultur. Voll Stolz auf die alte Tradition richtete die Wormser Gemeinde ihre mittelalterliche Synagoge nach dem Franzosensturm 1689 mit Ausnahme des barocken Aron ha-Kodesch in alter Form wieder her. Ebenso folgte auch die nach einem Brand 1711 neu errichtete Frankfurter Synagoge einem mittelalterlichen Bauplan mit Kreuzrippengewölbe; lediglich Bima und Aron ha-Kodesch wurden barock gestaltet.
Das Frankfurter Torasilber blieb bis zirka 1720 Vorbildern der Spätrenaissance verpflichtet. Silbervergoldete Chanukkaleuchter, die als Hochzeitsgeschenke ab etwa 1680 für reiche Familien der Frankfurter Judengasse gefertigt wurden, dokumentieren, dass diese Altertümlichkeit bewusst gesucht und mit den Hauszeichen der Besitzer als Ausdruck einer spezifisch Frankfurter jüdischen Identität verbunden wurde. Das gleiche Selbstbewusstsein demonstrieren die ebenfalls mit den Hauszeichen verzierten Grabsteine des alten jüdischen Friedhofes in der Battonnstraße in Frankfurt am Main. Traditionsgebundene Kultur wurde hier zum Ausdruck der Alteingesessenheit und bildete damit einen Gegensatz zu der barocken Kultur der neu entstandenen Landgemeinden.

Künstlerische Selbstbehauptung zur Zeit der Emanzipation

Die Beschränkung der Kunstausübung auf die Überlieferung der rituellen Kultur lockerte sich erst mit der Aufklärung, als es auch Juden erlaubt wurde, den Beruf eines freischaffenden Künstlers zu ergreifen. Im Laufe des 19. Jahrhunderts entwickelten jüdische Maler und Bildhauer Positionen selbstbewusster Individualität.
Als erster jüdischer Künstler hat Moritz Daniel Oppenheim (1800–1882) die Notwendigkeit der Selbstbehauptung der eigenen Identität schon während seiner Ausbildungszeit in der Auseinandersetzung mit den Nazarenern in Rom 1823–25 erfahren. Obgleich sein Frühwerk die Faszination durch die neue romantische Kunstrichtung erkennen lässt, schloss er sich den Nazarenern – im Unterschied zu Philipp Veit, dem konvertierten Enkel Moses Mendelssohns – nicht an, gerade weil sie so betont christlich ausgerichtet waren. Stattdessen wurde er zum Maler des jüdischen Bürgertums; sein Schaffen ist geprägt von der Auseinandersetzung mit der Emanzipation. Schon zu Lebzeiten berühmt waren seine programmatischen Genrebilder wie *Die Heimkehr des Freiwilligen aus den Befreiungskriegen zu den nach alter Sitte lebenden Seinen* 1833/1834 (Abbildung Seite 119), *Lavater und Lessing bei Moses Mendelssohn* 1869 (Abbildung Seite 117) und schließlich die *Bilder aus dem altjüdischen Familienleben*, die als Serie von sechs Lithografien erstmals 1866 erschienen und bis zum Tod des Malers 1882 auf 20 Darstellungen erweitert und immer wieder aufgelegt wurden (siehe Abbildung Seite 120). Oppenheim etablierte mit dieser Serie eine eigenständige Bildgattung: das jüdische Genrebild, das seine Blüte im späten 19. und frühen 20. Jahrhundert erlebte und hauptsächlich von jüdischen Malern geschaffen wurde. Die *Bilder aus dem altjüdischen Familienleben* zelebrieren die jüdischen Feste und Feiertage in einer gemütvollen Atmosphäre familiärer Häus-

lichkeit und vermitteln dadurch, dass das Judentum bereits vor der Emanzipation alle Werte des neuen Bürgertums besaß und daher zu Recht die Gleichstellung fordern konnte.

Unter dem Vorzeichen der Emanzipation stand auch Oppenheims Beschäftigung mit dem Thema Bildung, insbesondere seine Auseinandersetzung mit Goethe. Immer wieder stellte er Goethe als den bürgerlichen Geistesheroen dar; zuletzt in dem historischen Augenblick, als ihm der junge Felix Mendelssohn Bartholdy vorspielt (*Mendelssohn spielt vor Goethe*, 1865). Komponist und Dichter sind hier einander gleichrangig gegenübergestellt und vertreten mithin das Ideal gelungener Emanzipation. Diese Darstellungen zeigen auch, dass Oppenheim die Porträts historischer Persönlichkeiten gezielt einsetzte, um dem neuen jüdischen Bürgertum ein Gesicht zu geben. Er wurde nicht nur der Porträtist der Rothschilds, der ihre Bankenwerbung unter Zuhilfenahme seiner Porträts der fünf Brüder entwirft (Abbildung Seite 109), sondern auch der Porträtist der Vorkämpfer der bürgerlichen Emanzipation wie Heinrich Heine (1836), Ludwig Börne (1841) und Gabriel Riesser (um 1835, verschollen).

Die auf Oppenheim folgende Generation der jüdischen Künstler brachte mit Max Liebermann (1847–1935) einen der bedeutendsten deutschen Maler hervor, den Begründer des deutschen Impressionismus und Naturalismus. Geboren wurde er in eine Familie des Berliner jüdischen Großbürgertums, die die Emanzipation erfolgreich bewältigt hatte, ohne die jüdische Identität aufzugeben. Liebermann setzte sich am Anfang seiner Karriere mit seiner jüdischen Identität als Maler auseinander, aber nach dem Skandal um sein Gemälde *Christus im Tempel* 1879 in München, der nur deswegen entstand, weil er es als Jude gewagt hatte, sein Verständnis von Christi Streitgespräch mit den Pharisäern dazustellen, wandte er sich von biblischer Historienmalerei ab. Die Schule von Barbizon, der französische Impressionismus und der holländisch-jüdische Maler und Grafiker Jozef Israëls (1824–1911) vermittelten ihm entscheidende Anregungen für eine neue Landschaftsmalerei und ein neues Menschenbild, das dem urbanen Lebensgefühl des deutschen Bildungsbürgertums entsprach. Liebermann wurde der bedeutendste Porträtist dieses Bürgertums, für das die Religion, gleich ob jüdisch oder christlich, nur noch Konfession bedeutete. Den immer wiederkehrenden antisemitischen Angriffen zum Trotz betrachtete er sich als deutsch-jüdischen Künstler, der seine Identität aus einer Symbiose der beiden Elemente bezog. In diesem Licht erscheinen seine zahlreichen Selbstporträts wie eine kontinuierliche Auseinandersetzung mit seinem Selbstbild als Künstler, Deutscher und Jude.

Neben jüdischen Malern traten im 19. Jahrhundert auch erstmals jüdische Architekten hervor. Einige von ihnen, wie Albrecht Rosengarten (1803–1893), Edwin Oppler

Moritz Daniel Oppenheim (1800–1882), *Mendelssohn spielt vor Goethe*, 1865. Das Genrebild zeigt die historische Begebenheit von 1821, als der junge Felix Mendelssohn Bartholdy Goethe das erste Mal vorspielte und dieser von seiner Musik tief beeindruckt war.

Max Liebermann (1847–1935), *Selbstbildnis*, Öl auf Leinwand, 1909/10. Der Maler zeigt sich hier während einer Zigarettenpause im Atelier in der Haltung dessen, der nachdenklich sein eigenes Spiegelbild betrachtet. Der in einer jüdischen Familie des Berliner Großbürgertums geborene Künstler gehört zu den bedeutendsten deutschen Malern und gilt als Begründer des deutschen Impressionismus und Naturalismus. In zahlreichen Selbstbildnissen setzte er sich mit seinem Selbstbild als Künstler, Deutscher und Jude auseinander.

(1831–1880) und Ludwig Levy (1854–1907) wurden zu wichtigen Theoretikern des Synagogenbaus, die die Anwendung historistischer Baustile programmatisch in Hinblick auf die Synagogengestaltung diskutierten und durchsetzten. Diese Diskussion war in dem Maße gefordert, wie Synagogen zu öffentlichen Bauaufgaben wurden, mit denen die jüdischen Gemeinden ihre Stellung in der bürgerlichen Gesellschaft manifestierten. Synagogen sollten nach außen deutlich als Sakralbauten in Erscheinung treten, weshalb die aus dem christlichen Kirchenbau bekannte Form der dreischiffigen Basilika für städtische Synagogen die Regel wurde. Zugleich sollten sich die Synagogen von christlichen Kirchen unterscheiden, weshalb man im Inneren den kreuzförmigen Grundriss vermied.

Die entscheidende Aussage aber kam dem Äußeren zu. Albrecht Rosengarten entschied sich bei der Kassler Synagoge 1834 für den Rundbogenstil als überkonfessionellen Sakralbaustil, Edwin Oppler hingegen errichtete 1863–1870 unter Verweis auf die mittelalterliche Wormser Synagoge die erste große neoromanische Synagoge in Hannover. Ludwig Levy wiederum bevorzugte in der Nachfolge der Dresdener Synagoge Gottfried Sempers und der prachtvollen Synagoge Eduard Knoblauchs in der Oranienburger Straße in Berlin von 1866 (Abbildung auf Seite 133 und Titelbild dieses Buches) den maurischen Baustil, der die orientalische Herkunft des Judentums demonstrieren sollte. Die unterschiedlichen Stilrichtungen dokumentieren, wie intensiv das jüdische Bürgertum an der allgemeinen Baustildiskussion des 19. Jahrhunderts teilgenommen hat. Der Stilpluralismus im Synagogenbau war Ausdruck von Integrationswillen und Selbstbewusstsein im öffentlichen Raum.

Fast alle dieser Synagogen, die bei ihrer Entstehung von der jüdischen wie nichtjüdischen Presse als neue Zierde der deutschen Städte gefeiert wurden, fielen 1938 der Reichspogromnacht zum Opfer. Ihre Zerstörung bildete das Menetekel für den Untergang der alten deutschen Stadtkultur im Bombenhagel des Zweiten Weltkrieges.

Jüdische Kunst der Moderne und die Schoah

Seit dem Ende des 19. Jahrhunderts wurde das deutsche Judentum verstärkt als kulturell eigenständig wahrgenommen, aber die Existenz einer jüdischen Kunst wurde nach wie vor abgestritten. Dies änderte sich erst mit dem Durchbruch der Moderne in der Weimarer Zeit, der parallel zur Entdeckung der antiken Synagogenfresken von Dura Europos und der osteuropäischen Schtetlkultur erfolgte. Die stilistische Eigenständigkeit der Fresken von Dura Europos und der künstlerische Reichtum des osteuropäischen Judentums führten das Vorurteil des kunstunfähigen Judentums ad absurdum. Darüber hinaus hatte bereits Martin Buber auf dem fünften

Von Jugendstil und Expressionismus herkommend, schloss sich der aus einer jüdischen Familie stammende Architekt Erich Mendelsohn (1887–1953) später der internationalen, vom Bauhaus ausgehenden Moderne an. Sein Einsteinturm in Berlin-Potsdam wurde im Jahr 1920/21 als astrophysikalisches Observatorium zur Verifizierung von Albert Einsteins Relativitätstheorie im Auftrag des Kaiser Wilhelm Instituts für physikalische Chemie und Elektrochemie gebaut.

Internationalen Zionistenkongress 1901 in Basel gefordert, dass mit der Entstehung eines neuen Landes Israel auch eine neue jüdische Kunst erstehen müsse – eine Position, mit der sich gerade deutsch-jüdische Künstler intensiv auseinandergesetzt haben. Maler wie Lesser Ury (1861–1930), Jakob Steinhardt (1887–1968) und Ludwig Meidner (1884–1966), Bildhauer wie Arnold Zadikow (1884–1943) und Benno Elkan (1877–1960) sowie Grafiker wie Ephraim Moses Lilien (1874–1925), Hermann Struck (1876–1944) und Josef Budko (1888–1940) setzten sich nicht nur mit der Bibel und Themen jüdischer Geschichte auseinander, sondern suchten auch nach neuen Ausdrucksformen, ausgehend von Jugendstil und Expressionismus. Zu ihnen gehörte zunächst auch Erich Mendelsohn (1887–1953), der Architekt des Einsteinturms in Berlin, der sich jedoch später wie Josef Albers (1888–1976), der internationalen, vom Bauhaus ausgehenden Moderne angeschlossen hat.
Parallel zur Bauhausbewegung kam es in der Weimarer Zeit, angestoßen durch zahlreiche grafische Publikationen, darunter auch Marc Chagalls Radierungen zu *Mein Leben* von 1922/23, zu einer „jüdischen Renaissance“. Es entstanden Werke von elegischer Expressivität, die ihren gemeinsamen Grund in der Reflexion über jüdisches Schicksal haben. Ein zentrales Werk ist Jakob Steinhardts Monumentalgemälde *Der Prophet* (1913), das heute wieder im Museum der Synagoge Oranienburger Straße in Berlin hängt.
Die Kunstblüte der Weimarer Zeit wurde durch die Machtübertragung an die Nationalsozialisten 1933 abrupt beendet. Jüdische Künstler wurden als entartet diffamiert und in die Emigration gezwungen. Wem es nicht gelang zu fliehen, der wurde deportiert und ermordet. In dieser ausweglosen Situation entschlossen sich einige Künstler wie Felix Nussbaum (1904–1944), Charlotte Salomon (1917–1943) und Friedl Dicker-Brandeis (1898–1944) zu einer Dokumentation ihrer verzweifelten Existenz, die für sie eine Form des geistigen Widerstandes gegen die Schoah wurde. In ihrem surreal-exakten Stil der Neuen Sachlichkeit bezeugen Nussbaums Selbstporträts (*Selbstbildnis mit Judenpass*, 1943) das Grauen der systematisch betriebenen psychischen und physischen Vernichtung des Individuums durch Terror. Durch ihren illegalen Kunstunterricht bot Friedl Dicker-Brandeis Kindern in Theresienstadt eine Zuflucht in der Fantasie; zugleich gehören diese Bild gewordenen Kinderträume zu den erschütterndsten Zeugnissen aus den Konzentrationslagern.
War nach der Schoah in Deutschland überhaupt ein künstlerischer Neubeginn möglich? Die Mehrzahl der emigrierten Künstler kehrte nicht zurück, und viele der Überlebenden mussten sich mühsam in den Trümmern ihres Lebens einrichten. Da aber die Gemeinden der Überlebenden doch Synagogen brauchten, und – von wenigen Ausnahmen wie der Augsburger Jugendstil-Synagoge abgesehen – keine mehr stand, begann man in den 1950er Jahren mit ersten Neubauten. Sehr schnell hat sich, angeregt durch die Synagogenbaukunst in den USA und in Israel, eine eigenständige moderne Architektursprache entwickelt, die sich erneut mit biblischer Symbolik und Monumenten (Stiftszelt und Tempel) auseinandersetzt und inzwischen zu einer neuen zeitgenössischen Baumetaphorik gelangt ist. Eindrucksvolle Beispiele sind die Synagogen in Düsseldorf, Essen, Hannover, Karlsruhe, Mannheim sowie das Gemeindezentrum in Frankfurt am Main.

Felix Nussbaum (1904–1944), *Selbstbildnis mit Judenpass*, Öl auf Leinwand, 1943. Im letzten Jahr vor dem Verrat und der Deportation nach Auschwitz malte der aus Osnabrück stammende und 1935 nach Belgien emigrierte Künstler sich selbst mit dem Judenstern und der mit „Juif-Jood" (= Jude) gestempelten Kennkarte. In seinen angstvollen Gesichtszügen spiegelt sich die verzweifelte Ausweglosigkeit seiner Lage.

Juden in der Literatur: Deutschsprachige Literatur jüdischer Autoren von der Mitte des 18. Jahrhunderts bis in die Gegenwart

Hans Otto Horch

Hinter der Formulierung „Juden in der Literatur" verbergen sich höchst unterschiedliche, ideologisch konträre Fragestellungen, deren Hintergrund ein eindeutiger statistischer Befund ist, nämlich ein weit überproportionaler Anteil jüdischer Persönlichkeiten am literarischen Leben seit der Emanzipation. Dieser Befund führt allerdings zu völlig gegensätzlichen Deutungen.

Primär ist die antijüdische Annahme, Juden hätten ganz allgemein in der Kultur und insbesondere in der Literatur eine beherrschende Stellung inne, die im Interesse einer (perversen) Reinheitsvorstellung von (christlichem oder völkischem) „Deutschtum" zu beschränken oder gar radikal zu tilgen sei. Dieser antisemitischen Markierung begegnet man keineswegs erst im Dritten Reich, sondern bereits um 1800, als im Umkreis der sich national definierenden Romantik und ausdrücklich gegen die als „jüdisch" verunglimpfte Salonkultur die Vorstellung einer „reinen" christlichen beziehungsweise deutschen Kultur propagiert wurde – so etwa seit 1812 in der „Christlich-deutschen Tischgesellschaft" Achim von Arnims und Clemens Brentanos. Je nach dem Stand der politischen Entwicklung – Liberalisierung oder Restauration – wurde der antisemitische Vorbehalt weniger oder stärker artikuliert. Insbesondere seit der deutschen Reichsgründung 1871 (im österreichischen Kaiserreich seit 1867) kamen zunehmend rassenantisemitische Positionen ins Spiel, die bruchlos in die Ideologie des Dritten Reichs übernommen werden konnten.

Gegen diese antisemitische Ausgrenzung versuchten die Angegriffenen, die Tatsache ihrer überproportionalen Beteiligung an der deutschen Kultur positiv zu deuten. So hat zum Beispiel der Berliner Literarhistoriker Ludwig Geiger (1848–1919) unter dem Titel *Die Deutsche Literatur und die Juden* (1910) die einheitliche Ausrichtung der großen nichtjüdischen wie jüdischen deutschen Autoren auf die Ideale der Humanität betont und den überproportionalen Anteil von Juden im Kulturbereich als Dienst an der gemeinsamen deutschen und europäischen Sache gewertet. Eine andere Blickrichtung bestimmt den von Gustav Krojanker (1891–1945) herausgegebenen Sammelband *Juden in der deutschen Literatur* (1922): Der Kulturzionist ruft zu einer jüdischen Neubesinnung auf, freilich ähnlich wie Geiger im Sinn von Kultur als einem universalen, alle nationalen Unterschiede übersteigenden System im kosmopolitischen Geist der Aufklärung. Schließlich ist Arnold Zweigs *Bilanz der deutschen Judenheit* (1933) eine Art Schlussstrich unter Jahrhunderte deutsch-jüdischer Weggemeinschaft – ähnlich wie Siegmund Kaznelsons (1893–1959) Sammelwerk *Juden im deutschen Kulturbereich* (1934), das erst nach seinem Tod 1962 veröffentlicht wurde.

Die Besonderheit deutsch-jüdischer Literatur

Vor dem Hintergrund dieses Befunds und seiner konträren Auslegung stellt sich die Frage, inwieweit aus der Tatsache jüdischer Religionszugehörigkeit oder Herkunft Schlüsse auf die Besonderheit der Literatur deutsch-jüdischer Autoren gezogen werden können.

Was ist ein „jüdischer" Autor? Es kann ja wohl kaum die Abstammung von einer jüdischen Mutter als einziges Definitionskriterium gelten, wie es im religiösen Judentum üblich ist – noch gar kann die angeblich biologistisch-rassistische, in Wahrheit aber ebenfalls ausschließlich religiöse Variante der nationalsozialistischen Definition von „jüdisch" zugrunde gelegt werden, derzufolge derjenige als „arisch" galt, der zwei bereits getaufte Großelternpaare aufwies. In den Reformdebatten der Aufklärungszeit bis ins frühe 19. Jahrhundert hatte sich die jüdische Religion für eine Mehrheit der Juden in Deutschland zu einer Art Konfession gewandelt. Damit wurde das Hauptkriterium einer Zugehörigkeit zum Judentum die Art und Weise, wie der einzelne diese Zugehörigkeit definierte – sei es religiös oder säkular-kulturell.

Was ist „jüdische Literatur"? Gemeinhin zählen dazu alle Texte in „jüdischen" Sprachen, also Hebräisch, Jiddisch und Spaniolisch, sodann aber auch Werke in anderen Sprachen, deren Gegenstand jüdisches Leben in seiner Gesamtheit ist. Dabei spielen zwei Bereiche – auch in ihrer Kombination – eine zentrale Rolle: jüdische Tradition und jüdische Existenz als eine Exil- und/oder Minderheiten- beziehungsweise Außenseiterexistenz.

Was ist „deutsch-jüdische Literatur"? Der israelische Religionswissenschaftler Gershom Scholem (1897–1982) hat diesen Begriff – allerdings ohne Bindestrich – negativ gebraucht für die Literatur jüdischer Autoren, die assimilatorisch ganz auf die deutsche Kultur hin orientiert sind. Gebraucht man den Bindestrich-Begriff allerdings im interkulturellen Sinn, das heißt auf die Beziehungen zwischen den verschiedenen Kulturen gerichtet, vermag er in der Tat die Zielrichtung eines angemessenen literarhistorischen Umgangs mit Werken jüdischer deutschsprachiger Schriftsteller anzudeuten. Es geht nicht darum, das Gesamtwerk jüdischer Autoren auf ihre jüdische Identität oder Herkunft zu beziehen, sondern es geht um diejenigen Texte, die zur Selbstverständigung und Positionierung nach außen mit Blick auf das Judentum geschrieben wurden oder in denen direkt oder indirekt Fragen jüdischer Tradition und Existenz behandelt werden. Dass die Standpunkte äußerst vielfältig sind, gilt nicht nur für die Zeit bis 1933, sondern auch nach 1945. Dabei ist jede Art der Ideologisierung der Frage nach „deutsch-jüdischer Literatur" ebenso wenig produktiv wie eine Einebnung der kontroversen historischen Interpretationen des Begriffs.

Vier Phasen, die für die Geschichte der Juden in Deutschland zentral sind, bestimmen auch die deutsch-jüdische Literatur:

1. die Phase der Aufklärung und Emanzipation von der Mitte des 18. Jahrhunderts bis zur Reichsgründung 1871;
2. die Phase der Krise des Emanzipationsprojekts von der Reichsgründung bis zum Ende der Weimarer Republik, die durch eine Ausweitung der Diskussionen über jüdische Identität bestimmt ist;
3. die Phase des Dritten Reichs mit der Schoah, die für die Juden entweder den Untergang oder das Exil zur Folge hatte;
4. die Phase von 1945 bis zur Gegenwart, die weitgehend im Zeichen der Schoah und ihrer Folgen für die Nachgeborenen steht.

Aufklärung und Emanzipation

Die Umwandlung der jüdischen Gesellschaft und Kultur erfolgt im größeren Zusammenhang der deutschen und europäischen Aufklärung. Dafür stehen stellvertretend der jüdische Philosoph Moses Mendelssohn (1729–1786) und Gotthold Ephraim Lessing (1729–1781), der mit seiner undogmatischen philosophisch-theologischen Position eine Art Vorbild für die jüdischen Aufklärer wird und mit zwei seiner Dramen, dem frühen einaktigen Lustspiel *Die Juden* (1749/54) und dem späten „dramatischen Gedicht" *Nathan der Weise* (1779), sozusagen Musterbeispiele des Aufklärungsprojekts geschaffen hat. Während im Lustspiel *Die Juden* die Mechanik der Vorurteilsbildung analysiert und dem Verlachen preisgegeben wird, erscheint der weise Nathan als eine – im Verlauf der Rezeptionsgeschichte allerdings nicht unproblematische – Norm des „edlen Juden", an der gemessen die realen Juden als unzulänglich erscheinen müssen. Mendelssohn wollte die Juden in die Mehrheitskultur integrieren durch die Übertragung der hebräischen Bibel ins Deutsche, geschrieben in hebräischen Lettern. Es begann der Siegeszug der deutschen Sprache bei den jüdischen Aufklärern, damit zugleich aber auch eine

Henriette Herz (1764–1847): Die „Grande Dame“ der Berliner Salons. Als Gattin des bekannten jüdischen Arztes und Kantianers Marcus Herz begründete sie 1784 im Zeichen der Goethe-Verehrung den ersten Berliner Salon, in dem zahlreiche Persönlichkeiten der Zeit verkehrten, darunter die Brüder Humboldt, Jean Paul und Friedrich Schlegel.

grundsätzliche Auseinandersetzung mit der religiösen Tradition, die letztlich mit der Säkularisierung endete.
Im Zug der Mendelssohn'schen Aufklärung traten auch die beiden ersten jüdischen Lyriker in deutscher Sprache auf: Isaak Falkensohn Behr (1746–1817) aus Litauen und Ephraim Moses Kuh (1731–1790) aus Breslau. Beide versuchten sich an die damals populäre Gesellschaftsdichtung der sogenannten Anakreontik anzupassen und dadurch ihren Weg von Osten nach Westen zu beglaubigen – was im Fall Behrs zu einem typischen Verdikt des jungen Goethe führte, es handle sich keineswegs um originelle Schöpfungen, wie der Titel *Gedichte eines Pohlnischen Juden* (1772) erwarten lasse, sondern um bloße „Mittelmäßigkeit".
Ganz anders hingegen verfährt Salomon Maimon (1752–1800) in seiner berühmten Autobiografie – der über Kant hinausweisende geniale Philosoph legt eine in ihrer Sprachmacht wie ihren Brüchen kompromisslose Abrechnung mit der ostjüdischen Welt und zugleich ein erschütterndes Zeugnis krisenhafter jüdischer Existenz vor.
Aus der Aufklärung entwickeln sich die jüdischen Salons in Berlin und Wien mit den Leitfiguren Henriette Herz (1764–1847), Fanny von Arnstein (1758–1818) und vor allem Rahel Varnhagen-Levin (1771–1833). Es wird die Utopie eines gleichrangigen jüdisch-christlichen und weiblich-männlichen Dialogs entworfen, die freilich nur unter den Bedingungen der „Exterritorialität", der Privatheit eines Salons, ihren Ort als Ideenparadies haben kann, in der Wirklichkeit selbst aber im Wortsinn U-topie (griech. „Nicht-Ort") bleibt.
Die gesellschaftlichen Bedingungen für die Salons erweisen sich als äußerst prekär:
So steht dem Weltbürgertum der Brüder Wilhelm und Alexander von Humboldt, der Goethe-Verehrung, der großartigen Offenheit einer Bettine von Arnim der Antisemitismus der meisten bedeutenden romantischen Autoren gegenüber, verdichtet vor allem in der „Christlich-deutschen Tischgesellschaft" eines Achim von Arnim und Clemens Brentano.
Ein Verehrer Rahels und Besucher ihres zweiten Salons war auch Heinrich Heine (1797–1856), der neben Franz Kafka weltliterarisch bedeutendste deutsch-jüdische Dichter. Vor wie nach seiner Taufe blieb Heine dem Judentum in kritischer Anhänglichkeit verbunden. Er widmete der Frage der jüdischen Existenz in Vergangenheit und Gegenwart neben zahlreichen Gedichten sein historisches Romanfragment *Der Rabbi von Bacherach* (1824/40), beschäftigte sich immer wieder mit der Bibel als dem „portativen [tragbaren] Vaterland" der Juden und verehrte Baruch Spinoza als einen der Großen der jüdischen Philosophie. Gegen Ende seines Lebens setzte er mit seinen *Hebräischen Melodien* im Rahmen des *Romanzero* (1851) dem neu entdeckten Judentum ein kritisches Denkmal. Heines Gesamtwerk ist ein Archiv jüdischen Denkens über die Exilexistenz, wie es bis dahin keines gegeben hat. In der überaus spannungsreichen Rezeptionsgeschichte zeigt sich bis heute, dass Heines Werk die Beziehungsproblematik von Juden und Nichtjuden in unerreichter Schärfe beobachtet. Heines satirisch-ironische Prosa wird neben der von Ludwig Börne (1786–1837) zum Vorbild des kritischen Journalismus, der in jüdischen Autoren bis ins 20. Jahrhundert besonders kreative Vertreter gefunden hat.
Ein Gegenstück zu Heine bildet Berthold Auerbach (1812–1882) – zu seiner Zeit ein Bestsellerautor, heute mit Ausnahme seiner *Schwarzwälder Dorfgeschichten* (1843) weitgehend vergessen. Auerbach hatte zunächst versucht, mit jüdischer Erzählliteratur seinen Weg zu machen. Der Versuch scheiterte sowohl beim jüdischen wie nichtjüdischen Lesepublikum – umso mehr fanden dagegen seine Dorfgeschichten Anklang. Wie sehr Auerbach von der politischen Entwicklung nach 1871, insbesondere aber von der neuen antisemitischen Welle nach 1879 desillusioniert war, zeigt sein brieflicher Hilferuf an den Freund und Verwandten Jakob

Rahel Varnhagen-Levin (1771–1833): Insbesondere der erste ihrer beiden Berliner Salons (1790–1806) wurde zum Inbegriff der Salongeselligkeit schlechthin. Neben den Brüdern Humboldt und Jean Paul waren Romantiker wie Friedrich Schlegel und Ludwig Tieck ständige Gäste. Der zweite Salon (1820–1833) wurde durch Rahels Heirat mit dem Diplomaten Varnhagen von Ense möglich; Gäste waren unter anderem Heinrich Heine, Ludwig Börne, der Jurist Eduard Gans und Mitglieder der Familie Mendelssohn. Rahel selbst repräsentiert den Gipfel weiblicher Brief- und Gesprächskultur der Romantik.

Heinrich Heine (1797–1856): Der Dichter repräsentiert deutsch-jüdisches Dichtertum in einer Konsequenz wie sonst kaum jemand – sein Werk ist der Spiegel einer permanenten Außenseiterexistenz, es gehört neben dem Franz Kafkas und Paul Celans zur Weltliteratur.

Auerbach vom 23. November 1880: „Vergebens gelebt und gearbeitet“.
Nicht ohne Rückbezug auf Auerbachs Dorfgeschichten entstand seit 1848 ein besonderes Genre jüdischer Erzählliteratur: die „Ghettoliteratur“. Das neue Genre konzentrierte sich auf die innerjüdische Debatte über Tradition und Erneuerung – sei es religiös, politisch oder kulturell. Dabei fällt auf, dass die Schreiborte des Genres, entsprechend der Herkunft der Autoren, kaum in Deutschland zu finden sind, sondern in den verschiedenen Ländern des Vielvölkerstaats Österreich: So bezog sich Leopold Kompert (1822–1886) auf Böhmen, Eduard Kulke (1831–1897) auf Mähren, Karl Emil Franzos (1848–1904) auf Galizien, Aron Bernstein (1812–1884) auf das westpreußische Posen. Nicht von ungefähr erschienen die meisten Erzählungen zunächst in der jüdischen Presse, die seit der Gründung der langlebigen „Allgemeinen Zeitung des Judentums“ 1837 (bis 1922) einen erstaunlichen Aufschwung nahm und religiös wie politisch und kulturell die ganze Bandbreite der Positionen innerhalb des deutschsprachigen Judentums repräsentiert.

Die Krise des Emanzipationsprojekts und Wege ihrer Bewältigung

Die Krise des Emanzipationsprojekts seit der Reichsgründung 1870/71 ist durch eine deutliche Veränderung der Debatten über jüdische Identität bestimmt. Als Lösungsvarianten der durch die gesellschaftliche Ausgrenzung verursachten Identitätsproblematik lassen sich drei benennen:
1. die Assimilation, also die weitgehende Anpassung an die Mehrheitskultur, durch die die Aufklärung gegen ihre Feinde gleichsam gerettet werden sollte;
2. der Zionismus und seine kulturelle Ausprägung („Kulturzionismus“) als programmatischer Versuch, jüdische Identität unabhängig von der „deutschen“ Leitkultur zu entwickeln;
3. verschiedene Diasporakonzepte jenseits von Assimilation und Zionismus im Zeichen des Sozialismus oder Anarchismus, des Humanismus, des konservativen Universalismus (des Ideals eines übernationalen „Friedensreichs“ im Sinne der Habsburgermonarchie) oder des Territorialismus (der Gründung eigenständiger jüdischer Ansiedlungen außerhalb Palästinas).
Selbstverständliche Anhänger der Assimilation waren bedeutende Journalisten und Kritiker wie Fritz Mauthner (1849–1923), Maximilian Harden (1861–1927), Alfred Kerr (1867–1948), Peter Altenberg (1859–1919), Julius Bab (1883–1955), Alfred Polgar (1873–1954) oder Siegfried Jacobsohn (1881–1926). Radikaler Assimilationismus führte gelegentlich, insbesondere in Wien, zu einer Erscheinung, die von Theodor Lessing (1872–1933) als „jüdischer Selbsthass“ beschrieben wurde: die Anerkennung und Verinnerlichung negativer Stereotype des Jüdischen durch Juden, die damit ihre eigene Identität als eine von vornherein belastete, ja grundsätzlich beschädigte empfanden. Der Fall des jungen Philosophen Otto Weininger (1880–1903), der sich unmittelbar nach Fertigstellung seiner antifeministischen und antijüdischen Dissertation über *Geschlecht und Charakter* umbrachte, machte Schlagzeilen nicht zuletzt deshalb, weil Karl Kraus (1874–1936) in seiner Zeitschrift „Die Fackel“ Weiningers Thesen zustimmend zitierte und selbst aus seiner Abneigung gegen die „jüdische“ Presse keinen Hehl machte. Die Alternative zum „jüdischen Selbsthass“ bildet die Synthese deutscher und jüdischer Existenz bei Autoren wie Jakob Wassermann (1873–1934), Gustav Landauer (1870–1919) oder jüdischen Mitgliedern des teilweise antijüdischen Kreises um Stefan George, vor allem Karl Wolfskehl (1869–1948) und Friedrich Gundolf (1880–1931).
Bereits vor 1900 war Nathan Birnbaum (1864–1937) Wortführer einer Gruppierung, die eine Art kulturzionistisches Programm vertrat: Jüdische Identität sollte sich im Rahmen der nichtjüdischen Mehrheitsgesellschaften insbesondere Osteuropas vor allem

Alfred Kerr (1867–1948): Der Repräsentant der Literatur- und Theaterkritik im ersten Drittel des 20. Jahrhunderts glänzte vor allem durch einen ebenso anspielungsreichen wie ironischen Sprachstil – dadurch zog er sich den Hass von Nationalisten und Antisemiten zu.

Seit 1822 befasste sich Heinrich Heine mit der historischen Erzählung *Der Rabbi von Bacherach*, der Geschichte eines Rabbiners in den Judenverfolgungen des ausgehenden Mittelalters. Der Pogrom, ausgelöst durch den angeblichen Ritualmord an dem Knaben Werner aus Oberwesel 1287, diente als historischer Hintergrund. Heines Mitgliedschaft im Berliner Verein für Kultur und Wissenschaft der Juden hatte ihn mit der reichen Geschichte der Juden in Deutschland vertraut gemacht. Seine Dichtung sollte Geschichte als Spiegel der Gegenwart zeigen. Aus seinem Plan, den *Rabbi von Bacherach* 1824 zu vollenden, wurde jedoch nichts, er blieb Fragment. Erst die Damaskus-Affäre 1840 – dort wurden mit Zustimmung des französischen Konsuls Juden gefoltert, denen der Ritualmord an einem Kapuziner vorgeworfen wurde – veranlasste Heine, den vorhandenen Text seinem Verleger Campe in Hamburg zu schicken. Als Romanfragment in drei Kapiteln wurde der Text 1840 im vierten Band der Zeitschrift „Der Salon“ publiziert. Die Abbildung zeigt Heines Reinschrift des Anfangs von Kapitel zwei des *Rabbi von Bacherach*.

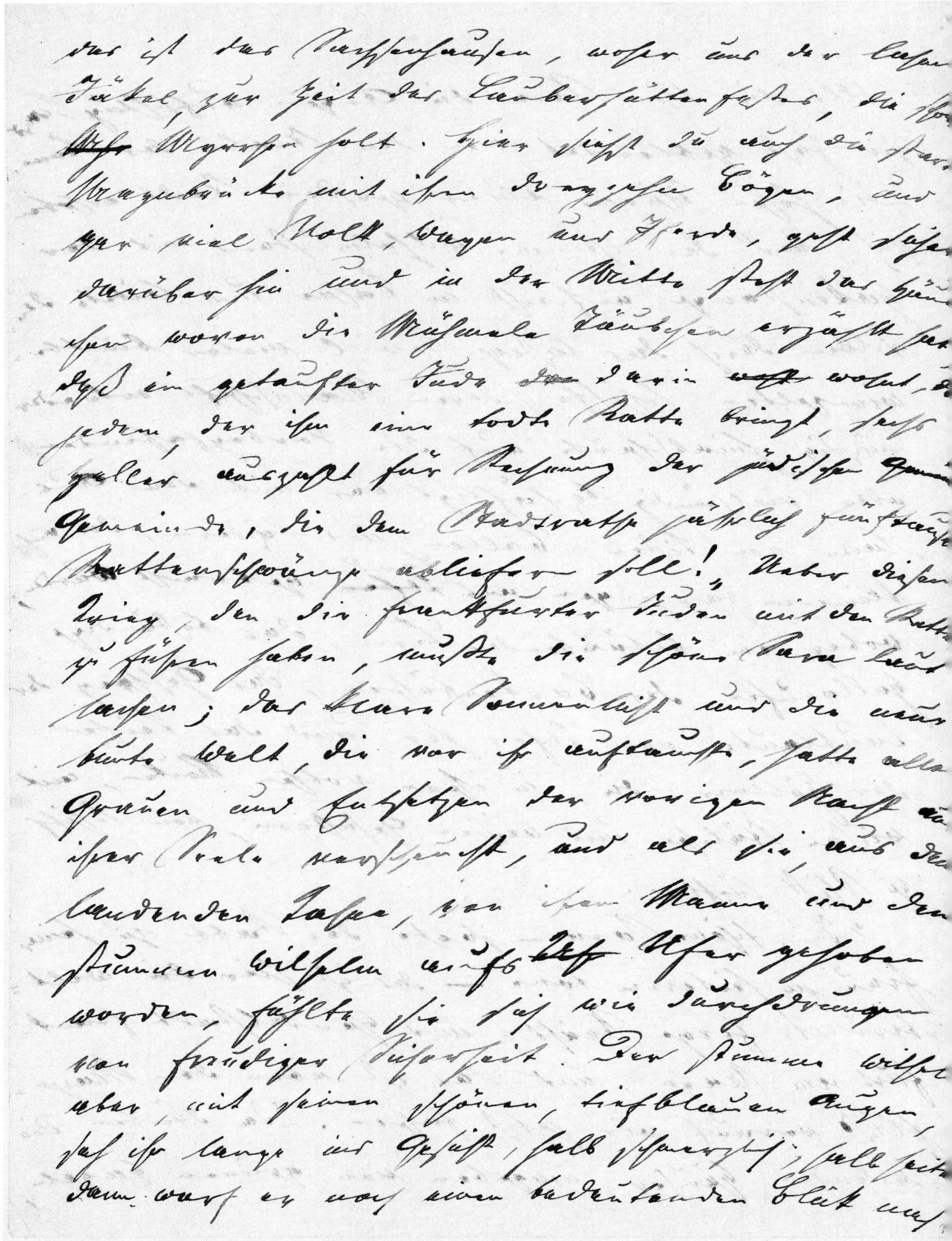

das ist das Rattenhäuschen, wofür aus der beson[dern]
Säckel zur Zeit des Laubhüttenfestes, die Ste[uer]
~~[illegible]~~ [illegible] holt. Hier siehst du auf die stei[nerne]
Mainbrücke mit ihren dreizehn Bögen, und
sehr viel Volk, Wagen und Pferde, geht dies[es]
darüber hin und in der Mitte steht das Häus-
chen wovon die Muhmele Täubchen erzählt hat
daß ein getaufter Jude ~~der~~ darin ~~wohnt~~ wohnt, de[r]
jedem, der ihm eine todte Ratte bringt, sechs
Heller auszahlt für Rechnung der jüdischen ~~Gem~~
Gemeinde, die dem Stadtrathe jährlich fünftaus[end]
Rattenschwänze abliefern soll!“ Ueber diesen
Krieg, den die Frankfurter Juden mit den Ratte[n]
zu führen haben, mußte die schöne Sara laut
lachen; das helle Sonnenlicht und die neue
bunte Welt, die vor ihr auftauchte, hatte alles
Grauen und Schrecken der vorigen Nacht au[s]
ihrer Seele verscheucht, und als sie, aus dem
landenden Nachen, von ihrem Manne und dem
stummen Wilhelm aufs ~~Ufer~~ Ufer gehoben
worden, fühlte sie sich wie durchdrungen
von freudiger Sicherheit. Der stumme Wilhel[m]
aber, mit seinen schönen, tiefblauen Augen
sah ihr lange ins Gesicht, halb schmerzlich, halb heit[er],
dann warf er noch einen bedeutenden Blick auf

nach dem Rabbi, sprang zurück in seinen Kahn, und bald war er damit verschwunden.

"Der Stummel Wilhelm hat doch viel Aehnlichkeit mit meinem verstorbenen Bruder", bemerkte die schöne Sara. "Die Engel sehen sich alle ähnlich", erwiderte leichthin der Rabbi, und sein Weib bey der Hand ergreifend, führte er sie durch das Menschengewimmel das Ufer, wo jetzt, weil es die Zeit der Ostermesse, eine Menge hölzerner ~~Krämer~~ Krambuden aufgebaut waren ~~und außerordentlich standen~~. Als sie, durch das dunkle Mainthor in die Stadt gelangten, fanden sie nicht minder lärmigen Verkehr. Hier, in einer engen Straße, stand ein Kaufmannsladen neben dem andern, und die Häuser, wie überall in ~~fast in ganz~~ Frankfurt waren ganz besonders zum Handel eingerichtet: im Erdgeschoße keine Fenster, sondern lauter offne Bogenthüren, so daß man tief hineinschauen und jeder Vorübergehende die ausgestellten Waaren deutlich schauen ~~betrachten~~ konnte. Wie staunte die schöne Sara ob der Masse kostbarer Sachen und ihrer niegesehenen Pracht! Da standen Venezianer, die allen Luxus des Morgenlandes und Italiens feil boten, und die schöne Sara war wie festgebannt

257

Sigmund Freud (1856–1939): Die von dem Wiener Arzt entwickelte Psychoanalyse revolutionierte zu Beginn des 20. Jahrhunderts die Psychologie. Zugleich legte Freud auf dieser Basis kulturkritische Analysen vor, die eine ähnliche Bedeutung haben wie die Kulturkritik Friedrich Nietzsches.

religiös und kulturell ausprägen. Grundlegende Debatten in jüdischen Zeitschriften wie „Ost und West", „Freistatt" und „Der Jude", aber auch in der eher konservativ-nationaldeutschen Zeitschrift „Kunstwart" (Moritz Goldstein 1912) versuchten die Grundlagen des Kulturzionismus zu klären, wobei stets der latente oder auch offene Antisemitismus der nichtjüdischen Mehrheitsgesellschaften den Hintergrund der eigenen Identitätsbestimmung bildete.
Wichtig für die Ausstrahlung des Kulturzionismus wurde Arnold Zweig (1887–1968), in dessen Romanwerk jüdische Fragen eine bedeutende Rolle spielen. Besonders bekannt wurde die Debatte in Prag, wo Martin Buber (1878–1965) in mehreren Vorträgen die kulturzionistische Idee vorgestellt hatte. Der berühmte „Prager Kreis" von Autoren wie Max Brod (1884–1968), Felix Weltsch (1884–1964), Hugo Bergmann (1883–1975), Oskar Baum (1883–1941),

Der Wiener Schriftsteller Karl Kraus (1874–1936) führte insbesondere in der von ihm herausgegebenen Zeitschrift „Die Fackel" (1899–1936) einen sprachkritisch motivierten Gerichtsprozess gegen die Gesellschaft und deren primäre Medien, die Presse. Als assimilierter Jude teilte er viele Vorbehalte gegenüber angeblich „jüdischen" Eigenschaften; gleichwohl sollte er nicht undifferenziert des „jüdischen Selbsthasses" bezichtigt werden.

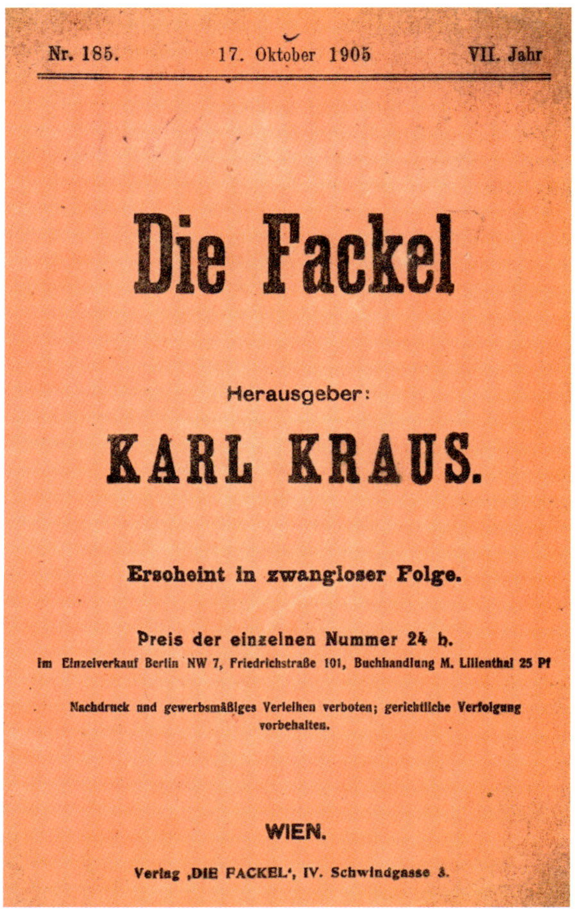

Nr. 185. 17. Oktober 1905 VII. Jahr

Die Fackel

Herausgeber:

KARL KRAUS.

Erscheint in zwangloser Folge.

Preis der einzelnen Nummer 24 h.

Im Einzelverkauf Berlin NW 7, Friedrichstraße 101, Buchhandlung M. Lilienthal 25 Pf

Nachdruck und gewerbsmäßiges Verleihen verboten; gerichtliche Verfolgung vorbehalten.

WIEN.

Verlag ‚DIE FACKEL', IV. Schwindgasse 3.

aber auch – wenngleich in deutlicher Distanz – Franz Kafka bildete sich nicht zuletzt aufgrund der Buber-Rezeption, wobei die Zeitschrift „Selbstwehr" zum wichtigsten Medium der kulturzionistischen Sache wurde.
Berührungspunkte sowohl mit assimilatorischen wie kulturzionistischen Positionen haben schließlich verschiedene Ausprägungen eines Bekenntnisses zur „Diaspora", zum bewussten Leben in den Ländern mit nichtjüdischen Mehrheiten. Die wichtigsten Vertreter dieser Richtung waren nicht von ungefähr große Schriftsteller mit Werken, die nie einsinnig-dogmatisch für einen Weg in Anspruch genommen werden können. Die „Diaspora" wurde in diesem Zusammenhang zu einem ausgesprochen positiven Begriff „jenseits von Assimilation und Zionismus", in dem jüdisch-universalistische und humanistische Ideen zu einer Programmatik menschheitlicher „Sendung" verschmolzen. Sozialistisch beziehungsweise anarchistisch ausgerichtet waren zum Beispiel Erich Mühsam (1878–1934), Yvan Goll (1891–1950), Alfred Wolfenstein (1883–1945) oder Albert Ehrenstein (1886–1950); humanistisch orientiert waren neben Sigmund Freud (1856–1939) vor allem Arthur Schnitzler (1862–1931), dessen Roman *Der Weg ins Freie* (1908) die verschiedenen Möglichkeiten jüdischer Identität verarbeitet, und Lion Feuchtwanger (1884–1958), der, aufgewachsen in einem orthodoxen Elternhaus, in einem Großteil seiner historischen wie gegenwartsbezogenen Romane Probleme jüdischen Lebens in einer nichtjüdischen Umgebung behandelt. Eher von einer konservativen Utopie bestimmt sind die Werke von Stefan Zweig (1881–1942) und Joseph Roth (1894–1939); insbesondere Roth hat in der Idee des österreichischen Kaiserreichs eine „katholisierende" („weltumspannende") Utopie menschheitlicher Gemeinschaft gesehen, die zugleich deutlich messianische Züge aufweist.
Für den „Ort des Dazwischen" steht auch das Werk der beiden bedeutendsten Gestal-

ten deutsch-jüdischen Dichtertums im 20. Jahrhundert: Else Lasker-Schüler (1869–1945) und Franz Kafka (1883–1924). Else Lasker-Schüler, die sich ausdrücklich nie als deutsche, sondern als jüdische Dichterin verstanden hat, entfaltet als Lyrikerin wie als Erzählerin und Dramatikerin eine Fantasie, die jenseits der Identifikation mit dem „Jüdischen" oder dem „Christlichen", dem „Arabischen" oder dem „Hebräischen" eine Welt entwirft, wie sie sein sollte – eine poetische Ganzheitsidee, wie sie eigentlich von Gottes Schöpfung hätte erwartet werden dürfen. Es gibt wohl kaum ein Werk der Exilliteratur, das der Klage des Zusammenbruchs aller Hoffnungen beredteren Ausdruck verliehen hat.

Franz Kafkas Erzählwerk handelt von vornherein nicht mehr von Hoffnung oder Utopie, sondern vom Zusammenbruch aller Utopien im Zeichen der Moderne. Auch das Judentum, zumindest in der westjüdischen Variante seines Vaters und seiner Prager Umgebung, bietet keinen Ausweg aus diesem Dilemma, auf der anderen Seite zeigen Parabeln wie *Vor dem Gesetz* (in *Der Process*, entstanden 1914–15) eine nicht geringe Kenntnis jüdischer Tradition und kommentierender Exegese. Das frühe Interesse Kafkas für das Jiddische, seine späte Hinwendung zum Hebräischen zeugen von einer Art verzweifelter Hoffnung auf jüdische Authentizität, die ausschließlich im Bereich des Ostjudentums gesucht wird. Die Hoffnung bleibt ebenso uneingelöst wie der Wille zum vollendeten Werk – Kafka scheitert nicht nur an seiner „Krankheit zum Tode" (Kierkegaard), sondern auch an seinem fast unmenschlichen Rigorismus bezüglich seiner eigenen literarischen Produktivität, die ebenso vollkommen im ethischen wie im ästhetischen Anspruch sein sollte. Eben in diesem monumentalen Scheitern aber liegt Franz Kafkas eigentliche Bedeutung als Repräsentant der Moderne – jüdische und universale Moderne werden nun ununterscheidbar zur „Signatura temporis" (Heinrich Leo), zum Kennzeichen des Jahrhunderts.

Der Erste Weltkrieg ist in diesem Zusammenhang eine Art Katalysator der jüdischen Debatten. Während trotz wachsender Einsicht durch den Verlauf des Weltkriegs die „Ostjuden" immer noch als eine Art Bedrohung der westjüdischen Existenz betrachtet werden, befruchtet deren jiddischsprachige Literatur in zahlreichen Übersetzungen die Werke großer jüdischer Autoren. Auf der anderen Seite fühlen sich viele deutsch-jüdische Autoren mit der Strömung des Expressionismus verbunden. Der pazifistische und internationalistische Expressionismus scheint die Utopie einer versöhnten Menschheit zu entwerfen, wie sie für das messianische Judentum bezeichnend ist.

Die Weimarer Republik, die man später als das Goldene Zeitalter der jüdischen Literatur verklärt hat, knüpft an die sehr lebendige kulturelle und literarische Szene der ausgehenden Kaiserzeit an. Die Debatten über „Juden und Deutsche" oder „Juden in der deutschen Kultur" werden weitergeführt, während die Bedrohung durch die erstarkende völkisch-antisemitische Bewegung wächst. In diesem Klima finden sich in der allgemeinen Kulturkritik und Literaturkritik besonders eindrucksvolle Vertreter wie Ernst Bloch (1885–1977) und Walter Benjamin (1892–1940), deren Denken stark auf jüdisch-messianischen Modellen beruht. Demgegenüber versteht sich etwa Kurt Tucholsky (1890–1935) keineswegs als jüdischer Autor, sondern als Vertreter einer undogmatischen linken Kritik.

Das wohl bedeutendste jüdisch-kulturelle Ereignis der Weimarer Jahre ist die Einrichtung des Jüdischen Lehrhauses in Frankfurt durch Franz Rosenzweig (1886–1929) und vor allem dessen mit Martin Buber unternommene Übersetzung der hebräischen Bibel – ein Vorgang, der nur in Mendelssohns Bibelübersetzung ein Gegenstück hat. Im Deutschen sollte die sprachliche Eigenart des Hebräischen für eine jüdische wie nichtjüdische Leserschaft nachgebildet werden, die der jüdischen Ursprache nicht (mehr) mächtig ist.

Franz Kafka (1883–1924): Der Prager Autor repräsentiert die Moderne im weltliterarischen Maßstab. Sein sprachlich luzides Werk wie sein zwischen Brotarbeit und Schreiben geteiltes Leben hat ganze Bibliotheken von Forschungsliteratur hervorgebracht – es ist bezüglich der Vielfalt seiner Lesarten unerreicht und unerreichbar. Dem Judentum kommt dabei eine zentrale Rolle zu: als Rekurs auf jüdische Tradition ebenso wie als Niederschlag jüdischer Existenz.

Else Lasker-Schüler (1869–1945): Die jüdische Dichterin par excellence repräsentiert Glanz und Elend der deutsch-jüdischen Literaturgeschichte in besonders anrührender Weise. Bis 1933 galt sie als bedeutendste Lyrikerin ihrer Generation, 1933 wurde sie von den Nationalsozialisten vertrieben; sie fand zunächst in der Schweiz eine ständig von Ausweisung bedrohte Zuflucht und siedelte 1939 nach Jerusalem über, in das „Hebräerland", das sie bereits 1934 und 1937 bereist und literarisch verklärt hatte.

Drittes Reich und Exil

Mit dem Dritten Reich setzt eine Ghettoisierung der Juden in einem Ausmaß ein, das kein Vorbild hat. Als Fanal kann die Bücherverbrennung im Mai 1933 gelten, bei der das Werk zahlreicher jüdischer Autoren ein Opfer der Flammen wird. Jüdische Autorschaft nach der „Machtergreifung" ist an die institutionellen Vorgaben des von den Nazis gegründeten „Jüdischen Kulturbunds" sowie jüdischer Verlage und Zeitschriften gebunden, wovon das Werk Gertrud Kolmars (1894–1943) ebenso zeugt wie das der Nelly Sachs (1891–1970) bis zum Zeitpunkt ihrer Emigration nach Schweden 1940. In den Konzentrationslagern dient kulturelle Betätigung der geistigen Selbstbewahrung unter Todesbedrohung, wie das Werk von H[ans] G[ünther] Adler (1910–1988) oder Ilse Blumenthal-Weiss (1899–1987) belegt. Die Mehrheit der jüdischen Autoren suchte Rettung im Exil. Während nicht wenige exilierte Autoren ganz verstummten, reflektieren etwa Karl Wolfskehl, Yvan Goll, Alfred Wolfenstein, Joseph Roth, Stefan Zweig, Alfred Döblin (1878–1957), Lion Feuchtwanger, Else Lasker-Schüler, Manès Sperber (1905–1984) oder Elias Canetti (1905–1994) das Exil als genuinen Schreibort der jüdischen Geschichte – sie greifen damit ein Grundelement der jüdischen Tradition auf und machen es philosophisch wie literarisch fruchtbar. Es versteht sich von selbst, dass die Phase des Exils keineswegs auf den Zeitraum zwischen 1933 und 1945 festzulegen ist, sondern als geistige Herausforderung ein Kontinuum bildet, das bis zum Tod der Autoren reicht. Auch die Erfahrung der Schoah, der man durch das Exil entronnen ist, bleibt prägend.

Deutschsprachige Literatur jüdischer Autorinnen und Autoren seit 1945

Auschwitz bestimmt insofern auch die Literatur nach 1945. Dies gilt keineswegs nur für die Generation der Überlebenden, sondern auch für deren Kinder und Enkel als der „zweiten" und „dritten" Generation. In der heftigen Auseinandersetzung über Theodor W. Adornos (1903–1969) Satz: „nach Auschwitz ein Gedicht zu schreiben, ist barbarisch", offenbart sich das Problem einer Literatur über und nach Auschwitz, ihre ethische Dimension und ihr ästhetisches Wagnis. Diese „Holocaust"-Literatur verlässt den deutschen oder europäischen Rahmen, sie ist ein weltliterarisches Phänomen. Dennoch wird ein nach wie vor zentraler Bestandteil in deutscher Sprache veröffentlicht – von Autoren, die ihren Schreibort nicht selten im Ausland wählen.
Dem Bann der Schoah ringt vor allem Paul Celan (1920–1970) ein lyrisches Werk ab, das zweifellos zur Weltliteratur zählt (*Todesfuge*). Nicht zu übersehen ist freilich das zunehmende Verstummen des Dichters, das sich sprachlich als kaum mehr entzifferbare Bildstruktur darbietet. In den 1960er Jahren tritt dann im Zusammenhang des Frankfurter Auschwitz-Prozesses mit dem Oratorium *Die Ermittlung* (1965) von Peter Weiss (1916–1982) eine neue Spielart der Schoah-Literatur hervor, die sich auf das authentische Dokument beruft. Mit Edgar Hilsenraths (geb. 1926) Romanen *Nacht* (1964) und *Der Nazi & der Friseur* (1977) kommt in der deutschen Literatur die Stimme des Protests gegen die philosemitische Vereinnahmung der Opfer und die damit verbundene falsche Versöhnungstendenz zur Geltung. Während Hilsenrath in *Nacht* die jüdischen Opfer zugleich als Täter vorführt, was das pauschale Bild von den Juden als Opfern als Klischee entlarvt, wird mit *Der Nazi & der Friseur* die Idee der Assimilation pervertiert: Der nazistische Mörder eignet sich die Identität seines Opfers an.
Ein weiteres wichtiges Genre der Schoah-Literatur ist die Autobiografie. Die Anstrengung, die wahrhaftiges Schreiben über die eigene Erfahrung bedeutet, lässt sich vor allem an den Arbeiten von Jean Améry (1912–1978) erkennen – es ist gleichsam ein Schreiben zum Tode, insofern der ehemalige

Auschwitz-Häftling den Freitod gewählt hat. Auch in der Autobiografie *weiter leben* (1992) der international anerkannten Literaturwissenschaftlerin Ruth Klüger (geb. 1931) ist die Anstrengung spürbar, sich nicht dem erinnerten Grauen anheimzugeben, sondern Perspektiven für das eigene Leben und für die Zukunft zu entwickeln. Anders als Améry gelingt ihr dieses Lebens-Kunststück.
Autoren, die in Palästina/Israel Zuflucht gesucht haben oder aus zionistischer Überzeugung dorthin übersiedelt sind, bleiben ebenfalls nicht selten der deutschen Sprache treu, haben aber das sich mit jedem Jahr verschärfende Problem, dass sie im eigenen Land kaum mehr deutschsprachige Leser finden. Einige dieser Autoren, etwa Max Brod, Ludwig Strauß (1892–1953) oder Tuvia Rübner (geb. 1924) wenden sich daher der hebräischen Literatur zu, andere wie Arnold Zweig kehren nach Deutschland zurück. Wieder andere wie Elazar Benyoëtz (geb. 1937), die hebräischsprachig aufgewachsen sind, suchen in der Hinwendung zum Deutschen ihre Art der Auseinandersetzung mit dem Land, das ihre Eltern exiliert hat. Paradoxerweise wird nun das Land der Täter zugleich zum Land, in dem allein diese Autoren angesichts mangelnder Präsenz der deutschen Sprache in Israel noch ein Echo finden können – auch eine Art Brückenschlag vor allem zur jüngeren Generation, wie es besonders eindrucksvoll der Fall von Jenny Aloni (1917–1993) zeigt.
Die Schreiborte der zweiten und dritten Generation liegen im Unterschied zur ersten Generation meist im deutschsprachigen Bereich, also in Deutschland, Österreich und der Schweiz, aber auch im benachbarten Frankreich und anderen nichtdeutschsprachigen Ländern. Jurek Becker (1937–1997), der einer Zwischengeneration angehört, selbst noch in einem polnischen Lager aufgewachsen ist und mit seinem ersten Roman *Jakob der Lügner* (1969) einen der überzeugendsten deutschen Beiträge zur Schoah-Literatur geleistet hat, gelang es in zwei weiteren Romanen, ein zentrales Thema der deutsch-jüdischen Literatur der jüngeren Generation zu entfalten, nämlich die Konfrontation der Generationen in der Frage, wie die Schoah das Leben der Opfer und ihrer Kinder bestimmen sollte.
In Deutschland sind es neben Becker unter anderem Katja Behrens (geb. 1942) und Esther Dischereit (geb. 1952), die dieser Frage ebenso schonungslos wie sensibel nachgehen, während Maxim Biller (geb. 1960) oder Rafael Seligmann (geb. 1947) das Mittel der Provokation nutzen, um die ihrer Meinung nach unübersehbare Schizophrenie eines jüdischen Lebens in Deutschland nach der Schoah zu verdeutlichen. In Österreich finden sich ähnliche Auseinandersetzungen, die freilich ästhetisch andere Wege gehen, so etwa Robert Schindel (geb. 1944), Robert Menasse (geb. 1954) oder Doron Rabinovici (geb. 1961). Eher ein Einzelfall ist in diesem Zusammenhang Daniel Ganzfried (geb. 1958) in der Schweiz, der den Skandalfall des sich eine Schoah-Biografie aneignenden Binjamin Wilkomirski aufgedeckt und mit seinem Roman *Der Absender* (1995) verschiedene Darstellungsmöglichkeiten der Schoah beispielhaft erprobt hat.
Ein Fazit lässt sich bezüglich der vierten Phase nicht ziehen. Sie ist einerseits, was die erste Generation angeht, abgeschlossen, lässt aber in der zweiten und dritten Generation erkennen, dass es über die immer zentral bleibende Frage nach der Schoah und ihrer angemessenen Erinnerung hinaus neue Fragen gibt, die sich jüdische Autoren in Deutschland stellen. So erfreulich diese Präsenz jüdischer Autoren in Deutschland und Österreich ist, durch die möglicherweise ein neues Kapitel der deutsch-jüdischen Literaturgeschichte aufgeschlagen wird: Sie kann den Abgrund nicht überdecken, der für eine absehbare Zukunft mit Auschwitz bezeichnet ist.

Paul Celan (1920–1970): Der aus der Bukowina stammende Dichter hat wie kaum ein anderer deutsch-jüdischer Autor Auschwitz als existenzielle Grenzerfahrung schlechthin seinem komplexen lyrischen Werk eingeschrieben, das zur Weltliteratur gehört. Sein Freitod in Paris zeigt die Konsequenz, die diese Erfahrung auch für die Überlebenden noch haben kann.

Juden in der Musik Deutschlands

Peter Petersen

Musik ist ein Bestandteil menschlicher Kulturen von Anfang an. Besonders das Singen als gehobene Form des Sprechens gehört zu den elementaren Ausdrucksformen der Menschen. Nicht weniger natürlich ist die Nutzung von Instrumenten, um den Klang der menschlichen Stimme nachzuahmen oder auch Bewegungen und Klänge zu verbinden, also zu Tanz und Musik zu gelangen. Wann immer die profane alltägliche Arbeit zur Ruhe kommt und kultisches oder festliches Handeln an dessen Stelle tritt, findet Musik und Tanz statt. Hier liegt die Keimzelle aller Ästhetisierung, von hier aus nimmt auch die Geschichte der Musik ihren Ausgang.

Über die Musik der Juden in Alt-Israel gibt es erste Auskünfte in der Tora und anderen schriftlichen und bildlichen Dokumenten.[1] Die Rezitation von heiligen Texten wurde gesungen, desgleichen Preis- und Danklieder. Hierbei und bei anderen Gelegenheiten (Trauungen, Abschieds- und Siegesfeiern, Prozessionen) kamen auch Musikinstrumente zum Einsatz. Es waren Instrumente, die im ganzen Nahen Osten gebräuchlich waren wie Leier und Laute, der Schofar (Widderhorn), Doppeloboen, Trompeten sowie zahlreiches Schlaginstrumentarium wie Trommeln, Schellen, Glocken und Becken; sie wurden indes bei den Juden der kanaanäischen Tradition auf besondere Weise gehandhabt.

In der Diaspora erhielt sich zwar der Kernbestand der Glaubensinhalte, die Formen ihrer Äußerung und somit auch die Musik der Juden unterlagen aber vielfältigen Anpassungen an die jeweilige Kultur der Mehrheitsgesellschaft. Wegen der großen Bedeutung dieser Assimilationsprozesse im Laufe der jüdischen Geschichte ist es bis heute nicht möglich, zu definieren, was „jüdische Musik“ ist.[2] Auf dem Ersten Internationalen Kongress für jüdische Musik in Paris 1957 formulierte der jüdische Musiktheoretiker und Instrumentenkundler Curt Sachs hintersinnig: „Jüdische Musik ist jene Musik, die von Juden gemacht wird, für Juden, als Juden.“[3] Dies ist aber keine Definition, und Sachs wusste dies selbstverständlich. Es ist eher die Umschreibung eines Dilemmas, in dem sich die Musikwissenschaft diesem Gegenstand gegenüber seit jeher befindet. Sieht man die zehnbändige Sammlung von Abraham Z. Idelsohn, den *Hebräisch-Orientalischen Melodienschatz*,[4] durch, so wird die formale und stilistische Vielfalt, ja Unvergleichbarkeit der musikalischen Zeugnisse sogleich deutlich. Statt von „jüdischer Musik in Deutschland“ wird an dieser Stelle deshalb von „Juden in der

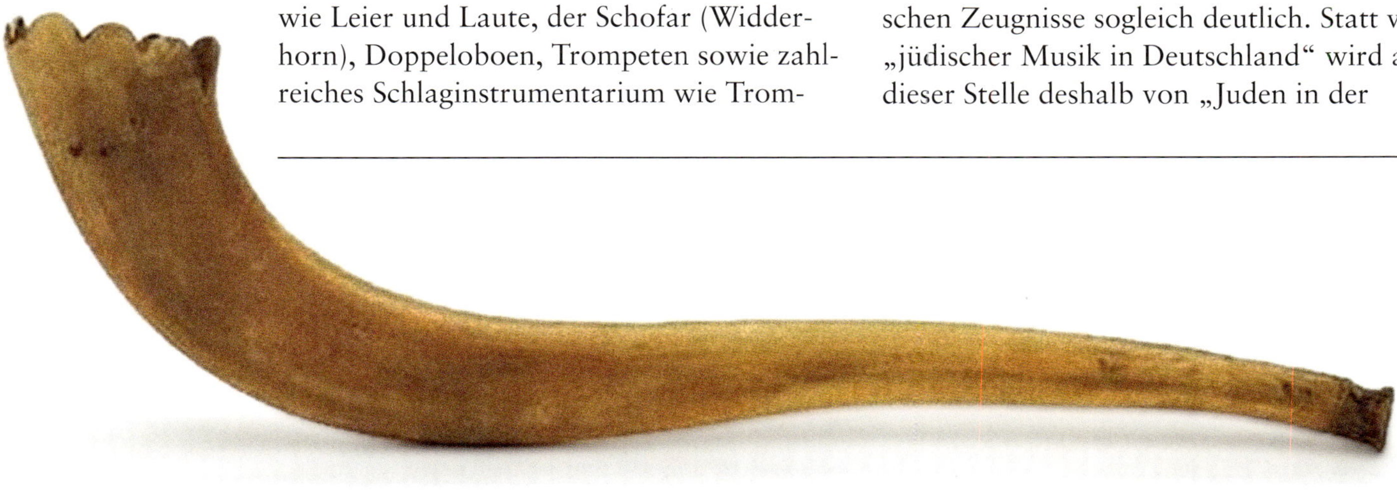

Der Schofar, ein aus Widderhorn gefertigtes rituelles Musikinstrument der Juden. Der Schofar wird zu hohen Festen geblasen, zum Beispiel an Rosch ha-Schana und Jom Kippur.

Musik Deutschlands" gehandelt. Immerhin lassen sich für die Synagogal- und für die Volksmusik der Juden einige Spezifika benennen. Mit der allmählichen Gleichstellung der Juden in der bürgerlichen Gesellschaft seit dem 18. Jahrhundert und dem Aufblühen eines reichen städtischen Musiklebens in Deutschland und Europa haben die Juden dann Teil an der allgemeinen Musikgeschichte, und zwar in erheblichem Maße und oftmals impulsgebend.

Musik für Synagoge und Tempel

Seit dem 4. Jahrhundert, als sich Juden in Städten wie Köln, Trier, Metz oder Regensburg ansiedelten,[5] und dann vermehrt mit der Errichtung des „Teutonicum regnum" („Reich der Deutschen") im 10. Jahrhundert[6] lebten jüdische Minderheiten in Deutschland. Folglich gab es jüdische Gottesdienste und Synagogalgesang.[7] Dieser war bis zu Beginn der Neuzeit grundsätzlich einstimmig und wurde mündlich überliefert. Man unterscheidet bis heute drei Hauptformen: Psalmodie (die syllabische, mit Melismen an den Halb- und Ganzkadenzen angereicherte Darbietung der Psalmen), Kantillation (die gesungene Lesung von Texten der Heiligen Schrift) sowie andere liturgische und paraliturgische Gesänge (unter anderem Hymnen, Gebete, Kunstgesang).
Neben dem Rabbiner gab es den Chasan, der Vorsänger und Religionslehrer in einem war. Unter der Bezeichnung „Pijut" trat er auch als Dichter-Musiker auf und avancierte im Laufe der Zeit zum professionellen Kantor. Dem Vorsänger konnte ein einstimmig singender Männerchor für den responsorialen Gesang (Wechselgesang) zur Seite stehen. Traten Nebensänger hinzu – in Diskantlage ein „Singer", in Basslage ein „Bass" –, weitete sich der einstimmige Gesang zur Mehrstimmigkeit (Mitte 17. Jahrhundert). Salomon Sulzer (1804–1890), ein Freund Franz Schuberts, der auch dessen Lieder öffentlich vortrug, komponierte in Wien vielstimmige Chöre für die Synagoge. In Berlin wirkte Louis (Lazarus) Lewandowski (1821–1894), der seit 1866 an der Neuen Synagoge ein an Felix Mendelssohn Bartholdy orientiertes großes Chorwerk neben schlichten Gesängen für die Gemeinde schuf.
Am Sabbat Musikinstrumente zu spielen oder zu hören, war als Zeichen der Trauer über die Zerstörung des zweiten Tempels in Jerusalem durch Kaiser Titus im Jahr 70 n. Chr. untersagt (außer dem Schofar-Blasen an bestimmten Festtagen) und sollte es bis zu seiner Wiedererrichtung eigentlich auch bleiben. Im Laufe der Geschichte änderten sich allerdings die diesbezüglichen Auffassungen, wobei sich auch die generelle Wertschätzung der musikalischen Anteile am Gottesdienst erhöhte. Für die Gemeinden von Fürth (vor 1720) und Frankfurt am Main (1723) ist die Praxis bezeugt, am Vorabend des Sabbat Saiten- und Orgelspiel zuzulassen.[8]
Mit den Reformbewegungen seit Beginn des 19. Jahrhunderts hielt dann die Orgel in vielen Synagogen Einzug. 1933 gab es in mehr als 70 deutschen Städten Orgelsynagogen.[9] Daneben bestanden die Rabbiner von nichtreformierten Gemeinden auf dem orgelfreien Gottesdienst.
Im 20. Jahrhundert wurden Versuche unternommen, die modale beziehungsweise dur-moll-tonale Harmonik der Synagogalmusik zu erweitern. Arnold Schönberg schrieb 1938 ein *Kol Nidre* (Gebet am Abend des Versöhnungstages, Jom Kippur) für Sprecher, gemischten Chor und Orchester für den Rabbi Jakob Sonderling in Los Angeles. Das Werk nimmt den Beginn der traditionellen Weise des Versöhnungstages (g–fis–d / d–fis–g) auf, erweitert den Tonsatz aber bis an die Grenze zur Atonalität. Paul Dessau vertonte 1940 den 126. Psalm für Bariton und Orgel in Zwölfton-Manier und widmete das Stück dem Kantor Moshe Rudinow am Emanuel Tempel in New York. Derartige Ansätze, die Musikmoderne in die Synagogalmusik einzuführen, wurden von der gottesdienstlichen Praxis allerdings nicht aufgenommen.

Jüdische Musikanten

Tanz- und Festmusik außerhalb des jüdischen Kultus gab es bereits in Alt-Israel. In der europäischen Diaspora waren für jüdische Musikanten zwei Bezeichnungen gebräuchlich: Lezim und Klezmorim. Lezim ist die Pluralform von hebräisch lez = Spaßmacher, Gaukler. Dieser Name erscheint zum Beispiel in einer Frankfurter Quelle von 1716.[10] Klezmorim ist die Pluralform von klezmer = Musikant, Spielmann, gebildet aus hebräisch kle = Musikinstrument und semer = Spieler, so bereits in Ingolstadt 1562 belegt,[11] wenngleich mehr im Osten Europas gebräuchlich. Heute ist infolge der seit 1975 zu beobachtenden Wiederbelebung jüdischer Volksmusik weltweit nur noch von Klezmer-Musik die Rede.

Laute, Harfe und Fidel waren die gebräuchlichsten Instrumente jüdischer Musikanten früherer Zeit; die Fidel, die durch die entwickeltere Geige ersetzt werden konnte, ist es bis heute. Dazu kommt das Hackbrett, auch „tsimbl“ oder „Zymbal“ genannt, ein flach liegendes oder am Körper wie ein Bauchladen angebrachtes Saiteninstrument, das mit zwei Schlägeln traktiert wird. Dieses auch von Zigeunermusikanten gern gespielte Instrument gibt es in einer ungarischen und in einer jüdischen Stimmung. Bei der jüdischen Stimmung (zsidó) sind die Saiten so aufgezogen, dass, analog der hebräischen Schrift, von rechts nach links gelesen beziehungsweise gespielt werden muss.[12]
Im Übrigen waren die Kapellen aber offen für Anregungen aus ihrer jeweiligen Umgebung. Beliebige Blasinstrumente, alle Varian-

Der Name Klezmorim ist seit dem frühen 18. Jahrhundert als Bezeichnung für jüdische Spielleute in Deutschland nachweisbar. Das Foto oben zeigt eine Klezmer-Formation in Rohatyn in Polen, 1912.

Die Gebrüder Wolf (Bild rechts), die aus einer in Hamburg ansässigen jüdischen Familie namens Isaac stammten, traten in den 1920er und 1930er Jahren als Musik-Clowns auf der Reeperbahn in Hamburg-St. Pauli auf. Berühmt als waschechte Hamburger Originale, wurden sie gleichwohl von den Nazis ins Exil getrieben.

ten aus der Violon-Familie und Harmonieinstrumente wie Akkordeon und Klavier sowie der Dudelsack und diverses Schlagwerk waren und sind bei jüdischen Spielleuten anzutreffen. Besonders beliebt ist heute die Klarinette als führendes Instrument der Klezmorim, und der Klarinettist Giora Feidman (geb. 1936) ist ihr ungekrönter König. Der im 20. Jahrhundert auch in Europa aufblühende Jazz und die jazzverwandte Tanzmusik waren auch für jüdische Musiker attraktiv.[13] Stellvertretend für viele seien der Klarinettist Fritz (Bedrich) Weiss (1919–1944) und der noch heute in Deutschland präsente Jazzpianist Coco Schumann (geb. 1924) genannt. Coco Schumann hat Theresienstadt und Auschwitz überlebt. Fritz Weiss wurde in Auschwitz-Birkenau ermordet.

Neben den Instrumentalisten gab es auch jüdische Sänger und Sängerinnen, die durch die Lande zogen und auf Jahrmärkten oder bei Hofe ihre Kunst anboten. In einem Bericht aus Bad Schwalbach von 1712 heißt es zum Beispiel: „Dort begegnete mir eine Bande Juden, die durch Singen bei Christen und Juden ihr Brot suchten. Sie sangen so überaus schön, dass sie selbst der Herzog von Wolfenbüttel reich beschenkte. Der vornehmste unter ihnen hieß Süßkind, er war Diskantist und Schwiegersohn des berühmten Chasan Salmele aus Frankfurt am Main und zu Oppenheim geboren."[14] Die Gelegenheiten, bei denen jüdische „Singer" auftraten, waren Hochzeiten, Feste, Bälle bis hin zum Geleit auf Friedhöfen. Die Gattungen Bänkelsang, Spottlieder, Klagelieder und Balladen teilten die jüdischen Musikanten mit den nichtjüdischen fahrenden Spielleuten. Es handelte sich hier wie da um ein Musizieren aus dem Stegreif. Notenaufzeichnungen gibt es nicht, weshalb die Rekonstruktion des tatsächlichen Klangs dieser Musik heute unmöglich ist.

Dass sich die Tradition der jüdischen Musikanten und Spaßmacher bis ins 20. Jahrhundert fortsetzte, zeigt die Geschichte der „Gebrüder Wolf" aus Hamburg. Die Familie von Schaustellern ist bis ins 19. Jahrhundert zurückzuverfolgen. Ludwig Isaac (1867–1955) trat seit 1895 unter dem Künstlernamen Wolf gemeinsam mit seinen beiden jüngeren Brüdern Leopold und James als Gesangstrio in Hamburg-St. Pauli auf; 1924 wurde Wolf auch der bürgerliche Name der Familie. Die Wolfs galten als Hamburger „Originale", manche ihrer Lieder sind zu echten Volksliedern geworden („An de Eck steiht'n Jung mit'n Tüdelband"). Ironie der Geschichte: Die Nazis untersagten Auftritte der Gebrüder Wolf, weil ihre Lieder zu hamburgisch („arisch") waren.[15]

Man muss von einer großen Vielfalt und Mischung der Inhalte und Funktionen in der jüdischen Volksmusik ausgehen.[16] Paradigmatisch ist die Biografie des westdeutschen Synagogensängers und jüdischen Musikanten Isaac Judah Eberst (1779–1850) aus Offenbach. Er hatte zunächst das Violinspiel bei Moses Formstecher, einem Sohn des böhmischen Musikanten Abraham Wiener, gelernt. 1799 ging er auf Wanderschaft und musizierte in den Synagogen entlang des Rheins. Von 1802 bis 1816 lebte er in Deutz, wo er als der „Offenbacher", der in Wirtshäusern Flöte, Geige, Bass oder Hackbrett spielte, einen guten Ruf hatte. Seit 1816 waren er und seine Familie in Köln bekannt, wo Isaac nun eine Stelle als Vorbeter in der Synagoge hatte, seine noch jungen Kinder Isabella, Julius und Jakob aber in Gaststätten aufspielen ließ. Folgende Zeitungsannonce hat sich erhalten: „Die Geschwister Offenbach, 3 Kinder von 10–12 und 14 Jahren, werden von heute an den ganzen Winter hindurch, jeden Sonn- und Feiertag, so wie auch jeden Donnerstag eine musikalische Abend-Unterhaltung auf Piano-Forte, Violin und Violoncell geben, wobei sich durch gute Weine so wie auch durch kalte und warme Speisen bestens zu empfehlen sucht, / Jeandre, im Gymnicher Hofe, Neumarkt, Nro 3".[17] Das jüngste der Kinder, Jakob, wurde später ein weltberühmter Operettenkomponist: Jacques Offenbach.

Jacques Offenbach (1819–1880) war der Erfinder der französischen Operette (Opéra bouffe), die zum Vorbild für die Wiener und Berliner Operette wurde. Offenbach, dessen Vater ein jüdischer Singer und Spielmann vom Niederrhein war, lebte vorwiegend in Paris, wo er eigene Theater unterhielt. Er komponierte mehr als 100 Operetten, von denen noch heute etliche auf den internationalen Spielplänen stehen.

Offenbach und die leichte Muse

Jacques Offenbach (1819–1880) gilt als Erfinder der modernen Operette. Die mehraktigen Exemplare dieses unterhaltenden Genres nannte Offenbach Opéras bouffes. Die Originalität solcher Stücke wie *Orpheus in der Unterwelt*, *Die schöne Helena* oder *Pariser Leben* besteht in den witzigen, pointenreichen Texten, die die Gesellschaft aufs Korn nehmen, ohne verletzend zu wirken. Grundlage der Lieder (Couplets) sind meist Gesellschaftstänze oder moderne Revuetänze wie der Cancan. Die Herstellungszeit solcher Stücke war kurz, ihre Lebenszeit von vorneherein knapp bemessen. Nur wenige von den über 100 Operetten Offenbachs sind heute noch bekannt. Es gibt aber Stimmen – darunter die Friedrich Nietzsches –, die dieses Genre für die originellste Hervorbringung der französischen Kultur nach der Jahrhundertmitte halten.

Offenbach lebte als deutsch-jüdischer und französisch-katholischer Künstler in einer „Zwitteridentität“, wie sie typisch für viele jüdische Musiker des 19. Jahrhunderts ist. Bereits mit 14 Jahren ging er nach Paris ans dortige Conservatoire, unterhielt aber ständigen Kontakt zu seiner Familie in Köln.[18] Bevor er 1855 in Paris ein eigenes Theater, die „Bouffes-Parisiens“, eröffnen konnte, hatte er seinen Vornamen Jakob in Jacques geändert und sich 1844 taufen lassen. Er heiratete die Christin Herminie d'Alcain. Überaus erfolgreich im Paris des Seconde Empire, aber auch in Berlin, Wien, London und Amerika gefeiert, zeigte sich das Brüchige seiner Existenz im Deutsch-Französischen Krieg von 1870/71. In Frankreich wurde er als deutschfreundlich verdächtigt, in Preußen hielt man ihm sein Franzosentum vor, und in beiden Ländern war er mit dem Makel des Juden behaftet. Offenbach wich während des Kriegs vorübergehend nach Spanien aus.[19] Sein letztes, unvollendet gebliebenes Werk ist die Oper *Hoffmanns Erzählungen*; sie spielt in Deutschland, ihr Sujet behandelt selbstreflexiv die Probleme eines Künstlers. Offenbach starb 1880 in Paris.

Die „Offenbachiaden“ fanden bald auch im deutschen Sprachraum Nachahmer und Fortentwickler. Oscar Straus (1870–1952), der in einer Wiener jüdischen Familie aufwuchs, eiferte Offenbach mit der burlesk-parodistischen Operette *Die lustigen Nibelungen* nach, hatte aber letztlich mit gefälligeren Tanzoperetten wie *Ein Walzertraum* mehr Erfolg. Auch Leo Fall (1873–1925), der einer jüdisch-mährischen Familie entstammte, steht mit Operetten wie *Die Dollarprinzessin* oder *Madame Pompadour* in der Offenbach-Tradition. Weitere erfolgreiche jüdische Komponisten der unterhaltenden, leichten Musik wie Operette, Revue, Schlager und (später) Musical und Film waren Leon Jessel (1871–1942), Robert Stolz (1880–1975), Richard Fall (1882–1945), Emmerich Kálmán (1882–1953), Paul Abraham (1892–1960), Friedrich Holländer (1896–1976) und Werner Richard Heymann (1896–1961). Unter den Sängerdarstellern dieses Genres traten ebenfalls mehrere Künstler jüdischer Abstammung hervor, darunter die große Fritzi Massary (1882–1969), die exzentrische Gitta Alpár (1903–1991) und der beliebte Tenor Richard Tauber (1891–1948).

Mehr ins Kabarettfach tendierte der vor allem in Berlin wirkende Rudolf Nelson (eigentlich Lewysohn; 1878–1960), der unter anderem Texte von Kurt Tucholsky in kleinen Kabarett-Revuen umsetzte und auch Gustaf Gründgens zu seinen Interpreten zählte. In dieser Kleinkunstszene war auch die aus einer jüdischen Familie in Kiel stammende Lotti Huber (1912–1998) zu Hause, die gegen Ende ihres Lebens noch im deutschen Fernsehen Karriere als schrille, freche Popfigur machte. Hoch artifiziell sind dagegen die „bösen“ Lieder des Sänger-Pianisten Georg Kreisler (geb. 1922). Aus einer Wiener jüdischen Familie stammend, floh er 1938 mit den Eltern in die USA, kehrte 1945 als amerikanischer Soldat zurück, nahm an Verhören einiger Nazi-Größen teil und remigrierte 1955 in seine Vaterstadt; diese blieb bis heute sein wichtigstes Thema: „Wie schön wäre Wien ohne Wiener!"

Meyerbeer und die ernste Musik

Der in der Nähe von Berlin geborene Giacomo Meyerbeer (1791–1864) gilt als der Vollender der französischen „Großen Oper".[20] Seine Werke vereinigen italienische Kantabilität, deutsche Harmonik und französische Rhythmik und zeigen eine große Begabung für effektvolle Bühnenwirksamkeit. Einige seiner Werke sind noch heute im Repertoire der Opernhäuser der Welt, darunter *Robert der Teufel*, *Die Hugenotten*, *Der Prophet* und *Die Afrikanerin*. Meyerbeer ist der erste deutsch-jüdische Komponist, der in der musikalischen Kunstgeschichte bestimmend geworden ist. Seinem Vorbild eiferte unter anderem Richard Wagner mit der „großen komischen Oper" *Rienzi, der letzte der Tribunen* nach, bevor er (ab 1850) zum erbitterten Gegner Meyerbeers wurde.
Vater Juda Jacob Herz Beer und Mutter Amalie geb. Wulff galten in ihrer Zeit als die reichsten Bürger Berlins. Dem ältesten von vier Söhnen gaben sie die Vornamen Jakob Liebmann Meyer (nach dem Großvater mütterlicherseits). Ab 1810 verwendete Meyerbeer die zusammengezogene Form seines Vor- und Nachnamens, 1817 legte er sich die italienische Form von Jakob, Giacomo, als Vorname zu, und beides war ab 1822 offiziell. Nach ausgedehnten Studienreisen durch Süddeutschland, Wien und Italien, wo er erste große Erfolge als Opernkomponist verbuchen konnte, ließ sich Meyerbeer mit seiner jungen Familie in den 1830er Jahren in Paris nieder. Hier gewann er den französischen Dramatiker Eugène Scribe als Librettisten, mit dem er alle seine Hauptwerke bis hin zu *Die Afrikanerin* in seinem Todesjahr 1864 schrieb. Obgleich praktisch alle Opern Meyerbeers in Paris herauskamen – *Die Hugenotten* brachte es in Paris auf mehr als 1000 Aufführungen und wurde zur meistgespielten Oper des 19. Jahrhunderts –, hielt er Verbindungen nach Deutschland aufrecht. Friedrich Wilhelm IV., König von Preußen seit 1840, war sein Förderer und ernannte ihn 1842 zum Generalmusikdirektor der Berliner Hofoper, ohne dass dem Komponisten daraus ständige Verpflichtungen erwuchsen. Nach Meyerbeers Tod in Paris wurde sein Leichnam nach Berlin überführt und auf dem dortigen jüdischen Friedhof beigesetzt.
Im Gegensatz zu Meyerbeer, der stark in der französischen Kultur verankert war, blieb Felix Mendelssohn Bartholdy (1809–1847) in seinem kurzen Leben ganz der deutschen Musikgeschichte verhaftet.[21] Er war ein Enkel Moses Mendelssohns, des bedeutenden Philosophen der Aufklärung, der den Weg zur Emanzipation der Juden in Deutschland bereitet hat. Der von ihm und anderen Den-

Giacomo Meyerbeer (1791–1864), der hier im Alter von elf Jahren zu sehen ist, war der wichtigste Vertreter des Genres Grand Opéra. Er lebte seit den 1830er Jahren vorwiegend in Paris, wo er Eugène Scribe als Librettisten gewann und überaus große Erfolge feiern konnte. International umworben, darunter auch von Friedrich Wilhelm IV. von Preußen, pflegte er zeitlebens Kontakte zu seiner aus Berlin stammenden Familie. Sein Grab befindet sich auf dem jüdischen Friedhof an der Schönhauser Allee in Berlin.

Gustav Mahler (1860–1911) ist der bedeutendste Symphoniker an der Wende vom 19. zum 20. Jahrhundert. Zu Lebzeiten wurde er jedoch vor allem als Dirigent gerühmt.

kern wie etwa Lessing vertretene Toleranzgedanke machte es möglich, dass auch in der musikalischen Hochkunst jüdische Komponisten wie Meyerbeer und Mendelssohn aufkommen konnten. Mendelssohn gilt in der Musikgeschichte (neben Robert Schumann) als wichtigster Vertreter der deutschen Romantik und des Historismus. Die Ouvertüre zu Shakespeares *Sommernachtstraum* von 1826, der 1843 die komplette Schauspielmusik zu der Komödie folgte, wurde schon von Schumann in ihrer Neuheit und Leichtigkeit gerühmt: Die Musik sei „fein und geistreich genug, gleich vom ersten Auftreten Drolls und der Elfe an; das ist ein Necken und Scherzen in den Instrumenten, als spielten sie die Elfen selbst; ganz neue Töne hört man da."[22] Auch die Sinfonien, Klavierlieder und *Lieder ohne Worte* lassen Mendelssohn als Romantiker erscheinen. Seine Oratorien *Paulus* und *Elias* knüpfen dagegen an Händel und Bach an. Sie gehören zu den Hauptwerken der Oratorienkomposition im gesamten 19. Jahrhundert. Für Mendelssohns historistische Haltung ist auch die von ihm initiierte und geleitete erstmalige Wiederaufführung von Johann Sebastian Bachs *Matthäuspassion* am 11. März 1829 in Berlin kennzeichnend.

Mendelssohns Vater Abraham ließ seine vier Kinder 1816 in der „Jerusalem und Neuen Kirche" zu Berlin evangelisch-reformiert taufen und fügte den Namen Bartholdy hinzu. Viel später, in einem Brief an seinen Sohn, der sich 1829 gerade in London aufhielt, erläuterte er seine Motive: „Du kannst und darfst nicht Felix Mendelssohn heißen du mußt dich also Felix Bartholdy nennen weil der Name ein Kleid ist, und dieses der Zeit, dem Bedürfniß, dem Stande angemessen seyn muß, wenn es nicht hinderlich oder lächerlich werden soll. Heißt du Mendelssohn so bist du eo ipso ein Jude, und das taugt dir nichts, schon weil es nicht wahr ist. Beherzige dies, mein lieber Felix und richte dich danach."[23] Doch weder Felix noch seine Schwester Fanny richteten sich danach, sie wollten nicht auf den Namen „ihrer Väter" verzichten und führten ihn neben den christlich klingenden Namen Bartholdy und Hensel (Ehename Fannys ab 1829).

Weitere jüdische Komponisten von der Bedeutung Meyerbeers und Mendelssohns gab es in der ersten Hälfte des 19. Jahrhunderts in Deutschland nicht; erst mit Gustav Mahler, der in Mähren geboren wurde, erschien in der zweiten Hälfte des 19. Jahrhunderts wieder ein Kompositionsgenie jüdischer Abstammung. Dagegen sind noch eine Reihe großer jüdischer Interpreten zu nennen, die freilich alle auch nebenbei komponierten. Ignaz Moscheles (1794–1870) war primär Klaviervirtuose, Ferdinand Hiller (1811–1885) wirkte vor allem als Kapellmeister, Carl Tausig (1841–1871) – ein Schüler von Franz Liszt – gehörte zu den bedeutendsten Pianisten seiner Zeit. Der vielleicht größte Geiger des 19. Jahrhunderts war Joseph Joachim (1831–1907), der aus einer burgenländischen jüdischen Kauf-

Felix Mendelssohn Bartholdy (1809–1847) ist neben Robert Schumann, mit dem ihn eine Freundschaft verband, der wichtigste Vertreter der musikalischen Romantik in Deutschland. Als Enkel des Philosophen Moses Mendelssohn hatte er Teil an der allgemeinen Judenemanzipation in Nachfolge der Französischen Revolution. Protestantisch getauft, bekannte er sich gleichwohl zu seinen jüdischen Vorfahren, die bis ins 14. Jahrhundert zurückverfolgt werden können.

mannsfamilie kam und mit Schumann und Brahms befreundet war. Der Dirigent Hermann Levi (1839–1900) ging als erster *Parsifal*-Dirigent in die Musikgeschichte ein. Gustav Mahler (1860–1911) war zu seinen Lebzeiten ebenfalls vor allem als Dirigent berühmt; er hatte Anstellungen in Kassel, Leipzig, Budapest, Hamburg, Wien und New York. Seine wichtigste Position, die als Direktor der Wiener Hofoper, konnte er freilich nur erringen, weil er sich vorher in Hamburg hatte taufen lassen. Heute ist der Dirigent Mahler weitgehend unbekannt, historische Aufnahmen mit ihm gibt es nicht. Dafür gilt Mahler aufgrund seines symphonischen Schaffens inzwischen als der wichtigste Komponist an der Wende vom 19. zum 20. Jahrhundert. Weltanschaulich noch an der Klassik und Romantik orientiert,[24] nahm er kompositorisch bereits die Moderne vorweg. Der berühmte Neuntonklang in seiner letzten, unvollendet gebliebenen *Zehnten Symphonie* ist nach Struktur und Wirkung als unmittelbarer Vorgänger der Zwölftonklänge in Alban Bergs *Wozzeck* zu verstehen.
Arnold Schönberg (1874–1951) ist der unbestrittene Vater der Musikmoderne. Er begriff sich als indirekter Kompositionsschüler Gustav Mahlers und wurde selbst maßgeblicher Lehrer mehrerer Schülergenerationen. Der epochemachende Schritt, den Schönberg vollzog, war die Preisgabe der Dur-Moll-Tonalität zugunsten ganz neuer, erst freier, dann in Zwölftonreihen organisierter Tonbeziehungen. Diese Wendung zur Atonalität kann als Parallele zum Aufkommen von Kubismus und Abstraktion in der bildenden Kunst gesehen werden. Schönberg gehörte zur Wiener Moderne, die zu einem erheblichen Teil von jüdischen Intellektuellen bestimmt war, man denke nur an Größen wie Sigmund Freud, Ludwig Wittgenstein und Karl Kraus, dessen Zeitschrift *Die Fackel* ständiges Gesprächsthema in Wien war und im Schönberg-Kreis eine besondere Rolle spielte. Schönberg, der 1898 zum Protestantismus übergetreten war, rekonvertierte 1933 in Paris offiziell und öffentlich zum Judentum. Diesen demonstrativ gegen den Rassismus der Nazis gerichteten Schritt vollzog Schönberg gleich während der ersten Phase des Exils. In den verbleibenden Lebensjahren steckte er einen Großteil seiner Arbeitskraft in politische Aktivitäten. Sie dienten dem alleinigen Ziel, dazu beizutragen, dass die bedrohte Judenheit in Europa vor der Vernichtung gerettet würde.[25]
Im Werk Schönbergs begegnen immer wieder biblische Themen: *Die Jakobsleiter*, ein nach theosophischen Ideen konzipiertes Oratorium; *Der biblische Weg*, ein Sprechdrama mit zionistischer Tendenz; *Moses und Aron*, eine Oper über Grundprobleme des mosaischen Glaubens; *Kol Nidre*, ein Chorwerk zur Erneuerung der synagogalen Liturgie; *Moderne Psalmen*, ein Vokalwerk nach Art eines persönlichen Glaubensbekenntnisses. Aus dem Jahre 1949 stammt das Fragment eines Werks für Chor und Orchester mit dem Titel *Israel exists again*, mit dem Schönberg auf die Gründung des Staates Israel im Mai 1948 reagierte. Der vom Komponisten selbst verfasste Text beginnt so: „Israel exists again / It has always existed, / though invisibly."[26]
Die beiden bekanntesten und ältesten Schüler Arnold Schönbergs, Anton Webern und Alban Berg, waren keine Juden. Später finden sich in Schönbergs Schülerkreis, der in Wien, Berlin und Los Angeles nach und nach größer wurde, namhafte Komponisten jüdischer Herkunft, darunter auch solche, die sich seiner Richtung anschlossen, ohne selbst von ihm unterrichtet worden zu sein: Egon Wellesz (1885–1974), Paul Dessau (1894–1979), Hanns Eisler (1898–1962), Viktor Ullmann (1898–1944), Erich Itor Kahn (1905–1956), René Leibowitz (1913–1972).
Eine andere Richtung der Musikmoderne vertrat der jüdische Komponist Franz Schreker (1878–1934), der von 1920 bis 1932 Direktor der Berliner Hochschule für Musik war und eine zeitlang parallel zu Schönberg, der an der Berliner Akademie der Künste

Arnold Schönberg (1874–1951) ist der Begründer der „Zweiten Wiener Schule", der Anton Webern und Alban Berg angehörten und deren Name in Anspielung auf die Wiener Klassiker Haydn, Mozart und Beethoven gebildet wurde. 1933 wurde Schönberg als Professor für Komposition an der Berliner Akademie der Künste entlassen, weil seine Vorfahren Juden waren. Er ging ins US-amerikanische Exil. Während einer Zwischenstation in Paris rekonvertierte der protestantisch getaufte Schönberg zum Judentum – ein Akt öffentlichen Protests gegen die Nazi-Barbarei.

Kurt Weill (1900–1950) wurde in Dessau geboren und starb in New York. In Deutschland wurde er mit der *Dreigroschenoper* (in Zusammenarbeit mit Bertolt Brecht) berühmt, in Amerika feierte er am Broadway mit Musicals wie *Lady in the dark* und *Lost in the stars* Erfolge.

wirkte, Komposition lehrte. Auch in Schrekers Klasse waren Juden, darunter Max Brand (1896–1980), Berthold Goldschmidt (1903–1996) und Ignace Strasfogel (1909–1994). Stilistisch ganz eigene Wege ging der aus einer jüdischen Kantorenfamilie in Dessau stammende Kurt Weill (1900–1950), der erste große Erfolge in seiner Zusammenarbeit mit Bertolt Brecht feiern konnte (*Die Dreigroschenoper*) und später in den USA am Broadway reüssierte.[27] Einen ähnlichen Weg wäre vielleicht auch der jüdische Komponist Erwin Schulhoff (1894–1942) gegangen, er starb in einem KZ. Jenseits der Moderne liegt das Werk des Wiener Juden Erich Wolfgang Korngold (1897–1957), der in spätromantischer Manier bedeutende Opern und später vor allem Filmmusik schuf.

Die Nachkriegsavantgarde in Deutschland mit ihren Zentren Darmstadt und Donaueschingen hatte zunächst keine Juden in ihren Reihen.[28] Dies ist vor allem eine Folge der Verheerungen der NS-Zeit und des Holocaust. Jüdische Komponisten, die remigrieren wollten, ließen sich entweder in der DDR nieder (Paul Dessau, Hanns Eisler, Ernst Hermann Meyer) oder wurden als „veraltet“ von der aktuellen Entwicklung ausgeschlossen. Zu erwähnen sind aber zwei Komponisten mit jüdischem Familienhintergrund, die zwar nicht in Deutschland geboren wurden, seit den 1950er Jahren aber hier wirken und großen Einfluss auf die neue Kunstmusik nehmen beziehungsweise nahmen. Mauricio Kagel, 1931 in Buenos Aires geboren, lebt seit 1957 in Deutschland und ist seit 1974 Professor für Komposition an der Kölner Musikhochschule. Kagel ist der Erfinder des „Instrumentalen Theaters“ und Schöpfer eines großen, vielgestaltigen Werks, das mit seiner Gesellschaftskritik (*Staatstheater* 1971) und vielen geistreichen Innovationen bis heute impulsgebend für junge Komponisten ist. Der andere ist György Ligeti (1923–2006), der im ungarischen Dicsőszenmárton geboren wurde (heute rumänisch: Târnăveni). Ligeti floh 1956 in den Westen, fand sogleich Aufnahme in der Kölner Avantgarde-Szene und übernahm 1973 eine Meisterklasse für Komposition an der Hamburger Musikhochschule. György Ligeti hatte Vater und Bruder in der Schoah verloren. Als ungarisch-jüdischer Komponist mit ausgesprochen europäischer Orientierung setzte er der im seriellen Denken erstarrten westdeutschen Avantgarde eine ganz frei gestaltete, farbige und assoziationsreiche Klangkunst entgegen (*Atmosphères* 1961), die „jenseits von Avantgarde und Postmoderne“[29] ihr Publikum auch außerhalb der elitären Nachtprogramme findet und doch von unerhörter Neuheit ist.

Unter den ausübenden Musikern der Kunstmusik des 20. Jahrhunderts in Deutschland gibt es überproportional viele Juden. An Dirigenten sind unter anderem zu nennen: Alexander Zemlinsky (1871–1942), von dem auch ein bedeutendes kompositorisches Werk vorliegt, Leo Blech (1871–1958), José

Bruno Walter (1876–1962), hier in einer Aufnahme in Den Haag 1932, war eine der markantesten Dirigentenpersönlichkeiten des 20. Jahrhunderts. Aus der jüdischen Familie Schlesinger stammend, floh er 1933 vor den Nazis nach Wien und 1939 weiter in die USA. Walter war ein Freund Gustav Mahlers und der wichtigste musikalische Berater Thomas Manns.

Eibenschütz (1872–1952), Bruno Walter (1876–1962), Otto Klemperer (1885–1973), William Steinberg (1899–1978) und – noch heute aktiv – Kurt Sanderling (geb. 1912) und Michael Gielen (geb. 1927). Bedeutende jüdische Pianisten waren: Artur Schnabel (1882–1951), Bruno Eisner (1884–1978), Eduard Steuermann (1892–1964), Konrad Wolff (1907–1989), Grete Sultan (1906–2005). In Nachfolge von Joseph Joachim traten mehrere große jüdische Geiger hervor: Arnold Rosé (1863–1946), Carl Flesch (1873–1944), Bronislaw Hubermann (1882–1947), Rudolf Kolisch (1896–1978), Henryk Szeryng (1918–1988), Norbert Brainin (1923–2005), Walter Levin (geb. 1924). Hervorzuheben sind auch die Cellovirtuosen Emanuel Feuermann (1902–1942) und Gregor Piatigorsky (1903–1976). Unter den jüdischen Sängern und Sängerinnen erlangten einige Berühmtheit: Ottilie Metzger-Lattermann (1878–1943, KZ Auschwitz), Maria Jeritza (1887–1982), Paul Schwarz (1887–1980), Sabine Kalter (1889–1957), Julius Gutmann (1889–1960).

Juden in Musikwissenschaft und -kritik

Theorie, Historiografie und Philosophie der Musik gehen bis auf die Antike zurück. Musikwissenschaft im modernen Sinn eines Universitätsfachs gibt es aber erst seit Ende des 19. Jahrhunderts. Die programmatische Schrift von Guido Adler (1855–1941) über *Umfang, Methode und Ziel der Musikwissenschaft*, die 1885 als Eröffnungsartikel der von ihm begründeten „Vierteljahrsschrift für Musikwissenschaft" erschien, legte den Grundstein für das Forschungsfach Musikwissenschaft und seine Teildisziplinen. Adler, der aus einer jüdischen Familie in Eibenschütz, Mähren, stammte, wurde 1885 Professor an der Deutschen Universität Prag. 1898 wurde er auf den Lehrstuhl für Musikwissenschaft an der Universität Wien berufen. Hier entfaltete er eine weit über die Grenzen Wiens hinausreichende Forschungs- und Lehrtätigkeit. Bis zu seiner Emeritierung 1927 promovierte er 135 Doktoranden und Doktorandinnen, darunter auch einige mit jüdischem Familienhintergrund wie Elsa Bienenfeld (1877–1942, in Maly Trostinec ermordet) und Ernst Kurth (1886–1946). Als aufgeklärter, methodisch reflektierter Gelehrter (*Methode der Musikgeschichte*) betrachtete er die Religionen der Welt als Kulturphänomene, die objektiv zu untersuchen seien. Objektivität zeichnet auch alle seine Bücher aus. Bezeichnend ist, dass Guido Adler sowohl ein Buch über den assimilierten Juden Gustav Mahler als auch eines über den notorischen Antisemiten Richard Wagner[30] verfasste – und beiden gerecht wurde. Das Wagner-Buch wurde übrigens im *Lexikon der Juden in der Musik*, einer „im Auftrag der Reichsleitung der NSDAP" erstellten Publikation, unterschlagen.[31] Dass Adler in diesem Lexikon mit dem Todesdatum „14.12.1933" geführt wird, wo er doch noch 1938 „aktenkundig" war, als er seines Amtes als Herausgeber der *Denkmäler der Tonkunst in Österreich* enthoben wurde, ist nur als Infamie der NS-Autoren erklärbar. Erich Moritz von Hornbostel (1877–1935), dessen Mutter Jüdin war, ist der Begründer einer empirisch ausgerichteten vergleichenden Musikforschung. Zunächst promovierter Chemiker, wandte er sich ab 1900 der gerade im Entstehen begriffenen Musikethnologie zu. Er wurde in Berlin Assistent des Psychologen Carl Stumpf und übernahm die Leitung des Berliner Phonogramm-Archivs. 1923 habilitierte er sich (*Studien zur Form der ostasiatischen Musik*) und wurde bald darauf Professor an der Berliner Universität. Im US-amerikanischen Exil war er ab 1933 Professor an der New School for Social Research in New York.
Der Musikästhetiker und -kritiker Eduard Hanslick (1825–1904), der eine jüdische Mutter hatte, war im 19. Jahrhundert vor allem als kompetenter und gefürchteter Zeitungsschreiber bekannt. Seine Rezensionen erschienen noch zu Lebzeiten (insgesamt elf Bände). Bis heute verbreitet ist sein 1854 erschienenes Buch *Vom Musikalisch-Schö-*

György Ligeti (1923–2006) entstammte einer österreichisch-ungarisch-jüdischen Familie. Er entkam 1944 knapp den Nazis, als diese mit den Deportationen der ungarischen Juden begannen, und floh nach dem Aufstand in Budapest 1956 nach Wien, dieses Mal vor den Stalinisten. In Deutschland hatte er Kontakt zur musikalischen Avantgarde, schuf indessen ein völlig eigenständiges Werk, das ihn zu einem der weltweit wichtigsten Komponisten des 20. Jahrhunderts werden ließ.

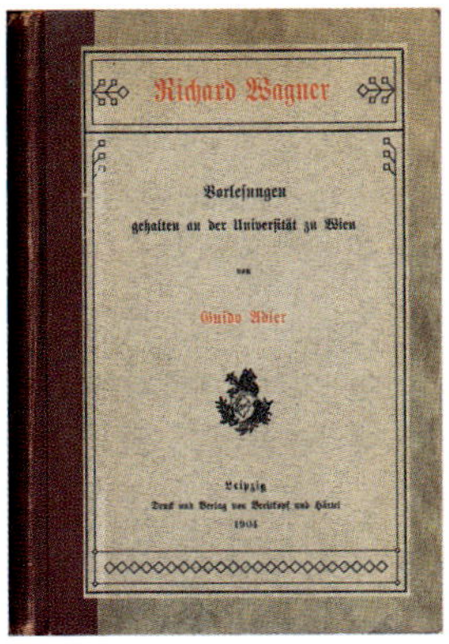

Guido Adler (1855–1941) war Musikforscher und Universitätsprofessor. Seine Monografie über Richard Wagner aus dem Jahre 1904 stellt die erste ernstzunehmende Würdigung des Musikdramatikers dar. Die Wagnerianer dankten es dem großen Gelehrten nicht – er entstammte einer jüdischen Familie.

nen, in dem er, als Verehrer Brahms' und Gegner Wagners, für den Vorrang der musikalischen Form vor dem Inhalt eintrat. Hanslick war der Vorgänger Adlers auf dem Lehrstuhl für Musikgeschichte an der Universität Wien.

Der Musiktheoretiker Adolf Bernhard Marx (1795–1866), geboren als Sohn eines jüdischen Arztes in Halle, wurde hauptsächlich aufgrund seiner 1847 in vier Bänden erschienenen *Lehre von der musikalischen Komposition* bekannt. Diese vor allem auf Beethovens Musik bezogene Kompositionslehre steht in der jahrhundertealten Tradition von Handwerkslehren, die heute primär historische Bedeutung haben.

Innerhalb der hier eingeführten vier Sparten Historische Musikforschung, Systematische Musikforschung, Musikkritik und Musiktheorie sind jüdische Intellektuelle auch im 20. Jahrhundert immer wieder mit bedeutenden Köpfen hervorgetreten. Stellvertretend für viele seien genannt: Hugo Leichtentritt (1874–1951), Paul Stefan 1879–1943), Alfred Einstein (1880–1952), Curt Sachs (1881–1959), Paul Bekker (1882–1937), Leo Kestenberg (1882–1962), Otto Erich Deutsch (1883–1967), Bernhard Paumgartner (1887–1971), Paul Nettl (1889–1972), Theodor W. Adorno (1903–1969).

Nicht unerwähnt seien einige jüdische Opern- und Konzertmanager wie zum Beispiel Leopold Sachse (1880–1961), Paul Walter Jacob (1905–1977), Hermann Geiger-Torel (1907–1976) und Hanna Glücksmann (1913–1989). Musikverleger jüdischer Abstammung waren unter anderem Henri Hinrichsen (1868–1942), Kurt Eulenburg (1879–1982), Gustav Bock (1882–1953) und Hans Heinsheimer (1900–1993).[32]

Antisemitismus und Judenverfolgung in der Musik

In der Geschichte des modernen Antisemitismus (seit dem 19. Jahrhundert) hat *ein* Musiker eine traurige Berühmtheit erlangt: Richard Wagner.[33] Seine unter dem Pseudonym „Freigedank" 1850 erstmals erschienene und 1869 um ein verdeutlichendes Vorwort erweiterte und jetzt mit vollem Namen unterzeichnete Hetzschrift *Das Judentum in der Musik* nimmt die rassistische Variante des Antijudaismus insofern vorweg, als Wagner biologische Merkmale dafür anführt, dass „die" Juden bei „uns" „instinktmäßige Abneigung"[34] hervorrufen. Wagner schreibt: „Wir wünschen unwillkürlich mit einem so aussehenden Menschen Nichts gemein zu haben".[35] Es handle sich um ein „unangenehmes Naturspiel",[36] das es zum Beispiel unmöglich mache, sich einen „antiken oder modernen Charakter, sei es ein Held oder ein Liebender, von einem Juden dargestellt"[37] zu denken; und dies gelte, so Wagner explizit hier am Anfang seiner Schrift, nicht für diesen oder jenen Juden, „sondern allgemeinhin seiner Gattung nach."[38]

Dass sich bei Wagner der Ekel vor und der Hass auf die Juden mit gefährlichen Gewaltfantasien verband, erhellt aus der Beischrift zur Wiederveröffentlichung des Pamphlets unter dem Titel „Aufklärungen über das Judenthum in der Musik". Hier schreibt Wagner folgende ungeheuerlichen Sätze: „Denn über Eines bin ich mir klar: so wie der Einfluß, welchen die Juden auf unser geistiges Leben gewonnen haben, und wie er sich in der Ablenkung und Fälschung unserer höchsten Kulturtendenzen kundgibt, nicht ein bloßer, etwa nur physiologischer Zufall ist, so muß er auch als unleugbar und entscheidend anerkannt werden. Ob der Verfall unsrer Kultur durch eine gewaltsame Auswerfung des zersetzenden fremden Elementes aufgehalten werden könne, vermag ich nicht zu beurteilen, weil hierzu Kräfte gehören müßten, deren Vorhandensein mir unbekannt ist."[39]

Es gibt leider weder in diesem Text noch in irgendeiner anderen Äußerung Wagners einen Hinweis darauf, dass jemand aufhören könnte, Jude zu sein. Dies aber ist eben jenes rassistische Moment, das dann gegen Ende des 19. Jahrhunderts in die „Theorien" der menschlichen Rassen einging. Lässt sich die

„Gattung“ Jude nicht verändern, und wird ihr eine Gefährlichkeit für „unser“ Leben zugesprochen, dann bleibt nur die „gewaltsame Auswerfung“ – so Wagners neurotische Fantasien. Die „Kräfte“, die dies würden bewerkstelligen können, traten lange nach Wagners Tod auf den Plan der Geschichte. Dass sie sich bei ihrem Vernichtungswerk auf Wagners Schrift vom *Judentum in der Musik* beriefen, ist beweisbar, wenngleich nicht Wagner direkt anzulasten. In dem schon erwähnten NS-*Lexikon der Juden in der Musik* von 1940/43 wird nämlich ausführlich und unter Angabe der Quelle aus Wagners Text zitiert, so in den Artikeln über Mendelssohn, Meyerbeer und Offenbach.

Wie viele Musiker unter den Millionen Opfern der Schoah waren, weiß man nicht. Für die überlebenden jüdischen Künstler bedeutete der Umstand, dass sie *alle* auf der Agenda der Massenmörder gestanden haben, dem Tod im Gas oder durch andere Tötungsmethoden also nur entkommen waren, eine Belastung von existenzieller Natur. Indem die Nazis die (vorgeblichen) Eigenschaften des „Blutes“ absolut setzten und ihr eliminatorisches Vorhaben allein auf dieses Kriterium stützten, war dem Bild vom Menschen eine Kerbe zugefügt worden, die nie wieder zu glätten sein wird. Eine solch fundamentale Veränderung des Begriffs vom Menschen kann die Kunst und also auch die Musik nicht unverändert lassen. Mehrere Komponisten in Deutschland oder im Exil haben sich in ihrem Werk dem Holocaust als Sujet zugewandt, stets mit großer Scheu und Behutsamkeit.[40] Unübertroffen, was den Ernst und die Wirkungsmacht anbelangt, ist die Kantate *A Survivor from Warsaw* für Sprecher, Männerchor und Orchester von Arnold Schönberg (1947). Das dreisprachige Werk beruht auf authentischen Berichten über die Deportationen von Juden aus dem Warschauer Ghetto. Ein Sprecher fungiert gleichsam als Reporter, der seinen Bericht, unterlegt von Orchestermusik, in englischer Sprache gibt. Eingeflochten in seine Rede sind Befehle und Anweisungen der SS in deren Originalsprache. Das Hebräische tritt in dem Moment ein, wo die Gruppe der gefangenen Juden zum Todesmarsch ansetzt. Wie auf Verabredung beginnen sie den Hymnus „Schema Jisrael“, das Glaubensbekenntnis der Juden, zu singen. Trotz der atonalen Melodie und der fremd und herb klingenden Orchesterbegleitung geht von diesem chorischen Gesang eine Erhabenheit aus, die den Eindruck der letztlichen Überlegenheit der Opfer über ihre Peiniger hinterlässt.

Manuskript aus Arnold Schönbergs Kantate *A Survivor from Warsaw* für Sprecher, Männerchor und Orchester, die der aus Wien stammende Komponist 1947 in Los Angeles nach Zeugenberichten von Überlebenden des Warschauer Ghetto-Aufstands schrieb. Ganz rechts unten ist der Einsatz des Chors der Juden beim Abtransport zu erkennen. Unterstützt von einer Posaune (Trombone), singen sie das jüdische Glaubensbekenntnis „Schema Jisrael!“

Epilog

Ernst Cramer

„Unser Glaube war es, dass deutscher und jüdischer Geist auf deutschem Boden sich treffen und durch ihre Vermählung zum Segen werden könnten. Die Epoche der Juden in Deutschland ist ein für alle Mal vorbei.“ Nie wurde ein besseres Epitaph auf das deutsche Judentum geschrieben als diese zwei Sätze des Berliner Rabbiners Leo Baeck. Dieser liberale Diener Gottes war 1933 zum Präsidenten der alle jüdischen Gruppierungen in Deutschland umfassenden „Reichsvertretung der deutschen Juden“ gewählt worden (die man im Juli 1939 durch öffentliches Dekret in „Reichsvereinigung der Juden in Deutschland“ umbenannte). 1943 wurde Baeck in das Konzentrationslager Theresienstadt verschleppt, das er erstaunlicherweise überlebte. Später war er Präsident der „Weltunion für progressives Judentum“.

Tatsächlich wurde das deutsche Judentum, das über die Jahrhunderte in Mitteleuropa gewachsen war und sich besonders im 19. Jahrhundert und im ersten Drittel des 20. Jahrhunderts als integraler Teil des deutschen Volkes fühlte, von den nationalsozialistischen Machthabern zwischen 1933 und 1945 ausgelöscht; die Menschen wurden in vielen Fällen gedemütigt und vertrieben, zum großen Teil ermordet.

Zwar gibt es heute wieder jüdische Gemeinden in Deutschland. Aber in ihnen findet man nicht die sich zugehörig begreifenden deutschen Juden von ehemals. Die meisten Angehörigen dieser Kongregationen wollen das auch gar nicht sein. Sie kommen aus der ehemaligen UdSSR und fühlen sich als Mitglieder einer der vielen Minderheiten wohl, die es heute in Deutschland gibt und aus denen vielleicht eines Tages Deutsche werden können.

Eine Rückschau auf die Geschichte der Juden in Deutschland zeigt auch, wie wenig voraussehbar die heute bekannte Entwicklung vorher war. Historie kann eben nie im Voraus errechnet oder gar erkannt werden. Zwar verkündete der Philosoph Heinrich von Treitschke schon bald nach der Reichsgründung 1871: „Die Juden sind unser Unglück!“ Aber sofort widersprach ihm der Historiker und spätere Nobelpreisträger Theodor Mommsen. Und die meisten deutschen Juden glaubten bis zum Schluss, dass der Letztere Recht behalten werde.

Rückschauend erscheint die gesamte Zivilisationsschande des Holocaust – von der Entrechtung über die Vertreibung bis zum millionenfachen Genozid – wie eine einzige, grausame und unvorstellbare Ära. In Wirklichkeit gab es zumindest zwei Phasen. Da war einmal die Entrechtung der Juden in Deutschland (und ab 1938 in Österreich und der Tschechoslowakei). Und da war nach Kriegsausbruch die immer furchtbarer werdende Orgie der Vernichtung, die nicht nur, aber in besonderem Maße, die Juden in den in Osteuropa besetzten Gebieten betraf.

Judenfeindliche Aktionen begannen in Deutschland schon direkt nach der „Machtergreifung“ vom 30. Januar 1933. Sie verstärkten sich nach der Selbstabhalfterung der politischen Parteien, dem „Ermächtigungsgesetz“ vom 23. März, dem sich nur die Sozialdemokraten mutig widersetzten. Am 1. April 1933 kam es zu einem von der NS-Führung angeordneten „Boykott“ gegen jüdische Geschäfte, Ärzte und Anwälte. Am 7. April wurde das „Gesetz zur Wiederherstellung des Berufsbeamtentums“ erlassen, das sich hauptsächlich gegen Juden richtete. Am 10. Mai 1933 wurden unter Führung der „Deutschen Studentenschaft“ an den Universitäten Bücher „missliebiger“, natürlich vor allem jüdischer, Autoren verbrannt. Viele Professoren nahmen an diesen Autodafés teil. Jüdische Ärzte, Juristen, Professoren wurden immer mehr entmachtet. Am 15. September 1935 wurden die deutschen Juden sogar entbürgert, gewissermaßen rechtlos gemacht. Tausende emigrierten. Viele aber konnten nicht auswandern, denn die meisten Zufluchtsländer zeigten sich sehr sperrig.

Mit dem Beginn des Krieges am 1. September 1939 war die Periode der Entrechtung und Vertreibung mehr oder weniger zu Ende; es kam zur Vernichtung. Von den 566 000 Juden, die es 1933 in Deutschland gab, sind etwa 140 000 umgebracht worden. Von den 9,7 Millionen Juden, welche im vom nationalsozialistischen Deutschland beherrschten Teil Europas lebten, wurden ungefähr 5,8 Millionen erschossen, vergast oder auf andere Weise getötet.
Bei der Eröffnung des Berliner „Denkmals für die ermordeten Juden“ am 10. Mai 2005 fragte eine aus Sydney zugereiste Holocaust-Überlebende, die als Kind in Polen Sabina Haberman geheißen hatte, unter Tränen immer wieder „Warum? Warum?“ Sie hat in 65 Jahren keine Antwort bekommen und erhielt sie auch in Berlin nicht.
Einen besonders erschütternden, ja furchtbaren Fall beschrieb vor einiger Zeit der amerikanische Schriftsteller Daniel Mendelsohn, der das Geschick seiner eigenen Familie erforschte. Er berichtet von einem Ereignis im ostpolnischen Boleslaw aus dem Herbst 1942: „Die Ukrainer und Deutschen, die in ihr Haus eingebrochen waren, fanden Frau Grynberg vor, als sie gerade gebar. Die Tränen und Bitten der Anwesenden halfen nicht, und sie wurde im Nachthemd aus ihrem Haus auf den Platz vor dem Rathaus gezerrt. Von dort wurde sie auf einen Müllplatz im Innern des Rathauses gezogen. Um sie herum stand eine Menge von Menschen, die Witze machten und sie verhöhnten, während sie die Schmerzen der Geburt verfolgten, – und so gebar die Frau ein Kind. Das Kind wurde sofort aus ihren Armen gerissen ... und in die Luft geworfen. Es wurde von der Menge zertrampelt. Man stellte die Frau auf die Füße, während das Blut aus ihr herausströmte ... Danach musste sie mit allen anderen zum Bahnhof gehen, wo sie in einen Eisenbahnwagen nach Belzec geladen wurde.“ Belzec war – das sei zur Klarheit festgehalten – eines der nationalsozialistischen Vernichtungslager bei Lublin; dort wurden über 600 000 Menschen ermordet.

Das deutsche Judentum endete in einer unvorstellbaren Tragödie. Der Präsident des Zentralkomitees der deutschen Katholiken, Hans Joachim Meyer, meinte dazu lapidar: „Die Verbrechen der Nazis am jüdischen Volk sind ein singuläres Ereignis der Menschheitsgeschichte.“ Im Talmud heißt es: „Das Vergessenwollen verlängert das Exil, und das Geheimnis der Erlösung heißt Erinnerung.“ Dieses Wort gilt für Nachfahren der Opfer ebenso wie für Nachkommen der Täter. Und solche Erinnerung führt auch – wie viele Beiträge in diesem Buch beweisen – weit hinter die Jahre der nationalsozialistischen Herrschaft zurück. Die Verbrechen zwischen 1933 und 1945 waren gewiss singulär. Aber die Geschichte dauert länger als nur zwölf Jahre.

Glossar

Kirsten Heinsohn

Akkulturation
Im 19. und 20. Jahrhundert wurde der Begriff Assimilation benutzt, um den Prozess der sozialen und kulturellen Eingliederung der jüdischen Minderheit in die jeweiligen Mehrheitsgesellschaften zu beschreiben. Dabei wurde der zunächst positiv besetzte Begriff in Deutschland seit dem Kaiserreich zu einer negativen Chiffre für eine angeblich vorbehaltlose Anpassung vieler Juden an die christlich geprägte Gesellschaft und die damit verbundene Aufgabe eigener kultureller Identität. In der modernen Forschung wird eher der Begriff Akkulturation verwendet, um die Übernahme bestimmter Verhaltensweisen einer Kultur, etwa das Erlernen der Landessprache, die Anpassung der Kleidung oder die Auseinandersetzung mit kulturellen Gütern, bei gleichzeitiger Beibehaltung eigener lebensweltlicher Prägungen, insbesondere der religiösen Kultur, zu bezeichnen. Dieser aus der Sozialpsychologie stammende Begriff soll zum Ausdruck bringen, dass eine Minderheit sich in der Regel nicht umfassend an die Mehrheitsgesellschaft anpasst, sondern immer eigene Werte tradiert.

Alija (Plural: Alijot)
Ist das hebräische Wort für „Aufstieg" und bezeichnet in der Neuzeit die zionistische Einwanderung nach Palästina, die als Rückführung aller in der Welt zerstreuten Juden verstanden wird. Es werden mehrere Wellen der Alijot unterschieden. Der Beginn liegt um 1882, als rund 25 000 Immigranten nach den Pogromen in Osteuropa in das unter türkischer Herrschaft stehende Gebiet einwanderten und erste jüdische Siedlungen aufbauten. Auch die zweite Welle zwischen 1904 und 1919 bestand hauptsächlich aus einer Einwanderung mehrerer Zehntausend russischer Juden. Der dritte Abschnitt von 1919 bis 1923 gilt als die Phase der „landwirtschaftlichen Pioniere", in der vor allem junge Menschen nach Palästina kamen. Nach dem Ersten Weltkrieg erhöhte sich die Zahl der Einwanderer erheblich, zwischen 1924 und 1931 waren es rund 80 000 aus Osteuropa stammende Menschen. In der fünften Phase bis 1939 schließlich kamen um die 235 000 Einwanderer nach Palästina, sodass der jüdische Bevölkerungsanteil erheblich stieg. Nach der Staatsgründung Israels 1948 wanderten bis 1951 noch einmal rund 680 000 Menschen ein. Zwischen 1951 und 1991 gab es neue Wellen der Immigration, so zwischen 1955 und 1957 aus arabischen Ländern in Nordafrika, 1984/85 aus Äthiopien und seit 1989 aus der ehemaligen Sowjetunion.

Geschnitzter und bemalter Toraschrein (Aron ha-Kodesch), Westheim bei Haßfurt, 18. Jahrhundert.

Aron ha-Kodesch
Ist der hebräische Begriff für den Toraschrein, die „heilige Lade". Der Toraschrein ist ein Schrank oder eine in die Wand eingelassene Nische mit Tür, in dem die handschriftlichen Torarollen in der Synagoge aufbewahrt werden. Der Aron ha-Kodesch wird in Richtung Osten, nach Jerusalem aufgestellt bzw. eingebaut. Die Tür (oder der Vorhang) vor dem Schrein ist häufig dem Stil der Zeit entsprechend reich bestickt oder verziert.

Aschkenas
Mittelalterliche Bezeichnung für Deutschland. Die Aschkenasim, das heißt die Juden vor allem in Mittel- und Osteuropa, haben einen eigenen Ritus und bilden selbstständige Gemeinden. Im osteuropäischen Raum hat sich bis ins 20. Jahrhundert hinein eine spezifische mittelhochdeutsche Sprache bei vielen aschkenasischen Juden erhalten, die Jüdisch-Deutsch oder auch Jiddisch genannt wird.

Assimilation siehe Akkulturation

Bar Mizwa
Ist der hebräische Ausdruck für „Sohn des Gesetzes" oder „Sohn der Pflicht" und bezeichnet die Aufnahme des 13-jährigen Jungen als Erwachsenen in die jüdische Gemeinde. Mit dem Aufnahmeritual gilt der Junge als mündig im Sinne der religiösen Vorschriften. Er ist nun verpflichtet, alle religiösen Gebote einzuhalten. Am Sabbat nach seinem 13. Geburtstag wird der Junge in der Synagoge erstmals aufgerufen, aus der Tora zu lesen. Nach dem Gottesdienst findet dann eine Familienfeier statt. Die Mädchen werden schon mit zwölf Jahren religionsmündig. Seit dem 19. Jahrhundert wird die Bat Mizwa („Tochter des Gesetzes") ebenfalls gefeiert, in einigen Reformgemeinden dürfen dann auch Mädchen aus der Tora lesen.

Barches (auch: Berches, Challa)
Bezeichnen ein zopfartig geflochtenes Hefe-Weizenbrot, das an den Festtagen und dem Sabbat im Rahmen des Segensspruchs verwendet wird.

Bet Din
Ist der hebräische Begriff für Gerichtshof oder auch Rabbinatsgericht. Ein Bet Din besteht aus einem qualifizierten Kollegium aus drei Rabbinern, die vor allem über Zivilklagen sowie kleinere Strafsachen entscheiden, oder aus einem aus drei Männern zusammengesetzten Laiengericht. Die Verhandlungen sind öffentlich. Im Zuge der Aufhebung der innerjüdischen Rechtssprechung während des Emanzipations- und Integrationsprozesses verliert der Bet Din an Bedeutung.

Bet ha-Midrasch (auch: Bet Midrasch)
Ist die hebräische Bezeichnung für ein Lehrhaus, wörtlich übersetzt „Haus des Studiums". Das Lehrhaus war in früheren Zeiten ein Haus oder Raum neben der Synagoge, in dem die religionsmündigen Männer nach dem Gebet gemeinsam in der Bibel, dem Talmud und anderen religiösen Schriften lasen oder Vorträge des Rabbiners hörten.

Bima
Bedeutet Bühne oder Pult und bezeichnet ein erhöhtes Lesepult in der Mitte der Synagoge oder vor dem Toraschrein, auf dem die Torarollen ausgebreitet werden und aus ihnen vorgelesen wird. Die Männer der Gemeinde sitzen auf Bänken seitlich oder vor der Bima.

Chanukka
Bedeutet Einweihung. Chanukka wird auch als Lichterfest bezeichnet und im November/Dezember begangen. Mit diesem achttägigen Fest wird der Rückeroberung des Tempels durch die Makkabäer in der Antike gedacht. Bei der Wiedereinweihung des Tempels wurde der Überlieferung nach ein Rest Öl gefunden, mit dem acht Tage lang der goldene Leuchter im Tempel brannte. Als Erinnerung an dieses Wunder soll beim Lichterfest ebenfalls acht Tage lang ein Licht an der Tür oder im Fenster brennen. Aus dieser Tradition hat sich der achtarmige Chanukkaleuchter entwickelt, der in vielen Familien ein besonderes Schmuckstück ist. Während der Festtage wird gebetet und aus der Tora gelesen, die Kinder bekommen Geschenke, und die Familie singt gemeinsam besondere Chanukkalieder.

Chassidim/Chassidismus
Chassidim bedeutet „die Frommen". Der Chassidismus bezeichnet in der Neuzeit eine mystisch-religiöse Bewegung in Osteuropa, die von Israel ben Elieser Ba'al Schem Tow (um 1700–1760), der als Wunderrabbiner galt, ausging. Die Chassidim unterstellen sich einem charismatischen Oberhaupt, dem Zaddik (Gerechten) und zeigen ihre religiöse Ergebenheit und Gottesgläubigkeit in tiefer Ergriffenheit und ekstatischer Freude im Gottesdienst. Auch die fröhliche, gottesgläubige Gestaltung des Alltags ist ein wichtiger Teil des frommen Lebens. Die chassidische Bewegung wurde von vielen Rabbinern verurteilt und in den Gemeinden bekämpft, etwa indem Chassidim mit dem Bann belegt wurden.

Cheder
Wörtlich: „Zimmer". Der Cheder ist eine religiöse Elementarschule für Jungen bis zur Religionsmündigkeit im Alter von 13 Jahren. Die Jungen lernen im Cheder Hebräisch, um die Gebete lesen und sprechen zu können, und bekommen eine Einführung in die wichtigsten religiösen Texte. Profane bzw. weltliche Fächer werden im Cheder nicht unterrichtet.

Chewra Kaddischa
Ist der aramäische Begriff für eine Beerdigungsbruderschaft, wörtlich „heilige Vereinigung". Die Mitglieder einer Chewra Kaddischa sind verpflichtet, in Krankheits- und Todesfällen zu helfen, etwa indem sie Kranke besuchen und pflegen, sich um die vorgeschriebenen Rituale für Sterbende und Gestorbene kümmern, die Beerdigung organisieren und schließlich auch die Trauerrituale im Haus und in der Synagoge begleiten.

Diaspora
Ist ein aus dem Griechischen stammender Begriff und bedeutet „Zerstreuung". Im Hebräischen wird statt Diaspora der Begriff „Gola" benutzt, der wörtlich „Exil" meint. Beide Begriffe drücken in der jüdischen

Tradition die Zerstreuung des jüdischen Volkes in der Welt aus, resultierend aus der Vertreibung der Juden aus Palästina in der Antike. Diaspora bezeichnet zudem auch die Orte, an denen Juden außerhalb Palästinas bzw. Israels leben. In der modernen sozial- und kulturwissenschaftlichen Forschung wird der Begriff Diaspora inzwischen auch verwandt, um nichtjüdische Exilgemeinschaften zu bezeichnen.

Displaced Person (DP)
Ist eine Bezeichnung für Zivilpersonen, die sich aufgrund der nationalsozialistischen Eroberungs- und Vernichtungspolitik sowie der Auswirkungen des Zweiten Weltkrieges bei Kriegsende außerhalb ihres Herkunftslandes befanden. Zu den DPs gehörten auch die Gefangenen der nationalsozialistischen Konzentrations- und Vernichtungslager. Diese Personen wurden nach Kriegsende in eigenen DP-Camps untergebracht. Die Alliierten waren bestrebt, die DPs möglichst zügig in die Herkunftsländer zurückzubringen (Repatriierung).

Ghetto
Bezeichnet einen Stadtteil, in dem alle Juden zwangsweise ihren Wohnsitz nehmen mussten und Christen nicht wohnen durften. Der Begriff leitet sich von dem Namen des den Juden 1516 zugewiesenen Wohnbezirks in Venedig ab (Ghetto Nuovo = Neue Gießerei). Vor dem Mittelalter hat es keine Ghettos in Europa gegeben, wohl aber Straßenzüge und Stadtviertel, die vorrangig von Juden bewohnt waren. In Deutschland sind seit dem 14. Jahrhundert in einigen Städten sogenannte Judenviertel entstanden, die ausschließlich für jüdische Familien zugelassen waren und oft, aber nicht immer, von Mauern oder Toren umgeben waren. In Frankfurt wurde 1462 der Beschluss durchgesetzt, dass alle Juden, die bis dahin im Zentrum der Stadt gewohnt hatten, sich außerhalb der Stadt niederzulassen hatten. Diese „Judengasse" wurde aufgrund des Bevölkerungswachstums seit dem 16. Jahrhundert und vielen An- und Aufbauten zu einem engen und dunklen Viertel. Im Zuge des napoleonischen Feldzuges wurde das Ghetto 1796 zerstört und nicht wieder aufgebaut. Auch in Mainz wurde 1662 ein gesondertes Stadtviertel ausgewiesen. Sehr charakteristische Ghettos befanden sich seit dem Mittelalter in Spanien, etwa in Valencia oder Barcelona, in Italien (Venedig, Rom) und in Polen. Während des Zweiten Weltkrieges wurden im Zuge der antijüdischen Maßnahmen der deutschen Besatzer in Osteuropa neue jüdische Ghettos eingerichtet, so etwa in Lodz, Warschau, Lemberg und Riga, die eine wichtige Vorstufe für die systematische Ermordung der europäischen Juden bildeten. Heute meint der Begriff außerdem abwertend die räumliche Konzentration bestimmter ethnisch-kultureller oder sozialer Gruppen in großen Städten, etwa in den USA.

Haggada (Pessach-Haggada)
Ist die Erzählung über den Auszug der Juden aus Ägypten in der Antike, die zu Pessach am Seder-Abend in der Familie verlesen wird. Die Erzählung wird begleitet von speziellen Speisen und ist teilweise als Frage-Antwort-Gespräch aufgebaut. Die Kinder fragen, wodurch sich diese Nacht von anderen unterscheidet, das Familienoberhaupt beantwortet die Frage mit Erzählungen über den Auszug in einer festgelegten Reihenfolge. Die Pessach-Haggada, die auch Legenden bzw. nichtbiblische Erzählungen enthält, liegt in einer ganzen Reihe von älteren illustrierten Handschriften sowie einer Anzahl volkstümlich bearbeiteter Bücher vor.

Halacha
Bedeutet „Weg" und wird als das praktische Religionsgesetz des Judentums verstanden. Die Halacha beinhaltet das Recht, den Kultus sowie die Moralgesetze. Die Bestimmungen der Halacha wurden ursprünglich mündlich überliefert, später schriftlich kodifiziert, vor allem in Mischna und Talmud.

Haskala
Bedeutet „Aufklärung" und bezeichnet aufklärerische Bewegungen im europäischen Judentum im 18. und 19. Jahrhundert, die von Deutschland und Österreich über Polen nach Russland kamen. Die Vertreter der Haskala strebten nach einer vom Rationalismus ausgehenden Reform des Judentums, um die jüdische Welt mit der nichtjüdischen zu verbinden. Zentrales Anliegen der Aufklärer (Maskilim) war die Erziehung der Juden, die nicht nur jüdische Kultur kennen, sondern auch eine umfassende weltliche Bildung anstreben sollten. Vonseiten der Orthodoxie wurde den Maskilim vorgeworfen, das Judentum zu schädigen und auflösen zu wollen. In Deutschland war Moses Mendelssohn (1729–1786) der bekannteste Vertreter der Haskala.

Hatikwa
Bedeutet wörtlich „Hoffnung" und ist der Titel eines 1886 in Jerusalem publizierten Gedichtes von Naftali Herz Imber (1856–1909). Er drückt darin die Hoffnung aus, dass das jüdische Volk einst in das Land seiner Vorfahren zurückkehren kann. Die Vertonung des Gedichts war seit 1897 die Hymne der zionistischen Bewegung und wurde 1948 zur israelischen Nationalhymne erklärt. Der aktuelle Text lautet auf Deutsch:

„Solange tief im Herzen
Die Seele eines Juden sich sehnt
Und gen Osten ein Auge blickt, nach Zion,
Ist unsere Hoffnung nicht verloren,
Die Hoffnung von zweitausend Jahren,
Frei zu sein als Volk in unserem Land,
Dem Land Zions und Jerusalems."

Holocaust
Ist eine Ableitung des griechischen Wortes holókaustos, das „Brandopfer" bedeutet. Seit 1944 wird der Begriff benutzt, um die Ermordung der europäischen Juden in nationalsozialistischen Arbeits- und Vernichtungslagern zu bezeichnen. In Deutschland ist der Begriff erst seit 1979, als die Filmserie „Holocaust – Geschichte der Familie Weiß" ausgestrahlt wurde, bekannter geworden.

Jeschiwa (Plural: Jeschiwot)
Ist eine „Talmudhochschule" und bezeichnet eine Schule für männliche Erwachsene, die der traditionellen religiösen Bildung dient. Bis zum Beginn des 19. Jahrhunderts gab es eine große Anzahl von Jeschiwot in Europa. Danach ging ihre Bedeutung in Westeuropa zurück, während diese Tradition in Osteuropa und Palästina noch lebendig blieb.

Jiddisch
Ist eine Eindeutschung des englischen Wortes Yiddisch und bezeichnet die mittelhochdeutsche Sprache der aschkenasischen Juden. Jiddisch war eine Alltagssprache, während Hebräisch eine religiöse Sprache war. Im Laufe der europäischen Aufklärung und der Haskala in Westeuropa wurde Jiddisch als eigene Sprache der Juden negativ bewertet, und es wurde gefordert, sie zugunsten der Landessprache aufzugeben. Erst zu Beginn des Zwanzigsten Jahrhunderts setzte eine langsame Renaissance des Jiddischen in Westeuropa ein, unter anderem durch die Gründung von Zeitschriften und wissenschaftlichen Instituten zur Erforschung der Sprache, etwa 1925 in Berlin und Wilna. In Osteuropa dagegen blieb das Jiddisch noch bis in das 20. Jahrhundert hinein weit verbreitet. Die sozialistische jüdische Arbeiterbewegung in Osteuropa (der „Bund", gegründet 1897 in Wilna) forderte eine national-kulturelle Autonomie für Juden und hatte Jiddisch als Nationalsprache deklariert.

Jom Kippur
Bedeutet „Versöhnungstag" und ist der höchste der jüdischen Feiertage im Jahr. Mitte September bis Mitte Oktober beschließt der Jom Kippur die zehn Bußtage, die am Neujahrsfest (siehe Rosch ha-Schana) beginnen. Der Jom Kippur ist ein Fastentag, an dem eine religiös-sittliche Erneuerung der Gläubigen erfolgen soll. Dazu sollen diese für eine Versöhnung mit Gott beten, aber auch ihre Verwandten, Bekannten und Gegner um Verzeihung für Verfehlungen und Konflikte bitten. Am Vorabend besuchen die Gläubigen das rituelle Tauchbad, um rein an Seele und Geist den Versöhnungstag zu begehen, und sprechen spezielle Gebete, die nach dem einleitenden Text Kol Nidre genannt werden. Am Jom Kippur versammelt sich die Gemeinde zu festgelegten Zeiten in der Synagoge. Das Ende des Tages wird durch das Blasen des Widderhorns (siehe Schofar) verkündet.

Kabbala
Bezeichnet eigentlich die religiöse Überlieferung im Allgemeinen, hat aber im Laufe der jüdischen Geschichte eine spezielle Bedeutung angenommen, nämlich Überlieferung im Sinne einer geheimen, mystischen Tradition. Es gab und gibt sehr unterschiedliche kabbalistische Strömungen, deren gemeinsame Grundlage die Überzeugung ist, dass eine Annäherung an Gott nur erfolgen kann, wenn das geheime Wissen, ausgedrückt in spezifischen religiösen Inhalten mit eigenen Methoden und Ausdrücken, tradiert und gelebt wird. Kabbalisten sind zudem von einem grundlegenden inneren Zusammenhang zwischen Mensch und Kosmos überzeugt. Das Übersinnliche, wie etwa Engelserscheinungen, Wundererzählungen sowie Ideen über Sinn und Form von Buchstaben oder Zahlen, spielt daher eine große Rolle.

Kaddisch
Bedeutet wörtlich „Heiliger" und ist die Bezeichnung für ein zentrales Gebet im Gottesdienst, das aber seit der Neuzeit vor allem als Gebet für das Seelenheil eines Verstorbenen bekannt ist. Das Kaddisch wird zum ersten Mal nach der Bestattung gesprochen, dann während des Trauerjahres sowie jeweils am Jahrestag des Sterbetages zum Ende des Gottesdienstes. Dass diese Aufgabe vor allem von den Söhnen wahrgenommen wird, meistens durch den ältesten, ist keine religiöse Vorschrift, sondern eine Sitte, die sich entwickelt hat. Die ersten drei Bitten des christlichen „Vater unser" stimmen mit den ersten zwei Sätzen des Kaddisch überein: „Geheiligt werde der Name Gottes in der Welt, die er nach seinem Willen geschaffen. Sein Reich möge bald, noch zu Euren Lebzeiten, kommen."

Kaschrut
Bezeichnet die Eigenschaft, dass Nahrungsmittel, insbesondere Fleischwaren, zum Verzehr erlaubt sind, weil sie den rituellen Speisegesetzen entsprechen, oder auch das gesamte System der Speisegesetze. Zu diesen religionsgesetzlichen Vorschriften gehören unter anderem folgende Regeln: Der Verzehr von Schweine-, Hasen- und Kamelfleisch ist verboten, weil diese als unrein gelten, ebenso Fische ohne Schuppen und Flossen. Fleisch darf zudem nur von einem rituell geschlachteten (also geschächteten) Tier stammen, damit das Verbot, Blut zu essen, eingehalten werden kann. Wildfleisch, das auf der Jagd erlegt wurde, ist daher nicht „koscher". Milchprodukte dürfen auf keinen Fall mit Fleisch zusammen gekocht und verzehrt werden. In der Küche sollen daher Töpfe und Pfannen, Geschirr und Besteck wie auch der Abwaschbereich streng nach „milchig" und „fleischig" getrennt sein. Die Einhaltung der Kaschrut bzw. die Festlegung, ob ein geschlachtetes Tier oder produzierte Lebensmittel als koscher gelten, obliegt einem Rabbiner oder auch einer Kaschrut-Kommission.

Kehilla (auch: Kehilla Kedoscha)
Bedeutet wörtlich „heilige Gemeinde“ und ist eine traditionelle Bezeichnung für jüdische Gemeinde.

Ketubba
Bedeutet wörtlich „das Geschriebene“. Ketubba ist eine Urkunde, in der ein Ehemann sich verpflichtet, im Falle der Scheidung oder seines Todes der Ehefrau eine festgelegte Summe auszuzahlen oder diese auszahlen zu lassen. Dieser Vertrag soll die Ehefrau vor leichtfertigen Scheidungsabsichten des Mannes schützen bzw. die Witwe sozial absichern. Der Vertrag wird öffentlich während der Hochzeitszeremonie verlesen, von zwei Zeugen sowie dem Ehemann unterschrieben und der Ehefrau übergeben. Auch die vertraglich vereinbarte Summe selbst wird als Ketubba bezeichnet.

Kiddusch ha-Schem
Bedeutet „Heiligung des göttlichen Namens“ und bezeichnet das moralische Gebot für Juden, den Namen Gottes und damit Gott selbst durch ihre Handlungen zu ehren bzw. alles zu vermeiden, was Gottes Namen entwürdigen würde. So gilt im extremen Fall der Märtyrertod, den ein Mensch erleidet, weil er Jude ist und dies nicht verleugnen will, als Kiddusch ha-Schem. Auf den Alltag übertragen, soll Kiddusch Haschem zum Ausdruck bringen, dass Juden ein verantwortliches und rechtschaffenes Leben führen sollen, in dem insbesondere die Nächstenliebe eine wichtige Rolle spielt.

Kippa
Bezeichnet die Kopfbedeckung des Mannes, die beim Verrichten religiöser Handlungen sowie beim Studium der Schriften zu tragen ist. Die Kippa ist in der Regel eine kleine Kappe, die den Scheitel bedeckt.

Koscher (siehe auch Kaschrut)
Bedeutet „den religionsgesetzlichen Speisevorschriften entsprechend“.

Laubhüttenfest/Sukkot
Das neuntägige Laubhüttenfest findet zwischen Ende September und Mitte Oktober statt und erinnert an die Zeit der Wüstenwanderung, war ursprünglich aber auch ein Erntedankfest. Es ist ein Fest der Freude. Sukka bedeutet „Hütte“. Zu den Feiertagen wird eine Art Hütte errichtet, deren Dach mit Laub und Ästen bedeckt ist, also noch das Sonnenlicht hindurchlässt. Dieser Bau soll an das Leben des biblischen jüdischen Volkes in Ägypten erinnern. Die Familie verbringt einen Teil der Feiertage in der Laubhütte, vor allem am ersten Tag beim gemeinsamen Essen. Für Gemeindemitglieder, die nicht selbst eine Sukka bauen können, wird im Hof der Synagoge eine solche errichtet.

Machsor (Plural: Machsorim)
Machsor bedeutet „Wiederholung“. Machsorim sind mehrbändige Gebetbücher für die Feiertage.

Maskilim (siehe auch Haskala)
Heißt wörtlich „Aufgeklärte“ und bezeichnet die Anhänger der jüdischen Aufklärung.

Mazza (Plural: Mazzot)
Sind ungesäuerte Brote aus Mehl und Wasser, die bei der Seder-Feier an Pessach gegessen werden.

Menora
Ist ein siebenarmiger Leuchter, der zu den ursprünglichen Tempelkultgeräten des Judentums gehört. Die Darstellung des Leuchters ist seit der Antike ein zentrales jüdisches Symbol, etwa auf Münzen und in Synagogen, später auch auf Toraschreinen. Seit der Gründung Israels 1948 ist die Menora ein offizielles Symbol im Wappen des Staates.

Midrasch
Bezeichnet die Auslegung der Bibel durch Rabbiner, in der Antike vor allem als mündliche Tradition, später auch schriftlich. Das Wort ist abgeleitet von dem hebräischen Begriff darosch, das heißt „suchen, forschen“.

Mikwe
Ist ein rituelles Tauchbad, das aus fließendem Wasser, meistens Grundwasser, gespeist wird. Mikwe bedeutet „Becken“ oder „Brunnen“. Der Besuch der Mikwe ist zu verschiedenen Anlässen vorgeschrieben, um sich rituell zu reinigen, bei verheirateten Frauen etwa nach Beendigung der Menstruation oder nach einer Geburt.

Minhagim
Minhag bedeutet wörtlich „Brauch“, Minhagim ist der Plural des Wortes. Die Minhagim sind traditionelle, überlieferte Bräuche einer Region, die nicht durch das Religionsgesetz (Halacha) vorgeschrieben sind.

Minjan
Bedeutet wörtlich „Zahl“ und bezeichnet die Anwesenheit von mindestens zehn religionsmündigen Erwachsenen, nach traditionellem Verständnis ausschließlich Männer, um einen regulären Gottesdienst abhalten zu können.

Mischna
Heißt wörtlich „Lernen, Wiederholung“ und ist eine aus der Antike stammende Sammlung von Lehren, die die Grundlage des Talmuds bilden. Die Mischna ist in sechs Ordnungen gegliedert: die Gebete und Gesetze zur Landwirtschaft (Seraim, „Saaten“), die Vorschriften zu den Fest- und Feiertagen (Moed, „Festzeiten“), die Ehe- und Familiengesetzgebung (Naschim, „Frauen“), das Zivil- und Strafrecht (Nesikin, „Schädigungen“), die Opfer- und Schlachtbestimmungen (Kodaschim, „Heilige Dinge“) und die Reinheitsbestimmungen (Toharot, „Reinheiten“). Insgesamt beinhaltet die Mischna 63 Traktate und 525 Kapitel.

Mussar-Bücher
Mussar bedeutet „Moral“. Mussar-Bücher sind belehrende Schriften über Ethik und Lebensführung (unter anderem Erziehungsfragen, Familienleben, Gesundheitspflege).

Parnass (Plural: Parnassim)
Heißt wörtlich „Verpfleger“ und bezeichnet einen Gemeindevorsteher.

Pessach (auch: Passah)
Pessach ist ein siebentägiges Fest im Frühling, mit dem an die Befreiung aus der ägyptischen Knechtschaft sowie an den Auszug aus Ägypten erinnert wird. Das Pessachfest ist wie der Sabbat ein Fest der Erinnerung und der Besinnung auf die Zugehörigkeit zum jüdischen Volk. Gefeiert wird es mit einem speziellen Abendgottesdienst in der Synagoge und einem anschließenden rituellen Essen im Kreise der Familie, dem Seder, der nach einer speziellen Abfolge verläuft. In den sieben Tagen darf sich nichts Gesäuertes, das sind alle Getreideprodukte, die älter sind oder für eine bestimmte Zeit mit Wasser in Verbindung standen, im Haus befinden oder gegessen werden. Vor Pessach wird das Haus daher gründlich gereinigt und nach Brot- und Getreideresten abgesucht. Während der Festtage wird dann nur ungesäuertes Brot (Mazza) verzehrt.

Pogrom
Ist ein russisches Wort für „Massaker, Verwüstung“ und bezeichnet eine gewalttätige Verfolgung einer Minderheit mit Plünderungen und Morden durch eine aufgebrachte Gruppe von Menschen. Seit den mittelalterlichen europäischen Judenverfolgungen diente der Begriff Pogrom vor allem zur Bezeichnung für Massenausschreitungen gegen Juden. Die Verfolgung deutscher Juden am 9. November 1938 in Deutschland und die Zerstörung vieler Synagogen wird als „Reichspogromnacht“ bezeichnet.

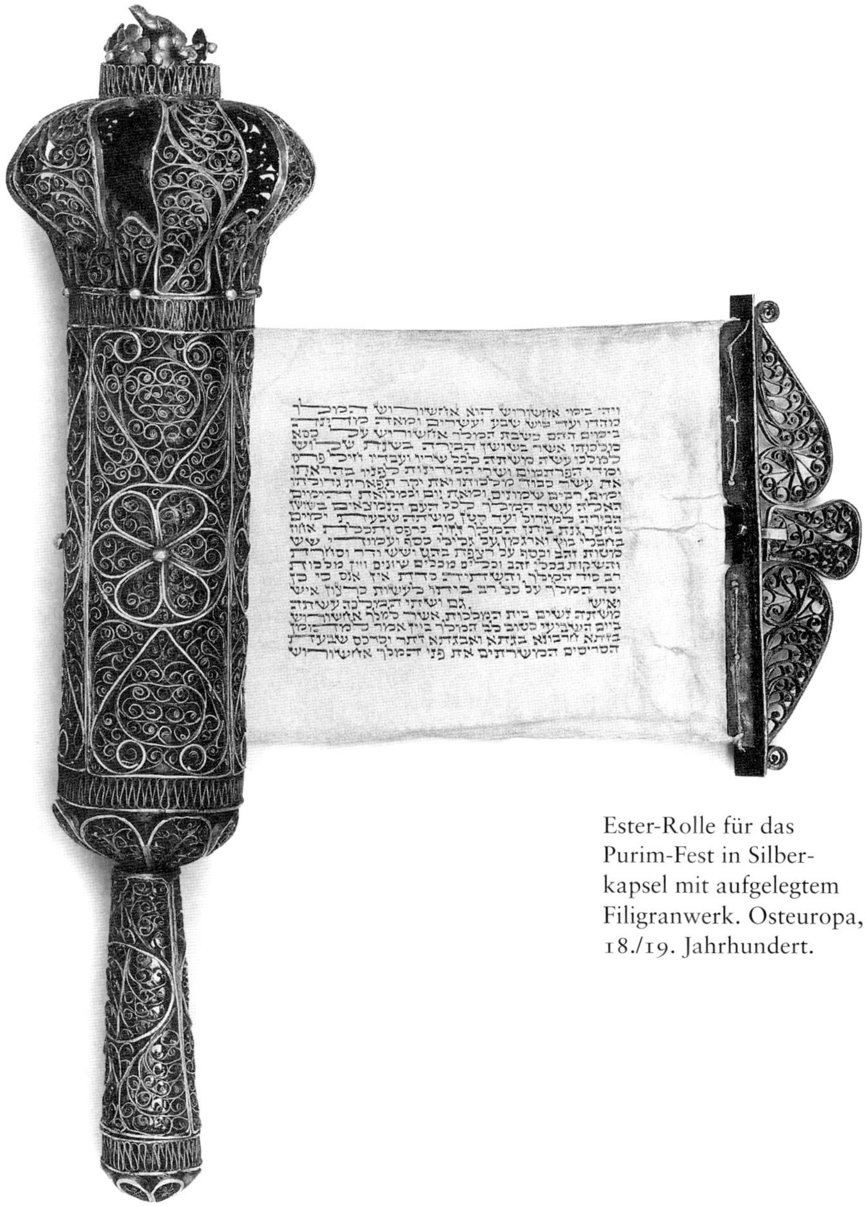

Ester-Rolle für das Purim-Fest in Silberkapsel mit aufgelegtem Filigranwerk. Osteuropa, 18./19. Jahrhundert.

Purim
Purim ist ein fröhliches Fest zur Erinnerung an die Errettung des biblischen jüdischen Volkes aus drohender Gefahr in Persien, wie es im Buch Ester berichtet wird. Etwa im Februar/März findet Purim als Karnevalsfeier mit vielen Süßigkeiten, Geschenken und Spielen statt. In der Synagoge wird aus dem Buch Ester gelesen, das auf einer besonderen Schriftrolle, der Ester-Rolle, aufgezeichnet ist.

Rabbiner
Ist ein aus dem lateinischen Wort rabbinus und dem hebräischen Wort Raw/Rabbi abgeleitetes Wort, das „Meister" oder „mein Lehrer" bedeutet. Dieser Titel wurde bis zur Moderne einem Gelehrten verliehen, der Recht sprechen und über religiöse Fragen entscheiden konnte. Seit dem 19. Jahrhundert gehörte eine universitäre Bildung zunehmend zu einer Rabbinerausbildung in Westeuropa dazu, und seit der Mitte des 19. Jahrhunderts entstanden eigene Ausbildungsseminare für Rabbiner, so 1854 in Breslau oder 1872 in Berlin. Ein Rabbiner wird von der Gemeinde angestellt und für seine Tätigkeit bezahlt.

Rosch ha-Schana
Ist das jüdische Neujahrsfest, wörtlich „Jahresanfang", das im Herbst (September/Oktober) begangen wird und einer der höchsten jüdischen Feiertage ist. Es erinnert an die Erschaffung der Welt durch Gott und soll die Gläubigen ermahnen, ihr Handeln zu überdenken und Besserung zu suchen. Rosch Haschana gilt deshalb auch als Gerichtstag, dem zehn Bußtage bis zum Jom Kippur folgen.

Sabbat (auch: Schabbat)
Ist nach dem jüdischen Kalender der siebte Tag der Woche und ein Ruhetag, beginnend bei Sonnenuntergang am Freitag bis Samstagabend. Der Sabbat wird von der Familie gemeinsam begangen. An diesem Tag soll alle Arbeit im Haus ruhen, damit sich die Gläubigen auf ihren Bund mit Gott besinnen können. Neben den Speisegesetzen ist die wöchentliche Sabbatruhe eine sichtbare religiöse Tradition, die eine Distanz zur nichtjüdischen Umwelt schafft. Schon am Freitagnachmittag beginnen die Vorbereitungen für das abendliche Sabbatmahl und die weiteren Speisen, die am Samstag benötigt werden. Während der Hausvater in die Synagoge geht, bereitet die Hausfrau den Tisch vor. Es gehört zu den Aufgaben der Frau, die Sabbatkerzen zu entzünden, einen Segen zu sprechen und auf diese Weise den Sabbat beginnen zu lassen. Der Hausvater füllt zum Beginn des Sabbatmahls den Becher mit Wein und spricht den Segen. Nach ihm trinken alle Anwesenden, bevor dann ebenfalls vom männlichen Oberhaupt der Familie die Barches angeschnitten, mit Salz bestreut und in kleinen Stücken an alle verteilt werden. Erst danach beginnt die eigentliche erste Sabbatmahlzeit, die mit einem Tischgebet beendet wird. Am Samstag folgen die zweite und dritte Sabbatmahlzeit, bevor zu Sonnenuntergang feierlich Abschied vom Sabbat genommen wird.

Schema Israel (auch: Sch'ma Israel)
Beginn des täglichen Morgen- und Abendgebetes: „Sch'ma Israel adonai elohenu adonai echad", übersetzt: „Höre Israel, der Ewige, unser Gott, der Ewige ist einzig." Dieses Gebet drückt ein zentrales Prinzip der jüdischen Religion aus, den Glauben an einen einzigen Gott.

Schoah (auch: Shoah)
Ist ein hebräisches Wort, das Katastrophe oder Zerstörung bedeutet. Schoah bezeichnet ursprünglich Judenverfolgungen und Pogrome, wird aber seit dem Zweiten Weltkrieg vor allem als Begriff für den millionenfachen Mord europäischer Juden durch das nationalsozialistische Regime benutzt. Der nationale Gedenktag für die Opfer des Völkermordes in Israel heißt Jom haShoah. Der Film von Claude Lanzmann über den Völkermord mit dem Titel „Shoah" (1985) machte diesen Begriff in Westeuropa und den USA bekannt.

Schofar
Ist ein gekrümmtes Blasinstrument, das aus dem Horn eines Widders oder einer Antilope gefertigt wird. Ursprünglich wurde das Instrument wohl für den Kriegsdienst verwendet, zusätzlich auch beim Gottesdienst. Das Schofarblasen spielt insbesondere beim Neujahrsfest (Rosch ha-Schana) und am Versöhnungstag (Jom Kippur) eine Rolle.

Schtetl
Ist ein jiddisches Wort, das Städtlein bedeutet. Als Schtetl werden kleine jüdische Siedlungen in Osteuropa vor dem Zweiten Weltkrieg bezeichnet, in denen sich Juden unter dem Schutz des Herrschers ansiedeln und ihre Religion frei ausüben durften. Die meisten dieser Kleinstädte, die zwischen 1000 und 20 000 Einwohner haben konnten, lagen in Galizien, in der Ukraine, in Weißrussland und Litauen. Im Schtetl, abgeschlossen von der Umwelt, blühte die ostjüdische Kultur und Lebensweise. Die Bewohner sprachen meist Jiddisch, lebten streng gemäß den religiösen Vorschriften und arbeiteten als Handwerker, Händler oder Tagelöhner in sehr ärmlichen Verhältnissen. Die Armut im Schtetl sowie die feindliche, oft gewalttätige Umwelt waren zentrale Motive für die Auswanderung vieler Familien nach Übersee im 19. Jahrhundert.

Seder
Heißt wörtlich „Ordnung" und bezeichnet den häuslichen Familiengottesdienst, der an den beiden ersten Abenden des Pessachfestes stattfindet. Das Sedermahl wird begleitet von der Verlesung der Pessach-Haggada, in der die Geschichte des Auszugs aus Ägypten erzählt wird. Als Festsymbole dienen die Mazzot, bittere Kräuter, die an die Bitternis der Gefangenschaft erinnern sollen, ein Mus aus Wein, Äpfel und Nüssen, das symbolisch den bei der Zwangsarbeit in Ägypten verwendeten Ton und Lehm vertritt, Salzwasser und Petersilie oder Sellerie, wobei das Salzwasser die Tränen in der Gefangenschaft repräsentiert und die Petersilie eine Frucht der Erde, sowie schließlich ein Ei (und teilweise auch ein Knochen) als Symbol für ein Festopfer. Diese Speisen werden in einer festgelegten Reihenfolge verzehrt.

Sefarad/Sefardim
Sefarad ist eine Länderbezeichnung aus der Bibel, die als Spanien identifiziert wurde. Sefardim sind spanische und portugiesische Juden, die seit 1492 zur Auswanderung gezwungen wurden, sowie deren Nachkommen. Die Sefardim haben wie die Aschkenasim einen eigenständigen Ritus und bilden selbstständige Gemeinden.

Sukkot siehe Laubhüttenfest

Synagoge
Bezeichnet ursprünglich im Griechischen eine Versammlung oder Gemeinde, seit der Antike ist damit aber auch eine Versammlungsstätte im Sinne eines Gebetshauses gemeint. In romanischen und slawischen Ländern wurde das Gebetshaus als Tempel bezeichnet, im mittelalterlichen Deutschland als Schul oder Schule. Die Synagoge war und ist aber nicht nur ein Gebetshaus, sondern oft auch ein Gemeindezentrum. In kleinen Gemeinden dienten auch private einzelne Räume als Synagogen, nur große Gemeinden konnten es sich leisten, eigene Synagogen zu bauen. Je nach Region und Zeit entstanden dabei verschiedene Stilrichtungen im Synagogenbau. Zu den Einrichtungsgegenständen gehören immer der Toraschrein (siehe Aron ha-Kodesch), ein Vorlesepult (siehe Bima) sowie Bänke für die männlichen Gemeindemitglieder. Die Frauen nehmen auf einer Empore Platz.

Takkanot
Sind verpflichtende, rechtliche Verordnungen, die die sozialen, religiösen, moralischen und finanziellen Belange einer Gemeinde regeln. Verstöße gegen die Takkanot konnten bestraft werden, unter anderem mit Geldstrafen oder im schlimmsten Fall auch mit dem Bann. Takkanot sind die Vorläufer der seit dem 19. Jahrhundert aufgestellten Gemeindestatuten.

Tallit
Ist ein viereckiges Tuch, das als Gebetsmantel und als Totenhemd dient.

Talmud
Bedeutet wörtlich „Belehrung" oder auch „Studium". Talmud bezeichnet die schriftliche Fassung der Lehre und der gesetzlichen Vorschriften des nachbiblischen Judentums, das aus zwei Teilen besteht (siehe Mischna und Gemara). In der Mischna sind die Lehren gesammelt, in der Gemara („Vollendung" oder „Vervollständigung") folgt die Interpretation. Die Auslegungen erfolgten vor allem in Babylonien bis zirka 500. n. Chr. Der sogenannte Babylonische Talmud hat sich gegenüber dem wohl lückenhaften palästinischen Talmud (auch Jerusalem-Talmud) als verbindlich durchgesetzt.

Talmud-Tora-Schule
Ist eine traditionelle jüdische Elementarschule, in der Jungen Unterricht über die Bibel, die Liturgie, den Talmud und das Hebräische erhalten, entsprechend der talmudischen Bestimmung, dass jeder Junge und Mann sich täglich mit religiösen Fragen beschäftigen soll. Die ersten Talmud-Tora-Schulen waren reine Religionsschulen, in späteren Zeiten entwickelten sie sich zu Gemeindeschulen, in denen alle Fächer der Volksschule und die religiösen Fächer unterrichtet wurden. Die Talmud-Tora-Schule in Hamburg etwa wurde 1822 Volksschule, 1850 dann Bürgerschule und 1869 Realschule.

Tefillin
Sind Gebetsriemen, an denen lederne Kapseln befestigt sind, die Abschnitte aus der Tora enthalten. Die Tefillin werden beim Morgengebet auf dem linken Arm und auf der Stirn angelegt.

Tora
Bedeutet „Lehre" und ist im weitesten Sinne die Bezeichnung für die Lehre des Judentums, im engeren Sinne für die fünf Bücher Mose (Pentateuch). In der Synagoge werden die Bücher Mose, die als Handschrift auf einer Pergamentrolle geschrieben sind und in einer besonderen Lade (siehe Aron ha-Kodesch) verwahrt werden, während eines Jahres im Gottesdienst verlesen.

Toraschrein siehe Aron ha-Kodesch

Zaddik (auch: Zadik)
Bezeichnet einen vollendeten Frommen bzw. einen „Gerechten". Im Chassidismus gilt der Zaddik auch als Führer, „Erlöser" oder Wundertäter. Der Glaube an den Zaddik, an sein Charisma, war das verbindende Element der chassidischen Bewegung.

Zion/Zionismus (siehe auch Alija)
Zion ist ursprünglich der Name eines Hügels in Jerusalem, auf dem sich später der Tempelbezirk befand. In Literatur und Dichtung war Zion vor allem eine Bezeichnung für Jerusalem und später für das ganze „Heilige Land". Mit dem Zionismus des 19. Jahrhunderts entstand aus der religiösen Hoffnung auf Rückkehr nach Zion eine moderne Nationalbewegung, die das jüdische Volk als Nation begriff, die es zu einen und mit einem eigenen Staatsterritorium zu versehen galt.

Zum Toraschmuck gehören auch Aufsätze für die Torarolle (Rimonim, Singular: Rimon). Hier ein silberner Rimon in Turmform mit vergoldeten Glöckchen. Berlin, um 1763.

Chronik

3760 v. Chr. (Beginn der jüdischen Zeitrechnung nach der Weltschöpfung)
Die jahrtausendealte mythische Überlieferung über die Weltentstehung wird – wie auch die frühe Kulturentwicklung der Stämme Israels – in der Bibel im Sinne der jüdischen Religion gedeutet und in einen geschichtlichen Ablauf gebracht. Nach dieser Konstruktion setzt die Geschichte mit der Weltschöpfung ein (1. Buch Mose, Kapitel 1–2), wird durch die Sintflut beinahe beendet und beginnt mit den Noah-Söhnen Sem, Ham und Japhet neu.

Um 1250 v. Chr.
Auszug aus Ägypten. Das 2. Buch Mose berichtet, dass die Israeliten aus der ägyptischen Knechtschaft geflohen sind. Historisch wahrscheinlich ist aber, dass nur ein einzelner Stammesverband nach Palästina zog. In der biblischen Tradition wird der Exodus als Gründungsakt Israels und Zeichen der göttlichen Auserwählung gedeutet (2. Buch Mose, 1–15). Tatsächlich bildet sich ein einheitlicher jüdischer Glaube und mit ihm das Volk Israel erst während des „Babylonischen Exils" (siehe 597–538 v. Chr.) heraus.

12./11. Jh. v. Chr.
Zeit der Richter. Weil die Stämme Israels von Philistern und anderen Seevölkern, die vermutlich indoeuropäischen Ursprungs sind, bedroht werden, schließen sie militärische Bündnisse. In den Kämpfen werden sie von „Richter" genannten Stammesältesten angeführt.

Ca. 1020–1004 v. Chr.
Saul, Heerführer im Kampf gegen die Philister, vereint die zehn israelitischen Nordstämme und lässt sich zu ihrem König salben. Die Tradition beschreibt ihn als gotterwählten König, der seine Herrschaft durch Ungehorsam gegenüber Gottes Geboten wieder verliert.

Ca. 1004–964 v. Chr.
David, seit sieben Jahren König der Südstämme Juda und Benjamin, wird nach dem Tod König Sauls auch Herrscher der zehn Nordstämme. Er erobert Jerusalem, macht die Stadt zur Kapitale Israels, drängt die Philister zurück und unterwirft die Nachbarvölker Edom, Moab, Ammon und Aram. Mit der Überführung der Bundeslade, die nach biblischer Überlieferung die Tafeln mit den Zehn Geboten enthält, nach Jerusalem (2. Samuel 6) wird die Stadt unter David und seinem Sohn und Nachfolger Salomo zum Symbol des vereinten Israel.

Ca. 955–587 v. Chr.
Zeit des ersten Tempels. König Salomo lässt in Jerusalem einen herrscherlichen Palasttempel errichten, der zur wichtigsten Opferstätte für Gott Jahwe wird.

930/926 v. Chr.
Die zehn Nordstämme trennen sich von der durch David begründeten Dynastie (Davididen) und wählen einen eigenen König für das Nordreich Israel. Die Stämme Juda und Benjamin bleiben unter der Herrschaft der Davididen und bilden das Südreich Juda.

722/21 v. Chr.
Das Nordreich wird von Assyrern erobert und ihrem Herrschaftsgebiet als Provinz angegliedert. Große Teile der Bevölkerung werden von den neuen Herrschern deportiert. Da sich ihre Spuren verlieren, bezeichnet man die Deportierten später als die zehn verlorenen Stämme Israels.

640/39-609 v. Chr.
König Josia von Juda nutzt den einsetzenden Niedergang des assyrischen Reiches zur Ausdehnung seiner Herrschaft nach Norden. Er sieht sich in der Nachfolge Davids als Repräsentant Gesamtisraels. Die schriftliche Fixierung der hebräischen Bibel beginnt.

597–538 v. Chr.
Der babylonische König Nebukadnezar erobert Juda. Dessen König Jojakin wird mit einigen Angehörigen der Oberschicht ins südliche Mesopotamien verschleppt. Nach einer Revolte lässt Nebukadnezar 587 v. Chr. den salomonischen Tempel in Jerusalem zerstören und große Teile der Ober- und Mittelschicht ins Zweistromland deportieren. Während des folgenden sogenannten Babylonischen Exils entsteht auf der Basis altisraelitischer Traditionen das Judentum als Religion: Gelehrte entwerfen eine idealisierte Geschichte des jüdischen Volkes, wie sie später in Teilen des Alten Testaments ausgeführt wird. Erst im Exil setzt sich – im Kontrast zur Götterwelt der babylonischen Eroberer – der Monotheismus durch, wird der Sabbat zum Feiertag, entstehen die jüdischen Speisevorschriften und andere religiöse Regeln.

538 v. Chr.
Der Perserkönig Kyros (559–530 v. Chr.) erobert Babylonien. Juda und Israel werden Teile einer persischen Provinz. Den jüdischen Exilanten gestattet er die Rückkehr in ihre Heimat und den Wiederaufbau des Tempels in Jerusalem. Der zweite Tempel wird im Frühjahr 516 v. Chr. geweiht.

332 v. Chr.
Alexander der Große (ca. 356–323) erobert die Gebiete von Juda und Israel sowie Ägypten, Jerusalem bleibt autonome Provinz.

332/31 v. Chr.
Alexander der Große gründet in Nordafrika die hellenistische Großstadt Alexandria, wo sich auch Juden ansiedeln. Sie stellen bis zu einem Viertel der Stadtbevölkerung und leben wie andere Bevölkerungsgruppen in einem eigenen Wohnviertel, das sie weitgehend unabhängig von der griechischen Obrigkeit verwalten.

168 v. Chr.
Der seleukidische König Antiochos IV., der in der Nachfolge Alexander des Großen über Syrien und Jerusalem herrscht, richtet einen synkretistischen Kult im Tempel von Jerusalem ein und verbietet die jüdischen Riten. Daraufhin organisieren die Makkabäer-Brüder Judas, Jonatan, Simon und Johannes Hyrkan, Söhne eines jüdischen Priesters, einen Aufstand. 164 v. Chr. erobert Judas Makkabäus Jerusalem zurück und lässt den Tempel neu weihen. In den folgenden Jahren errichten die Makkabäer als geistliche und weltliche Führer wieder einen jüdischen Staat. 141 v. Chr. gestattet die Volksversammlung Simon Makkabäus die Begründung einer Herrscherdynastie: Simons Enkel Aristobul (I.) nimmt 104 v. Chr. den Königstitel an.

Um 150 v. Chr.
Mit den Essenern bildet sich neben den Pharisäern und den Sadduzäern eine dritte bedeutende jüdische Gruppe heraus. Die Essener leben als priesterliche Sekte in Askese und Gütergemeinschaft. Möglicherweise siedelt ein Teil von ihnen in Qumran. Die hier ab 1947 n. Chr. gefundenen Schriftrollen bezeugen eine konservative Priestertradition und enthalten die bei weitem ältesten Textzeugnisse der hebräischen Bibel.

76 v. Chr.
Nach dem Tod des jüdischen Königs Alexander Jannaius wird dessen Witwe Salome Alexandra zur Königin gesalbt. Unter ihr müssen Königs- und Priesterwürde getrennt werden, da Frauen das Priesteramt verwehrt ist. Als sie 67 v. Chr. stirbt, vereinigt ihr Sohn Hyrkan II. beide Ämter wieder. Doch auch sein Bruder Aristobul (II.) erhebt Anspruch auf die Nachfolge der Mutter und reißt schließlich mit Unterstützung der Sadduzäer die Herrschaft an sich. Daraufhin kommt es zum Bürgerkrieg zwischen Sadduzäern und Pharisäern, die Hyrkan II. unterstützen. Diese Unruhen nimmt der römische Feldherr Pompeius zum Anlass, im Jahr 63 v. Chr. Jerusalem zu erobern. Zum Entsetzen der Priesterschaft betritt er den Tempel. Die Region gerät unter direkte Oberherrschaft der Römer, die hier bald darauf die Provinz Judäa einrichten.

37–4 v. Chr.
Der tyrannische römische Vasallkönig Herodes dehnt sein Herrschaftsgebiet über die Grenzen des David-Reiches aus und lässt den Jerusalemer Tempel durch umfangreiche Bauten erweitern. Nach seinem Tod teilen die Römer das Reich unter seinen Söhnen Archelaos, Herodes Antipas und Herodes Philippus auf.

26–36 n. Chr.
Pontius Pilatus ist römischer Statthalter in Judäa. Seine grausame und korrupte Amtsführung heizt die Romfeindschaft im Volk weiter an, zugleich wächst die Endzeiterwartung. In Galiläa tritt Johannes der Täufer als asketischer jüdischer Bußprediger auf, der den nahen Anbruch des göttlichen Zorngerichts verkündet, zur Umkehr aufruft und die Bußfertigen – darunter Jesus aus Nazareth – am Jordan seiner Taufe unterzieht. Johannes wird von Herodes Antipas gefangen gesetzt und enthauptet.

Ca. 31–33
Jesus aus Nazareth, ein galiläischer Jude, tritt als Verkünder und Repräsentant der anbrechenden Gottesherrschaft auf. Mit einer Schar von Anhängern zieht er im Frühjahr 33 zum Passahfest nach Jerusalem. Die jüdischen und römischen Behörden befürchten Unruhen. Der Hohepriester Kaiphas und Pontius Pilatus machen Jesus den Prozess. Pilatus lässt den wegen Aufruhrs Verurteilten als „König der Juden" kreuzigen. Aus der von Jesus initiierten Bewegung entwickelt sich etwa eine Generation später das Christentum.

37–41
Kaiser Caligula verlangt von seinen Untertanen, dass sie ihn gottgleich verehren. Von diesem Kaiserkult sind Juden ausdrücklich befreit. Als jedoch der Befehl ergeht, im Tempel und in Synagogen Kaiserstatuen aufzustellen, kommt es 38 n. Chr. in Jerusalem und Alexandrien zum Konflikt. In dessen Verlauf greifen in der Stadt Alexandria weitgehend rechtlose ägyptische Stadtbewohner Juden gewaltsam an, sodass diese ihr Stadtviertel nicht mehr gefahrlos verlassen können. Mit Billigung des römischen Statthalters Flaccus werden die Juden so in das erste Ghetto gezwungen. Drei Jahre später gibt Caligulas Nachfolger Claudius den alexandrinischen Juden ihre alten Rechte zurück.

66–70
Nach anhaltenden Unruhen zwischen Juden und Nichtjuden in der Hafenstadt Caesarea setzt in Judäa eine große Aufstandsbewegung gegen Rom ein, die in einen offenen Krieg zwischen der Besatzungsmacht und der jüdischen Bevölkerung mündet.

70
Eroberung Jerusalems durch die Römer. Auf dem bis zuletzt hart umkämpften Tempelberg gerät der herodianische Tempel in Brand und wird großteils zerstört. In Rom wird für den siegreichen Oberkommandierenden Titus ein Triumphzug mit judäischen Gefangenen und erbeuteten Tempelgeräten veranstaltet. Auf der Bergfestung Masada halten sich noch bis 73 n. Chr. jüdische Aufständische. Nach der Eroberung fliehen eine große Zahl von Juden aus dem Heiligen Land, werden durch die Römer vertrieben oder in Gefangenschaft geführt. Jüdische Migranten gehen bis nach Spanien, Frankreich oder ins spätere deutsche Reich. Die Tempelzerstörung gilt als Beginn der Diaspora.

Ab 70
In Jabne (südlich des heutigen Tel Aviv) sammelt sich um Jochanan ben Zakkaj ein Kreis von Schriftgelehrten, die ab etwa 100 n. Chr. eine spirituelle und politische Führungsrolle erlangen. Sie definieren die Grundlagen einer jüdischen Gebetsordnung und übernehmen Gerichtsfunktionen. Die Gelehrten tragen den Titel

„Rabbi", Meister. Aus ihnen entwickelt sich das später in der ganzen jüdischen Welt verbreitete Rabbinertum. Die Synagoge als Kultus- und Versammlungsstätte setzt sich durch.

132–135
Der judäische Fürst Simon bar Kochba führt einen Aufstand gegen die Römer an, der mit der Eroberung von Betar bei Jerusalem niedergeschlagen wird. Jerusalem wird als römische Garnisonsstadt für Juden gesperrt. Die römische Provinz heißt fortan Syria Palaestina; seither wird die Bezeichnung Palästina allgemein für das Land zwischen Mittelmeer und Jordan gebraucht. Eine neue Auswanderungswelle beginnt, das jüdische Leben verlagert sich weitgehend in die Diaspora. Weltweit gibt es in dieser Zeit ca. 1,5 Millionen Juden, in Palästina verbleiben nur wenige Tausend. Bis in die Neuzeit sind diese Zahlen in etwa konstant.

Ca. 160–217
Unter dem Patriarchen Jehuda ha-Nasi, oberster Repräsentant der Juden im Römischen Reich, entfalten die rabbinischen Institutionen ihre volle Macht. Jehuda wird die Zusammenstellung der Mischna zugeschrieben. Die Überlieferungen der rabbinischen Schulen in Palästina und Babylonien werden in den folgenden Jahrhunderten jeweils im jerusalemischen und im babylonischen Talmud zusammengefasst.

212
Kaiser Caracalla (211–217) verleiht allen Freien im Reich das römische Bürgerrecht – auch Juden.

380
Das Christentum wird auf Betreiben des Kaisers Theodosius I. staatlich geförderte Religion im Römischen Reich. Judenfeindliche christliche Vorstellungen prägen in der Folge immer stärker die Politik und führen zu diskriminierenden Gesetzen.

527–565
Unter dem oströmischen Kaiser Justinian wird das Römische Recht umfassend kodifiziert. Auch jene Gesetze, die Juden betreffen, werden festgeschrieben, etwa das Verbot, christliche Sklaven zu halten.

589
In Spanien verbietet das 3. Konzil von Toledo den Juden, christliche Frauen zu heiraten, mit Konkubinen zu verkehren oder Sklaven zu halten. Unter muslimischer Herrschaft ab dem frühen 8. Jahrhundert werden Juden vergleichsweise besser gestellt. In den folgenden Jahrhunderten entwickelt sich auf der iberischen Halbinsel eine eigene kulturelle jüdische Tradition, das Sefardentum.

7. Jh.
Die rabbinischen Akademien in Babylon erringen allmählich in der gesamten Diaspora autoritative Geltung in religiösen Fragen.

849
In Samarra (im heutigen Irak) verordnet Kalif al-Mutawwakil Stoffabzeichen in Signalfarbe für Juden und andere Nichtmuslime. Es ist das erste Mal, dass Juden ein Erkennungsmerkmal auf der Kleidung tragen müssen.

9./10. Jh.
Nachdem der hebräische Bibeltext in Babylonien und Palästina unterschiedlich überliefert worden ist, wird er in Tiberias am See Genezareth durch die Masoreten, eine Gruppe jüdischer Gelehrtenfamilien, vereinheitlicht. Ihre Textfassung ist bis heute bestimmend.

936–1024
Während der Ottonen-Dynastie gewinnen Städte und Fernhandel im Heiligen Römischen Reich zunehmend an Bedeutung. Neben den bedeutenden jüdischen Siedlungen im Rheinland (Speyer, Worms, Mainz, Köln) entstehen jüdische Handelsniederlassungen entlang der großen europäischen Handels- und Verkehrswege.

1028
Tod des Mainzer Rabbiners Gerschom ben Jehuda (geb. ca. 960), genannt die „Leuchte des Exils", eines der einflussreichsten talmudischen Gelehrten des Abendlandes. Sein Gebot der Monogamie gilt bald im gesamten aschkenasischen Judentum.

1090
Kaiser Heinrich IV. gewährt einigen Juden in Speyer im Einvernehmen mit dem Bischof besonderen Schutz ihrer Person und ihres Eigentums. Das Privileg gewährleistet unter anderm zollfreien Handel innerhalb des Reiches, Unverletzlichkeit der Häuser, Freistellung von gewissen Abgaben und den Schutz vor Zwangstaufen. Sonderrechte wie diese werden immer wieder von mittelalterlichen Herrschern an Juden vergeben, nicht zuletzt um deren Wirtschaftskraft im eigenen Interesse, etwa für Steuereinnahmen, zu fördern.

1096
Beginn des 1. Kreuzzugs. Auf dem Weg ins Heilige Land überfallen Kreuzfahrer jüdische Gemeinden, vor allem am Rhein und in Ungarn. Juden werden ermordet, unter Zwang getauft oder in den Suizid getrieben.

1105
Tod des Bibel- und Talmudgelehrten Schlomo ben Jizchak (Raschi) in Troyes. Seine Kommentare zu Bibel und Talmud, die die Auslegungstradition bis zum 1. Kreuzzug zusammenfassen, werden in jüdischen Bibel- und Talmudausgaben bis heute abgedruckt.

1158
Der aus Córdoba stammende Arzt, Gesetzesgelehrte und Religionsphilosoph Mose ben Maimon (1135–1204), genannt Maimonides, zieht nach Kairo. Sein arabischer Kommentar zur Mischna gilt – ins Hebräische übersetzt – bald als Standardwerk.

Ca. 1180
In Südfrankreich verfassen Unbekannte das Buch Bahîr (Heller Schein). Es ist das erste noch erhaltene Werk der Kabbala.

1215
Das IV. Laterankonzil unter Papst Honorius III. spricht sich gegen die Ausübung öffentlicher Ämter durch Juden aus, fordert für Juden und Muslime besondere Kleidungsmerkmale und verlangt die Verfolgung rückfälliger Getaufter.

1290
Der englische König Edward I. (1272–1297) lässt alle Juden aus England und der Gascogne vertreiben. Die meisten von ihnen sind erst nach der normannischen Eroberung 1066 auf die Insel gekommen. Wegen ihrer Tätigkeit im Finanzgeschäft im christlichen Volk verhasst, werden sie im 13. Jahrhundert wiederholt Opfer von Verfolgung. Nach der Ausweisung übernehmen christliche Geldverleiher ihre ökonomische Funktion.

1348–1351
Eine verheerende Pestepidemie in Europa löst von Spanien ausgehend eine Vielzahl lokaler Judenverfolgungen aus. Besonders stark sind sie in Toulon, Zürich, Freiburg und Erfurt. Den Juden wird meist vorgeworfen, Brunnen vergiftet zu haben.

1356
Im Zuge der verfassungsmäßigen Neuordnung des Heiligen Römischen Reiches („Goldene Bulle") wird die Verpflichtung zum Schutz der Juden gegen Bezahlung von Schutzgeldern vom Kaiser auf die Kurfürsten übertragen. Damit unterstehen die Juden nun direkt ihren jeweiligen Landesherren.

1462
Die Juden in Frankfurt am Main müssen ein geschlossenes Quartier vor den Stadttoren beziehen. Das Ghetto existiert bis in die napoleonische Zeit.

1475
In Trient werden Juden des Ritualmords an dem Knaben Simon beschuldigt, nach Foltergeständnissen verurteilt und hingerichtet. Im neuen Medium des Buchdrucks findet diese Ritualmordlegende weite Verbreitung und führt zu ähnlichen Anschuldigungen an anderen Orten.

1478
Papst Sixtus IV. ordnet für Spanien den Beginn der Inquisition an. Ab 1480 verfolgen die Inquisitionsbehörden systematisch auch getaufte Juden (Conversos), die – oft unter Zwang konvertiert – als „Geheimjuden" (Marranen) geschmäht und angeklagt werden.

1492
Nach dem Abschluss der Reconquista, der christlichen Rückeroberung Spaniens von den Muslimen, werden sämtliche Juden aus Spanien per Edikt ausgewiesen. Sie gehen vor allem nach Nordafrika und nach Portugal, wo sie 1497 ebenfalls vertrieben werden.

1516
In der Republik Venedig richtet die Regierung ein Ghetto ein, das zum Vorbild für spätere obrigkeitlich verordnete Judenviertel in zahlreichen Städten wird. Die Bezeichnung „Ghetto" leitet sich aus dem Namen des venezianischen Viertels her, in dem die Juden leben müssen: „Ghetto Nuovo" (Neue Gießerei).

1517/18
Der Christ Daniel Bomberg druckt in Venedig die erste Rabbinerbibel. Sie enthält den hebräischen Bibeltext mit aramäischen Übersetzungen und den wichtigsten mittelalterlichen Kommentaren.

1519
Vertreibung der Juden aus der Regensburg auf Betreiben der Franziskaner. Damit sind die Juden aus fast allen Reichsstädten bis auf Frankfurt am Main und Worms verdrängt.

1597
Geflohene sefardische Juden dürfen sich in den Niederlanden ansiedeln. Neun Jahre später gründen sie die sefardische Gemeinde von Amsterdam, die in den folgenden Jahrhunderten auch viele Zwangsbekehrte anzieht, die zum jüdischen Glauben zurückkehren. Auch in Hamburg lassen sich portugiesische Conversos nieder, die dort zum Judentum zurückkehren. Gegen den Widerstand der lutherischen Geistlichkeit und der Bürgerschaft setzt der Rat ihre Duldung durch.

1603
Der Versuch der Juden in Deutschland, sich auf Reichsebene zusammenzuschließen, scheitert am Widerstand der Fürsten. Es bilden sich Landgemeinden und die sogenannten Landjudenschaften in den deutschen Territorialstaaten heraus.

1609
In Prag stirbt der 1525 geborene kabbalistische Theologe und Rabbiner Juda ben Bezalel, der bald legendenumrankte „Rabbi Löw".

1648/49
Kosakenaufstände unter Bogdan Chmielnicki in der Ukraine gegen die polnische Herrschaft werden von Judenverfolgungen begleitet.

1666
In Smyrna (dem heutigen Izmir) proklamiert sich der ehemalige Talmudschüler Sabbatai Zwi 1665 zum Messias und bestimmt den 18. Juni 1666 als Datum der Erlösung. Er gewinnt auch im deutschen Reich viele Anhänger. Von den osmanischen Behörden verhaftet und mit der Hinrichtung bedroht, tritt er – zur großen Enttäuschung seiner Anhänger – zum Islam über.

1671
Nachdem Kurfürst Friedrich Wilhelm I. per Edikt 50 jüdischen Familien, die zuvor aus Wien vertrieben worden waren, die Ansiedlung in der Mark Brandenburg erlaubt hat – aus der sie 1517 nach der Hinrichtung des Münzmeisters Lippold „auf ewig" vertrieben worden waren –, gründen diese die erste jüdische Gemeinde in Berlin. Im Norden des Reichs vereinigen sich die jüdischen Kongregationen von Hamburg, Altona und Wandsbek zur sogenannten Dreigemeinde.

1738
Der Kaufmann Joseph Süß Oppenheimer, Finanzexperte des Herzogs Karl Alexander von Württemberg, wird nach dessen Tod in einer Welle antijüdisch aufgeladenen Hasses unter fadenscheinigen Beschuldigungen angeklagt und am 4. Februar hingerichtet.

1729–1786
Der in Dessau geborene, auch weltlich gebildete Jude Moses ben Menachem Mendelssohn fordert in Berlin mit einem Kreis Gleichgesinnter eine jüdische Schulreform, um die Berufschancen von Juden zu erweitern. Neben Hebräisch sollen die Schüler in der Landes-Schriftsprache und weiteren nützlichen Fächern wie Mathematik und Geschichte unterrichtet werden. Mendelssohn propagiert, die traditionelle jüdische Lebensweise beizubehalten, aber sie mit den ethischen Vorstellungen der neuen europäischen Vernunftsphilosophie zu verbinden. Bald gilt er als wichtigster deutscher Vertreter der Haskala, der jüdischen Aufklärung.

1760
Im galizischen Medschibosch (in der heutigen Ukraine) stribt etwa 60-jährig Israel ben Elieser, genannt Ba'al Schem Tow, der charismatische Begründer des osteuropäischen Chassidismus.

1779
Der Dichter Gotthold E. Lessing plädiert in seinem Schauspiel *Nathan der Weise* für Toleranz zwischen den Religionsgemeinschaften. Wie Lessing verfolgen viele Vertreter der Aufklärung eine soziale und rechtliche Verbesserung der Lage der Juden, fordern von diesen jedoch zugleich eine modernisierte, vernunftorientierte und weniger dogmatische Glaubenspraxis.

1781/83
Der preußische Beamte und Aufklärer Christian Wilhelm Dohm fordert in einer Schrift die „bürgerliche Verbesserung der Juden" durch die Anpassung ihrer Sozialstruktur an die der Allgemeingesellschaft. Die jüdischen Aufklärer entwickeln auf der Basis dieser Schrift zahlreiche Programme, die in einem längeren Prozess zur Emanzipation führen.

1791
Nach der Französischen Revolution und der Allgemeinen Erklärung der Menschenrechte werden Juden in Frankreich allen anderen Bürgern gleichgestellt.

1807
In dem durch Napoleon I. geschaffenen Westfälischen Königreich erhalten Juden erstmalig in Deutschland die gleiche rechtliche Stellung wie Christen. 1811 wird in Seesen der erste jüdische Reformtempel eingerichtet.

1812
Das „Edikt, betreffend die bürgerlichen Verhältnisse der Juden in dem Preußischen Staate", erlassen am 11. März von König Friedrich Wilhelm III., gewährt den in Preußen lebenden Juden die rechtliche Gleichstellung im Wirtschaftsleben.

1815
Auf dem Wiener Kongress werden in zahlreichen Staaten des Deutschen Bundes die unter französischem Einfluss den Juden zugestandenen Rechte wieder zurückgenommen. Aus einigen Städten wie Lübeck und Bremen werden Juden wieder ausgewiesen.

1817/19
In Hamburg gründen reforminteressierte Juden den „Tempel", eine der ersten deutschen Reformsynagogen. Der Gottesdienst wird wie in den christlichen Kirchen von einer Orgel begleitet und enthält liturgische Neuerungen, die von Orthodoxen scharf angegriffen werden. Zum führenden Vertreter des organisiserten Reformjudentums wird der aus Frankfurt stammende liberale Rabbiner Abraham Geiger (1810–1874).

1819
Im Sommer brechen an mehreren Orten in Deutschland judenfeindliche Unruhen aus, unter anderem in Frankfurt und Würzburg. In einigen deutschen Ländern werden in der Folge bereits gewährte Rechte für Juden wieder beschnitten.

1820
Die Gesamtzahl der Juden in der Welt beträgt etwa 3,75 Millionen, davon leben 2,25 in Osteuropa.

1829
In Italien wird in Padua das erste moderne Rabbinerseminar eingerichtet.

1831
Der Hamburger Jurist Gabriel Riesser (1806–1863) beginnt einen jahrzehntelangen publizistischen und politischen Kampf für die Gleichberechtigung der Juden, deren nationale Assimilation er voraussetzt. Er wird 1848 Abgeordneter in der Frankfurter Nationalversammlung und 1860 Obergerichtsrat in Hamburg.

1843
In New York gründen zwölf jüdische Bürger die Loge „B'nai Brit" (Bundessöhne) zur Pflege jüdischer Kultur und Philanthropie sowie zur Bekämpfung des Antisemitismus. Die immer einflussreicher werdende Vereinigung ist ab 1882 in Europa, ab 1888 in Palästina und später in der gesamten Diaspora vertreten.

1844/45
Eine reformorientierte Rabbinerversammlung in Braunschweig diskutiert, das Eheverbot zwischen Juden und Christen aufzuweichen und Gebete mit zu stark mystischen Inhalten abzuschaffen. Aus Protest formiert sich daraufhin eine konservative Glaubensrichtung um den Dresdner Landesrabbiner Zacharias Frankel (1801–1875). Das konservative bzw. „historische“ Judentum, das gemäßigte Neuerungen im Geiste des traditionellen Glaubens anstrebt, nimmt eine Mittelposition zwischen Reformjudentum und späterer Neo-Orthodoxie ein.

1847
Aufgrund eines Gesetzes müssen sich die jüdischen Gemeinden in Preußen in festgelegten Synagogenbezirken zusammenschließen.

1862
Der Bonner Frühsozialist Moses Hess (1812–1875) publiziert *Rom und Jerusalem. Die letzte Nationalitätenfrage*. Inspiriert durch die italienische Einigungsbewegung, fordert er darin als einer der ersten eine nationalstaatliche Lösung der jüdischen Frage.

1867
In der österreich-ungarischen Doppelmonarchie leben Juden fortan als gleichberechtigte Bürger.

1871
Die Verfassung des neugegründeten Deutschen Reichs überträgt die rechtliche Gleichstellung der Juden, wie sie bereits in den Staaten des Norddeutschen Bundes gegolten hat, auf das gesamte Reichsgebiet. In fast allen Staaten der westlichen Welt ist die bürgerliche Emanzipation der Juden bis 1871 abgeschlossen. Doch in der Praxis bleiben Diskriminierungen weiterhin üblich. Zudem bilden sich vielfach Vereinigungen und politische Parteien mit judenfeindlichen, teilweise rassistisch motivierten Programmen. In Deutschland bleiben Juden hohe Positionen in Militär, Verwaltung und Justiz de facto weiterhin verwehrt.

1879
In seinem Artikel *Unsere Aussichten* in den „Preußischen Jahrbüchern“ vertritt der Historiker Heinrich von Treitschke die Ansicht: „Die Juden sind unser Unglück.“ Seinen Schlussfolgerungen widerspricht u. a. der spätere Literaturnobelpreisträger Theodor Mommsen. Treitschke und der Hofprediger Adolf Stoecker gewinnen mit ihrer antisemitischen Agitation Einfluss auf das akademische und bürgerliche Milieu.

1879
Der rassistische Ideologe Wilhelm Marr aus Hamburg prägt den Begriff „Antisemitismus“, welcher der Judenfeindschaft einen wissenschaftlichen Nimbus verleihen soll. Antisemiten betrachten das Judentum nun nicht mehr als Religionsgemeinschaft, sondern als eigene, minderwertige „Rasse“.

1881/82
Eine judenfeindliche Stimmung unter Zar Alexander III. und wachsende Unzufriedenheit der Bevölkerung mit den sozialen und politischen Verhältnissen führen in Russland zu einer Reihe von Pogromen gegen Juden. Viele fliehen in den folgenden Jahren aus dem Zarenreich nach Westen, ein großer Teil in die USA. Etwa 30 000 Auswanderer gehen bis 1903 nach Palästina. Dieser ersten Einwanderungswelle ins Heilige Land – genannt „Alija“ – folgen bis 1941 vier weitere.

1884
Mitglieder der neu gegründeten Bewegung der Chowewe Zion (Zionsfreunde) bzw. Chibbat Zion (Zionsliebe) gehören zu den ersten zionistischen Siedlern in Palästina. Sie versuchen landwirtschaftliche Siedlungen aufzubauen, scheitern jedoch zunächst an mangelnden agrarischen Kenntnissen.

1890
Nathan Birnbaum (1864–1937), Herausgeber der Zeitschrift „Selbstemanzipation“ in Wien, prägt erstmals den Begriff Zionismus.

1893
Bürgerliche Juden gründen den Centralverein deutscher Staatsbürger jüdischen Glaubens, der jüdische Interessen im Kaiserreich verteidigen und auf juristischem Wege gegen den wachsenden Antisemitismus vorgehen soll.

1894–96
Der jüdische Offizier Alfred Dreyfus (1856–1935) wird in Paris zu Unrecht wegen Spionage angeklagt und 1895 in einem Schauprozess, begleitet von einer Welle antisemitischer Hetze, verurteilt. Der Wiener Journalist Theodor Herzl (1860–1904) beobachtet den Prozess und publiziert daraufhin die programmatische Schrift *Der Judenstaat*, den bedeutendsten Text des modernen Zionismus.

1897
Auf Betreiben Theodor Herzls und anderer Zionisten findet in Basel der 1. Zionistische Weltkongress (ZWK) statt, dessen Teilnehmer die Zionistische Weltbewegung gründen. Die Vereinigung strebt einen modernen Nationalstaat als Heim- und Zufluchtsstätte für das jüdische Volk an. In den folgenden Jahren präzisieren eine Reihe weiterer Weltkongresse die zionistischen Ziele. Palästina wird 1905 als Wunschort des zukünftigen Staates auserkoren. Die bürgerlich-demokratische Fraktion unter Chaim Weizmann konkurriert mit den sozialistischen Zionisten unter David Ben Gurion um die politische Führung.

1900
Die Gesamtzahl der Juden in der Welt beträgt etwa 10,5 Millionen. Davon leben schätzungsweise 7,5 Millionen in Osteuropa, 1 Million in den USA, mehr als 500 000 in Deutschland, 300 000 in Nordafrika,

150 000 in Frankreich, 104 000 in Holland und 40 000 in Palästina.

1908/9
Am Südende des Sees Genezareth errichten Pioniere aus Rumänien die erste zionistisch-sozialistische Gemeinschaftssiedlung Deganja, einen sogenannten Kibbuz.

1914
Auf Betreiben des späteren US-Finanzministers Henry Morgenthau wird das American Jewish Joint Distribution Committee gegründet, kurz „Joint", das zu einer der bedeutendsten jüdischen Hilfsorganisationen weltweit wird.

1917
Balfour Declaration. Der zionistische Politiker Chaim Weizmann erwirkt in London am 2. November eine Zusage des britischen Kolonialministers Lord Balfour in Form eines offiziösen Briefes, dass die Briten die Gründung einer „nationalen Heimstatt der Juden in Palästina" unterstützen werden. Die Zusicherung erfolgt unter dem Vorbehalt, dass Rechte anderer nicht beeinträchtigt werden. Im Dezember besetzen britische Truppen unter General Edmund Allenby das im Osmanischen Reich liegende Jerusalem.

1918
Die britische Regierung ernennt eine zionistische Kommission unter Chaim Weizmann, um die Verwirklichung der Balfour Declaration vorzubereiten und die britische Militärregierung in Palästina zu beraten.

1922
Der Völkerbund unterstellt am 24. Juli Palästina als Mandatsgebiet britischer Verwaltung. Gleichzeitig wird die Selbstverwaltung der jüdisch-zionistischen Bevölkerung offiziell anerkannt.

1925
Auf dem Skopusberg in Jerusalem wird die Hebräische Universität eröffnet. Sie soll das geistige Zentrum des Judentums werden.

1933
Mit der Ernennung Adolf Hitlers zum Reichskanzler am 30. Januar übernehmen die radikal antisemitischen Nationalsozialisten die Macht in Deutschland. Schon bald kommt es zu ersten judenfeindlichen Maßnahmen. Im April werden reichsweit jüdische Geschäfte boykottiert. Ab September betreibt die neu eingerichtete Reichskulturkammer den Ausschluss der Juden aus dem Kulturleben. Als Reaktion darauf gründen deutsche Juden um den Berliner Rabbiner Leo Baeck am 17. September die Reichsvertretung der deutschen Juden. Die jüdische Dachorganisation wird jedoch bald von den Nationalsozialisten als Instrument ihrer Judenpolitik missbraucht.

1933–1941
Eine erneute Einwanderungswelle führt mehr als 200 000 jüdische Migranten, vor allem Flüchtlinge aus Deutschland und den von Deutschland besetzten Gebieten, nach Palästina. Arabisch-palästinensische Kreise beunruhigt dieser große Bevölkerungszuwachs. Die britische Mandatsverwaltung verfolgt, weil sie eine Verschärfung des Konflikts zwischen Juden und Palästinensern befürchtet, zur Verbitterung der Zionisten eine restriktive Einwanderungspolitik.

1935
Die rassistischen „Nürnberger Gesetze" vom 15. September nehmen Juden in Deutschland alle politischen Rechte. Sexuelle Beziehungen zwischen Juden und Nicht-Juden werden als „Rassenschande" gebrandmarkt. Zugleich verschärft die SA Boykott-Aktionen gegen Juden.

1936
Der in Genf gegründete World Jewish Congress (WJC) soll jüdische Interessen weltweit wahrnehmen und diplomatisch vertereten.

1938
Ab Oktober wird Juden in ihren deutschen Reisepass ein „J" eingestempelt. Am 9. und 10. November nehmen die Nationalsozialisten das Attentat des 17-jährigen Herschel Grynszpan auf den deutschen Botschaftssekretär Ernst vom Rath in Paris zum Anlass, antijüdische Aktionen im ganzen Reich zu organisieren („Reichskristallnacht"). Bei den Pogromen werden Tausende Juden misshandelt, etwa 100 getötet und mehr als 250 Synagogen zerstört. Kurz darauf verfügt Generalfeldmarschall Hermann Göring, Juden systematisch zu enteignen und deren Besitz an deutsche Eigentümer zu überführen („Arisierung"). Bis 1939 ist fast sämtlicher jüdischer Besitz „arisiert". Auf Anordnungen des Präsidenten der Reichskulturkammer Joseph Goebbels werden noch im November 1938 jüdische Kinder aus öffentlichen Schulen ausgeschlossen.

1939
Kurz nach der Besetzung Polens durch deutsche Truppen im Zweiten Weltkrieg beginnen die deutschen Militärbehörden dort im September, Juden in Ghettos zu zwingen. Ab November müssen Juden in Polen auf Anordnung der Deutschen den gelben „Judenstern" tragen. In Deutschland werden Juden ab September 1941 zu dieser Kennzeichnung gezwungen.

1941
Auf Anweisung Hermann Görings vom 31. Juli beginnt SS-Obergruppenführer Reinhard Heydrich mit den Vorbereitungen für die „Endlösung der Judenfrage", die systematische Ermordung aller im deutschen Machtbereich lebenden Juden. Auf der sogenannten Wannsee-Konferenz am 20. Januar 1942 werden die Grundlinien dieser Tötungsaktion festgelegt.

1942
Judendeportationen aus Belgien und Holland. Bis 1944 werden regelmäßig Juden aus den von Deutschland besetzten Gebieten in Konzentrations- und Todeslager transportiert, etwa nach Treblinka. Der Repräsentant des WJC in der Schweiz erhält Informationen über die anlaufende Vernichtungspolitik, doch diese werden von der Weltöffentlichkeit zunächst kaum beachtet.

1943
Nach einem Aufstand im Ghetto Warschau am 19. April verwüsten SS-Einheiten nach erbitterten Kämpfen bis zum 16. Mai das gesamte Viertel. Von den 56 065 Gefangenen werden etwa 7000 vor Ort erschossen, die anderen kommen nach Treblinka, nur wenige entrinnen.

1944
Rund 5000 jüdische Freiwillige aus Palästina bilden die Jewish Brigade Group innerhalb der britischen Armee. Die Einheit kämpft vor allem in Nordafrika und Italien gegen Deutschland und seine Verbündeten. Insgesamt stehen 20 000 jüdische Soldaten im Zweiten Weltkrieg in Diensten der Allierten.

1945
Auf dem deutschen Rückzug räumen SS-Einheiten bis zum 17. Januar die Anlagen des Vernichtungslagers Auschwitz-Birkenau. Etwa 61 000 Häftlinge werden auf Todesmärschen in Richtung Westen getrieben. Die vorrückende Rote Armee befreit am 27. Januar 5000 zurückgelassene marschunfähige Insassen. Im größten nationalsozialistischen Konzentrations- und Vernichtungslager sind seit 1940 mehr als eine Million Menschen ermordet worden. Insgesamt fielen der Schoah, dem deutschen Massenmord an den Juden, mindestens 5,6 Millionen Menschen zum Opfer.
Die Überlebenden der Konzentrationslager werden in sogenannten DP-Camps (DP = „Displaced Person“) untergebracht, z. B. in Ulm, Landsberg am Lech, Bad Reichenhall, Pocking, Kassel und Bergen-Hohne.
Nach erneuten Pogromen nach Kriegsende in Polen kommen von dort weitere Zuwanderer in die DP-Camps, sodass deren Einwohnerzahl von 40 000 (1946) auf 182 000 (1947) Personen ansteigt. Erst mit Gründung des Staates Israel 1948 geht die Zahl zurück. 1957 wird das letzte DP-Camp in Föhrenwald geschlossen.
Die im Sommer 1945 wieder entstehenden jüdischen Gemeinden in Deutschland, z. B. in Hamburg, München, Berlin und Frankfurt am Main, setzen sich aus Überlebenden der Konzentrationslager, Juden aus sogenannten privilegierten Ehen und Einwohnern der DP-Camps zusammen.
Im November und Dezember findet die Pariser Konferenz der Alliierten über Reparationsforderungen an Deutschland ohne jüdische Beteiligung und ohne Erwähnung der Juden statt.

1947
Auch nach Kriegsende begrenzen die britischen Behörden die jüdische Einwanderung nach Palästina. In Palästina selbst kommt es zu Terrorakten jüdischer Untergrundorganisationen gegen die britische Politik. Am 29. November beschließt die Uno-Vollversammlung einen Teilungsplan, der einen jüdisch und einen arabisch dominierten Staat in Palästina vorsieht. Die Briten geben für den 15. Mai 1948 das Ende ihres Mandats bekannt. Als Reaktion auf die bevorstehende Teilung kommt es, im Kampf um Einfluss im Heiligen Land, zu verstärkten Unruhen zwischen Arabern und Juden. Gewalt und Gegengewalt fordern auf beiden Seiten Hunderte Opfer.

1948
(Jahr 5708 nach dem jüdischen Kalender) Gründung des Staates Israel. Am 14. Mai zieht die Mandatsmacht Großbritannien endgültig aus Palästina ab, wo zu dieser Zeit etwa 880 000 Menschen, davon 120 000 Nichtjuden leben. In Tel Aviv ruft am selben Tag David Ben Gurion, Vorsitzender der jüdischen Selbstverwaltung in Palästina, den Staat Israel aus, dessen erster Ministerpräsident er wird. Noch in der Nacht zum 15. Mai greifen die arabischen Staaten Ägypten, Transjordanien, Irak, Libanon und Syrien die junge Nation an, um deren Etablierung zu verhindern. Erst im Januar 1949 geht Israel siegreich aus dem Krieg hervor und kann sich in der Folge konsolidieren. Es ist als jüdischer Staat definiert, jedoch als säkulare Demokratie nach westlichem Vorbild verfasst.

1950
Als übergreifende Dachorganisation der jüdischen Gemeinden in der Bundesrepublik Deutschland wird der Zentralrat der Juden in Deutschland gegründet. Zu seinen Aufgaben gehören die Förderung und Pflege der religiösen und kulturellen Aufgaben der jüdischen Gemeinden sowie die politische Vertretung gegenüber den Institutionen des öffentlichen Lebens.

ab 1990
Jüdische Zuwanderer aus den GUS-Staaten, den Nachfolgestaaten der Sowjetunion, verdreifachen in zehn Jahren die Zahl der in Deutschland lebenden Juden auf 110 000.

Anmerkungen

Juden in Deutschland im Mittelalter (800–1350)

[1] Haverkamp: Concivilitas, S. 131.
[2] Zitat nach Toch: Reich, S. 125.
[3] Küng: Spurensuche, S. 49.
[4] Breuer: Prolog, S. 31.
[5] Übersetzung der folgenden Zitate nach dem lateinischen Text bei Niemeyer (Hg.): Hermannus, S. 77.
[6] Toch: Reich, S. 84.
[7] Zitat nach Eckert: Hoch- und Spätmittelalter, S. 265.
[8] Zitat nach Brilling/Richtering/Aschoff (Hg.): Westfalia Judaica, S. 291ff.
[9] Zitat nach Eckert: Hoch- und Spätmittelalter, S. 272.
[10] Zitat nach Herde: Judenfeindschaft, S. 92.
[12] Seibt: Karl IV., S. 124.
[12] Zitat nach Herde: Judenfeindschaft, S. 30.

Weitere verwendete Literatur: Barzen: Benei ha Kefarim; Aschoff: Westfalen; Brilling: Mittelschlesien; Herzig: Jüdische Geschichte in Deutschland; Jütte/Küstermann: Jüdische Gemeinden; Lotter: Fälschung; Schreckenberg: Kunst; Youval: Heilige Städte.

Glikl: Der Blick einer jüdischen Frau auf die Gesellschaft der frühen Neuzeit

[1] Editionen: Kaufmann (Hg.): Zikhronot; Pappenheim (Übers.): Die Memoiren der Glückel von Hameln. – Bertha Pappenheims Übersetzung ist trotz ihrer Fehler der gekürzten und umgruppierten Version von Feilchenfeld vorzuziehen: Feilchenfeld (Hg.): Denkwürdigkeiten. Englischsprachige Ausgabe: Turniansky (ed.): Glikl. Weiterführende Literatur: Davis: Drei Frauenleben; Richarz (Hg.): Die Hamburger Kauffrau Glikl.
[2] Feilchenfeld (Hg.): Denkwürdigkeiten, Vorwort zur Neuauflage.
[3] Pappenheim (Hg.): Memoiren, S. 133.
[4] Ebd., S. 134.
[5] Ebd., S. 115f.
[6] Ebd., S. 3.
[7] Ebd., S. 69.
[8] Ebd., S. 118
[9] Ebd., S. 192.

Grandezza und Hoheiten: Sefardische Gemeinden in Hamburg

[1] Zur Geschichte der Sefarden in Hamburg und in Norddeutschland siehe Kellenbenz: Sephardim; Studemund-Halévy: Biographisches Lexikon.
[2] Wallenborn: Bekehrungseifer.
[3] Braden: Hamburger Judenpolitik.
[3] Grunwald: Portugiesengräber; Studemund-Halévy: Biographisches Lexikon; Studemund-Halévy/Zürn: Zerstört die Erinnerung nicht.
[5] Studemund-Halévy: The Persistance of Images.
[6] Studemund-Halévy/Poettering: Étrangers Universels.
[7] Studemund-Halévy: Codices Gentium; Ders.: Es residieren in Hamburg.
[8] Studemund-Halévy: Tortured memories.
[9] Studemund-Halévy: Der „Adel der portugiesischen Juden"; Ders.: Rettung.

Der lange Weg von der Duldung zur Emanzipation (1650–1871)

[1] Literatur zur Geschichte der Juden in der Frühen Neuzeit: Battenberg: Juden in Deutschland; Herzig: Jüdische Geschichte in Deutschland; Breuer: Frühe Neuzeit.
[2] Stern: Der preußische Staat, S. 13–16.
[3] Katz: Vorurteil, S. 21–30.
[4] Freund: Emanzipation, S. 22–60.
[5] Ries/Battenberg (Hg.): Hofjuden.
[6] Zur jüdischen Unterschicht: Glanz: Geschichte des niederen jüdischen Volkes.
[7] Katz: Tradition und Krise, S. 83–210.
[8] Cohen (Hg.): Landjudenschaften.
[9] Scholem: Sabbatai Zwi.
[10] Zur jüdischen Aufklärung: Schulte: Jüdische Aufklärung; Feiner: Jewish Enlightenment.
[11] Graetz: Jüdische Aufklärung.
[12] Altmann: Moses Mendelssohn.
[13] Wessely: Worte der Wahrheit.
[14] Rürup: Judenemanzipation; wichtige Literatur zur Epoche: Katz: Aus dem Ghetto; Volkov: Juden in Deutschland; Meyer (Hg.): Deutsch-jüdische Geschichte, Bd. II.
[15] Dohm: Bürgerliche Verbesserung.
[16] Freund: Emanzipation, S. 455–459.
[17] Erb/Bergmann: Nachtseite.
[18] Lindner: Patriotismus.
[19] Zimmermann: Hamburgischer Patriotismus.
[20] Mosse u. a. (Hg.): Revolution and evolution.
[21] Toury: Soziale und politische Geschichte.
[22] Jersch-Wenzel: Bevölkerungsentwicklung; Schmelz: Demographische Entwicklung.
[23] Barkai: Jüdische Minderheit.
[24] Eliav: Jüdische Erziehung; Lässig: Jüdische Wege.
[25] Meyer: Antwort auf die Moderne.
[26] Vgl. u. a. Rürup: „Judenfrage", S. 74–94.

Ankunft in der Moderne: Aufklärung und Reformjudentum

1 Vgl. Katz: Aus dem Ghetto. – Weiterführende Literatur: Meyer (Hg.): Deutsch-jüdische Geschichte, Bd. II; Herzig/Horch/Jütte (Hg.): Judentum und Aufklärung; Meyer: Antwort auf die Moderne; Schulte: Jüdische Aufklärung.
2 Vgl. Heuberger/Merk (Hg.): Moritz Daniel Oppenheim.
3 Vgl. Oppenheim: Erinnerungen.
4 Vgl. Volkov: Juden in Deutschland.
5 Dazu Panwitz: Gesellschaft der Freunde.
6 Vgl. Weber: Oppenheim als Künstler.
7 Vgl. Sorkin: Transformation.
8 Vgl. Lässig: Jüdische Wege ins Bürgertum.
9 Vgl. Gotzmann: Das neue altjüdische Leben.

Das jüdische Berlin der Kaiserzeit

Für kritische Lektüre des Manuskripts und hilfreiche Anregungen danke ich Inka Bertz.
Allgemeine Literatur zum Thema: Bertz: Juden in Berlin; Bilski (Hg.): Berlin Metropolis; Ehrenfreund: Mémoire Juive; Gay: Der berlinisch-jüdische Geist; Geiger: Geschichte der Juden in Berlin; Nachama/Schoeps/Simon (Hg.): Juden in Berlin; Richarz (Hg.): Jüdisches Leben in Deutschland Bd. 2; Rürup (Hg.): Jüdische Geschichte in Berlin; Scheiger: Juden in Berlin; Stiftung Neue Synagoge Berlin – Centrum Judaicum (Hg.): „Tuet auf die Pforten"; Wegweiser durch das jüdische Berlin.

1 Heymann: Lebenserinnerungen, S. 340f.
2 Neue Preußische Zeitung Nr. 62 vom 14. März 1865.
3 Allgemeine Zeitung des Judentums Nr. 38 vom 18. September 1866.
4 Abgerundet nach Alexander: Jüdische Bevölkerung, S. 141.
5 So die treffende Formulierung von Sten Nadolny in seinem Familienroman *Ullsteinroman*, München 2003, S. 72.
6 Bernstein: Aufgaben, S. 50f.
7 Salomon, Alice: Lebenslauf, in: Dies.: Die Ursachen der ungleichen Entlohnung von Männer- und Frauenarbeit, Diss. Phil. Fak., Friedrich-Wilhelms-Universität Berlin 1906, S. 33.
8 Scholem: Von Berlin nach Jerusalem, S. 16.
9 Treitschke: Herr Graetz und sein Judentum, in: Preußische Jahrbücher 44 (1879), zit. nach: Krieger: „Berliner Antisemitismusstreit", Bd. 1, S. 117.
10 Illustrierte Berliner Morgenzeitung vom 24. November 1865.

Ostjuden in Deutschland

1 Allgemein sei verwiesen auf: Haumann: Ostjuden; Maurer: Ostjuden; Aschheim: Brothers
2 Vgl. Jersch-Wenzel: Zur Geschichte, S. 79.
3 Heine: Über Polen, S. 61–62.
4 BGBl 1869, S. 292.
5 Aschheim: Brothers, S. 21–22.
6 Vgl. Wertheimer: Unwelcome Strangers, S. 28–29.
7 Vgl. Just: Amerikawanderung, S. 24.
8 Vgl. ebd., S. 39.
9 Vgl. Wertheimer: Unwelcome Strangers, S. 113–119.
10 Vgl. Haberer: Jews and Revolution.
11 Vgl. Schuster: Zwischen allen Fronten.
12 Martin Philippson: „Die Zukunft der Juden des Ostens II", Allgemeine Zeitung des Judentums Nr. 46 v. 12. Nov. 1915, S. 541–542; zit. nach Terlau/Wunsch: Ostjudenfrage, S. 76.
13 Gustav Landauer: „Ostjuden und Deutsches Reich", Der Jude 1 (1916/17), S. 433–439, hier S. 437, zit. nach Terlau/Wunsch: Ostjudenfrage, S. 74.
14 Landauer (wie Anm. 13), S. 439.
15 Siegfried Gelles: „Die Ostjudenfrage vom Standpunkt der Religion", Israelitisches Familienblatt Hamburg Nr. 9 v. 2. März 1916, S. 1–2, zit. nach Terlau/Wunsch: Ostjudenfrage, S. 81.
16 Kurt Alexander: „Zwei Schriften zur Judenfrage", K.C.-Blätter Nr. 5, Mai/Juni 1915, S. 412, zit. nach Terlau/Wunsch: Ostjudenfrage, S. 83.
17 Terlau/Wunsch: Ostjudenfrage, S. 108.
18 Vgl. Maurer: Ostjuden, S. 58.
19 Vgl. ebd., S. 64–65.
20 Aschheim schrieb treffend, Ostjuden, die nach Deutschland kamen, seien „zur lebenden Erinnerung des deutschen Judentums an die eigene erst kürzlich abgelegte Vergangenheit" geworden (Aschheim: Brothers, S. 11–12).
21 Maurer: Ostjuden, S. 561.
22 Vgl. ebd., S. 405–416.
23 Vgl. ebd., S. 281.
24 Vgl. ebd., S. 72–73.
25 Tomaszewski: Auftakt, S. 108.
26 Ebd., S. 109.
27 Zu dieser Problematik gibt es inzwischen bereits Literatur, vgl. etwa Becker: Angekommen in Deutschland; Körber: Juden, Russen, Emigranten.

Juden in der Weimarer Republik

[1] Personalbogen Rathenau, in: Stiftung Jüdisches Museum Berlin: Geschichten einer Ausstellung, S. 143.
[2] Walther Rathenau (Pseudonym: W. Hartenau): Höre, Israel!, in: Die Zukunft 5 (1897), S. 454–462, abgedruckt in: Schulte: Deutschtum, S. 28–39.
[3] Vgl. dazu die Erinnerungen in: Richarz: Jüdisches Leben, Bd. 3.
[4] Reichmann: Bewußtseinswandel. Auch Schüler-Springorum: Königsberg und van Rahden: Juden zeigen für Königsberg bzw. Breslau, dass Ausgrenzung von Juden und bewusste Dissimilation erst nach 1916 einsetzten.
[5] Eugen Fuchs: Glaube und Heimat, in: Fuchs: Deutschtum, S. 252.
[6] Hermann: Westjuden, S. 401.
[7] Alle statistischen Angaben nach Bennathan: Struktur und Richarz: Leben, Bd. 3.
[8] Theilhaber: Untergang. Gillerman: Körperpolitik.
[9] Lorenz: Hamburg, S. 840–868.
[10] Nach Kaplan: Frauenbewegung, S. 24 entspricht dies einem Fünftel bis zu einem Viertel der über 30-jährigen weiblichen jüdischen Bevölkerung.
[11] Posener: Jahrhundert, S. 72.
[12] Zahlenangaben nach Zimmermann: Juden 1914–1945, S. 30. Zum CV vgl. Barkai: „Wehr Dich!“.
[13] Reichmann: Centralverein, S. 66.
[14] Widmung Heiman an Max Osborn, zitiert nach Mendelssohn: Fischer, S. 187.
[15] Reichmann: Sinn.
[16] Reinharz: Dokumente.
[17] Dunker: Reichsbund.
[18] Hambrock: Etablierung.
[19] Maurer: Ostjuden.
[20] So auch das Plädoyer von Hermand: Juden.
[21] Wiener: Judentum, S. 21.
[22] Brenner: Kultur, Mendes-Flohr: Jüdisches Kultur- und Geistesleben.
[23] Zu Autonomiekonzepten vgl. Brenner: Ghetto. Zur Person vgl. Heid: Rätsel.
[24] Paucker: Deutsche Juden.
[25] Liepach: Krisenbewusstsein. Zimmermann: Republik.

Bäder-Antisemitismus in Deutschland

[1] Vgl. Johannes Grötecke: Glanzzeit endete, als Juden verfolgt wurden, in: Wildunger Zeitung, 12.5.2006. Zum Bäder-Antisemitismus siehe Bajohr: Unser Hotel; Wildt: „Der muß hinaus“; Borut: Antisemitism.
[2] Zit. nach Schindler: Der verbrannte Traum, S. 106.
[3] Norderney will „judenfrei“ sein, in: CV-Zeitung, 14.12.1933.
[4] Central Archives for the History of the Jewish People, Jerusalem, Bestand CV, Akte 2421, Bl. 195, Aufstellung betr. „Vertretungsverbote und sonstige Schwierigkeiten“.
[5] Scholem Alejchem: Marienbad, München 1972, S. 29.
[6] Zit. nach Richarz: Jüdisches Leben, Bd. 2, S. 248f.
[7] Zit. nach Fleischer: Cohn, S. 125.
[8] R. Wohlberg, Antisemitismus in der Sommerfrische, in: Israelitisches Familienblatt, 20.7.1911.
[9] Central Archives for the History of the Jewish People, Jerusalem, Bestand CV, Akte 2334.
[10] Vgl. Bajohr: Unser Hotel, S. 180–197.
[11] Antisemitische Bäder und Sommerfrischen, in: Allgemeine Zeitung des Judentums, 29.7.1904.
[12] Ferien, in: Israelitisches Familienblatt, 5.8.1909.
[13] Ebd.
[14] Jüdische Solidarität – auch bei der Erholung!, in: Israelitisches Familienblatt, 2.7.1931.
[15] Uns fällt auf ... man „trägt“ wieder Judentum, in: Israelitisches Familienblatt, 24.12.1932.

Jüdisches Krisenbewusstsein in den Jahren der Weimarer Republik

[1] Maurer: Weimarer Republik, S. 120.
[2] So der Titel eines Aufsatzes von Peter Gay: In Deutschland zu Hause ...
[3] Zitiert nach: Barkai: „Wehr Dich!“, S. 101f.
[4] Barkai: „Wehr Dich!“, S. 57f.
[5] Angress: ‚Judenzählung‘.
[6] Hermann: Westjuden, S. 404.
[7] 1921 wurde der Verband nationaldeutscher Juden gegründet, der über knapp 4000 Mitglieder verfügte. Zur Geschichte dieser Organisation siehe Hambrock: Etablierung.
[8] Berding: Moderner Antisemitismus, S. 178–189.
[9] Zitiert nach Maurer: Weimarer Republik, S. 107f.
[10] Straus: Wir lebten in Deutschland, S. 225.
[11] Niewyk: The impact, S. 20ff.; Liepach: Krisenbewusstsein, S. 412.
[12] Liepach: Krisenbewusstsein, S. 414.
[13] Richarz: Jüdisches Leben, Bd. 3, S. 25.
[14] Zitiert nach Liepach: Krisenbewusstsein, S. 414.
[15] Richarz: Jüdisches Leben, Bd. 3, S. 25; Reinke: Jüdische Wohlfahrtspflege, S. 228. Siehe auch Schüler-Springorum: Königsberg, S. 208.

[16] Schüler-Springorum: Königsberg, S. 209.
[17] Walter: Kriminalität, S. 22.
[18] Walter: Kriminalität, S. 97–139, Barkai: Jüdisches Leben, S. 54–57.
[19] Geisel: Scheunenviertel, S. 107–113.
[20] Zitiert nach Barkai: „Wehr Dich!", S. 179.
[21] Zitiert nach Barkai: „Wehr Dich!", S. 179.
[22] Vgl. hierzu Walter: Kriminalität, S. 192–199.
[23] Liepach: Wahlverhalten, S. 252–256.
[24] Zitiert nach Liepach: Krisenbewusstsein, S. 416f.
[25] Zitiert nach Mosse (Hg.): Entscheidungsjahr, S. 44.
[26] Die Antworten sind abgedruckt in Mosse (Hg.): Entscheidungsjahr, S. 45–48.
[27] Zimmermann: „Die aussichtslose Republik", S. 179.

Ausgrenzung und Vernichtung der deutschen Juden (1933–1945)

[1] Vgl. Gottfried Feder: Das Programm der NSDAP und seine weltanschaulichen Grundlagen, München 1932, zitiert nach Adam: Judenpolitik, S. 24.
[2] Longerich: Vernichtung, S. 577.
[3] Vgl. Hilberg: Vernichtung, S. 56f.
[4] Vgl. Longerich: Vernichtung; Barkai: Boykott und Adam: Judenpolitik.
[5] Vgl. Arndt/Boberach: Deutsches Reich, S. 32.
[6] Archiv der Forschungsstelle für Zeitgeschichte, Hamburg, Gesprächsprotokoll Plaut/Schottelius v. 11.7.1953, S. 3.
[7] Gemeindeblatt der Deutsch-Israelitischen Gemeinde zu Hamburg, 4/26.5.1933.
[8] Privatbesitz, Teils-Lebensgeschichte (1933–1945) E.B., verfasst 1983/84, S. 1f.
[9] Auswandererzahlen nach Benz: Lexikon, S. 61.
[10] Siehe Galerie Morgenland (Hg.): Wo Wurzeln waren ..., S. 116.
[11] Vgl. Przyrembel: „Rassenschande", S. 15.
[12] Archiv Yad Vashem, 02/23, Rabbiner Dr. Eschelbacher, „Das Pogrom vom 10. November 1938 in Düsseldorf", S. 25.
[13] Ebd., S. 30.
[14] Einen eindrucksvollen Bericht gibt Reichmann: Deutscher Bürger.
[15] Vgl. Meyer: „Jüdische Mischlinge", S. 25.
[16] BA, R 18, Reichsministerium des Innern 5519 (343-345), Geheimer Schnellbrief Göring an Reichsminister des Innern u. a. vom 28.12.1938.
[17] Longerich: Vernichtung, S. 577f.
[18] Nach der Volkszählung im Mai 1939, vgl. Barkai: Boykott, S. 168.
[19] Zitiert nach Buchholz: Die hannoverschen Judenhäuser, S. 169.
[20] Vgl. Pohl: Verfolgung, S. 80.
[21] Ebd., S. 81.
[22] Vgl. Longerich: Vernichtung, S. 582.
[23] Vgl. Gerlach: Wannsee-Konferenz.
[24] Aly: „Endlösung", S. 388 f.; siehe auch Mommsen: Wendepunkt, S. 58 und 66 f.
[25] Vgl. Browning: „Endlösung" und Longerich: Vernichtung.
[26] Browning: „Endlösung", S. 537 ff.
[27] Vgl. Pätzold/Schwarz: Judenmord; siehe auch Roseman: Wannsee-Konferenz.
[28] Siehe auch Mommsen: Wendepunkt, S. 67.
[29] Vgl. Longerich: Vernichtung, S. 486 f.
[30] Zum Ghetto Łódź siehe div. Aufsätze in Loewy/Schoenberner: "Unser einziger Weg".
[31] Vgl. Gottwaldt/Schulle: „Judendeportationen", S. 66.
[32] Vgl. Scheffler: Ghetto Lodz, S. 16.
[33] Rosenberg: Jahre des Schreckens, S. 20f.
[34] Vgl. Gottwaldt/Schulle: „Judendeportationen", S. 89f.
[35] Ebd.
[36] Ebd., S. 111.
[37] Vgl. Scheffler: Schicksal; Gottwaldt/Schulle: „Judendeportationen", S. 12 f.
[38] Bundesarchiv Berlin, Documentcenter, Ereignismeldung UDSSR 151/5.1.42: Einsatzgruppe A, zum Teilabschnitt „Juden in den Generalkommissariaten Litauen und Lettland", S. 14.
[39] Vgl. Kuwalek: Leben, S. 119.
[40] Archiv Yad Vashem 02/340, Ilselotte Themal, Meine Erlebnisse während der Zeit der Judenverfolgungen in Deutschland 1933–1945, S. 2.
[41] Vgl. Gillis-Carlebach: „Licht in der Finsternis"; Scheffler: Schicksal, S. 11.
[42] Vgl. Kwiet/Eschwege: Selbstbehauptung, S. 205.
[43] Vgl. Kárny: Theresienstadt, S. 39f.
[44] Arndt/Boberach: Deutsches Reich, S. 52.

Die erzwungene Mitwirkung der „Reichsvereinigung der Juden in Deutschland" an den Deportationen

[1] LBI, Jerusalem, D 52, 556/2, D 24, 556/1, Rundschreiben 454 der Reichsvereinigung der Juden in Deutschland (Cohn) v. 3.2. 1939.
[2] Vgl. Wildt: Judenpolitik des SD, S. 46.
[3] 10. Verordnung zum Reichsbürgergesetz v. 4. Juli 1939, Reichsgesetzblatt 1939, S. 1097.
[4] Vgl. Maierhof: Selbstbehauptung.
[5] Ebd.; siehe auch Gruner: Armut.
[6] Vgl. Hildesheimer: Selbstverwaltung, S. 200f. und Meyer: Gratwanderung, S. 297-320.
[7] Yedioth Hayom v. 2.5.1941, Das Nein der deutschen Juden. Hinter den Kulissen des Madagaskar-Planes, S. 11.
[8] Ebd., S. 12.
[9] Stadtarchiv Mannheim, Nachlass Paul Eppstein, 27/2002/7, Paula Eppstein v. 1.7.1994, S. 9.
[10] Auswandererzahlen bei Benz: Lexikon, S. 63.
[11] Landesarchiv Berlin, Rep. 235-07, MF 4170-4171, Martha Mosse, Erinnerungen, Anlage, S. 2.
[12] Ebd.; siehe auch Baeck: People, S. 288.

[13] Vgl. Meyer: Gratwanderung, S. 305ff., 314ff., 319ff.
[14] Vgl. Kosmala: Zwischen Ahnen und Wissen, S. 158; siehe auch Meyer: Dilemma, S. 282ff.
[15] Vgl. Meyer: „Altersghetto", S. 136ff.
[16] Vgl. Meyer: „Jüdische Mischlinge", S. 25.
[17] Vgl. Meyer: Handlungsspielräume, S. 63ff.

„Arisierung" und wirtschaftliche Existenzvernichtung in der NS-Zeit

[1] Zit. nach James: Deutsche Bank, S. 48f.
[2] Als ältere Überblicksdarstellungen zur „Arisierung" besitzen die Darstellungen Genschels und Barkais auch heute noch einen besonderen Wert. Vgl. Genschel: Verdrängung; Barkai: Boykott; zu neueren regionalgeschichtlichen Arbeiten siehe u. a. Bajohr: „Arisierung" in Hamburg; Bruns-Wüstefeld: Göttingen; Selig: München; Bopf: Köln; Dahlmann: Witten; zur Rolle der Banken siehe Herbst/Weihe (Hg.): Commerzbank; James: Deutsche Bank; Ziegler: Dresdner Bank; vgl. ferner: Goschler/Ther (Hg.): „Arisierung"; Wojak/Hayes (Hg.): „Arisierung"; Hayes: Big Business; Kratzsch: Gauwirtschaftsapparat; Ladwig-Winters: Wertheim; Verse-Herrmann: Land- und Forstwirtschaft.
[3] Vgl. Mußgnug: Reichsfluchtsteuer.
[4] Bajohr: „Arisierung" in Hamburg, S. 174ff.
[5] Vgl. Kratzsch: Gauwirtschaftsapparat.
[6] Safrian: Expropriation.
[7] Vgl. dazu Banken: Edelmetallsektor.
[8] Vgl. Lillteicher: Rechtsstaatlichkeit, S. 127–159.
[9] Vgl. Bajohr: „Arisierung" in Hamburg, S. 331–338; Becker: Gewalt, S. 77–140; Dreßen: „Aktion 3".
[10] Zum Folgenden siehe Lässig: „Judenpolitik".
[11] Ebd., S. 164.
[12] Bajohr: „Arisierung" in Hamburg, S. 297f.
[13] Welzer: Vorhanden/Nicht vorhanden.
[14] Bourdieu: Mechanismen, S. 49–79.

Jüdischer Widerstand

[1] Dazu u. a. Paucker: History in Exile, passim; Paucker: Mommsenstrasse. Als ich 1970 den ersten Versuch unternahm, den „Widerstand" deutscher Juden in die deutsch-jüdische Geschichtswissenschaft einzugliedern, stieß ich noch auf den erheblichen „Widerstand" der älteren Generation unseres Instituts. Führende Persönlichkeiten wie der Historiker Hans Liebeschütz und der erste Direktor des New Yorker Leo Baeck Institute, Max Kreutzberger, sowie der Literaturwissenschaftler und mein Vorgänger als Internationaler Vizepräsident des Instituts, Hans Tramer, brachten ihre Missbilligung recht energisch zum Ausdruck. Auch Robert Weltsch, mein Vorgänger als Herausgeber des Year Book of the Leo Baeck Institute, war von dieser Ausweitung der Redaktionspolitik nicht übermäßig erbaut. Sie alle blieben weiter der Meinung, dass die Rolle von Juden im illegalen antifaschistischen Widerstand der deutschen Arbeiterbewegung nicht im Rahmen der Geschichte des deutschen Judentums zu behandeln sei.
[2] Eine solche Ziffer, 800 000 Männer und Frauen, die „Widerstand leisteten", erscheint in der Tat in Elling: Frauen im deutschen Widerstand, S. 71. Sie geistert noch heute sogar im britischen Fernsehen herum. Bei aller Hochachtung vor den Deutschen, die sich wehrten, werden hier Aktivitäten aufgerechnet, die nichts mit antifaschistischer Untergrundarbeit zu tun haben. Wenn wir so zu zählen anfangen, dann wären in der Tat die deutschen Juden eine vorbildliche Kampfgemeinschaft gewesen.
[3] Konrad Kwiet hat vor über 20 Jahren vorsichtig errechnet, dass 2000 Juden im Widerstand waren. Vgl. seinen wichtigen Aufsatz "Problems of Jewish Resistance Historiography". An diese zu niedrig angesetzte Zahl hielt sich früher auch der Verfasser. Kwiet stimmt heute meiner höheren Berechnung durchaus zu.
[4] Werner Scharff und Gerhard Grün von der Widerstandsgruppe Gemeinschaft für Frieden und Aufbau wurden am 16. März 1945 in Sachsenhausen hingerichtet. Der Vormarsch der Roten Armee konnte sie nicht mehr wie andere Mitglieder der Gruppe rechtzeitig retten. So starben die letzten jüdischen Widerstandskämpfer für die Freiheit des verblendeten deutschen Volkes.
[5] Diese Übersicht beruht – außer geringfügigen Änderungen – auf Paucker: Deutsche Juden im Widerstand; Paucker: Deutsche Juden im Kampf um Recht und Freiheit, S. 205–289; Paucker: German Jews in the Resistance.

Leben in einem gezeichneten Land: Juden in Deutschland seit 1945

[1] Zur Situation der Juden in der frühen Nachkriegszeit s. Brenner: Nach dem Holocaust; Gay: Das Undenkbare tun; Geis: Übrig sein.
[2] Zu den DPs s. Königseder/Wetzel: Lebensmut im Wartesaal.
[3] Vgl. Maor: Über den Wiederaufbau. Zu einzelnen Gemeinden: Strathmann: Auswandern oder hierbleiben?; Wer ein Haus baut, will bleiben – 50 Jahre Jüdische Gemeinde Frankfurt am Main; Brumlik/Heuberger/Kugelmann (Hg.): Reisen durch das jüdische Deutschland.
[4] Bergmann/Erb (Hg.): Antisemitismus; Stern: Im Anfang war Auschwitz.

[5] Broder/Lang (Hg.): Fremd im eigenen Land.
[6] Spiegel: In Deutschland zu Hause?
[7] Korn: Geteilte Erinnerung, S. 14.
[8] Krohn/Maierhof (Hg.): Deutschland – trotz alledem?
[9] Zu Juden in der DDR : Kessler: Die SED und die Juden; Offenberg: „Seid vorsichtig gegen die Machthaber"; Zuckermann (Hg.): Zwischen Politik und Kultur; Wroblewsky (Hg.): Zwischen Thora und Trabant.
[10] Hartewig: Zurückgekehrt.
[11] Levinson: Ein Ort, S. 135.
[12] Zur Einwanderung aus Russland und den GUS-Staaten s. Schoeps/Jasper/Vogt (Hg.): Russische Juden in Deutschland; Russische Juden und transnationale Diaspora (Menora 15).

Jüdische DP-Camps im Nachkriegsdeutschland

[1] Literatur zu den DP-Camps: Brenner: Nach dem Holocaust; Königseder/Wetzel: Lebensmut im Wartesaal; Königseder: Flucht nach Berlin.
[2] Feder, Samy: The Yiddish Theatre of Belsen, in: Belsen, hg. v. Irgun Sheerit Hapleita Me'haezor Habriti, Tel Aviv 1957, S. 138f.
[3] Der Weg, 6. August 1948.

„Vergangenheitsbewältigung" in Deutschland: Vom Nürnberger Militärtribunal zum Holocaust-Mahnmal

[1] Der nachfolgende Essay gibt einen sehr gedrängten Überblick über die zweite NS-Geschichte in der Bundesrepublik. Er geht, dem Thema dieses Sammelbandes folgend, vor allem auf Aspekte der Auseinandersetzung mit dem Judenmord ein. Für eine ausführlichere Darstellung verweise ich auf meine drei Bücher zur Geschichte deutscher Vergangenheits- und Erinnerungspolitik. Auch alle Zitate finden sich dort: Reichel: Politik mit der Erinnerung; Ders.: Vergangenheitsbewältigung in Deutschland; Ders.: Erfundene Erinnerung.
Das in Nürnberg eingeführte neue völkerstrafrechtliche Vergehen „crimes against humanity" abstrahierte vom konkreten Geschehen, wenn es auch auf den Krieg und die „war crimes" bezogen wurde. Das aber ließ den Judenmord, dessen Vorgeschichte in die 1930er Jahre zurückreicht, als ein Kriegsverbrechen erscheinen. Seit den späten 1970er Jahren hat sich weltweit – mit dem hebräischen Wort Schoah (Vernichtung, Katastrophe) konkurrierend – der Ausdruck Holocaust (griech.: Brandopfer) durchgesetzt. Wegen seiner religiösen Bedeutung ist er allerdings missverständlich und insoweit fragwürdig.

Juden in der Musik Deutschlands

[1] Braun/Cohen: Jüdische Musik. Vgl. auch Sendrey: Musik in Alt-Israel.
[2] John/Zimmermann (Hg.): Jüdische Musik?
[3] Braun/Cohen: Jüdische Musik, Sp. 1513.
[4] Erschienen Leipzig 1914–1932.
[5] Salmen: Jüdische Musikanten, S. 25.
[6] Herzig: Jüdische Geschichte in Deutschland
[7] Zimmermann: Schir Zion. Vgl. auch Schönberg: Die traditionellen Gesänge; Elbogen: Der jüdische Gottesdienst; Flender: Hebrew Psalmody.
[8] Braun/Cohen: Jüdische Musik, Sp. 1553.
[9] Ebd., Sp. 1556.
[10] Salmen: Jüdische Musikanten, S. 14.
[11] Ebd., S. 15.
[12] Ebd., S. 61.
[13] Wilson: Jazz und „jewish roots".
[14] Salmen: Jüdische Musikanten, S. 72.
[15] Huckeriede/Müller (Hg.): Gebrüder Wolf.
[16] Bohlman: Jüdische Volksmusik.
[17] Salmen: Jüdische Musikanten, S. 44f.
[18] Henseler: Jakob Offenbach. Vgl. auch Kirsch/Dietrich (Hg.): Jacques Offenbach.
[19] Henseler: Jakob Offenbach.
[20] Vgl. Becker: Meyerbeer.
[21] Vgl. Werner: Mendelssohn.
[22] Robert Schumann, Gesammelte Schriften II, 358.
[23] Metzger/Riehn (Hg.): Felix Mendelssohn Bartholdy, S. 134.
[24] Floros: Gustav Mahler I. Vgl. auch Blaukopf: Mahler.
[25] Mäckelmann: Arnold Schönberg.
[26] Rufer: Das Werk Arnold Schönbergs, S. 107.
[27] Vgl. Kuhnt: Kurt Weill.
[28] Vgl. Feinberg: Nachklänge.
[29] Floros: György Ligeti.
[30] Adler: Richard Wagner.
[31] Stengel/Gerigk: Lexikon der Juden in der Musik.
[32] Vgl. Fetthauer: Musikverlage.
[33] Borchmeyer/Maayani/Vill (Hg.): Richard Wagner und die Juden.
[34] Fischer: Richard Wagners „Das Judenthum in der Musik", S. 145.
[35] Ebd., S. 148.
[36] Ebd.
[37] Ebd.
[38] Ebd., S. 149.
[39] Ebd., S. 195f.
[40] Lehmann: Musik über den Holocaust. Vgl. zum Exil allgemein Brinkmann/Wolff (Hg.): Driven into Paradise; Geiger/Thomas (Hg.): Exilmusik; Heister/Maurer/Petersen (Hg.): Musik im Exil; Maurer Zenck/Petersen (Hg.): Lexikon verfolgter Musiker.

Literaturverzeichnis

Adam, Uwe Dietrich: Judenpolitik im Dritten Reich, Düsseldorf 1979

Adler, Guido: Richard Wagner. Vorlesungen gehalten an der Universität zu Wien, Leipzig 1904

Alexander, Gabriel E.: Die jüdische Bevölkerung Berlins in den ersten Jahrzehnten des 20. Jahrhunderts. Demographische und wirtschaftliche Entwicklung, in: Rürup (Hg.): Jüdische Geschichte in Berlin, S. 117–148

Altmann, Alexander: Moses Mendelssohn. A Biographical Study, London 1973

Aly, Götz: „Endlösung". Völkerverschiebung und der Mord an den europäischen Juden, Frankfurt/M. 1995

Angress, Werner T.: The German Army's ‚Judenzählung' of 1916: Genesis – Consequences – Significance, in: LBIYB 23 (1978) S. 117–137

Arndt, Ino/Boberach, Heinz: Deutsches Reich, in: Benz (Hg.): Dimension des Völkermords, S. 23–66

Aschheim, Steven E.: Brothers and Strangers, Madison, WI, 1982

Aschoff, Diethard: Geschichte der Juden in Westfalen im Mittelalter, Berlin 2006

Baeck, Leo: A people stands before its God, in: Boehm, Eric H.: We survived. The stories of fourteen of the hidden and the hunted of the Nazi Regime, New Haven 1949, S. 284–300

Bajohr, Frank: „Arisierung" in Hamburg. Die Verdrängung der jüdischen Unternehmer 1933–1945, 2. Aufl., Hamburg 1998

Bajohr, Frank: „Unser Hotel ist judenfrei." Bäder-Antisemitismus im 19. und 20. Jahrhundert, 3. Aufl., Frankfurt/M. 2003

Banken, Ralf: Der Edelmetallsektor und die Verwertung konfiszierten jüdischen Vermögens im „Dritten Reich". Ein Werkstattbericht über das Untersuchungsprojekt „Degussa AG" aus dem Forschungsinstitut für Sozial- und Wirtschaftsgeschichte an der Universität zu Köln, in: Jahrbuch für Wirtschaftsgeschichte 1 (1999), S. 135–161

Barkai, Avraham: „Wehr Dich!". Der Centralverein deutscher Staatsbürger jüdischen Glaubens 1893–1938, München 2002

Barkai, Avraham: Jüdische Minderheit und Industrialisierung. Demographie, Berufe und Einkommen der Juden in Westdeutschland 1850–1914, Tübingen 1988

Barkai, Avraham: Jüdisches Leben in seiner Umwelt, in: Meyer (Hg.): Deutsch-jüdische Geschichte Bd. IV, S. 50–73

Barkai, Avraham: Vom Boykott zur „Entjudung". Der wirtschaftliche Existenzkampf der Juden im Dritten Reich 1933–1943, Frankfurt/M. 1988

Barzen, Rainer: Benei ha Kefarim – die Leute aus den Dörfern. Zur jüdischen Siedlung auf dem Lande in Aschkenas und Zorfat im hohen und späten Mittelalter, in: Hirschmann, Frank/Mentgen, Gerd (Hg.): Campana pulsante convocati, Trier 2005, S. 21–38

Battenberg, J. Friedrich: Die Juden in Deutschland vom 16. bis zum Ende des 18. Jahrhunderts, München 2001

Becker, Franziska: Angekommen in Deutschland. Einwanderungspolitik als biographische Erfahrung im Migrationsprozeß russischer Juden, Berlin 2001

Becker, Franziska: Gewalt und Gedächtnis. Erinnerungen an die nationalsozialistische Verfolgung einer jüdischen Landgemeinde, Göttingen 1994

Becker, Heinz u. Gudrun: Giacomo Meyerbeer. Ein Leben in Briefen, Leipzig 1987

Bennathan, Esra: Die demographische und wirtschaftliche Struktur der Juden, in: Mosse (Hg.): Entscheidungsjahr, S. 87–131

Benz, Wolfgang (Hg.): Dimension des Völkermords. Die Zahl der jüdischen Opfer des Nationalsozialismus, München 1991

Benz, Wolfgang (Hg.): Jüdisches Leben in der Weimarer Republik, Tübingen 1998

Benz, Wolfgang (Hg.): Lexikon des Holocaust, München 2002

Berding, Helmut: Moderner Antisemitismus in Deutschland, Frankfurt/M. 1988

Bergmann, Werner/Erb, Rainer (Hg.): Antisemitismus in der politischen Kultur nach 1945, Opladen 1990

Bernstein, Eduard: Von den Aufgaben der Juden im Weltkriege, Berlin 1917

Bertz, Inka: Juden in Berlin – Orte ihrer Geschichte, in: Brumlik/Heuberger/Kugelmann (Hg.): Reisen durch das jüdische Deutschland, S. 12–42

Bilski, Emily D. (Hg.): Berlin Metropolis. Jews and the New Culture 1890–1918, Berkely u. a. 1999

Blasius, Dirk/Diner, Dan (Hg.): Zerbrochene Geschichte. Leben und Selbstverständnis der Juden in Deutschland, Frankfurt/M. 1991

Blaukopf, Kurt: Mahler. Sein Leben, sein Werk und seine Welt in zeitgenössischen Bildern und Texten, Wien 1976

Bohlman, Philip V.: Jüdische Volksmusik – eine mitteleuropäische Geistesgeschichte, Wien u. a. 2005

Bopf, Britta: „Arisierung" in Köln. Die wirtschaftliche Existenzvernichtung der Juden 1933–1945, Köln 2004

Borchmeyer, D./Maayani, A./Vill, S. (Hg.): Richard Wagner und die Juden, Stuttgart u. a. 2000

Borut, Jacob: Antisemitism in Tourist Facilities in Weimar Germany, Yad Vashem Studies, Vol. XXVIII, Jerusalem 2000, S. 7–50

Bourdieu, Pierre: Die verborgenen Mechanismen der Macht. Schriften zu Politik und Kultur 1, Hamburg 1997

Braden, Jutta: Hamburger Judenpolitik im Zeitalter lutherischer Orthodoxie 1590–1710, Hamburg 2001

Braun, Joachim/Cohen, Judith: Jüdische Musik, in: Musik in Geschichte und Gegenwart. 2. Aufl., Sachteil, Bd. 4, 1996, Sp. 1511–1569

Brenner, Michael: Jüdische Kultur in der Weimarer Republik, München 2000

Brenner, Michael: Nach dem Holocaust. Juden in Deutschland 1945–1950, Frankfurt/M. 1997 (München 1995)

Brenner, Michael: Zurück ins Ghetto? Jüdische Autonomievorstellungen in der Weimarer Republik, in: Trumah 3 (1992). Zeitschrift der Hochschule für Jüdische Studien Heideberg, S. 101–127

Breuer, Mordechai: Frühe Neuzeit und Beginn der Moderne, in: Meyer (Hg.): Deutsch-jüdische Geschichte Bd. I, S. 85–247

Breuer, Mordechai: Prolog: Das jüdische Mittelalter, in: Meyer (Hg.), Deutsch-jüdische Geschichte Bd. I, S. 19–82

Brilling, Bernhard/Richtering, Helmut/Aschoff, Diethard (Hg.): Heinrich von Herford, in: Westfalia Judaica. Quellen und Regesten zur Geschichte der Juden in Westfalen und Lippe. Bd. I: 1005–1350, Münster 1992, S. 291–293

Brilling, Bernhard: Die jüdischen Gemeinden Mittelschlesiens. Entstehung und Geschichte, Stuttgart u. a. 1972

Brinkmann, Reinhold/Wolff, Christoph (Hg.): Driven into Paradise. The Musical Migration from Nazi Germany to the United States, Berkeley u. a. 1999

Broder, Henryk M./Lang, Michel R. (Hg.): Fremd im eigenen Land. Juden in der Bundesrepublik, Frankfurt/M. 1979

Browning, Christopher: Die Entfesselung der „Endlösung". Nationalsozialistische Judenpolitik 1939–1942, München 2003

Brumlik, Micha/Heuberger, Rachel/Kugelmann, Cilly (Hg.): Reisen durch das jüdische Deutschland, Köln 2006

Bruns-Wüstefeld, Alex: Lohnende Geschäfte. Die „Entjudung" der Wirtschaft am Beispiel Göttingens, Hannover 1997

Buchholz, Marlies: Die hannoverschen Judenhäuser. Zur Situation der Juden in der Zeit der Ghettoisierung und Verfolgung 1941–1945, Hildesheim 1987

Cohen, Daniel J. (Hg.): Die Landjudenschaften in Deutschland als Organe jüdischer Selbstverwaltung von der frühen Neuzeit bis ins neunzehnte Jahrhundert, 3 Bde, Jerusalem 1996–2001

Dahlmann, Hans-Christian: „Arisierung" und Gesellschaft in Witten. Wie die Bevölkerung einer Ruhrgebietsstadt das Eigentum ihrer Jüdinnen und Juden übernahm, Münster 2001

Davis, Natalie Zemon: Drei Frauenleben. Glikl, Marie de l'Incarnation, Maria Sibylla Merian, Berlin 1995

Dohm, Christian Wilhelm: Ueber die bürgerliche Verbesserung der Juden, Berlin u. a. 1781

Dreßen, Wolfgang: Betrifft: „Aktion 3". Deutsche verwerten jüdische Nachbarn, Berlin 1998

Dunker, Ulrich: Der Reichsbund jüdischer Frontsoldaten 1919–1938. Geschichte eines jüdischen Abwehrvereins, Düsseldorf 1977

Eckert, Wilhelm Paul: Hoch- und Spätmittelalter. Katholischer Humanismus, in: Rengstorf/Kortzfleisch (Hg.): Kirche und Synagoge, S. 210–290

Ehrenfreund, Jacques: Mémoire Juive et Nationalité Allemande. Les Juifs Berlinois à la Belle Époque, Paris 2000

Elbogen, Ismar: Der jüdische Gottesdienst in seiner geschichtlichen Entwicklung, 3. Aufl., Frankfurt/M. 1931

Eliav, Mordechai: Jüdische Erziehung in Deutschland im Zeitalter der Aufklärung und der Emanzipation, Münster u. a. 2001

Elling, Hanna: Frauen im deutschen Widerstand 1933–1945, 3. verb. Aufl., Frankfurt/M. 1981

Erb, Rainer/Bergmann, Werner: Die Nachtseite der Judenemanzipation. Der Widerstand gegen die Integration der Juden in Deutschland 1780–1860, Berlin 1989

Feilchenfeld, Alfred (Hg.): Denkwürdigkeiten der Glückel von Hameln. Aus dem Jüdisch-Deutschen übersetzt, mit Erläuterungen versehen und hg., ND d. 4. Aufl. Berlin 1923, Frankfurt/M. 1987

Feinberg, Anat: Nachklänge. Jüdische Musiker in Deutschland nach 1945, Berlin u. a. 2005

Feiner, Shmuel: The Jewish Enlightenment, Philadelphia 2004

Fetthauer, Sophie: Musikverlage im „Dritten Reich" und im Exil, Hamburg 2004

Fischer, Jens Malte: Richard Wagners „Das Judentum in der Musik". Eine kritische Dokumentation als Beitrag zur Geschichte des Antisemitismus, Frankfurt/M. 2000

Fleischer, Michael: „Kommen Sie, Cohn." Fontane und die Judenfrage, Berlin 1998

Flender, Reinhard: Hebrew Psalmody. A structural Investigation, Jerusalem 1992

Floros, Constantin: Gustav Mahler I. Die geistige Welt Gustav Mahlers in systematischer Darstellung, Wiesbaden 1977

Floros, Constantin: György Ligeti – Jenseits von Avantgarde und Postmoderne, Wien 1996

Freund, Ismar: Die Emanzipation der Juden in Preußen unter besonderer Berücksichtigung des Gesetzes vom 11. März 1812. Zweiter Band: Urkunden, Berlin 1912

Fuchs, Eugen: Um Deutschtum und Judentum. Gesammelte Reden und Aufsätze (1894–1919), Frankfurt/M. 1919

Galerie Morgenland (Hg.): Wo Wurzeln waren ... Juden in Hamburg-Eimsbüttel 1933 bis 1945, Hamburg, 1993

Gay, Peter: Der berlinisch-jüdische Geist. Zweifel an einer Legende, in: Ders.: Freud, Juden und andere Deutsche. Herren und Opfer in der modernen Kultur, Hamburg 1986, S. 189–206
Gay, Peter: In Deutschland zu Hause ... Die Juden in der Weimarer Republik, in: Paucker, Arnold (Hg.): Juden im nationalsozialistischen Deutschland, Tübingen 1986, S. 31–43
Gay, Ruth: Das Undenkbare tun. Juden in Deutschland nach 1945, München 2001
Geiger, Friedrich/Schäfer, Thomas (Hg.): Exilmusik. Komposition während der NS-Zeit (= Musik im „Dritten Reich" und im Exil 3), Hamburg 1999
Geiger, Ludwig: Geschichte der Juden in Berlin. Festschrift zur zweiten Säkular-Feier, Berlin 1871, neu herausgegeben und mit einem Vorwort von Hermann Simon, Berlin 1987
Geis, Jael: Übrig sein – Leben „danach". Juden deutscher Herkunft in der britischen und amerikanischen Zone Deutschlands 1945–1949, Berlin u. a. 2000
Geisel, Eike: Im Scheunenviertel, Berlin 1981
Genschel, Helmut: Die Verdrängung der Juden aus der Wirtschaft im Dritten Reich, Göttingen 1966
Gerlach, Christian: Die Wannsee-Konferenz, das Schicksal der deutschen Juden und Hitlers politische Grundsatzentscheidung, alle Juden Europas zu ermorden, in: Ders.: Krieg, Ernährung, Völkermord. Forschungen zur deutschen Vernichtungspolitik im Zweiten Weltkrieg, Hamburg 1998, S. 85–166
Gillerman, Sharon: Jüdische Körperpolitik. Mutterschaft und Eugenik in der Weimarer Republik, in: Heinsohn/Schüler-Springorum (Hg.): Geschichte, S. 196–213
Gillis-Carlebach, Miriam: „Licht in der Finsternis". Jüdische Lebensgestaltung im Konzentrationslager Jungfernhof, in: Paul, Gerhard/Gillis-Carlebach, Miriam (Hg.): Menora und Hakenkreuz. Zur Geschichte der Juden in und aus Schleswig-Holstein, Lübeck und Altona (1918–1998), Neumünster 1998, S. 549–564
Glanz, Bruno: Geschichte des niederen jüdischen Volkes in Deutschland. Eine Studie über historisches Gaunertum, Bettelwesen und Vagantentum, New York 1968
Goschler, Constantin/Ther, Philipp (Hg.): „Arisierung" und Rückerstattung des jüdischen Eigentums in Europa, Frankfurt/M. 2003
Gottwaldt, Alfred/Schulle, Diana: Die „Judendeportationen" aus dem Deutschen Reich 1941–1945, Wiesbaden 2005
Gotzmann, Andreas u. a. (Hg.): Juden, Bürger, Deutsche. Zur Geschichte von Vielfalt und Differenz 1800–1933, Tübingen 2001
Gotzmann, Andreas: Das neue altjüdische Leben. Moritz Daniel Oppenheims Version eines modernen Judentums, in: Heuberger/Merk (Hg.): Moritz Daniel Oppenheim, S. 232–250
Grab, Walter; Schoeps, Julius H. (Hg.): Juden in der Weimarer Republik. Skizzen und Porträts, 2. veränderte Auflage 1998
Graetz, Michael: Jüdische Aufklärung, in: Meyer (Hg.): Deutsch-jüdische Geschichte Bd. I, S. 251–355
Gruner, Wolf: Armut und Verfolgung. Die Reichsvereinigung, die jüdische Bevölkerung und die antijüdische Politik im NS-Staat 1939 bis 1945, in: Jersch-Wenzel, Stefi (Hg.): Juden und Armut in Mittel- und Osteuropa, Köln u. a. 2000, S. 405–433
Grunwald, Max: Portugiesengräber auf deutscher Erde, Hamburg 1902
Haberer, Erich: Jews and Revolution in nineteenth-century Russia. Cambridge 1995
Hambrock, Matthias: Die Etablierung der Außenseiter. Der Verband nationaldeutscher Juden 1921–1935, Köln u. a. 2003
Hartewig, Karin: Zurückgekehrt. Die Geschichte der jüdischen Kommunisten in der DDR, Köln u. a. 2000
Haumann, Heiko: Geschichte der Ostjuden. München, 4. Aufl. 1998
Haverkamp, Alfred: „Concivilitas" von Christen und Juden in Aschkenas, in: Jütte/Küstermann (Hg.): Jüdische Gemeinden, S. 103–136
Hayes, Peter: Big Business and „Aryanization" in Germany, in: Jahrbuch für Antisemitismusforschung 3 (1994), S. 254–281
Heid, Ludger: „Er ist ein Rätsel geblieben". Oskar Cohn – Politiker, Parlamentarier, Poale-Zionist, in: Benz (Hg.): Leben, S. 25–48
Heine, Heinrich: Über Polen [1823], nach Windfuhr, Manfred (Hg.): Heinrich Heine. Historisch-kritische Gesamtausgabe der Werke. Hamburg 1973, Bd. 6, S. 55–80
Heinsohn, Kirsten/Schüler-Springorum, Stefanie (Hg.): Deutsch-Jüdische Geschichte als Geschlechtergeschichte. Studien zum 19. und 20. Jahrhundert, Göttingen 2006
Heister, H.-W./Maurer Zenck, C./Petersen, P. (Hg.): Musik im Exil. Folgen des Nazismus für die internationale Musikkultur, Frankfurt/M. 1993
Henseler, Anton: Jakob Offenbach, Berlin 1930
Herbst, Ludolf/Weihe, Thomas (Hg.): Die Commerzbank und die Juden, München 2004
Herde, Peter: Von der mittelalterlichen Judenfeindschaft zum modernen Antisemitismus, in: Müller/Wittstadt (Hg.): Geschichte und Kultur, S. 11–70
Hermand, Jost: Juden in der Kultur der Weimarer Republik, in: Grab/Schoeps (Hg.): Juden, S. 9–37
Hermann, Georg: Zur Frage der Westjuden, in: Neue Jüdische Monatshefte Jg. 3 (1919), H. 19/20 (10./25. Juli 1919), S. 399–405
Herzig, Arno/Horch, Hans-Otto/Jütte, Robert (Hg.): Judentum und Aufklärung. Jüdisches Selbstverständnis in der bürgerlichen Öffentlichkeit, Göttingen 2002

Herzig, Arno: Jüdische Geschichte in Deutschland. Von den Anfängen bis zur Gegenwart, München 1997, 2002
Heuberger, Georg/Merk, Anton (Hg.): Moritz Daniel Oppenheim. Die Entdeckung des jüdischen Selbstbewusstseins in der Kunst, Frankfurt/M. 1999
Heymann, Aron Hirsch: Lebenserinnerungen, hg. v. Heinrich Löwe, Berlin 1909
Hilberg, Raul: Die Vernichtung der europäischen Juden, Bd. 1–3, Frankfurt/M. 1961/1982
Hildesheimer, Esriel: Jüdische Selbstverwaltung unter dem NS-Regime. Der Existenzkampf der Reichsvertretung und Reichsvereinigung der Juden in Deutschland, Tübingen 1994
Huckeriede, Jens/Müller, Angela (Hg.): An den Eck steiht'n Jung mit'n Tüdelband. Gebrüder Wolf. Hamburger Gesangshumoristen und Revuestars 1895 bis 1953, Hamburg 2002
Idelsohn, Abraham Z.: Hebräisch-Orientalischer Melodienschatz, 10 Bde, Leipzig 1914–1932
James, Harold: Die Deutsche Bank im Dritten Reich, München 2003
Jersch-Wenzel, Stefi: Bevölkerungsentwicklung und Berufsstruktur, in: Meyer (Hg.): Deutsch-jüdische Geschichte Bd. II, S. 57–66
Jersch-Wenzel, Stefi: Zur Geschichte der jüdischen Bevölkerung in der Provinz Posen im 19. Jahrhundert, in: Rhode, Gotthold (Hg.): Juden in Ostmitteleuropa von der Emanzipation bis zum Ersten Weltkrieg. Marburg 1989, S.73–84
John, Eckhard/Zimmermann, Heidy (Hg.): Jüdische Musik? Fremdbilder – Eigenbilder, Köln u. a. 2004
Just, Michael: Ost- und südosteuropäische Amerikawanderung 1881–1914. Stuttgart 1988
Jütte, Robert/Küstermann, Abraham (Hg.): Jüdische Gemeinden und Organisationsformen von der Antike bis zur Gegenwart, Wien u. a. 1996
Kaplan, Marion A.: Die jüdische Frauenbewegung in Deutschland. Organisation und Ziele des Jüdischen Frauenbundes 1904–1938, Hamburg 1981
Kárny, Miroslav: Theresienstadt 1941–1945, in: Theresienstädter Gedenkbuch. Die Opfer der Judentransporte aus Deutschland nach Theresienstadt 1942–1945, Prag 2000
Katz, Jacob: Aus dem Ghetto in die bürgerliche Gesellschaft. Jüdische Emanzipation 1770–1870, Frankfurt/M. 1986
Katz, Jacob: Tradition und Krise. Der Weg der jüdischen Gesellschaft in die Moderne, München 2002
Katz, Jacob: Vom Vorurteil bis zur Vernichtung. Der Antisemitismus 1700–1933, München 1989
Kaufmann, David (Hg.): Zikhronot marat Glikl Hamel mishnat tav-zayin ad tav-ayin-tet (Die Memoiren der Glückel von Hameln, 1645–1719), Frankfurt/M. 1896
Kellenbenz, Hermann: Sephardim an der unteren Elbe, Wiesbaden 1958
Kessler, Mario: Die SED und die Juden – Zwischen Repression und Toleranz. Politische Entwicklungen bis 1967, Berlin 1995
Kirsch, Winfried/Dietrich, Ronny (Hg.): Jacques Offenbach – Komponist und Weltbürger. Ein Symposion in Offenbach am Main, Mainz 1985
Koelbl, Herlinde: Jüdische Portraits. Photographien und Interviews, Frankfurt/M. 1989
Königseder, Angelika /Wetzel, Juliane: Lebensmut im Wartesaal. Die jüdischen DPs (Displaced Persons) im Nachkriegsdeutschland, Frankfurt/M. 2004
Königseder, Angelika: Flucht nach Berlin. Jüdische Displaced Persons 1945–1948, Berlin 1998
Körber, Karen: Juden, Russen, Emigranten. Identitätskonflikte in einer ostdeutschen Stadt. Frankfurt/M. u. a. 2005.
Korn, Salomon: Geteilte Erinnerung, 2. Aufl., Berlin 2001
Kosmala, Beate: Zwischen Ahnen und Wissen. Flucht vor der Deportation (1941–1943), in: Kundrus/Meyer (Hg.): Deportation, S. 135–159
Kratzsch, Gerhard: Der Gauwirtschaftsapparat der NSDAP. Menschenführung – „Arisierung" – Wehrwirtschaft im Gau Westfalen-Süd, Münster 1989
Krieger, Karsten (Bearb.): Der „Berliner Antisemitismusstreit" 1879–1881. Kommentierte Quellenedition, München 2003
Krohn, Helga/Maierhof, Gudrun (Hg.): Deutschland – trotz alledem? Jüdische Sozialarbeit nach 1945, Frankfurt/M. 2006
Kuhnt, Christian: Kurt Weill und das Judentum, Saarbrücken 2002
Kundrus, Birthe/Meyer, Beate (Hg.): Die Deportation der Juden aus Deutschland. Pläne – Praxis – Reaktionen (= Beiträge zur Geschichte des Nationalsozialismus 20), Göttingen 2004
Küng, Hans: Spurensuche. Die Weltreligionen auf dem Weg. Teil 2: Judentum, Christentum, Islam, München u. a. 2005
Kuwalek, Robert: Das kurze Leben „im Osten". Jüdische Deutsche im Distrikt Lublin aus polnisch-jüdischer Sicht, in: Kundrus/Meyer (Hg.): Deportation, S. 112–134
Kwiet, Konrad/Eschwege, Helmut: Selbstbehauptung und Widerstand. Deutsche Juden im Kampf um Existenz und Menschenwürde, Hamburg 1984
Kwiet, Konrad: Problems of Jewish Resistance Historiography, in: Year Book XXIV of the Leo Baeck Institute, London 1979, S. 37–57
Ladwig-Winters, Simone: Wertheim – ein Warenhausunternehmen und seine Eigentümer. Ein Beispiel der Entwicklung der Berliner Warenhäuser bis zur „Arisierung", Münster 1997
Lässig, Simone: Jüdische Wege ins Bürgertum. Kulturelles Kapital und sozialer Aufstieg im 19. Jahrhundert, Göttingen 2004
Lässig, Simone: Nationalsozialistische „Judenpolitik" und jüdische Selbstbehauptung vor dem Novem-

berpogrom. Das Beispiel der Dresdner Bankiersfamilie Arnhold, in: Pommerin, Rainer (Hg.): Dresden unterm Hakenkreuz, Köln u. a. 1998, S. 129–191

Lehmann, Mathias: Musik über den Holocaust. Zu einem Seitenthema der deutschen Musikgeschichte nach 1945, in: Villigst Profile 3, Münster 2004, S. 44–56

Levinson, Nathan Peter: Ein Ort ist, mit wem Du bist. Lebensstationen eines Rabbiners, Berlin 1996

Liepach, Martin: Das Krisenbewusstsein des jüdischen Bürgertums in den „Goldenen Zwanzigern“, in: Gotzmann, Andreas u. a. (Hg.): Juden, Bürger, Deutsche, S. 395–417

Liepach, Martin: Das Wahlverhalten der jüdischen Bevölkerung, Tübingen 1996

Lillteicher, Jürgen: Rechtsstaatlichkeit und Verfolgungswirklichkeit. „Arisierung“ und fiskalische Ausplünderung vor Gericht, in: Goschler, Constantin/Lillteicher, Jürgen (Hg.): „Arisierung“ und Restitution. Die Rückerstattung jüdischen Eigentums in Deutschland und Österreich nach 1945 und 1989, Göttingen 2002, S. 127–159

Lindner, Erik: Patriotismus deutscher Juden von der napoleonischen Ära bis zum Kaiserreich. Zwischen korporativem Loyalismus und individueller deutsch-jüdischer Identität, Frankfurt/M. u. a. 1997

Loewy, Hanno/Schoenberner, Gerhard: „Unser einziger Weg ist Arbeit“. Das Ghetto in Lodz 1940–1944, Frankfurt/M. 1990

Longerich, Peter: Politik der Vernichtung. Eine Gesamtdarstellung der nationalsozialistischen Judenverfolgung, München u. a. 1998

Lorenz, Ina: Die Juden in Hamburg zur Zeit der Weimarer Republik. Eine Dokumentation, 2 Bde, Hamburg 1987

Lotter, Friedrich: Ist Hermann von Schedas Opusculum De Conversione sua eine Fälschung?, in: Aschkenas 1 (1992), S. 207–218

Mäckelmann, Michael: Arnold Schönberg und das Judentum. Der Komponist und sein religiöses, nationales und politisches Selbstverständnis nach 1921, Hamburg 1984

Maierhof, Gudrun: Selbstbehauptung im Chaos. Frauen in der Jüdischen Selbsthilfe 1933–1943, Frankfurt/M. 2002

Maor, Harry: Über den Wiederaufbau der jüdischen Gemeinden in Deutschland seit 1945, Diss. Mainz 1961

Maurer Zenck, Claudia/Petersen, Peter (Hg.): Lexikon verfolgter Musiker und Musikerinnen der NS-Zeit, Universität Hamburg 2005 ff., Online-Lexikon: www.LexM.uni-hamburg.de

Maurer, Trude: Die Juden in der Weimarer Republik, in: Blasius/Diner (Hg.): Zerbrochene Geschichte, S. 102–120

Maurer, Trude: Ostjuden in Deutschland 1918–1933, Hamburg 1986

Mendelssohn, Peter de: S. Fischer und sein Verlag, Frankfurt/M. 1970

Mendes-Flohr, Paul: Jüdisches Kultur- und Geistesleben, in: Meyer (Hg.): Deutsch-jüdische Geschichte Bd. IV, S. 125–153

Metzger Heinz-Klaus/Riehn, Rainer (Hg.): Felix Mendelssohn Bartholdy (Musik-Konzepte 14/15), München 1980

Meyer, Beate: „Altersghetto“, „Vorzugslager“ und Tätigkeitsfeld. Die Repräsentanten der Reichsvereinigung der Juden in Deutschland und Theresienstadt, in: Theresienstädter Studien und Dokumente, Prag 2006, S. 125–151

Meyer, Beate: „Jüdische Mischlinge“. Rassenpolitik und Verfolgungserfahrung 1933–1945, Hamburg 1999

Meyer, Beate: Das unausweichliche Dilemma: Die Reichsvereinigung der Juden in Deutschland, die Deportationen und die untergetauchten Juden, in: Kosmala, Beate/Schoppmann, Claudia (Hg.): Überleben im Untergrund. Hilfe für Juden in Deutschland 1941–1945, Berlin 2002, S. 273–296

Meyer, Beate: Gratwanderung zwischen Verantwortung und Verstrickung. Die Reichsvereinigung der Juden in Deutschland und die Jüdische Gemeinde zu Berlin 1938–1945, in: Meyer, Beate/Simon, Hermann (Hg.): Juden in Berlin 1938–1945, Berlin 2000, S. 291–337

Meyer, Beate: Handlungsspielräume regionaler jüdischer Repräsentanten (1941–1945). Die Reichsvereinigung der Juden in Deutschland und die Deportationen, in: Kundrus/Meyer (Hg.): Deportation, S. 63–85

Meyer, Michael A. (Hg.): Deutsch-jüdische Geschichte in der Neuzeit. Bd. I: Breuer, Mordechai/Graetz, Michael: Tradition und Aufklärung 1600–1780, München 1996; Bd. II: Brenner, Michael/Jersch-Wenzel, Stefi/Meyer, Michael A.: Emanzipation und Akkulturation 1780–1871, München 1996; Bd. III: Lowenstein, Steven M./Mendes-Flohr, Paul/Pulzer, Peter/Richarz, Monika: Umstrittene Integration 1871–1918, München 1997; Bd. IV: Barkai, Avraham/Mendes-Flohr, Paul/Lowenstein, Steven M.: Aufbruch und Zerstörung 1918–1945

Meyer, Michael A.: Antwort auf die Moderne. Geschichte der Reformbewegung im Judentum, Wien u. a. 2000

Mommsen, Hans: Der Wendepunkt zur „Endlösung“. Die Eskalation der nationalsozialistischen Judenverfolgung, in: Matthäus, Jürgen/Mallmann, Klaus-Michael (Hg.): Deutsche, Juden, Völkermord. Der Holocaust als Geschichte und Gegenwart, Darmstadt 2006, S. 57–72

Mosse, Werner (Hg.): Deutsches Judentum in Krieg und Revolution 1916–1923, Tübingen 1971

Mosse, Werner E. (Hg.): Entscheidungsjahr 1932. Zur Judenfrage in der Endphase der Weimarer Republik, Tübingen 1965

Mosse, Werner E. u. a. (Hg.): Revolution and evolution. 1848 in German-Jewish history, Tübingen 1981

Müller, Karlheinz/Wittstadt, Klaus (Hg.): Geschichte und Kultur des Judentums, Würzburg 1988

Mußgnug, Dorothee: Die Reichsfluchtsteuer 1931–1953, Berlin 1993

Nachama, Andreas/Schoeps, Julius H./Simon, Hermann (Hg.): Juden in Berlin, Berlin 2001

Niemeyer, Gerlinde (Hg.): Hermannus quondam Judaeus: Opusculum de conversione sua, Weimar 1963

Niewyk, Donald L.: The impact of Inflation and Depression on the German Jews, in: Leo Baeck Institute Yearbook 28 (1983), S. 19–36

Offenberg, Ulrike: „Seid vorsichtig gegen die Machthaber". Die jüdischen Gemeinden in der SBZ und der DDR 1945 bis 1990, Berlin 1998

Oppenheim, Moritz Daniel. Erinnerungen eines deutsch-jüdischen Malers. Hg. von Christmut Präger, Heidelberg 1999

Panwitz, Sebastian: Die Gesellschaft der Freunde (1792–1935) in Berlin, Diss. Potsdam 2005

Pappenheim, Bertha (Übers.): Die Memoiren der Glückel von Hameln. Aus dem Jüdisch-Deutschen von Bertha Pappenheim. (Autorisierte Übertragung nach der Ausgabe von David Kaufmann, Wien 1910), Weinheim 1994

Pätzold, Kurt/Schwarz, Erika: Tagesordnung: Judenmord. Die Wannsee-Konferenz am 20. Januar 1942, Berlin 1992

Paucker, Arnold: Deutsche Juden im Kampf um Recht und Freiheit. Studien zu Abwehr, Selbstbehauptung und Widerstand der deutschen Juden seit dem Ende des 19. Jahrhunderts. Bearbeitet von Barbara Suchy. Mit einer Einführung von Reinhard Rürup, 2. verb. Aufl., Berlin 2004

Paucker, Arnold: Deutsche Juden im Widerstand 1933–1945. Tatsachen und Probleme, 2. erw. u. verb. Aufl., Berlin 1999

Paucker, Arnold: German Jews in the Resistance 1933–1945. The Facts and the Problems, Berlin 2005

Paucker, Arnold: History in Exile. Writing the Story of German Jewry, in: Bolbecher, Siglinde u. a. (Hg.): Zwischenwelt 4, Literatur und Kultur des Exils in Großbritannien, Wien 1995, S. 241–266

Paucker, Arnold: Mommsenstrasse to Devonshire Street, in Alter, Peter (Hg.): Out of the Third Reich. Refugee Historians in Post-War Britain, London u. a. 1998, S. 175–193

Pohl, Dieter: Verfolgung und Massenmord in der NS-Zeit 1933–1945, Darmstadt 2003

Posener, Julius: Fast so alt wie das Jahrhundert, Berlin 1990

Przyrembel, Alexandra: „Rassenschande". Reinheitsmythos und Vernichtungslegitimation im Nationalsozialismus, Göttingen 2003

Rahden, Till van: Juden und andere Breslauer. Die Beziehungen zwischen Juden, Protestanten und Katholiken in einer deutschen Großstadt von 1860 bis 1925, Göttingen 2000

Reichel, Peter: Erfundene Erinnerung. Weltkrieg und Judenmord in Film und Theater, München 2004 (TB-Ausg. Frankfurt/M. 2007)

Reichel, Peter: Politik mit der Erinnerung. Gedächtnisorte im Streit um die nationalsozialistische Vergangenheit, 2. Aufl. Frankfurt/M. 1999 (München 1995)

Reichel, Peter: Vergangenheitsbewältigung in Deutschland. Die politisch-justizielle Auseinandersetzung mit der NS-Diktatur nach 1945, Bonn 2003 (München 2001)

Reichmann, Eva G.: Der Bewußtseinswandel der deutschen Juden, in: Mosse: Judentum, S. 511–612

Reichmann, Eva G.: Vom Sinn deutsch-jüdischen Seins (Mai 1934), in: Dies.: Größe und Verhängnis deutsch-jüdischer Existenz, Heidelberg 1974, S. 48–62

Reichmann, Hans: Der Centralverein deutscher Staatsbürger jüdischen Glaubens, in: Festschrift zum 80. Geburtstag von Leo Baeck am 23. Mai 1953, hg. v. Council for the Protection of the Rights and Interests of Jews from Germany, London 1953, S. 63–75.

Reichmann, Hans: Deutscher Bürger und verfolgter Jude. Novemberpogrom und KZ Sachsenhausen 1937 bis 1939, bearbeitet von Michael Wildt, München 1998

Reinharz, Jehuda (Hg.): Dokumente zur Geschichte des deutschen Zionismus 1882–1933, Tübingen 1981

Reinke, Andreas: Jüdische Wohlfahrtspflege in Deutschland, Hannover 1999

Rengstorf, Karl Heinrich/Kortzfleisch, Siegfried von (Hg.): Kirche und Synagoge. Handbuch zur Geschichte von Christen und Juden. Darstellung mit Quellen, Stuttgart 1968

Richarz, Monika (Hg.): Die Hamburger Kauffrau Glikl – Jüdische Existenz in der frühen Neuzeit, Hamburg 2001 (Hamburger Beiträge zur Geschichte der deutschen Juden 24)

Richarz, Monika (Hg.): Jüdisches Leben in Deutschland. Selbstzeugnisse zur Sozialgeschichte.
Bd. 1: 1780–1871, Stuttgart 1976;
Bd. 2: Im Kaiserreich, Stuttgart 1979;
Bd. 3: 1918–1945, Stuttgart 1982

Ries, Rotraud/Battenberg, J. Friedrich (Hg.): Hofjuden – Ökonomie und Interkulturalität. Die jüdische Wirtschaftselite im 18. Jahrhundert, Hamburg 2002

Roseman, Mark: Die Wannsee-Konferenz. Wie die NS-Bürokratie den Holocaust organisierte, Berlin 2002

Rosenberg, Heinz: Jahre des Schreckens: ... und ich blieb übrig, daß ich Dir's ansage, Göttingen 1985

Rufer, Josef: Das Werk Arnold Schönbergs (2. Aufl. mit 16 Seiten Ergänzungen u. Korrekturen), Kassel u. a. 1974

Rürup, Reinhard (Hg.): Jüdische Geschichte in Berlin. Essays und Studien, Berlin 1995

Rürup, Reinhard: Die „Judenfrage“ in der bürgerlichen Gesellschaft und die Entstehung des modernen Antisemitismus, in: Ders.: Emanzipation und Antisemitismus, S. 74–94.

Rürup, Reinhard: Emanzipation und Antisemitismus. Studien zur „Judenfrage“ der bürgerlichen Gesellschaft, Göttingen 1975

Rürup, Reinhard: Judenemanzipation und bürgerliche Gesellschaft, in: Ders., Emanzipation und Antisemitismus, S. 11–36

Russische Juden und transnationale Diaspora, Berlin u. a. 2005 (= Menora. Jahrbuch für deutsch-jüdische Geschichte 15)

Safrian, Hans: Expediting Expropriation and Expulsion: The Impact of the „Vienna Model“ on Anti-Jewish Policies in Nazi Germany 1938, in: Holocaust and Genocide Studies 14 (2000), S. 390–414

Salmen, Walter: „... denn die Fiedel macht das Fest“. Jüdische Musikanten und Tänzer vom 13. bis 20. Jahrhundert, Innsbruck 1991

Scheffler, Wolfgang: Das Ghetto Lodz in der nationalsozialistischen Judenpolitik, in: Loewy/Schoenberner: „Unser einziger Weg“, S. 12–16

Scheffler, Wolfgang: Das Schicksal der in die baltischen Staaten deportierten deutschen, österreichischen und tschechoslowakischen Juden 1941–1945. Ein historischer Überblick in: Scheffler, Wolfgang/Schulle, Diana (Hg.): Buch der Erinnerung. Die ins Baltikum deportierten deutschen, österreichischen und tschechoslowakischen Juden, Bd. I, München 2003, S. 1–43

Scheiger, Brigitte: Juden in Berlin, in: Jersch-Wenzel, Stefi/John, Barbara (Hg.): Von Zuwanderern zu Einheimischen. Hugenotten, Juden, Böhmen, Polen in Berlin, Berlin 1990, S. 158–488

Schindler, Angelika: Der verbrannte Traum. Jüdische Bürger und Gäste in Baden-Baden, Bühl-Moos 1992

Schmelz, Usiel O.: Die demographische Entwicklung der Juden in Deutschland von der Mitte des 19. Jahrhunderts bis 1933, in: Bulletin des Leo Baeck Instituts 83 (1989), S. 15–62

Schoeps, Julius/Jasper, Willi/Vogt, Bernhard (Hg.): Russische Juden in Deutschland. Integration und Selbstbehauptung in einem fremden Land, Weinheim 1996

Scholem, Gershom: Sabbatai Zwi. Der mystische Messias, Frankfurt/M. 1992

Scholem, Gershom: Von Berlin nach Jerusalem, Frankfurt/M. 1994

Schönberg, Jakob: Die traditionellen Gesänge des israelitischen Gottesdienstes in Deutschland. Musikwissenschaftliche Untersuchung der in A. Baers „Baal T'fillah“ gesammelten Synagogengesänge, mit einem Vorwort von Eric Werner, Hildesheim u. a. 1971 (reprogr. Nachdr. der Ausgabe Nürnberg 1926)

Schreckenberg, Heinz: Die Juden in der Kunst Europas. Ein historischer Bildatlas, Göttingen, Freiburg/Br. u. a. 1996

Schüler-Springorum, Stefanie: Die jüdische Minderheit in Königsberg/Preußen 1871–1945, Göttingen 1996,

Schulte, Christoph (Hg.): Deutschtum und Judentum, Stuttgart 1993

Schulte, Christoph: Die jüdische Aufklärung. Philosophie, Religion, Geschichte, München 2002

Schultz, Hans-Jürgen (Hg.): Mein Judentum, München 1986 (Stuttgart 1978)

Schuster, Frank M.: Zwischen allen Fronten. Osteuropäische Juden während des Ersten Weltkrieges (1914–1919). Köln 2004

Seibt, Ferdinand: Karl IV. Ein Kaiser in Europa 1346 bis 1378, München 1978

Selig, Wolfram: „Arisierung“ in München. Die Vernichtung jüdischer Existenz 1937–1939, Berlin 2004

Sendrey, Alfred: Musik in Alt-Israel, Leipzig o. J.

Sorkin, David: The Transformation of German Jewry 1780–1840, Oxford 1987

Spiegel, Paul: In Deutschland zu Hause?, Berlin 2003

Stengel, Theo/Gerigk, Herbert: Lexikon der Juden in der Musik. Mit einem Titelverzeichnis jüdischer Werke. Zusammengestellt im Auftrag der Reichsleitung der NSDAP auf Grund behördlicher, parteiamtlich geprüfter Unterlagen, Berlin 1940, 1943

Stern, Frank: Im Anfang war Auschwitz. Antisemitismus und Philosemitismus im deutschen Nachkrieg, Gerlingen 1991

Stern, Selma: Der preußische Staat und die Juden. Erster Teil: Die Zeit des Großen Kurfürsten und Friedrichs I. Zweite Abteilung: Akten, Tübingen 1962

Stiftung Jüdisches Museum Berlin (Hg.): Geschichten einer Ausstellung. Zwei Jahrtausende deutsch-jüdische Geschichte, Berlin 2001

Stiftung Neue Synagoge Berlin – Centrum Judaicum (Hg.): „Tuet auf die Pforten“. Die Neue Synagoge 1866–1995, Berlin 1995

Strathmann, Donate: Auswandern oder hierbleiben? Jüdisches Leben in Düsseldorf und Nordrhein 1945–1960, Essen 2003

Straus, Rahel: Wir lebten in Deutschland: Erinnerungen einer deutschen Jüdin, Stuttgart 1961

Studemund-Halévy, Michael/Poettering, Jorun: Étrangers universels. Les réseaux séfarades à Hambourg, in: La Diaspora des Nouveaux-Chrétiens, Archives du Centre Culturel Calouste Gulbenkian 48 (2004), S. 135–168

Studemund-Halévy, Michael/Zürn, Gaby: Zerstört die Erinnerung nicht. Der jüdische Friedhof Königstraße, Hamburg 2002, 2. erw. u. verb. Aufl. 2004

Studemund-Halévy, Michael: Biographisches Lexikon der Hamburger Sefarden, Hamburg 2000

Studemund-Halévy, Michael: Codices Gentium. Semuel de Isaac Abas, coleccionista de libros hamburgués, in: Contreras, Jaime u. a. (Hg.), Familia, religión y negocio. El sefardismo en las relaciones entre el mundo ibérico y los Países Bajos en la Edad Moderna, Madrid, 2003, S. 287–319

Studemund-Halévy, Michael: Der „Adel der portugiesischen Juden“. Joseph Carlebach und die Hamburger Portugiesen, in: „...die da lehren, werden leuchten wie des Himmels Glanze“. Die Sechste Joseph-Carlebach-Konferenz, Hamburg 2005, S. 164–185

Studemund-Halévy, Michael: Es residiren in Hamburg Minister fremder Mächte – Sefardische Residenten in Hamburg, in: Ries/Battenberg (Hg.): Hofjuden, S. 154–176

Studemund-Halévy, Michael: Rettung in weiter Ferne: der Amsterdamer Sephardenkongress von 1938, Portugal und die Hamburger Portugiesen, in: Lusorama 31 (1996), S. 89–113

Studemund-Halévy, Michael: The persistance of images: Reproductive success in the history of Jewish art: Sephardi sepulchral art from Hamburg, Amsterdam and Curaçao, in: Yosef Kaplan (Hg.), Leiden 2007

Studemund-Halévy, Michael: Tortured memories. Jacob Rosales alias Imanuel Bocarro Francês. A life from the files of the Inquisition (mit Sandra Neves Silva), in: Wendehorst, Stephan (Hg.): The Roman Inquisition, Leiden 2004, S. 107–150.

Terlau, Wilhelm/Wunsch, Beate: „Ein Gespenst geht um in Deutschland“. Die Ostjudenfrage im Spiegel der deutschsprachigen jüdischen Presse während des Ersten Weltkriegs, in: Jaeger, Achim/Terlau, Wilhelm/Wunsch, Beate: Positionierung und Selbstbehauptung, Tübingen 2003, S. 67–109

Theilhaber, Felix A.: Der Untergang der deutschen Juden. Eine volkswirtschaftliche Studie, 2. veränd. Aufl. 1921

Toch, Michael: Die Juden im mittelalterlichen Reich, München 1998

Tomaszewski, Jerzy: Auftakt zur Vernichtung, Osnabrück 2002

Toury, Jacob: Soziale und politische Geschichte der Juden in Deutschland 1847–1871. Zwischen Revolution, Reaktion und Emanzipation, Düsseldorf 1977

Turniansky, Chava (ed.): Glikl, Memoirs 1691–1719. Ed. and transl. from the Yiddish [yidd. and hebr.], Jerusalem 2006

Verse-Herrmann, Angela: Die „Arisierungen“ in der Land- und Forstwirtschaft 1938–1942, Stuttgart 1997

Volkov, Shulamit: Die Juden in Deutschland 1780–1918, München 1994

Wallenborn, Hiltrud: Bekehrungseifer, Judenangst und Handelsinteresse, Hildesheim 2003

Walter, Dirk: Antisemitische Kriminalität und Gewalt. Judenfeindschaft in der Weimarer Republik, Bonn 1999

Weber, Annette: Moritz Oppenheim als Künstler, Bürger und Jude im Spiegel seines Bildnisschaffens, in: Heuberger/Merk (Hg.): Moritz Daniel Oppenheim, S. 187–199

Wegweiser durch das jüdische Berlin. Geschichte und Gegenwart, Berlin 1987

Welzer, Harald: Vorhanden/Nicht vorhanden. Über die Latenz der Dinge, in: Wojak/Hayes (Hg.): „Arisierung“, S. 287–308

Wer ein Haus baut, will bleiben. 50 Jahre Jüdische Gemeinde Frankfurt am Main, Anfänge und Gegenwart, Frankfurt/M. 1998

Werner, Eric: Mendelssohn. Leben und Werk in neuer Sicht, Zürich u. a. 1980

Wertheimer, Jack: Unwelcome Strangers, New York u. a. 1987

Wessely, Naftali Herz: Worte der Wahrheit und des Friedens an die gesammte jüdische Nation. Vorzüglich diejenigen, so unter dem Schutze des glorreichen und großmächtigen Kaysers Joseph II. wohnen, Berlin 1782

Wiener, Alfred: Das deutsche Judentum in politischer, wirtschaftlicher und kultureller Hinsicht, Berlin 1924

Wildt, Michael: „Der muß hinaus! Der muß hinaus!“. Antisemitismus in deutschen Nord- und Ostseebädern 1920–1935, Mittelweg 36, 10, Heft 4 (2001), S. 2–25

Wildt, Michael: Die Judenpolitik des SD 1935 bis 1938. Eine Dokumentation, München 1995

Wilson, Peter Niklas: Jazz und „jewish roots“. Von Gershwin zur „Radical New Jewish Culture“, in: John/Zimmermann (Hg.): Jüdische Musik?, S. 257–268

Wojak, Irmtrud/Hayes, Peter (Hg.): „Arisierung“ im Nationalsozialismus. Volksgemeinschaft, Raub und Gedächtnis, Frankfurt/M. 2000

Wroblewsky, Vincent von (Hg.): Zwischen Thora und Trabant. Juden in der DDR, Berlin 1993

Youval, Israel: Heilige Städte, heilige Gemeinden – Mainz als das Jerusalem Deutschlands, in: Jütte/Küstermann (Hg.): Jüdische Gemeinden, S. 91–101

Zechlin, Egmont: Die deutsche Politik und die Juden im Ersten Weltkrieg, Göttingen 1969

Ziegler, Dieter: Die Dresdner Bank und die deutschen Juden, München 2006

Zimmermann, Heidy: Schir Zion. Musik und Gesang in der Synagoge, in: John/Zimmermann (Hg.): Jüdische Musik?, S. 53–75

Zimmermann, Moshe: „Die aussichtslose Republik“. Zukunftsperspektiven der deutschen Juden vor 1933, in: Menora. Jahrbuch für deutsch-jüdische Geschichte 1 (1980), S. 152–183

Zimmermann, Moshe: Die deutschen Juden 1914–1945, München 1997

Zimmermann, Moshe: Hamburgischer Patriotismus und deutscher Nationalismus, Hamburg 1979

Zuckermann, Moshe (Hg.): Zwischen Politik und Kultur. Juden in der DDR, Göttingen 2002

Personenregister

E

F

G

H

T

U

V

W

Z

Autoren

Jörg-Uwe Albig
geb. 1960 in Bremen, studierte Kunst und Musik in Kassel, war Altenpfleger und Redakteur in Hamburg und lebte zwei Jahre lang als Korrespondent einer deutschen Kunstzeitschrift in Paris. Seit 1993 arbeitet er als freier Journalist und Schriftsteller („Velo") in Berlin. Er verfasst regelmäßig Beiträge für das Magazin GEO.

Dr. Frank Bajohr
geb. 1961, wissenschaftlicher Mitarbeiter an der Forschungsstelle für Zeitgeschichte in Hamburg, 2000/2001 Research Fellow am International Institute for Holocaust Research in Yad Vashem/Jerusalem. Veröffentlichungen u. a. über die „Arisierung" in Hamburg, Korruption in der NS-Zeit und Bäder-Antisemitismus im 19. und 20. Jahrhundert.

PD Dr. Andreas Brämer
geb. 1964, studierte in Heidelberg und Jerusalem Jüdische Studien und promovierte im Fach Judaistik an der Freien Universität Berlin. Seit April 2005 stellvertretender Direktor am Institut für die Geschichte der deutschen Juden in Hamburg, zugleich Privatdozent für Neuere Geschichte am Historischen Seminar der Universität Hamburg.

Ernst Cramer
geb. 1913 in Augsburg, ist Journalist und Vorstandsvorsitzender der Axel Springer Stiftung. Er war der engste publizistische Vertraute des Verlegers Axel Springer bis zu dessen Tod (1985). Cramers vorrangige Interessen gelten der Re-Demokratisierung Deutschlands, der deutsch-jüdischen Geschichte, den transatlantischen Beziehungen und der Zukunft des Nahen Ostens.

Prof. Dr. Frank Golczewski
lehrt Osteuropäische Geschichte am Historischen Seminar der Universität Hamburg. Forschungsschwerpunkte: Neuere Geschichte Polens, Russlands und der Sowjetunion und der Ukraine.

Prof. Dr. Wolfgang Grünberg
geb. 1940, Pastor und Prof. em. für Praktische Theologie an der Universität Hamburg, Leiter der Arbeits- und Forschungsstelle „Kirche und Stadt". Forschungen u. a. zur „Sprache der Stadt" sowie zur jüdischen und christlichen Religionspädagogik.

Dr. Kirsten Heinsohn
geb. 1963 in Wedel, ist wissenschaftliche Mitarbeiterin am Institut für die Geschichte der deutschen Juden in Hamburg und lehrt am Historischen Seminar der Universität Hamburg. Publikationen zur Geschichte Hamburgs, zur Frauen- und Geschlechtergeschichte sowie zur deutsch-jüdischen Geschichte.

Prof. Dr. Arno Herzig
geb. 1937 in Albendorf, Kreis Glatz (Schlesien), lehrt am Historischen Seminar der Universität Hamburg und ist Mitglied der Historischen Kommission für Schlesien. Zahlreiche Forschungsprojekte und Publikationen, u. a. zur deutsch-jüdischen Geschichte, zur Reformationsgeschichte und Konfessionalisierung sowie zur Geschichte Schlesiens.

Prof. Dr. Hans Otto Horch
geb. 1944 in Lörrach, Inhaber der „Ludwig Strauß-Professur" für Deutsch-jüdische Literaturgeschichte am Institut für Germanistische und Allgemeine Literaturwissenschaft der RWTH Aachen. Zahlreiche Publikationen vor allem zur deutsch-jüdischen Literaturgeschichte. Herausgeber der Reihe „Conditio Judaica", Mitherausgeber der Zeitschrift „Aschkenas".

Dr. Angelika Königseder
Mitarbeiterin am Zentrum für Antisemitismusforschung der TU Berlin. Veröffentlichungen u. a. zur jüdischen DP-Geschichte, zu NS-Konzentrationslagern und zu Rechtsanwälten im Nationalsozialismus.

Dr. Beate Meyer
geb. 1952 in Fliseryd/Schweden, wissenschaftliche Mitarbeiterin am Institut für die Geschichte der deutschen Juden in Hamburg, Lehrbeauftragte an der Universität Hamburg und Mitherausgeberin der Zeitschrift „Beiträge zur Geschichte des NS". Forschungsprojekte und Veröffentlichungen zur deutsch-jüdischen Geschichte des 20. Jahrhunderts, zum Nationalsozialismus und zur Geschichte Hamburgs.

PD Dr. Frank Otto
geb. 1967, Studium der Geschichte, Volkswirtschaftslehre und Politischen Wissenschaften, Promotion 1996, Habilitation 2001. Seit 2001 Privatdozent am Historischen Seminar der Universität Hamburg. Forschungsschwerpunkte: Währungs-, Wirtschafts- und Finanzpolitik in Deutschland und Großbritannien; Gewalt und ihre Darstellung in den Massenmedien. Zahlreiche Buchveröffentlichungen, schreibt regelmäßig für das Geschichtsmagazin GEO-Epoche.

Dr. Dr. h.c. Arnold Paucker
geb. 1921 in Berlin, wanderte 1936 nach Palästina aus, trat 1941 als Freiwilliger in die britische Armee ein. Ab 1953 Studium in England, 1959–2001 Direktor des Leo Baeck Institute in London, jetzt Internationaler Vizepräsident des Leo Baeck Institute. Langjähriger Herausgeber des „Year Book" des Leo Baeck Institutes. Kernthema seiner wissenschaftlichen Arbeit ist der jüdische Abwehrkampf gegen Antisemitismus und Nationalsozialismus.

Prof. Dr. Peter Petersen
geb. 1940, Professor für Historische Musikwissenschaft an der Universität Hamburg, Mitbegründer des Hamburger Jahrbuchs für Musikwissenschaft und Leiter der „Arbeitsgruppe Exilmusik" am Musikwissenschaftlichen Institut der Universität Hamburg, Mitherausgeber der Schriftenreihe Musik im „Dritten Reich" und im Exil.

Cay Rademacher
Jahrgang 1965, studierte in Köln und Washington Anglo-Amerikanische Geschichte, Alte Geschichte und Philosophie. Er ist Reporter bei GEO und Geschäftsführender Redakteur des Geschichtsmagazins GEO-Epoche. Außerdem verfasste er mehrere Sachbücher und Romane. Im Ellert & Richter Verlag ist von ihm „Wer war Jesus?" erschienen.

Prof. Dr. Peter Reichel
lehrte von 1985 bis 2007 an der Universität Hamburg Historische Grundlagen der Politik. Er ist durch zahlreiche Bücher zur politischen Kulturgeschichte Deutschlands hervorgetreten, zuletzt: „Robert Blum. Ein deutscher Revolutionär 1807–1848" (2007); „Schwarz Rot Gold. Kleine Geschichte deutscher Nationalsymbole nach 1945" (2005), „Erfundene Erinnerung. Weltkrieg und Judenmord in Film und Theater" (2004).

Dr. Andreas Reinke
Wissenschaftlicher Mitarbeiter am Institut für Geschichte an der Martin-Luther-Universität Halle-Wittenberg. Zahlreiche Veröffentlichungen zur Geschichte der Juden in Deutschland, zuletzt: „Geschichte der Juden in Deutschland 1781–1933" (2007).

Prof. Dr. Monika Richarz
geb. 1937 in Berlin, leitete das Institut für die Geschichte der deutschen Juden in Hamburg und lehrte an der Hamburger Universität. Zahlreiche Veröffentlichungen zur deutsch-jüdischen Geschichte vom 17. Jahrhundert bis zur Gegenwart, speziell Sozial- und Kulturgeschichte sowie Autobiografien deutscher Juden.

Dr. Rotraud Ries
geb. 1956, Promotion Münster 1990, seit 1994 wissenschaftliche Mitarbeiterin an den Universitäten Darmstadt, Duisburg und Düsseldorf, Lehrtätigkeit an der Universität Bielefeld. Forschungsschwerpunkte: deutsch-jüdische Geschichte vom Mittelalter bis ins 19. Jahrhundert, jüdische Stadt- und Regionalgeschichte, Sozial- und Kulturgeschichte der Juden in der frühen Neuzeit.

Prof. Dr. Reinhard Rürup
geb. 1934, Professor für Neuere Geschichte an der Freien Universität Berlin (1970–75) und an der TU Berlin (1975–1999), Gastprofessuren an Universitäten in den USA, Großbritannien, Israel und Australien. 1989 Gründungsvorsitzender der Wissenschaftlichen Arbeitsgemeinschaft des Leo Baeck Instituts in der Bundesrepublik Deutschland (bis 1998). Autor und Herausgeber zahlreicher Publikationen zur deutsch-jüdischen Geschichte.

Dr. Ulrich Sieg
geb. 1960 in Lübeck, lehrt am Fachbereich Geschichte und Kulturwissenschaften der Marburger Philipps-Universität, derzeit an der McGill University in Montreal tätig. Zahlreiche Publikationen zur Wissenschaftsgeschichte, zur deutsch-jüdischen Geschichte und zur Geschichte des Antisemitismus, zuletzt „Deutschlands Prophet. Paul de Lagarde und die Ursprünge des modernen Antisemitismus" (München 2007).

Michael Studemund-Halévy
Docteur ès-lettres, studierte Linguistik, Romanistik und Balkanlinguistik u. a. in Bukarest, Lausanne, Lissabon, Perugia und Hamburg, unterrichtete Judenspanisch an den Universitäten Hamburg, Köln und Potsdam und ist freier wissenschaftlicher Mitarbeiter am Institut für die Geschichte der deutschen Juden in Hamburg. Forschungsprojekte und Publikationen zu Portugal, zum Judenspanischen und zum jüdischen Buchdruck.

Prof. Dr. Annette Weber
geb. 1957 in Hamburg, 1986–2004 Kuratorin am Jüdischen Museum Frankfurt/M.; seit 2004 Lehrstuhl für Jüdische Kunst an der Hochschule für Jüdische Studien Heidelberg. Lehrt und forscht über Selbst- und Fremdwahrnehmung des mittelalterlichen Judentums, Kultur des deutschen Landjudentums vom 16. bis zum 18. Jahrhundert, jüdische Sammler und ihre kulturhistorische Bedeutung im 19. und 20. Jahrhundert.

Dr. Eberhard Wolff
geb. 1959 in Heidenheim/Brenz, arbeitet in Zürich, Basel, Stuttgart und Bern in der Lehre und in Forschungsprojekten im Überschneidungsbereich von Volkskunde/Kulturwissenschaft und Medizingeschichte sowie im Museums- und Archivbereich. Themenschwerpunkte derzeit: Judentum und Medizin, Medikalkulturforschung, Geschichte von Prävention und Ernährung, Alternativmedizin, Geschichte des Medizinstudiums, Kulturalität des Umgangs mit der Natur.

PD Dr. Ulrich Wyrwa
geb. 1954 in Leipzig, lehrt Neuere Geschichte an der Universität Potsdam und leitet das Forschungskolleg Antisemitismus in Europa (1879–1914) am Zentrum für Antisemitismusforschung an der TU Berlin. Veröffentlichungen zur Alltagsgeschichte der Arbeiter, zur Konsumgeschichte, zur Geschichte der Juden und zum Antisemitismus in Deutschland und Italien sowie zur Geschichte der jüdischen Geschichtsschreibung.

Bildnachweis

Archiv Ellert & Richter, Hamburg: S. 197, 260, 269, 270, 290, 310
akg-images: S. 18, 23 (beide: Erich Lessing); 24 u. (Werner Forman), 115, 117, 120, 145, 166, 200 (Bildarchiv Pisarek), 217
Arnold Schönberg Center, Wien/Lawrence Schönberg: S. 311
Toma Babovic, Bremen: Rückseite o. re., S. 271
Biblioteca Apostolica Vaticana (Foto Jüd. Mus. Berlin): S. 28/29
Bildarchiv Foto Marburg: S. 34 u., 36, 42, 183, 274 li. + re.
bpk: Titel, Rückseite o. li. + Mi. re., S. 19, 35 (Hamburger Kunsthalle/Christoph Irrgang), 41 (Lutz Braun), 43, 53 (SBB), 57, 91 u. (SBB), 96 o. (SBB/Ruth Schacht), 126 (Kunstbibliothek/SMB/Dietmar Katz), 127 o. + u., 128, 130 li., 132, 142/143 (Walter Gircke), 148b, 148c (Jörg P. Anders), 148d (Wilhelm Fechner), 148e, 149a, 149b (J. C. Schaarwächter), 149c, 152 re. (Alter Kacyzne), 159 o. (Zander u. Labisch), 159 u. (J. Hamann), 172 o. + u., 175, 179, 190 li., 190 Mi. (Germaine Krull), 190 re. (Heinrich Hoffmann), 201, 205 o. + u., 208 o. + u., 210 o., 210 u. (Zermin), 211, 213, 216, 220 u. (Hans G. Casparius), 224, 225 u., 256 o. + u. , 259, 261 (Fred Stein), 262, 263 (Hanns Hubmann), 284 (Hamburger Kunsthalle/Elke Walford), 287 (Osnabrück, Kulturgeschichtl. Museum), 290 (Nationalgalerie/SMB/Jörg P. Anders), 291 (SBB/Dietmar Katz), 292 (Hamburger Kunsthalle/Elke Walford), 293, 296 o., 296 u. (Dietmar Katz), 297, 298, 299, 304 (RMN/Félix Nadar), 305 (Musikinstrumentenmuseum, SMB), 306 o., 306 u. (SBB/Ruth Schacht), 307, 308 o., 309 u. (Erich Salomon), 309 (Ingrid von Kruse)
Bundesarchiv, Koblenz: S. 225 o. (Nr. 102-14468)
DHM, Berlin: S. 81
Jürgen Faust: S. 73 o.
Gedenkstätte Deutscher Widerstand, Berlin: S. 235
Gemeinde Veitshöchheim: S. 280
Gidal-Bildarchiv im Steinheim-Institut, Duisburg: S. 33, 141 re.,
Gleimhaus, Halberstadt: S. 93 re.
Gondrom Verlag, Bindlach : S. 22
hamburgmuseum, Hamburg: S. 59, 76, 96, 194, 278 re. (Michael Zapf), 302 re.
Heinrich-Heine-Institut, Düsseldorf: S. 294/295
Historisches Archiv der Stadt Köln: S. 54/55
Historisches Museum Frankfurt am Main/ Fotos Horst Ziegenfusz: S. 108 u., 109
The Israel Museum, Jerusalem: S. 16, 20/21
The Jewish Museum, New York: S. 119, 153
Jüdisches Historisches Institut, Warschau: S. 154
Jüdisches Museum Berlin: S. 66 (©Alice u. Moshe Shalvi, Jerusalem), 82/83, 93 re., 171, 215
Jüdisches Museum Frankfurt am Main: Rückseite u., S. 56, 134, 135, 151, 163 o. + u., 281, 283 (Privatbesitz)
Landesarchiv Berlin: S. 144 re. (Waldemar Titzenthaler), 242 (Gert Schütz), 247 (Ingeborg Lommatzsch)
Peter Palm, Berlin: S. 85, 155, 156
picture-alliance: S. 24 o. + Mi., 25 o. + Mi. (alle: akg-images/Erich Lessing); 302 li. (Imagno/Austrian Archives)
Privatbesitz: S. 181 re.
Arnold Schönberg Center, Wien/©Lawrence Schoenberg: S. 311
O. Schwartz/A. Vinzelberg: S. 73 u.
SLUB Dresden/Abt. Deutsche Fotothek/Foto F. Eschen: S. 239
Staatsarchiv Hamburg: S. 206, 214, 227
Stadtarchiv Norderney: S. 180 li. + re.
Stadtarchiv Worms: S. 272
Stiftung Neue Synagoge Berlin – Centrum Judaicum: S. 177, 219 o. + u., 278/279
SUB Carl von Ossietzky, Hamburg: S. 38, 51
Sylter Archiv, Westerland: S. 181 li., 185
ullstein bild: S. 123, 124, 125, 133, 149d
Universitätsbibliothek Johann Christian Senckenberg, Frankfurt am Main: S. 65, 67 (Ursula Seitz-Gray)
USHMM Photo Archives, Washington D.C.: S. 250–254
Westdeutscher Rundfunk, Historisches Archiv, Köln: S. 264 (NBC, New York)
Wolfgang Korall, Berlin: S. 267, 285
Michael Zapf, Hamburg: S. 74/75

Sowie aus:
Bajohr, Frank: „Unser Hotel ist judenfrei“, Frankfurt/M. 2003: S. 186
Bertz, Inka: Familienbilder, Berlin 2004: S. 140
Die Von Geldern Haggadah und Heinrich Heines „Der Rabbi von Bacherach“, Wien 1997: S. 88/89
Gay, Ruth: Geschichte der Juden in Deutschland, München 1993: Rückseite o. li., S. 49, 136, 139, 160, 165, 168, 202, 203 o. + u., 220 o., 314
Geisel, Eike: Im Scheunenviertel, Berlin 1981: S. 178, 192, 193
Gidal, Nachum T.: Jews in Germany, Gütersloh 1988: S. 34 o., 48, 84, 94, 106, 116 o. + u., 129
Hesse, Klaus/Springer, Philipp: Vor aller Augen, Essen 2002: S. 198 li., 209 u., 230
Heuberger, Georg (Hg.): Die Rothschilds, Frankfurt/M. 1995: S. 107 o. + u., 112
Heuberger, Rachel/Krohn, Helga: Hinaus aus dem Ghetto, Frankfurt/M. 1988: S. 95, 191 li.
Judaica. Berlin Museum, Abteilung Jüdisches Museum, Kat. Berlin 1989: S. 86, 276, 319, 321
Juden in Berlin – ein Lesebuch, Berlin 1988: S. 228
Judenfragen, Ausst.-Kat. Wien 1997: S. 130 re., 162
Jüdische Lebenswelten, Ausst.-Kat. Berlin 1991: S. 26/27, 62, 92 re., 114, 161
Lange, Nicholas de (Hg.): Illustrierte Geschichte des Judentums, Frankfurt/M. 2000: S. 13, 204
Leben im russischen Schtetl, Ausst.-Kat. Köln u. a. 1993: S. 152 li.
Magall, Miriam: Kleine Geschichte der jüdischen Kunst, Wiesbaden 2005: S. 90, 273
Mann, Vivien B./Cohen, Richard I. (Hg.): From Court Jews to the Rothschilds, München u. a. 1996: S. 99 u., 103, 104, 108 o.
Meyer, Michael A. (Hg.): Deutsch-jüdische Geschichte in der Neuzeit, Bd. I: S. 56, 91 o., 92 li.; Bd. IV: S. 199
Mommsen, Broder: Walter Benjamin, Hamburg 2006: S. 149e
Passover Haggadah, Altona, Germany 1738, Facs. Edition Tel Aviv 1987: S. 15
Paucker, Arnold: Deutsche Juden im Kampf um Recht und Freiheit, Teetz 2003: S. 236, 237
Reuter, Fritz: Warmaisa. 1000 Jahre Juden in Worms, Frankfurt/M. 1987: S. 60
Rürup, Reinhard (Hg.): Jüdische Geschichte in Berlin, Berlin 1995: S. 131, 141 li., 144 li., 146, 148a, 174, 176, 191 re., 198 re.
Schreckenberg, Heinz: Die Juden in der Kunst Europas, Göttingen 1996: S. 31, 52, 58 o. + u.
Siehe, der Stein schreit aus der Mauer, Ausst.-Kat. Nürnberg 1988: S. 209 o., 240
„Tuet auf die Pforten“: Die Neue Synagoge 1866–1955, Berlin 1995: S. 221
Universitätsbibliothek Würzburg (Hg.): Die Fries-Chronik des Fürstbischofs Julius Echter von Mespelbrunn, Würzburg 1989: S. 46
Vierhundert Jahre Juden in Hamburg, Ausst.-Kat. Hamburg 1991: S. 71, 78, S. 277
Walter, Dirk: Antisemitische Kriminalität und Gewalt, Bonn 1999: S. 184

Bibliografische Information der Deutschen Bibliothek

Die Deutsche Bibliothek verzeichnet diese Publikation in der Deutschen Nationalbibliografie; detaillierte bibliografische Daten sind im Internet über <http://dnb.ddb.de> abrufbar.

ISBN 978-3-8319-0264-4

Lektorat und Bildredaktion: Annette Krüger, Hamburg
Gestaltung: Büro Brückner + Partner, Bremen
Lithografie: Griebel-Repro, Hamburg
Gesamtherstellung: DZA Druckerei zu Altenburg GmbH, Altenburg

Titelbild:
Die 1866 eingeweihte Neue Synagoge in der Oranienburger Straße in Berlin